PENOLOGY and CORRECTIONS

교정학개론·교정학
여기서 다 나온다!

9·7급
공채
승진·특채

출제위원급 대학교수님들의 자문을 받아 합격률 1위 강사가 만든 교정직 수험 전문도서

독학으로 끝내는
김옥현 교정학

김옥현 편저

연
도서출판 ㈜

머리말

> **"수험준비는 단순공부가 아니라
> 득점훈련이어야 합격한다!"**

이 책은 최근 진화된 출제 경향과 높아진 난이도를 고려하여 이 책 한 권만 확실히 익혀도 95점 이상 득점할 수 있도록 정리했다.

수험공부는 단지 지식을 얻는 것이 목적이 아니다. 응용 능력을 길러 효율적으로 득점하여 반드시 합격하는 것이 목적이 되어야 한다. 합격은 요령이다. 합격요령을 익혀 반드시 합격을 이루자!

그렇다! 수험생은 오로지 합격을 향해 나아가야 한다. 그러기 위해서는 불필요한 내용에 집착해서도 아니 되고 분별없이 단순 암기해서도 아니 된다. **출제 가능성이 있는 내용만을 선택해서 함정 패턴을 예상하며 종합적으로 압축 정리**하여 득점 능력을 길러 나가야 한다. 그리고 연계·반복하며 훈련하여야 한다!

이 교재는 이러한 원리에 바탕을 두고 **AI의 빅데이터 분석을 통한 예상문제까지 반영**하였다. 또한 기출문제를 응용·변형시켜 다음 시험에서 출제할 것에 예측해서 **[AI 예상 응용지문]**까지 ○×식으로 정리하여 취약점을 다시 한 번 더 체크했다. 이런 방식으로 함정 패턴이나 헷갈림을 극복할 수 있도록 정리하였다. 수험준비는 쉽게 고득점할 수 있도록 해야 한다. 이러한 맥락에서 그간의 기출문제를 기본 삼아 예상 문제로 확대하면서도 **불필요한 지엽적 내용은 배제**하고, 시험에 또다시 응용 출제될 수 있는 내용만을 단기간 내에 효율적으로 총정리하면서도, 함정 패턴을 피하는 훈련까지 할 수 있도록 했다. 또한 장기 기억력을 높여 실제 **시험에서 최고 득점**할 수 있는 방법에 익숙해지도록 하였다.

김 옥 현

이 책의 특징

01 2024년까지의 기출문제와 정보를 빅데이터 분석한 **AI를 이용하여 AI가 출제한 예상문제**까지 보완하여 정선된 문제들로 혁신하였다.

02 국내의 모든 교정학 교과서와 국내에 번역 소개된 미국 교정학개론 포함, 출제 경향에 꼭 맞추어 킬러 문제까지도 대비할 수 있도록 총정리 단권화하였다.

03 2024년 10월까지의 새로운 법령개정 내용을 수험 자료로 반영하여 정확하게 정리할 수 있도록 했고, 2023년 7급(교위), 24년 6급(교감), 5급(교정관) 승진시험문제와 2024년 7급 국가직시험의 기출문제까지 반영하였다.

04 [AI 예상 응용지문]을 실제 문제의 지문 형태로 제시하여 다음 시험의 함정 패턴까지 연습하며 고득점할 수 있도록 하였다.

05 쉽게 이해하며 체계를 세워 종합적으로 연결하여 정리될 수 있도록 **전체내용을 종합·정리**해서 암기 분량을 최소화했다.

06 출제가능성이 높으면서 헷갈리기 쉬운 내용은 반복되는 유사 지문과 [연상 기억법]을 통해 요령있게 **헷갈림 없이 확실히 숙지**하도록 하였다.

07 다른 교재를 보지 않아도 **이 한 권의 교재만으로도 95점 이상** 합격점수를 득점할 수 있도록 출제자료를 총망라하여 압축 정리하였다.

08 그간 **출제위원을 거친 여러 교수님들의 구체적인 자문**을 받아 실제 출제 기준이나 난이도 수준에서 벗어나는 문제들을 배제하면서도 실제 문제 패턴에 최대한 가깝게 출제 해설하였다.

09 그간 나의 교재로 준비한 수험생들이 최고의 합격률을 보였던 점을 고려하여 큰 책임감을 가지고 더욱 **정성을 다해 고득점을 지향**했다.

부디 이 교재로 준비한 모든 수험생이 우수한 성적으로 합격하여 소망하는 기관에서 보람 있게 직무 활동을 할 수 있기를 간절하게 기원한다.

목 차

PART 01 | 교정학 기본이론 ··· 9

Chapter 01 교정의 의의 및 목적 ···10

Chapter 02 교정의 역사와 발전과정 ···26

Chapter 03 수용시설 및 구금제도 ··76

Chapter 04 수용자의 법적 지위와 권리 구제 및 행형 공개 ··········136

Chapter 05 회복적 사법 ··168

Chapter 06 교정 처우제도 ··176

PART 02 | 「형의 집행 및 수용자의 처우에 관한 법률」상 수용자 처우 ··· 235

Chapter 01 수 용 ··240

Chapter 02 물품지급 ··270

목 차

Chapter 03 　금품관리 ··280

Chapter 04 　위생과 의료 ··286

Chapter 05 　접견 · 편지수수 및 전화통화 등 외부와의 교통 ·········302

Chapter 06 　종교와 문화 ··328

Chapter 07 　사회적 약자에 대한 특별한 보호 ····························336

Chapter 08 　수형자의 처우 ··356

Chapter 09 　미결수용자 ··476

Chapter 10 　사형확정자 ··492

Chapter 11 　안전과 질서 ··502

Chapter 12 　규율과 상벌 ··560

PART 03 l 수용의 종료 – 가석방 · 석방 · 사망 ················ 593

최근 기출 l 2024년 7급 국가직 공채시험 ························· 626

출제위원급 교수님들의 자문을 받아 AI와 함께 만든
김옥현 객관식 교정학 기출·예상 문제집

주요 참고교재 및 약칭

저자	교재명	연도	약칭
김옥현	교정학	2020	_김옥현
신양균	형집행법	2012	_신양균
박상기/손동권/이순래	형사정책	2010	_3인 공저
배종대/정승환	행형학	2002	_배종대·정승환
이윤호	교정학	2012	_이윤호
배종대	형사정책	2014	_배종대
허주욱	교정학	2013	_허주욱
김용우/최재천	형사정책	2006	_김용우·최재천
정진수	교정학	2014	_정진수
남상철	교정학개론	2005	_남상철
송광섭	범죄학과 형사정책	1999	_송광섭
정영석/신양균	형사정책	1997	_정/신
신동운	형사소송법	2008	_신동운
이재상	신형사소송법	2011	_이재상
이재상	형법총론	2011	_이재상형법
이백철	교정학	2016	_이백철
민수홍 외 역	범죄학이론	2017	_민수홍 외 역
이순래 외 역	볼드의 범죄학이론	2012	_이순래 외 역
황의갑 외 역	범죄학	2015	_황의갑 외 역
박철현/박성민/곽대훈/장현석 공역	미국 교정학개론	2020	_박철현 외 역

객관식 교정학

기출·예상 문제집

나는 나의 합격 소망이 구체적으로 이루어지도록,
충분한 준비를 이렇게 확실하게 갖추어가고 있다!

합격자
_____

출제위원급 교수님들의 자문을 받아 AI와 함께 만든
김옥현 객관식 교정학 기출·예상 문제집

CHAPTER 01 | 교정의 의의 및 목적
CHAPTER 02 | 교정의 역사와 발전과정
CHAPTER 03 | 수용시설 및 구금제도
CHAPTER 04 | 수용자의 법적 지위와 권리 구제 및 행형 공개
CHAPTER 05 | 회복적 사법
CHAPTER 06 | 교정 처우제도

PART

01

교정학
기본이론

CHAPTER 01 교정의 의의 및 목적

01 다음 중 교정학의 개념이나 특징에 가장 부합하는 설명은 무엇인가? 'AI 예상

① 교정학에서 '교정(corrections)'의 개념은 범죄에 상응하는 처벌을 한다는 의미로만 사용된다.
② 교정의 기능과 목적은 범죄자를 단순히 범죄의 해악에 따라 처벌하는 것이다.
③ 교정학은 하나의 고유한 학문영역으로 경계가 한정되는 단독학문이다.
④ 교정의 수단으로서 보안처분은 책임과 무관하게 재범의 위험성을 근거로 부과되는 형사제재이다.

해설

① (×) 교정학에서 '교정(corrections)'의 개념은 범죄에 상응하는 처벌을 한다는 의미로만 사용된다. 이 설명은 잘못된 것이다. 교정학에서 '교정(corrections)'은 단순히 범죄에 상응하는 처벌이 아니라, 범죄자의 개선과 사회복귀를 지원하는 광범위한 개념을 포함한다. 교정은 범죄자의 재사회화, 교화, 그리고 사회적 통합을 목표로 하는 제도적 과정을 포함한다.
② (×) 교정의 기능과 목적은 범죄자를 단순히 범죄의 해악에 따라 처벌하는 것이다. 이 설명도 틀린 것이다. 교정의 현대적 목적은 범죄자를 단순히 처벌하는 것이 아니라, 범죄자의 사회적 재통합과 재사회화를 통해 사회의 안전과 평화를 유지하는 것이다. 교정의 목적은 범죄자의 교화와 사회복귀를 돕는 것에 중점을 둔다.
③ (×) 교정학은 고유한 학문영역으로 경계가 한정되는 단독학문이다. 이 설명은 교정학의 특성을 잘못 이해하고 있다. 교정학은 인간을 대상으로 하는 포괄적이고 개방적인 종합학문이다. 사회학, 심리학, 법학 등 다양한 학문 분야와 교차하며 학문적 경계가 유동적이다.
④ (○) 교정의 수단으로서 보안처분은 책임과 무관하게 재범의 위험성을 근거로 부과되는 형사제재이다. 이 설명이 옳다. 보안처분은 범죄자가 재범의 위험이 있을 경우, 그들의 책임과 무관하게 예방적 차원에서 부과되는 형사제재이다. 보안처분의 목적은 재범 방지와 사회의 안전을 확보하는 것이다.

☞ 출제의도 : 이 문제는 교정학의 핵심 개념과 목적을 이해하고 있는지를 평가하기 위해 출제되었습니다. 각 선택지를 통해 교정학의 본질적인 목적과 기능을 올바르게 이해하고 있는지를 파악할 수 있도록 설계되었습니다.

정답 ④

02 다음 중 가장 옳은 것은?

① 교정학에서 '교정(corrections)'의 개념은 일반적으로 '범죄에 상응하는 처벌을 한다'는 의미로 사용되고 있다.
② 오늘날 교정의 기능과 목적은 범죄자를 책임에 따라 처벌하는 것이다.
③ 교정학은 고유한 학문영역으로 경계가 한정된다.
④ 교정의 수단으로서 형벌과 보안처분이 대표적인 형사제재이다.

해설

① (×) 교정학의 '교정(corrections)'은 '범죄자의 잘못된 품성이나 행동을 바로잡는 것'을 뜻한다.

② (×) 오늘날 교정의 목적은 단순히 처벌하는 것이 아니라, 범죄자의 개선·사회복귀(재사회화)를 통하여 범죄로부터 사회를 방어하고 범죄자를 사회로 재통합하는 것이다.
③ (×) 교정학은 인간을 대상으로 하는 학문이므로 일정한 영역으로 한계가 정해지는 학문이 아니라 학문영역이 포괄적·개방적인 종합학문이다.

정답 ④

03 「형의 집행 및 수용자의 처우에 관한 법률」 제1조의 목적에 명시된 내용으로 옳은 것은 모두 몇 개인가? '24. 6급(교감) 승진

㉠ 수형자의 건전한 사회복귀 도모	㉡ 직업훈련실시
㉢ 미결수용자의 수용	㉣ 교정시설의 운영
㉤ 수용자의 처우	㉥ 수용자의 권리
㉦ 수형자의 격리	㉧ 수형자의 교정교화

① 3개 ② 4개 ③ 5개 ④ 6개

해설

③ (○) ㉠, ㉣, ㉤, ㉥, ㉧을 명시하고 있다.
「형집행법」 제1조(목적) 이 법은 수형자의 교정교화와 건전한 사회복귀를 도모하고, 수용자의 처우와 권리 및 교정시설의 운영에 관하여 필요한 사항을 규정함을 목적으로 한다.
㉡ (×) '직업훈련실시'는 과거 행형법에서 '기술교육실시'와 유사한 내용이고, 현행법의 목적에는 해당하지 않는다.
㉢ (×) '미결수용자의 수용'은 과거 행형법에서 규정한 내용이다.
㉦ (×) '수형자의 격리'는 과거 행형법에서 규정한 내용이다.
「행형법」 제1조 (목적) 이 법은 수형자를 격리하여 교정 교화하며 건전한 국민사상과 근로정신을 함양하고 기술교육을 실시하여 사회에 복귀하게 하며 아울러 미결수용자의 수용에 관한 사항을 규정함을 목적으로 한다.

정답 ③

04 형의 집행 및 수용자의 처우에 관한 법령상 다음 보기의 '협의체'에 대한 설명으로 옳지 않은 것은? 'AI 예상

「형의 집행 및 수용자의 처우에 관한 법률」 제5조의 3(협의체의 설치 및 운영) ① 법무부장관은 형의 집행 및 수용자의 처우에 관한 사항을 협의하기 위하여 법원, 검찰 및 경찰 등 관계기관과 협의체를 설치하여 운영할 수 있다.

① 협의체는 위원장을 제외하고 12명의 위원으로 구성한다.
② 협의체의 위원장은 법무부차관이 된다.
③ 협의체의 위원장은 협의체 회의를 소집하며, 회의 개최 7일 전까지 회의의 일시·장소 및 안건 등을 각 위원에게 알려야 한다.
④ 협의체의 위원장은 협의체의 회의 결과를 위원이 소속된 기관의 장에게 통보해야 한다.

해설

① (×) 협의체는 위원장을 <u>제외하고</u> 12명의 위원으로 구성한다. 이 설명은 옳지 않다. 협의체는 위원장을 <u>포함하여</u> 12명의 위원으로 구성한다. 협의체는 위원장을 포함하여 총 12명의 위원으로 구성된다. 따라서 위원장을 제외한 위원 수는 11명이다. 즉, <u>위원장과 11명의 위원으로 구성한다</u>. 「형의 집행 및 수용자의 처우에 관한 법률 시행령」(형집행법 시행령) 제1조의 2 제1항 해설 참조.

☞ **출제의도** : 이 문제는 협의체의 구성과 운영에 대한 정확한 이해를 평가하기 위해 출제되었습니다. 법령에 명시된 협의체의 구성원 수와 각 위원의 역할을 명확히 이해하는 것이 중요합니다. 앞으로의 시험에서 "협의체는 위원장과 12명의 위원으로 구성한다(×)"와 같은 함정을 주의해야 합니다. 꿀팁을 덧붙인다면 **교정 관련 법령 전체**에서 위원회 구성은 '위원장을 **포함하고**' 이지, '위원장을 **제외하고**'이면 당연히 틀린 문항입니다.

정답 ①

---

05 현행법상 형의 집행 및 수용자의 처우에 관한 기본계획에 대하여 바르게 설명한 것은?

① 지방교정청장은 수형자의 교정교화와 건전한 사회복귀를 효율적으로 도모하고, 수용자의 처우와 권리 및 교정시설의 운영에 관한 업무를 효율적으로 달성하기 위한 기본계획을 수립하고 추진하여야 한다.
② 형의 집행 및 수용자의 처우에 관한 기본계획은 3년마다 수립·추진해야 한다.
③ 각 시설의 장은 기본계획을 수립하기 위한 실태조사와 수요예측 조사를 실시하여 법무부장관에게 보고하여야 한다.
④ 기본계획에는 수용자의 인권 보호 실태와 인권 증진 방안, 수형자의 교육·교화 및 사회 적응에 필요한 프로그램의 추진 방향 등이 포함되어야 한다.

해설

① (×) 지방교정청장(×) → 법무부장관(○).
② (×) 3년(×) → 5년(○).
③ (×) 법무부장관은 기본계획을 수립하기 위하여 실태조사와 수요예측 조사를 실시할 수 있다. 법무부장관은 기본계획을 수립하기 위하여 필요하다고 인정하는 경우에는 관계기관의 장에게 필요한 자료를 요청할 수 있다. 이 경우 자료를 요청받은 관계기관의 장은 특별한 사정이 없으면 요청에 따라야 한다. 「형집행법(수용자처우법)」 제5조의 2 참조.

정답 ④

---

06 형의 집행 및 수용자의 처우에 관한 법령상 형의 집행 및 처우에 관한 기본계획과 협의체에 대한 설명으로 가장 옳지 않은 것은? '24. 6급(교감) 승진

① 법무부장관은 이 법의 목적을 효율적으로 달성하기 위하여 5년마다 형의 집행 및 수용자 처우에 관한 기본계획을 수립하고 추진하여야 한다.
② 법무부장관은 기본계획을 수립하기 위하여 필요하다고 인정하는 경우에는 관계 기관의 장에게 필요한 자료를 요청할 수 있다. 이 경우 자료를 요청받은 관계 기관의 장은 특별한 사정이 없으면 요청에 따라야 한다.
③ 「형의 집행 및 수용자의 처우에 관한 법률」에 따른 협의체는 위원장과 12명의 위원으로 구성하며, 협의체의 위원장은 법무부차관이 된다.

④ 협의체의 위원장은 협의체 회의를 소집하며, 회의 개최 7일 전까지 회의의 일시·장소 및 안건 등을 각 위원에게 알려야 하고, 협의체의 회의 결과를 위원이 소속된 기관의 장에게 통보해야 한다.

해설

③ (×) 위원장과 12명의 위원으로 구성하며(×) → 위원장을 포함하여 12명의 위원으로 구성하며(○). 시행령 제1조의2(협의체의 구성 및 운영 등) 제1항 참조. 교정 관련 법령의 모든 위원회 구성은 '위장을 포함' 하여 구성하는 것이지, 위원장을 별도로 하면서 '<u>위원장과 몇 명 이상 몇 명 이하의 위원으로</u>' 하지는 않는다.

정답 ③

07 「형의 집행 및 수용자의 처우에 관한 법률」의 내용으로 가장 적절하지 않은 것은?

① 법무부장관은 이 법의 목적을 효율적으로 달성하기 위하여 5년마다 형의 집행 및 수용자 처우에 관한 기본계획을 수립하고 추진하여야 한다.
② 기본계획에는 교정시설의 수용 실태 및 적정한 규모의 교정시설 유지 방안, 수용자에 대한 처우 및 교정시설의 유지·관리를 위한 적정한 교도관 인력 확충 방안 등이 포함되어야 한다.
③ 법무부장관은 기본계획을 수립 또는 변경하려는 때에는 교정자문위원회의 심의를 받아 지방교정청 및 교정시설 등 소속 기관과 협의하여야 한다.
④ 법무부장관은 수용자에 대한 처우 및 교정시설의 유지·관리를 위한 적정한 인력을 확보하여야 한다.

해설

③ (×) 교정자문위원회의 심의를 받아 지방교정청 및 교정시설 등 소속 기관(×) → <u>법원, 검찰 및 경찰 등 관계 기관</u>(○). 법무부장관은 기본계획을 수립 또는 변경하려는 때에는 법원, 검찰 및 경찰 등 관계 기관과 협의하여야 한다. <2019. 4. 23. 개정> 「법」 제5조의 2 제3항 참조.

정답 ③

AI 예상 응용지문

❶ 법무부장관은 형의 집행 및 수용자 처우에 관한 사항을 협의하기 위하여 법원, 검찰 및 경찰 등 관계 기관과 협의체를 설치하여 운영하여야 한다. (×)
❷ 「형의 집행 및 수용자의 처우에 관한 법률」 제5조의3에 따른 협의체는 위원장을 포함하여 12명 이하의 위원으로 구성한다. (×)
❸ 법무부장관은 형의 집행 및 수용자의 처우에 관한 사항을 협의하기 위하여 법원·경찰 등 관계기관과 협의체를 설치·운영할 수 있으며, 협의체의 설치 및 운영 등에 관하여 필요한 사항은 법무부령으로 정한다. (×)

❶ (×) 설치하여 운영하여야 한다(×) → 설치하여 운영할 수 있다(○). 법 제5조의3(협의체의 설치 및 운영) 제1항. ❷ (×) 12명 이하(×) → 12명(○). 「형의 집행 및 수용자의 처우에 관한 법률」 제5조의3에 따른 협의체는 위원장을 포함하여 <u>12명의 위원</u>으로 구성한다. 시행령 제1조의2(협의체의 구성 및 운영 등) 제1조 1항. ❸ 법무부령(×) → 대통령령(○). 법 제5조의 3 참조.

08 「형의 집행 및 수용자의 처우에 관한 법률」의 내용에 대한 설명으로 옳은 것은? '17. 9급

① 이 법은 교정시설의 구내에서만 적용된다.
② 법무부장관은 교정시설의 설치 및 운영에 관한 업무의 일부를 법인에게 위탁할 수 있으나 개인에게 위탁할 수는 없다.
③ 판사, 검사 및 당해 사건의 변호인은 직무상 필요하면 교정시설을 시찰할 수 있다.
④ 신설하는 교정시설은 수용인원이 500명 이내의 규모가 되도록 하여야 한다. 다만, 교정시설의 기능·위치나 그 밖의 사정을 고려하여 그 규모를 증대할 수 있다.

해설

① (×) 구내에서만 적용된다(×) → 구내와 그 밖의 장소로서 교도관의 통제가 요구되는 공간에 대하여 적용한다(○). 「법」 제3조 참조.
② (×) 개인에게 위탁할 없다(×) → 있다(○). 「법」 제7조 참조.
③ (×) 변호인은 시찰권자가 아니다. 「법」 제9조 제1항 참조.
④ (○) 「법」 제6조 제1항 참조. 또한 '신설하는 소년원 및 소년분류심사원은 수용정원이 150명 이내의 규모가 되도록 하여야 한다.'는 내용도 동시에 기억하자.

정답 ④

09 「형의 집행 및 수용자의 처우에 관한 법률」상 용어에 대한 설명으로 옳지 않은 것은? '18. 9급

① '수용자'란 법률과 적법한 절차에 따라 교정시설에 수용된 사람으로서 수형자 및 미결수용자는 물론이고 사형확정까지도 포함한다.
② '수형자'란 징역형·금고형 또는 구류형의 선고를 받아 그 형이 확정되어 교정시설에 수용된 사람을 말하여, 벌금 또는 과료를 완납하지 아니하여 노역장 유치명령을 받아 교정시설에 수용된 사람은 제외한다.
③ '미결수용자'란 형사피고인 또는 형사피의자로서 체포되거나 구속영장의 집행을 받아 교정시설에 수용된 사람을 말한다.
④ '사형확정자'란 사형의 선고를 받아 그 형이 확정되어 교정시설에 수용된 사람을 말한다.

해설

<2016.12.2. 개정> 「형의 집행 및 수용자의 처우에 관한 법률」(형집행법 또는 수용자처우법) 제2조 참조.
② (×) '수형자'란 자유형이 확정되어 교정시설에 수용된 사람 및 노역장 유치명령을 받아 교정시설에 수용된 사람까지 포함된다.

정답 ②

10 「형의 집행 및 수용자의 처우에 관한 법률」과 그 시행령에 따른 수용자 개념 정의로서 적합한 것은?

① 수용자란 수형자·미결수용자·사형확정자 등 법률과 적법한 절차에 따라 교도소·구치소 및 그 지소에 수용된 사람을 말한다.
② 미결수용자란 형사피의자 또는 형사피고인으로서 체포되거나 구속영장의 집행을 받은 사람을 말한다.

③ 소년수용자란 19세 미만의 수형자와 19세 미만의 미결수용자를 말한다.
④ 외국인수용자란 대한민국의 국적을 가지지 아니하고 외국의 국적을 가진 수용자를 말한다.

해설

② (×) <2016.12.2. 개정> 이전의 개념 정의이다. 현재는 "미결수용자"란 형사피의자 또는 형사피고인으로서 체포되거나 구속영장의 집행을 받아 교정시설에 수용된 사람을 말한다.
③ (×) "소년수용자"에는 소년교도소에 수용 중에 19세가 된 경우에도 교육 등을 실시하기 위하여 특히 필요하다고 인정되어 23세가 되기 전까지 계속 소년교도소에 수용 중인 수형자까지 포함해야 맞는 개념정의이다. 「시행령」 제81조 4항 참조.
④ (×) "외국인수용자"에는 타국적자와 무국적자까지 포함되어야 하므로, "대한민국의 국적을 가지지 아니한 수용자를 말한다"고 정의되어야 적합하다. 「시행령」 제81조 3항 참조.

정답 ①

11 행형(교정)의 목적에 대한 설명으로 옳지 않은 것은? '06. 7급

① 재사회화 이념은 경험적 효과를 지향하는 형벌이념이 아니므로 출소한 전과자의 재범률이 높고 그 비율이 오히려 증가하는 경향을 보이고 있다는 경험적 사실을 통해 재사회화의 목적을 비판하는 것은 적절하지 못하다.
② 「형의 집행 및 수용자의 처우에 관한 법률」 제1조가 수형자의 '교정교화와 건전한 사회복귀를 도모함'을 명시한 것은 재사회화 목적을 표현한 것이다.
③ 재사회화란 사회화 과정이 충분하게 이루어지지 않았거나 잘못 이루어진 범죄자들에게 사회화에 대한 학습의 기회와 도움을 제고하여 출소한 후에 범죄를 저지르지 않고 정상적인 생활을 할 수 있도록 하는 것을 말한다.
④ 재사회화란 결정론적 인간관을 전제로 하면서 범죄의 원인을 개인에게서 찾는 모델에서 출발하고 있고, 국가가 개인의 사회화 과정에 간섭하고 교육의 목표를 계획적으로 설정·조정한다는 의미에서 사회국가 원칙의 표현이라고 볼 수 있다.

해설

① (×) 행형(교정)의 목적이 경험적 사실을 통해 재사회화의 목적을 비판하는 것은 적절하다. 재사회화 이념은 자유의사를 전제로 한 일반예방주의나 응보주의와 같은 관념적 형벌관을 극복하고, 자연과학에 바탕을 두고 경험적·현실적·사회적 형벌효과를 추구한다. 즉 형벌은 사회에 공헌할 때 정당성이 있다고 여기는 입장이다. 따라서 "재사회화 이념은 경험적 효과를 지향하는 형벌이념이므로 출소한 전과자의 재범률이 높고 그 비율이 오히려 증가하는 경향을 보이고 있다는 경험적 사실을 통해 재사회화의 목적을 비판하는 것은 적절하다."
④ (○) 재사회화(사회복귀) 이념은 실증학파(실증주의 범죄학파)에 의하여 정립되었다. 실증학파는 고전주의 범죄학파의 기반인 인간의 자유의지(자유의사)를 부정하고, 범죄를 범죄자 개인의 유전적 소질과 사회적 환경이 원인이 되어 나타나는 필연적 산물로 이해한다(의사결정론). 따라서 형벌은 행위에 대한 응보가 아니라 '범죄인'의 사회적 위험성(범죄적 성격)을 개선·교육하여 다시는 범죄를 저지르지 않도록 예방하는(재범방지) 목적(특별예방)을 가져야 한다고 주장한다.

정답 ①

AI 예상 응용지문

❶ 재사회화란 자유의지론적 인간관을 전제로 하면서 범죄의 원인을 사회적 환경에서 찾을 때 효과적이다. (×)
❷ 재사회화 이념은 사회국가원칙보다 법치국가원칙을 행형(교정)정책에서 지향하는 것이다. (×)

❶ 자유의지론(비결정론)적(×) → 결정론적(○) / 사회적 환경(×) → 개인적 차원(○). 재사회화는 범죄의 원인을 개인적 차원에서 찾을 때 효과적이다. ❷ 재사회화 이념은 법치국가원칙보다는 사회국가원칙에 기초한다.

12 교정(행형)목적의 이론에 대한 설명으로 옳은 것은? '11. 7급

① 목적형주의는 교육형주의 입장에서 수형자에게 사회방위를 위한 형벌과 병행하여 직업교육, 기술교육, 개선 교육 등을 실시하는 것이다.
② 응보형주의는 어떠한 목적을 실현하기 위하여 개인에게 형벌을 과하는 것이 아니라, 야기된 범죄에 대하여 보복적인 의미로 형벌을 과하는 것이다.
③ 교육형주의는 범죄인에게 형벌을 과하는 대신 각종 교육을 통해 교화·개선함으로써 선량한 국민으로 재사회화시키는 것을 목적으로 한다.
④ 현대 교정주의는 피해자에게 가해진 해악의 정도와 그 피해가 가해진 방법·형태에 상응하는 보복의 원칙에 따라 자유를 박탈하는 것이다.

해설

형벌이론은 응보형주의와 목적형주의가 있으며, 목적형주의는 다시 일반예방주의와 특별예방주의로 나누어진다. 다시 말해, 형벌관에 있어서는 먼저 형벌의 '본질'에 관한 응보형주의와 목적형주의의 대립으로, 그 다음 형벌 '목적'에 관한 일반예방주의와 특별예방주의의 대립으로 나타나고 있다.
특별예방주의는 독일의 리스트(Liszt)등 근대사회학파에 의하여 전 세계적으로 형법과 형사정책의 관심의 대상이 되었다. 리스트는 범죄란 범죄인의 소질과 범죄인을 둘러싼 환경의 산물이며 범죄인의 상태나 성향 또한 범죄의 원인이 되므로 범죄에 대한 투쟁의 수단인 형벌은 개개의 범죄인에게 영향을 미쳐야 한다고 보았다. 그는 1882년에 특별예방주의 입장에서 목적형사상을 주장하였다. 그는 응보주의 형벌은 맹목적이라고 비판하면서, 특별예방적 관점에서 개개의 범죄인의 재범을 방지하는 데 필요한 형벌만이 정당한 형벌이 될 수 있다고 하였다. **교육형주의**는 리스트의 목적형주의를 더욱 진보적으로 계승·발전시킨 것이다. **리스트의 목적형주의**와 **리프만(Liepmann)의 교육형주의**의 핵심적인 차이점은, 리스트는 개선 불가능한 범죄인을 인정하여 개선 불가능한 범죄인은 격리를 통하여 사회에서 제거(무해화)하는 데 형벌의 목적이 있다고 보는 것에 비해(개선형주의, 사회방위주의), 리프만의 교육형주의에서는 개선 불가능한 범죄인은 없다고 전제하고 모든 범죄인을 개선·교육하여 범죄인이 다시는 범죄를 저지르지 않도록 예방하는 것만이 형벌의 목적이 될 수 있다고 보는 것이다(개선형주의, 교육형주의).

① (×) 목적형주의는 교육형주의보다 앞서 주장되었다. 리스트의 목적형주의에 따르면, 형벌은 응보주의처럼 맹목적이고 본능적·충동적 반작용이어서는 아니 되고, 사회방위와 범죄인의 재사회화의 필요성과 합목적성에 의해서만 정당화된다. 즉 사회에 유익한 목적(사회방위)에 따라 필요한 형벌만이 정당한 형벌이 될 수 있고, 특별예방적 관점에서 개개의 범죄인의 재범을 방지하는 데 불가결한 형벌이 필요한 형벌이라고 본다. 이 목적형주의는 교육형주의를 바탕으로 한 것이 아니고 교화개선주의, 사회방위주의를 바탕으로 하였다.
② (○) 응보형주의는 형벌을 모든 범죄 예방적 목적으로부터 분리하여, 범죄에 의한 해악에 대하여 형벌에 의하여 보복함에 그 본질이 있다고 본다. 따라서 형벌은 다른 목적을 가진 것이 아니라 그 자체가 목적이라고 한다. 이러한 의미에서 응보형주의를 '절대설'이라고도 하며, 그것은 형벌의 목적에 관한 이

론이 아니라 형벌의 본질에 관한 이론이다. 응보적 형벌은 개선형·예방형이 아니라 해악형 내지 고통형으로 이해된다.
③ (×) "교육형주의는 범죄인에게 형벌을 과하는 대신"이라고 한 부분이 틀렸다. 교육형주의는 형벌을 대신하여 다른 수단을 쓰는 것이 아니라, '형벌의 내용을 교육적으로 집행하는 것'을 뜻한다. 다시 말해, 교육형주의는 범죄인에게 형벌을 과하는 것을 폐지하고 그 대신 교육수단으로 교화·개선시켜 재사회화시키는 것을 목적으로 하는 게 아니라, 형벌을 집행하되 형벌은 범죄인을 선량한 국민으로 개선할 수 있는 교육이어야 함을 강조하였다. 교육형주의는 오로지 범죄인의 재범을 방지하는 데 형벌의 목적이 있다고 본다. 독일의 리프만(Liepmann)은 리스트의 목적형주의를 계승하여 교육형주의를 정립하였다. 리프만은, '형벌은 범죄인을 선량한 국민으로 개선할 수 있는 교육이어야 함'을 강조하였다.
④ (×) 현대 교정주의(×) → 응보주의(○) 지문의 내용은, 범죄의 중점을 '행위'(범죄라는 객관적 침해사실)에 두어 처벌의 대상을 '행위자(범죄인의 반사회적 성격)'로 보지 않고 행위로 보는 객관주의 범죄이론이다. 이는 응보주의와 일반예방주의는 행위주의이다. 보복의 원칙에 따라 형벌의 내용은 악에 대한 보복적 반동으로서의 고통이어야 한다고 보는 입장은 응보형주의이다. 현대교정주의는 주관주의이론에 바탕을 두고, 범죄예방 효과의 대상을 범죄인 개인으로 보며, 범죄인의 반사회성에 따른 과학적 분류를 중시하고, 그 분류에 대응하여 '처우'의 방법도 달리하는 '처우의 개별화'를 중시한다.

정답 ②

AI 예상 응용지문

❶ 형벌 이론은 일반예방주의 → 응보주의 → 특별예방주의 → 교육형주의 순으로 발전 했다. (×)
❷ 교육형주의는 형벌을 폐지하고 직업교육·개선교육 등을 통해 재사회화를 도모하자는 형벌이론이다. (×)

❶ 응보주의 → 일반예방주의 → 특별예방주의 → 교육형주의 ❷ 형벌을 폐지하고(×) → 형벌의 내용을(○)

13 행형의 목적에 관한 설명으로 옳지 않은 것은? '07. 7급

① 형집행법은 수형자의 교정교화와 사회복귀 도모, 수용자의 처우와 권리, 교정시설의 운영에 관하여 필요한 사항을 규정함을 목적으로 명시하고 있다.
② 형집행법은 행형의 목적으로 수형자의 재사회화를 규정하고 있으나, 행형의 구체적인 내용이나 기간에 있어서는 수형자의 책임을 고려하여 일반예방이나 응보도 인정하고 있다.
③ 행형단계에서 일반예방을 강조하는 것은 행형의 목적에 부합한다고 보기 어렵다.
④ 특별예방은 수형자의 재사회화를 위하여 제한 없이 인정되며, 헌법에 근거를 두고 있다.

해설

① (○) "수형자의 건전한 사회복귀를 도모함"의 의미는, 형 집행 종료 후의 단순한 '석방'을 뜻하는 소극적 개념이 아니라 사회에 복귀하여 범죄를 범하지 않고 정상적으로 사회생활을 영위할 수 있도록 재사회화한다는 적극적 개념으로 해석된다(통설). 즉, 현대적 행형의 이념인 '재사회화'를 행형의 주된 목적으로 규정한 것으로 보고 있다. 또한 형집행법은 수용자의 인권을 보호하고 신장시키는 것을 목적으로 규정하여, 형집행법이 수용자의 '권리장전' 또는 '마그나 카르타(대헌장)'로서의 기능을 할 수 있도록 여러 법적 장치를 규율하고 있다. 그리고 교정시설의 운영과 관련하며 필요한 사항을 규정함을 목적으로 하여 수용 장비의 과학화·효율화를 추구하는 것을 구체적으로 규정하고 있다.
② (○) 「형집행법」 제1조는 행형의 주된 목적을 재사회화로 규정하고 있으나, 행형의 현실은 계호의 정도에 따라 교정시설을 개방시설·완화경비시설·일반경비시설·중(重)경비시설로 분류하여 처우하기도 하고, 귀휴요건·가석방요건 등에서도 책임 요소를 폭넓게 반영하고 있다. 예컨대 수형자가 교정시설에

서 생활하는 데 가장 중요한 기준이 되는 수용거실 지정 시 고려하여야 할 요소 중 죄명·형기·죄질·범죄전력 등은 과거의 범죄에 대한 책임을 반영하는 요소이다. 그리고 귀휴심사 사항 중 '범죄관계'나 가석방 심사사항 중 '범죄에 관한 사항' 중에는 수형자의 과거 책임과 관련된 사항들이 여러 가지 존재한다. 이와 같은 것들을 참작하건대, 현행법에서도 '<u>책임에 따라 차별적인 행형(교정)처우의 내용 형성</u>'이 많이 이루어지고 있어 응보나 일반예방도 부분적으로 인정하고 있다.

③ (○) 오늘날에는 일반적으로 응보형주의나 목적형주의, 일반예방주의와 특별예방주의 어느 한 이론에 의하여 형벌의 의미나 목적을 설명하지 않고 이들 이론의 장점을 결합시켜 형벌의 목적이나 본질을 설명하고 있다. 이를 '절충설' 또는 '결합설'이라고 하는데, 이는 우리나라나 독일의 통설이다. 이 절충설에 의하면 형벌의 목적을 단계별로 구별하여 입법단계에서는 형벌위협을 통한 일반예방이, 형벌선고 단계에서는 책임에 상응하는 응보가, 형벌집행의 단계에서는 특별예방(재사회화)이 주된 목적이 된다. 이것은 이른바 독일의 형법학자 록신(Roxin)의 "세 기둥 이론"으로도 교정학 분야에서 설명되고 있다. 이러한 입장에서 보면, 행형단계에서는 일반예방이나 응보가 아니라, 특별예방(재사회화)이 주된 목적이 되어야, 행형의 목적과 관련된 절충설에 부합된다.

④ (×) 특별예방이 수형자의 재사회화를 위하여 <u>제한 없이 인정된다고 한 내용이 옳지 않다</u>. 「헌법」은 행형(교정)에 대해서 근본적인 법원(法源)이 된다. 따라서 헌법의 기본권 보장원칙들에 의해 재사회화도 제한된다. 즉, 헌법은 입법자에게 국가와 수형자의 관계를 규율하는 데 필요한 일반적인 척도를 제시하고 동시에 교정당국의 행정행위를 헌법적 원칙에 구속시킨다. 헌법 중에서 교정에 대해 근본적 지침이 되는 것은 국민의 기본권에 관한 <u>규정(제10조~제37조) 및 법치국가원칙과 사회국가원칙 등의 지도이념이다. 재사회화(사회복귀)는 국가가 개인의 사회화과정에 개입하여 생활방식을 계획적으로 설정·조종한다는 의미에서 사회국가 원칙에 근거를 둔 국가작용이라 할 수 있다.</u> 사회국가란 모든 국민에게 생활의 기본적 수요를 충족시켜 줌으로서 건강하고 문화적인 생활을 영위할 수 있도록 하는 것이 국가의 책임일 뿐 아니라, 그것에 대한 요구가 국민의 권리(기본권)로서 인정되는 국가를 말한다. 수형자와 국가와의 관계에서 국가가 적극적으로 수형자를 개선시키고자 하는 재사회화 이념은 사회국가 원칙으로부터 나오는 배려이다(배종대·정승환, 행형학 80면).

정답 ④

📝 AI 예상 응용지문

❶ 형집행법의 적용 대상이 되는 자는 그 법적 지위가 동일하므로 형집행법의 목적은 단일하게 정의되었다.
(×)

❷ 형집행법 제1조가 규정하고 있는 형집행의 목적은 '수용자의 법적 지위에 합당한 처우를 하는 것'이다.
(○)

❶ 동일하므로(×) → 다르므로(○) / 단일하게(×) → 그 법적 지위에 따라 다르게(○)

---

14 수형자의 '재사회화' 목적에 대한 설명으로 옳지 않은 것은? AI 예상

① 범죄 원인을 개인적 차원보다는 사회적 원인에서 찾고자 할 때 적합하다.
② 자유 박탈에 의한 자유의 교육이라는 모순을 안고 있다.
③ 국가형벌권을 자의적으로 확장하여 인권 침해할 위험성을 안고 있다.
④ 범죄자가 사회규범에 적응하도록 강제로 교육하는 것은 인간의 존엄에 반한다는 비판이 있다.

해설

① (×) 이 문제에서 ①이 틀린 이유는 재사회화의 목적이 범죄 원인을 주로 개인적 차원에서 찾는다는 점이다. 재사회화의 개념은, 범죄를 저지른 개인이 사회에서 어떻게 잘못된 규범과 가치를 습득했는지

를 분석하고, 이를 교정하기 위한 과정을 의미한다. 그러므로 ①의 설명은 재사회화의 핵심적인 목표와 맞지 않으며, 개인의 책임과 행동 교정을 중시하는 재사회화의 맥락에서 틀린 지문으로 평가된다. 수험생은 이를 통해 재사회화가 어떻게 범죄자 개인에 대한 이해와 개선을 중심으로 이루어지는지를 잘 이해할 수 있어야 한다.

재사회화 목적의 특징은 첫째, 범죄학적으로 볼 때 결정론적 인간관을 전제하는 것이고, 둘째, 범죄 원인을 개인적 원인에서 찾는다는 점이며 셋째, 사회국가의 원칙의 한 표현이라는 점이다(배종대·정승환「행형학」55면).

☞ **출제의도**: 이 문제는 재사회화의 목적과 관련된 이론을 깊이 탐구하게 하고, 각각의 선택지가 재사회화의 특성을 어떻게 반영하는지를 살펴보도록 유도합니다. 출제 의도는 범죄의 원인에 대한 이해를 넓히고, 사회적 요인과 개인적 요인을 구분하는 것이며, 이를 통해 재사회화의 복잡성을 탐색하고 범죄예방의 이론적 기초를 강화하려는 것입니다. 특히, 재사회화의 개념을 통해 범죄자가 사회에 다시 적응할 수 있는 방법을 논의하고자 하는 목적이 드러납니다.

정답 ①

✚ 재사회화 목적 추구의 문제점

(1) 재사회화이념은 '자유박탈에 의한 자유의 교육'이 갖는 모순을 안고 있다.
  자율적으로 법을 준수하도록 재사회화시키는 것은 자유로운 생활에 대한 책임을 교육하기 위한 교정처우이므로 수용자의 자발성이 전제되어야 한다. 그런데, 그것을 위한 수단들인 시설내(구금)처우는 자유박탈과 강제적 통제이다. 따라서 수형자는 자유가 박탈된 강제적 상황에서 자유를 영위하는 방법을 배워야하는 모순 상황에 처하게 된다.
(2) 범죄자를 강제로 개선하는 것은 인간의 존엄과 가치 보장의 주된 내용인 '자기결정의 자유'를 침해하므로, 인간의 존엄과 가치에 반한다는 비판을 받고 있다.
(3) 재사회화 행형(교정)이 수형자의 사회복귀를 위한 교화·개선, 치료를 목적으로 하므로, 범죄자를 원조하는 인도주의적 의미가 있다고 주장하는데, 이는 형사제재로서 강제적 조치이므로 허구에 속한다는 비판이 있다.
(4) 특별예방주의에서 추구하는 재사회화는, 부정기형제도를 통해 범죄인이 교화 개선될 때까지 행형과정을 진행하여야 효과가 나타난다. 그러므로 이를 추구하다보면 책임 이상으로 형의 집행이 장기화되고 인권침해적인 조치가 늘어날 위험이 있다.
(5) 재사회화이념은 경험적 효과를 지향하지만, 재사회화 행형의 효과에 대한 경험적 연구가 거의 없고, 재사회화를 위한 교화·개선과 치료수단이 출소 후 재범방지에 별로 도움이 되지 않는다는 비판을 받고 있다. 왜냐하면 현재까지도 전과자의 재범률이 매우 높고, 그 비율이 감소하기보다는 오히려 증가하고 있음이 통계적으로 인정되고 있기 때문이다.

15 다음 중 범죄이론에 관한 설명으로 틀린 것은? '00. 9급

① 고전주의는 공리주의 철학 및 쾌락주의의 원리에 영향을 받았다.
② 실증주의는 현대 형벌에 있어서 교화개선철학의 기초를 마련하는 계기를 마련하였다.
③ 신고전주의는 어린이나 정신장애자들의 행위에 대해서 범죄적 책임을 경감하거나 묻지 않는다.
④ 실증적 범죄학파는 개인의 자유의사가 있는 것으로 본다.

📙 해설

① (○) 베카리아와 벤담으로 대표되는 고전학파가 중시했던 사항은 범죄행위에 대한 연구보다 형벌제도와 법제도의 개혁이었다. 그 당시 유럽 국가들은 자의(恣意)적이고, 공정하지 못한 사법적 판단에 의한 왜곡된 법체계 및 형벌체계를 두고 있었다. 고전학파의 과제는 이를 개선하는 것이었다. 고전학파가 인간

행위의 본질에 대해 가졌던 가정은 '쾌락주의'였다. 즉, 인간은 본질적으로 기쁨을 극대화하고 고통을 최소화하려는 속성을 지녔다고 보았다. 이러한 인식은 형사사법기관의 처벌을 통하여 범죄를 억제할 수 있다는 처벌의 범죄억제효과에 대한 논리적 배경이 되었다. 베카리아와 벤담은 법의 목적은 최대다수의 최대행복을 보장하여 주는 것이어야 한다고 하여 공리주의에 바탕을 둔 사법제도의 운영을 주장하였다. 그는 형벌부과의 목적은 범죄예방(일반예방)에 있으며, 이를 위해 가장 적은 비용을 사용해야 한다고 하였다. 이와 같이 고전학파가 등장하였던 기반 배경은 인간의 합리적 판단력(합리주의), 자유의지론(비결정론), 쾌락주의, 공리주의였다.

③ (○) 고전주의는 '동일한 범죄에 동등한 형벌' 원칙을 중시했다. 이 원칙이 적용되면 범죄행위만을 기준으로 객관적인 척도에 따라 범죄에 적절한 형벌이 부과된다. 그 결과 정신적으로 비정상적인 사람과 정상인이 똑같은 범죄를 범했거나 미성년자와 성인이 똑같은 범죄를 범했을 때에도 똑같은 형벌이 부과된다. 그러나 이러한 형벌 부과는 비현실적이다. 어떻게 정신병자와 정상인을, 미성년자와 성인을 동일하게 취급할 수 있겠는가? 이리하여 그 이후 19세기에 와서는 범죄자의 정신 상태나 연령 등 객관적인 상황에 대한 고려를 인정하는 방향으로 객관주의 범죄이론은 수정되었다. 이러한 주장을 '신고전주의'라고 한다. 신고전주의는 연령·정신상태 등 범죄자의 객관적인 상황에 대해서는 형벌의 개별화와 법관의 형벌부과 재량권을 인정하였다. 그러나 신고전주의에서도 범죄자의 성격이나 범행의도와 같은 심리적·주관적인 구체적 상황에 대한 고려는 인정하지 않았다. 한 가지 더 주의해야 할 점은, 일부 형사정책 교재에서는 '신고전주의'를 20세기 '현대고전주의'라는 개념으로 사용하기도 하므로 맥락에 따라 '신고전주의'가 어떤 개념으로 사용되었는지를 구분할 필요가 있다는 것이다.

④ (×) 실증주의는 사람들의 자유의지에 따라 본인의 행위가 선택된다고 보는 고전주의와는 달리, 인간의 행위는 소질·환경 등 개인이 자유의지에 의해 선택하거나 조정할 수 없는 여러 요인에 의해 결정된다고 보고 있다. 따라서 자유의지에 의하여 바꿀 수 없다면, 인간의 범죄행위를 결정하는 여러 요인을 치료·개선하는 것만이 사회에서 범죄를 줄일 수 있는 방안이라고 보았다. 이러한 경향은 특별예방주의, 주관주의 형법이론, 교육형주의, 교화개선주의로 전개되었다.

정답 ④

AI 예상 응용지문

❶ 실증주의 범죄학파는, 범죄자는 자신의 의지에 따라 의사를 결정하고 선택할 능력이 없으므로 교정을 통해서도 재사회화할 수 없다고 주장한다. (×)

❷ 고전주의 범죄이론가들은 범죄자와 범죄행위 설명(연구)에 중점을 두었다. (×)

❶ 없다고(×) → 있다고(○) ❷ 범죄자와 범죄행위(×) → 형벌의 기능(○), 범죄인과 범죄행위 그 자체 연구에 중점을 둔 범죄이론은 실증주의 범죄이론임. 이는 고전주의가 형벌 대상으로의 행위와 그에 대한 형벌에 중점을 둔 내용과 구분해야 함.

16 다음은 행형과 교정에 대한 비교이다. 가장 옳지 않은 것은?

① 행형은 형사정책적 합목적성을 추구하는 반면, 교정은 수형자의 사회복귀를 목적으로 하는 정책적 의욕이 담겨져 있다.
② 행형은 형식적·법률적 측면을 강조하는 반면, 교정은 실질적·이념적 측면을 강조한다.
③ 행형과 교정을 엄격히 구별하지 않는 것이 오늘날의 추세이다.
④ 행형은 교화개선을 우선시하지만, 교정은 응보·일반예방·고통 부과를 우선시한다.

해설

③ (○) 오늘날 '행형'과 '교정'을 엄격히 구별하지 않고 혼용하고 있다. 근래에는 '교정'이라는 용어가

더 많이 통용되고 있다. 그렇지만 행형과 교정은 반드시 동의어는 아니다.
④ (×) '행형'이라는 용어는 원래 응보주의·일반예방주의 입장에서 '자유형을 응보적으로 엄격하게 집행한다'는 개념이었으나, 오늘날에는 교화개선이라는 의미까지 내포하는 용어로 사용되고 있다. 따라서 연혁적으로 이해한다면 '행형'은 응보·일반예방·고통부과를 우선시하다가 현대에 와서 교화개선·재사회화까지 포함하는 개념으로 확장되었다. 교정(corrections)은 2차 대전 이후에 미국에서 처우(treatment)라는 용어와 같은 개념으로 일반적으로 사용되기 시작했다. 그러므로 '행형'을 '교정'이라고 표현하는 때에는 교화개선·재사회화를 다른 목적보다 강조하고 우선시한다.

정답 ④

17 교정학에 대한 설명으로 옳지 않은 것은? '14. 7급

① 교정학은 교화개선 및 교정행정과 관련된 일련의 문제들을 이론적·과학적으로 연구하는 학문이다.
② 교정학은 감옥학에서 시작되어 행형학, 교정교육학, 교정보호론의 명칭으로 발전해왔다.
③ 교정은 수형자에 대해 이루어지므로 교정학의 연구 대상은 형벌 부과 대상인 범죄인에 국한된다.
④ 교정학은 자유형의 집행과정 등을 중심으로 교정 전반에 관한 이념과 학리를 계통적으로 연구하는 학문일 뿐만 아니라 사회학, 심리학, 정신의학 등 관련 학문의 종합적 응용이 요청되는 분야이다.

해설

③ (×) 교정(corrections)이 취급하는 사람은 모두 범죄인이 아니다. 구치소나 보호관찰소의 관할대상자 등도 교정업무에 포함된다. 따라서 구치소에 수용되어 있는 미결수용자처럼 아직 유죄가 확정되지 않은 사람뿐만 아니라 형벌 부과 대상이 아닌 소년법상의 보호처분 대상자나 특별법상의 보안처분처럼 범죄의 우려가 있는 비행소년도 교정의 대상이다. 「형의 집행 및 수용자의 처우에 관한 법률」(이 다음부터는 이 법률의 약칭을 「형집행법」 또는 「법」으로 사용하기로 한다)은 수형자·미결수용자·사형확정자뿐 아니라 감치명령을 받은 자 등까지 '수용자'에 포함시켜 교정의 대상으로 규정하고 있다. 「같은 법」 제2조 참조.

정답 ③

18 교정학을 다음과 같이 정의할 때 교정학의 연구 대상에 포함되지 않는 것은? '07. 7급

> 교정학이란 형사제재 및 미결구금의 집행 방법에 관한 학문 분과를 말한다.

① 효과적인 사회봉사명령의 실시에 관한 사항
② 구치소 수용자의 관리에 관한 사항
③ 양형기준의 수립에 관한 사항
④ 가석방의 기준에 관한 사항

해설

제시문에서의 '교정학'은 '가장 넓은 의미의 교정(행형)을 연구 대상으로 삼는 학문'으로서의 의미를 지니고 있다. 가장 넓은 의미의 교정학의 의미로 사용된 개념이라면 시설내처우와 사회내처우까지 포함하는 내용이 교정학의 범주에 포함된다.

① (O) 형사제재에는 자유형이나 자유박탈 보안처분과 같은 시설내처우뿐 아니라 사회봉사·수강명령, 보호관찰, 전자장치 부착명령, 약물치료명령, 가택구금 등 사회내처우도 포함된다.
② (O) 구치소 수용자는 미결수용자가 주가 되므로, 협의의 교정(행형)으로서 교정학의 연구대상이다. **형집행법은 수형자뿐 아니라 미결수용자·사형확정자 등 '수용자'를 규율대상으로 규정하고 있다.**
③ (×) 양형기준의 수립절차(형의 종류와 그 강도(양)의 적절한 기준의 수립)는 형사제재의 집행방법에 속한다고 보기 어렵고, 형사제재의 결정과정인 소송절차를 연구대상으로 삼는 형사소송법학 내지 형법학의 연구대상이다. 형사소송법은 형집행법과 함께 형사절차법에 속하지만 「형사소송법」은, 형사제재의 확정을 전제로 자유형의 구체적인 실현방법을 규율하는 형집행법과는 달리, 무죄추정의 원칙을 전제로 형확정 이전까지의 형사절차 실현방법을 주로 규율하는 절차법이다.
④ (O) 가석방은 시설내처우를 받다가 사회내처우로 전환하는 자유형의 집행방식이므로, 그 기준에 관한 사항은 당연히 교정학의 주된 연구대상이 된다.

정답 ③

19 다음 중 협의의 교정개념에서 교정 대상에 해당하지 않는 것은?

① 수형자
② 미결수용자
③ 노역장 유치명령을 받은 자
④ 구금성 보안처분 대상자

해설

정답 ④

✚ 교정 개념의 네 가지 유형 분류

최협의의 교정(행형)	• 시설내처우 중 수형자(자유형+노역장 유치명령)의 형집행과정에서 이루어지는 처우만을 뜻하는 개념. 수형자(자유형 수형자와 노역수형자)에 대한 처우로 한정하는 개념.
협의의 교정(행형)	• 최협의의 교정에 형사피의자 또는 형사피고인에 대한 체포·구속영장의 집행 절차에서 이루어지는 처우를 더한 개념. 일반적으로 '행형'이라 하는 경우 이 개념임. • 시설내처우 중 교도소에서의 수형자에 대한 교정처우 및 구치소·교도소 미결수용실·경찰서 유치장에서의 미결수용자에 대한 교정 포함 • 「형의 집행 및 수용자의 처우에 관한 법률」에 의거하여 이루어지는 교정 • 우리나라의 교정개념은 규범학(법학)적으로는 협의의 교정이라는 관점에서 접근하고 있음
광의의 교정(행형)	• 협의의 교정에 구금성 보안처분(자유박탈적 보안처분)의 집행절차를 포함시킨 교정 개념 • 형벌 이외에 형벌을 보완·대체하는 형사제재로 재범위험성이 있는 범죄자에 대하여 국가가 시행하는 구금성 보안처분인 「치료감호법」에 의한 치료감호, 보호처분인 「소년법」에 의한 소년원 수용처분 등을 통한 교정까지 포함 • 「형의 집행 및 수용자의 처우에 관한 법률」, 「소년법」, 「보호소년 등의 처우에 관한 법률」, 「치료감호 등에 관한 법률」에 의거하여 이루어지는 교정
최광의의 교정	• 광의의 교정에 사회내처우를 포함시킨 교정 개념 • 시설내처우 외에 보호관찰, 사회봉사·수강명령, 갱생보호, 전자감시처분, 약물치료명령 등을 통한 교정까지 포함 • 「형의 집행 및 수용자의 처우에 관한 법률」, 「소년법」, 「보호소년 등의 처우에 관한 법률」, 「치료감호 등에 관한 법률」, 「보호관찰 등에 관한 법률」, 「전자장치 부착 등에 관한 법률」, 「보안관찰법」, 「벌금미납자의 사회봉사 집행에 관한 특례법」 등에 의거하여 이루어지는 교정 • 최광의의 개념은 '행형'이라는 개념으로는 그 의미를 담기에 부적절함 • 범죄사회학자들은 최광의의 교정 개념을 더 선호하고 있음 • 미국에서는 대체적으로 최광의의 개념으로 교정이 사용되고 있음

📝 **AI 예상 응용지문**

❶ 일반적인 행형개념에는 자유형 수형자 · 미결수용자 · 사형확정자의 처우 및 노역장 유치명령을 받은 사람의 수용, 갱생보호 등이 포함된다. (×)
❷ 노역장 유치명령을 받은 사람은 협의의 교정개념에는 포함되지 않으나 광의의 개념에는 포함될 수 있다. (×)

❶ 갱생보호 포함(×), 갱생보호는 사회내처우 제도이므로 해당 안 됨. ❷ 노역장 유치명령을 받은 사람은 노역수형자로서 최협의의 개념에도 포함되고, 좁은 의미의 교정 개념에도 포함됨.

20 교정학의 관심 분야로 가장 거리가 먼 것은? '97. 9급

① 범죄인의 악성 교정
② 범죄로부터의 사회방위
③ 범죄사실의 철저한 규명
④ 국가형벌권의 적정한 행사

📖 **해설**

③ (×) 사회전체의 범죄사실을 정확하게 파악하는 분야를 범죄현상론이라 한다. 범죄현상론과 범죄원인론은 범죄학 내지 형사정책의 주된 관심분야이다. 범죄현상론은 교정학의 연구 분야로는 거리가 멀다.

정답 ③

21 교정관계법에 대한 설명으로 옳지 않은 것은? '11. 7급 수정

① 헌법재판소는 가석방은 형기만료 전에 조건부로 수형자를 석방하는 제도로서 수형자의 권리라고 보았다.
② 갱생보호의 신청 및 조치에 관한 사항은 「보호관찰 등에 관한 법률」에 규정되어 있다.
③ 「형의 집행 및 수용자의 처우에 관한 법률」에서 수용자에는 수형자, 미결수용자, 사형확정자는 물론 감치명령을 받은 자 등도 포함한다.
④ 수형자에 대하여는 교육 · 교화프로그램, 작업, 직업훈련 등을 통하여 교정교화를 도모하고 사회생활에 적응하는 능력을 함양하도록 처우하여야 한다는 수형자 처우의 원칙을 명시하고 있다.

📖 **해설**

① (×) 헌법재판소는 가석방에 대해 수형자의 권리로 인정하지 않고, 법률이 정한 요건을 충족하는 경우 재량에 따라 허용되는 제도라고 보았다. 가석방은 형이 확정된 후 일정한 기간이 지나고 수형자가 개선 가능성이 있다고 판단될 때, 조건부로 석방하는 제도이지만, 이를 수형자의 법적 권리로서 보장하는 것은 아니다. 따라서 수형자는 가석방을 요구할 권리를 갖지 않으며, 가석방이 허가되지 않는 경우에도 헌법적 권리가 침해된 것은 아니다. 헌법재판소 2004. 3. 25. 선고, 2003헌마246 결정 참조.
④ (○) 「형집행법」 제55조(수형자 처우의 원칙) 참조.

정답 ①

22 「형의 집행 및 수용자의 처우에 관한 법률」의 기능과 가장 거리가 먼 것은?

① 보장적 기능
② 형식적 기능
③ 강제적 기능
④ 규범적 기능

해설

② (×) 형식적 기능(×) → 형제적 기능(○). 형제적 기능이란 교정(행형)을 위한 제도를 창설하는 기능을 말한다.

정답 ②

✛ 「형의 집행 및 수용자 처우에 관한 법률」의 기능

규범적 기능	교정(행형)과 관련하여 행해지는 행위나 발생 상황에 대하여 적법·위법의 기준을 제시하여 법적 효과를 평가하는 기능(평가 규범, 의사결정 규범)
보장적 기능	구금 고유의 고통을 그 이상으로 증대시키는 것을 방지하고(고통증대 금지의 원칙), 수용자의 인권을 최대한으로 존중하고 합리적 이유 없이 차별받지 아니하도록 인권을 보장해주는 기능. '수용자의 마그나 카르타'로서의 기능이라고도 한다.
강제적 기능	수용자의 법령을 의무적으로 준수하게 하고 교도관의 직무상의 지시에 복종할 의무를 부여하며, 법령을 위반한 경우 강제적으로 이를 실행시키는 기능. 「법」제105조 "수용자는 교도관의 직무상 지시에 복종하여야 한다." 참조
형제적 기능	교정(행형) 제도의 형태와 처우 내용을 창설하는 기능, 이 기능이 유지되어야 하므로 교정제도는 관습법이나 관례에 따라 창설되어서는 아니 되며 법령에 근거하여 운영되어야 한다.

23 「형집행법」에 관한 기술로서 적절하지 않은 것은?

① 행형에 관한 최고의 법원(法源)은 「형집행법」이다.
② 「형집행법」의 법원은 원칙적으로 법률인 성문법주의에 의한다.
③ 형법·형사소송법도 실질적 의미의 「형집행법」이다.
④ 행형관습법은 성문법에 대해 보충적으로만 적용될 수 있다.

해설

① (×) 「헌법」도 실질적 의미의 「형집행법」으로서, 형 집행의 법원이 될 수 있다. 즉 「헌법」의 적법절차 조항과 각종 기본권조항은 수형자처우에 있어서 최고의 규범으로 기능한다.

정답 ①

24 다음 중 「형집행법」의 특성을 가장 잘 나타낸 것은?

① 「형집행법」은 합목적성과 법적 안정성을 동시에 이념으로 추구한다.
② 「형집행법」은 철저히 합목적성에 지배된다.
③ 「형집행법」은 사법법(司法法)이다.
④ 「형집행법」은 법적 안정성을 특히 강조한다.

해설

① (○) 「형집행법」은 사법적(司法的) 색채가 강한 행정법이므로 법적 안정성과 구체적 타당성을 추구하

는 합목적성의 두 원리가 상호보완적으로 적용된다.

정답 ①

25 「형의 집행 및 수용자의 처우에 관한 법률」의 성질에 관한 설명으로 옳지 않은 것은?

① 국가와 수용자 간의 공법적인 관계를 규율하는 공법이다.
② 형벌권의 발생요건을 규정한 형법과 마찬가지로 실체법이다.
③ 배분적 정의에 입각하여 범죄로부터 사회를 보호하고, 공공의 안녕과 질서유지라는 공익을 추구하는 형사법이다.
④ 형의 집행 및 수용자의 처우에 관하여 국가권력에 의하여 강제적으로 일방적인 법적 효과를 발생시키는 강행법이다.

해설

② (×) 「형집행법」은 형벌의 구체적 실현을 위한 절차를 규율하는 절차법의 일종이다. 이 법은 형벌의 요건과 내용을 정하는 실체법인 「형법」과 달리, 형사절차를 통해 확정된 자유형(노역장 유치 포함)의 내용을 구체적으로 실현하는 방법을 정하는 법률이다. 「형사소송법」도 절차법이지만 형집행법은 형소법과는 달리, 형벌의 확정을 전제로 자유형의 구체적인 실현 방법을 규율하는 점에 특색이 있다.

정답 ②

26 교정의 이념에 대한 설명으로 옳지 않은 것은? '16. 5급(교정관) 승진

① 교화개선(rehabilitation)은 범죄자에 초점을 맞춘 것으로 재소자들에게 기술과 지식을 습득하게 하여 사회복귀를 도모하는 것이다.
② 선택적 무력화(selective incapacitation)는 범죄자의 특성에 기초하여 행해지고, 범죄자의 개선을 의도하지 않는 점에 특색이 있으며, 비슷한 정도의 범죄를 저지른 사람들에게 비슷한 정도의 장기형이 선고되어야 한다는 입장이다.
③ 응보주의(retribution)는 탈리오(Talio)법칙과 같이 피해자에게 가해진 해악에 상응하는 처벌을 하는 것이다.
④ 억제(deterrence)는 처벌의 확실성, 엄중성, 신속성의 3가지 차원에서 결정되므로 재소자에 대한 엄정한 처벌이 강조된다.
⑤ 정의모델(just deserts)은 사법기관이나 교정기관의 재량권 남용에 대하여 비판하고 부정기형의 폐지를 주장한다.

해설

② (×) 비슷한 정도의 범죄를 저지른 사람들에게 비슷한 정도의 장기형이 선고되어야 한다는 입장이다 (×). 선별적 무능화는 응보와는 달리 미래지향적이고, 일반제지(일반예방)와는 달리 범죄의 특성이 아니라 범죄자의 특성에 기초하며, 교화개선(특별예방)과 달리 범죄자를 개선하고자 의도하지 않는다. 또한 정의모델은 비슷한 행위에 비슷한 정도의 정기형이 선고되어야 한다고 하는데, 이와 달리 선별적 무능력화는 비슷한 정도의 범죄를 범했다 해도 위험성이 높은 범죄자일수록 장기형이 차별적으로 길게 선고되어야 한다는 입장이다.

정답 ②

CHAPTER 02 교정의 역사와 발전과정

01 교정의 세계사적 발전과정과 관련한 다음 내용 중 틀린 것은? '07. 9급

① 세계적인 교정의 흐름은 복수적 단계, 위하적 단계, 교육적 개선단계, 과학적 처우단계, 사회적 권리보장단계로 발전하였다.
② 위하적 단계는 개인적인 형벌에 입각한 속죄형제도를 그 내용으로 하며 대표적인 법전은 카롤리나형법전이다.
③ 탈리오(Talio)법칙이란 범죄행위에 대한 처벌로서 동해보복(同害報復) 사상이라고도 한다.
④ 사회적 권리보장단계는 보호관찰, 가석방, 중간처우 등의 사회 내 처우프로그램들이 중시된 시기이다.

해설

② (×) '속죄형제도'는 복수적 단계 시대에 해당한다. 이 시기에는 잔혹하게 무한정한 사적(개인적)인 복수가 이루어지고 있었다. 이를 제한하고자 했던 방안이 동해보복(同害報復)사상인 탈리오 법칙이었고, 또 한 가지는 복수를 대신하여 속죄금을 받아들이는 속죄형제도였다. 위하적 단계에 오면, 개인적(사적)인 형벌에 입각한 사(私)형벌 대신 국가가 독점하는 형벌인 강력한 공(公)형벌제도가 주류를 이루게 된다. 이 시기에는 준엄하고 잔인한 형벌이 공개적으로 시행되었고, 상설적인 법원은 없었고 순회판사제도가 있었다. 이러한 형벌제도를 규정한 대표적인 법률이 1532년 제정된 「카롤리나형법전」이었다.

정답 ②

02 교정제도의 역사적 발전단계를 바르게 나열한 것은?

① 위하적 단계→복수적 단계→교육적 개선단계→과학적 처우단계→사회적 권리보장단계
② 복수적 단계→위하적 단계→과학적 처우단계→교육적 개선단계→사회적 권리보장단계
③ 복수적 단계→위하적 단계→교육적 개선단계→과학적 처우단계→사회적 권리보장단계
④ 위하적 단계→복수적 단계→과학적 처우단계→교육적 개선단계→사회적 권리보장단계

해설

③ (○) 형벌사조를 중심으로 형벌의 역사를 시대 구분하는 경우 복수적 위하단계 → 교육적 개선단계 → 과학적 처우단계 → 사회적 권리보장단계로 분류하기도 하고(허주욱, 139~151면), 복수형 시대 → 위하형 시대 → 형벌의 인도화 시대 → 형벌의 과학화 시대 → 수형자의 인권 강화시대, 또는 복수적 단계 → 위하적 단계 → 교육적 단계 → 과학적 처우단계 → 사회적 권리보장단계(이윤호, 49~51면), 복수단계 → 응보·위하단계 → 교육적 개선단계 과학적 처우단계 → 사회적 권리보장단계(대한범죄학회 편, 범죄학개론, 392~396면)로 분류하기도 한다. 수험생들은 전체적인 흐름만 이해하면 된다. 여러 분류는 형벌 내지 교정제도 발전단계에 대한 용어만 다를 뿐이지 전체적인 흐름의 맥락에는 차이가 없기 때문이다.

정답 ③

교정제도의 역사적 발전

복수적 단계 (복수 및 속죄형 시대)	• 고대 씨족사회, 부족사회에서 고대국가 형성 시 감정적 잔인한 복수가 행해진 시기. • **사적(개인적) 복수가 질서유지의 주요 수단이고, 피해자 측의 복수가 정의(justice)로 인정됨(응보주의) – 개인적 형벌에 입각한 복수주의(사(私)형벌 시대)** • 복수를 완화하기 위한 방안으로 "눈에는 눈, 이에는 이"로 표현되는 동해보복형(同害報復刑, talio 사상), 가해자의 속죄금을 받고 가해자를 용서하는 속죄형제도 등이 나타남.
위하적 단계 (위하주의 형벌 시대)	• 고대국가부터 18세기 이전까지 • 통치권의 확립과 군주권의 위엄을 꾀하는 차원에서 형벌이 국민에게 공포심을 주고 위협하기 위한 심리적 강제 수단으로 행사됨(위하주의, 엄벌주의) • **형벌이 매우 준엄하고 형의 집행도 잔인하였으며 사형(死刑)·신체형 위주로 운영됨.** • 형벌은 범죄에 대한 응보로 이해되었으나, 사적인 복수시대에 비하면 국가에 의해 질서화된 형벌제도 운영 – 공(公)형벌제도 확립 • 로마의 형법 및 16세기 신성로마제국의 카롤리나(carolina)형법전이 대표적이고, 근대 유럽의 절대왕정시대에도 매우 전단(專斷)적이고 가혹한 위하주의 형벌 시행 • 행형이 야만적이고, 교육적 목적이 전혀 고려되지 않음 • 구금시설로는 음침한 지하의 동굴·성벽의 폐허(우리) 등이 주로 이용됨
교육적 개선단계 (형벌의 법률화 시대)	• 18세기에서 19세기 중엽까지 • 18세기 계몽사상의 영향으로 개인주의·박애주의·합리주의, 형벌의 법률화시대 확립 – 야만적인 형벌을 비판하고 범죄와 형벌 사이의 균형 강조 • **위하적 혹형(가혹한 형벌)에서 관형(관대한 형벌)으로, 죄형천단(전단)주의에서 죄형법정주의로, 생명·신체형 중심에서 자유형 중심으로 전환된 시기** • 자유형의 자유박탈은 응보적·위하적·배해적(排害的:해악을 물리치는) 목적에서 교정적·개선적·교화적 목적으로 전환됨 • 국가는 수형자의 개선을 위하여 근로에 의한 교화개선에 중점을 두기 시작함. 16세기 말 네델란드의 암스텔담 노역장에서부터 시작됨 • 미국의 펜실바니아제, 오스트레일리아·영국의 누진제 등이 이 단계에 시행됨
과학적 처우단계 (형벌의 개별화 시대, 국제적 배려 시대)	• 19세기 후반부터 20세기 중엽까지 실증주의 시대– 범죄원인의 과학적 해명과 특별예방 목적지향적 형사정책 추구 • **형벌도 범죄에 대응할 것이 아니라 범죄인 개개인의 반사회적 성격에 대응해야 한다고 보아 개별화되고, 범죄적 성격을 개선·교육하여 범죄자의 사회복귀(재사회화)에 이바지하기 위한 것으로 변화됨(처우의 개별화 중시, 재사회화 이념 정립)** • 의료(치료)모델이 중시되어 교도관은 범죄병을 치료하는 의사로서의 역할이 요구되었고, 행동과학적 접근방법으로 범죄자를 치료하고자 하였음 • 교정시설은 수형자의 교육과 사회복귀를 위한 직업훈련시설을 구비하고, 위생·의료(치료)를 고려한 현대적 시설로 운영됨
사회적 권리보장단계 (수형자 인권 강화 시대)	• 제 2차 세계대전 이후부터 현재까지 • 의료모델의 실패로 재통합모델과 정의(사법)모델 등장 • 사실내처우보다 보호관찰·가석방 등 사회내처우에 보다 더 주목 • 1970년대 이후 인권운동이 전개되면서 애티카주립교도소 폭동사건을 계기로 **수형자의 권리구제제도가 정립되고 특별권력권론 및 불개입주의(hands-off doctrine)포기로 수형자의 권리제한에도 법률유보의 원칙 적용, 사법적 권리구제 인정** • 헌법상 보장된 권리들이 수형자들에게도 폭넓게 인정되어 수형자의 사회적 권리보장을 위한 교정제도로 개선됨, 수형자도 기본권의 주체로 인정됨

03 교정제도의 역사적 발전 단계를 시대순으로 바르게 나열한 것은? '19. 7급

> ㄱ. 일반예방에 입각한 심리강제와 가혹하고 준엄한 형벌부과를 강조하였다.
> ㄴ. 실증적인 범죄분석과 범죄자에 대한 개별적 처우를 실시하였다.
> ㄷ. 인간다운 삶의 권리, 법률구조, 종교의 자유 등 헌법상 보장된 기본적 인권을 수형자들에게도 폭넓게 인정하였다.
> ㄹ. 공리주의의 영향을 받았으며, 국가형벌권의 행사에 있어서도 박애주의 사상이 도입되었다.

① ㄱ → ㄴ → ㄹ → ㄷ
② ㄱ → ㄷ → ㄹ → ㄴ
③ ㄱ → ㄹ → ㄴ → ㄷ
④ ㄴ → ㄱ → ㄷ → ㄹ

해설

③ (○) ㄱ. 위하적 단계, ㄴ. 과학적 처우단계, ㄷ. 사회적 권리보장단계, ㄹ. 교육적 개선단계, 교정제도는 복수적 단계 → 위하적 단계 → 교육적 개선단계 → 과학적 처우단계 → 사회적 권리보장단계 순으로 발전해왔다.

정답 ③

04 교정의 역사에 관한 설명으로 틀린 것은? '07. 5급(교정관) 승진 수정

① 중세시대 형벌은 응보 및 범죄예방이 목적이었다.
② 현대 교도소제도의 뿌리는 중세 수도원 제도에서 찾을 수 있다.
③ 펜실바니아제는 복종적인 시민을 양성하는 것을 목표로 했고 20세기 산업교도소의 전신이라고 볼 수 있다.
④ 미국 서부개척시대에는 살인, 방화, 말도둑 심지어 부모에 대한 불경죄까지 포함한 다양한 범죄행위에 대해 사형이 적용되었다.
⑤ 펜실바니아제도와 오번제도는 현대 교정의 원형이라고 할 수 있다.

해설

③ (×) 엄정독거제인 펜실바니아제(Pennsylvania System)는 '정직한 사람 양성'을 목표로 했고, 종교적 수공업사회를 지향했다. 오번제(Auburn System)은 '복종적인 시민양성'을 목표로 했고, 공장에서의 대량생산을 지향해서 '20세기 산업교도소의 전신'이라는 평가를 받고 있다. 오번제는 펜실바니아제를 비판하고 그 폐해를 방지하기 위해 창안되어 펜실바니아제를 쇠퇴시키고 1823년 이후 19세기 구금제도의 주류로 발전했다.

정답 ③

제1절 우리나라 교정의 발전과 역사

01 우리나라 과거 교정제도에 대한 설명으로 틀린 것은? '99. 5급(교정관) 승진

① 교도소라는 명칭을 사용한 것은 정부수립 직후부터이다.
② 고조선시대에는 철저한 응보형주의였다.
③ 삼국시대에는 뇌옥이 있었다는 기록이 있는데, 이 시기 감옥 명칭으로 영어(囹圄), 형옥(刑獄), 수옥(囚獄) 등이 사용되었다.
④ 조선시대의 형벌의 종류로는 태·장·도·유·사형의 5형이 있었다.
⑤ 조선시대 행형관장기구로는 형조, 의금부, 한성부 등이 있었다.

해설

① (×) '교도소'로 개정된 때는 1961년 제1차 행형법 개정 시이다.

정답 ①

AI 예상 응용지문

❶ 고조선시대에는 속전 제도가 있었다. (O)
❷ 상고시대인 부여국에는 뇌옥이 있었고, 이 뇌옥은 원형옥으로서 신라·고려·조선으로 이어져 1914년경까지 우리나라의 전통적인 감옥형태로 유지되었다. (O)
❸ 고조선은 탈리오법칙으로 대표되는 동해보복적 형벌만 인정되었다. (×)
❹ 부여·신라에는 원형옥이 있었고, 이 전통옥의 형태는 전옥서로도 계승되어 2천년 이상 계속 유지되었다. (O)

❸ "남을 때려 다치게 한 사람은 곡식으로 보상한다", "남의 물건을 훔친 사람은 그 물건의 주인집의 노예가 되어야 한다. 만약 풀려나려면 50만 전을 내야 한다"는 규정처럼 동해보복적 형벌이 아닌 배상적 형벌로서 속전 제도도 있었다.

02 우리나라 근대 행형이 시작된 때는 언제인가? '96. 7급

① 갑오개혁 이후
② 조선감옥령 실시 이후
③ 행형법 실시 이후
④ 제1차 행형법 개정 이후

해설

① (O) 갑오개혁(1894년)을 계기로 하여 종래 전통적인 5형(태·장·도·유·사형) 중심의 형벌체계가 근대 자유형 중심의 행형체계로 전환되었다. 즉, 고려·조선시대에도 자유형으로서 도형과 유형이 운영되었으나 구금시설 내에서 작업을 부과하고 수용·계호·접견·급여·의료 등의 처우를 제도적으로 보장하는 근대적 자유형이 생성되고 규율(법)주의 행형이 정착된 것은 1894년 11월 5일 일본의 「감옥칙」을 바탕으로 해서 「감옥규칙」이 제정되고, 1895년 5월 1일 제정된 「경무청관제」에 '감옥서'의 직제 및 직무 등이 규정되면서부터이다. 이어서 1895년 「징역처단례」를 제정하여 종전의 유형·도형을 징역형으로 바꾸고, 유형은 국사범에 한하여 존속토록 함으로써 징역형이 보편적인 형벌로 정착되기 시작했다.

정답 ①

> **AI 예상 응용지문**
>
> ❶ 근대적인 자유형제도가 확립된 시기는 한일합방 이후이다. (×)
> ❷ 조선시대 관찰사는 유형 이하의 사건에 대해서만 형벌권이 있었고, 군·현의 수령은 장형 이하의 사건에 대해서만 형벌권을 가지고 있었다. (○)
> ❸ 조선시대에는 구금 자체를 형벌로 인정하였다. (×)
> ❹ 도형은 당률의 영향을 받아 고려형법에서 처음 도입했고 받드시 장형이 병과되었다. (○)
> ❺ 태형은 갑오개혁 당시 완전히 폐지되었으나, 장형은 1920년까지 시행되었다. (×)
>
> ❶ 한일합방(×) → 갑오개혁(○)
> ❸ 인정하지 않음.
> ❺ 태형과 장형의 뒤바뀐 설명임.

03 다음 중 우리나라 행형사와 관련하여 가장 적절하지 않은 것은? 'AI 예상

① 갑오개혁 시 「감옥규칙」에 의해서 기결감과 미결감을 분리하기 시작했다.
② 1945년 해방과 동시에 '감옥'에서 형무소로 명칭을 변경하였다.
③ 미군정시대에는 석방청원제도가 있었다.
④ 「감옥규칙」에서는 판사와 검사의 감옥 순시를 명시하였다.

해설

④ (○) 「감옥규칙」은 우리나라의 근대적 행형법의 효시(최초·근원)로 인정되고 있다. 이에 의해 기결감과 미결감의 구분, 판·검사의 감옥순시, 수용자의 준수사항 규정 등이 명문화되었다.
② (×) '감옥'에서 '형무소'로 개칭된 것은 1923년 일제강점기부터이다.
③ (○) 미군정시대에는 '수용자 석방청원제도', '선시제도' 등이 도입되었고, 형구를 제한하였고 징벌제도도 개선되었다.
☞ **출제의도**: 이 문제는 법제의 역사적 발전과정, 제도의 변화, 그리고 그에 대한 정확한 지식을 평가하고자 하는 목적이 있습니다.

정답 ②

04 조선시대의 형벌제도에 관한 설명으로 틀린 것은? '06. 9급

① 유교적 인본주의에 입각하여 사형에 관하여 3복제를 실시하였다.
② 죄수의 구금은 주로 의금부에서 시행하였다.
③ 부가형으로는 자자형, 윤형, 금고 등도 시행되었다.
④ 사형수 외의 죄수로 친상을 당한 경우에는 현행법 규정의 특별귀휴와 같이 죄수를 석방하여 상을 치르게 하였다.

해설

고려시대에는 예(禮)·형(刑) 등의 율령을 편집했던 일은 있었으나 완전한 법전의 편찬과 반포는 없었다. 그러나 조선시대에는 태조 때「경제육전」을 반포한 이래로「경국대전」,「대전회통」등 법전이 편찬되었고, 이들 법전(法典) 가운데「형전(刑典)」은 형사법의 법원(法源)을 이루었다. 특히 「경국대전」의 「형전」은 조선시대의 형사법체계의 기본을 이루었다. 이러한 법전의 존재는 오늘날의 '죄형법정주의' 취지에 가깝다. 조선시대의 형벌은 고려와 마찬가지로 태(笞)·장(杖)·도(徒)·유(流)·사(死)형 등 5형을 기본으로 하였으나, 도형과 유형 등 자유형이 확대되었고, 형률(刑律)의 집행에서 관리에 의한 자의적인 남용을 막기 위해 감독체계를 강화하였으며, 형벌집행의 방법 등이 성문법규에 의해 통일되었다.
조선시대에는 행정과 사법이 엄격히 분리되지는 않았지만 인신을 구속할 수 있는 기관을 직수아문(直囚衙門)이라 하여 일정한 국가기관으로 한정하였다. 직수아문은 죄인을 감금할 수 있는 권한이 있는 병조·형조·의금부·한성부·사헌부·승정원·장예원·종부사·사간원·관찰사·수령과 중기 이후 비변사·포도청 등이 이에 해당되었다.
감옥은 범죄의 혐의가 있는 자에 대하여 수사·재판의 형사절차를 거쳐 형을 집행하기 이전까지 미결구금을 담당하는 시설이었고, 구금 그 자체가 형벌로서 인정되지 않았으며, 직수아문에 부설되어 운영되었다. 그러나 '전옥서'는 죄수의 수용을 전담하는 기관으로서 고려 초기에 처음 설치되어 조선시대에까지 계승·운영되었다. 전옥서는 형조에 소속되어 중앙의 죄수를 구금·관리하는 기관이었다. 전옥서에는 주로 상민(常民)이 수용되었으므로 '상민감옥'이라 불렸고, 의금부의 옥(獄)은 주로 양반을 수용하였으므로 '양반감옥'으로 불려졌다. 전옥서는 갑오개혁 이후 경무청 '감옥서'로 바뀌었고, 다시 '종로감옥'으로 개칭되었고, 그 후 서대문감옥(현 서울구치소의 전신) '종로출장소'로 사용되다가 1921년에 이르러 폐지되었다. 고려·조선시대의 대표적 교정시설이었던 전옥서는 원형의 형태였다. 이 원형옥(圓形獄)은 부여국 이래 신라, 고려, 조선 그리고 한일합방 이후인 1914년경까지 2천년 이상 원형의 형태로 전래되어 왔다. 원형옥을 짓고 사용해 온 의미는 '범죄인을 어질고 의롭게 다스려 교육하고 개선시키자'는 취지였다.
① (O) 사형은 삼복제(三覆制·세 번 심리하는 제도)를 시행하여 형조의 상복사(詳覆司)에서 복심(2심)을 담당하고, 최종적으로는 국왕의 재결(裁決)에 의해서만 집행할 수 있게 하였다. 또한 형벌권의 남용에 대하여 엄중한 형사적 처벌을 가하고, 각 지방에는 훈도(訓導)·검률(檢律)이라는 율사를 중앙에서 파견하여 관찰사의 사법업무를 보좌케 하였다. 그리고 관찰사는 유형 이하의 사건만을 관할하게 하였고, 군·현의 수령은 장형 이하만 관할케 하였다.
② (×) 죄수를 수용하는 전담시설은 전옥서였다. 의금부는 왕의 명령에 의해 특수범죄를 재판하는 특별사법기관으로서 왕실·왕족에 대한 범죄, 관기를 문란케 한 범죄, 국사범·역모 및 반역죄의 사건 등을 관할하였고, 옥(獄)은 의금부에 부설되어 일시적으로 특별한 죄수들만 수용하였다. 의금부는 죄수의 수용을 전담하는 기관이 아니었다.
③ (O) 부가형으로 자자(刺字)형은 신체의 어느 부위에 먹물로 글씨를 새겨 넣는 형벌이었다. 자자형 중 얼굴에 글씨를 새기는 '경면(黥面)'이라는 제도도 있었다. 자자형은 주로 절도범으로 장형·도형·유형에 처해진 자에게 가해졌는데, 이는 일반 백성에게 그가 전과자임을 알려 수치심을 갖게 하는 동시에 요시찰자로 관리하기 위한 목적을 지니고 있었다. 그 외의 부가형으로는 권리 제한적 명예형인 윤형(閏刑)·금고가 있었고, 범죄인과 그 가족을 노비로 삼는 '노비몰입', 전 재산을 몰수하는 '재산몰수' 등이 있었다. 또한 피해자에게 배상하게 하는 피해배상제도도 있었다.

정답 ②

05 우리나라 행형의 역사에 관한 내용 중 옳지 않은 것은? '07. 9급

① 고조선시대의 행형은 8조법금 등에서 나타난 바와 같이 복수적 응보가 강하였다.
② 조선시대 형벌 가운데 도형(徒刑)과 유형(流刑)은 오늘날 자유형과 유사한 성격을 지녔다.
③ 일제침략기에는 일본 행형법규를 그대로 의용(依用)하여 근대적 교육형주의 행형을 시행하였다.
④ 미군정시대에는 재소자석방청원제도가 있었다.

해설

①, ② (O) 세계사적으로 고대·중세 시대의 형정(刑政)은 응보적 형벌관과 엄벌(엄격한 형벌)주의에 따른 것이었다. 우리나라도 이와 마찬가지로 고조선시대, 부여 등 부족국가 시대, 삼국시대의 형벌제도도

복수적 응보가 강하였다. 고구려는 소수림왕 때(373년)에 율령(律令·고대국가의 법률, '율'은 형벌 법규이고 '령'은 행정 법규)을 반포하고 형률(刑律)을 정비하였다. 이때에는 오늘날처럼 민·형사 사건의 개념구별은 없었으며 범죄에 대한 준엄한 형벌로 다스렸다. 백제는 삼국 중 가장 먼저 고이왕 때(206년) 율령을 반포하였다. 신라는 법흥왕 때(520년)에 율령을 반포하였다. 삼국시대나 그 이전 시대에 대한 기록에서도 감옥과 감옥을 관장하는 기관들이 나타난다. 부여에는 '뇌옥(牢獄)'이 있었고, 백제에서는 조정좌평(朝廷佐平)이 형옥(刑獄)을 관장하도록 하였고, 고구려·신라에도 뇌옥에 관한 기록이 있다. 삼국시대에는 감옥은 죄수를 가두어 두는 곳일 뿐 범죄인을 처벌하는 장소가 아니었다. 즉, 미결수를 수용하거나 사형이나 신체형 등을 집행할 때까지 구금해 놓는 장소로 사용하였지 오늘날처럼 구금 그 자체가 하나의 자유형으로 활용되지는 않았다. 우리나라에서 감옥이 형벌집행시설로 사용되기 시작한 것은 고려시대 이후 도형(徒刑)이 독립적인 형벌로서 제도화되면서부터이다. 도형은 오늘날의 징역형과 유사한 형벌로서 죄를 범한 자를 형옥에 구금하여 소금을 굽거나 쇠를 달구는 등의 노역에 종사하게 하는 형벌이다. 도형은 군·현 등 관아에서 집행하였으며, 전국의 도형수(徒刑囚)에 대하여는 형조에서 총괄 관리하였다. 유형(流刑)은 중한 죄를 범한 자를 먼 지방으로 귀양 보내어 죽을 때까지 돌아오지 못하게 하는 형벌로서 형의 기간이 정해지지 않는 무기형인 것이 특징이다. 유형은 거주이전의 자유를 박탈하는 형벌이므로 자유형의 성격을 지니고 있다.

③ (×) 일제 강점기의 감옥에서는 서구의 행형제도가 유입되면서 행형이 어느 정도 근대적 형태를 갖추었다. 수형자의 교회(敎誨·잘 가르치고 타일러서 지난날의 잘못을 깨우치게 함), 누진처우제도 등을 실시하고「재감자(在監者) 급여 규정」을 제정하여 급식의 기준을 마련하였으며, 수용절차·예산운용 등의 형무행정(刑務行政)이 체계화되었다. 교정관계법규에 있어서는 일본「감옥법」을 비롯한 일본 형집행법규를 의용하였고, 행형관계 기본법령에서는 목적형 사상을 표방하고 있었다. 그러나 외형적으로는 일본 행형법규를 의용한 것과는 달리 실제에서는 응보와 위하, 구금과 격리가 우선되었다. 그것은 일제하의 감옥이 식민통치를 위한 강압수단이라는 본질적 한계가 있었기 때문이다. 따라서 감방의 시설은 비위생적이고 비인간적이었으며, 재소자에 대한 처벌과 고문이 당연시되었고 재소자에 대한 처우는 권위주의와 엄형(嚴刑)주의에 근거하였다.

④ (○) 미군정시대에는 과도기적 시기였지만, 부분적으로나마 미국교정의 이념에 근거를 두어 수형자 인권을 보호하고 처우를 개선하려는 시도가 진행되어, 우리나라에서 본격적으로 교화이념을 근거로 한 교정이 시작되는 계기를 마련하였다. 이 시기에 도입된 교정제도로는 재소자석방 청원제도, 선시제도 등이 있고, 형구사용의 제한 및 징벌제도의 개선 등도 시도되었다.

정답 ③

06 우리나라 가석방제도의 역사적 발전에 관한 설명으로 옳지 않은 것은? '07. 7급

① 고려·조선시대의 휼형(恤刑)제도는 가석방과 유사한 측면을 가지고 있었다.
② 1905년 형법 대전에 규정된 보방(保放)규칙은 죄수를 일시 석방할 수 있도록 하였다.
③ 1908년 개정 형법대전은 종신형 수형자에 대해서는 가방(假放)을 불허하였다.
④ 미군정 하에서 실시된 우량수형자 석방령은 선시제(Good Time System)의 성격을 가진 것이다.

해설

① (○) '휼형(恤刑)'이란 '범죄인에 대한 수사·재판·형집행 과정에서 규정을 엄중하게 지키도록 하고, 그 절차를 공정하게 진행하되 사건 처리를 신중히 하고 범죄인을 불쌍히 여겨 성심껏 보살피며 용서하는 방향으로 흠휼(欽恤·죄수를 신중하게 심의함)하는 일체의 행위'를 의미한다. 즉, 형벌을 가능한 한 가볍게 하고 죄수를 보호하는 조치를 말한다. 휼형은 삼국시대에도 시행되었다는 기록이 있고, 고려를 거쳐 조선 후기(영·정조 시대)로 오면서 더욱 폭넓게 적용되었다. 조선의 모든 형사법에는 반드시 휼수(恤囚)에 관한 구체적인 규정을 두어 억울하게 옥에 갇히거나 죄수의 처우를 소홀히 하는 일이 없도록 특별히 배려하였다. 휼형의 일환으로는 오늘날 귀휴제도나 구속집행정지·형집행정지와 같은 성격을 지닌 것으로는, 사형수 이외의 죄수가 친상을 당한 경우에는 상을 치르도록 일시적으로 석방하는 제도를

들 수 있다. 그리고 가석방과 유사한 제도로는, 나이가 70세 이상이거나 15세 이하인 자가 도·유형 집행 중인 경우, 또는 죄인이 도·유형 집행 중 조부모 또는 부모가 병들거나 늙어 있는데 부양할 자손이 없어 죄인이 부양해야만 하는 경우에 형을 감면하여 귀가시키는 제도가 있었다.
② (○) 「형법대전」은 1905년에 제정·공포된 조선의 마지막 형법전이다. 이 법에는 보방규칙(保放規則)이 규정되어 있는데, 이에 의하면 일정한 형벌을 받아 집행 중 신병이 위중한 경우 등 규정의 요건에 해당하는 때에는 보증인을 세우고 일시 석방하는 제도 등이 있었다. 이는 가석방과 유사한 취지를 지닌 제도이다.
③ (×) 1908년 「형법대전」 개정시 '보방'을 '가방(假放)'으로 개칭하고, 규정의 내용을 개정하였다. 이는 오늘날의 가석방과 매우 유사한 내용을 지니고 있다. 당시에도 가방대상자에 무기수도 포함되었다.
④ (○) 미군정시대에 제정·공포된 「우량수형자석방령」에서는 수형자의 개선 및 자력갱생을 촉진하여 사회생활에 적응하게 함을 목적으로 징역·금고 집행 중인 자로서 법규를 성실히 준수하여 재소기간 중 징벌을 받지 아니한 자에 대하여는 반드시 형기를 단축하며 조기 석방하는 제도를 규정하고 있었다. 이는 선시제도(Good Time System)에 해당된다. 이는 1953년 형법이 제정·공포되면서 폐지되고, 이를 대체한 제도로 가석방제도가 도입되었다.

정답 ③

07 조선시대의 행형제도와 관련한 다음 설명 중 틀린 것은? '07. 9급

① 형벌의 종류는 고려와 마찬가지로 태형·장형·도형·유형·사형의 5형을 기본으로 하였다.
② 남형(濫刑)을 방지하고 인권을 보호하려는 취지에서 인신을 구속할 수 있는 기관을 직수아문(直囚衙門)이라고 하여 경국대전에 특별히 규정하였다.
③ 사형(死刑)은 삼복제(三覆制)를 시행하고 국왕의 재결에 의해서만 집행할 수 있었다.
④ 유형은 오늘날의 무기징역형에 해당하는 것으로 장형이 병과되었다.

해설

④ (×) 유형(流刑)은 자유형의 성격을 지닌 형벌이다. 그러나 오늘날의 자유형인 징역·금고·구류와는 달리 구금주의 방식에 속하지 않는 자유형이다. 유형은 유형주의 방식에 속한다. 자유형은 유형주의 방식에서 구금주의 방식으로 발전해 왔다. 유형은 중한 죄를 범한 죄인을 먼 지방으로 귀양 보내어 돌아오지 못하게 하는 형벌로서, 형의 기간이 정해지지 않은 무기종신형이다. 유형에는 원칙적으로 장형이 병과되었다. 유형의 범주에 속하는 형벌에는 부처(付處) 또는 중도부처와 안치, 천사(遷徙) 등이 있었다. 부처는 주로 관원에 대하여 과하던 유형의 일종으로서, 일정한 지역을 지정하여 그 곳에만 머물게 하는 형벌이다. 안치는 유형지에서 다시 일정한 장소에 격리하는 형벌이었으므로, 유형 중에서도 거주의 제한을 가장 많이 받는 형벌이었다. 왕족과 고관에 대해서만 적용되었다. 이를 세분하면 죄인의 고향에 안치하는 '본향(本鄕)안치', 집 주위에 가시나무로 담을 치고 그 안에서만 유폐하며 거주케 하는 위리(圍籬·에워쌀 위, 울타리 리)안치, 절해고도(외딴 섬)에 안치시키는 '절도(絶島)안치' 등이 있다. 천사(遷徙)는 조선 초기 북방개척을 위해 범죄자와 그 가족을 국경 근처에 강제 이주시키는 형벌이었다. 천사 중에서 가장 가혹한 것은 전가사변이었다. 이는 부정한 세리(세금을 다루는 관리)나, 우마(소나 말)를 살해한 자 또는 도적에게 과하여졌다. 이것은 그 유배지를 함경도의 5진(五鎭)으로 한정하였다. 일부 교재에는 '천도(遷徒)'라고 표기되어 있으나, 이는 '옮길 사(徙)'를 자형(字型)이 비슷한 '무리 도(徒)'로 잘못 표기한 오류이다. 그리고 "유형은 오늘날의 무기금고에 해당한다"는 설명도 오류이다. 왜냐하면 유형은 강제작업이 부과되지 않았다는 점 때문에 그리 설명한 것 같은데, 유형은 구금형인 '금고'와는 그 성격이 본질적으로 다르기 때문이다.

정답 ④

> 📝 **AI 예상 응용지문**
>
> ❶ 조선시대 유형에는 천사·부처·충군이 있었다. (×)
> ❷ 위리안치는 왕족이나 고관에게 적용된 유형의 일종으로서 외딴 섬에 유폐하는 형벌이었다. (×)
> ❸ 조선시대에는 공(公)형벌주의를 원칙으로 하면서, 예외적으로 사(私)형벌도 인정되었다. (○)
>
> ───────────────────────────
> ❶ 충군(×) → 안치(○), 충군은 도형의 일종임. ❷ 위리안치(×) → 절도안치(○)

08 조선시대 형벌제도에 대한 설명으로 옳지 않은 것은? '08. 9급

① 형조(刑曹)에서 감옥과 범죄수사 업무를 담당했던 부서는 전옥서(典獄署)이다.
② 사형수를 수용하는 별도의 시설로 남간(南間)을 두었다.
③ 도형(徒刑)은 일정 기간 동안 관아에서 노역에 종사하게 하는 것으로 장형(杖刑)이 병과되었다.
④ 유형(流刑)의 일종인 안치(安置)는 주로 왕족이나 현직고관에 대해서 인정되었다.

해설

① (×) 형조는 감옥과 범죄수사를 담당하는 장금사(掌禁司), 중죄(重罪)에 대한 복심(제 2심·한 번 심사한 것을 다시 심사하거나 조사함)을 담당하는 상복사(詳覆司), 율령(법령)에 관한 사항을 담당하는 고율사(考律司), 노예와 포로에 관한 사항을 담당하는 장예사(掌隸司) 등 4사(四司)로 편제되어 있었다. <u>전옥서는 장금사의 속아문(屬衙門) (소속기관)으로서 죄수의 수용을 전담하는 기관이다. 수사를 담당하는 기관은 장금사의 속아문인 좌·우 포도청이었다.</u> 좌·우 포도청에도 일시적 구금시설로 좌옥(左獄)과 우옥(右獄)이 부설되어 있었다.
② (○) 조선왕조실록에 의하면, 영조 14년에 "사형확정자는 남간(南間)에 수용하는 것을 영구히 법으로 정한다."는 결정기록이 있음을 볼 때 사형수를 수용하는 시설이 별도로 존재하였음을 알 수 있다.

정답 ①

09 조선시대 형벌제도에 대한 설명으로 옳지 않은 것은? '16. 7급

① 도형(徒刑)은 형집행에 있어서 집행관의 자의가 개입하기 쉽기 때문에 남형(濫刑)의 폐해가 가장 많았다.
② 질병에 걸린 자나 임신한 여자는 태형(笞刑)을 집행하지 않고 대신 속전을 받았다.
③ 장형(杖刑)은 태형보다 중한 벌로써 60대에서 100대까지 5등급이 있었고, 별도로 집행하는 경우도 있었지만, 도·유형에 대하여 병과하는 것이 보통이었다.
④ 유형(流刑) 중 안치(安置)는 왕족이나 고관현직자에 적용되었고, 유거의 성질에 따라 본향 안치, 절도안치, 위리안치 등이 있었다.

해설

① (×) 조선시대에는 형률의 적용에 있어서 관리에 의한 자의(恣意)를 방지하고 남형을 금지하기 위한 감독체계가 강화되었다. 특히 도형에 대해서는 그 죄질에 따라 1년에서 3년까지 6개월 기준으로 5등급이

있었으며 반드시 장형을 병과하도록 하였고, 도형이나 유형을 선고할 수 있는 권한은 형조나 관찰사에게만 부여되었으므로 남형(형의 남용)의 폐해가 크지 않았다. 남형의 폐단은 5형 중 장형이 가장 많았다. 지방 군·현에서 범죄가 발생한 경우 장형·태형에 처할 만한 작은 범죄에 해당하는 경우만 수령이 직접 장형과 태형을 척결할 수 있었기 때문이다.

정답 ①

✚ 조선시대 형벌

조선시대 형법은 일반적으로 중국 명나라 '대명률(大明律)'을 이용했다. 대명률에는 태(笞)·장(杖)·도(徒)·유(流)·사(死) 다섯 가지 형벌이 규정되어 있다.

태형(笞刑)	가벼운 죄를 범한 경우 죄인의 볼기를 치는 형벌이다. 대명률에는 가시나무를 사용하도록 되어 있으나, 조선에서는 물푸레나무를 사용했으며 때로는 다른 나무를 대신 사용했다. 10대, 20대, 30대, 40대, 50대로 다섯 등급으로 나누어 집행했다. **태형은 1920년 완전폐지 되었다.**
장형(杖刑)	태형보다 무거운 죄를 범한 경우 태형처럼 볼기를 치는 형벌인데, 태형보다 더 큰 나무몽둥이를 사용했다. 60대, 70대, 80대, 90대, 100대로 다섯 등급으로 나누어 집행했다. **장형은 갑오개혁 다음 해인 1895년에 폐지되었다.**
도형(徒刑)	비교적 중(重)한 죄를 범한 자를 관아에 붙잡아 두고 힘든 일을 시키는 형벌로서, 오늘날 징역과 비슷한 형벌이다. 1년, 1년 반, 2년, 2년 반, 3년까지 기간이 다섯 단계로 정해져 있었으며, 각각에 장(杖)60, 장70, 장80, 장90, 장100형이 반드시 뒤따랐다. **충군도 도형에 속함.**
유형(流刑)	매우 중한 죄를 범한 자를 차마 사형에 처하기 어려운 경우에 먼 지방으로 귀양을 보내어 죽을 때까지 그 곳에서 살게 하는 형벌이다. 유배 보내는 거리에 따라 2000리, 2500리, 3000리의 세 등급이 있었고, 각각에 장100형을 같이 집행하는 것이 원칙이었다. 천사·부처·안치 세 종류가 있었다.
사형(死刑)	**교형(絞刑)과 참형(斬刑) 두 가지가 있었다.** 사약(賜藥)으로 죽이는 것은 특별한 예외였다. 목을 매는 교형보다 목을 베는 참형이 더 무거운 형벌이었다. 참형은 '능지처사' 혹은 '능지처참'이라고 하여 반역자나 대역죄인의 신체와 목을 모두 베어 분리시키고 매장을 허용하지 않았다. 또한 '효수'라 하여 참형에 처한 후 그 머리를 매달아 다른 사람이 볼 수 있게 하기도 하였다.

10 조선시대 형벌제도에 대한 설명으로 옳지 않은 것은? '15. 9급

① 유형은 중죄인을 먼 지방으로 귀향 보내 죽을 때까지 고향으로 돌아오지 못하게 하는 형벌이다.
② 충군은 왕족이나 현직고관인 사람에 한하여 일정한 장소에 격리시켜 유지하게 하는 형벌이다.
③ 도형은 오늘날의 유기 징역형에 해당하는 것으로 범죄인을 관아에 구금하여 소금을 굽거나 쇠를 달구는 등의 노역에 종사하게 하는 형벌이다.
④ 자자형은 부가형으로 신체의 어느 부위에 먹물로 글씨를 새겨 넣는 형벌이다.

해설

②(×) 충군은 유형이 아니라 도형의 일종이다. 일반적인 노역 대신 군역에 종사시켰으므로 도형 중 특수한 형벌로 분리한다. 왕족이나 현직고관인 사람에 한하여 적용했던 형벌은 안치이다.

정답 ②

11 조선시대 유형(流刑)에 대한 설명으로 옳은 것은? '18. 7급

① 유배지에 직계존속을 동반할 수도 있었다.
② 중도부처는 유형 중 행동의 제한이 가장 많았다.
③ 유배죄인에 대한 계호와 처우의 책임은 형조에 있었다.
④ 유형은 기간이 정해져 있어 현재의 유기금고형에 해당한다.

해설

② (×) 유형 중 행동의 제한이 가장 많은 것은 '안치'이다.
③ (×) 유배죄인에 대한 계호 및 처우 등의 책임은 그 지방 수령에게 있었다.
④ (×) 유형은 기간이 정해지지 않은 '무기종신형'이었다.

정답 ①

12 교정사(矯正史)와 관련한 기술 중 옳지 않은 것은?

① 고려시대 형벌은 태·장·도·유·사의 다섯 형이 있었다.
② 조선 전기엔 신체에 먹물로 글씨를 쓰는 자자형이 부가형으로 집행되기도 하였다.
③ 감옥이 형무소로 명칭이 바뀐 때는 1923년이다.
④ 근대 자유형 시기를 확립한 때는 미군정기이다.

해설

④ (×) 우리나라에서 자유형 중심의 근대 형벌체계가 확립된 시기는 1895년 갑오개혁 이후이다(통설). 1894년 제정된 「감옥규칙」에서는 미결감과 기결감의 구분, 판사와 검사의 감옥순시, 재감자의 준수사항 등이 규정되어 있었다.

정답 ④

13 우리나라 구금시설의 명칭을 시기 순으로 바르게 나열한 것은? '08. 7급

① 영어-전옥서-감옥서-형무소-교도소
② 뇌옥-전옥서-감옥서-교도소-형무소
③ 형옥-형무소-감옥서-감옥서-교도소
④ 수옥-전옥서-형무소-감옥서-교도소

해설

① (○) 삼국시대까지는 죄인을 가두는 구금시설의 명칭으로 옥(獄)·뇌옥(牢獄)·형옥(刑獄)·영어(囹圄)라는 용어를 사용하다가 고려시대에 와서는 전옥서(典獄署)라는 명칭으로 정비되었다. 조선시대에는 감옥제도로서 고려의 '전옥서'를 계승하였다. 이는 형조 산하이고, 죄인의 수감을 관장하는 관서였는데, 갑오개혁 이후에는 경무청 '감옥서'로 변경되었고, 1907년 감옥업무가 법부로 이관된 후 '경성감옥'으로 개칭되었다. 육전조례 전옥서 규정에 의하면 남옥(男獄)과 여옥(女獄)으로 분리수용하고, 조선시대에는 대부분의 형사법전에 구금할 수 있는 기관, 구금의 요건 등을 상세히 규정하며 구금에 신중을 기하였고, 피구금자의 인간가치를 최대한 보호하고자 휼형제도를 두고 있었다. '형무소'라는 명칭은 1923년 일제 강점기 때 새롭게 사용되고 「행형법」 제정 시에도 그대로 사용되다가 1961년 제1차 행형법 개정시 '교도소'라는 명칭으로 개칭되었다. 이는 오늘날 교육형주의 이념에 부합하는 명칭이다.

정답 ①

14 조선시대 행형제도에 대한 설명으로 옳은 것만을 모두 고르면? '24. 9급

㉠ 인신을 직접 구속할 수 있는 권한이 부여된 기관인 직수아문(直囚衙門)에 옥(獄)이 부설되어 있었다.
㉡ 휼형제도(恤刑制度, 또는 휼수제도(恤囚制度))는 조선시대에 들어와서 더욱 폭넓게 사용되었으며, 대표적으로 감강종경(減降從輕)과 보방제도(保放制度)가 있었다.
㉢ 도형(徒刑)에는 태형(笞刑)이 병과되었으며, 도형을 대신하는 것으로 충군(充軍)이 있었다.
㉣ 1895년 「징역처단례」를 통하여 장형(杖刑)과 유형(流刑)을 전면적으로 폐지하였다.

① ㉠, ㉡
② ㉢, ㉣
③ ㉠, ㉡, ㉢
④ ㉠, ㉡, ㉣

해설

㉢ (×) 도형(徒刑)에는 장형(杖刑)이 병과되었다. **충군(充軍)은 도형을 대신하는 것이 아니다.** 도형의 일종이지만, 도형의 전형적인 도역 작업 대신 군역으로 작업 내용이 다른 것이었다.
㉣ (×) 1895년 「징역처단례」를 통하여 장형(杖刑)은 폐지되었지만, 유형(流刑)을 전면적으로 폐지되는 않았고 국사범에 한해서는 인정하였다.

정답 ①

15 조선시대 유형의 종류에 대한 설명이다. 바르지 않은 것은?

① 천사는 죄인과 그 가족을 국경 근처로 강제 이주시켜 일반양민과 동등한 생활을 유지하게 하는 형벌이다.
② 본향안치는 죄인을 그의 고향에 안치하는 형벌로서 은혜적 차원에서 시행되었다.
③ 위리안치는 유폐된 집 주위에 가시나무 울타리를 치고 외출을 통제하는 형벌이다.
④ 절도 안치는 현직 관리에 대하여 과하는 유형의 일종으로 일정 지역을 지정하여 거주하게 하는 형벌이다.

해설

'안치'는 유형지의 일정한 장소를 한정하여 죄인을 격리시키는 형벌로서 유형 중에서도 거주제한을 가장 많이 받는 형벌이다. 안치는 왕족이나 고위관리에게만 부과되었다. 안치를 세분하면 본향안치·절도안치·위리안치가 있는데, **본향안치는 유배죄인에게 어느 정도 온정을 베푸는 차원의 유배형이고, 위리안치는 일반 유형(流刑)과 달리 가족과 함께 기거하는 것이 금지되었으며, 절도안치는 외딴 섬에 격리시키는 것으로 가장 가혹한 안치이므로 왕의 특별교지가 있을 때에만 시행되었다.**
④ (×) 안치는 왕족이나 현직 고관에게만 제한되었고 모든 관원에게 적용되지 않으므로 "현직관리에 대하여 과하는 유형"은 틀린 내용이고, 또한 외딴 섬에 거주시키는 형벌이므로 "일정 지역을 지정하여 거주하게 하는 형벌이다"는 내용도 잘못된 기술이다. 주로 일반 관원에 대하여 과하던 유형으로서 일정한 지역을 지정하여 그곳에서만 머물게 한 형벌은 부처(중도부처)이다.

정답 ④

16 우리나라 형벌의 역사에 대한 설명으로 옳지 않은 것은? '12. 7급

① 고구려에는 훔친 물건에 대하여 12배의 배상을 부과하는 일책십이법이 존재하였다.
② 고려시대에는 속전제도가 있어 일정한 범위에서 속전을 내고 형벌을 대신할 수 있었다.
③ 조선시대 도형(徒刑)의 기간은 1년에서 5년까지 3종으로 구분하였는데, 장형(杖刑)이 병과 되었다.
④ 1894년 갑오개혁을 계기로 종래의 전통적인 5형(태형, 장형, 도형, 유형, 사형) 중심의 형벌 체계가 자유형 중심으로 전환되었다.

해설

③ (×) 도(徒, 일꾼도·갇힌 사람 도)형은 고된 노동을 시키는 형벌로서, 일정한 장소에 구금되어 노역에 종사한다는 점에서 오늘날의 징역형과 유사하다. 이는 고려시대에 당율(唐律)의 영향을 받아 고려형법에서 처음으로 도입, 시행되었다. 조선에 와서는 경국대전의 「형전」과 「대명률직해」, 「속대전」 등에서 이를 규정하고 있었다. 도형기간은 최단기 1년에서 최장기 3년까지 6개월 기준으로 다섯 등급(종류)으로 구분되었다. 도형에는 반드시 장형이 병과되었다. 도형수의 배치장소는 중앙의 경우에는 형조에서, 지방의 경우 관찰사가 정하였다. 도형을 선고받은 사람은 선고받은 배소(配所·노역종사지)에 가서 노역에 종사하게 되는데, 배소에 도착하는 날이 기간의 기산점이 되며, 노역의 종류는 주로 소금을 굽거나 쇠를 달구는 작업이지만 그 외에도 제지(製紙·종이 만듦)·제와(製瓦·기와 굽는 일)도 있었고, 선부(船夫·노젓는 일꾼)와 기타 관아의 잡역에 종사하기도 하였다. 또한 강제노역의 내용이 군역(軍役·군대의 진영에서 부역하는 일)이었던 '충군(充軍·군대에 편입시킴)'도 도형의 일종으로 자주 시행되었다.
① (○) 고구려에서는 부여의 영향을 받아 훔친 물건에 대하여 12배의 배상을 부과하는 '일책십이법' 시행되어, 그 자녀를 노비로 삼아 갚게 하는 형벌제도가 있었다. 또한 패배도주자·강간자 등은 준엄한 형벌로 다스렸다.
② (○) 고려형법의 특색으로는 범죄와 형벌 개념의 분화와 범죄의 유형을 구체적으로 법률에 명시한 명률화(明律化·법률로 나타내어 규정함)를 들 수 있다. 이는 오늘날의 죄형법정주의 개념의 형법체계라고 할 수 있다. 이 시대에는 유교·불교·도교 등과 같은 종교적 인애(仁愛)사상 이념이 행형에 적극 반영되었다. 당시의 행형관계는 수사에서 재판, 수옥(囚獄·죄인을 가두는 곳) 관리에 이르기까지 동일한 기관이 관할하였으며, 문종 때에는 법관의 심증이 편견에 흐르는 것을 방지하고자 세 기관에 소속된 세 사람이 3차에 걸쳐 심리하는 '삼원신수(三員訊囚)'의 법을 시행하였다. 숙종 때에는 '결옥일한제(決獄日限制)'의 규정을 두었다. 이러한 제도들은 인명을 중시하고 신중한 형사절차를 위해 노력했음을 보여준다. 고려시대의 형벌은 태형(笞刑)·장형(杖刑)·도형(徒刑)·유형(流刑)·사형(死刑)이 중심 형벌이었다. 부가형으로는 삽루(鈒鏤·새길 삽, 새길 루) 또는 삽면(鈒面)·경면(黥面) 또는 묵형(墨刑)으로 불렸던 형벌과 노비몰입·재산몰수 등이 있었다. 삽루형은 죄인의 몸에 상처를 내고 먹물로 글자를 새겨 전과를 표시하는 표징형(表徵刑)이다. 이를 조선시대에는 '자자형(刺字刑·새길 자, 글자 자)'이라고 불렀다. 이에 대해 「고려사」 형법지에는 '삽면' 도는 '경면'이라 하여 도범의 얼굴에 새긴다고 되어 있다. 조선시대에는 「대명률」을 실정법으로 사용해, 강도 및 절도범에게 「대명률」의 규정에 따라 이 형을 가했다. 「경제육전」 속형에 규정된 것을 보면 "절도로서 사면을 받은 뒤 재범한 자는 왼쪽 팔꿈치 뒤에 자자(刺字)한다."고 되어 있다. 그리고 「경국대전」에 의하면 강도범에게 '강도' 두 글자를 얼굴에 새기고 그 자리를 봉하여 날인한 뒤 먹물이 깊이 스머들기를 기다려 3일이 지난 뒤에 풀어주도록 규정되어 있다. 이 형벌은 조선 영조 때 법률에서 삭제하여 폐지시켰다. 고려 때에는 일정한 조건 아래 형을 대신하여 속전을 받는 제도도 있었다. 속전제도는 조선시대에도 계승되어 시행되었다.

정답 ③

17 조선시대 휼형(恤刑)과 형벌제도에 대한 설명으로 옳지 않은 것은? '13. 7급

① 휼형이란 범죄인에 대한 수사와 재판, 형집행을 엄중·공정하게 진행하되, 죄인을 진실로 불쌍히 여겨 성심껏 보살피며 용서하는 방향으로 고려해주는 일체의 행위라고 정의할 수 있다.

② 휼형의 사례로는 사형은 유형으로 유형은 장형으로, 도형은 태형으로 처리하는 감형(減刑)이 있었다.

③ 구금 중인 죄인의 건강이 좋지 않거나 구금 중에 친상을 당한 때에 죄인을 옥에서 석방하여 불구속상태로 재판을 받게 하거나 상을 치르고 난 후 다시 구금하는 보방(保放)제도가 있었다.

④ 조선시대 유형은 중죄자를 지방으로 귀양 보내 죽을 때까지 고향으로 돌아오지 못하게 하는 형벌로 기간이 정해지지 않았다는 점에서 오늘날 무기금고형에 속한다.

해설

② (×) 조선시대의 휼형의 사례로는 죄를 용서하여 면제하는 사면(赦免), 감강종경(減降從輕 · 덜고 강등하여 가벼운 형벌을 따름)이라 하여 사형(死刑)에 해당하는 죄는 유형(流刑)으로, 유형은 도형으로, 도형(徒刑)은 장형(杖刑)으로 처리하는 감형제도 등이 있었다. 또한 태형 집행 시 부녀자의 경우는 옷을 벗기지 않았고, 나이가 70세 이상인 자·15세 미만인 자와 폐질환·임산부는 태형을 집행하지 않고 대신 속전을 받았던 것도 휼형사상의 반영이었다.

③ (○) 보방제도도 휼형의 일환으로 오늘날 특별귀휴제도와 유사한 성격을 지니고 있다.

④ (×) 유형은 사형(死刑) 완화 방법으로 사형을 대체하는 형벌로도 이용되어 왔으므로 휼형의 일환으로 볼 수 있다. 그러나 오늘날의 무기금고에 해당한다고 보기 어렵다. 따라서 이 지문도 틀린 내용이다. 일부 교재에는 "유형은 도형과는 달리 기간이 정하여지지 않았다는 점에서 오늘 날의 무기금고형에 해당한다."고 기술하고 있으나, 이는 논리적으로 잘못된 설명이다. 자유형의 집행방식은 유형주의와 구금주의 두 가지 유형으로 나눌 수 있는데 구금주의에 해당하는 징역·금고·구류는 특정한 시설에 구치하여 사회생활의 자유를 박탈하는 자유형이다. 유형주의에 해당하는 조선시대의 유형은 일정한 시설에 구치(拘置·일정한 곳에 가둠)하는 것을 형벌의 내용으로 하는 것이 아니라, 죄인을 멀리 귀양 보내어 죽을 때까지 유배지에서 머무르게 하는 것을 내용으로 한다. <u>유형인 천사·부처·안치의 경우 일정한 시설 내에서 구치하는 것이 아니라 일정한 지역을 지정하여 그곳에서 거주케 하였고, 유형지에 처와 첩 등도 따라가도록 하였으므로 오늘날의 금고에 해당한다고는 볼 수 없다.</u>

다만, '유형'은 형기가 정해져 있지 않았으며 강제노동이 부과되지 않은 점을 강조한다면, '무기 금고'와 성격이 가장 가까운 것으로는 볼 수 있다. 따라서 "조선시대 유형은 중죄자를 지방으로 귀양 보내 죽을 때까지 고향으로 돌아오지 못하게 하는 형벌로 기간이 정해지지 않았다는 점에서 <u>오늘날 무기자유형 또는 무기금고형과 유사한(비슷한) 성격을 가졌다.</u>"라고 하면 옳은 지문이 될 수 있다.

정답 ②, ④

☞ 이 문제는 출제오류이다. 따라서 앞으로는 이러한 내용으로 반복 출제하기 어려울 것이다. 만일 출제된다면 정답 시비가 일 가능성이 많다.

18 조선시대의 형벌제도에 대한 설명으로 옳은 것은? '19. 5급(교정관) 승진

① 태형(笞刑)은 작은 회초리로 죄인의 볼기를 때리는 형벌로, 60대에서 100대까지 5등급이 있었다.
② 장형(杖刑)은 큰 회초리로 죄인의 볼기를 때리는 형벌로, 10대에서 50대까지 5등급이 있었다.
③ 부처(付處)는 죄인을 가족과 함께 변방으로 강제 이주시키는 형벌로, 주로 관원에 대하여 적용되었다.
④ 안치(安置)는 죄인을 유형지 내의 일정 장소에 격리하여 유거시키는 형벌로, 주로 왕족 또는 고관 등에게 적용되었다.
⑤ 자자형(刺字刑)은 신체의 일부에 글씨 등을 새겨 넣는 부가형으로, 조선시대 전(全) 시기에 걸쳐 활용되었다.

해설

① (×) 60대에서 100대까지(×) → 10대에서 50대까지(○).
② (×) 10대에서 50대까지(×) → 60대에서 100대까지(○).
③ (×) 변방으로의 강제이주는 '천사'에 해당한다.
⑤ (×) 영조 이후에는 폐지되었다.

정답 ④

19 우리나라의 교정사(矯正史)와 관련된 설명으로 옳지 않은 것은? '13. 9급

① 조선시대 형벌로 태형, 장형, 도형, 유형, 사형이 있었다.
② 도형과 유형은 오늘날의 자유형과 같은 성격을 지니고 있다.
③ 미군정 하에서 실시된 우량수형자석방령은 선시제(Good Time System)의 성격을 가진 것이다.
④ 전담구금시설의 명칭은 감옥서 → 전옥서 → 형무소 → 교도소 순으로 변경되었다.

해설

④ (○) 전옥서 → 감옥서 → 형무소 → 교도소(○)

정답 ④

20 조선시대 형조의 장예사(掌隷司)에 대한 설명으로 맞는 것은? '96. 7급

① 중죄에 대한 복심업무를 주관하는 부서
② 율령에 관한 사항을 관장하는 부서
③ 감옥과 범죄수사업무를 처리하는 부서
④ 노예의 호적, 노예에 관한 소송, 포로에 관한 업무를 관장하는 부서

해설

① (×) 형조의 4사(四司) 편제에서 중죄에 대한 복심(覆審·다시 복, 조사할 심, 복심: 제1심과는 관계없이 새로이 심리·판결하는 일) 담당하는 부서는 **상복사(詳覆司)**이다.
② (×) 율령(법령)에 관한 사항을 관장하는 부서는 **고율사(考律司)**이다.
③ (×) 감옥과 범죄수사업무를 처리하는 부서는 **장금사(掌禁司)**이다. 전옥서는 장금사의 관할이었다.
④ (○) 노예의 호적, 노예에 관한 소송, 포로에 관한 업무를 관장하는 부서는 **장예사(掌隸司)**이다.

정답 ④

21 우리나라 교정사를 시기 순으로 바르게 나열한 것은? '17. 7급

― 보 기 ―
㉠ 「감옥규칙」의 제정
㉡ 4개 지방교정청의 신설
㉢ 「행형법」의 제정
㉣ 「민영교도소 등의 설치·운영에 관한 법률」의 제정
㉤ 교정국을 교정본부로 확대 개편

① ㉠ → ㉡ → ㉢ → ㉣ → ㉤
② ㉠ → ㉢ → ㉡ → ㉣ → ㉤
③ ㉠ → ㉢ → ㉡ → ㉤ → ㉣
④ ㉠ → ㉢ → ㉣ → ㉡ → ㉤

해설

② (○) ㉠ 1894년 ㉢ 1950년 ㉡ 1991년 「법무부와 그 소속기관 직제」 개정 ㉣ 1999년 제7차 「행형법」 개정 시 근거규정 마련, 2000년 본 법률 제정 ㉤ 2007년 법무부 교정국이 교정본부로 승격

정답 ②

22 우리나라의 교정(행형)의 역사에 대한 설명으로 옳지 않은 것은? '18. 7급

① 조선시대 장형(杖刑)은 갑오개혁 이후에 폐지되었다.
② 미군정기에는 선시제도가 실시되고 간수교습규정이 마련되었다.
③ 1961년 법 개정으로 형무소의 명칭이 교도소로 변경되었다.
④ 1894년 마련된 징역표는 수형자의 단계적 처우에 관한 내용을 담고 있었다.

해설

② (×) 「간수교습규정」은 일제강점기인 1917년 5월에 제정하여 교도관학교를 설치·운영할 근거를 마련한 것이었다. 미군정시대에는 교정의 기본이념을 민주교정에 두었지만, 실제로는 일제시대의 「조선감옥령」을 의용하고 조선총독부의 교정조직을 그대로 인수하여 운영하였기 때문에 일제의 잔재를 완전히 불식하지는 못하였다. 이는 군정의 과도기적 성격상 전반적인 개혁이 사실상 불가능하였기 때문이다. 다만, 미국교정의 이념에 근거를 두어 수형자의 인권을 보호하고 그 처우를 개선하려는 노력은 우리나라에서 본격적으로 교화이념을 근거로 한 교정을 시작하는 데 큰 영향을 미쳤다. 이러한 차원에서 재소자(수용자)의 인권을 보호하고 처우를 개선하기 위한 조치로서 선시제의 도입, 재소자의 석방청원제 실시, 형구(刑具)사용의 제한과 징벌제도의 개선 등이 시행되었다.

정답 ②

23 우리나라의 교정(행형)의 역사에 대한 설명으로 옳지 않은 것은? '18. 7급

① 조선시대 장형(杖刑)은 갑오개혁 이후에 폐지되었다.
② 미군정기에는 선시제도가 실시되고 간수교습규정이 마련되었다.
③ 1961년 법 개정으로 형무소의 명칭이 교도소로 변경되었다.
④ 1894년 마련된 징역표는 수형자의 단계적 처우에 관한 내용을 담고 있었다.

해설

② (×) 「간수교습규정」은 일제시대인 1917년 5월에 제정하여 교도관학교를 설치·운영할 근거를 마련한 것이었다. 미군정시대에는 교정의 기본이념을 민주교정에 두었지만, 실제로는 일제시대의 「조선감옥령」을 의용하고 조선총독부의 교정조직을 그대로 인수하여 운영하였기 때문에 일제의 잔재를 완전히 불식하지는 못하였다. 이는 군정의 과도기적 성격상 전반적인 개혁이 사실상 불가능하였기 때문이다. 다만, 미국교정의 이념에 근거를 두어 수형자의 인권을 보호하고 그 처우를 개선하려는 노력은 우리나라에서 본격적으로 교화이념을 근거로 한 교정을 시작하는 데 큰 영향을 미쳤다. 이러한 차원에서 재소자(수용자)의 인권을 보호하고 처우를 개선하기 위한 조치로서 선시제의 도입, 재소자의 석방청원제 실시, 형구(刑具)사용의 제한과 징벌제도의 개선 등이 시행되었다.

정답 ②

AI 예상 응용지문

❶ 일제시대 행형관계법규에 있어서는 일본행형법규를 의용하여 외형상 근대적인 모습을 갖추었으나, 실제에 있어서는 「조선감옥령」이 별도로 제정·시행되어 태형제도·예방구금을 인정하는 등의 민족적 차별과 응보주의적 행형을 시행하였다. (○)
❷ 미군정시대에는 감식벌은 폐지하고, 수갑의 경우에는 부득이 이를 사용할 경우에도 가급적 단시일에 그치도록 하는 등 계구사용을 엄격히 제한하였다. (○)
❸ 선시제도는 미군정시대에 시행되었으나 1953년 『형법』 제정 시 폐지되고, 현행 형법은 가석방제도만 조기석방제도로서 채택하고 있다. (○)

제2절 우리나라 교정조직

01 현행 법령상 교정기관 소속 각종 위원회에 대한 설명으로 적절한 것은? 'AI 예상

① 분류처우회의는 위원장을 포함한 6명 이상 8명 이하의 위원으로 구성하고, 위원장은 소장이 된다.
② 징벌위원회는 위원장을 포함한 5명 이상 7명 이하의 위원으로 구성하고, 위원장은 소장의 바로 다음 순위자가 된다.
③ 분류처우위원회의 회의는 재적위원 과반수의 출석으로 개의하고 출석위원 과반수의 찬성으로 의결한다.
④ 징벌위원회는 재적위원 3분의 2이상의 출석으로 개의하고, 출석위원 과반수의 찬성으로 의결한다.

해설

① (×) 소장(×) → 분류심사과장(○), 6명 이상 8명 이하(×) → 10명 이상 20명 이하(○). 「분류처우 업무지침」 제109조. '분류처우회'는 '분류처우위원회'와 헷갈릴 가능성이 높으므로 특히 주의해야 한다. 분류처우위원회의 위원장은 소장이 되며, 위원장을 포함한 5명 이상 7명 이하의 위원으로 구성한다. 「형집행법」 제62조 2항.
③ (×) 재적의원 과반수의 출석(×) → 재적의원 3분의 2 이상의 출석(○).
④ (×) 3분의 2 이상(×) → 과반수의 출석(○).

☞ 출제의도 : 이 문제는 교정기관에서 위원회의 역할과 규정에 대한 정확한 이해와 법적 지침의 적용 능력을 평가하는데 중점을 두고 있습니다.

정답 ②

---

02 법무부장관은 형의 집행 및 수용자 처우에 관한 사항을 협의하기 위하여 법원, 검찰 및 경찰 등 관계기관과 협의체를 설치하여 운영할 수 있다. 「형의 집행 및 수용자의 처우에 관한 법률 시행령」상 협의체 구성 및 운영에 대한 설명으로 옳지 않은 것은? '24. 5급(교정관) 승진

① 협의체는 위원장을 포함하여 12명의 위원으로 구성한다.
② 협의체의 위원장은 법무부차관이 되고, 그 위원으로 법원의 경우 법원행정처 소속 판사 또는 3급 이상의 법원일반직공무원 중에서 법원행정처장이 지명하는 사람 1명을 포함한다.
③ 협의체의 위원장은 협의체 회의를 소집하며, 회의 개최 7일 전까지 회의의 일시·장소 및 안건 등을 각 위원에게 알려야 한다.
④ 협의체의 위원은 협의체의 회의 결과를 위원이 소속된 기관의 장에게 통보해야 한다.

해설

④ (×) 협의체의 위원은(×) → 협의체의 **위원장은**(○) 시행령 제1조(협의체의 구성 및 운영 등)의 4항 참조.
② (○) 시행령 제1조(협의체의 구성 및 운영 등)의 2항 참조.

> 협의체의 위원장은 **법무부차관**이 되고, 협의체의 위원은 다음 각 호의 사람이 된다. (1) 기획재정부, 교육부, 법무부, 국방부, 행정안전부, 보건복지부, 고용노동부, 경찰청 및 해양경찰청 소속 고위공무원단에 속하는 공무원(국방부의 경우에는 고위공무원단에 속하는 공무원 또는 이에 상당하는 장성급 장교를, 경찰청 및 해양경찰청의 경우에는 경무관 이상의 경찰공무원을 말한다) 중에서 해당 소속 기관의 장이 지명하는 사람 각 1명 (2) 법원행정처 소속 판사 또는 3급 이상의 법원 일반직공무원 중에서 **법원행정처장이 지명하는 사람 1명** (3) 대검찰청 소속 검사 또는 고위공무원단에 속하는 공무원 중에서 **검찰총장이 지명하는 사람 1명**

정답 ④

03 각종 위원회 중 일선 교정시설 내에 설치되어 있는 것은 몇 개인가?

보 기
㉠ 보호관찰심사위원회　㉡ 중앙급식관리위원회　㉢ 치료감호심의위원회 ㉣ 교정자문위원회　　　㉤ 징벌위원회　　　　　㉥ 보안관찰처분심의위원회 ㉦ 가석방심사위원회　　㉧ 귀휴심사위원회　　　㉨ 분류처우위원회

① 3개　　　　② 5개　　　　③ 6개　　　　④ 7개

해설

㉤, ㉧, ㉨이 해당한다.
㉣ (×) 교정자문위원회는 <2019. 4. 23. 개정>을 통해, 종래에는 교정시설에 설치·운영하도록 규정했던 것을 지방교정청에 이전 설치·운영하도록 변경했다.

정답 ①

✚ 중앙에 설치된 위원회

위원회	기능	구성	위원장
가석방심사위원회	심사·의결	5명 이상 9명 이하의 위원 (판사, 검사, 변호사, 법무부 소속 공무원, 교정에 관한 학식·경험 풍부한 자 중에서 임명·위촉, 외부위원 임기 2년, 한 차례에만 연임)	법무부차관
치료감호심의위원회	심사·의결	판·검사, 변호사 등의 법률가 6명 이내 및 의사 3명 이내, 외부위원 임기 3년	법무부차관
보안관찰처분심의위원회	심사·의결	6명의 위원(위원 과반수는 변호사) 및 위원장 1명	법무부차관
중앙급식관리위원회	자문·건의	위원장 포함 7명 이상 9명 이하	교정본부장

※ 가석방심사위원회, 치료감호심의위원회, 보안관찰처분심의위원회, 중앙급식관리위원회에는 일정수의 외부인사가 위원으로 참여하고 있음.

✚ 각 지역 및 시설에 설치된 위원회

위원회	기능	구성	위원장
보호관찰심사위원회	심사·결정	**고등검찰청 소재지 등에 설치**, 위원장 포함 5명 이상 9명 이하의 위원	검사장 또는 고등검찰청 검사 중에서 법무부장관이 임명
교정자문위원회	자문	**지방교정청에 설치**, 10명 이상 15명 이하의 위원	지청장의 추천을 받아 법무부장관이 위촉한 위원 중에서 호선

징벌위원회	의결	5명 이상 7명 이내(3명 이상 외부인사 위촉), 외부위원 1명 이상 출석으로 개의	소장 다음 순위자
분류처우위원회	심의·의결	위원장 포함 5명 이상 7명 이하. 위원은 부소장 및 과장 중에서 임명. 개의 정족수 재적 3분의 2 이상 출석	소장
귀휴심사위원회	자문	위원장 포함 6명 이상 8명 이하(2명 이상 외부인사 위촉)	소장
취업지원협의회	지원·협의	회장 1명 포함 3명 이상 5명 이하의 내부위원 + 10명 이상 외부인원(임기 3년)	소장
교도관회의	자문	소장, 부소장, 각 과장 및 소장이 지명하는 6급 이상 교도관	소장
지방급식관리위원회	자문·건의	위원장 포함 5명 이상 7명 이하	소장

※ 분류처우위원회, 교도관회의에는 외부인사가 참여하지 않고 있음.

➕ 각 위원회 설치 근거 법령

구분	형집행법 아닌 기구들
귀휴심사위원회	「형의 집행 및 수용자의 처우에 관한 법률 시행규칙」 제131조
취업지원협의회	「형의 집행 및 수용자의 처우에 관한 법률 시행령」 제85조
교도관회의	「교도관 직무규칙」 제21조
분류처우회의	「분류처우 업무지침」
중앙·지방 급식관리위원회	「수용자 급식관리위원회 규칙」

04 형의 집행 및 수용자의 처우에 관한 법령상 각종 위원회의 구성에 대한 설명으로 옳지 않은 것은? '19. 7급

① 귀휴심사위원회의 위원장은 소장의 바로 다음 순위자가 되고, 위원은 소장이 소속 기관의 과장(지소의 경우에는 7급 이상의 교도관) 및 교정에 관한 학식과 경험이 풍부한 외부인사 중에서 임명 또는 위촉한다.

② 분류처우위원회의 위원장은 소장이 되고, 위원은 위원장이 소속 기관의 부소장 및 과장(지소의 경우에는 7급 이상의 교도관) 중에서 임명한다.

③ 징벌위원회의 위원장은 소장의 바로 다음 순위자가 되고, 위원은 소장이 소속 기관의 과장(지소의 경우에는 7급 이상의 교도관) 및 교정에 관한 학식과 경험이 풍부한 외부인사 중에서 임명 또는 위촉한다.

④ 가석방심사위원회의 위원장은 법무부차관이 되고, 위원은 판사, 검사, 변호사, 법무부 소속 공무원, 교정에 관한 학식과 경험이 풍부한 사람 중에서 법무부장관이 임명 또는 위촉한다.

해설

① (×) 소장 바로 다음 순위자(×) → 소장(○). 「시행규칙」제131조 참조.
소장 바로 다음 순위자가 위원장을 맡는 경우는 징벌위원회밖에 없다.

정답 ①

05 다음 중 교정자문위원회에 대한 옳지 않은 설명은?

① 수용자의 관리·교정교화 등 사무에 관한 지방교정청장의 자문에 응하기 위하여 지방교정청에 교정자문위원회를 둘 수 있다.
② 교정자문위원회는 10명 이상 15명 이하의 위원으로 성별을 고려하여 구성한다.
③ 위원장은 지방교정청장이 맡지 않고 위원 중에서 호선한다.
④ 위원은 교정에 관한 학식과 경험이 풍부한 외부인사 중에서 위촉하되, 지방교정청장은 추천권만 있고 위촉은 법무부장관이 하여야 한다.

해설

① (×) 둘 수 있다(×) → 둔다(○). 교정자문위원회는 임의적 기구가 아니라 필수 기구이다. 법 <개정 2019. 4. 23.> 제129조 참조. 종전의 교정시설 교정자문위원회는 회의실적이 연간 0회 또는 1회에 그치는 등 역할이 매우 저조했다. 그러므로 개정을 통해 교정자문위원회를 중간감독기관인 지방교정청에 설치하여 위상을 제고함으로써, 이 위원회가 실질적인 자문역할을 수행할 수 있는 여건을 조성했다.
② (○) 성별을 고려하여 위원 중 4명 이상은 여성으로 하도록 규정하였다.

정답 ①

06 전통적인 교도소가 가지는 특성에 대한 설명으로 옳지 않은 것은? '10. 7급

① 조직 활동이 범죄자 개인의 제재나 개선에 맞추어져 있어서 지역사회 자원을 동원하거나 협력을 구하는 데 적극적이지 않았다.
② 범죄자 처우를 위해 권한의 분산과 인력 확보에 중점을 둠으로써 다른 조직에 비하여 계층적 성격이 조기에 완화되었다.
③ 새로운 프로그램의 개발과 변화에 쉽게 적응하지 못하여 교정의 보수화를 가져온 측면이 있다.
④ 고립주의와 퇴행성으로 인해 일반에 대한 노출을 꺼려 교정에 대한 잘못된 인식을 조장한 측면이 있다.

해설

행형시설인 '교도소'는 좁은 의미(협의)로는 자유형을 확정 받은 자 및 노역장유치명령을 받은 자를 격리 수용하는 시설이다. 넓은 의미로는 미결수용자와 사형확정자등을 수용하기 위한 미결수용실과 구치소·

경찰서 유치장도 포함한다. **현행법에서는 넓은 의미의 행형시설을 '교정시설'로 규정하고 있다**(「형집행법」 제1조 · 제6조 등). **가장 넓은 의미의 교정시설에는 보안처분 집행시설까지 포함된다.**
교정시설은 형사소송절차 및 형 집행을 보전하기 위한 물적 계호시설과 관리직원의 결합체로 운영되는 국가시설을 의미한다. 오늘날 민영교도소가 운용되고 있지만, 민영교도소의 운영 주체는 국가이다(허주욱, 186면). 오늘날의 교도소는 처음에는 '감옥'으로 호칭되었고, 그 다음에는 '형무소'로 불리었으며, 1961년에 와서야 '교도소'라고 부르기 시작했다.
① (○) 전통적인 교도소는 수용자(재소자)에 대한 구금의 확보가 유일한 목표였다. 이때의 교도소는 주로 응보나 무해화를 위한 시설로 운영되었다. 이에 맞추어 교도소는 군대의 계급조직과 유사한 엄격한 계층제를 유지 · 발전시켜 왔고 폐쇄적 시설로 운영되었다. 이러한 시설의 행형관리는 범죄자를 열등한 존재로 치부하여 격리되고 통제되어야 할 존재로 보아 범죄자 개인에 대한 제재와 억제에 초점이 맞추어져 있었다. 이처럼 행형조직의 활동목표가 범죄자 개인이었기 때문에 재통합모형의 핵심이 되는 지역사회와의 연계 및 협조에는 큰 관심이 없었다. 즉, <u>복귀하여 활동하여야 할 사회 적응을 위한 제도나 과정이 고려되지 못하는 행형관리가 전통적 교도소 교정관리의 첫 번째 특징이다.</u>
② (×) 교정관리는 교정이념과 목표를 반영하는데, 전통적인 교도소의 교정이념과 목표는 응보와 구금 확보였으므로, 전통적인 교도소에서는 주로 보안요원들로 구성되었고 권한의 집중과 계급질서가 강조되어 처우요원들이 많이 투입되어 운영되고 있는 오늘날까지도 다른 행정조직에 비하여 계층적 성격이 강하게 유지되고 있다.
③ (○) <u>전통적 교정관리의 두 번째 속성은, 프로그램의 개발과 변화에 대한 보수적 접근이다.</u> 이러한 전통은 교정이념의 변화 및 시대의 흐름에 따른 새로운 교정프로그램의 개발과 변화에 쉽게 적응하지 못하여, 오늘날까지도 낙후된 행형제도와 교정의 보수화를 초래하고 있다.
④ (○) <u>전통적 교정관리의 세 번째 속성은 교도소문화에 근원을 두고 있는 고립주의와 퇴행성이다.</u> 교도소문화의 주요 특징은, 범죄자를 일반인들의 눈과 마음으로부터 격리시키려하고, 교정당국은 교정이 일반인들의 심사와 평가를 받는 것을 꺼리는 경향이다. 이로 인하여 교정분야는 변화 · 발전을 위해서 필요한 공공의 이해와 관심 그리고 지원을 확보하지 못하였고, 결과적으로 범죄자에 대한 과장된 혐오감이나 두려움을 증가시켰고, 교정시설 및 교도관에 대한 잘못된 인식이 아직까지 만족할 만큼 해소되지 않고 있다.

정답 ②

07 우리나라 교정조직에 관한 설명으로 옳은 것은? '08. 7급

① 행형업무를 관장하는 최고 책임자는 법무부장관이며, 교정정책단장은 법무부장관의 행형관장 업무를 보좌한다.
② 가석방의 적격 여부는 가석방심사위원회에서 심사하는데, 동위원회의 위원장은 교정본부장이다.
③ 청소년 비행예방 지원 업무를 분장하기 위하여 소년원 및 소년분류심사원의 원장 소속하에 각각 청소년비행예방센터를 둔다.
④ 귀휴심사위원회는 수형자의 귀휴에 관한 사항을 심사하고, 징벌위원회는 규율위반 수용자에 대한 징벌부과 여부를 심사하는데, 이들은 모두 지방교정청에 설치되어 있다.

해설

① (×) <u>교정행정에 관하여 법무부장관을 보좌하는 직위는 교정본부장이다.</u> 교정정책단장은 교정본부장의 교정관장 업무를 보좌한다(「법무부와 그 소속기관 직제」 제12조: 교정본부에 본부장 1명을 두고, 본부장 밑에 교정정책단장 및 보안정책 단장 각 1명을 둔다).
② (×) 법무부차관이다(「형집행법」 제120조 2항). 교정본부장이 위원장인 것은 중앙급식관리위원회이다.
③ (○) 「법무부와 그 소속기관 직제」 제39조의 2 참조.

④ (×) 귀휴심사위원회와 징벌위원회는 일선교정시설에 설치되어 있다. 지방교정청은 수형자·미결수용자 및 피보호감호자 등 수용자의 수용관리·교정·교화 기타 행형사무에 관하여 관할 교도소 등을 지휘·감독하기 위한 사무를 관장한다. <u>지방교정청장 소속하에 교도소 및 구치소를 둔다.</u> 지방교정청에 설치되어 있는 위원회는 교정자문위원회와 행정심판위원회이다.

정답 ③

08 현재 법무부 교정본부 및 소속기관에 대한 설명으로 틀린 것은?

① 법무부 교정본부가 교정행정과 보호행정 전반을 관장하고 있다.
② 교정본부에는 교정행정을 총괄하는 교정본부장과 이를 보좌하는 교정정책단장과 보안정책 단장을 두고, 교정시설의 순회점검에 관한 사항을 분장한다.
③ 교정본부 아래 중간 감독기관으로 4개의 지방교정청을 두고 있다.
④ 대부분의 교도소에는 시설 내에 별도의 미결수용실을 설치하여 미결수용자에 관한 업무도 수행하고 있다.

해설

① (×) 우리나라는 교정행정과 보호행정을 구분하고, 교정행정은 교정본부 관할로, 보호행정은 범죄예방정책국 관할로 하고 있다.

정답 ①

09 「형의 집행 및 수용자의 처우에 관한 법률」상 교정시설의 설치 및 운영에 대한 설명으로 가장 옳지 않은 것은? 'AI 예상

① 판사와 검사는 직무상 필요하면 소장의 허가를 얻어 교정시설을 시찰할 수 있다.
② 신설하는 교정시설은 수용인원이 500명 이내의 규모가 되도록 하여야 한다.
③ 법무부장관은 교정시설의 운영, 교도관의 복무, 수용자의 처우 및 인권실태 등을 파악하기 위하여 매년 1회 이상 교정시설을 순회점검하거나 소속 공무원으로 하여금 순회점검하게 하여야 한다.
④ 법무부장관은 교정시설의 설치 및 운영에 관한 업무의 일부를 법인 또는 개인에게 위탁할 수 있다.

해설

① (×) 소장의 허가를 받아야 할 수 있는 것은 판사와 검사 외의 사람이 교정시설을 참관하는 경우이다. 판사와 검사의 직무상 시찰은 소장의 허가 없이 할 수 있다. 형집행법 제9조 1·2항 참조.
② (○) 「법」 제6조 1항.
③ (○) 「법」 제8조.
④ (○) 「법」 제7조.

☞ **출제의도**: 이 문제는 교정시설의 설치 및 운영에 관한 법률의 내용을 정확히 이해하고 있는지를 평가하기 위해 출제된 것입니다.

정답 ①

10 다음 중 외부인사가 참여하지 않는 위원회는? '03. 5급(교정관) 승진

① 가석방심사위원회　　　　　② 치료감호심의위원회
③ 분류처우위원회　　　　　　④ 징벌위원회
⑤ 보안관찰처분심의위원회

> **해설**
> ③ (○) 「형집행법」상 분류처우위원회와 「분류처우 업무지침」에 근거하여 시행되는 분류처우회의에는 외부인사가 참여하지 아니 한다.
>
> **정답** ③

11 교정조직에 대한 설명으로 옳은 것은? '11. 9급

① 교정시설에는 징벌대상자의 징벌을 결정하기 위하여 징벌위원회를 둔다.
② 교정본부에는 귀휴의 적격 여부를 심사하기 위하여 귀휴심사위원회를 둔다.
③ 지방교정청에는 수형자의 분류처우에 관한 중요 사항을 심의·의결하기 위하여 분류처우위원회를 둔다.
④ 교도관의 직무에 관하여 필요한 사항은 법무부장관이 정한다.

> **해설**
> ②, ③ (×) 귀휴심사위원회와 분류처우위원회는 교정시설에 둔다.
> ④ (×) 법무부장관이 정한다(×) → 따로 법률로 정한다(「법」 제10조).
>
> **정답** ①

12 교정자문위원회에 대한 설명으로 옳지 않은 것은?

① 교정시설의 운영과 노인·장애인수용자 등의 보호, 성차별 및 성폭력 예방정책에 관한 자문에 대한 응답 및 조언을 한다.
② 교정자문위원회의 위원은 교정에 관한 학식과 경험이 풍부한 외부인사 중에서 지방교정청장이 위촉한다.
③ 교정자문위원회의 회의는 공개하지 아니한다. 다만, 위원회의 의결을 거친 경우에는 공개할 수 있다.
④ 교정자문위원회의 회의는 위원 과반수의 요청이 있거나 지방교정청장이 필요하다고 인정하는 경우에 개최한다.

> **해설**
> ① (○) 「시행규칙」 제264조 참조.
> ② (×) 지방교정청장의 추천을 받아 법무부장관이 위촉한다(「법」 제129조 2항). 위원회 중 외부위원을 법무부장관이 위촉하는 것으로는 취업지원협의회, 교정자문위원회가 있고, 교정위원도 법무부장관이 위촉한다.
>
> **정답** ②

13 다음은 법무부 소속 각종 위원회 구성과 외부위원에 대한 설명이다. 그 중 옳지 않은 것은?

① 가석방 심사위원회는 위원장 포함 5명 이상 9명 이하로 구성되며 임기는 2년이다.
② 치료감호심의위원회는 위원장 포함 5명 이상 9명 이하로 구성되며 임기는 2년이다.
③ 보호관찰심사위원회는 위원장 포함 5명 이상 9명 이하로 구성되며 임기는 2년이다.
④ 중앙급식관리위원회는 위원장 포함 7명 이상 9명 이하로 구성되며 임기는 2년이다.

해설

② (×) 치료감호심의위원회는 판·검사, 변호사 자격이 있는 6명 이내의 위원과 정신의학과 등 전문의 자격이 있는 3명 이내의 위원으로 구성하고, 위원장은 법무부차관으로 한다. 공무원이 아닌 위원의 임기는 3년으로 한다. 위원회의 위원은 위원장의 제청으로 법무부장관이 임명하거나 위촉한다.

정답 ②

AI 예상 응용지문

❶ 취업지원협의회와 징벌위원회의 외부위원은 시설의 장이 위촉한다. (×)
❷ 급식관리에 관하여 법무부장관의 자문에 응하기 위하여 법무부에 중앙급식관리위원회를 두고, 각 지방교정청에 지방급식관리위원회를 둔다. (×)
❸ 분류처우회의의 위원장은 소장이 맡는다. (×)
❹ 수형자 취업지원협의회의 위원은 회장 1명과 3명 이상 5명 이하의 외부위원과 10명 이상의 내부위원으로 구성한다. (×)
❺ 취업지원협의회는 분기마다 개최한다. (×)

❶ 취업지원협의회(×) → 귀휴심사위원회(○) ❷ 지방교정청(×) → 교도소·구치소(○) ❸ 소장(×) → 분류심사과장(○). 분류처우위원회의 위원장을 소장이 맡는 것과 구분해야 함. ❹ 회장 1명과(×) → 회장 1명을 포함하여(○), 외부위원과 내부위원이 뒤바뀜. ❺ 분기(×) → 반기(○).

14 「형의 집행 및 수용자의 처우에 관한 법률 시행규칙」상 수형자 취업지원협의회에 대한 설명으로 옳지 않은 것은? '17. 5급(교정관) 승진

① 수형자 사회복귀 지원 업무에 관한 자문에 대한 조언 기능을 담당한다.
② 협의회는 회장 1명을 포함하여 3명 이상 5명 이하의 내부위원과 10명 이하의 외부위원으로 구성한다.
③ 외부위원의 임기는 3년으로 하며 연임할 수 있다.
④ 수형자의 사회복귀 지원을 위하여 협의가 필요한 때에는 임시회의를 개최할 수 있다.
⑤ 협의회의 회의는 재적위원 과반수 출석으로 개의하고, 출석위원 과반수 찬성으로 의결한다.

해설

② (×) 10명 이하(×) → 10명 이상(○). 「시행규칙」 제145조 1항 참조.

정답 ②

15 교정행정과 관련한 다음 위원회 중 「형의 집행 및 수용자의 처우에 관한 법률」에서 규정하고 있는 위원회가 아닌 것은?

① 귀휴심사위원회
② 분류처우위원회
③ 징벌위원회
④ 가석방심사위원회

> **해설**
>
> ① (○) 법률에 근거하지 않은 위원회로는 귀휴심사위원회(「시행규칙」), 취업지원협의회(「시행령」), 분류처우회의(「분류처우 업무지침」), 중앙급식관리위원회와 지방급식관리위원회(「수용자 급식관리위원회 운영지침」) 등이 있다.
>
> **정답** ①

16 현재 우리나라에서 시행하고 있지 않은 제도는 무엇인가?

① 수형자자치제도
② 선시제도, 교도작업임금제
③ 외부통근제도
④ 귀휴제도, 개방시설처우

> **해설**
>
> ② (○) 선시제도는 미군정시대에 시행되다가 「형법」제정·시행과 함께 폐지되고, 현재는 가석방제도로 대체되어 시행되고 있다. 교도작업임금제는 현재까지 전혀 채택하지 않고 있다.
>
> **정답** ②

17 다음 중 교정시설에 설치되어 있는 위원회가 아닌 것은?

① 지방급식관리위원회
② 가석방심사위원회
③ 징벌위원회
④ 분류처우위원회

> **해설**
>
> ② (×) 가석방심사위원회는 법무부에 설치되는 중앙위원회이다.
>
> **정답** ②

18 다음 위원회의 외부위원 중 소장이 위촉할 수 없는 것은?

① 분류처우위원회 위원
② 징벌위원회 위원
③ 교정자문위원회 위원
④ 귀휴심사위원회 위원
⑤ 지방급식관리위원회 위원

> **해설**
>
> ③ (×) 교정자문위원회 위원은 지방교정청장, 취업지원협의회 위원 및 교정위원은 소장의 추천을 받아 법무부장관이 위촉한다.
>
> **정답** ③

19 「형의 집행 및 수용자의 처우에 관한 법률」상 위원회의 의사정족수·의결정족수를 올바르게 연결한 것은? (단, 징벌위원회의 경우 1명 이상의 출석이 있었다고 가정함) '24. 5급(교정관) 승진

<위원회의 종류>
㉠ 분류처우위원회 ㉡ 귀휴심사위원회 ㉢ 징벌위원회 ㉣ 가석방심사위원회
<의사정족수·의결정족수>
A. 재적위원 과반수의 출석으로 개의하고, 출석위원 과반수의 찬성으로 의결한다.
B. 재적위원 3분의 2이상의 출석으로 개의하고, 출석위원 과반수의 찬성으로 의결한다.

① ㉠ - B, ㉡ - A
② ㉠ - A, ㉢ - B
③ ㉡ - A, ㉢ - B
④ ㉢ - B, ㉣ - B

해설

① 형집행법령상 분류처우위원회만 재적위원 3분의 2이상의 출석으로 개의하고, 출석위원 과반수의 찬성으로 의결한다. 나머지 모든 위원회는 재적위원 과반수의 출석으로 개의하고, 출석위원 과반수의 찬성으로 의결한다.

정답 ①

20 다음 중 「교도관 직무규칙」상 교도관회의에 대한 설명으로 옳은 것은?

① 소장은 회의의 의장이 된다.
② 매월 1회 이상 회의를 소집해야 한다.
③ 소장은 보안과 소속의 교도관 중에서 서기 1명을 임명하여야 한다.
④ 회의는 소장, 부소장 및 각 과의 과장과 소장이 지명하는 교정관 이상의 교도관으로 구성된다.

해설

① (○) 제22조 2항 참조.
② (×) 매월 1회(×) → 매주 1회(○). 제22조 1항 참조.
③ (×) 보안과 소속(×) → 총무과 소속(○). 제24조 1항 참조.
④ (×) 교정관 이상(×) → 6급 이상(○). 제22조 1항 참조.

정답 ①

21 형의 집행 및 수용자의 처우에 관한 법령상 교정시설에 둔다고 규정된 위원회가 아닌 것은? '17. 7급

① 귀휴심사위원회
② 치료감호심의위원회
③ 징벌위원회
④ 분류처우위원회

해설

② (×) 치료감호심의위원회는 법무부에 둔다. 「치료감호 등에 관한 법률」 제37조.

정답 ②

제3절 수형자 처우모델과 처우방식

01 다음에서 설명하는 교화개선모형은? '22. 9급

> ○ 1920년대 말과 1930년대 초에 미국 교정국 등의 주도 하에 발전한 모델로 범죄 원인은 개인에게 있으므로 진단하고 치료할 수 있다고 본다.
> ○ 처벌은 범죄자 문제를 해결하는 데 전혀 도움이 되지 않고, 오히려 범죄자의 부정적 관념을 강화시킬 수 있으므로 범죄자를 치료할 수 있는 치료 프로그램을 개발하고 적용하는 것이 필요하다.

① 적응모형(adjustment model)
② 의료모형(medical model)
③ 재통합모형(reintegration model)
④ 무력화모형(incapacitation model)

해설

② (○) 의료모형은 범죄원인을 개인에게서 찾는 생물학적 결정론에 기반을 두고 있다. 따라서 범죄문제를 해결하려면 범죄를 유발하는 개인적 원인을 치료해야지 일반적인 처벌을 가하는 것은 효과가 없다고 본다. 치료모형이라고도 부른다.
① (×) 적응(조정)모형도 의료모형과 같이 범죄자를 치료의 대상으로 파악하지만, 범죄자도 자신의 행위에 대하여 책임질 수 있고, 법을 준수하는 의사결정을 할 수 있다고 전제하는 점에서 큰 차이가 있다.

정답 ②

02 처우의 개별화로 틀린 것은? '99. 5급(교정관) 승진

① 재판상·행정상·법률상 개별화가 있다.
② 재판의 개별화, 법률의 개별화, 행정의 개별화 순으로 발전하였다.
③ 범죄자 개인에 중점을 두는 실증주의자들의 주장이다.
④ 여러 과학적 방법을 이용한 심리검사 및 분류를 통해 각 수형자에게 적합한 처우를 시행하기 위한 이론이다.
⑤ 처우의 개별화는 본래 형벌의 개별화에서 발전하였다.

해설

〈형벌 개별화의 3단계 발전 과정〉
형벌의 개별화는 범죄자와 범죄의 특성에 따라 형벌을 맞춤형으로 적용하려는 이론이다. 일반적·획일적인 형벌 대신, 각 개별 사건과 범죄인에게 적합한 형벌을 선택하는 접근 방식을 지향한다.

법률의 개별화
법률의 개별화는 법규 자체가 일반적이고 포괄적인 규정에서 벗어나 개별 사건에 더 맞는 구체적이고 세밀한 규정을 도입하는 단계이다. 이는 형법의 법정형을 다양한 범위로 세분화하는 방식으로 이루어질 수 있다.

재판의 개별화
재판의 개별화는 법원에서 재판을 진행할 때 개별 사건의 특성과 피고인의 개인적 상황을 고려하여 형벌을 결정하는 단계이다. 이는 판사의 재량권이 확대되어, 다양한 범죄적 상황과 개인적 배경을 반영할 수 있게 된다.

행정의 개별화
행정의 개별화는 형벌의 집행과정에서 피고인의 특정한 상황이나 요구에 맞게 형벌을 집행하는 단계이다. 예를 들어, 교정시설에서 수용자의 재활을 위한 맞춤형 프로그램이 이에 해당한다.

② (×) 살레이유(R. Saleilles)는 「형벌의 개별화」라는 저서를 통해 개별화를 3단계로 나누어 법률의 개별화·재판의 개별화·행정의 개별화로 구분하였다. 이에 따르면 **법률의 개별화 → 재판의 개별화 → 행정의 개별화** 순으로 발전했다.

행정의 개별화는 교정처우 및 보호처우의 단계에서 교정(행형)기관에 의한 개별처우를 의미하며 주로 교정(행형)단계에서의 개별화에 그 중점이 있다(개별처우의 원칙).

'처우의 개별화'란 범죄자를 다루는 각 단계에서 각 범죄인에게 알맞은 개별적인 처우를 도모하는 것을 말하는데, 19세기 범죄인 처우의 이념이 강조되면서 나타난 교정의 가장 핵심적인 명제로 자리 잡고 있다. 범죄자의 재사회화라는 관점에서 보면, 처우의 개별화를 위해서는 양형 절차의 합리화, 판결 전 또는 판결 후 조사제도의 채택, 그리고 시설의 다양화, 전문 인력 확보, 재정지원 등이 요청되고 있다.

정답 ②

AI 예상 응용지문
❶ 형집행법(형집행법)은 처우의 개별화를 규정하고 있다. (O)
❷ 의료모델은 처우의 개별화를 강조하고, 정의모델은 획일적인 공정한 처벌을 강조한다. (O)

03 다음 중 교정처우 모형에 대한 설명으로 옳지 않은 것은 무엇인가? 'AI 예상

① 정의모델은 범죄자의 법적 지위와 권리보장을 강조하며, 형집행의 공정성과 법관의 재량권 제한을 중요시한다.
② 의료모델은 단순한 처벌이 범죄자의 문제를 해결하는 데 아무런 도움이 안 된다고 보고 범죄자의 사회복귀를 목표로 하며, 부정기형 제도를 중요한 요소로 삼는다.
③ 적응모델은 의료모델처럼 범죄자를 치료의 대상으로 파악하지만 범죄자도 자신에 대해서 책임질 수 있고 법을 준수하는 의사결정도 할 수 있다고 본다.
④ 재통합모델은 범죄 유발의 주된 책임을 사회에 돌리며, 교정 처우는 주로 개인의 치료와 교정적 측면에 중점을 둔다.

해설

③ (○) 적응모델은 의료모델의 문제점을 비판하면서 그 대안으로 제안되었다. 의료모델처럼 범죄자를 치료의 대상으로 파악하지만, 범죄자도 자신에 대해서 책임질 수 있고 법을 준수하는 의사결정도 할 수 있다고 본다. 그렇지만 적응모델은 의료모델과 달리 수형자를 수동적 대상이 아닌 적극적 대상으로 파악하고 일방적 치료가 아닌 상호교류를 강조하며, 치료를 위해 사회와의 철저한 격리를 주장하지 않는다. 그리고 시설내처우를 중시하면서도 범죄자의 적응적 결함, 부정적 성향, 부정적인 대인 관계 등이 범죄를 초래했다고 보면서 이들의 사회 재적응을 위해서는 사회 내에서의 일정한 처우와 도움이 제공되어야 한다고 주장한다.

④ (×) **재통합모델**은 범죄 유발의 주된 책임을 사회에 돌리며, **지역사회에 기초한 교정**을 강조한다. 즉,

범죄자 문제는 범죄가 시작된 그 사회에서 해결되어야 한다는 것을 전제한다. 재통합모델은 적응모델보다 더 사회 환경을 강조하며, 보다 더 거시적인 환경을 범죄 문제의 해결 과정에서 중요시한다. 그러나 "교정 처우는 주로 개인의 치료와 교정적 측면에 중점을 둔다"는 설명은 재통합모델의 주된 특성을 잘못 설명하고 있다. 재통합모델은 주로 사회적 통합을 강조하며 개인의 치료보다는 지역사회와의 통합을 더욱 중시한다. 다시 말해, 재통합 문제 해결을 위해서는 범죄자가 사회와 재통합할 수 있도록 도와주어야 하며, 범죄자의 개선에만 초점을 맞출 것이 아니라, 사회 재통합을 위한 지역사회와의 의미 있는 접촉과 유대관계가 중요하다는 것을 강조한다. 그러므로 소수의 상습적인 중범죄자를 제외하고는 **지역사회에 기반한 교정 프로그램**이 바람직하다고 주장한다. 또한 시설수용이 어쩔 수 없는 일부 강력범죄자에 대해서도 가능한 한 다양한 사회복귀 프로그램이 적용되어야 한다고 주장한다.

☞ **출제의도** : 이 문제는 따라서 응시자가 각 교정처우 모형의 정의와 핵심 개념을 올바르게 이해하고 있는지를 평가하는 데 초점을 맞추고 있습니다.

정답 ④

04 수용자 처우 모델에 대한 설명으로 옳은 것만을 모두 고르면? '24. 9급

> ㄱ. 정의모델(Justice Model)은 범죄자의 법적 지위와 권리보장이라는 관점에서 처우의 문제에 접근하는 것으로, 형집행의 공정성과 법관의 재량권 제한을 강조한다.
> ㄴ. 의료모델(Medical Model)은 치료를 통한 사회복귀를 목적으로 하는 것으로, 가석방제도를 중요시한다.
> ㄷ. 적응모델(Adjustment Model)은 정의모델에 대한 비판·보완을 위해 등장한 것으로, 교정처우기법으로 현실요법과 교류분석을 중요시한다.
> ㄹ. 재통합모델(Reintegration Model)은 사회도 범죄유발의 책임이 있으므로 지역사회에 기초한 교정을 강조한다.

① ㄴ, ㄷ
② ㄷ, ㄹ
③ ㄱ, ㄴ, ㄷ
④ ㄱ, ㄴ, ㄹ

해설

ㄴ(○) **의료모델**(치료모델)은 범죄자를 질병을 가진 환자로 보는 견해이다. 따라서 범죄자를 위해서는 범죄자를 변화시킬 수 있는 처우(치료) 방안이 고안되어야 한다고 본다. 즉, 범죄자의 치료를 위해서는 다양한 정신건강시설 등의 폭넓은 활용을 강조한다. 그리고 치료를 통한 사회복귀를 형벌 목적으로 보기 때문에 정기형보다는 부정기형제도와 가석방제도를 중요시한다.
ㄷ(×) 적응모델(조정모델)은 <u>의료모델</u>에 대한 비판·보완을 위해 등장했다.

정답 ④

05 교정처우모델에 대한 설명으로 옳지 않은 것은? '10. 7급

① 개선모델은 범죄자 처우에 있어서 응보형사상에 기초한 가혹한 형의 집행을 지양하고, 19세기의 교육형사상을 기초로 한다.
② 의료모델은 범죄자에 대한 처우를 환자의 치료라고 보는 입장이므로 수형자의 형기는 치료 기간이 되어 부정기형제도가 유용하게 된다.

③ 정의모델은 범죄자의 처우문제에 대하여 범죄자의 법적 지위의 보장이라는 차원에서 접근하려는 것으로 교정제도의 개선보다 범죄자의 갱생에 목적을 두고 있다.
④ 재통합모델은 수형자의 주체성과 자율성을 인정하면서 수형자의 동의와 자발적 참여하에 교정처우프로그램을 결정·집행하려는 것이다.

해설

③ (×) 정의모델(공정·사법모델)은 교정의 중점을 범죄자의 교화개선·치료(처우)보다는 적법절차에 근거한 공정한 형집행을 통해 정의를 실현하는 데 두고 있다. 그래서 적법절차를 강조한다는 점에서 사법(司法) 모델이라고도 하고, 범죄행위에 상응하는 공정한 형집행을 중시한다는 점에서 공정(公正) 모델이라고도 부르며, 형벌의 목적은 정의실현에 있다고 보는 점에서 정의(justice)모델이라고도 부른다. 이 모델은 범죄자의 법적 권리 보장이라는 차원에서 처우의 문제에 접근하려는 시도를 말한다. 따라서 범죄자의 갱생 내지 개선보다는 교정제도의 개선, 즉 부정기형이나 패롤(퍼로울·parole)을 폐지하고 법정형의 폭을 제한하여 법관의 재량의 폭을 줄이면서 선시제 등을 통한 형기의 단축 등 제도개선을 더욱 중시하였다.

정답 ③

06 범죄인처우모델(교정처우모델) 중 교화개선을 위한 모델과 가장 거리가 먼 것은?

① 의료모델(치료모델)   ② 조정모델(적응모델)
③ 재통합모델(재사회화모델)   ④ 정의모델(공정모델)

해설

교정을 추구하는 목표에 따라 다음과 같이 크게 세 가지로 나누는 견해가 있다. 처벌을 위한 교정에는 응보 모델, 억제모델, 무력화모델이 있다. 재활 또는 교화개선(rehabilitation)을 위한 교정에는 의료(치료)모형, 적응(조정)모형, 재통합(재사회화)모형이 있다. 사법정의를 위한 교정에는 정의 또는 공정모델이 있다.
① (×) 의료모형은 생물학적 결정론에 입각하여 범죄자를 질병을 가진 환자로 보고 부정기형을 통해 범죄를 유발하는 요인을 치료 개선하는 교정시설 처우 방식이다.
② (×) 적응모형은 의료모형과 같이 범죄자를 치료 개선의 대상으로 보지만, 범죄자도 법을 준수하는 의사결정을 할 수 있고 범죄에 대한 책임을 인정할 수 있는 부분도 있다고 본다. 따라서 의료모형과 달리 범죄자를 수동적인 처우 대상으로만 보지 않고 적극적인 처우의 주체로도 인정하고 심리요법 등을 통해 적극적으로 처우하되 사회적응을 위한 사회와의 교류도 중시한다.
③ (×) 재통합모형은 범죄자의 문제는 범죄를 유발하는 데 어느 정도 책임이 있는 그 사회에서 해결해야 한다는 전제하에 사회내처우를 중시하고, 범죄자의 교화 개선뿐만 아니라 사회적 여건 개선을 통한 재통합도 강조하는 처우 방식이다.
④ (○) 정의모형(justice model)은 사법정의를 위한 교정에 바탕을 두고 있으며, 형사정책의 목표를 범죄자의 교화 개선보다는 사법정의의 실현에 둔다. 이에 따라 범죄에 대해 마땅이 받아야 할 범죄에 상응한 공정한 형벌이 강조된다. 다시 말해, 처벌이 공리적인 처벌이나 범죄자의 억제 및 교화 개선과 같이 범죄자나 사회에 대한 이익을 위해 활용되는 것이 아니라, 처벌받아야 마땅하기 때문에 당연히 처벌되어야 한다는 것이다. 이는 신응보주의 형벌이념에 기반한 처벌모델이다.

정답 ④

07 교화개선모형에 대한 설명으로 옳지 않은 것은? '21. 7급

① 범죄자의 형기는 범죄행위에 대한 것이 아니라 범죄자를 교화개선시키는 데 요구되는 시간이 되어야 한다.
② 적응모형(adjustment model)의 처우기법은 주로 지역사회에 기초한 사회복귀프로그램이다.
③ 교화개선모형에 입각한 대부분의 처우 프로그램은 효과가 없다고 비판받는다.
④ 범죄자의 사회재통합을 위해서는 지역사회와의 의미 있는 접촉과 유대관계가 전제되어야 한다.

해설

② (×) 적응모형은 시설내처우 중심의 의료모델에 대한 비판·보완을 위해 등장한 이론인데, 이 모델은 응보적 형벌을 바탕으로 하면서도 적극적인 재사회화를 위한 처우도 강조하는 것이 특징이다. 따라서 시설내처우로서 현실요법·교류분석 등을 중시했다. 지역사회에 기초한 사회복귀프로그램은 '재통합모델'에서 중시한다.

정답 ②

08 교정처우에 대한 마틴슨(R. Martinson)의 주장으로 맞는 것은? '97. 5급(교정관) 승진

① 교화개선은 재범률 감소에 상당히 효과가 있었다.
② 처우프로그램은 교정효과를 거두지 못했다고 하여 교정 처우 무용론(Nothing Works)를 주장했다.
③ 교정교육은 많은 긍정적 요소를 가지고 있다.
④ 교정교화 및 사회복지 프로그램의 효과는 긍정적이다.
⑤ 부정기형이나 가석방제도는 실질적으로 법적 불평등을 야기하지 않는다.

해설

② (○) 로버트 마틴슨(Robert Martinson)의 연구 제목인 "무엇이 작동하는가?(What Works?)"는 교정학 분야에서 매우 중요한 연구로 간주된다. 마틴슨은 이 연구에서 교정 프로그램의 효과성에 대한 중요한 통찰을 제공하였으며, 이는 교정학적 실천과 정책에 큰 영향을 미쳤다. 마틴슨의 연구에서 가장 주목할 만한 점은 **교정 프로그램의 효과에 대한 회의적인 결론**이다. 그의 연구 결과는 많은 교정 프로그램이 범죄자의 재범률을 유의미하게 감소시키지 못한다는 것이었다. 즉, 교정 프로그램이 범죄 예방이나 범죄자의 사회적 적응에 실질적인 영향을 미치지 않는 경우가 많다는 주장을 하였다. 그리하여 특별예방주의, 개선주의는 큰 비판을 받으면서 1970년대 중반 고전주의(일반예방주의)·응보주의적 접근이 미국에서 다시 인기를 끌기 시작했다. 그리하여 의료모델과 같은 교정주의 정책에 대한 대안으로 **신응보주의적 대안**을 강력히 주장했다. 이와 같은 비판을 주도한 대표적인 학자로는 마틴슨, 알렌(F. Allen), 포겔(D. Fogel)) 등을 들 수 있다. 특히 **포겔**은 정의모델을 제안하였다. 그는 교도소는 범죄자를 교화 개선하거나 교정할 수 없다고 보면서, 범죄자는 자신이 선택하여 행한 범죄에 상응하는 처벌을 마땅히 받아야 한다고 주장했다.
① (×) 교화개선은 재범률 감소에 효과가 거의 없었다.
③ (×) 교정교육은 많은 긍정적 요소를 가지고 있지 않다.
④ (×) 교정교화 및 사회복지 프로그램의 효과는 부정적이다.
⑤ (×) 부정기형이나 가석방제도는 실질적으로 법적 불평등을 야기한다.

정답 ②

09 범죄자의 인권침해라는 문제점을 고려하여 수형자의 법적 권리의 보장이라는 차원에서 처우의 문제에 접근하려는 처우모형은?

① 사법모델
② 개선모델
③ 치료모델
④ 재사회화모델

해설

① (○) 사법모델은 수형자의 권리보장에 중점을 둔 처우 모델이다.

정답 ①

10 교정 이념으로서의 정의모형에 대한 설명으로 옳지 않은 것은? '18. 7급

① 교화개선모형을 통한 수형자의 성공적인 사회복귀는 실패하였다고 주장한다.
② 처벌은 범죄로 인한 사회적 해악이나 범죄의 경중에 상응해야 한다고 주장한다.
③ 교화개선보다 사법정의의 실현이 바람직하고 성취 가능한 형사사법의 목표라고 주장한다.
④ 범죄자는 정상인과 다른 병자이므로 적절한 처우를 통하여 치료해 주어야 한다고 주장한다.

해설

④ (×) 지문의 주장은 의료(치료)모델에 해당한다.

정답 ④

11 교정처우모델과 관련된 설명으로 옳은 것은? '06. 5급(교정관) 승진

① 정의모델은 선시제도에 의한 형기단축을 지지한다.
② 3진 아웃과 관련된 것은 의료모델이다.
③ 지역사회교정은 치료모델의 이념에 기초한다.
④ 부정기형제도는 정의모형에서 그 의미가 크다.
⑤ 사법모델은 범죄의 원인은 치료될 수 있다는 가정에서 출발하였다.

해설

② (×) 3진 아웃법은 선별적 무능력화를 실현하기 위한 법률이다.
'선별적 무능력화 방안(selective incapacitation)'은 모든 범죄자에 대한 동등한 처벌체계를 정당화하려 하지 않기 때문에 전형적인 신응보주의적 접근방법과 차이가 있으나 교화개선을 추구하는 교육형주의를 인정하지 않고 처벌을 중시한다는 점에서 정의모델과 관련이 있다. 의료모델을 비판하면서 등장한 이론이라는 점에서도 정의모델과 등장배경을 같이 한다. 삼진법(Three Strike & You Are Out)은 범죄자가 2회의 범죄를 저지른 때까지는 적정한 형벌을 부과하여 교화개선 되도록 기회를 주지만, 그래도 개선되지 않고 3회째의 범죄를 저지르게 되면 사회로부터 영구히 격리할 수 있게 종신형에 처하도록 규정한 법이다. 미국의 3진법은 강력상습범에게 적용되는데, 플로리다주에서 최초로 입법되어 시행된 이래, 워싱턴·캘리포니아주 등에서도 시행되었다.

③ (×) 지역사회교정은 재통합모델의 이념에 가깝다.
④ (×) 정의모형(×) → 의료(치료)모형(○).
⑤ (×) 사법모델(×) → 의료(치료)모델(○).

정답 ①

12 개선모델 내지 처우모델에 관한 설명으로 옳은 것은? '01. 5급(교정관) 승진

① 형벌의 목적을 응보에서 찾는다.
② 행위자의 위험성보다 범죄행위 자체에 주목한다.
③ 부정기형제도의 채택에 긍정적이다.
④ 수형자자치제를 긍정적인 처우제도로 인정한다.
⑤ 수형자의 법적 지위와 인권보장에 관심이 높다.

해설

①, ②, ④, ⑤는 신응보주의에 바탕을 둔 정의(공정·사법)모델에 해당된다.

정답 ③

13 범죄자 처우 모델에 대한 설명으로 옳지 않은 것은? '18. 9급

① 개선모델 – 가혹한 형벌을 지양하고 개선과 교화를 강조한다.
② 의료(치료·갱생)모델 – 수용자에 대한 강제적 처우로 인권 침해라는 비판을 받았다.
③ 사법(정의·공정)모델 – 갱생에 대한 회의론과 의료모델로의 회귀 경향이 맞물려 등장하였다.
④ 재통합모델 – 범죄자와 지역사회의 유대 및 지역사회의 기초한 처우를 중요시한다.

해설

③ (×) 의료모델로의 회귀경향(×) → 응보주의로의 회귀경향(○). 사법모델은 의료모델을 부정하고, 신응보주의에 바탕을 둔 새로운 처우모델로 등장했다.

정답 ③

14 현대 교정의 특징을 표현한 것으로 적합하지 않은 것은? '06. 9급

① 처우의 개별화
② 사회 내 처우의 확대
③ 수형자의 법적 지위 강화
④ 책임주의의 강화

해설

④ (×) 책임주의를 강조하는 입장은 객관주의 형벌이론에 속하는 응보주의, 일반예방주의이다. 현대 교정은 특별예방주의에 바탕을 둔 교육형주의가 주류를 이루고 있으므로 책임보다는 범죄인의 인격이나 재범위험성이 강조된다.

정답 ④

15 현대 교정의 추세에 있어서 교정 처우의 기본원리가 아닌 것은? '07. 5급(교정관) 승진

① 자기 인식의 원리
② 신뢰의 원리
③ 자유 제한의 원리
④ 자기결정의 원리
⑤ 자기 조력의 원리

해설

③ (×) 교정처우(교정교육)의 기본원리에는 인간존중의 원리, 자기인식의 원리, 신뢰의 원리, 자기조력(자기결정)의 원리 등이 있다.

정답 ③

➕ 교정처우(교정교육)의 기본원리

인간 존중의 원리

인간존중의 원리란 범죄인 교정처우의 기본이념으로서, 교정의 대상이 되는 범죄인이라 할지라도 그 사람의 인권을 최대한 존중하여야 한다는 이치이다. 따라서 수형자의 기본권과 처우를 받을 권리가 보장되어야 하며, 수형자에 대한 인권의 배려가 그들이 자기 자신을 존엄하게 여기는 계기가 되도록 해야 한다. 이것이 교정교육의 제1의 원리이다. 「형집행법」은, 이 법 집행 시 "수용자의 인권은 최대한으로 존중되어야 한다"고 명시하고 있다(제4조).

자기 인식의 원리

교정이 이루어지기 위한 기초로서 범죄인 스스로 자기가 어떠한 상태에 있고, 얼마만큼 사회에 해악을 끼쳐왔고, 재범의 가능성은 어떠한지를 깨닫도록 하여야 한다. 자기 자신에 대한 바른 인식 없이는 어떠한 교정 처우프로그램도 적극적으로 수용될 수 없으므로 자기 인식의 원리는 교정 처우의 기초가 된다.

자기 조력(자기 결정)의 원리 = 자조의 원리

교정의 목적이 수형자를 교정교화하여 선량한 시민으로 사회에 복귀하도록 하는 데 있다면, 그 수단과 방법은 이들 수형자의 자력개선의지 함양에 중점을 두어야 효과적이다. 따라서 수형자의 지도는 이들이 자기의 힘으로 문제를 해결해 나가도록 조력하는 것이며, 이들을 대신해서 문제를 해결해 주는 것이어서는 아니 된다. 이원리를 기초로 형집행법령은 '자치처우'를 교화 프로그램으로 인정하고 있다(시행규칙 제76·86조).

신뢰의 원리(신뢰 회복의 원리)

수형자의 자기인식을 바탕으로 자기결정에 의한 적극적인 참여를 유도하기 위해서는 교정하는 사람과 수형자 사이에 바람직한 인간관계의 조성과 유지, 즉 마음과 마음의 소통이 있지 않으면 아니 된다. 따라서 교정처우에 있어서는 상호 간의 신뢰 회복이 그 전제가 되어야 교정교육의 효과가 제대로 발휘될 수 있다. 또한 수형자의 잠재적 능력과 좋은 점을 믿어주는 것도 교정에 있어 매우 중요하다. 이 원리를 기초로 「형집행법 시행규칙」은 "소장은 교육의 효과를 거두지 못하였다고 인정하는 교육대상자에 대하여 다시 교육할 수 있다(제101조 4항)", "소장은 가석방이 허가되지 아니한 수형자에 대하여 그 후에 가석방을 허가하는 것이 적당하다고 인정하는 경우에는 다시 가석방 적격심사신청을 할 수 있다(제251조)"라고 규정하고 있다.

16 교정의 이념에 대한 설명으로 옳지 않은 것은? '21. 7급

① 집합적 무력화(collective incapacitation)는 과학적 방법을 활용하여 재범의 위험성이 높은 것으로 판단되는 개인을 구금하기 위해서 활용되고 있다.
② 범죄자를 건설적이고 법을 준수하는 방향으로 전환시키기 위해 범죄자를 구금하는 것을 교정의 교화개선(rehabilitation)적 목적이라고 할 수 있다.
③ 무력화(incapacitation)는 범죄자가 구금기간 동안 범행할 수 없도록 범행의 능력을 무력화시키는 것을 의미한다.
④ 형벌의 억제(deterrence)효과는 처벌의 확실성, 엄중성 그리고 신속성의 세 가지 차원에 의해 결정된다.

해설
① (×) 집합적 무능력화(×) → 선별적 무능력화(○).

정답 ①

---

17 다음 괄호 안에 들어갈 내용으로 옳은 것은? '10. 7급

> 집합적 무력화(collective incapacitation)란 (A)를 정해진 기간 동안 구금함으로써 범죄를 예방할 수 있다고 보는 것이다. 반면에 선별적 무력화(selective incapacitation)란 (B)를 장기간 구금함으로써 대부분의 중요범죄를 예방할 수 있다고 주장한다. 그런데 선별적 무력화는 (C)으로 개인의 자유와 인권을 침해할 우려가 있으며, (D)으로 인하여 안전한 사람을 지속적으로 수용할 우려가 있다.

㉠ 소수의 상습범죄자 ㉡ 모든 중(重)범죄자
㉢ 잘못된 긍정(false positive) ㉣ 잘못된 부정(false negative)

　　A B C D 　　　　　　A B C D
① ㉠ ㉡ ㉢ ㉣　　　② ㉡ ㉠ ㉢ ㉣
③ ㉠ ㉡ ㉣ ㉢　　　④ ㉡ ㉠ ㉣ ㉢

해설
② (○) 의료모델의 시행결과 사회에서 범죄는 줄어들지 않고 오히려 직업적 중누범자가 많이 나타났기 때문에 범죄자에 대한 교화개선이념은 평가절하되었다. 이러한 배경에서 행형의 목적으로서 무능력화가 강조되기도 하였다. 이러한 추세를 반영하는 것이 선별적 무능력화이다. 그러나 이 전략은 예측의 문제, 죄형법정주의 부적합 문제 그리고 형평성과 위헌성의 논란을 야기하고, 교도소의 과밀수용 초래로 인한 교정 관리의 어려움을 가져오기도 하였다. 잘못된 부정과 잘못된 긍정은 예측의 오류로 인해 나타나는 문제이다. '잘못된 긍정'을 하면 해당 범죄자의 인권침해가 발생하고, '잘못된 부정'을 하면 사회의 안전에 해를 끼치는 결과가 나타난다.

정답 ②

18 의료모델의 재량권 남용 및 차별적 처우에 대한 반성으로 적법절차를 강조하는 사법모델(justice model)이 등장하였다. 사법모델의 등장과 배경을 같이 하는 범죄이론은? '06. 9급

① 갈등이론
② 과학적 범죄이론
③ 표류이론
④ 낙인이론

해설

④ (○) 낙인이론은 사법모델과 같이 교화이념의 효과에 대한 비판적 분위기에서 등장한 범죄이론이다. 형벌집행에 대한 교화이념의 우선정책의 범죄경감 효과에 대해서는 1950년 후반부터 비판되기 시작하여 1960년대 후반부터 70년대까지 집중적인 비판이 가해져 주류범죄학에 바탕을 둔 특별예방주의·교정주의의 대안(대체)이론이 형성되었다. 이러한 경향에서 성립된 이론이 교정주의 내지 교육형주의를 포기하고 신응보주의에 바탕을 둔 정의모델과 선별적 무능력화 방안 그리고 반교정주의 범죄이론인 낙인이론, 특별예방주의에 대응해서 일반예방주의를 강조하는 억제이론 및 합리적인 선택이론과 범죄경제학이론 등이다. 정의모델은 법집행기관의 자의성(恣意性)을 문제 삼았고, 교정교화의 효과에 대해 부정적인 입장을 취한다는 점에서 낙인이론과 공통점이 있다.

정답 ④

19 다음은 교정처우에 관한 두 개의 모델을 설명하고 있다. A모델과 B모델에 대한 연결이 옳은 것은?
'07. 9급

┤ 보 기 ├

A모델 : 수형자를 공정하게 취급해야 하며, 수형자도 각종 권리와 의무의 주체라는 점을 강조한다. 그리하여 부정기형에서 정기형으로 복귀, 미결구금기간의 형기산입, 교도소 처우의 공개 등을 주장하게 된다.

B모델 : 수형자의 주체성과 자율성을 중시하면서 범죄인의 개선을 도모하려는 모델이다. 즉, 수형자를 단순히 교정의 객체로 취급하지 않을 뿐 아니라, 교도관과 수형자 간의 상호 신뢰에 입각하여 수형자로 하여금 자발적으로 규율을 준수하도록 지도하는 데 노력한다. 여기서는 과학적인 처우기법, 외부통근, 귀휴제도 등이 주장된다.

	A모델	B모델
①	재사회화모델(resocialization model)	의료모델(medical model)
②	재사회화모델(resocialization model)	개선모델(rehabilitation model)
③	정의모델(justice model)	재사회화모델(resocialization model)
④	의료모델(medical model)	개선모델(rehabilitation model)

해설

③ (○) 정의모델은 의료모델 시행상 나타난 재량권 남용이 시민에 대한 국가권력의 남용이기 때문에, 적법 절차에 따른 공정성 확보로 정의를 실현하는 것(justice-as-fairness)이 형사사법의 목표가 되어야 한다고 주장한다. 재사회화모델은 '재통합모델'이라고도 하며 가장 민주적이고 이상적인 처우모델로 평가되고 있다.

정답 ③

20 수형자처우모델과 관련한 다음 설명 중 옳은 것은? '07. 9급

① 교화개선을 위한 처우모델은 제지, 무능력화 등 구금모형이다.
② 알렌(F. Allen)은 범죄문제는 범죄문제가 시작된 바로 그 사회에서 해결되어야 한다는 재통합모형을 주장하였다.
③ 포겔(D. Fogel)이 주장한 정의모형은 범죄자를 처벌하되 인간적인 방법으로 적법절차에 따라 처우할 것을 권한다는 점에서 바람직한 면이 있다.
④ 적응모형은 지역사회에 기초한 교정을 강조한다.

해설

① (×) 구금모델은 교화개선을 인정하지 않는 일반예방주의와 응보주의에 바탕을 둔 형집행 방식이다. '응보모델'이라고도 한다.
② (×) 알렌은 의료모델을 비판하며 신응보주의를 지지하는 정의모델 주장자이다.
④ (×)는 재통합모델에 해당하는 특징이다. 적응모델은 1960~70년대 들어 의료모델에 대한 불만을 배경으로 주장되었다. 적응모델(adjustment model)은, 'adjustment'의 의미가 '환경 · 자연에 대한 사람의 적응'인 것에서 알 수 있듯이, 범죄인이 사회에 보다 잘 적응하도록 도와주는 데 주요 관심을 둔다. 따라서 시설수용의 지나친 의존에 대해서는 반대하며, 시설내 처우기법으로 현실요법, 교류분석, 집단지도상호작용, 환경요법, 요법처우공동체, 행동수정요법 등을 중시한다. 적응모델도 의료모델처럼 범죄인은 비범죄인과 다른 병자라는 점을 인정하여, 그들은 처우가 필요하며, 치료될 수 있다고 믿고 있지만, 범죄인은 전적으로 소질 · 환경에 의해 결정되는 환자와 같은 존재가 아니라, 한편으로는 자신의 행위에 대해 책임질 수 있는 선택능력을 지니고 있고 법을 준수하는 의사결정능력도 지니고 있으므로, 그에 상응한 처벌도 인정하면서 재통합이념을 강조하여 처우에 있어서 범죄인의 사회와의 재통합을 중시한다.

정답 ③

21 교정이념으로서 정의(Just deserts) 모형이 채택될 때 예상되는 교정 현상으로서 가장 거리가 먼 것은? '12. 9급

① 지역사회 교정의 확대
② 부정기형의 지양
③ 가석방의 지양
④ 응보 측면의 강조

해설

① (×) 지문으로 제시된 내용 이외에도 정의모델(justice model)은 당위적 공과론(just deserts) 또는 정당한 처벌(just punishment)이라는 가치관에 바탕을 두면서 선시제에 의한 형기단축 인정, 처우과정에서의 인권문제 제기, 수용자의 법적 권리구제 확대, 교정시설처우의 공개 확대, 수형자의 자치 확대, 대규모 교정시설의 소규모화 지향, 미결구금일수의 형기 산입 강조, 범죄인에 의한 피해자에 대한 보상 강조 등을 기억해야 한다.

정답 ①

22 교정처우의 모델 중 재통합모델(또는 재사회화 모델)에 대한 설명으로 옳지 않은 것은? '14. 7급

① 수형자의 주체성과 자율성을 중시하여 수형자를 처우의 객체가 아니라 처우의 주체로 보기 때문에 처우행형과 수형자의 법적 지위 확립은 조화를 이루기 어렵다고 본다.
② 범죄자의 사회재통합을 위해서는 지역사회와의 접촉과 유대관계가 중요한 전제이므로 지역 사회에 기초한 교정을 강조한다.
③ 수형자의 처우프로그램은 교도관과 수형자의 공동토의에 의해 결정되므로 처우프로그램에 수형자를 강제로 참여시키는 것은 허용되지 않는다고 본다.
④ 범죄문제의 근본적 해결을 위해서는 수형자 스스로의 행동 변화는 물론 범죄를 유발했던 지역사회도 변화되어야 한다는 입장이다.

해설

① (×) 수형자를 인권의 주체로 인정하고 수형자의 자율성을 중시하므로, 처우행형의 교정목표추구와 수형자의 법적 지위의 확립을 통한 인권보장이 조화된 처우방식이 재통합모델이다.

정답 ①

23 다음에 지시된 〈보기1〉의 수용자 처우모형과 〈보기2〉의 그에 대한 설명이 모두 바르게 연결된 것은? '08. 7급

― 보 기 1 ―
㉠ 의료모형(medical model)　　㉡ 적응모형(adjustment model)
㉢ 재통합모형(reintegration model)　　㉣ 사법모형(justice model)

― 보 기 2 ―
A. 범죄자의 문제는 범죄문제가 시작된 바로 그 사회에서 해결되어야 한다는 가정 아래 지역사회에 기초한 교정을 강조한다.
B. 범죄인을 결정론적 관점에서 바라보며, 범죄원인에 따라 인성의 결함을 치료해야 한다는 모형으로 부정기형제도의 이론적 기초가 되었다.
C. 교도소는 사회복귀실행의 장소가 아니라 처벌의 장소라는 입장에서 정기형의 유지 및 가석방의 폐지 등을 강조한다.
D. 범죄자는 병자이므로 처우를 필요로 하며 치료될 수 있다고는 믿지만, 동시에 자신의 행위에 대해서 책임질 수 있고 준법 여부에 대한 의사결정을 스스로 할 수 있다고 본다.

① ㉠ - A, ㉡ - D, ㉢ - B, ㉣ - C
② ㉠ - B, ㉡ - D, ㉢ - A, ㉣ - C
③ ㉠ - B, ㉡ - D, ㉢ - C, ㉣ - A
④ ㉠ - B, ㉡ - C, ㉢ - A, ㉣ - D

해설

② (○). 수형자 처우모형의 특징을 구분하여 잘 이해하자. 앞으로도 자주 출제될 내용이다.

정답 ②

24 범죄인의 처우모델에 대한 설명으로 거리가 먼 것은?

① 치료모델에서는 처벌이 범죄자의 문제 해결하는데 도움이 되지 않는다고 주장한다.
② 공정모델은 자유의사론적 시각에서 공정한 처벌을 통한 사법정의의 확보와 그에 따른 인권보호 차원에 초점을 맞춘다.
③ 치료모델은 부정기형보다 정기형을 선호한다.
④ 지역사회 교정과 관련한 모델은 재통합모델이다.

해설

③ (×) 치료모델은 의료모델의 다른 명칭이다. 이 처우모델은 부정기형이 교화개선에 적합하다고 보아 미국의 부정기형 중심의 교정제도의 모체가 된 처우방식이다.
② (○) 공정모델은 정의모델, 사법모델이라는 명칭으로도 불리어진다.

정답 ③

25 다음의 〈보기〉에서 범죄인 처우모델 중 사법(司法)모델의 주장 내용으로 옳은 것을 모두 고른 것은?

보 기
㉠ 법관의 재량권 확대　　㉡ 형벌에 대한 당위적 공과론 주장 ㉢ 부정기형 제도의 확대　㉣ 수형자 법적구제의 확대 ㉤ 지역사회교정의 확대　　㉥ 교정시설 처우의 공개

① ㉠, ㉢, ㉤
② ㉠, ㉤, ㉥
③ ㉡, ㉣, ㉥
④ ㉡, ㉢, ㉥

해설

③ (○). ㉠ 재량권 축소 ㉢ 부정기형 폐지 ㉤ 정의모델은 처벌의 엄격성을 강조하기 때문에 정기형에 의한 시설내처우를 확대하여 교정시설의 과밀화를 촉진했다.

정답 ③

26 다음 중 범죄인 처우모델의 하나인 정의모델에 대한 설명으로 틀린 것은? '14. 9급

① 자유의사론과 범죄행위에 대한 책임을 강조하였다.
② 교정기관의 재량권 남용을 반대하였다.
③ 교화개선이 차별적 형사사법을 초래하였다고 주장하였다.
④ 수형자들의 자발적인 교정프로그램 참여를 반대하였다.

해설

④ (×) 정의모델 정립자인 Fogel은 인간은 자유의지적이고 자신의 행위에 대해 책임 있는 존재이므로 수형자도 자유의지에 의해 행동을 조절할 수 있다고 보아 수형자의 자치 확대를 강조했다. 또한 인간은

자유의지적이고 책임 있는 존재이므로 자신의 법률위반에 대해서 당연히 처벌받아야 하며, 처벌이란 그들의 필요에 의해서가 아니라 그들의 행동에 대해 그들이 응당 받아야 할 처분에 기초하여 이루어져야 한다는 당위적 공과론도 강조했다.

정의모델에서는, 수형자가 자신이 원하는 처우프로그램을 자발적으로 선택할 수 있게 하고, 법이 규정하는 모든 권리를 인정하며, 수형자에 대한 처우결정은 공정하게 하며, 그들에 대한 불공정한 처우에 대해서는 청원 등을 할 수 있는 권리구제제도를 만들고, 교정시설 내 수형자치제도에 상당한 정도로 참여할 수 있는 기회를 제공하여 수형자를 책임 있는 존재로 대우해야만, 수형자가 폭력에 의존하지 않고 자신의 삶을 조정할 수 있는 능력이 함양될 수 있다고 한다(이윤호, 47면).

정답 ④

27 교정의 이념에 대한 설명으로 옳지 않은 것은? '15. 7급

① 사회적 결정론자들은 사회경제적 조건을 범죄의 원인으로 보기 때문에 시장성 있는 기술 교육과 취업기회의 제공 등으로 범죄자를 복귀시키는 경제모델(Economic model)을 지지한다.
② 재통합모델(reintegration model)은 범죄자의 사회재통합을 위해서 지역사회와의 의미 있는 접촉과 유대관계를 중시하므로 지역사회 교정을 강조한다.
③ 의료모델(Medical model)은 범죄자가 자신의 의지에 따라 의사를 결정하고 선택할 능력이 없으며 교정을 통해서도 치료할 수 없기 때문에 선택적 무능력화(selectiveincapacitation)를 주장한다.
④ 정의모델(Justice model)은 형사사법기관의 재량권 남용은 시민에 대한 국가권력의 남용이라고 보아 공정성으로서 정의를 중시한다.

해설

③ (×) 의료모델의 입장에서는 범죄행위가 정신적 질병처럼 생물학적·심리학적·선천적 요인에 의해 결정된다고 본다. 그렇지만 이러한 요인은 과학적인 방법으로 치료·개선할 수 있다는 믿음을 지니고 있다. 즉, 범죄는 과학적으로 밝힐 수 있는 원인에 의해 발생하며, 그것은 치료하여 완치시킬 수 있다고 본다.

'선택적(선별적) 무능력화'는 교화개선이념을 인정하지 않고 처벌에 의해 사회의 범죄를 줄여야 한다는 형사정책의 보수화 경향에 속한다. 일부 수험서에서 선별적 무능력화를 정의모델에서 주장한 것으로 설명하고 있으나, 이는 사실과 다르다. 정의모델에서는 모든 범죄자를 책임에 따라 공정하게 처벌하자고 주장하는데, 선별적 무력화는 범죄자 중에서 소수의 상습적 중범죄자만을 선별하여 장기자유형으로 처벌하자고 주장ㅇ한다. 따라서 이러한 점에서 정의모델과 선별적 무력화는 논리적으로 일치하지 않는다. 그러나 등장배경이나 처벌을 중시하는 응보적 형벌관의 측면에서는 매우 밀접한 관련성을 지니고 있다. 허주욱 「교정학」 85면에서도 "선별적 무능력화는 모든 범죄자에 대한 형벌체제를 정당화하지 않기 때문에 공정모델의 신응보주의적 접근방법과 차이가 있다"고 하여 이 점을 설명하고 있다.

정답 ③

28 선별적 무능화에 대한 설명 중 가장 옳지 않은 것은? 'AI. 예상

① 경미한 범죄자나 재범의 위험성이 낮은 범죄자에게는 사회내처우를 확대하자는 전략이다.
② 교도소의 과밀화를 해소하기 위하여 구금되어야 할 범죄자를 선별할 수밖에 없다는 사정 등이 배경이 되었다.
③ 특별억제를 포기하고 일반억제를 강조하는 전략이다.
④ 교육형주의에 대한 회의(懷疑)를 배경으로 한다.

해설

제지 또는 억제(deterrence)이론은 형벌을 강화하면 형벌에 대한 두려움과 공포로 인하여 사람들의 범죄 동기가 억제되어 대부분의 범죄가 줄어들 것이라는 가정하에 **처벌의 확실성·엄중성·신속성**을 강화해야 한다는 논리이다.

제지(억제)이론은 제지를 **일반제지**(general deterrence)와 **특별제지**(specific deterrence) 두 종류로 구분한다. '일반제지'란 법 위반자에 대한 처벌이 잠재적으로 범죄성이 있는 일반시민들에게 두려움과 공포를 느끼게 하고, 범죄 비용에 대한 정보를 제공하여, 그들로 하여금 법 위반을 하지 못하도록 하는 형벌의 효과이다. '특별제지'란 형벌이 특정범죄를 범하여 처벌받는 수형자에게 고통과 손해를 느끼게 하여 다시는 범죄를 범하지 못하도록 하는 형벌효과이다.

③ (×) 이 문제에서 ③이 틀린 이유는 선별적 무능화의 기본적인 원칙이 특별억제를 포기하는 것이 아니라, 오히려 특별억제를 유지하면서 사회 내에서 경미한 범죄자를 다루려는 전략을 강조하기 때문이다.

1) 선별적 무능화의 개념: 선별적 무능화는 범죄자의 위험성을 평가하여 경미한(가벼운) 범죄자나 재범 위험성이 낮은 범죄자에 대해서는 교도소 대신 사회 내에서 적절한 처우를 통해 교정하려는 접근이다. 이는 교정시성의 과밀화를 줄이기 위해 사회적 자원과 인프라를 효율적으로 활용하려는 노력이기도 하다. 다시 말해, **선별적 무능력화는 범죄를 범하면 강력한 형벌이 집행되어 큰 고통과 손해를 얻게 된다는 것을 일반인에게 인식시켜 범죄를 줄이는 일반제지효과도 인정되지만, 대상자를 선별하여 특별한 중누범자에게 범죄를 행하지 못하게 하는 특별억제효과를 더욱 극대화하는 형 집행방식이기도 하다.**

2) 일반억제 vs. 특별억제: 특별억제는 특정 범죄자에 대한 맞춤형 억제 전략으로, 재범 가능성을 낮추기 위한 다양한 방법을 모색한다. 반면, 일반억제는 범죄를 예방하기 위해 사회 전체에 대해 억제력을 강화하는 접근이다. ③에서 말하는 "특별억제를 포기하고 일반억제를 강조하는 전략"은 선별적 무능화의 목표와 상반된다.

3) 따라서 선별적 무능화는 가벼운 범죄자에 대해 특별억제를 지속하고, 이들을 사회 내에서 적절히 다루려는 전략이므로 ③의 설명은 틀린 것이다. 수험생은 이를 통해 선별적 무능화가 범죄자의 특성에 따라 적절한 처우를 모색하는 전략임을 이해하고, 일반억제와 특별억제의 차이를 명확히 구분할 수 있어야 한다.

☞ 출제의도 : 출제자는 수험생이 선별적 무능화의 개념과 그 배경, 그리고 특별억제와 일반억제의 차이를 이해하도록 유도하고자 합니다. 이러한 문제는 범죄자 처리의 사회적 맥락과 교정학적 이론을 평가하려는 목적이 있으며, 이를 통해 수험생이 교정학의 기초 개념을 깊이 있게 이해하고 비판적으로 분석하는 능력을 기르도록 하는 데 있습니다.

정답 ③

29 교정이념 중 무력화(incapacitation)에 대한 설명으로 옳지 않은 것은? '23. 7급

① 일반적으로 구금을 의미하고, 국외추방이나 사형집행도 포함한다.
② 집단적 무력화(collective incapacitation)란 재범의 위험성이 높다고 판단되는 상습범죄자의 구금을 통해 추가적인 범죄가 발생할 가능성을 제거하는 것을 의미한다.
③ 선택적 무력화(selective incapacitation)는 과학적인 방법으로 범죄를 예측하며, 교정자원을 효율적으로 활용할 수 있다.
④ 무력화 대상자 선택에 있어 잘못된 긍정(false positive)과 잘못된 부정(false negative)의 문제를 야기할 수 있다.

해설

무능력화 또는 무력화(incapacitation)란 교도소에 구금하는 조치처럼 범죄인에게 완전하고 항상적인 물리적 통제를 가함으로써 범행을 하지 못하도록 하는 것을 말한다. 이는 처벌하는 동안 사회에 해악이 되는 행위를 원천 봉쇄할 수 있는 장점이 있다. <u>무능력화도 특별예방이나 특별억제처럼 3차적 예방 기법 중 하나이지만</u>, 이는 교도소 출소 등 통제가 종료된 이후에 그 사람이 어떤 행동을 할 것인가에 대해 관심을 두지 않는다. 다시 말해, 예방을 고려하지 않는다는 점에서 특별예방이나 특별억제와 차이가 있다. 무능력화는 집단적 무능력화와 선택적 무능력화 두 가지로 운용할 수 있다.
② (×) 집단적 무력화(×) → <u>선별적 무력화(○)</u>. 집단적 무능력화란 개인별로 차후의 범행 가능성 여부나 <u>재범 위험성 정도와 관계 없이 동일한 범죄행위를 한 모든 범죄인에게 동일한 형량의 장기구금(자유)형을 부과하는 것을 말한다.</u> 선별적(선택적) 무력화(무능력화)란 재범의 위험성이 높다고 판단되는 상습범죄자만을 선별해서 구금을 통해 추가적인 범죄가 발생할 가능성을 제거하는 것을 의미한다.

정답 ②

30 선별적 무능력화(selective incapacitation)에 대한 설명으로 옳지 않은 것은? '13. 7급

① 집합적 무능력화(collective incapacitation)에 비하여 교정예산의 절감에 도움이 되지 않는다.
② 범죄자 대체효과를 야기할 가능성이 있어 범죄예방에 도움이 되지 않는다는 비판이 있다.
③ 잘못된 부정(false negative)과 잘못된 긍정(false positive)의 문제를 야기할 수 있다.
④ 과학적 방법에 의하여 재범의 위험성이 높은 것으로 판단되는 개인을 구금하는 방법이다.

해설

① (×) 무능력화 방식은 집합적 무능력화와 선별적 무능력화 두 가지 형태가 있다.
'집합적 무능력화'는 유죄가 확정된 모든 강력범죄자에 대하여 장기자유형을 선고하여 집행하는 방식이다. 이것은 부정기형제도 하에서는 가석방요건을 강화하여 가석방을 지연시키는 방법이 적용되며, 정기형 하에서는 장기형을 강제하는 법률 제정에 의하거나 선시제의 선행가산점을 경감시키는 것 등으로 장기구금을 하는 방법에 의한다. 선별적 무능력화는 과학적 방법에 의해 재범위험성이 있는 중누범자만 선택하여 장기 구금하는 방식이므로 집합적 무능력에 의하는 것보다 시설내처우를 받는 범죄자가 크게 줄어들기 때문에 행형비용 절감에 효과가 크고 과밀수용(과밀구금상태) 해소에도 도움이 많다.
③ (○) '잘못된 긍정'은 개인의 자유와 인권의 침해가 야기되며, '잘못된 부정'은 사회에 대한 위험을 야기한다. 특히 잘못된 긍정은 범죄위험성이 없는 사람을 장기간 수용함으로써 과밀수용을 증대시킬 수 있고, 부정의(不正義) 또는 불공정한 형사정책이라는 비판을 유발할 수 있는 문제점이 있다.

정답 ①

31 20세기 말 미국 등에서 '확산된' 형사정책의 보수화현상과 가장 거리가 먼 것은? '05. 9급

① 3진법 시행
② 억제이론 정립
③ 부정기형제도의 강화
④ 정의모델 확산

해설

③ (×) 형사정책의 보수화 내지 복고화는 교화개선, 재사회화 이념을 부정하고 고전학파의 형벌관인 일반예방주의나 응보주의를 강조하는 경향을 말한다. 이는 고전주의이론을 20세기 상황에 맞게 부활시킨 억제이론 정립, 부정기형폐지 및 강제적 정기형의 강조, 보호관찰부 가석방 폐지, 선별적 무능력화 전략과 삼진법 시행, 신응보주의적 정의모델 확산 등으로 나타났다.

정답 ③

32 범죄문제에 대한 효과적인 대처와 형사사법제도의 효율적 운영을 위해 사용되어 온 선별적 무력화(selective incapacitation)전략과 관련된 내용 중 옳지 않은 것은?

① 경력범죄자(career criminals)에 대한 선별적 처우방식이다.
② 처벌의 기준이 현재의 범죄행위보다는 과거의 범죄경력이나 개인의 속성에 따른 재범가능성 여부이다.
③ 과학적인 범죄예측을 통하여 사회계층이나 인종, 경제수준에 따른 처벌의 편차를 줄이는 데 기여한다.
④ 신응보주의적 경향을 반영한 이론이지만 정의모델과는 차이가 있다.
⑤ 잘못된 긍정(false positive)의 문제가 잘못된 부정의 문제보다 심각하다.

해설

③ (×) 선별적 무력화는 책임에 따라 그에 상응하는 형벌을 부과하는 것이 아니라 예측된 재범가능성을 예방하기 위하여 상습성이 있다고 평가된 중누범자만 예측·선별하여 장기형을 부과하는 방법이다. 이는 형벌부과의 객관적인 기준을 정립하기 어렵고 현재의 과학적 수준으로는 정확한 예측이 불가능하므로 계층이나 집단, 경제적 수준 등에 따라 불공정한 형벌이 적용될 위험성이 높다.

정답 ③

33 행형에서 재사회화를 실현하기 위한 구체적인 실천원리로 적합하지 않은 것은? '08. 7급

① 행형에서의 생활조건은 시설 밖의 일상생활과 가능한 한 유사하게 이루어지도록 해야 하고, 특히 수형자의 자존심을 침해할 수 있는 것은 최대한 축소하여야 한다.
② 재사회화를 지향하는 과정에서 처우의 목적과 보안의 목표가 충돌할 때에는 처우의 목적을 우선하는 것이 바람직하다.
③ 행형은 구금에 따른 지위 변화, 박탈감 그리고 교도소에 고유한 하위문화의 형성 등 구금에 따른 부작용들을 상쇄하도록 이루어져야 한다.
④ 자율적인 재사회화를 기대하기 어려운 수형자에 대하여는 엄정구금 등의 재사회화프로그램을 실시하여야 한다.

해설

④ (×) 엄정구금은 재사회화에 방해가 되는 행형이다. 자율적인 재사회화를 기대하기 어려운 수형자에 대하여는 과학적·의료적 처우를 통하여 병적인 요인을 치료하는 데 중점을 두어야 한다.

정답 ④

34 다음은 선별적 무능력화에 대한 설명이다. 바르지 않은 것을 모두 고르면?

㉠ 대표적인 주장자는 피터 그린우드(P. Greenwood)이다.
㉡ 실증주의와 교육형론에 근거한 교화개선주의가 비판을 받으면서 응보주의적 경향에 따라 범죄자를 사회로부터 장기간 격리하는 형벌을 선별적으로 적용해야 한다는 논리로 등장한 형벌이론이다.
㉢ 선별적 무능력화는 위험성이 높은 범죄자일수록 장기간 수용하는 정기형과 궤를 같이 한다.
㉣ 무능력화는 응보와 같이 과거지향적이고, 일반제지와 달리 범죄의 특성이 아니라 범죄자의 특성에 기초하며, 교화개선과 같이 범죄자를 개선하고자 의도한다.
㉤ 무능력화는 이론적으로 또는 이념적으로 많은 지지를 받고 있고, 현실적으로 성공적인 형사정책으로 평가하는 것이 일반적이다.
㉥ 선별적 무능력화는 과밀수용의 해결방안이 될 수도 있지만, 잘못 적용하면 오히려 과밀 수용의 원인이 될 수 있다.
㉦ 현실적으로 극히 일부 범죄자만을 무능력화시킬 수 있기 때문에 전체 범죄율에 미치는 영향은 미약할 수밖에 없다는 비판이 있다.
㉧ 선별적 무능력화는 예측의 문제, 죄형법정주의·형평성과 위헌성의 논란 등의 문제가 제기될 수 있다.

① ㉠, ㉣, ㉥
② ㉢, ㉣, ㉤
③ ㉥, ㉦, ㉧
④ ㉣, ㉥, ㉦

해설

㉢ (×) 무능력화는 범죄예방이 그 목표이며, 위험성이 높은 범죄자일수록 장기간 수용되는 부정기형제도와 궤를 같이 한다(이윤호, 33면).
㉣ (×) 무능력화는 응보와 달리 미래지향적이고, 일반제지와 달리 범죄의 특성이 아니라 범죄자의 특성에 기초하며, 교화개선과 달리 범죄자를 개선하려 하지 않는다는 점에서 응보, 일반제지, 교화개선과 다른 형벌목적이다.
㉤ (×) 무능력화는 범죄자대체효과로 인해 범죄감소효과가 크지 않고, 경제적·도덕적 비용부담을 고려할 때 비효과적인 시책일 수밖에 없고, 시설수용이 그 한계에 도달함에 따라 현실적으로 성공한 형사정책이라고 할 수 없다(이윤호, 남상철).
㉡ (○) 형벌의 목적은 응보(retribution), 제지(deterrence), 사회복귀(rehabilitation), 무능력화(incapacitation) 네 가지가 있다. 미국에서는 1975년 이전에 사회복귀를 추구하는 의료모델이 범죄자처우의 기본모델이었던 것은 형벌의 목적을 사회복귀에 중점을 두었기 때문이다. 1975년 이후에 형벌의 목적은 응보와 제지에 중점을 두면서 정의모델이 강조되었다. 그러다가 1980년대에는 신응보주의적 정의모델의 정책을 유지하면서도 무능력화 이론이 형벌의 목적으로서 중시되기에 이르자 또다시 형사정책으로서의 무능력화

전략이 새로이 전개되었다. 이는 모든 범죄자에 대한 형벌체계를 정당화하려 하지 않기 때문에 전형적인 신응보주의적 접근방법과는 차이가 있다.

정답 ②

제4절 수용자 처우에 관한 유엔최저기준규칙(만델라규칙)과 국제협력

01 「수용자 처우에 관한 유엔최저기준규칙」에 대한 설명 중 적절하지 않은 것은?

① 계절과 지역에 따라 위생상 필요한 만큼 알맞은 온도로 목욕하거나 샤워할 수 있게 하여야 한다.
② 무기조작훈련을 받지 아니한 직원에게도 필요시 무기를 지급할 수 있다.
③ 실외작업을 하지 아니하는 모든 피구금자는 날씨가 허락하는 한 매일 적어도 1시간의 적당한 실외운동을 하도록 하여야 한다.
④ 모든 피구금자는 자격 있는 치과의사의 치료를 받을 수 있어야 한다.
⑤ 교도작업은 성질상 고통을 주는 것이어서는 안 된다.

해설

① (○) 제18조 제1항
② (×) 직무상 수용자와 직접 접촉하는 직원은 특별한 경우를 제외하고는 무기를 휴대하여서는 아니 된다. 더구나 무기사용에 관한 훈련을 받지 아니한 직원에게는 여하한 경우에도 무기를 지급해서는 아니 된다(제82조3항).
③ (○) 제23조 참조.
④ (○) 제25조 참조.
⑤ (○) 제97조 참조. 수형자에게 해악・고통으로서의 작업을 강제한다는 것은 교육형주의를 이념으로 삼고 있는 오늘날의 형사정책 요청에 비추어 보면 타당하지 않다. 그래서 본 97조는 이러한 취지를 권고한 것이다.

정답 ②

AI 예상 응용지문

❶ 직무상 수용자와 직접 접촉하는 직원은 무기를 휴대하여서는 아니 된다. (×)
❷ 수형자에게는 항상 작업의 기회가 주어져야 하지만 작업의무가 부과되어서는 아니 된다. (×)
❸ 미결수용자에게는 청결하고 적당한 의류가 제공되어야 한다. (×)
❹ 수형자의 작업에 대한 공정한 보수제도가 있어야 한다. (○)
❺ 규율위반에 대한 처벌로 결박장치를 사용해서는 아니 되고, 사슬・발목수갑 또는 본질적으로 악화시키거나 고통을 주는 보호장비의 사용은 금지되어야 한다. (○)
❻ 진통 또는 분만상태에 있거나 분만 직후의 여성에게는 보호장비를 사용해서는 안 된다. (○)

❶ 휴대해서는 아니 된다(×) → 특별한 경우를 제외하고는 소지해서는 안 된다(○), 동규칙 제82조 참조.
❷ 작업의무를 부과할 수 있음. ❸ 미결수용자에게는 청결하고 적당한 사복을 입도록 허용되어야 한다.

02 국제형법 및 형무회의와 가장 거리가 먼 것은?

① 수형자 분류, 누진제 등 행형문제를 주제로 다루다가 광범위하게 형사정책의 문제도 다루었다.
② 이 협회에는 각국의 학자들이 개인 자격으로 참가하였다.
③ 유엔 범죄예방 및 범죄자처우회의로 계승되었다.
④ 피구금자처우 최저기준규칙을 처음으로 기초하였다.

> **해설**
>
> ② (×) '국제형법 및 형무회의'는 정부 간의 공식대표들로 구성되어 개최되었다. 이를 계승한 '국제연합 범죄방지 및 범죄자처우회의'도 정부 단위의 국제협력체로서 운영되고 있다.
> ④ (○) 「수용자 처우에 관한 유엔최저기준규칙」(피구금자처우 최저기준규칙)은 1929년 '국제형법 및 형무회의 위원회'에서 기초되었다(정영석·신양균, 형사정책 497면). 이 기준규칙은 행형법의 최저한도를 제시한 것으로서 약간의 수정을 거쳐 1934년 국제연맹총회에서 승인되었고, 현행 유엔 피구금자처우 최저기준규칙의 기초가 되었다.
>
> **정답** ②

03 다음은 「만델라규칙」 중 규율 및 징벌 관련 내용이다. 올바르게 기술된 것은 몇 개인가?

┌─ 보 기 ─────────────────────────────────┐
│ ㉠ 규율 및 기타 규범은 안전과 질서를 유지하기 위해서 필요한 한도를 넘지 않는 범위 내에서 유지되어야 한다.
│ ㉡ 동일한 위반에 대해 이중으로 징벌(처벌) 받지 아니한다.
│ ㉢ 무기한 독거실에 수용하는 행위, 어둡거나 지속해서 밝혀져 있는 공간에 수용하는 행위는 금지되어야 한다.
│ ㉣ 수용자도 필요한 경우 규율유지에 관여하는 지위를 부여받을 수 있다.
│ ㉤ 수용자는 수용자가 이해할 수 있는 언어로 자신에 대한 혐의사실에 대하여 통고를 받고 자신을 변호할 수 있는 적당한 시간과 시설을 제공받아야 한다.
│ ㉥ 체벌이나 암실수용 등의 징벌은 극소수의 피구금자에 대해 제한적으로만 사용할 수 있다.
│ ㉦ 수용자는 자신에게 부과된 처벌에 대하여 사법심사를 요구할 기회를 가져야 한다.
└───┘

① 3개 ② 4개
③ 5개 ④ 6개

> **해설**
>
> ㉠ (○) 제36조 참조.
> ㉡ (○) 수용자는 제37조에 명시된 법규와 공정성과 합당한 절차에 입각하여 처벌받아야 한다. 수용자는 동일한 규율위반에 대하여 이중으로 처벌받아서는 안 된다. 제39조 1항 참조.
> ㉢ (○) 제43조 1항 참조.
> ㉣ (×) 어떠한 수용자라도 교도소의 업무를 부여받거나 규율 권한이 부여되어서는 안 된다(제40조 1항).

ⓜ (○) 제41조 2항 참조.
ⓗ (×) 체벌, 암실구금과 같이 잔인하거나 비인간적이거나 모욕적인 모든 징벌은 철저히 금지되어야 한다고 권고하고 있으므로, 극소수의 피구금자에 대해서도 전혀 적용할 수 없다(제43조 참조).

> 제43조 ① 구속 또는 규율위반에 대한 처벌은 어떠한 경우에도 고문 또는 기타 잔인하거나 비인간적이거나 모욕적인 처우 또는 처벌로 대체되어서는 안 되며 다음과 같은 행위는 금지되어야 한다.
>   가. 무기한 독거실에 수용하는 행위
>   나. 장기간 독거실에 수용하는 행위
>   다. 어둡거나 지속해서 밝혀져 있는 공간에 수용하는 행위
>   라. 체벌 또는 식사나 식수의 공급을 제한하는 행위
>   마. 집단 처벌하는 행위
> ② 규율위반에 대한 처벌로 결박장치를 사용해서는 안 된다.
> ③ 규율위반에 대한 처벌 또는 구속조치로 가족과의 연락을 금지해서는 안된다. 가족과의 연락을 금지하는 행위는 제한된 시간에 한하여 보안 또는 질서의 유지를 위한 경우에만 허용된다.

ⓢ (○) 제41조 4항 참조.

정답 ③

04 UN 범죄방지 및 범죄자처우회의에 대해서 잘못 기술하고 있는 것은? '98. 5급[교정관] 승진 수정

① 국제형법 및 형무회의를 승계하여 5년에 한 번씩 개최되다가 현재는 2년마다 개최된다.
② 「수용자 처우에 관한 유엔최저기준규칙」은 UN 범죄방지 및 범죄자처우회의(유엔 범죄방지 및 형사사법총회) 제1회 대회에서 채택되어 각국에 시행이 의무화되어 있다.
③ 현존하는 최대 규모의 국제협력기구이다.
④ 매년 국제형사정책론(International Review of Criminal Policy)을 발간하고 있다.
⑤ 이 위원회는 정부 단위의 협력체로서 유엔 경제사회이사회의 하위 기구로, 범죄예방 및 형사사법 문제에 대한 국제적인 정책을 논의하고 개발한다.

해설

「범죄예방 및 범죄자 처우에 관한 유엔 회의(위원회)」는 1950년 「국제형법 및 형무회의」를 계승하기 위해 1950년 설립했고, 그후 1992년 「유엔 범죄방지 및 형사사법위원회(총회)」(United Nations Crime Prevention and Criminal Justice Committee, CCPCJ)로 개칭되었다. 이 위원회는 유엔 경제사회이사회 (ECOSOC) 소속이다. 이 위원회는 정부 단위의 협력체로서 범죄예방 및 형사사법 문제에 대한 국제적인 정책을 논의하고 개발한다. 과거 「범죄예방 및 범죄자 처우 위원회」는 5년마다 개최되었는데, 현재 유엔 범죄방지 및 형사사법위원회 (CCPCJ)는 2년마다 개최한다. 이 변경된 주기는 회의의 빈도를 높여 국제 사회의 변화에 신속하게 대응하고, 범죄예방 및 형사사법 문제에 대한 논의를 더 자주 진행하기 위한 목적이다. 이 위원회 회의는 유엔의 범죄예방 및 형사사법 정책을 논의하고, 각국의 법적 시스템과 정책을 조정하기 위해 정기적으로 모여 의견을 교환한다. 이 회의는 국제적인 법과 정책의 발전을 도모하고, 범죄예방과 형사사법 분야에서의 글로벌 협력을 강화하는 데 중점을 두고 있다. 가장 최근 회의는 2023년 5월에 오스트리아 빈에서 개최된 제32차 유엔 범죄방지 및 형사사법위원회 회의이다.
② (×) 1955년 발표된 '수용자 처우에 관한 유엔최저기준규칙'은 현대의 형사·교정시설에 있어서의 수용자처우의 최저한도 수준을 제시하여, 수용자의 인권보장 및 교정처우란 측면에서 국제적으로 권고한 것이다. 이것은 오늘날까지 국제적 지침으로 세계 각국에 영향을 미치고 있고, 우리나라의 「형의 집행 및 수용자의 처우에 관한 법률」에도 많은 영향을 주었다. 이 규칙은 국가에서 비준·발효된 조약이 아니

기 때문에 준수하여야 할 법적인 의무는 없고, 각국이 형사정책 및 교정처우의 이념으로 존중하고 실행하여야 할 국제적인 기준으로서의 의미를 지닌다.

정답 ②

➕ 교정관련 국제회의

국제범죄인류학회의(I.K.K)
- 이 회의는 롬브로조가 개척한 범죄인류학적 연구를 기초로 하여 범죄방지대책을 토의하기 위하여 개최된 국제회의
- 이 회의는 범죄생물학적 연구의 선구적인 역할을 한 것으로서 의의가 큼
- 현존하지 않음

국제형사학협회(I.K.V)
- 1889년 독일의 리스트, 네델란드의 하멜, 벨기에의 프린스에 의해 설립
- 독일의 사회학적 범죄이론을 근간으로 하여 주관주의 형법이론, 특별예방론 등 신파이론 확립을 위한 목적으로 설립
- 단기자유형의 비판과 대안, 석방자 보호, 소년범 · 누범 · 상습범에 대한 처우 문제 협의
- 현존하지 않음

국제형법 및 형무(감옥)회의(CIDP 또는 IPPC)
- 1872년 런던에서 '국제형무(감옥)회의'라는 명칭으로 정부 간의 공적인 대표들로 구성하여 개최
- 5년마다 소집되었고, 초기에는 행형(行刑)문제 중심으로 운영되다가 차츰 형사정책 전반에 관한 논의로 확대
- 자유형의 단일화, 수형자 분류, 교도작업의 문제점, 누진제, 작업임금의 지급 필요성, 석방자 보호, 가석방위원회 문제 등을 주로 다룸
- 1950년 '유엔범죄방지 및 범죄자 처우 회의'로 인계

국제형법학회(AIDP)
- 1924년 '국제형사학협회'를 계승하여 파리에서 창설
- 보안처분, 교도작업, 법인의 형사책임, 형사재판관의 전문화, 배심 · 참심의 가치, 범죄인 인도 제도 등의 문제를 주제로 다룸
- 「국제형법학회지」발간, 현존하는 학회

국제범죄학회(ISC)
- 1937년 결성, 제12차 회의는 1998년 서울에서 개최
- 이 학회는 범죄의 과학적 연구와 이에 따른 사회방위를 연구하려는 목적으로 「국제범죄학연보」발간
- 5년마다 개최되며, 범죄학 분야의 우수 논문에 대해 데니스 캐롤(Denis CARROL)상 수여
- 현존하는 학회

유엔 범죄방지 및 범죄자 처우회의 → 유엔 범죄방지(예방) 및 형사사법회의(총회)
- 1950년 '국제형법 및 형무회의' 계승, 1955년 1차 회의를 시작으로 5년마다 개최, 현존하는 최대의 국제협력협회로 설립되었음. '유엔 범죄방지 및 범죄자 처우회의'를 법무부에서는 '범죄예방 및 범죄자 처우에 관한 유엔회의'로 번역
- 정부단위의 국제협력체로서 유네스코 산하의 사회방위국과 개최국 정부의 공동협력으로 주최, 정부 대표 외에 개인자격 참가자 허용
- 제1차 회의에서 「수용자 처우에 관한 유엔 최저기준규칙」을 채택하고 1985년 「소년사법운명에 관한 최저운영규칙」, 1990년 「비구금조치에 관한 최저기준규칙」등 채택, 이 규칙들은 법적 구속력은 없고 권고적 효력만 있음

- 1955년 1차 회의에서 발표한 「수용자 처우에 관한 유엔 최저기준규칙」은 형사·교정시설 구금 조치에 수용자 처우의 최저한도를 정하여 수용자의 인권을 보호하기 위한 것으로, 오늘날 수용자 처우에 대한 국제적 지침으로 기능하고 있음
- 2005년 제11차 회의부터 '유엔 범죄방지 및 형사사법회의(총회)'로 명칭·기능이 변경되어 운영되고 있음.

아시아·태평양 교정본부장회의

- 이 회의는 아시아 및 태평양지역 국가의 교정책임자들이 모여 각국의 교정활동을 비교·연구함으로써 효율적인 교정정책을 강구하고 지역 내 국가 간 협력을 강화할 목적으로 창립, 1980년 홍콩에서 처음 개최
- 매년 개최되며, 2005년에는 서울에서 25차 회의가 개최됨
- 개최 국가는 회의의 공식모임이 있을 때 자국의 교정시설을 참관시키는 전통이 유지되고 있음

CHAPTER 03 수용시설 및 구금제도

제1절 교정시설과 구금제도

01 교정시설에 관한 내용 중 적절하지 않은 것은? 'AI. 예상

① 파놉티콘형은 벤담이 고안한 것으로 원형독거방 구조로 계호에 유리한 구조이다.
② 오번형은 엘람 린즈에 의해 고안되어 야간에는 독거, 주간에는 혼거 작업하는 완화된 독거제에 적합한 구조이다.
③ 파빌리온형은 푸신에 의해 고안된 것으로 수용자의 분류 처우와 보건위생을 중시한 구조이다.
④ 전주형은 우리나라의 여러 교도소 형태로서 계호 측면에서 인력 절감 등의 장점이 있지만, 채광 및 통풍 등 자연 위생이 불량한 구조이다.

해설

④ (×) 전주형은 푸신(Pussin)이 고안한 파빌리온(Pavillion) 형식의 다른 명칭이다. 'Pavillion'이란 '병동', '본관에서 내단 별관'이란 뜻을 지닌 단어이다. 각 파빌리온은 독립적인 수용 공간을 제공하여 범죄자들 간의 상호작용을 최소화할 수 있다. 이는 1898년 파리 근교 쁘레네감옥에서 처음 시행되었다. 이 양식은 몇 개의 사동을 병렬식으로 짓고 복도로 연결하는 방식으로, 사동별 다양한 처우가 가능하고 사동 간 충분한 공간 확보로 보건위생이나 환경의 측면에서 유리하며, 사동 간 차단이 용이해서 경비(보안)의 측면에서도 장점이 있다. 다시 말해, 수용자 개별적인 프라이버시를 보장하고, 각 파빌리온에서의 관리가 용이하여 교도관의 감시가 효율적이다. 또한, 공간적 분리를 통해 범죄자 간의 부정적인 영향을 줄일 수 있다. 그러나 건축 비용이 상대적으로 높고, 전체적인 관리 효율성은 떨어질 수 있다. 각 파빌리온 간의 거리가 멀어지면, 긴급상황 발생 시 신속한 대응이 어려울 수 있다. 또한 계호 인력이 파놉티콘형보다 많이 필요하다는 측면은 단점이다.

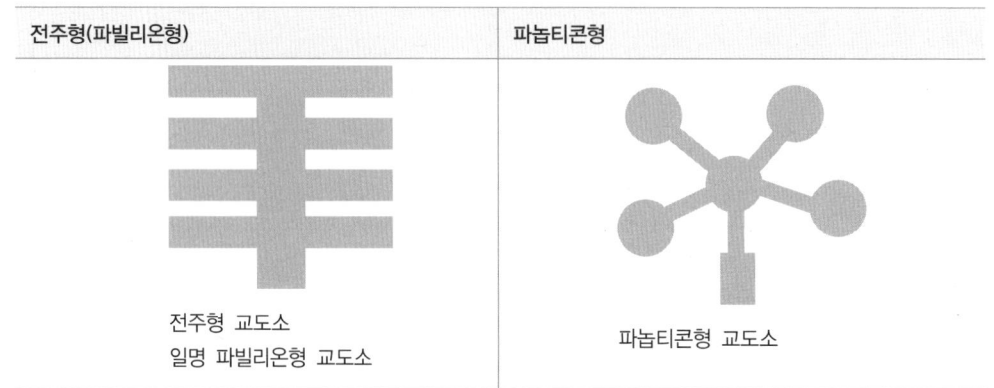

전주형(파빌리온형)	파놉티콘형
전주형 교도소 일명 파빌리온형 교도소	파놉티콘형 교도소

① (○) 벤담이 창안한 판옵티콘(파놉티콘)은 중앙의 감시탑에서 모든 수용자를 한눈에 감시할 수 있는

원형 구조이다. 이는 수용자가 감시를 받는다는 인식을 통해 스스로 규율을 유지하도록 유도한다. 장점은 감시의 효율성이 높아 관리 비용이 줄어들고, 수용자들은 감시당하는 느낌으로 인해 규율이 강화된다. 또한 공간이 최적화되어 많은 수용자를 수용할 수 있다. 단점은 수용자들이 감시받는 느낌이 심리적 압박을 유발할 수 있으며, 이는 정신 건강에 부정적인 영향을 미칠 수 있다. 또한, 감시가 지나치게 집중되면 교도관의 개별적 개입이 부족해질 위험이 있다.

☞ 출제의도 : 출제자는 교정시설의 다양한 설계 및 그에 따른 장단점을 파악할 수 있도록 하기 위해 이 문제를 설정했습니다. 각 선택지를 통해 학생들은 특정 건축양식의 기능적 특성과 그에 따른 사회적·심리적 영향을 이해해야 합니다. 이러한 지식은 교정정책을 설계하거나 개선하는 데 필요한 기초 자료로 활용될 수 있습니다.

정답 ④

02 다음의 내용 중 가장 옳지 않은 것은?

① 벨기에의 간트(Gand)교도소는 분류수용이 보다 과학적으로 시행되고, 개선된 의료시설을 구비하고, 독거제를 인정하는 등 현대 과학적 분류제의 효시로 평가되고 있다.
② 네덜란드의 암스텔담 노역장은 가장 오래된 교정시설로 평가 받고 있다.
③ 파빌리온식은 푸신에 의해 고안된 병렬식 구조로서 계호인원이 많이 소요되지만 사동간 공간이 확보되어 채광과 통풍 등 보건위생에 유리하고, 수용자의 유형별 처우 및 경비기능에 유리하다.
④ 오번형은 주간에는 혼거작업하고 야간에는 독거수용하기에 적합한 건축구조를 말한다.

해설

② (×) 가장 오래된 교정시설은 1555년 영국의 브라이드웰 노역장이다. 이로 인해 16세기 중엽부터 근대적인 교정시설이 나타났다. 즉 사면이나 법률을 통해 구금기간을 한정하면서, 범죄자의 무해화나 격리보다 캘빈주의를 바탕으로 한 교정교화를 강조하는 시설이 생긴 것이다. 이것은 실업의 증가와 전쟁의 후유증 등 빈곤으로 인한 부랑자가 증가하면서 이에 대처하기 위해 나타난 것으로써 이는 형집행시설의 성격보다는 교화소(House of Correction)의 성격이 강하다. 교화개선형 사상을 바탕으로 한 초기의 전형적인 행형(교정) 시설은 1595년 네덜란드 암스텔담 노역장이다. 이 시설에서는 부랑자, 불량소년 등도 수용하였지만 주로 범죄인을 수용하여 그들의 노동혐기심을 교도작업을 통해 교정하는 데 중점을 두었기 때문에 근대적인 교도소의 효시(시작)로 평가되고 있다. 이는 오늘날의 교육형주의 행형의 기초가 되었다. 1597년에 분리 설치된 암스텔담 여자노역장(방직장) 정문에는 "두려워 말라, 나는 너희들의 악행에 대하여 복수하려는 것이 아니라 너희들을 선으로 인도하려는 것이다. 나의 손은 비록 엄하나 나의 마음은 온유하니라."라는 문구가 내걸려 있었다.

① (○) 간트(Gand)감옥은 영어로는 겐트(Ghent)감옥인데, 메이슨 교정원으로도 불리워진다. 이 교도소는 벨기에 서북부지방에 있는 교도소로서 1623년 창립되어 1775년 재정비되었다. 이 감옥에서는 성별·연령·죄질·성격·범수 등을 고려하여 수형자를 분류하고 수형자를 재교육시키기 위한 처우방법이 18세기부터 시행되기 시작했다. 벨기에에서는 1907년 이후에는 과학적 분류를 기초로 처우의 개별화가 본격적으로 시도되었다. 따라서 벨기에는 현대의 과학적 분류제도의 효시로 인정받고 있다.

정답 ②

03 다음 중 파놉티콘 교도소 건축양식에 대한 설명으로 거리가 먼 것은?

① 감시비용이 많이 든다.
② 제르미 벤담(Jeremy Bentham)이 처음으로 설계하였다.
③ 수용자는 교도관이 보이지 않지만, 교도관은 거실 내부를 자세히 들여다 볼 수 있다.
④ 수용자들은 자신들이 늘 감시받고 있다는 느낌을 가지게 되고, 결국은 수용자들이 규율과 감시를 내면화해서 스스로를 감시하게 된다는 원리를 바탕으로 하고 있다.

해설

① (×) 많이 든다(×) → 적게 든다(○). **파놉(판옵)티콘(Panopticon)**이라는 용어의 뜻은 '한 눈에 모든 것을 보다'이다. 이는 용어가 말해주듯이 원형 독거방 형태의 건축구조로서 중앙감시대에서 전체 사방(舍房)과 수용자의 거실 내부를 들여다볼 수 있게 일망(一望)감시구조로 설계된 것이다. 1826년 엄정독거제를 시행하였던 펜실바니아 서부교도소가 이 양식을 취하였다. 이 양식은 방사형(放射型) 양식과 같이 18세기 말부터 19세기 중반까지 교육적 개선을 강조하던 단계에서 가장 적은 인원으로 가장 효율적인 감시가 이루어지도록 활용되었다. 그러나 이 양식들은 수용자들의 반발이 많고 교화에도 악영향을 끼친다는 인식이 커지면서 20세기 이후로는 과학적 처우를 고려한 새로운 형태의 교정시설이 등장하였다. 새로운 형태의 교정시설 양식이란 직접적이고 구체적인 감시를 하면서도 수형자들의 생활조건이나 환경 등을 경제적으로 고려할 수 있는 집중형 시설을 말한다. 그 대표적인 것이 일자형(一字型), 중정형(中庭型)이다.
1960년대 이후에는 수용단위별로 다양한 처우를 행하면서 계호를 하는 데 융통성을 발휘할 수 있는 다양한 형태의 구조들이 나타났다. 이 양식들은 수용자들의 자유로운 공간을 확보하면서 전자감시 등을 통한 유연한 감시체계를 활용하는 형태로 **클러스터형(型)**이 여기에 해당한다(신양균 저, 형집행법 63~64면). 근래에는 **고층빌딩식** 교정시설이 도입되고 있다. 우리나라 최초의 고층구치소는 수원구치소(1996년)이다. 그 이래로 인천구치소, 울산구치소, 대구구치소, 서울남부구치소, 서울동부구치소가 고층으로 건축되어 고층 오피스빌딩형 건축양식을 취하고 있다.

정답 ①

04 다음 내용 중 가장 적절하지 않은 것은?

① 현대 사회의 교도소 적정인원은 1,000명이다.
② 우리나라의 교도소는 전주형양식이 많다.
③ 현대적 교정시설은 캠퍼스형, 클러스터형, 정원형 등을 들 수 있다.
④ 적정인원의 초과는 개별처우를 어렵게 한다.

해설

① (×) 「유엔최저기준규칙」에서 권고하고 있듯이, "폐쇄교도소에서 수형자의 수는 개별처우가 방해받을 정도로 많지 않은 것이 바람직하다. 몇몇 나라에서는 이들 교도소의 수용인원이 500명을 넘지 않아야 하는 것으로 생각되고 있다. 개방교도소의 수용인원은 가능한 한 적어야 한다(제89조 3항)." 「형집행법」 제6조 1항 참조.

정답 ①

05 현행법상 수용시설에 관한 설명 중 옳지 않은 것은? '06. 9급

① 수용자의 연령에 따라 소년교도소, 일반교도소, 노인교도소로 구분한다.
② 여자수형자의 경우 분계주의가 주로 적용된다고 볼 수 있다.
③ 경찰관서에 설치된 유치장은 미결수용실에 준하는 것으로 본다.
④ 사형선고를 받은 자는 구치소 또는 교도소에 수용한다.

> **해설**
>
> ① (×) 연령에 따라 19세 이상 수형자를 수용하는 '교도소'와 19세 미만 수형자를 수용하는 '소년교도소'로 구분하고 있다(「법」제11조). '노인수형자 전담교정시설'은 법무부장관이 지정·운영할 수 있으나, 독립적인 노인교도소는 현행법상 인정하지 않고 있다. '구분수용'은 강학상 '분리주의'를 의미한다.
> ② (○) 여자수형자의 경우 분계주의가 주로 적용된다고 볼 수 있다. '분계주의'는 현행법상 '분리수용'을 뜻한다. 남성과 여성은 분리하여 수용한다(법 제13조(분리수용)).
>
> **정답** ①

06 우리나라 형 집행제도에 관한 설명 중 옳지 않은 것은?

① 구치소는 교정기관에 속한다.
② 치료감호소는 교정기관에 속한다.
③ 노역장유치명령을 받은 자도 수형자에 해당한다.
④ 「형법」상 가석방된 자는 보호관찰을 받아야 하는 것이 원칙이다.

> **해설**
>
> ② (×) 치료감호소는 '보호기관'에 속한다. 「법무부와 그 소속기관 직제」에 따르면 법무부의 관할 직무로써 보호행정과 교정행정을 구분하고, 보호기관으로 치료감호소·소년원·소년분류심사원·보호관찰심사위원회·보호관찰소·위치추적관제센터를 지정하고 있다(제11조).
> 보호기관은 범죄예방정책국이 관할하고, 교도소·구치소 및 지소 등 교정시설(기관)은 교정본부에서 관할한다.
>
> **정답** ②

> **AI 예상 응용지문**
>
> ❶ 현행법상 교정시설에는 지방교정청·교도소·구치소 및 지소가 해당한다. (×)
> ❷ 보호관찰심사위원회는 고등검찰청 소재지 등 법무부령으로 정하는 지역에 설치한다. (×)
> ❸ 보호관찰소는 고등검찰청 소재지 등 대통령령으로 정하는 지역에 설치한다. (×)
> ❹ 교정자문위원회는 교정시설 운영·수용자 처우 등에 관한 소장의 자문에 응하기 위하여 두어야 하고, 교정위원은 수용자 처우 후원을 위하여 교정시설에 둘 수 있다. (×)
>
> ❶ 지방교정청(×) ❷ 법무부령(×) → 대통령령(○) ❸ 보호관찰소(×) → 보호관찰심사위원회(○) ❹ 교정자문위원회는 수용자의 관리·교정교화 등 사무에 관한 **지방교정청장**의 자문에 응하기 위하여 **지방교정청**에 둔다. 교정자문위원회는 필수 기구, 교원위원은 임의적 설치임에 주의 요함.

07 우리나라의 교정시설 운영에 대한 설명으로 옳지 않은 것은? '13. 9급

① 신설하는 교정시설은 수용인원이 500명 이내의 규모로 하는 것을 원칙으로 한다.
② 교정시설의 운영과 수용자 처우 등에 관한 교도소장의 자문에 응하기 위하여 교정시설에 교정위원을 둔다.
③ 교정시설의 설치와 운영에 관한 업무의 일부를 법인 또는 개인에게 위탁할 수 있다.
④ 법무부장관은 매년 1회 이상 교정시설의 운영 실태를 순회점검하거나, 소속 공무원으로 하여금 순회점검하게 하여야 한다.

해설

② (×) 교정위원(×) → 교정자문위원회(○), 교정자문위원회는 수용자의 관리·교정교화 등 사무에 관한 지방교정청장의 자문에 응하기 위하여 지방교정청에 둔다.「법」제129조 참조.
교정위원은 수용자의 교육·교화·의료, 그 밖에 수용자의 처우를 후원하기 위하여 둘 수 있는 제도이다 (「법」제130조).

정답 ②

AI 예상 응용지문

❶ 우리나라 모든 교정시설은 수용인원 500명 이내의 규모로 하는 것을 원칙으로 한다. (×)
❷ 수용자의 교육·교화·의료, 그 밖에 수용자의 처우를 후원하기 위하여 교정시설에 교정위원을 둔다. (×)
❸ 신설하는 소년원 및 소년분류심사원은 수용정원이 150명 이내의 규모가 되도록 하여야 한다. (○)

❶ 모든 교정시설(×) → 신설하는 교정시설(○) ❷ 둔다(×) → 둘 수 있다(○), 법 제130조 참조.

---

08 「형의 집행 및 수용자의 처우에 관한 법률」상 교정시설에 대한 설명으로 옳은 것은? '24. 5급(교정관) 승진

① 신설하는 교정시설은 수용인원이 500명 이내의 규모가 되도록 하여야 한다. 다만, 교정시설의 기능·위치나 그 밖의 사정을 고려하여 그 규모를 줄일 수 있다.
② 거실은 수용자가 건강하게 생활할 수 있도록 적정한 수준의 공간과 채광, 통풍, 냉·난방을 위한 시설을 갖추어야 한다.
③ 법무부장관은 교정시설의 운영, 교도관의 복무, 수용자의 처우 및 인권실태 등을 파악하기 위하여 매년 1회 이상 교정시설을 순회점검하거나 소속 공무원으로 하여금 순회점검하게 하여야 한다.
④ 판사는 직무상 필요하면 법무부장관의 허가를 얻어 교정시설을 시찰할 수 있다.

해설

① (×) 그 규모를 줄일 수 있다(×) → 그 규모를 늘릴 수 있다(○). 법 제6조 1항.
② (×) 냉·난방(×) → 난방(○). 법 제6조 2항.
④ (×) 법무부장관의 허가를 얻어(×). 참관은 소장의 허가를 받아야 하지만, 판사나 검사의 시찰은 허가 없이 할 수 있다. 법 제9조 항 참조.

정답 ③

09 「형의 집행 및 수용자의 처우에 관한 법률」상 교정시설에 대한 설명으로 가장 옳지 않은 것은?

'24. 6급(교감) 승진

① 법무부장관은 교정시설의 운영, 교도관의 복무, 수용자의 처우 및 인권실태 등을 파악하기 위하여 매년 1회 이상 교정시설을 순회점검하거나 소속 공무원으로 하여금 순회점검하게 하여야 한다.
② 판사와 검사는 직무상 필요하면 교정시설을 시찰할 수 있다.
③ 신설하는 교정시설은 수용인원이 500명 이내의 규모가 되도록 하여야 하나, 교정시설의 기능·위치나 그 밖의 사정을 고려하여 그 규모를 늘릴 수 있다.
④ 법무부장관은 교정시설의 설치 및 운영에 관한 업무의 전부 또는 일부를 법인 또는 개인에게 위탁할 수 있다.

해설

④ (×) 전부 또는 일부를(×) → 일부를(○). 설치·운영 전부 위탁은 허용 안 됨. 제7조(교정시설 설치·운영의 민간위탁) 제1항 참조.

정답 ④

10 교정시설의 경비등급에 대한 설명으로 옳지 않은 것은?

① 개방시설 – 도주방지를 위한 통상적인 설비의 전부 또는 일부를 갖추지 아니하고 통상적인 관리·감시의 전부 또는 일부를 하지 아니한 교정시설
② 완화경비시설 – 수형자의 자율적 활동이 가능하도록 통상적인 설비 및 수형자의 관리·감시를 일반경비시설보다 완화한 교정시설
③ 일반경비시설 – 도주방지를 위한 통상적인 설비를 갖추고 수형자에 대하여 통상적인 관리·감시를 하는 교정시설
④ 중(重)경비시설 – 도주방지 및 수형자 상호 간의 접촉을 차단하는 설비를 강화하고 수형자에 대한 관리·감시를 엄중히 하는 교정시설

해설

② (×) 수형자의 자율적 활동이 가능하도록(×) → 도주방지를 위한(○). "수형자의 자율적 활동이 가능하도록" 하기 위한 것은 '개방시설'이다. 「형집행법」 제57조는 '도주 등을 위한 수용설비 및 계호의 정도' 즉, '경비등급'에 따라 개방시설 및 완화·일반·중(重)경비시설 등 네 가지 시설로 구분하고 있다. 시설구분 중 '자율활동 가능'은 개방시설에만, '상호 간의 접촉 차단'은 중경비시설에만 해당한다는 점을 특히 잘 기억해야 한다.

제57조(처우) ① 수형자는 제59조의 분류심사의 결과에 따라 그에 적합한 교정시설에 수용되며, 개별처우계획에 따라 그 특성에 알맞은 처우를 받는다.
② 교정시설은 도주방지 등을 위한 수용설비 및 계호의 정도(이하 "경비등급"이라 한다)에 따라 다음 각 호로 구분한다. 다만, 동일한 교정시설이라도 구획을 정하여 경비등급을 달리할 수 있다.
1. 개방시설 : 도주방지를 위한 통상적인 설비의 전부 또는 일부를 갖추지 아니하고 수형자의 자율적 활동이 가능하도록 통상적인 관리·감시의 전부 또는 일부를 하지 아니하는 교정시설

> 2. 완화경비시설 : 도주방지를 위한 통상적인 설비 및 수형자에 대한 관리·감시를 일반경비시설보다 완화한 교정시설
> 3. 일반경비시설 : 도주방지를 위한 통상적인 설비를 갖추고 수형자에 대하여 통상적인 관리·감시를 하는 교정시설
> 4. 중(重)경비시설 : 도주방지 및 수형자 상호 간의 접촉을 차단하는 설비를 강화하고 수형자에 대한 관리·감시를 엄중히 하는 교정시설

정답 ②

AI 예상 응용지문

❶ 일반경비시설이란 도주방지 및 수형자 상호 간의 접촉을 차단하는 통상적인 설비를 갖추고 수형자에 대하여 통상적인 관리·감시를 하는 교정시설이다. (×)
❷ 개방시설이란 도주방지를 위한 설비를 전부 갖추지 아니하고 통상적인 관리·감시의 전부를 하지 아니하는 시설을 말한다. (×)
❸ 동일한 교정시설에서는 구획을 정하여 경비등급을 달리할 수 없다. (×)

❶ 수형자 상호 간의 접촉을 차단하는 설비를 강화하는 시설은 중경비시설에 해당함. ❷ 전부(×) → 전부 또는 일부(○) ❸ 동일한 교정시설이라도 구획을 정하여 경비등급을 달리할 수 있다.

11 우리나라 교정의 문제점이 아닌 것은? '02. 9급

① 시설의 대형화
② 시설의 소규모화
③ 과밀수용
④ 열악한 처우환경

해설

② (×) 시설의 소규모화는 문제점이 아니라, 지향점이다. 「최저기준규칙」에서 권고하고 있듯이 "폐쇄시설에서의 수형자의 수는 개별처우를 방해할 정도로 많지 아니하는 것이 바람직하다. 몇몇 나라에서는 교도소의 수용인원이 500명이 넘지 않아야 하는 것으로 생각되고 있다. 개방교도소의 수용인원은 가능한 한 적어야 한다"(제89조 3항).

정답 ②

12 다음은 구금제와 관련한 설명이다. 가장 적절하지 않은 것은? '03. 7급

① 존 하워드는 독거제를 최초로 주장하였다.
② 엄정독거제인 필라델피아제는 윌리엄 펜에 의해 정립되었다.
③ 필라델피아제는 기도를 통한 자아성찰의 기회를 주기 위함이었다.
④ 오번제는 야간에는 혼거작업을 실시하고 주간에는 독거구금하였다.

해설

④ (×) 주간에는 혼거작업을 실시하고, 야간에는 독거 구금하였다.

정답 ④

13 교정시설의 경비등급별 구분에 대한 설명으로 ㉠과 ㉡에 들어갈 적절한 용어는?

───── 보 기 ─────

• 도주방지를 위한 통상적인 설비의 전부 또는 일부를 갖추지 아니하고 수형자의 자율적 활동이 가능하도록 통상적인 관리·감시의 전부 또는 일부를 하지 아니하는 교정시설을 (㉠)이라고 하며, 도주방지를 위한 통상적인 설비를 갖추고 수형자에 대하여 통상적인 관리·감시를 하는 교정시설을 (㉡)이라고 한다.

	㉠	㉡		㉠	㉡
①	완화경비시설	중경비시설	②	개방시설	일반경비시설
③	완화경비시설	일반경비시설	④	개방경비시설	일반경비시설

해설

② (○) 주의할 점은 시설 구분의 기준은 '경비처우급'이 아니라 '경비등급'이라는 점과 '개방경비시설'이 아니라 '개방시설'이 법조문에 일치한다는 것이다.

정답 ②

AI 예상 응용지문

❶ 현행법은 교정시설을 경비처우급에 따라 중경비시설·일반경비시설·완화경비시설·개방경비시설로 구분하고 있다. (×)

❷ 현행법은 교정시설을 경비등급에 따라 개방경비시설·완화경비시설·보통경비시설·중경비시설로 구분하고 있다. (×)

---

❶ 경비처우급(×) → 경비등급(○) / 개방경비시설(×) → 개방시설(○) ❷ 보통경비시설(×) → 일반경비시설(○)

14 영국의 감옥개량운동가 하워드(J. Howard)의 감옥개량에 대한 주장과 관계가 없는 것을 모두 고르면?

㉠ 교정시설을 민영화하여야 한다.
㉡ 위생적인 구금시설을 갖추어야 한다.
㉢ 수용자를 성별·연령별로 분리 수용하여야 한다.
㉣ 교도관은 공적으로 임명하고 충분한 보수를 지급하자.
㉤ 교도소 내에서 개선을 위한 강제노동이 필요하다.
㉥ 교정성적에 따라 형기를 단축하는 제도를 도입하자.
㉦ 유형에 의한 수형자 강제추방보다 개선을 도모하여야 한다.
㉧ 수형자의 사회성 유지를 위해 혼거 수용하여야 한다.
㉨ 독거구금을 하여야 한다.

① ㉡, ㉢   ② ㉤, ㉥
③ ㉠, ㉧   ④ ㉥, ㉨

해설

㉠ (×) 하워드는 당시의 교도소 운영이 유력한 지주들에 의하여 행해지는 문제점을 지적하면서 교도소의 국가시설화와 교도소의 관리는 독립된 행정관청에 의해서 통제되어야 한다고 주장했다.
㉢ (×) 그는 혼거제의 문제점을 지적하고, 최초로 독거제·분류제의 필요성을 강조했다. 그는 개선을 강조하여 응보적인 형 집행을 반대하고 부정기형제도를 지지했으며, 사형제도에도 반대적인 입장을 취했다.

정답 ③

---

15 펜실베니아제에 대한 설명으로 알맞게 짝지어진 것은?

┤ 보 기 ├
㉠ 강제적 침묵의 침묵제   ㉡ 완전 독거제   ㉢ 작업 능률 강조
㉣ 정직한 사람   ㉤ 개별처우 용이 ㉥ 월넛가 구치소

① ㉠, ㉢, ㉤
② ㉠, ㉢, ㉣
③ ㉡, ㉣, ㉤, ㉥
④ ㉡, ㉢, ㉣, ㉤

해설
③ 펜실바니아제도도 침묵을 처우 내용으로 중시하지만, 강제적 침묵을 더욱 중요한 특징으로 하여 '침묵제'라고도 부르면서 작업 능률을 강조하는 것은 오번제에 해당한다.

정답 ③

---

16 펜실베니아제(Pennsylvania System) 구금방식의 장점으로 옳지 않은 것은? '13. 9급

① 자신의 범죄에 대한 회오와 반성의 기회를 주어 교화에 효과적이다.
② 교정교육, 운동, 의료 활동, 교도작업 등의 운영에 가장 편리하다.
③ 수형자의 사생활 침해를 방지하는데 효과적이다.
④ 다른 수형자로부터 악습 전파 및 죄증 인멸 행위를 방지할 수 있다.

해설
교육·운동·교도작업은 여러 사람을 한 장소에 모아서 행할 때 효과적이고 관리가 편하다.
②는 혼거제의 장점이다.

정답 ②

---

17 다음 중 필라델피아제에 관한 설명으로 가장 옳지 않은 것은? 'AI 예상

① 필라델피아제는 하워드, 벤담, 베카리아 그리고 몽테스키외의 휴머니스트적인 이상에 기초하여, 프랭클린(B. Franklin)과 러시(B. Rush)와 같은 개혁가들의 이상과 노력을 통해 발전되었다.
② 교도소 내에서 완전한 고립을 강조한 이 제도의 기본요소는 노동이 없는 독거구금이었으나, 이 방식은 곧 변경되어 작업을 범죄에 대한 반성 과정으로 도입하였다.

③ 주야엄정독거는 필라델피아제의 핵심 원칙 중 하나이다.
④ 필라델피아제는 범죄자의 신체적 처벌을 우선시한다.

해설

④ (×) 필라델피아제는 신체적 처벌보다 정신적 개선을 강조한다.
  ☞ 출제의도 : 이 문제는 학생들이 펜실바니아제의 다른 명칭인 필라델피아제의 주요 원칙과 목적을 이해하고 있는지를 평가하고자 하였습니다. 교정학의 기초 개념을 정확히 파악하고, 교정제도의 발전 방향을 탐구하는 데 도움을 주기 위한 목적이 있습니다.

정답 ④

18 필라델피아제에 관한 설명으로 가장 옳지 않은 것은?

① 퀘이커 교도의 감옥개량운동의 결실로 미국 펜실베니아주에서 시작된 구금제도이다.
② 이 제도의 참회소(penitentiary)는 범죄자가 자신의 죄를 반성하고 회개하는 곳이었으나, 오늘날 이 용어는 중범죄자에 대한 처벌을 집행하는 주요 성인교도소를 지칭한다.
③ 분류제는 이 제도의 단점을 보완하는 데 도움이 된다.
④ 정신적인 개선을 강조하는 이 제도는 궁극적인 실패에도 불구하고 교정학 발전에 크게 기여했다.

해설

③ (×) 분류제는 독거제가 아니라 혼거제의 단점을 보완하는 제도이므로 관련성이 없다.

정답 ③

✚ 펜실베니아제(필라델피아제)의 특징 및 장·단점

특징
펜(W. Penn)이 창시하였다. 존 하워드가 주장한 독거제에 교회의 참회사상이 결합하여 수형자 1인을 주야로 1개 거실 내에서 엄정 격리수용하는 구금방식이다. 월넛감옥에서 시작되었으며 엄정독거제 또는 분방제라고도 한다.
장점
① 회개와 반성을 통한 정신적 교화에 적합하다.
② 악습과 범죄성 전파 및 증거인멸의 폐해를 방지할 수 있다.
③ 개별처우에 적합하고, 수형자 명예보호를 할 수 있다.
④ 계호(감시)가 편리하다.
⑤ 전염병 예방 및 확산방지와 위생에 유리하다.
단점
① 건축과 행형비용이 많이 소모되어 국가의 재정 부담이 크다.
② 정신장애를 초래하기 쉽고, 자살·자해의 위험이 높다.
③ 교정실무상 작업·교육·운동·교화에 불리하다.
④ 신체적·정신적 건강을 해칠 가능성이 많다.
⑤ 독거생활은 인간본능의 박탈이며, 공동생활 부적응을 야기하여 사회복귀에 장애를 만든다.

19 독거제의 장점이 아닌 것은 무엇인가?

① 감염병 예방에 유리
② 개별처우에 용이
③ 수용자의 재사회화에 유리
④ 수용자 간의 악풍감염 예방에 유리

해설

③ (×) 재사회화는 혼거제가 더 유리하다.

정답 ③

20 오번제(auburn system)의 단점이 아닌 것은? '98. 7급

① 상호 의사소통이 안 되므로 작업능률이 오르지 않는다.
② 집단생활 하에서 사회적 훈련에 적합하다.
③ 인간 본성에 부합하는 사회생활교육이 불완전하다.
④ 독거제에 비하여 비위생적이며 방역이 곤란하다.

해설

② (×) 집단생활 하에서 사회적 훈련에 적합한 것은 단점이 아니라 장점이다.

정답 ②

◆ 오번제 특징 및 장·단점

특징
오번제는 엄정독거제의 폐해를 완화시키기 위해 혼거제와 독거제의 장점을 절충시킨 완화독거제이다. 이 제도는 1827년 뉴욕의 오번감옥에서 정립되었는데, 엄정독거제에 의한 폐해를 줄이기 위해 주간에는 작업을 위해 혼거를 허용하되 수형자 상호 간의 소통을 방지하기 위해 서로 대화하는 것을 엄격히 금지시키고 야간에는 독거실에 수용하는 방식이다. 에람 린즈(E. Lynds)에 의해 정립됨. 20세기 산업교도소의 전신이라 평가되고 있다.

장점
① 공동 작업을 통한 직업훈련 등 사회복귀를 위한 집단처우 가능
② 야간 독거를 통한 사생활 보호
③ 엄정독거제와 혼거제의 폐해 최소화
- 공동작업 가능, 직업훈련·사회적응 훈련 가능, 악풍 감염으로 인한 범죄학교화 예방
④ 주야 독거로 인한 심신 허약 등 폐해 방지
⑤ 엄정독거제에 비해 인간적임
⑥ 야간독거를 통한 정신적 교화개선 가능

단점
① 절대적인 침묵을 강조하고 강압적인 규율과 징벌을 강제함으로써 수용자들에게 억압적 구금 방식으로 인식됨 - 긴장과 공포 강요
② 노동력을 착취하는 수단으로 이용될 가능성 있음
③ 주간 혼거를 인정하면서 상호 대화를 금지하는 것은 사회적응훈련에 지장 초래, 작업능률 저하
④ 개별 처우 곤란, 계호·감시·규율 유지 곤란
⑤ 독거제에 비해 비위생적이고 방역 곤란
⑥ 의사소통 금지로 인한 인간 본연의 사회성 훈련 불완전, 정신적·생리적인 장애 초래 우려
⑦ 은밀한 부정행위나 출소 후 동료수형자와의 교제로 인한 재범가능성 상승

📝 AI 예상 응용지문
❶ 오번제는 집단생활 하에서 사회적 훈련이 가능하다. (○)
❷ 독거제는 수형자의 반성·회오를 강조하는 것으로, 수형자의 심리적 안정에 도움이 많다. (×)

❷ 심리적 안정에 도움이 많다(×) → 심리적 장해를 유발할 가능성이 높다(○)

21 오번제에 대한 설명이다. 가장 옳지 않은 것은? '04. 5급(교정관) 승진

① 엄정독거제의 폐해를 개선하기 위한 구금방식이다.
② 주간혼거작업, 야간독거를 내용으로 한다.
③ 혼거작업 시에는 침묵을 강조하여 교담금지제 또는 침묵제라고도 한다.
④ 산업사회지향의 생산성 제고를 목표로 한 것이다.
⑤ 정직한 사람 양성을 주된 목표로 삼았다.

📗 해설

⑤ (×) 독거제는 연혁적으로 보면 크게 엄정독거제와 완화독거제(오번제)로 구분된다. 엄정독거제는 주·야간 격리·독거 수용하여 침묵을 통한 회개를 강조하는 방식인데, 이 제도는 궁극적으로 정직한 인간, 참된 인간 양성이 목표였다. 오번제는 복종적인 사람 양성이 목표이다.

정답 ⑤

22 오번제(Auburn System) 구금방식에 대한 설명을 모두 고른 것은? '12. 9급

┤ 보 기 ├
㉠ 엄정독거제의 결함을 보완할 수 있다.
㉡ 수형자를 개별 특성에 따라 소수의 카티지로 분류수용한다.
㉢ 주간에는 혼거작업, 야간에는 독거수용을 원칙으로 한다.
㉣ 침묵제 또는 교담금지제라고도 부른다.
㉤ 퀘이커교도에 의한 미국 감옥개량운동의 결실이다.
㉥ 단기간의 강도 높은 구금 후 사회 내 처우를 한다.

① ㉠, ㉡, ㉥
② ㉡, ㉣, ㉤
③ ㉠, ㉢, ㉣
④ ㉡, ㉢, ㉥

📗 해설

㉡ (×) 카티지제 ㉤ (×) 필라델피아제(펜실바니아제) ㉥ (×) 충격구금에 해당한다.

정답 ③

23 구금방법에 대한 설명으로 옳지 않은 것은? '18. 9급

① 펜실베니아시스템(Pennsylvania System)은 독거생활을 통한 반성과 참회를 강조한다.
② 오번시스템(Aubum System)은 도덕적 개선보다 노동습관의 형성을 더 중요시한다.
③ 펜실베니아시스템은 윌리엄 펜(William Penn)의 참회사상에 기초하여 창안되었으며 침묵제 또는 교담금지제로 불린다.
④ 오번시스템은 엘람 린즈(Elam Lynds)가 창안하였으며 반독거제 또는 완화독거제로 불린다.

해설

③ (×) '침묵제' 또는 '교담금지제'는 '오번제'의 특징을 나타내는 별칭이다.

정답 ③

AI 예상 응용지문

❶ Penn System과 Auburn System은, 재소자는 사회로부터 격리되고 훈육된 수용생활을 해야한다는 믿음을 바탕으로 하는 제도라는 점에서 공통된다. 그러나 오번제의 입장은 재소자는 침묵과 집단훈육을 통해 이전의 자신을 깨부셔서 재사회화되어야 한다고 주장하나, Penn제도는 강제적 훈육을 비판하고 물리적 처벌이나 기타 인간의 존엄성을 침해하는 일들을 제한했다는 점에서는 구분된다. (○)

❷ Auburn System은 침묵제도로서 비용이 적게 들어 비용-편익 원리에 적합하며, 재소자의 노동력을 효율적으로 이용할 수 있으며, 산업사회에 필요한 노동훈련을 통한 재사회화 효과가 큰 반구금제라는 주장이 제기되었다. (×)

❷ 반구금제(×) → 반독거제(○)

24 다음은 혼거제에 대한 설명이다. 거리가 먼 것은? '00. 5급(교정관) 승진

① 개별처우에 유리하고 난동방지에 효과적이다.
② 수용자의 심신 단련을 도모할 수 있다.
③ 형벌 집행의 통일성을 유지할 수 있다.
④ 재사회화와 사회적 훈련이 용이하다.
⑤ 행형건축비와 인건비를 절감할 수 있다.

해설

① (×) 혼거제는 개별처우에 적합하지 않고 난동방지에 불리하다. 혼거제는 여러 수용자를 같은 거실 또는 작업장(공장)에 함께 수용하는 방식이다. 이는 행형제도의 발달사 측면에서 가장 오래되고 통상적인 제도이다. 혼거제는 관리상 편리와 경제적 이유에서 오랫동안 일반적인 구금제도로 인정되었지만 범죄적 성향이나 악성의 정도가 매우 다양한 수용자를 함께 수용함으로써 악풍 감염(범죄 학습)의 폐해가 초래되어 교정시설이 범죄자를 양성하는 학교 구실을 할 수 있다는 점이 큰 문제이다.

정답 ①

25 다음 중 혼거제의 단점을 보완하기 위한 제도가 아닌 것은?

① 교담금지제, 침묵제
② 분류제, 판결 후 조사제도
③ 반독거제, 처우상 독거제도
④ 판결전조사제도, 직업훈련제

해설

혼거제의 최대 단점은 악풍 감염이 발생한다는 것이다. 이를 방지하기 위해 성향·악성 등의 차이를 과학적으로 분석하여 동질적인 집단으로 분류하는 **분류제**를 활용하고 있다. 분류제는 소극적으로는 악풍 감염 방지가 목적이고, 적극적인 목적은 처우의 개별화를 통한 능률적이고 합리적인 교화개선이다. 분류제는 판결 후 조사제도에 속한다.

① (○) **교담금지제(침묵제)**는 1703년 산 미켈레 소년감화원에서 처음 실시하였고, 그 후 오번제에 도입되어 실시한 이래 널리 보급되었다. 이것은 대화에 의한 도주 공모, 증거인멸, 악풍 감염을 방지하여 시설 내 질서유지를 도모하는 데 목적이 있다.

③ (○) **반독거제**는 휴업일이나 야간에 독거시키는 방식이다. 따라서 주야간 혼거제의 폐단을 보완할 수 있다. 오번제도 악폐감염 방지를 위해 혼거작업 시 대화를 금지시키고 야간에는 독거시키는 제도이므로 혼거제의 폐단을 보완할 수 있다. 처우상 독거수용은 주간에는 교육 작업 등의 처우를 위하여 일과(日課)에 따른 공동생활을 하게하고 휴업일과 야간에만 독거수용 하는 것을 말한다(「시행령」 제5조).

④ (×) **판결전조사제도**는 재판 단계에서 적절한 양형을 위한 제도이므로 혼거제를 보완하는 것과 직접 연관되지 않는다. **직업훈련제**는 교도작업 과정처럼 악풍 감염 등을 초래할 수 있으므로 오히려 혼거제의 폐단이 나타날 수 있다.

정답 ④

AI 예상 응용지문

❶ 반구금제는 혼거제의 단점을 보완하기 위한 제도이다. (×)
❷ 계호상 독거수용은 반독거제에 가깝다. (×)

❶ 반구금제(×) → 반독거제(○) ❷ 계호상(×) → 처우상(○)

26 다음 중 혼거제와 가장 밀접한 것은? '97. 5급(교정관) 승진

① 행형경제의 불리
② 교정교화 용이
③ 노동생산성 향상
④ 감시·규율 유지 용이
⑤ 처우의 개별화

해설

③ (○) 독거제가 '정신적 개선주의'에 입각하고 있는 데 비해 혼거제는 사회복귀를 용이하게 하는 '공동생활주의'에 입각하고 있다. 따라서 혼거제는 공동작업에 적합하고 **노동생산성을 향상시키는 데 유리**하다.
① (×) 혼거제는 행형경제의 유리하다.
②, ④, ⑤ (×) 처우의 개별화나 감시·규율 유지에 불리하므로 교정교화가 용이하다고 보기 어렵다.

정답 ③

✚ 혼거제의 장·단점

장점
① 형벌 집행의 통일을 도모할 수 있고, 수용자 관리가 용이하다. ② 건축비·인건비 등 행형비용을 절감할 수 있다. ③ 신체적·정신적 건강 유지에 유리함 – 고립으로 인한 정신적 장애 유발 방지 ④ 교도작업 및 직업훈련에 적합하다. ⑤ 수용자 상호 감시로 자살 방지에 유익하다. ⑥ 사회성 배양에 적합하여 사회 복귀에 유리하다. ⑦ 수용자의 심신 단련을 도모할 수 있다.

단점
① 악풍감염, 도주 가능성이 크다. ② 사적 감정 및 생활을 해치므로 인격의 개발을 저해한다. ③ 개별처우가 어렵다. ④ 계호상 감시와 규율 유지가 곤란하다. ⑤ 출소 후 동료수용자와 작당하여 재범가능성이 높다. ⑥ 동성애의 문제를 야기할 수 있다. ⑦ 거실 내 수용자 간 분쟁 등 교정사고의 우려가 많다. ⑧ 거실 내 생활상 책임감 약화로 관급품·대여품 등의 관리가 어렵다. ⑨ 독거제에 비해 비위생적이고 방역이 어렵다.

27 다음은 구금제도에 대한 설명이다. ( ) 안에 들어갈 내용을 〈보기2〉에서 골라 순서대로 바르게 나열한 것은? '08. 9급

보 기 1
구금제도로는 수용자를 주야 구별 없이 계속하여 독거 수용하는 (　　)와(과) 주간에는 엄격한 침묵 하에 함께 작업시키고 야간에는 독거 수용하는 (　　) 등이 있다. 이에 따른 구금시설로 (　　)는(은) 전자의 기원이라고 볼 수 있으며, (　　)는(은) 후자의 기원을 이룬 교도소라고 할 수 있다.

보 기 2
㉠ 오번제(Auburn system)　　㉡ 월넛 스트리트 감옥(Walnut Street Jail) ㉢ 펜실베니아제(Pennsylvania system)　㉣ 싱싱(Sing Sing) 교도소 ㉤ 간트(Gand) 교도소　　㉥ 엘마이라제(Elmira stystem)

① ㉢ – ㉠ – ㉤ – ㉡
② ㉠ – ㉢ – ㉣ – ㉤
③ ㉠ – ㉥ – ㉤ – ㉡
④ ㉢ – ㉠ – ㉡ – ㉤

해설
④ (○) 오번제의 직접적인 기초가 된 것은 벨기에의 간트(겐트)교도소이다. 이 교도소에서는 일반범죄인에게 야간에는 엄정독거수용을, 주간에는 혼거작업을 시행하였다. 그 이전에는 산미케레 소년감화원의 대화금지제(침묵제)도 오번제의 기초가 되었다.

정답 ④

28 수형자의 구금방식에 대한 설명 중 옳지 않은 것은?

① 현행법은 독거수용을 원칙으로 한다.
② 독거제도는 수형자의 개별처우에 편리한 제도이다.
③ 혼거제도의 단점을 보완하기 위해서 분류제를 채택하고 있다.
④ 우리나라도 민영교도소를 설치·운영할 수 있는 법적 근거가 마련되었다.
⑤ 수형자를 주야간 단독으로 수용하여 수형자 상호간의 접촉을 방지하는 주야독거구금제를 오번제(auburn system)라고 한다.

해설

⑤ (×) 오번제(×) → 펜실바니아제 또는 필라델피아제(○).

정답 ⑤

29 「형의 집행 및 수용자의 처우에 관한 법률」상 간이입소절차를 실시하는 대상에 해당하지 않는 것은?

'18. 7급

① 긴급체포되어 교정시설에 유치된 피의자
② 체포영장에 의하여 체포되어 교정시설에 유치된 피의자
③ 판사의 피의자 심문 후 구속영장이 발부되어 교정시설에 유치된 피의자
④ 구인 또는 구속영장 청구에 따라 피의자 심문을 위하여 교정시설에 유치된 피의자

해설

③ (×) 구속영장 발부로 교정시설에 유치하는 것은, 정형적인 미결수용이므로 48시간을 초과하지 않는 유치를 전제로 한 간이입소절차는 적합하지 않다(2017.12.19. 개정 법률 제 16조의 2 참조).

정답 ③

30 현행법상 수용에 관한 설명으로 옳은 것은 몇 개인가?

> (ㄱ) 「형의 집행 및 수용자의 처우에 관한 법률」은 독거수용을 원칙으로 하고 필요한 경우에는 혼거수용을 예외적으로 인정하고 있다.
> (ㄴ) 신입자는 질병 기타 부득이한 사유가 있는 경우를 제외하고는 신입한 날로부터 3일은 신입자거실에 수용하여야 한다.
> (ㄷ) 소장은 19세 미만의 신입자 기타 특히 필요하다고 인정하는 자에 대하여는 신입자거실의 수용기간을 30일까지 연장할 수 있다.
> (ㄹ) 노역장 유치의 선고를 받은 자와 징역형·금고형 또는 구류형을 선고받아 형이 확정된 자는 원칙적으로 혼거 수용하여서는 안된다.
> (ㅁ) 구치소에는 19세 미만의 미결수용자를 수용할 수 없다.

① 1개 ② 2개 ③ 3개 ④ 4개

해설

㉤(×) 현재 19세 미만의 미결수용자에 관하여 규정하고 있는 것은 소년법(제55조 1항)인데, "소년을 구속하는 경우에는 특별한 사정이 없으면 다른 피의자나 피고인을 분리하여 수용하여야 한다"고 규정되어 있다. 따라서 구치소 수용금지는 타당하지 않다.

정답 ④

AI 예상 응용지문

❶ 노역장유치명령을 선고받은 사람은 혼거수용하여서는 아니 된다. (×)
❷ 소장은 19세 미만의 신입자에 한해서만 신입자거실 수용기간을 30일까지 연장할 수 있다. (×)
❸ 19세인 수형자는 원칙적으로 소년교도소에 분리수용한다. (×)
❹ 소장은 19세 미만인 수용자는 원칙적으로 30일 동안 신입자거실에 수용한다. (×)

❶ 노역장유치명령을 받은 사람끼리 혼거수용은 가능함. ❷ 한해서만(×) ❸ 19세인(×) → 19세 미만인(○) / 분리(×) → 구분(○) ❹ 19세 미만자에 대해서도 원칙적으로는 3일 동안 신입자거실 수용이다.

---

31 구금제도에 대한 설명으로 옳지 않은 것은? '09. 9급

① 수형자를 주간에는 엄정한 침묵하에 일정한 작업에 종사하게 하여 혼거시키고 야간에는 각자 독방에 수용하여 침식하게 하는 반독거구금제를 엘마이라제(elmira system)라고 한다.
② 수형자를 주야간 단독으로 수용하여 수형자 상호간의 접촉을 방지하는 주야독거구금제를 펜실베니아제(pennsylvania system)라고 한다.
③ 소집단처우제도인 카티지제(cottage stystem)는 수형자를 개별특성에 따라 20명 내지 30명 정도의 카티지로 분류하고 각 카티지별로 행형내용의 강도를 달리하는 적합한 처우 방법을 적용함으로써 독거제 및 혼거제의 단점을 보완할 수 있는 제도라고 할 수 있다.
④ 시설구금의 대안으로 범죄자로 하여금 단기간의 강도 높은 구금을 경험하게 하여 형벌의 억제효과를 심어준 다음 보호관찰과 같은 사회내처우를 하는 충격구금제도가 있다.

해설

① (×) 엘마이라제(×) → 오번제(○).

정답 ①

---

32 현행법상 수용제도에 대한 규정으로 타당하지 않은 것은?

① 혼거수용이 원칙이다.
② 독거수용은 계호상 독거수용과 처우상 독거수용이 있다.
③ 계호상 독거수용자는 수시로 시찰하여야 한다.
④ 혼거수용인원은 3명 이상으로 한다.

해설

① (×) 수용자는 독거수용한다. 다만 법정사유가 있으면 혼거 수용할 수 있다(「법」제14조).

정답 ①

33 형의 집행 및 수용자의 처우에 관한 법령상 교정시설에 대한 설명으로 옳은 것은?

① 신설하는 교정시설은 수용인원이 500명 이상의 규모가 되도록 하여야 한다. 다만, 교정시설의 기능·위치나 그 밖의 사정을 고려하여 그 규모를 줄일 수 있다.
② 법무부장관은 교정시설의 설치 및 운영에 관한 업무의 일부를 법인에 한하여 위탁할 수 있다.
③ 법무부장관은 교정시설의 운영, 교도관의 복무, 수용자의 처우 및 인권실태 등을 파악하기 위하여 매년 1회 이상 교정시설을 순회점검하거나 소속 공무원으로 하여금 순회점검하게 하여야 한다.
④ 판사와 검사 외의 사람은 교정시설을 참관하려면 학술연구 등 정당한 이유를 명시하여 관할 지방교정청장의 허가를 받아야 한다.

해설

① (×) 500명 이상(×) → 500명 이내(○), 줄일 수 있다(×) → 늘릴 수 있다(○). 법 제6조 참조.
② (×) 법인에 한하여(×) → 법인 또는 개인에게(○). 법 제7조 참조.
④ (×) 관할 지방교정청장(×) → 교정시설의 장(○). 법 제9조 제2항 참조.

정답 ③

34 형집행법 상 (   )에 들어가 단어가 아닌 것은 모두 몇 개인가?

> 계호(戒護)상 독거수용 : 사람의 생명·신체의 보호 또는 교정시설의 안전과 질서유지를 위하여 항상 독거수용하고 다른 수용자와의 접촉을 금지하는 것을 말한다. 다만, (   ) 등을 위하여 필요한 경우에는 그러하지 아니하다.

> 작업, 실외운동, 목욕, 수사, 재판, 접견, 진료, 교육

① 1개   ② 2개   ③ 3개   ④ 4개

해설

② (×) 「형집행법 시행령」상 계호상 독거수용은 주·야간 독거수용하되, 수사·재판·실외운동·목욕·접견·진료 등을 위하여 필요한 경우에는 다른 수용자와 접촉하게 할 수 있다. 따라서 작업과 교육은 접촉 예외 사유로 명시하지 않고 있다. 「형집행법 시행령」 제5조 참조.

정답 ②

35 「형의 집행 및 수용자의 처우에 관한 법률 시행령」상 수용에 대한 설명으로 옳은 것은? '18. 7급

① 혼거수용 인원은 2명 이상으로 한다. 다만, 요양이나 그 밖의 부득이한 사정이 있는 경우에는 예외로 한다.
② 처우상 독거수용이란 주간과 야간에는 일과에 따른 공동생활을 하게 하고, 휴업일에만 독거수용하는 것을 말한다.
③ 계호상 독거수용이란 사람의 생명·신체의 보호 또는 교정시설의 안전과 질서유지를 위하여 실외운동·목욕 시에도 예외 없이 독거수용하는 것을 말한다.
④ 수용자를 호송하는 경우 수형자는 미결수용자와, 여성수용자는 남성수용자와, 19세 미만의 수용자는 19세 이상의 수용자와 서로 접촉하지 못하게 하여야 한다.

해설

① (×) 2명(×) → 3명(○).
② (×) '처우상 독거수용'이란 주간에는 공동생활이 하게 하고, 휴업일과 야간에만 독거수용하는 것을 말한다.
③ (×) '계호상 독거수용'하는 경우에도 수사·재판·실외운동·목욕·접견·진료 등을 위하여 필요한 경우에는 다른 수용자와 접촉을 허용한다.

정답 ④

36 구금제도에 관하여 바르게 설명하고 있는 것을 모두 고르면? 'AI 예상

| 보 기 |

㉠ 펜실베니아제도는 퀘이커교도들의 감옥개량운동의 일환으로 펜실베니아주에서 시행된 제도이다.
㉡ 펜실베니아제도는 벤담이 제안한 원형교도소를 개략적으로 모방한 것인데, 벤담의 교도소는 원래 노동하지 않고 홀로 구금하는 팔각형의 건물이었다.
㉢ 오번교도소는 네모바퀴처럼 지어졌고, 감방이 중앙의 원형 공간을 둘러싼 바퀴살같이 배치되어 이곳의 일상은 독거구금, 침묵, 그리고 바깥 감방에서의 노동이었다.
㉣ 엘람 린즈(Elam Lynds)는 엄격한 규율 유지와 침묵을 강요하며 재범 방지에 있어서 교도작업의 역할을 중시하였다.
㉤ 오번제는 펜실베니아제의 엄정독거에 따른 폐해를 방지하는 데는 유리하나 수용자의 노동력 착취 수단을 제공한다는 비난이 있다.

① ㉠,
② ㉠, ㉡
③ ㉠, ㉡, ㉢, ㉣
④ ㉠, ㉡, ㉣, ㉤

해설

㉢ (×) 오번교도소(×) → 펜실베니아 동부참회소(Eastern Penitentiary)(○). 필라델피아에 위치한 동부참회소(교도소)는 그 이전에 건립된 서부참회소를 보완한 발전된 펜실베니아제 시스템이다. 이는 펜실베니아제 또는 분리수용의 모델이자 상징이 되었다. 오번교도소(Auburn Prison)는 필라델피아 동부교도소와 정반대의 제도라고 할 수 있다. 건물은 그 자체로 하나의 내부 감방(거실) 블록(block)으로

전신주형으로 만들어졌고, 이 감방들은 단지 수면을 위한 공간이었지 노동을 위한 장소가 아니었다. 오번제에서는 낮 시간 동안은 외부 공장에서 혼거 작업, 밤에는 작은 개인 감방으로의 분리, 항상 침묵 유지, 밀집 행진, 그리고 수형자들이 등을 보고 식사하는 방식이었다. 이 시스템에서는 침묵을 매우 강조했다(침묵제). 수형자들 간에 말을 하는 것이 악풍을 감염시킨다는 생각에서, 대화를 하는 것이 발견되면 무자비하게 채찍을 휘둘렀다. 엄격한 규율과 지나치게 가혹한 징벌도 오번제의 주요 특징이었다. 뉴욕의 싱싱교도소(Sing Sing Prison)도 오번제를 따랐는데, 이 곳에서는 처음으로 수용자의 지위를 격하시키는 죄수복이 만들어졌다. 유명한 줄무늬 죄수복은 1815년 뉴욕에서 시작되었다. 앨런 외 2인 공저, 박철현 외 3인 공역, 교정학개론, 44~48쪽 참조.

☞ 출제의도 : 이 문제는 구금제도의 역사와 이론을 종합적으로 이해하고, 각 제도의 특징과 변천사를 알고 있는지를 평가하기 위한 것입니다. 수험생은 이러한 내용을 바탕으로 정확한 지식을 구분할 수 있어야 합니다.

정답 ④

37 현행법상 혼거수용사유가 아닌 것은?

> (ㄱ) 수용자가 혼자 독거하기를 원하지 않을 때
> (ㄴ) 수용자가 생명, 신체 안전을 위해 필요한 경우
> (ㄷ) 독거실 등 시설여건이 충분치 않을 경우
> (ㄹ) 수용자의 교화, 사회복귀에 필요한 때
> (ㅁ) 수용자의 정서적 안정을 위해 필요한 때

① (ㄱ), (ㄹ)
② (ㄴ), (ㅁ)
③ (ㄷ), (ㄹ)
④ (ㄴ), (ㄷ)

해설

「법」 제14조 참조.
(ㄱ) (×) 해당 사유 아님
(ㄹ) (×) 수용자(×) → 수형자(○).

정답 ①

AI 예상 응용지문

❶ 소장은 수형자의 교육 또는 교정성적 향상을 위해 필요한 때에는 혼거수용할 수 있다. (×)
❷ 혼거수용 인원은 3명 이상 7명 이하로 한다. (×)
❸ 현행법령은 교정시설 수용정원과 1인당 최소수용면적을 명시하고 있다. (×)

❶ 교육, 교정성적 향상은 혼거수용사유 아님. ❷ 7명 이하(×) ❸ 명시하지 않고 있음.

38 수용에 관한 설명 중 옳지 않은 것은?

① 구치소의 수용인원이 정원을 훨씬 초과하여 정상적인 운영이 곤란할 때에는 교도소에 미결수용자를 수용할 수 있다.
② 취사 등의 작업을 위하여 필요하면 구치소에 수형자를 수용할 수 있다.
③ 소장은 구분수용기준에 따라 다른 교정시설로 이송하여야 할 수형자를 1년을 초과하지 않는 기간 동안 계속하여 수용할 수 있다.
④ 소장은 사형확정자의 자살·도주 등의 사고를 방지하기 위하여 필요한 경우에는 사형확정자와 미결수용자를 혼거수용 할 수 있다.

해설

③ (×) 1년(×) → 6개월(○).
「법」 제12조 및 「시행규칙」 제150조 참조.

정답 ③

39 다음 중 괄호 속을 올바르게 채운 것은?

> 우리나라 「형의 집행 및 수용자의 처우에 관한 법률」은 (㉠)를 원칙으로 하고 있는데, 이는 19세기에 퀘이커 교도들에 의해 구축된 (㉡)의 영향을 받은 것으로 평가된다. 하지만 행형실무는 (㉢)가 주를 이루며, 이를 보완하기 위해 (㉣)가 실행되고 있다.

	㉠	㉡	㉢	㉣
①	혼거제	오번제	독거제	운동제
②	독거제	필라델피아제	혼거제	분류제
③	혼거제	필라델피아제	독거제	수형자 자치제
④	독거제	오번제	혼거제	침묵제
⑤	분류제	필라델피아제	혼거제	선시제

해설

② (○) 형집행법은 독거제를 원칙적으로 하면서 혼거제를 인정하고 있다. 이는 필라델피아제(펜실바니아제)의 영향을 받은 것이지만, 펜실바니아제처럼 엄정독거제는 취하지 않고 있다.

정답 ②

40 벤담의 파놉티콘형 건축양식에 대한 설명으로 옳지 않은 것은?

① 일망감시구조이다.
② 수용자의 상호접촉과 범죄감염을 막을 수 있다.
③ 감시비용이 많이 소요된다는 단점이 있다.
④ 원형 독거방 형태를 띠며, 보안기능에 유리하다.

해설

③ (×) '모든 것을 한 눈에 바라본다'는 뜻을 지닌 파놉티콘(panopticon)이라는 용어가 알려주듯이, 원형 독거방 형태인 이 양식은 중앙의 감시대에서 전체 사방과 수용자의 거실 내부를 들여다 볼 수 있도록 설계된 것이다. 그래서 '일망(一望)감시구조'라고 한다. 이러한 특징이 있으므로 가장 적은 인원으로 가장 효율적인 감시가 가능하여, 1826년 엄정독거제를 실시하던 펜실바니아의 서부감옥이 이 형태를 취했던 대표적 교정시설이다.

정답 ③

41 다음 중 오번제에 대한 설명으로 옳은 것은 몇 개인가?

> ㉠ 완화 독거제라고도 한다.
> ㉡ 에람 린즈에 의해 창안되었다.
> ㉢ 수용자 스스로 정신적·도덕적 개선을 강조한다.
> ㉣ 당시 산업사회의 노동력 확보라는 시대적 요구에 부응하는 제도이다.
> ㉤ 작업 시 공동협의의 노동력 확보라는 측면에서 장점이 있는 구금제도이다.
> ㉥ 주간에는 혼거 작업을 하고 야간에는 독거실에 격리시키는 구금형태이다.

① 3개 ② 4개
③ 5개 ④ 6개

해설

㉢ (×) 펜실바니아제에 해당된다.
㉤ (×) 작업 시 강제적으로 침묵을 유지시켜, 공동협의를 할 수 없으므로, 작업능률이 떨어지는 문제점을 안고 있다.

정답 ②

제2절   과밀수용(수용 정원을 초과하여 교정시설에 지나치게 수용하는 조치)

01 다음은 과밀수용에 대한 설명이다. 틀린 것은? '04. 5급(교정관) 승진

① 과밀수용은 교도관의 사기저하와 수용환경의 악화를 초래한다.
② 과밀수용의 원인 중에는 인구증가와 매스컴의 역할 등도 포함된다.
③ 과밀수용해소책으로는 선별적 무능력화와 지역사회교정의 확대 등이 논의된다.
④ 교정시설의 증설도 해결책이지만, 교정당국의 관료제적 성향으로 곧 과밀수용이 재연될 것이라는 우려가 제기되고 있다.
⑤ 교정의 주체성 확보를 통해 과밀수용문제를 해소하고자 하는 노력은 특히 수용공간의 확대와 관련하여 강조되고 있다.

해설

⑤ (×) 수용인구를 감소시키기 위해서는 경찰, 검찰, 법원, 교정당국 등으로 구성되는 형사사법협의체의 구성을 통한 수용인구조절이 요구된다. 이를 위해서 특히 요구되는 것이 교정의 주체성·능동성이다. 사법절차과정에서 기소 및 형선고 단계에서 수용능력을 고려하도록 관계기관에 요청해야 하고, 또한 과밀수용시 과감한 조기 석방을 단행할 수 있도록 하기 위해서는 교정당국의 주체성·능동성이 전제되어야 하기 때문이다.

정답 ⑤

02 과밀수용에 대한 설명 중 타당하지 않은 것은?

① 과밀수용은 직원의 업무를 과다하게 증대시키고, 수용자에게는 교화개선적 프로그램의 참여기회를 축소시키는 부작용이 발생할 수 있다.
② 미국의 경우 3진 아웃 제도와 같은 범죄에 대한 강력한 대응책이 과밀수용을 초래하였다고 볼 수 있다.
③ 과밀수용 해소를 위해 다이버전, 비범죄화, 선별적 무능력화가 이용되기도 한다.
④ 과밀수용을 해소하기 위한 후문정책은 가석방, 선시제도 등과 같은 제도를 들 수 있으며, 이러한 정책의 단점은 형사사법망을 확대시킨다.

해설

④ (×) 형사사법망의 확대가 부작용으로 나타나는 것은 다이버전이나 사회내처우이다. 따라서 입소억제 전략인 정문정책(front-door strategy)에 해당하는 보호관찰·가택구금·배상명령·사회봉사명령·수강명령 등이 형사사법망의 확대를 초래하는 단점을 지닌 방법이다.

정답 ④

과밀수용과 그 해소방법

과밀수용의 의의

과밀수용이란 교정시설의 수용한계 이상으로 수용자를 수용하는 과잉구금을 말한다. 과밀수용은 교화개선적 프로그램에 참여하는 재소자를 줄어들게 하고, 교정시설내의 폭력 등 수용사고의 가능성을 증대시키며, 교정시설의 안전과 질서가 위협받을 수 있고, 결과적으로 교정교화의 효과를 떨어뜨리게 된다. 실제로 수용밀도가 높을수록 수용사고의 발생건수나 발생률이 더 높다는 실증적 연구결과가 있다.

과밀수용의 원인

1) 범죄자에 대해서 사회내처우나 가석방 비율을 줄이고 장기형을 요구하는 시민의 태도 및 형사사법 분야의 보수화가 과밀수용을 촉진한다. 예를 들어, 판사의 재량권을 제한하는 양형기준표의 작성과 활용, 정의모델에 의한 정기형으로의 복귀, 특정범죄자에 대한 중형의 강제 또는 미국의 삼진법(3 strikes out) 등 보수적 형사정책이 과밀수용을 야기한다.
2) 형사사법기관의 범죄대응능력의 향상이 교정시설의 과밀수용을 초래할 수 있다.
3) 범죄자에 대한 강경대응으로 범죄자에 대한 구금률이 높아지는 것도 과밀수용을 초래하는 원인이다.
4) 매스컴의 범죄공포 조장보도는 범죄에 대한 강경대응 여론을 조성하여 과밀수용을 야기한다.

과밀수용의 영향

1) 교정시설의 중(重)구금시설화를 초래한다.
   과밀수용시에는 꼭 수용이 필요한 중(重)범죄자만을 선별적으로 수용하고 초범자나 경미범죄자는 보호관찰 등 사회내처우로 대체하게 되며, 일부 수용된 범죄자마저도 과밀수용의 해소를 명분으로 보호관찰부 가석방시키는 등의 변화를 요구한다. 따라서 교정시설은 결국 강력범죄자·중누범자 등을 수용하게 되어 수용의 장기화를 초래하게 되고, 교정시설의 우선순위를 처우에서 보안 중심으로 이동시키게 된다.
2) 직원의 업무증대로 사기저하를 초래한다.
3) 수용사고 가능성을 증대시킨다.
4) 교정교화효과를 악화시킨다.

과밀수용의 해소방안

1. **브럼스타인(Blumstein)의 다섯 가지 방법**
▶ 증가되는 재소자만큼 포용하는 무익한 방법(null strategy)
   별다른 대책 없이 그냥 교정시설이 증가되는 재소자만큼 더 소화시킬 수밖에 없다고 보는 것으로 단기적 전략이다. 교도소 증설을 위한 추가비용부담이 없어 정치적으로 가장 수용하기 쉬운 전략으로, "수용한계 이상이 되면 비폭력범죄자 등을 보호관찰 등으로 전환시키면 된다"는 식이다. 그러나 장기적으로는 교도직원의 비도덕화, 수용자에 대한 통제력 약화, 교정사고의 유발 가능성이 높다.
▶ 선별적 무능력화 방법
• 직업적·상습적 강력범죄자만을 선별하여 수용하는 방안으로 전체 강력범죄 중 상당 부분을 차지하는 이들에 의한 강력범죄가 예방됨으로써 강력범죄 감소효과를 거둘 수 있고, 결과적으로 교정시설의 수용인구를 줄일 수 있게 되어 과밀수용이 해소될 수 있다.
• 교정시설을 신설하는 노력 없이 주어진 공간을 최대한 활용하는 방법으로 과밀수용을 해소할 수 있다는 측면에서 시간 및 비용상 효율적인 전략이나, 예견되는 위험성에 근거해서 가중 처벌하는 데 따른 윤리적·법률적 문제가 제기될 수 있고, 장기적으로는 과밀수용을 가중시키는 결과가 나타날 수 있다.
▶ 수용인구감소 방법
• 입소억제(front-door) 방법(정문정책): 범죄자를 보호관찰, 벌금형, 사회봉사·수강명령, 가택구금 등 비시설처우로 전환시킴으로써 입소인구를 제한하는 방식이다. 이것은 강력범에서 적용할 수 없는 한계와 형사사법망의 확대를 초래할 수 있다는 비판이 제기된다.
• 출소촉진(back-door) 방법(후문정책): 일단 수용된 수형자를 패롤(가석방부 보호관찰), 선시제도 등을 이용하여 형기종료 이전에 출소시켜 과밀수용을 해소하자는 방안이다.
▶ 형사사법기관 간의 공조를 통한 수용인구조절 방법 - 사법절차과정의 개선

경찰, 검찰, 법원 그리고 교정당국으로 구성되는 '형사사법협의체'를 구성하여 시설의 수용능력을 감안하여 선고나 가석방 등을 탄력적으로 시행하는 방식이다. 이러한 점을 고려하여 「형집행법」은 "법무부장관은 형의 집행 및 수용자 처우에 관한 사항을 협의하기 위하여 법원, 검찰 및 경찰 등 관계기관과 협의체를 설치하여 운영할 수 있다(제5조의 3)"는 규정을 두고 있다.

▶ 수용공간의 확대 방법
교도소를 증설함으로서 과밀수용상태를 개선하는 방안이다. 이는 시설 증설 경비부담이 문제되며, 설사 시설이 증설되더라도 교정당국의 관료제적 성향으로 인하여 금방 수용 과밀현상이 재연될 수 있으므로 근본적인 대책은 될 수 없다는 비판이 제기되고 있다. 민영교도소의 확대도 교정공간의 확대의 한 방법이다.

2. 그 밖의 과밀수용 해소 방안
교정시설의 민영화, 전자감시 가택구금, 사회봉사·수강명령, 보호관찰 등을 적극 활용하는 방안 및 범죄에 대한 강경대응 전략의 완화와 비범죄화의 확대 등이 과밀수용 해소에 큰 도움이 된다.

AI 예상 응용지문

❶ 정문전략은 범죄자를 충격보호관찰, 가택구금, 사회봉사·수강명령, 가석방 등의 사회내처우를 적용함으로써 수용자의 수를 줄이는 방안이고, 경범죄자에게 적합한 방법이다. (×)
❷ 사법절차·과정의 개선방안은 검찰의 기소 및 법원의 양형결정 시에 교정시설의 현황과 수용능력에 관한 자료를 참고하는 방법이며, 형사사법협의체의 구성과 형사사법기관 간의 협조를 강조하는 전략이다. (○)
❸ 소극적 전략은 수용인구가 증가하더라도 적극적 대처를 유예하고 교정시설에 그대로 더 수용하자는 전략이다. 이는 단기적으로는 교정시설의 증설을 피할 수는 있으나 장기적으로는 과잉수용으로 인해 교도관들의 수용자 통제력이 약화되는 문제가 나타난다. (○)
❹ 정문전략은 강력범죄자들에게 적용하기 적합하다. (×)
❺ 후문전략은 형사사법망의 확대를 초래한다. (×)
❻ 헌법재판소에 의하면, 과밀수용은 인간의 존엄과 가치를 본질적으로 침해했다고 할 수 없으므로 헌법에 위반된다고 할 수 없다. (×)
❼ 과밀수용해결의 근본적인 방법은 교정시설의 증설이라고 본다. (×)
❽ 정문정책은 범죄자를 보호관찰·사회봉사·수강명령·충격구금 등 비시설처우로 전환시켜 수용인구를 줄이는 방법이다.

❶ 충격보호관찰, 가석방(×) ❹ 강력범죄자(×) → 가벼운 범죄자(○) ❺ 후문전략(×) → 정문전략(○) ❻ 헌법재판소는 2018년 8월 30일 선고된 2016헌마388 사건에서 과밀수용 문제를 다루었다. 헌법재판소는 적정한 수용환경을 제공하지 않는 <u>과밀수용은 헌법 제10조에 위배될 수</u> 있다고 판시하였가. 이는 인간의 존엄성과 가치, 행복추구권, 신체의 자유 등을 침해할 가능성이 있음을 지적한 것이다. ❼ 수용시설을 늘리는 방법은 과밀수용해소의 근본대책이 될 수 없다. ❽ 충격구금은 후문정책에 속한다.

03 다음 중 과밀수용의 정의와 원인, 해소 방법에 대한 설명으로 옳지 않은 것은 무엇인가? 'AI 예상

① 과밀수용은 교정시설의 수용한계 이상으로 수용자를 수용하는 상태를 말하며, 교정교화의 효과를 감소시킨다.
② 과밀수용의 원인 중 하나는 형사사법 분야의 보수화로, 시민들이 범죄자에 대한 장기형을 요구하는 태도 때문이다.
③ 브럼스타인의 다섯 가지 방법 중 '수용인구감소 방법'에는 비시설처우로의 전환이 포함된다.

④ 교정시설의 민영화는 과밀수용 해소의 한 방법으로, 교정시설의 운영비 절감을 기대할 수 있다.
⑤ 교도소 증설은 과밀수용 해소를 위해 반드시 필요하며, 장기적으로 안정된 수용환경을 제공한다고 할 수 있다.

해설

⑤ (×) 교도소 증설은 단기적인 해결책이지만, 장기적으로 과밀수용 문제를 재연할 수 있다는 비판이 있다. 이는 교정시설의 운영 효율성과 사회적 요구를 무시할 수 있는 위험성을 내포하고 있다. 이 지문은 교도소 증설의 효과에 대한 비판적 사고를 요구한다.

☞ 출제의도 : 이 문제는 수험생이 과밀수용의 개념, 원인, 영향, 그리고 해소 방법을 종합적으로 이해하고 있는지를 평가하기 위해 설계되었습니다. 각 지문은 과밀수용과 관련된 특정 측면을 다루며, 수험생이 실제 교정학적 관점에서 문제를 분석할 수 있는 능력을 요구합니다. 이를 통해 수험생은 이론적 지식을 실제 사례와 연결짓는 데 필요한 사고력을 기를 수 있습니다.

정답 ⑤

04 블룸스타인(Blumstein)이 주장한 과밀수용 해소방안에 대한 설명으로 옳지 않은 것은? '22. 9급

① 교정시설의 증설 : 재정부담이 크고 증설 후 단기간에 과밀수용이 재연될 수 있다는 점에서 주의가 요망된다.
② 구금인구 감소전략 : 형벌의 제지효과는 형벌의 확실성보다 엄중성에 더 크게 좌우된다는 논리에 근거하고 있다.
③ 사법절차와 과정의 개선 : 검찰의 기소나 법원의 양형결정 시 교정시설의 수용능력과 현황을 고려하여 과밀수용을 조정해야 한다는 전략이다.
④ 선별적 무력화 : 재범 위험이 높은 수형자를 예측하여 제한된 공간에 선별적으로 구금함으로써 교정시설의 공간을 보다 효율적으로 운영하려는 방안이다.

해설

② (×) 형벌의 확실성이나 엄중성을 통한 범죄억제(제지)는 고전주의 범죄학이나 현대(신) 고전주의이론에서 강조한다. 이러한 방법은 구금(수용)인구를 늘어나게 하므로 과밀수용을 가중시키는 요인이 된다. 구금인구 감소전략에는 정문정책과 후문정책이 있다.

정답 ②

05 교정시설의 과밀수용문제를 해결하기 위하여 제시된 다양한 정책대안 중 해소효과가 가장 적은 것은?

① 재판단계에서의 전환(diversion)프로그램을 통한 해결방식
② 중간처벌(intermediate sanctions)의 확대사용을 통한 해결방식
③ 노역장유치제의 활성화를 통한 해결방식
④ 후문을 통한 해결방식(back-door solutions)
⑤ 수용규모의 확장(capacity expansion)을 통한 해결방식

해설

③ (×) 노역장 유치도 시설내처우이므로, 과밀수용의 원인이 된다.

정답 ③

06 다음에 제시된 〈보기1〉의 과밀수용 해소방안과 〈보기2〉의 전략이 바르게 연결된 것으로만 묶인 것은?
'08. 7급

─── 보 기 1 ───
A. 교정 이전 단계에서 범죄자를 보호관찰, 가택구금, 배상처분 등 비구금적 제재로 전환시킴으로써 수용인구를 줄일 수 있다.
B. 검찰의 기소나 법원의 양형결정시 수용능력과 현황에 관한 자료를 참고한다.
C. 별다른 대책 없이 증가되는 재소자만큼 더 수용시킬 수밖에 없다는 수용전략으로 단기적으로 교정시설의 증설을 회피할 수 있다.
D. 일단 수용된 범죄자를 보호관찰부 가석방, 선시제도 등을 이용하여 새로운 입소자들을 위한 공간 확보를 위해서 그들의 형기종료 이전에 미리 출소시킨다.
E. 범죄인을 선별적으로 구금하여 교정시설공간을 보다 효율적으로 운영하자는 내용으로 전체적으로 상당한 범죄감소효과와 과밀수용을 해소할 수 있다.

─── 보 기 2 ───
㉠ 정문정책(front-door)전략   ㉡ 후문정책(back-door)전략
㉢ 선별적 무능력화   ㉣ 무익한 전략(null strategy)
㉤ 교정시설의 증설   ㉥ 사법절차와 과정의 개선

① A - ㉠, B - ㉡
② B - ㉢, C - ㉥
③ C - ㉣, D - ㉡
④ D - ㉤, E - ㉢

해설

A - ㉠, B - ㉥, E - ㉢

정답 ③

07 다음 중 과밀수용(overcrowding)의 해소방안으로 볼 수 없는 것을 모두 고르면?

㉠ 선별적 구금   ㉡ 교도소의 증설
㉢ 전환처우(diversion) 활성화   ㉣ 부정기형제도 성인범 적용
㉤ 임의수사의 원칙 유지   ㉥ 중간처우의 확대
㉦ 법과 질서의 확립 정책   ㉧ 민영교도소 확대
㉨ 행정형 외부통근제 확대   ㉩ 영장실질심사제 강화
㉪ 판결 전 조사제도 확대   ㉫ 사회봉사명령·수강명령 제도의 활성화

① ㄱ, ㄷ
② ㄹ, ㅅ
③ ㄹ, ㅂ, ㅅ, ㅈ, ㅋ
④ ㄷ, ㅁ, ㅅ, ㅈ

해설

ⓐ (×) 부정기형제도는 형기의 장기화를 초래하여 과밀수용을 증가시킨다.
ⓑ (×) 중간처우는 시설내처우에 바탕을 둔 처우 방식이므로 직접적인 과밀수용 해소 효과를 얻기 어렵다. 중간처벌의 확대는 과밀수용해소 방안이 될 수 있다.
ⓢ (×) 법과 질서의 확립을 강조하면 강경한 법집행이 뒤따르기 때문에 과밀수용을 높일 수 있다.
ⓙ (×) **행정형** 외부통근제는 일반적으로 교정시설에 수용하며 외부통근을 실시하는 형태이므로 과밀수용 해소 방안으로 보기 어렵다. 중간처우 중 **사법형** 외부통근제는 과밀수용해소 방안이 될 수 있다고 보는 견해가 있다.
ⓚ (×) 판결 전 조사제도는 조사결과에 따라 수용자의 수용에 영향을 미칠 수 있으나, 직접 관련이 없다.
ⓒ (○) 영장실질심사제를 강화하면 미결수용자가 줄어들기 때문에 과밀수용 해소방안이 될 수 있다.

정답 ③

08 과밀수용 해소방안에 대한 설명으로 옳지 않은 것은? '17. 5급(교정관) 승진

① 정문(Front-Door) 전략은 구금 이전의 단계에서 범죄자를 보호관찰, 가택구금, 사회봉사명령 등의 비구금적 제재로 전환시킴으로써 수용인원을 줄이자는 것으로 강력범죄자들에게는 적용이 적절하지 않다.
② 후문(Back-Door) 전략은 일단 수용된 수용자를 대상으로 보호관찰부 가석방, 선도조건부 기소유예, 선시제도 등을 적용하여 새로운 입소자를 위한 공간을 확보하자는 것으로 형사사법망의 확대를 초래한다.
③ 사법절차와 과정의 개선은 형의 선고 시에 수용능력을 고려하여 검찰의 기소나 법원의 양형결정 시에 수용능력과 현황에 관한 자료를 참고하는 전략이며, 형사사법협의체의 구성과 형사사법체제 간의 협조를 강조한다.
④ 소극적 전략(Null-Strategy)은 수용인구가 증가하더라도 교정시설에서는 그만큼의 인구를 수용할 수밖에 없다는 전략으로 단기적으로 교정시설의 증설을 회피할 수 있으나 장기적으로는 과잉수용으로 인해 직원들의 재소자에 대한 통제력이 약화될 수 있다.
⑤ 선별적 무능력화(Selective Incapacitation)는 교정시설의 공간을 확보하는 데 비용이 과다하고 이용할 수 있는 공간이 제한되어 있기 때문에 재범의 위험성이 높은 수용자를 예측하여 선별적으로 구금함으로써 교정시설 공간을 효율적으로 운영하자는 것이다.

해설

② (×) 선도조건부 기소유예(×). 기소유예는 Front-Door 전략에 속하는 수단이다. '형사사법망의 확대 초래'도 정문 전략의 문제점 중 하나이다.

정답 ②

09 다음 글에서 설명하는 것으로 옳은 것은? '20. 7급

> 재범위험성이 높다고 판단되는 상습범죄자를 장기간 구금한다면 사회 내의 많은 범죄를 줄일 수 있다.

① 다이버전   ② 충격구금   ③ 중간처우소   ④ 선택적 무력화

해설

④ (○) **무능력화** 또는 **무해화** 또는 **무력화**(incapacitation)란, 구금을 통해 범죄자가 추가적인 범죄를 저지르는 능력을 차단하는 조치를 말한다. 선택적 무능력화는 범죄적 위험성이나 상습성이 높은 범죄자들을 과학적인 예측방법을 통해 선별하여 장기자유형을 부과함으로써 경력범죄자들의 범죄를 줄이고자 하는 형사정책이다. 이 방법은 교정시설의 과밀화 해소 차원에서 제시되었는데, 범죄예측의 불확실성으로 인해 많은 비(非) 대상자를 장기구금할 수 있고(잘못된 긍정의 문제), 많은 대상자를 보다 약한 제재로 풀어줄 수 있는 오류(잘못된 부정의 문제)가 나타나는 것을 피하기 어렵다는 한계가 있다.

정답 ④

10 다음은 브럼스타인(A. Blumstein)이 주장한 교도소 과밀화 해소방안 전략 중 어느 것에 해당하는가?
'19. 9급

> ○ 교정 이전단계에서 범죄자를 보호관찰, 가택구금, 벌금형, 배상처분, 사회봉사명령 등 비구금적 제재로 전환시킴으로써 교정시설에 수용되는 인구 자체를 줄이자는 전략이다.
> ○ 이 전략은 강력범죄자에게는 적용이 적절하지 않기 때문에 일부 경미범죄자나 초범자들에게만 적용가능하다는 한계가 있다.

① 무익한 전략(null strategy)   ② 선별적 무능력화(selective incapacitation)
③ 정문정책(front-door policy)   ④ 후문정책(back-door policy)

해설

③ (○) 시설내처우 대신 사회내처우로 전환하는 전략은 정문정책에 해당한다.

정답 ③

11 과밀수용 해소방안으로 가장 옳지 않은 것은?

① 선별적 무능화   ② 사회적 처우 또는 개방교도소 확대
③ 전자감시 가택구금   ④ 교정시설의 민영화

해설

② (×) 사회적 처우 또는 중간·개방처우(개방형처우)는 수형자를 계속 수용하고 있는 상태에서 사회적 교류 확대를 위해 일정 시간 동안 외출·외박 등을 실시하는 것이므로 수용인구감소에는 직접적으로 도움이 되지 아니한다. 개방교도소는 교정시설의 한 종류이므로 그 운영 자체는 과밀수용을 해소하는 방안으로 볼 수 없다.

정답 ②

12 과밀수용 해소방안으로 거리가 가장 먼 것은?

① 회복적 사법 확대
② 가석방 확대
③ 법과 질서의 확립
④ 불구속 수사의 확대

해설

③ (×) 법과 질서의 확립을 위해서는 범죄자에 대한 강경 대응이 적용되므로 장기자유형을 받는 범죄자가 많아진다. 이는 과밀수용의 원인이 된다.

정답 ③

13 과밀수용의 원인이라고 볼 수 없는 것은?

① 범죄의 양적 증가
② 장기형을 요구하는 시민의 태도
③ 판사의 재량권을 제한하는 양형기준표의 작성과 활용
④ 기소편의주의의 적극 활용

해설

④ (×) 기소편의주의는 사법절차에서 검사에게 기소·불기소의 재량을 인정하는 제도이므로 유죄가 인정되는 범죄인에 대해서도 기소유예처분을 할 수 있다. 따라서 기소법정주의에 비해 자유형의 선고받는 사람을 줄일 수 있다. 기소유예는 검찰단계에서의 다이버전의 일종이다.

정답 ④

14 수용자의 처우 및 권리에 대한 헌법재판소의 판례 중 옳지 않은 것만을 모두 고른 것은? '17. 5급(교정관) 승진

ㄱ. 교정시설의 1인당 수용면적이 수형자의 인간으로서의 기본 욕구에 따른 생활조차 어렵게 할 만큼 지나치게 협소하다면, 이는 그 자체로 국가형벌권 행사의 한계를 넘어 수형자의 인간의 존엄과 가치를 침해하는 것이다.
ㄴ. 교도소 수용자의 동절기 취침시간을 21:00로 정한 행위는 수용자의 일반적 행동자유권을 침해하지 않는다.
ㄷ. 금치기간 중 수용자의 실외운동을 원칙적으로 금지하는 것은 수용자 신체의 자유를 침해하지 않는다.
ㄹ. 구치소장이 변호인접견실에 CCTV를 설치하여 미결수용자와 변호인 간의 접견을 관찰한 행위는 법률유보원칙에 위배된다.
ㅁ. 징벌혐의의 조사를 받고 있는 수용자가 변호인 아닌 자와 접견할 당시 교도관이 참여하여 대화내용을 기록하게 한 행위는 수용자의 사생활의 비밀과 자유를 침해하지 않는다.

① ㄱ, ㄴ
② ㄴ, ㅁ
③ ㄷ, ㄹ
④ ㄱ, ㄷ, ㄹ
⑤ ㄷ, ㄹ, ㅁ

해설

ㄷ.(×) 금치기간 중 수용자의 실외운동을 원칙적으로 금지하는 것은 수용자의 신체의 자유를 침해한다. 따라서 개정 전「법」제112조 3항은 위헌이다(2014 헌마 45 참조).
ㄹ.(×) 소장이 변호인접견실에 CCTV를 설치하여 미결수용자와 변호인 간의 접견을 관찰한 행위는「법」제94조 (전자장비를 이용한 계호)에 근거를 두고 있다. 그러므로 법률유보의 원칙에 위배되지 아니하므로 합헌이다(2015 헌마 243 참조).

정답 ③

15 다음 중 가석방, 감형, 선시제도, 사면 등과 관계있는 것은?

① 수용공간의 확대방식
② 선별적 무능화방식
③ 정문(front-door)정책을 통한 방식
④ 후문(front-door)정책을 통한 방식

해설

④ (○) 가석방, 감형, 선시제도, 사면 등은 형기종료 이전에 조기에 석방하여 출소를 촉진함으로써 수용인구를 감소시키는 전략에 해당한다.

정답 ④

AI 예상 응용지문

❶ 교정시설 1인당 수용면적이 수형자의 인간으로서의 기본적 욕구에 따른 생활조차 어렵게 할 만큼 지나치게 협소하다면, 이는 그 자체로 국가형벌권 행사의 한계를 넘어 인간의 존엄과 가치를 침해하였으므로 위헌이다 (2016헌마388). 헌법재판소는 이 사건에서 과밀수용이 수용자의 신체적·정신적 건강에 부정적인 영향을 미치고, 인간다운 생활을 할 수 없게 만드는 경우 헌법 제10조에 의해 보장되는 인간의 존엄성과 가치를 침해할 수 있다고 판단했다. 특히, 수용자의 1인당 수용면적이 너무 협소하여 인간으로서 최소한의 기본적 생활조차 어려운 상태라면, 이는 국가형벌권의 정당한 행사의 범위를 넘어선 것이므로 위헌이라는 결정을 내렸다. 이 판결은 단순히 국가가 처벌을 집행하는 것에 그치는 것이 아니라, 수용자도 인간으로서 기본적 권리를 존중받아야 한다는 점을 강조한 것이다. 수용자의 인간으로서의 존엄성을 무시한 처우는 정당화될 수 없으며, 교정시설은 최소한의 인간다운 생활을 보장해야 한다는 점을 명확히 했다. 이 판례는 과밀수용 문제와 교정시설의 수용환경이 헌법에서 보장하는 인간의 존엄성과 가치를 침해할 수 있음을 인정한 중요한 사례이다. 수험생들은 이 판례를 통해 형벌권의 행사가 정당하더라도, 그 한계를 벗어나 수용자의 기본적 권리를 침해하는 경우 헌법에 위반될 수 있음을 이해하는 것이 중요하다. (○)

❷ 부산 고등법원 재판부는, '1인당 최저 수용면적은 $2m^2$(0.6평)'라고 규정하고, 부산구치소와 부산교도소에서 $2m^2$도 아니 되는 1인당 공간에 각각 186일, 323일 수용한 것은 헌법에 보장된 인간의 존엄과 가치를 침해한 것으로 보아야 하므로 헌법상 보장된 수용자의 기본권을 침해한 위법이 있다고 보면서, 국가의 배상책임을 인정하여 각각 150만원, 300만원을 배상하라고 판결했다. 이는 교정시설의 과밀수용이 수용자의 기본권을 침해한 위법이라고 보고 국가의 배상책임을 인정한 첫 판결이다(2017.8.31.판결). (○)

❸ 헌법재판소는 미결구금일수 중 일부를 형기에 산입하지 않을 수 있게 허용했던 과거 형법규정은 헌법상 무죄추정의 원칙 및 적법절차의 원칙 등을 위배하여 헌법에 위반된다고 하였다. 이에 따라「형법」을 "판결선고전의 구금일수는 그 전부를 유기징역, 유기금고, 벌금이나 과료에 관한 유치 또는 구류에 산입한다"라고 개정하였다. (○)

❹ 교정시설의 장이 수용자와 그 배우자의 접견을 녹음하여 검찰청에 그 접견 녹음파일을 제공한 행위는 과잉금지의 원칙을 위반하여 개인정보자기결정권을 침해하였다고 볼 수 없다고 한다. (○)

❺ 형사재판의 피고인으로 출석하는 수형자에 대하여 사복착용에 관한 형집행법(형집행법) 규정을 준용하지 않는 것은 공정한 재판을 받을 권리 등을 침해하는 것이나, 민사재판의 당사자로 출석하는 수형자에 대하여 사복착용 규정을 준용하지 않는 것은 인격권 등을 침해하지 않는다고 한다. (○)

제3절 교정처우의 기법

01 교정상담의 방법에 관한 설명 중 옳지 않은 것은? '98. 7급

① 교류분석은 미국의 N. Fenton에 의하여 창시되었다.
② 정신분석기법은 프로이드의 정신분석학 개념을 활용하는 방법이다.
③ 비지시적 상담이란 피상담자가 스스로 문제를 해결하도록 유도하는 것이다.
④ 현실요법은 수형자가 현실적인 행동에 책임성을 가지도록 교육시키는 방법이다.

해설

① (×) 교류분석은 캘리포니아의 정신의학자 버언(E. Berne)이 창시한 심리요법이다.

정답 ①

02 다음의 설명과 관련 있는 교정상담 기법은? '16. 7급

- 1950년대 에릭 번(Eric Berne)에 의하여 주장된 것으로 계약과 결정이라는 치료 방식을 취한다.
- 상담자는 대체로 선생님의 역할을 하게 된다.
- 재소자로 하여금 자신의 과거 경험이 현재 행위에 미친 영향을 보도록 녹화테이프를 재생하듯이 되돌려 보게 한다. 이 과정을 통해 재소자가 과거에 대한 부정적인 장면들은 지워버리고 올바른 인생의 목표를 성취할 수 있다는 것을 확신하도록 도와준다.
- 자신의 문제를 검토할 의사가 전혀 없는 사람이나 사회병리적 문제가 있는 사람에게는 도움이 되지 않는다.

① 교류분석(transactional)
② 현실요법(reality theraphy)
③ 환경요법(milieu theraphy)
④ 사회적 요법(social theraphy)

해설

① (○) 교류분석은 인간이 노력만 하면, 자신의 약점을 변화시킬 수 있는 희망을 제시했다는 점이 큰 공헌이다. 교류분석에서 상담자는, 내담자가 어린 시절 내린 잘못된 결정에 따라 살지 않고, 현재상황에 적절한 결정을 하도록 도와주는 역할을 하므로 선생님과 같은 역할을 한다고 한다.

정답 ①

✚ 교정상담과 치료

심리(정신) 요법(Psychotherapy)
의 의

심리요법이란, 인격적 · 정신적 장애를 심리적 수단에 의하여 치료하는 방법으로서, 재소자를 범인성으로 이끌었던 저변의 감정적 또는 심리학적 문제를 상담 · 치료하는 처우방법이다. 범죄자는 이러한 심리요법을 통해 자신을 범죄로 이끌었던 갈등과 비양심적인 욕구를 해결하는 데 도움이 되는 통찰력을 얻게 된다. 현대 교정에 있어서 가장 보편적이고 광범위하게 활용되는 범죄자 처우는 심리학적 처우이다(이윤호, 273면).

원래 심리요법은 범죄성의 일차적인 원인이 정신적 결함에 있다는 전제에서 출발한다. 그러나 오늘날 범죄의 가장 중요한 원인으로 사회환경적 요인을 중시하므로 이러한 가정은 더이상 타당하고 할 수는 없다. 그럼에도 불구하고 대부분의 교정처우가 심리학적 기법에 의존하고 있는 것은 개인의 변화를 전제로 해야만 사회적응력의 배양을 위한 「사회요법」도 가능하고 환경조정의 효과도 나타낼 수 있기 때문이다.

개별 심리요법과 집단 심리요법

심리요법은 대상자와 상담치료자가 1대 1로 하는 개별 심리요법과 집단적으로 상담치료를 하는 집단 심리요법으로 구분된다.

1) **개별 심리요법**
   ① **현실요법(Reality Theraphy) - 글래저(W. Glaser)가 주창**
   현실요법은, 과거는 배제하고 현재에 초점을 맞춰 재소자로 하여금 현실을 직시하게 유도하고 사회에 존재하는대로의 현실의 범위에서 자신의 욕구를 수행하는 더 좋은 방법을 찾도록 유도하는 처우기법이다. 즉, 재소자가 현실적인 행동에 책임을 가지도록 교육시키는 방법이다.
   이 처우의 내용은 ⓐ 자기진단, ⓑ 타인과의 집중적인 관계, ⓒ 정직하고 책임 있는 행위에 대한 일관적인 추구이다. 따라서 상담자는 범죄자를 일관성 있는 훈육과 훈훈한 사랑으로 범죄자의 교화개선과 재활에 필요한 통제, 재교육, 사회 재통합 조치를 실시하고 범죄자가 책임 있는 행동을 보여줄 때 보호관찰부 가석방(parole)을 추천하도록 해야 한다.
   ② **교류분석(transactional analysis : 의사소통분석) - 에릭 번(Eric Berne)이 주창**
   교류분석은 재소자로 하여금 자신의 과거 경험이 현재 행위에 미친 영향을 일종의 녹음을 재생하듯이 회고하도록 하여, 재소자로 하여금 과거에 대한 부정적인 장면들은 지워버리고 그들도 승자가 될 수 있으며, 인생의 목표를 성취할 수 있다는 것을 확신하도록 가르치는 처우기법이다. 교류분석에 있어서 상담자는 대체로 선생님의 역할을 하게 한다. 번은 "'과거'와 '타인'은 바꿀 수 없다. 하지만 지금 여기부터 시작하는 '미래'와 '자신'은 바꿀 수 있다"고 주장하였다.

2) **집단심리요법(집단정신요법) - 집단을 대상으로 하는 심리요법**
   집단요법이란 자신들이 공유한 개인적 또는 사회적 문제를 해결할 목적으로 3~4명이 자신들이 공유하는 문제들을 함께 토론하면서 집단적으로 벌이는 상담 치료적 활동이다. 이렇게 개별요법 대신에 집단요법을 택하는 가장 주요한 이유는 전문 인력자원의 부족 때문이다. 집단심리요법으로 현재 많이 활용되고 있는 것은 집단지도상호작용과 심리극이 대표적이다.
   ① **집단지도상호작용(Guided Group Interaction)**
   이 처우는 주로 청소년범죄자에게 많이 적용되는 방법인데, 청소년수형자들을 건전한 공동체에 합류시켜 캠퍼스와 같은 자율적인 환경에서 함께 생활하고 공부하는 가운데 자신의 인생사나 문제를 서로 나누고 자신이 문제에 빠지게 된 이유를 밝히며, 시설이나 사회생활의 문제를 논의하게 하여 변화를 위한 자신의 계획을 구성하도록 유도하는 처우기법이다. 이 기법은 부분적인 것이 아니라 가치관, 행동, 신념을 전혀 새로운 구조로 바꾸는 종합적인 기법이라는 데 의의가 크다.
   ② **심리극(Psychodrama) - 모레노(J. L. Moreno)가 주창**
   이것은 자신의 감정이나 행동을 보여주게 하는 역할연기상황에 놓이게 함으로써 자신의 문제를 표출시키도록 유도하여 자신이 겪고 있는 갈등을 공개적으로 다루는 것을 학습케하는 처우기법이다. 따라서 심리극은 재소자로 하여금 사회적 상호작용의 기술을 배울 수 있게 해주고, 포용력을 함양시켜 줌으로써 특히 격정범죄자에게 상당한 효과가 있는 것으로 평가되고 있다.

행동수정(Behavior Modification)요법

행동수정이란 재소자에게 당근과 채찍을 부여함으로써 그들의 행동을 통제하고 변화시키려는 처우기법이다. 즉 규범준수적 행위나 바람직한 행동을 한 경우에는 긍정적인 보상을 하고 반면에 부정적인 행동을 한 재소자에게는 부정적인 처벌을 함으로써 재소자들이 시설의 규율과 절차를 지키게 하고, 그에 대해서 특전을 부여하여 재소자들로 하여금 행동수정을 하게 하는 방법이다. 이는 교정시설에서 가장 보편적으로 수용되고 있는 원리로서 행형상의 상우(賞遇)와 징벌이 그와 같은 예이다. 누진처우제·선시제처럼 토큰경제요법도 행동수정 목적으로 응용되고 있음.

사회요법(Social Therapy)

범죄를 범죄자 개인만의 문제가 아니라 개인적 인격과 주변 환경의 복합적 상호작용의 산물로 인식하여 교도소 내의 친사회적인 환경개발을 시도하는 처우기법이 사회적 요법이다. 사회적 요법은 지금까지의 심리적 또는 행동수정 프로그램의 약점을 보완하기 위하여 등장하였다. 사회적 요법의 대표적인 것은 환경요법과 긍정적 동료문화 개발요법이다.

1) 환경요법(Milieu Therapy)

환경요법은 교정환경을 위하여 재소자들 간의 상호작용의 수정을 도모하고, 환경 개선을 통해서 개별재소자의 행동에 영향을 미치고자 하는 처우기법이다. 이것의 대표적인 프로그램은 「요법처우공동체」이다.

요법처우공동체를 통한 처우란, 범죄자가 적절한 사회적 태도를 견지하고 법을 준수하는 생활양식을 함양할 수 있도록 수형자문화를 개발하고 시설내 모든 관행이 민주적으로 시행되도록 하여, 수형자의 보안(계호)보다는 자율적인 처우에 역점을 두는 방식이다. 수형자자치제도가 이러한 요법에 근접하는 제도이나, 과밀수용은 요법처우공동체의 실현을 어렵게 한다.

2) 긍정적 동료문화(Positive Peer Culture) 요법(PPC)

이 처우기법은 집단지도상호작용(GGI)를 모태로 하여 생산적인 청소년하위문화를 형성시켜, 부정적인 동료 집단을 생산적인 방향으로 전환시키는 전략이다. PPC는 참여자에게 상호 배려하는 훈련을 중시하여, 이러한 상호보살핌의 확산을 통해 상호해침을 소멸시키는 데 역점을 둔다. PPC 활용 결과, 청소년수용시설에서 수용사고가 적어지고 프로그램이 더욱 부드럽게 운영될 수 있다고 밝혀지고 있다.

물리요법(Physical Therapy)

상담치료 등이 별로 효과가 없는 유전적인 범죄자나 생화학적 문제로 인한 범죄자에게 가장 효과적인 처우는 약물요법으로 대표되는 물리요법이다. 그러나 이 처우는 인권의 침해소지가 많다는 점에서 적용이 극히 한정되어야 한다. 종래에는 물리요법으로 거세, 충격처우 등이 있었으나 현재에는 거의 활용되지 않고 있다. 현행 「성충동범죄자의 성충동 약물치료에 관한 법률」상 약물치료명령제도(화학적 거세)가 이 요법에 해당된다.

03 교정상담의 기법에 대한 설명으로 옳은 것은? '19. 5급(교정관) 승진

① 행동수정(behavior modification)은 교정시설의 환경을 통제하고 조절하여 재소자들의 행동의 변화를 추구한다.
② 물리요법(physical therapy)은 상담치료를 통하여 일정한 성과를 얻은 후 재소자의 자발적 참여를 전제로 이루어진다.
③ 사회요법 중 환경요법(milieu therapy)은 미래 지향적이며, 긍정적 강화와 부정적 강화를 통한 행위의 변화를 시도한다.
④ 교류분석(transaction analysis)은 교도소 전체 생활단위에서 이루어지며, 개인적인 의사결정기회를 많이 제공할 수 있다.
⑤ 현실요법(reality therapy)은 기본 원리를 쉽게 터득할 수 있다는 점에서 고도로 훈련된 전문가가 아니어도 사용할 수 있다.

해설

① (×) 보기 지문은 '환경요법'에 해당한다. 행동수정은 바람직한 행동을 한 경우에는 긍정적인 보상을 하고, 반면에 부정적인 행동을 하면 처벌을 함으로써 규범과 절차를 지키도록 하면서 바람직한 행동으로 사회화시키는 요법이다.
② (×) 물리요법은 강제적으로 약물을 투입하는 것 등으로 이루어지므로 인권침해의 소지가 많다.
③ (×) 환경요법은 교정환경을 위하여 수용자들 간의 상호작용을 건전하게 수정하고, 바람직한 환경조성을 통해서 개별수용자에게 좋은 환경의 영향을 받아 개선되도록 하는 요법이다. 문제 ③의 본 지문의 내용은 행동수정요법에 해당한다.
④ (×) 교류분석은 수용자로 하여금 과거에 대한 부정적인 장면들을 지워버리고, 장차 인생의 목표를 성취할 수 있다는 확신을 갖도록 가르치는 처우기법이다. 문제 ④의 본 지문의 내용은 집단지도 상호작용에 가깝다.

정답 ⑤

04 다음 교정처우기법 중 인권침해의 소지가 가장 높은 것은?
① 물리요법
② 사회요법
③ 행동수정요법
④ 심리요법

해설

① (○) 물리요법 중 가장 많이 활용되고 있는 강제적 기법은 약물요법이다. 이 약물요법은 유전적 문제나 생리학적·생화학적 문제로 인하여 범죄를 범하는 자에 대한 가장 효과적인 처우 기법이다. 그렇지만 이것은 인권침해 요소가 높아 극히 일부 수용자에게만 신중하게 사용되어야 한다는 지적이 많다.

정답 ①

05 교정현장상담과 사회 내 상담의 차이 등에 대한 설명으로 옳지 않은 것은? '09. 7급
① 교정현장상담에서는 내담자 개인의 문제에 초점을 맞추어 진행되는 상담뿐만 아니라 관리자의 필요에 의한 호출상담도 빈번하게 이루어진다.
② 일반상담과는 달리 교정현장상담에서는 내담자의 복지를 최우선적으로 고려해야 되는 것이 아니라 수용질서를 먼저 생각해야 하는 차이점이 있다.
③ 교정현장상담은 일반상담과는 달리 이미 내담자에 대한 정보를 가지고 상담이 이루어진다는 점에서 내담자에 대한 편견이나 선입견을 배제할 수 있는 장점을 갖고 있다.
④ 일반상담과는 달리 교정현장상담은 상담자의 지도력을 중심으로 하는 단회(단 한 번) 또는 단기간의 상담형태가 많다.

해설

③ (×) 교정현장상담은 내담자에 대한 전과기록 등 사전정보를 가지고 상담에 임하기 때문에 선입견이나 편견을 배제하기 어렵다.

정답 ③

제4절 교도소 사회의 연구

01 다음은 교도소를 연구한 학자와 그들의 주장을 연결한 것이다. 옳지 않은 것은?

① 클레머(Clemmer) - 교도소의 비공식적 사회구조와 수형자가 그러한 비공식적 규범에 동화되어 가는 과정을 교도소화로 설명
② 사이크스(Sykes) - 교도관이 지닌 권력의 구조적 한계와 수형자가 느끼는 다섯 가지 구금의 고통을 서술
③ 롬바르도(Lombardo) - 교도관은 자신들만의 배타적인 규범을 가지는 응집력 강한 조직이 아니며 따라서 교도관들의 하위문화가 존재하지 않음을 주장
④ 휠러(Wheeler) - 교도소 수용자의 규율위반 행동을 교도소에 들어가기 전부터 가지고 있는 개인적, 성격적 특성으로 설명

해설

① (○) 클레머는 신입재소자가 교정시설의 하위문화의 규범과 가치에 익숙해지고, 그것을 내재화하는 과정을 교도소화로 보았다. 교도소화의 가장 중요한 문제점은, 범죄성과 반사회성을 유발하거나 심화시키고 교도소사회의 재소자의 성향을 범죄적 이념을 지니도록 변화시키는 영향력이다. 재소자가 교도소화 되면 될수록 인습적 가치체계의 영향으로부터 멀어져 교정교화가 어려워진다. 그는 수형기간의 장기화에 따라 재소자의 교도소화 정도도 강화된다고 주장했다.
② (○) 사이크스는 재소자의 구금의 고통을 안전성의 박탈, 이성관계의 박탈, 자율성의 박탈, 자유의 박탈, 물질 및 서비스의 박탈로 구분하여 분석하고, 재소자의 역할 유형을 정보통인 생쥐, 교도관과 내통하는 중심인, 공격적인 약탈자인 고릴라, 밀거래자인 상인, 성적 폭압자인 늑대, 폭력적인 대치자인 파괴자, 고전적 재소자인 진짜 남자, 폭력범죄와 관련된 악당, 그리고 마약범죄자인 떠버리로 구분하였다.
④ (×) 휠러는 U형 곡선 가설을 통해 초기와 말기는 교도소화 정도가 낮고 중기에 가장 높다고 주장했다.

정답 ④

02 다음 중 연결이 바르게 된 것은?

① 클레머 - 교도소사회
② 고프만 - 수용자(수인)의 사회
③ 사이크스 - 전체 사회
④ 롬바르도 - 수형자문화

해설

① (○) 수형자에 대한 처우를 효율화하기 위해서는 수형자 세계의 실제상황, 즉 그들의 가치관·인생관·그들의 정신 심리 상태·문화체계 등에 관한 정확한 지식이 전제되지 않으면 안 된다. 그래서 수용자(수인·죄수) 사회에 대한 연구는 1940년 미국의 클레머(D.Clemmer)에 의해 「교도소 사회(The prison Community)」가 발표되면서부터 시작되었다. 클레머는 수형자들의 반사회적이고 일탈적인 그들만의 독특한 문화체계를 분석한 후, 그것을 개조·극복할 수 있는 체제를 갖추지 않으면 교도소는 오히려 범죄교화장(범죄학교)으로 변할 우려가 있다고 지적하였다. 그 후 이에 대한 연구가 활발하게 진행되어 이 방면의 연구로서는 결정판이라고 할 수 있는 사이크스(Sykes)의 「수인(죄수)의 사회(The Society of Captives)」가 발표되었다.

정답 ①

03 서덜랜드(Sutherland)와 크레시(Cressey)가 제시한 수형자의 하위문화에 속하지 않는 것은?

① 폭력지향적 하위문화
② 합법지향적 하위문화
③ 수형지향적 하위문화
④ 범죄지향적 하위문화

해설

정답 ①

➕ 수형자의 문화

수형자 부문화(副文化, 하위문화)

수형자사회의 문화란 수형자들의 일반적인 가치관 또는 문화체계를 가리키는 것으로 「교도소 문화」라고도 부른다. 서덜랜드(Sutherland)와 크레시(Cressey)는 수형자의 문화를 그들이 지향하는 가치를 기준으로 범죄지향적 부문화, 수형지향적 부문화, 합법지향적 부문화로 구분하였다.

범죄지향적 부문화(하위문화)

외부에서 터득한 반사회적인 범죄적 부문화를 그대로 고수하면서 출소 후에도 계속 그러한 범죄생활을 행할 것을 지향하며, 그들 나름대로의 권력조직과 인간관계를 계속 존중하는 수형자문화를 말한다. 이들은 교도관이 주도하는 처우계획에는 전혀 참여하지 않는 유형으로 슈랙(Schrag)이 분류한 재소자의 역할유형인 「정의한(正義漢, Right guys)」들이 속해 있는 문화이다.

수형지향적 부문화(하위문화)

교도소사회에서의 모든 생활방식을 그들 자신의 생활방식으로 받아들이고 거기에 순응해서 자신의 수용생활을 보다 쉽고 편하게 보내는 데 관심을 두기 때문에 출소후의 생활에 대해서는 관심을 두지 않는 하위문화이다. 그래서 수인(囚人)사회 부문집단 중에서 가장 교도소화(교정시설화)가 쉽게 · 빨리 · 많이 되는 유형이며, 출소 후 재입소율 또한 가장 높다. 이와 가장 관련이 깊은 것은 슈랙의 역할유형에서 가사회적인 정치꾼이다.

합법지향적 부문화(하위문화)

하루 속히 형기를 마치고 사회에 나가서 정상적인 생활을 지향하고자 하는 사람들에 의해 구성되며, 가급적 교정시설의 규율에 따르려고 하며 교정시설 당국이나 직원과도 긍정적인 관계를 유지하지만, 교도소 내에서 주어지는 어떤 지위를 얻고자 하는 데는 관심이 없다. 이 문화는 주로 수형자의 사회적 역할이 친사회적인 「고지식한 자(高知識者, Square johus)」들이 주로 여기에 속한다. 수형자들 중 가장 높은 비율을 점하며 출소 후 재입소율이 가장 낮다.

수형자 문화의 수정

교정시설이 교화개선의 기관으로서 효과적이기 위해서는 그 속에서 생활하고 교화개선의 대상이 되는 재소자의 의식이 변해야 한다. 왜냐하면, 아무리 좋은 처우일지라도 그것을 받아들이는 재소자의 마음가짐과 수용태도가 이를 받아들일 상황이 아니라면 무용하기 때문이다. 수형자문화를 교화개선지향적으로 변화시키기 위해서는 교정시설의 보안수준을 낮추어 교정시설의 경구금시설화를 도모하는 것이 요구된다. 이러한 시설의 대표적인 예가 교정시설의 농장화나 캠프화 또는 요법처우사회화 등이다. 재소자의 역할유형 분석과 수형자문화의 정확한 진단 없이 이루어진 교정정책은 성공하기 어려우므로 이에 대한 연구가 중요하다.

📝 AI 예상 응용지문

❶ 클로워드와 올린은 차별적 기회이론에서 하위문화를 범죄적 하위문화, 갈등적 하위문화, 은둔적 하위문화로 유형화했다. (○)

❷ 슈랙은 수용자의 역할유형을 정의한, 정치꾼, 고지식한 놈, 무법자(outlaws)로 구분하였다. (○)

04 서덜랜드와 크레시(Sutherland & Cressey)가 제시한 수형자 하위문화에 대한 설명으로 옳은 것은?

'23. 9급

① 수형자들이 지향하는 가치를 기준으로 하위문화를 구분했다.
② 범죄 지향적 하위문화를 수용하는 수형자들은 교도소 내에서의 지위 확보에 관심을 가진다.
③ 수형 지향적 하위문화를 수용하는 수형자들은 모범적으로 수형생활을 하며 성공적인 사회복귀의 가능성이 높다.
④ 합법 지향적 하위문화를 수용하는 수형자들은 수형자의 역할 중 '정의한'에 가깝고, 교도관보다는 재소자와 긍정적인 관계를 유지하며 가급적 교정시설의 규율에 따른다.

해설

② (×) 범죄 지향적 하위문화를 수용하는 수형자들은 교도소 내에서의 지위 확보에 관심을 가지기보다는 출소 후에도 계속 그러한 범죄생활을 행하는 것에 관심이 높다. 수형지향적 하위문화를 수용하는 수형자들이 교도소 내에서의 지위 확보에 관심을 많이 보인다.
③ (×) 수형 지향적 하위문화(×) → 합법지향적 하위문화(○).
④ (×) 수형자의 역할 중 '정의한'에 가까운 것은 **범죄 지향적 하위문화**에 속하는 수형자이다. 이들은 교도관보다는 재소자와 긍정적인 관계를 유지하며 가급적 교정시설의 규율에 따르지 않는다.

정답 ①

05 다음 교도소화(prisonization)에 대한 설명 중 옳지 않은 것은?

① 수용자가 교정시설에서의 행위유형과 가치, 태도를 습득하고 적응해가는 과정을 교도소화라고 한다.
② 교도소화가 진행됨에 따라 수용자들은 점차 더 범죄적 이념을 습득하게 된다.
③ 교도소화는 수용자 개인의 인성이나 주위사람과의 관계에 따라 차이가 있다.
④ 교도소화가 진행됨에 따라 수용자들은 사회복귀에 대한 자신감을 습득한다.

해설

④ (×) 교도소화가 진행됨에 따라 사회복귀(재사회화)는 더욱 어려워진다.

정답 ④

✚ 교도소화(prisonization)

교도소화의 의의

교도소내의 규율 및 교도관의 지시에 따라 잘 움직이지 않는 경향을 의미하며, 재소자가 교정시설에서의 행위유형(수형자들 사이에서 통용하는 수형자계율 또는 수형자강령)을 학습하는 과정을 반영한다. 클레머는 신입재소자가 교정시설의 하위규범과 가치에 익숙해지고 그것을 내재화하는 과정을 '교도소화'라고 보았다. 교도소화의 가장 중요한 관점은 "범죄성을 유발하거나 심화시키고 교도소사회 재소자의 특성을 범죄적 이념으로 변화시키는 영향력"이다. 교도소화에 가장 큰 영향을 미치는 요소는 교도소내의 일차적 집단(수형자 간의 비공식적 내부규율에 의해 형성되는 집단)이다. 이 수형자규율은 비록 비공식적으로만 인정되는 것이지만 공식적인 교도소규율보다 더욱 엄격히 준수되고 수형자들에게 깊은 영향을 미친다. 교도소화가 진행되면 될수록 재소자들의 재사회화는 비효율적으로 작용한다. 교도소화는 재소자 각자의 인성이나 주위 사람들과의 관계에 따라 차이가 있다.

교도소화 정도

1. **수형기간의 경과에 따른 교도소화 정도**
   클레머는 수형자의 장기화에 따라 재소자의 교도소화 정도도 강화된다고 주장했다. 그러나 단순히 수형기간이 아니라 수형단계에 따라 또는 수형자의 역할에 따라 교도소화 정도가 달라진다는 사실이 밝혀지게 되었다.

2. **수형자의 역할에 따른 교도소화**
   수형자의 역할에 따른 교도소화의 차이는 슈랙(Schrag)이 분류한 재소자의 사회적 역할 중에서 친사회적인 「고지식한 자」보다는 반사회적인 「정의한」, 가사회적인 「정치인」, 그리고 비사회적 「무법자」가 더 교도소화의 가능성과 정도가 높다. 또한 수용자(수인:囚人)사회의 문화에 따라서는 합법생활 지향적 수형자에 비해 범죄생활 지향적 수형자가 그리고 범죄생활 지향적 수형자보다는 수형생활 지향적 수형자가 교도소화가 더 강하다.

3. **형기의 단계별 교도소화 경향**
   초기단계의 재소자가 가장 높은 친교도관적 태도를 나타내고(교도소화의 정도가 낮고), 중기단계의 재소자가 친교도관적 태도가 가장 낮았으며(교도소화의 정도가 높고), 말기 단계의 재소자도 친교도관적 태도를 유지하며 수형자계율(강령)을 거부한다고 휠러(Wheeler)가 분석했다. 그래서 이를 「U형 곡선」이라고 한다. 이러한 교도소화의 U형 곡선은 다른 비슷한 연구에서도 거듭 밝혀진 바 있다.

4. **교정시설의 조직과 특성에 따른 교도소화 경향**
   처우중심의 교정시설에서는 재소자의 태도가 보안위주의 교정시설에 비해 보다 긍정적이므로 처우중심의 교정시설이 교도소화 경향이 약하다.

---

06 교도소화(prisonization)에 대한 설명으로 옳지 않은 것은? '21. 7급

① 교도소화란 교정당국과 교도관에 대해 적대적인 태도를 학습하는 것을 말한다.
② 클레머(Clemmer)는 수형기간이 증가함에 따라 수형자의 교도소화가 강화된다고 보았다.
③ 수형지향적 하위문화에 속하는 수형자는 교도소 내의 지위획득에 관심이 없다.
④ 휠러(Wheeler)는 형기의 중간단계에서 수형자가 교도관에 대해 가장 적대적으로 된다고 보았다.

해설

③ (×) 수형지향적 하위문화에 속하는 수형자는 교정시설 밖의 세계에는 관심이 없고, 교도소 내의 지위 획득과 이익에만 관심이 많다.

정답 ③

---

07 휠러(S. Wheeler)는 재소자들이 교도소 입소 초기단계에서 후기단계로 갈수록, 친교도관적 태도가 어떠한 형태로 나타난다고 보았는가? '17. 교정학 승진

① ― 형 직선
② \ 형 직선
③ / 형 직선
④ U 형 곡선
⑤ ∩ 형 곡선

해설

④ (○) '교도소화'란 수용자(재소자)가 교정시설에서 수형자강령이나 행위유형 등 하위문화를 학습하는 과정을 말한다. 교도소화가 진행된다는 것은 친교도관적 태도가 낮아지고 반교도관적 태도가 높아진다는 것과 같은 맥락이다. 이 관점에서 보면, '교도소화'란 교도관에 반대하는 행동과 태도를 신봉하는 정도를 일컫는 개념이다. Clemmer는 수형기간의 장기화에 따라 재소자의 교도소화의 정도도 강화된다고 주장했다. 지문 ②의 형태이다. 그러나 Wheeler는 초기단계에는 가장 높은 친교도관적 태도를 보이고(교도소화 정도가 가장 낮고), 중기단계에는 친교도관적 태도가 가장 낮으며(교도소화 정도가 가장 심하고), 말기단계에도 친교도관적 태도를 비교적 높게 유지하고 수형자강령을 거부하는 태도를 보인다고 주장했다. 따라서 친교도관적 모형은 U자형으로 나타난다.

정답 ④

08 재소자의 교도소화와 하위문화에 대한 설명으로 옳지 않은 것은? '19. 9급

① 클레머(D. Clemmer)는 수용기간이 장기화될수록 재소자의 교도소화가 강화된다고 한다.
② 휠러(S. Wheeler)는 재소자의 교도관에 대한 친화성 정도가 입소 초기와 말기에는 높고, 중기에는 낮다고 하면서 교도소화의 정도가 U자형 곡선 모양을 보인다고 한다.
③ 서덜랜드(E. Sutherland)와 크레시(D. Cressey)는 재소자가 지향하는 가치를 기준으로 범죄지향적 부문화, 수형지향적 부문화, 합법지향적 부문화로 구분하고, 수형지향적 재소자는 자신의 수용생활을 보다 쉽고 편하게 보내는 데 관심을 둘 뿐만 아니라, 이를 이용하여 출소 후의 생활을 원활히 하는 데 많은 관심을 둔다고 한다.
④ 슈랙(C. Schrag)은 재소자의 역할유형을 고지식한 자(square Johns), 정의한(right guys), 정치인(politicians), 무법자(outlaws)로 구분하고, 고지식한 자는 친사회적 수형자로서 교정시설의 규율에 동조하며 법을 준수하는 생활을 긍정적으로 지향하는 유형이라고 한다.

해설

이 문제의 정답을 ③번으로 발표하였다. 그러나 이 문제의 정답은 ②번도 해당한다. 이 문제는 출제오류이다.
② (×) 휠러는 '교도소화의 정도'가 U자형 곡선 모양을 보인다고 한 것이 아니라, '수용자의 교도관에 대한 친화성의 정도'가 U자형 모양을 보인다고 하였다. '교도소화의 정도'와 '재소자의 교도관에 대한 친화성 정도'는 내용적으로는 반대되는 개념이다. 재소자의 교도관에 대한 친화성 정도가 높으면 교도화의 정도는 낮으며, 재소자의 교도관에 대한 친화성 정도가 낮으면 교도소화의 정도는 높다. 그러므로 휠러의 주장 취지는 교도소화의 정도가 보이는 모양은 U자를 거꾸로 한 모양이고, 재소자의 교도관에 대한 친화성 정도가 보이는 모양은 U자형이어야 옳은 내용이 된다.
③ (×) 출소 후의 생활을 원활이 하는 데 많은 관심을 두는 수형자는 **합법** 지향적 재소자이다. 수형 지향적 수형자는 출소 후의 생활에 대해서는 관심이 없다.

정답 ②,③

09 수형자의 하위문화 유형 중 교도소화가 쉽게 많이 이루어지고 출소 후 재입소율이 가장 높은 유형은?

① 수형생활지향적 수형자　　② 범죄지향적 수형자
③ 합법생활지향적 수형자　　④ 개선생활지향적 수형자

해설

① (○) 수형생활지향적 수형자(수형지향적 하위문화)는 교도소사회 하위문화 유형 중 교도소화가 쉽게, 빨리, 많이 진행되며, 출소 후 재입소율이 범죄지향적 수형자보다 높다.

정답 ①

10 다음 중 교도관의 소외감과 관계없는 것은?

① 위험성과 무력감의 증대　　② 외부통제와 간섭의 증대
③ 교화개선에 따른 업무의 증대　　④ 교도관 부문화의 존재

해설

④ (×) 롬바르도(Lombardo) 등의 연구에서 밝혀졌듯이 교도관의 하위문화는 존재하지 아니한다고 보는 것이 일반론이다.

정답 ④

11 교도소 설명모형 중 박탈모형에 대한 설명으로 옳지 않은 것은?

① 수용자 폭력과 규율위반 행동은 구금으로 인한 박탈과 그 고통에 대한 수용자 적응의 한 형태로 설명할 수 있다.
② 사이크스가 대표적 학자이다.
③ 수용자의 개인적 특성을 강조한다.
④ 수용자 자치 확대를 통해 박탈을 줄여야 한다고 주장한다.

해설

③ (×) 박탈모형은 수용자의 개인적 특성보다 교도소의 환경과 분위기를 강조한다. 수용자의 개인적 특성을 가장 강조하는 것은 통합모형이다.

정답 ③

✚ 교도소화의 설명모형

교도소화의 설명모형은 수형자의 교도소화를 분석하는 이론이다.

1) 박탈모형 - 자생설(自生說): 사이크스(Sykees)

① 교도소화의 원인

교정시설에서의 특정한 영향. 즉 수용의 고통·각종 법익의 박탈 등이 교도소화의 직접적인 원인이라고 보는 설명체계이다. 수형자들은 거의 모든 권익이 박탈되고(권익박탈), 피구금자·수형자로서 입소 전의 자기 정체성은 상실되며 모든 일에 있어 교도관들의 지시에 따라 움직이지 않으면 안되기 때문에(제도적 지위강등) 자신들 약함과 불안전성을 의식하고, 그 자신의 보전과 마음의 위안처를 구하는 목적에서 크고 작은 비공식적인 집단을 형성시키면서 서로 응집화되고(집단적 적응) 교도소화 된다는 것이다. 이 입장은 교도소화가 교정시설에서의 박탈에 대한 적응을 위해 기능하는 측면을 지닌다고 보기 때문에 「기능적 모형」이라고도 한다. 따라서 박탈모형에 기초한 교도소사회의 연구는 대체로 수형기간과 잔여형기, 재소자의 대인관계참여와 사회적 역할, 교정시설과 조직구조의 영향, 재소자의 소외감과 무력감의 정도 등 수용의 여러 측면과 교도소화의 상관관계에 초점을 두고 있다.

② 박탈모형의 재범률 증대 도식

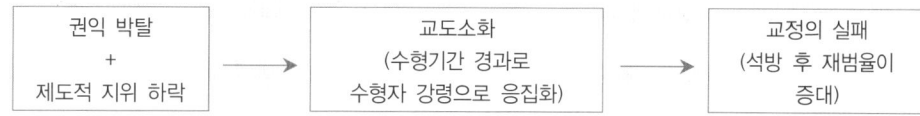

③ 박탈모형에 의한 교도소화 방지 및 재범률 감소대책
  ㉠ 교도소에서의 처우가 너무 권리박탈적인 것이 되지 않게 하고, 수형자들로 하여금 인간적인 처우를 받는 기회를 더욱 증대시켜야 한다. 진보주의·자유주의 입장.
  ㉡ 교도관들의 자질을 개선하여 수형자들과 인격적인 교류를 증대시켜 수형자들이 고독감을 덜 느끼도록 해야 한다.
  ㉢ 수형자들의 문화 자체가 반사회적·배타적 성격을 띠지 않도록 개선시켜 건전한 것이 되도록 유도한다.
  ㉣ 교도소의 규모를 줄이고 동질적인 수형자들이 모여서 작업·여가시간이용 등을 하도록 한다.
  ㉤ 교정시설을 폐지하고 사회내처우를 실시해야 한다.

2) 유입모형(Importation Model) - 유입설

① 교도소 부문화의 형성

교정시설의 부문화는 교정시설 밖에서 형성된 범죄자 부문화(副文化)가 교정시설내로 유입된 것이며, 수형자 부문화는 결코 수용시설 내부의 독특한 부문화는 아니라고 설명하는 체계이다. 즉 수형자문화의 형성에 일차적인 역할을 하는 것은 교정시설의 조직의 구조와 같은 시설내적 여건이 아니라 재소자의 입소 전 경험과 조건이라는 것이다. 이 모형에서는 재소자의 교도소화 내지 규율위반 행동양식을 교도소에 들어가기 전부터 재소자가 지니고 있는 개인적·성격적 특징으로 설명한다.

② 유입모형의 평가

유입모형은 교정시설의 개선·합리적인 운영을 통한 교정기능수행을 거의 인정하지 않기 때문에 교정시설에서의 경험은 출소 후 미래의 범죄활동에는 별로 관련성이 없는 것으로 이해한다. 따라서 수형자문화 경감대책에 있어서 박탈모형보다 더 비관적인 입장이다. 이 모형은 보수주의자들이 지지하는 경향이다.

3) 통합모형 - 통합설

통합모형은 현대 교정시설의 사회체계를 박탈모형이나 유입모형 한 가지만 가지고는 설명할 수 없기 때문에 양자의 입장을 상호작용적으로 통합하여 설명하는 체계이다. 즉 수형자문화의 형성에는 시설 내 처우 수준의 영향을 크게 반영하지만, 교도소화되는 경향은 입소전의 경험과 조건에 크게 좌우된다고 본다. 예를 들어서, 교도시설내의 마약남용에 관해서 분석해 보면 교정시설의 형태가 마약남용의 일반적 수준을 결정하지만 어느 재소자가 마약에 손을 대는가는 누가 입소 전에 마약 경험이 있었느냐에 전적으로 달려 있다는 것이다. 따라서 출소 후 재범률을 결정하는 데 있어서는 수용시설 내에서의 경험 및 출소전의 경험 양자로부터 영향을 받는다는 것이다.

12 교도소화(prisonization)에 대한 설명으로 옳은 것만을 모두 고르면? '18. 7급

> ㉠ 교정시설에서 문화, 관습, 규범 등을 학습하는 과정을 의미한다.
> ㉡ 박탈모형은 수형자의 문화를 사회로부터 수형자와 함께 들어온 것으로 파악한다.
> ㉢ 유입모형은 교도소화의 원인을 수용으로 인한 고통 및 각종 권익의 상실로 본다.
> ㉣ 자유주의자들은 박탈모형을, 보수주의자들은 유입모형을 지지하는 경향이 있다.

① ㉠, ㉡
② ㉠, ㉢
③ ㉠, ㉣
④ ㉢, ㉣

해설

ㄴ(×) 유입모형에 대한 설명이다.
ㄷ(×) 박탈모형에 해당하는 내용이다.

정답 ③

13 다음 중 교도소화(prisonization)에 대한 설명으로 옳은 것은? 'AI 예상

① 수용자가 교정시설에서 수형자강령이나 행위유형 등 하위문화를 학습하는 과정을 말한다.
② 박탈모형은 수형자의 문화를 사회로부터 수형자와 함께 들어온 것으로 파악한다.
③ 유입모형은 교도소화의 원인을 수용으로 인한 고통 및 각종 권익의 상실로 본다.
④ 보수주의자들은 박탈 모형을, 자유주의자들은 유입모형을 지지하는 경향이 있다.

해설

② (×) 박탈모형(×) → 유입모형(○)
③ (×) 유입모형(×) → 박탈모형(○)
④ (×) 자유주의자들은 박탈 모형을, 보수주의자들은 유입모형을 지지하는 경향이 있다.
☞ 출제의도 : 이 문제는 수험생이 교도소화의 개념 및 관련 이론인 박탈모형과 유입모형에 대한 이해도를 평가하기 위해 설계되었습니다. 각 지문은 교도소화에 대한 특정 측면을 다루고 있으며, 수험생이 이론의 근본적인 차이를 이해하고 적용할 수 있는 능력을 요구합니다. 이를 통해 수험생은 교정학적 관점에서 수형자의 행동과 문화를 분석할 수 있는 기초적인 지식을 갖추게 됩니다.

정답 ①

14 사이크스(Sykes)가 구분한 재소자의 역할 유형에 대한 설명으로 옳은 것은? '19. 5급(교정관) 승진

① 진짜 남자(real men) – 교도관의 부당한 처사에 저항하고 교도관에게 공격적 행위를 일삼는 자
② 중심인(centerman) – 교도관으로부터 특혜를 얻기 위해 교도관에게 아첨하고 교도관 편에 서는 자
③ 은둔자(retreatist) – 교정시설의 구금 환경에 적응을 못하여 정신적으로 이상증세를 보이는 자
④ 상인(merchants) – 개인적 이득을 취하기 위해 교도관과 내통하고 동료를 배신하는 행위를 하는 자
⑤ 떠벌이(hipsters) – 재화나 서비스를 쟁취하는 데 이점을 얻기 위해 교도관과 동료를 이용하려는 자

해설

① (×) 진짜 남자 – 교도관에게는 굴종적이지도 않고, 공격적으로 맞서지도 않는 수형자이다.
③ (×) '은둔자'는 사이크스의 수형자 역할 유형에 속하지 않고, 쉬멀리거의 역할 유형 중 하나이다.
④ (×) 상인 – 동료수용자보다 자신의 이익을 우선시하며 수용자사회의 일체감을 깨뜨리는 수형자이다. 교도관과 내통하면서 동료들을 배신하는 수용자는 '생쥐'에 해당한다.
⑤ (×) 떠벌이 – 말로만 허풍스럽게 강한 척하는 수형자이다. 이익을 얻기 위해 교도관과 동료를 이용하는 수형자는 쉬랙의 역할 유형 중 '정치꾼'에 해당한다.

정답 ②

15 쉬랙(C. Schrag)은 수형자사회에서 수형자강령과 같은 특수한 행동규범과 그 규범의 위반형태나 정도에 따라 수형자의 역할유형을 네 가지로 구분했다. 이에 속하지 않는 것은?

① 고지식한 자(square Johns)   ② 기회주의자(the opportunist)
③ 정치꾼(politicians)   ④ 무법자(outlaws)

해설

② (×) 기회주의자(×) → 정의한(right guys). 기회주의자는 쉬멀리거(F.Schmalleger)의 수용자 역할 유형 중 하나이다.

정답 ②

제5절 교정의 민영화

교정의 민영화란 교정업무의 전부 또는 일부를 민간기업이나 사설단체, 개인 등에게 위탁하는 것을 말한다. 교정의 민영화는 현대에 와서 나타난 현상이 아니고 서양에서 구금시설이 만들어지기 시작한 초기에는 대부분의 시설이 민간에 의해 운영되고 있었다. 이 시기의 민영화는 착취와 부패가 일반화되는 원인이었다.

이러한 문제점에 대하여 18세기 후반 존 하워드(J. Howard)는 교정시설에 대해 국가기관에 의한 공적 책임배제와 통제가 행해지지 않는 점이 폐단의 원인이라고 보고, 교정시설에 대한 독립된 행정관청에 의한 통제, 교도관의 공적 임명과 충분한 봉급 지급 등의 개선책을 「감옥상태론」을 통해 제시했다.

✚ 교정의 민영화

등장배경

1. **교정수요의 증대 – 교정시설의 과밀화 해소**
   교도소과밀화를 해소화하기 위해서는 수용능력의 증대도 한 방법이다. 따라서 수용시설 증설을 위한 국가예산이 필요한데, 국가예산은 한정되어 있으므로 민간의 투자를 받아 교정시설을 건립·운영하게 되면 예산의 증액 없이도 수용시설을 늘려 수용인원을 증대시킬 수 있다. 우리나라도 1997년 IMF사태를 맞아 정부의 재정을 축소하는 방향에서 개혁 정책의 하나로 제시된 것이 민영교도소 도입이었다.

2. **교정경비의 증대와 효율성 제고의 필요**
   국가의 경비충당의 한계를 보충하고 교정관리의 효율화를 위해 민영화를 도입하여 국가의 교정비용을 절감하고, 경제원리에 입각한 경영기법을 도입함으로써 국가운영시설의 교정비용도 줄일 필요성이 있다. 공공부분의 민영화는 비용절감과 효율증대를 가져온다.

3. **공공교정행정의 실패**
   교정이 국가기관에 의해 독점적으로 운영되어 왔지만 재범률이 높았다. 이는 공공기관인 교정당국이 범죄자를 처우하여 교화개선하고 사회에 복귀시켜 재통합하는 데 만족할만한 성과를 거두지 못했기 때문이다. 또한 국가의 사법기관이 더 많이 개입하면 할수록 부정적 낙인효과가 커지는 것도 그러한 부정적 결과의 요인이 될 수 있다. 최근의 교정이념으로 강조되는 재통합이념을 실현하는 데 있어서 국가독점적 교정은 적합하지 않다. 따라서 이러한 문제점을 보완할 수 있는 대안으로서 교정의 민영화가 필요하다.

민영화 종류

1. **전반적 민영화와 부분적 민영화**
(1) '전반적 민영화'란 민간이 교정시설을 직접 운영하는 것을 말하고, '부분적 민영화'란 민간이 교정업무의 일부를 지원하는 형태이다.
(2) 부분적 민영화의 형태
   1) 특정한 교정서비스를 민영화하는 형태
      예컨대, 교정시설 내에 병원을 개설하여 직접 운영하지 않고 의료서비스에 참여하는 전문회사들을 공개 입찰케 하여 외부의료단체와 계약을 통해 비용을 줄이는 방법 등이 이에 해당된다.
   2) 민간이 수용자의 노동력을 이용하는 교도작업 활용 형태
      외부통근작업·위탁작업 등 교도작업에 민간이 참여하도록 하여 민간기업으로부터 징수한 수익으로 교정시설운영비용을 충당하면서 수용자가 민간기업으로부터 습득한 작업기술을 이용하여 출소 후 취업에 도움을 주는 것 등이 이에 해당한다.
   3) 사회내 교정시설을 민간이 운영하는 형태
      중간처우시설(halfway house)을 민간시설에서 운영하게 한다든지, 보호관찰이나 병영캠프 등을 민간에게 위탁하여 운영토록 하여 국가는 비용을 절감하면서 다양한 전문적인 처우방법을 교정에 탄력적으로 적용하는 것 등이 이에 해당한다.

2. 시설내 교정의 민영화와 사회내교정의 민영화
3. 영리형, 비영리형(종교형), 혼합형
   (1) 일반적으로 민영교도소는 영리형 제도와 비영리형 제도로 나눌 수 있다. 미국·영국 등 영미법계의 국가에서는 교정시설의 운영업무의 전부를 포괄적으로 민간에 위탁하는 영리형 민영교도소가 많다.
   (2) 비영리형 교도소는 종교형교도소인데, 이 형태는 브라질에서 정립된 방식이다. 우리나라는 이 모델을 받아들여 소망교도소를 비영리형으로 운영하고 있다.
   (3) 프랑스, 독일 등 대륙법계 국가에서는 혼합형을 많이 채택하고 있다. 이 방식은 보안업무 등은 정부가 맡고, 시설의 건축·유지관리 및 급식·청소·세탁·직업훈련 등의 서비스는 민간에게 위탁하는 형식이다. 일본도 이와 유사한 형태의 민영교도소를 운영하고 있다.

형사정책적 장점 및 문제점

1. 민영교도소의 장점
   (1) 국가가 부담해야 할 교도소 신축 및 운영에 드는 비용을 절감할 수 있다.
   (2) 교정서비스의 제공에 필요한 경비를 줄일 수 있다.
   (3) 새로운 아이디어와 자원의 계속적 유입으로 교정의 탄력적 변화를 도모하여 처우프로그램의 융통성을 확보할 수 있다.
   (4) 교정시설의 과밀화 해소에 도움이 된다.
   (5) 교도작업을 기업의 이윤으로 환원함으로써 실질적이고 현실적인 교도작업프로그램이 가능하다.

2. 문제점
   (1) 형벌의 집행은 국가의 고유영역인데, 교정의 민간위탁은 법집행의 공정성, 공공성을 해칠 수 있다.
   (2) 비용이 많이 드는 처우프로그램을 생략하거나 양질의 수형자 또는 장기수형자만 유치하려는 등 민간기업의 영리추구에서 오는 문제점이 나타날 수 있다.
   (3) 민간은 영리추구를 중요시하여 적법절차를 침해할 우려가 있어 공정하게 형벌을 집행하기 어렵고, 민영화 시행으로 인권침해와 인간의 존엄과 가치를 침해할 우려가 있다.
   (4) 종교단체가 운영하는 민영교도소는 종교의 자유를 침해할 가능성이 많다.
   (5) 민영교도소에서는 전과기록 등 사생활에 관한 정보가 노출되어 사생활의 비밀이 침해될 가능성이 많다.

민영화에 대한 논쟁점

1. 법적인 측면에서의 논의
   수용자 교정을 민간에 위임하는 것이 행정권 침해나 사법권 침해이며, 삼권분립에 위배되어 헌법에 위배되는 것이 아닌가에 대한 논쟁이 있다. 이와 관련하여 민간이 형벌집행이라는 국가공권력을 행사할 수 있는가라는 문제도 있다. 이에 대해서 민영교도소의 직원은 국영교도소 직원과 마찬가지로 정부의 대리인이기 때문에 민간이 국가형벌권을 행사하는 것이 아니라고 본다. 또한 민영교도소는 법무부가 감독권과 철회권을 행사하기 때문에 행정권의 침해는 아니며, 형벌집행은 사법부의 권한이 아니므로 사법권의 침해도 아니라고 보는 것이 통설이다.

2. 경제적 측면에서의 논의
   교정의 민영화에 대한 논의와 시도는 경영의 효율성을 높이기 위한 동기가 중요한 계기가 되었다. 다른 공공분야와 마찬가지로 제한된 자원으로 맡겨진 교정업무를 효율적으로 수행하기 위해서는 민간분야의 경영기법의 도입 등 보다 효율적인 운영방법을 강구하지 않을 수 없게 되었다. 기존 국가에 의한 시설운영이 비효율적인 요소가 적지 않아 이를 개선하기 위해 민간에게 운영을 위탁할 필요가 있고, 민간전문가를 활용하여 수용자처우에 도움이 되는 보다 다양한 프로그램을 개발할 필요가 있고, 참여기업 간의 경쟁을 통해 국가에 의한 시설운영보다 적은 비용으로 시설운영이 가능토록 하여 국가의 재정 부담을 줄일 수 있기 때문이다. 그러나 교정의 민영화가 단지 경제적인 논리에서만 정당화 될 수는 없다. 교도소 운영을 민간에 맡기는 것은 국가의 직무유기로서, 형집행에 있어서 경제성과 효율성을 우선적으로 고려함으로써 공평과 정의 관념에 반하며, 법치국가적 요청에 따른 전문성을 떨어뜨릴 수 있다는 문제가 제기되고 있다. 또한 민간에 위탁한 시설 내에서 이루어지는 인권침해에 대해 국가가 감독업무를 수행하는 데에도 현실적인 한계가 있으며, 과밀수용을 해소하는 것은 형사사법의 구조 개선을 통해 이루어져야 하며 민간에게 그 책임을 떠넘겨서는 안 된다는 비판도 있다. 또한 민간기업이 공공기관에 비해 효율적 비용으로 교정시설을 관리할 수 있다는 주장에 대해서도 교정민영화에 대해 반대하는 입장에서 비판이 제기되고 있다. 그것은, 교정기업들의 비용절감은 실질적인 것이 아니라 교정기업들이 제공하는 서비스의 질을 낮추면서 나타나는 효과이고, 초기에는 비용절감의 효과가 있을지 모르나 위탁계약이 체결된 후 일정 기간이 지나면 상승하게 된다는 지적이다.

3. 형사정책적 측면에서의 논쟁

교도소 민영화를 반대하는 사람들은 교정의 민영화가 형사정책적 측면에서 부정적인 기능을 가져올 것이라고 주장한다. 그 주장은,

1) 민영교도소의 설립을 무제한적으로 허용하게 되면 사회통제를 확대할 수 있다.
2) 민영교도소에서는 그들이 선호하는 유형의 수형자만을 선택하여 수용함으로써 수용자간의 형평성이나 공정성을 침해하게 된다.
3) 교정기업은 구금형의 엄격한 집행을 통해 이윤을 얻고 시장을 확대하고자 하기 때문에 가석방 등을 적극적으로 활용하지 않고 수형자들의 일탈을 키울 수 있으므로 교정교화 기능이 약화될 수 있다는 것 등이다.

---

01 교정의 민영화에 대한 다음 설명 중 옳은 것은? 'AI 예상

① 교정의 민영화는 교정업무를 민간기업이나 개인에게 위탁하는 것을 의미한다.
② 민영화의 주된 이유 중 하나는 교정시설의 과밀화를 해소하기 위해서이다.
③ 민영교도소는 항상 영리형으로 운영되며, 비영리형 운영은 존재하지 않는다.
④ 민영화는 교정서비스의 비용을 절감하고, 효율성을 제고하는 데 도움을 줄 수 있다.

해설

③ (×) 민영교도소에는 영리형과 비영리형(종교형) 모두 존재한다. 특히, 비영리형의 예로는 브라질의 종교형 교도소가 있으며, 한국의 소망교도소도 이에 해당한다.

☞ 출제의도 : 이 문제는 수험생이 교정의 민영화에 대한 기본 개념 및 장단점을 이해하고 있는지를 평가하기 위해 설계되었습니다. 각 지문은 민영화의 정의, 필요성, 종류, 장점 등을 다루고 있으며, 수험생이 이론의 근본적인 차이를 이해하고 적용할 수 있는 능력을 요구합니다. 이를 통해 수험생은 교정학적 관점에서 민영화가 가지는 의미와 그로 인해 발생할 수 있는 문제점을 분석할 수 있는 기초적인 지식을 갖추게 됩니다.

정답 ③

---

02 「민영교도소의 등의 설치·운영에 관한 법률」상 교정업무의 민간위탁에 대한 설명으로 옳지 않은 것은? '18. 7급

① 민영교도소 등에 수용된 수용자가 작업하여 생긴 수입은 국고 수입으로 한다.
② 교정법인은 민영교도소 등에 수용되는 자에게 특별한 사유가 있다는 이유로 수용을 거절할 수 없다.
③ 법무부장관은 교정업무를 포괄 위탁하여 교도소 등을 설치·운영하도록 하는 업무를 법인 또는 개인에게 위탁할 수 있다.
④ 교정법인은 위탁업무를 수행할 때 같은 유형의 수용자를 수용·관리하는 국가운영의 교도소등과 동등한 수준 이상의 교정서비스를 제공하여야 한다.

해설

③ (×) 포괄 위탁하여 교도소 등을 설치·운영하도록 하는 업무는 법인에게만 위탁할 수 있다(「동법」 제3조 1항 참조).

정답 ③

---

03 「민영교도소 등의 설치·운영에 관한 법률」상 교정업무의 민간 위탁에 대한 설명으로 옳은 것은? '23. 7급

① 법무부장관은 교정업무를 포괄적으로 위탁하여 교도소를 설치·운영하도록 하는 경우 개인에게 위탁할 수 있다.
② 수탁자가 교도소의 설치비용을 부담하는 경우가 아니라면 위탁계약의 기간은 6년 이상 10년 이하로 하며, 그 기간은 수정이 가능하다.
③ 법무부장관은 위탁계약을 체결하기 전에 계약 내용을 기획재정부장관과 미리 협의하여야 한다.
④ 법무부장관은 수탁자가 「민영교도소 등의 설치·운영에 관한 법률」에 따른 처분을 위반한 경우 1년 동안 위탁업무 전부의 정지를 명할 수 있다.

해설

③ (○) 법 제4조 3항.
① (×) 교정업무를 <u>포괄적으로 위탁</u>하여 <u>교도소를 설치·운영하도록 하는 경우</u>에는 법인에만 위탁할 수 있다. 법 제3조 1항 단서.
② (×) 6년 이상 10년 이하(×) → <u>1년 이상 5년 이하</u>(○). 법 제4조 4항.
④ (×) 1년 동안(×) → <u>6개월 이내의 기간을 정하여</u>(○).

정답 ③

---

04 민영교도소에 대한 설명으로 옳지 않은 것은? '06. 7급

① 민영교도소에서 형벌부과의 본질적 기능은 국가에 귀속되어 있다.
② 민영교도소는 비용절감과 처우프로그램의 융통성과 다양성을 제공할 수 있다.
③ 우리나라에서도 민영교도소 설립을 위한 입법이 되어 있다.
④ 민영교도소의 본질은 법률이 위임하는 범위 안에서 그 운영을 위탁하는 것이므로 국가의 형벌권 독점에 대한 예외를 인정하고 있다.

해설

④ (×) 민영교도소는 민간단체가 정부로부터 수용자관리 및 교정교육 등 교정업무 전반 또는 일부를 위탁받아 운영하는 민간경영의 교정시설을 의미한다. 민영교도소의 본질은 형벌권을 민간에게 이양하는 것이 아니라 법률이 위임하는 범위 내에서 그 시설 운영만 위탁하는 것이다. 따라서 여전히 형벌을 부과하여 집행하는 본질적 기능은 국가에 귀속되어 있고 국가형벌권 독점에 대한 예외 인정은 아니다.

정답 ④

05 교정민영화에 대한 설명으로 옳지 않은 것은? '08. 9급

① 교정시설의 민영화는 국가의 재정압박 및 교도소의 과밀수용의 문제와 밀접한 관련을 가지고 있다.
② 반대론자들은 범죄자의 처벌과 구금은 국가의 독점적 권한이라는 점을 강조한다.
③ 현행법상 법무부장관은 필요하다고 인정하는 때에는 교정업무를 교정법인에게 포괄적으로 위탁할 수 있다.
④ 현행법상 민영교도소 수용자의 작업 수입은 교정법인의 수입으로서 그 운영예산에 계상된다.

해설

④ (×) 민영교도소 등에 수용된 수용자가 작업하여 생긴 수입은 국고수입으로 한다(「민영교도소 등 설치·운영에 관한 법률」 제26조).

정답 ④

06 교도소 민영화를 반대하는 반대주장과 거리가 먼 것은? '97. 5급(교정관) 승진 수정

① 노동력 착취 가능성
② 인권침해 소지
③ 민간인에 대한 국가형벌권위임의 위헌 가능성
④ 수형자의 관리와 처우에 대한 책임 귀속 문제점
⑤ 형사사법망의 축소

해설

⑤ (×) 형사사법망(사회통제)의 확대를 야기할 수 있다.

정답 ⑤

➕ **민영교도소 운영 내지 교정의 민영화의 문제점 및 반대 논거**

1) 형벌의 집행은 국가의 고유영역이며 교정의 민간위탁은 법집행의 공정성을 해칠 우려가 있다. 민간은 영리추구를 중요시하여 적법절차를 침해할 위험성이 있어 공정하게 형벌을 집행하기 어렵고, 따라서 민영시설에서는 인권침해와 인간의 존엄과 가치를 침해할 우려가 있다.
2) 민영교도소는 비용이 많이 드는 처우프로그램을 생략하거나 양질의 수형자 또는 장기수형자만을 수용하려고 하는 등 민간기업의 영리추구에서 오는 문제점도 간과할 수 없다.
3) 종교단체가 운영하는 민영교도소는 종교의 자유를 침해할 우려가 있다. 이러한 우려에 대한 대책으로 「민영교도소 등의 설치·운영에 관한 법률」은 "교정법인의 임직원과 민영교도소의 장 및 직원은 수용자에게 특정 종교나 사상을 강요하여서는 아니 된다(제25조 3항)."고 규정하고 있다.
4) 민영교도소에서는 전과기록 등 사생활에 관한 정보가 노출되어 사생활의 비밀이 침해될 가능성이 있다.
5) 교도소가 행한 불법행위에 대한 책임을 민영시설에 귀속시켜야 하는지 국가에 귀속시켜야 하는지에 대한 문제가 생길 수 있다. 이에 대해 외국의 학설은 "정부가 민영교도소의 운영을 전부 관리하지는 않지만 책임은 정부에 있다"고 보고 있다. 판례 또한 "정부가 수형자 교정업무를 민간기업에 위임한 것은 합헌이나 그렇다고 해서 정부가 민간기업에게 책임까지 위임할 수 없다"고 판시한 예가 있다.

07 민영교도소에 대한 설명으로 옳지 않은 것은?

① 교정수요의 증대와 과밀수용 해소는 교도소의 민영화를 촉진했다.
② 우리나라에서는 2007년 「형의 집행 및 수용자 처우에 관한 법률」에 교정시설의 민간 위탁에 관한 법적 근거를 처음으로 마련하였다.
③ 법무부장관은 교정업무를 법인 또는 개인에게 위탁할 수 있다.
④ 민영교도소에 수용된 수용자가 작업하여 생긴 수입은 국고 수입으로 한다.

해설

② (×) 1999년 「행형법」 제7차 개정을 통해 민영교도소에 관한 법적 근거가 마련되었다. 이를 근거로 2000년 「민영교도소 등의 설치·운영에 관한 법률」이 제정되어 2001년부터 시행되었다. 이러한 법률적인 근거에 의해 2010년 '소망교도소'가 대한민국의 민영교도소로 설치되어 운영되기 시작했다. 이 교도소는 교정법인 아가페가 운영하고 있다.

정답 ②

08 우리나라 민영교도소에 관한 설명 중 적절하지 아니한 것은?

① 우리나라는 1999년 「행형법」 개정을 통하여 민영교도소의 설치에 관한 근거 규정을 마련하고 이에 따라 2000년 「민영교도소 등의 설치·운영에 관한 법률」을 제정하였다.
② 교정법인은 민영교도소 등의 시설이 이 법과 이 법에 의한 명령 및 위탁계약의 내용에 적합한지의 여부에 관하여 법무부장관의 검사를 받아야 한다.
③ 법무부장관은 사전에 기획재정부장관과의 협의를 거쳐 민영교도소 등을 운영하는 교정법인에 대하여 매년 당해 교도소 등의 운영에 필요한 경비를 지급한다.
④ 민영교도소 등의 장은 계구사용, 강제력행사, 무기의 사용, 징벌처분 등을 하고자 할 때는 직접 법무부장관의 승인을 얻어야 하며, 긴급상황으로 승인을 얻을 만한 시간적 여유가 없는 때에는 당해 처분 등을 한 후 즉시 법무부장관에게 통보하여 승인을 얻는다.

해설

② 제22조 참조. ③ 제23조 참조. ④ (×) 감독관의 승인을 받아야 한다(제27조).

정답 ④

AI 예상 응용지문

❶ 법무부장관은 사전에 교정법인 대표자와 협의를 하여 민영교도소 등을 운영하는 교정 법인에 대하여 매년 당해 교도소 등의 운영에 필요한 경비를 지원할 수 있다. (×)
❷ 법무부장관은 위탁업무의 처리결과에 대하여 매년 1회 이상 감사를 하여야 한다. (○)

❶ 교정법인 대표자(×) → 기획재정부장관(○) / 지원할 수 있다(×) → 지급한다(○)

09 「민영교도소 등의 설치·운영에 관한 법률」에 관한 설명으로 옳지 않은 것은?

① 민영교도소 등에 수용된 수용자는 「형의 집행 및 수용자의 처우에 관한 법률」에 의한 교도소 등에 수용된 것으로 본다.
② 민영교도소 등의 장이 보호장비를 사용하기 위해서는 원칙적으로 법무부장관이 민영교도소 등의 지도·감독을 위하여 파견한 소속 공무원의 승인을 얻어야 한다.
③ 민영교도소 등에 수용된 수용자의 작업수입은 이를 작업장려금으로 지급한다.
④ 민영교도소 등의 직원은 법령에 의하여 공무에 종사하는 것으로 본다.
⑤ 민영교도소 등의 직원이 위탁업무를 수행할 때 고의 또는 과실로 법령을 위반하여 국가에 손해를 입힌 경우는 그 교정법인은 손해를 배상하여야 한다.

해설

① 제24조 참조. ② 제27조 참조. ③ (×) 국고수입으로 한다(제26조).
④ 제37조 참조. ⑤ 제38조 1항 참조.

정답 ③

10 「민영교도소 등의 설치·운영에 관한 법률」에 대한 설명으로 옳지 않은 것은? '15. 5급(교정관) 승진

① 교정법인이 민영교도소를 설치·운영할 때에는 「민영교도소 등의 설치·운영에 관한 법률」 및 그 시행령으로 정하는 기준에 따른 시설을 갖추어야 한다.
② 교정법인은 민영교도소의 시설이 「민영교도소 등의 설치·운영에 관한 법률」과 이 법에 따른 명령 및 위탁계약의 내용에 적합한지에 관하여 법무부장관의 검사를 받아야 한다.
③ 법무부장관은 사전에 기획재정부장관과 협의하여 민영교도소를 운영하는 교정법인에 대하여 매년 그 교도소의 운영에 필요한 경비를 지급한다.
④ 민영교도소 등에 수용된 수용자의 작업하여 생긴 수입은 민영교도소의 수입으로 한다.
⑤ 교정법인은 민영교도소에 수용되는 자에게 특별한 사유가 있다는 이유로 수용을 거절할 수 없다.

해설

④ (×) 민영교도소의 수입(×) → 국고 수입(○) 「동법」 제26조 참조.

정답 ④

AI 예상 응용지문

❶ 교정법인은 민영교도소에 수용되는 자에게 특별한 사유가 있으면 그것을 이유로 수용을 거절할 수 있다. (×)
❷ 교정법인의 정관 변경은 기획재정부장관의 인가를 받아야 한다. (×)
❸ 교정시설의 장은 교정 업무를 위탁하려면 수탁자와 위탁계약을 체결해야 한다. (×)
❹ 교정법인의 임직원과 민영교도소의 직원이 위탁업무를 수행할 때 고의 또는 과실로 법령을 위반하여 수용자에게 손해를 입힌 경우 그 교정법인은 손해를 배상하여야 한다. (×)

❶ 있다(×) → 없다(○) ❷ 기획재정부장관(×) → 법무부장관(○) ❸ 교정시설의 장(×) → 법무부장관(○)
❹ 수용자에게(×) → 국가에게(○)

11 현행법상 민영교도소에 대한 설명으로 옳지 않은 것은? '09. 7급

① 교도소 등의 운영의 효율성을 높이고 수용자의 처우향상과 사회복귀를 촉진하기 위해 민영교도소를 도입하였다.
② 법무부장관은 민영교도소 등의 직원이 위탁업무에 관하여 명령이나 처분을 위반하면 그 직원의 임명권자에게 해임이나 정직, 감봉 등 징계처분을 하도록 명할 수 있다.
③ 법무부장관은 민영교도소 등의 업무 및 그와 관련된 교정법인의 업무를 지도·감독하며, 필요한 경우 지시나 명령을 할 수 있다.
④ 교정법인의 대표자는 민영교도소 등의 장 및 대통령령이 정하는 직원을 임면할 때에는 미리 교정본부장의 승인을 받아야 한다.

해설

④ (×) 교정법인의 대표자는 민영교도소 등의 직원을 임면(任免)한다. 다만, 민영교도소 등의 장 및 대통령령으로 정하는 직원을 임면할 때에는 미리 법무부장관의 승인을 받아야 한다(제29조 1항).

정답 ④

12 민영교도소 등의 설치·운영에 관한 법령 내용 중 가장 옳지 않은 것은?

① 수탁자가 교도소 등의 설치비용을 부담하는 경우에는 위탁기간을 10년 이상 20년 이내로 하고, 기타의 경우에는 1년 이상 5년 이내로 하되, 그 기간은 수정할 수 있다.
② 교정법인의 이사의 과반수는 대한민국 국민이야 하며, 그 중 5분의 1 이상은 교정업무에 종사한 경력이 5년 이상인 자이어야 한다.
③ 교정법인 위탁업무를 수행할 때 같은 유형의 수용자를 수용·관리하는 국가운영의 교도소 등과 동등한 수준 이상의 교정서비스를 제공하여야 한다.
④ 법무부장관은 필요하다고 인정하면 교정업무를 포괄적으로 위탁하여 한 개 또는 여러 개의 교도소 등을 설치·운영하도록 하는 경우에는 법인 또는 개인에게 위탁할 수 있다.

해설

④ (×) 개인(×). 교정업무를 포괄적으로 위탁하여 한 개 또는 여러 개의 교도소 등을 설치·운영하도록 하는 경우에는 법인에만 위탁할 수 있다(제3조 1항).

정답 ④

13 다음 중 민영교도소 설치 · 운영에 관한 설명 중 틀린 것은 몇 개인가?

―― 보 기 ――

㉠ 법무부장관은 필요하다고 인정하면 개인에게도 민영교도소의 설치 · 운영을 위탁할 수 있다.
㉡ 법무부장관은 사전에 기획재정부장관과 협의하여 민영교도소 등을 운영하는 교정법인에 대하여 매년 그 교도소 등의 운영에 필요한 경비를 지급한다.
㉢ 교정법인은 민영교도소 등의 장 및 대통령령으로 정하는 직원을 임면할 때에는 지방교정청장의 승인을 받아야 한다.
㉣ 교정법인 이사는 3분의 2이상 대한민국 국민이여야 하며, 이사의 5분의 1이상은 교정업무에 종사한 경력이 5년 이상이어야 한다.
㉤ 교정법인은 민영교도소 등에 수용되는 자에게 특별한 사유가 있으면 수용을 거절할 수 있다.
㉥ 교정법인의 정관 변경은 법무부장관의 인가를 받아야 한다.

① 2개 ② 3개
③ 4개 ④ 5개

해설

㉠, ㉢, ㉣, ㉤이 틀렸다. ㉠ (×) 제3조에 따르면 교정업무는 개인에게도 위탁할 수 있으나, 교도소 등을 설치 · 운영하도록 하는 것은 **법인에게만** 위탁할 수 있다. ㉢ (×) 지방교정청장(×) → 법무부장관(○) 제29조 1항 참조. ㉣ (×) 3분의 2 이상(×) → 과반수는(○). 제11조 3항 참조. ㉤있다(×) → 없다(○). 제25조 2항 참조.

정답 ③

AI 예상 응용지문

❶ 교정업무를 위탁받은 법인은 정관을 변경하고자 할 때에는 모두 법무부장관의 인가를 받아야 한다. (×)
❷ 교정법인의 대표자 및 감사와 위탁업무를 전담하는 이사는 법무부장관이 임명한다. (×)
❸ 민영교도소 등에 수용된 수용자는 「형의 집행 및 수용자 처우에 관한 법률」에 따른 교도소 등에 수용된 것으로 볼 수 있다. (×)
❹ 감독관은 민영교도소의 직원이 위탁업무에 관하여 법령을 위반하면 그 직원의 임면권자에게 해임이나 정직 · 감봉 등 징계처분을 할 수 있도록 명할 수 있다. (×)
❺ 민영교도소의 장은 법인대표가 미리 법무부장관의 승인을 받아 임면한다. (○)
❻ 외국인은 민영교도소 직원은 될 수 없으나 교정법인의 이사는 될 수 있다. (○)

❶ 경미한 사항 변경은 신고하면 됨 ❷ 법무부장관이 임명한다(×). 법무부장관의 승인을 받아 취임한다(제11조 2항). ❸ 볼 수 있다(×) → 본다(○) ❹ 감독관(×) → 법무부장관(○)

14 「민영교도소 등의 설치·운영에 관한 법률」상 민영교도소의 설치·운영 등에 대한 설명으로 옳지 않은 것은? '24. 9급

① 교정법인은 이사 중에서 위탁업무를 전담하는 자를 선임(選任)하여야 하며, 위탁업무를 전담하는 이사는 법무부장관의 승인을 받아 취임한다.
② 법무부장관은 사전에 기획재정부장관과 협의하여 민영교도소를 운영하는 교정법인에 대하여 매년 그 교도소의 운영에 필요한 경비를 지급한다.
③ 교정법인의 대표자는 민영교도소의 장 외의 직원을 임면할 권한을 민영교도소의 장에게 위임할 수 있다.
④ 법무부장관은 「민영교도소 등의 설치·운영에 관한 법률」에 따른 권한의 일부를 교정본부장에게 위임할 수 있다.

해설

④ (×) 교정본부장(×) → 관할 지방교정청장(○) 제39조 참조.

정답 ④

15 「민영교도소 등의 설치·운영에 관한 법률」의 규정 내용 중 옳지 않은 것은?

① 교정업무에 종사한 경력이 전혀 없는 자라도 교정법인의 이사가 될 수 있다.
② 외국인은 교정법인의 이사가 될 수 없다.
③ 감사는 교정법인의 대표자·이사 또는 직원을 겸할 수 없다.
④ 교정법인의 대표자는 그 교정법인이 운영하는 민영교도소등의 장을 겸할 수 없다.

해설

② (×) 대한민국 국민이 아닌 자(외국인)는 민영교도소의 직원으로 임용될 수 없으나, 교정법인의 이사는 될 수 있다. 「민영교도소법」제11조, 제28조 비교 참조.

정답 ②

16 「민영교도소 등의 설치·운영에 관한 법률」에 대한 설명으로 옳은 것은? '13. 9급

① 법무부장관은 필요하다고 인정하면 교정업무를 모든 법인·단체 또는 그 기관이나 개인에게 위탁할 수 있다.
② 법무부장관은 교정업무를 포괄적으로 위탁하여 한 개 또는 여러 개의 교도소 등을 설치·운영하도록 하는 경우에는 법인·단체 또는 그 기관에게 위탁할 수 있으나 개인에게는 위탁할 수 없다.
③ 민영교도소에 수용된 수용자가 작업하여 생긴 수입은 국고수입으로 한다.
④ 교정법인 이사는 대한민국 국민이어야 하며, 이사의 5분의 1이상은 교정업무에 종사한 경력이 3년 이상이어야 한다.

해설

① (×) 모든 법인(×) → 공공단체 외의 법인(○). 제3조 1항 참조.
② (×) 개인뿐 아니라 단체나 법인·단체의 기관에게도 위탁할 수 없고, 오로지 법인에게만 위탁할 수 있다(제3조 1항).
④ (×) 외국인도 이사가 될 수 있다. 그러나 민영교도소의 직원은 될 수 없다. 3년 이상(×) → 5년 이상(○). 교정법인 이사의 과반수는 대한민국 국민이어야 하며, 이사의 5분의 1 이상은 교정업무에 종사한 경력이 5년 이상이어야 한다. 제11조 3항 참조.

정답 ③

17 현행 법률상 민영교도소 등의 설치 운영에 관한 설명 중 옳지 않은 것은?

① 수용자에게 특정 종교나 사상을 강요하여서는 아니 된다.
② 교정법인 및 민영교도소 등의 장은 항상 소속 직원의 근무상황을 감독하고 필요한 교육을 하여야 한다.
③ 수용자 처우 수준은 국가가 운영하는 교도소와 동등한 수준으로 교정 서비스를 제공하여야 한다.
④ 보호장비를 사용해야 할 경우에는 법무부 장관이 파견한 공무원의 승인을 받아야 한다.

해설

③ (×) 동등한 수준(×) → 동등한 수준 이상(○). 제25조 1항 참조.

정답 ③

18 민영교도소 등의 장이 대통령이 정하는 바에 의하여 매월 또는 분기마다 법무부장관에게 보고하여야 할 사항에 속하지 않는 것은? '08. 7급 승진

① 만기출소자의 취업알선 현황
② 주·부식의 급여현황
③ 교도작업의 운영현황
④ 외부통학·사회견학 등 수용자의 외부 출입 현황

해설

제34조(보고·검사) ① 민영교도소등의 장은 대통령령으로 정하는 바에 따라 매월 또는 분기마다 다음 각 호의 사항을 법무부장관에게 보고하여야 한다.
1. 수용 현황
2. 교정 사고의 발생 현황 및 징벌 현황
3. 무기 등 보안장비의 보유·사용 현황
4. 보건의료서비스와 주식(主食)·부식(副食)의 제공 현황
5. 교육·직업훈련 등의 실시 현황
6. 외부 통학, 외부 출장 직업훈련, 귀휴(歸休), 사회 견학, 외부 통근 작업 및 외부 병원 이송 등 수용자의 외부 출입 현황

7. 교도작업의 운영 현황
8. 직원의 인사·징계에 관한 사항
9. 그 밖에 법무부장관이 필요하다고 인정하는 사항

② 법무부장관은 필요하다고 인정하면 수시로 교정법인이나 민영교도소등에 대하여 그 업무·회계 및 재산에 관한 사항을 보고하게 하거나, 소속 공무원에게 장부·서류·시설, 그 밖의 물건을 검사하게 할 수 있다. 이 경우 위법 또는 부당한 사실이 발견되면 이에 따른 필요한 조치를 명할 수 있다.

정답 ①

19 「민영교도소 등의 설치·운영에 관한 법률」에 대한 설명으로 옳은 것은? 'AI 예상'

① 민영교도소의 직원은 근무할 때 교정법인의 대표자가 정하는 제복을 입어야 한다.
② 교정법인의 대표자는 민영교도소의 직원을 임면한다. 다만, 교정법인의 장은 법무부장관이 임면한다.
③ 법무부장관이 민영교도소의 지도·감독을 위하여 파견한 소속 공무원은 항상 소속 직원의 근무상황을 감독하고 필요한 교육을 하여야 한다.
④ 민영교도소 등의 직원은 법령에 따라 공무에 종사한 것으로 볼 수 있다.
⑤ 대한민국의 국민이 아닌 사람도 교정법인의 이사가 될 수 있다.

해설

① (×) 법무부장관이 정하는 제복을 입어야 한다(제31조 1항).
② (×) 민영교도소장 및 대통령령으로 정하는 직원을 임면할 때에는 미리 법무부장관의 승인을 얻어야 한다(제29조 1항).
③ (×) 교정법인의 대표자 및 민영교도소 등의 장이 감독·교육하여야 한다(제33조 3항).
④ (×) 볼 수 있다(×) → 공무원으로 본다(○). 제37조 1항 참조.
⑤ (○) 제11조 2항을 반대 해석하면, 맞는 내용이다.

☞ 출제의도 : 이 문제는 「민영교도소 등의 설치·운영에 관한 법률」에 대한 정확한 이해를 요구하는 문제입니다. 수험생들이 법률의 조항이나 관련 내용에 대한 지식을 바탕으로 선택지를 평가해야 하기 때문에, 각 선택지의 내용이 법률과 일치하는지를 판단하는 능력이 중요합니다.

〈출제 의도의 설명〉

1) 법률 이해도 확인: 문제를 통해 수험생들이 해당 법률의 주요 내용을 얼마나 잘 이해하고 있는지를 평가하고자 합니다. 법률 조문에 대한 이해는 향후 법적 문제를 해결하는 데 필수적입니다.

2) 논리적 사고 훈련: 각 선택지를 하나하나 검토하면서 법률의 조항을 비교하고, 옳고 그름을 판단하는 과정에서 논리적 사고력을 기를 수 있도록 합니다.

3) 실무 적용 가능성: 민영교도소와 관련된 법률 지식은 실제 교정 및 법 집행 분야에서 중요한 역할을 하므로, 실무에서의 적용 가능성을 염두에 두고 출제되었습니다.

4) 법령 해석 능력 향상: 수험생들이 법률을 해석하고 적용하는 능력을 키울 수 있도록, 복잡한 법률 조항을 정리하고 요약하는 연습이 될 것입니다.

이러한 이유로, 수험생들은 단순한 암기가 아닌 법률의 체계적인 이해와 적용 능력을 키우는 것이 중요합니다.

정답 ⑤

20 「민영교도소 등의 설치·운영에 관한 법률」에 관한 내용 중 적절하지 않은 것은?

① 법무부장관은 교정업무를 공공단체 외의 법인 또는 개인에게 위탁할 수 있다. 다만, 교정업무를 포괄적으로 위탁하여 한 개 또는 여러 개의 교도소 등을 설치·운영하도록 하는 경우에는 법인에만 위탁할 수 있다.
② 위탁계약 기간은 수탁자가 교도소 등의 설치비용을 부담하는 경우에는 10년 이상 20년 이하이며, 그 기간을 1차에 한하여 수정할 수 있다.
③ 법무부장관은 수탁자가 법에 따른 명령이나 처분을 위반하면 6개월 이내의 기간을 정하여 위탁업무의 전부 또는 일부의 정지를 명할 수 있다.
④ 교정법인의 대표자는 그 교정법인이 운영하는 민영교도소 등의 장을 겸임할 수 없다.

해설
② (×) 수정횟수 제한은 없다(제4조 4항).

정답 ②

---

21 「민영교도소 등의 설치·운영에 관한 법률」의 내용 중 옳지 않은 것은?

① 교정법인의 재산 중 교도소 등 수용시설로 직접 사용되고 있는 것으로 대통령령으로 정하는 것은 국가 또는 다른 교정법인 외의 자에게 매도·증여 또는 교환하거나 담보로 제공할 수 없다.
② 교정법인의 회계는 그가 운영하는 민영교도소 등의 설치·운영에 관한 회계와 법인의 일반업무에 관한 회계로 구분되며, 법인의 일반업무에 관한 회계는 일반회계와 교도작업회계로 구분한다.
③ 교정법인이 다른 법인과 합병을 하기 위해서는 법무부장관의 인가를 받아야 한다.
④ 해산한 교정법인의 잔여재산 귀속은 합병하거나 파산한 경우가 아니면 정관으로 정하는 바에 따른다.

해설
① (○) 제14조 3항 참조.
② (×) 법인의 일반업무에 관한 회계는(×), 교정법인의 회계는 '민영교도소 등의 설치·운영에 관한 회계'와 '법인의 일반업무에 관한 회계'로 나누고, '민영교도소 등의 설치·운영에 관한 회계'를 '교도작업회계'와 '일반회계'로 나눈다. 제15조 참조.
③ (○) 제17조 참조. ④ (○) 제18조 참조.

정답 ②

22 「민영교도소 등의 설치·운영에 관한 법률」상 민영교도소의 운영 등에 대한 설명으로 옳지 않은 것은? '16. 7급

① 교정법인의 대표자는 민영교도소의 장 및 대통령령으로 정하는 직원을 임면할 때에는 미리 법무부장관의 승인을 받아야 한다.
② 대한민국 국민이 아닌 자는 민영교도소의 직원으로 임용될 수 없다.
③ 민영교도의 운영에 필요한 무기는 국가의 부담으로 법무부장관이 구입하여 배정한다.
④ 민영교도소에 수용된 수용자가 작업하여 생긴 수입은 국고수입으로 한다.

해설

③ (×) 국가부담(×) → 교정법인의 부담(○). 「동법」 제31조 2항 참조.

정답 ③

23 「민영교도소 등의 설치·운영에 관한 법률」상 민영교도소 등의 설치·운영에 대한 설명으로 옳지 않은 것은? '19. 9급

① 법무부장관은 필요하다고 인정하면 교정업무를 공공단체 외의 법인·단체 또는 그 기관이나 개인에게 위탁할 수 있다. 다만, 교정업무를 포괄적으로 위탁하여 한 개 또는 여러 개의 교도소 등을 설치·운영하도록 하는 경우에는 법인에만 위탁할 수 있다.
② 교정업무의 민간 위탁계약 기간은 수탁자가 교도소 등의 설치비용을 부담하는 경우는 10년 이상 20년 이하, 그 밖의 경우는 1년 이상 5년 이하로 하되, 그 기간은 수정할 수 있다.
③ 교정법인의 대표자는 그 교정법인이 운영하는 민영교도소 등의 장을 겸할 수 없고, 이사는 감사나 해당 교정법인이 운영하는 민영교도소 등의 장이나 직원을 겸할 수 없다.
④ 법무부장관은 민영교도소 등의 업무 및 그와 관련된 교정법인의 업무를 지도·감독하며, 필요한 경우 지시나 명령을 할 수 있다. 다만, 수용자에 대한 교육과 교화프로그램에 관하여는 그 교정법인의 의견을 최대한 존중하여야 한다.

해설

③ (×) 교정법인의 대표자는 민영교도소장을 겸할 수 없다. 이사는 감사나 민영교도소의 직원은 겸할 수 없으나 민영교도소장은 겸할 수 있다. 「동법」 제13조 참조.

정답 ③

24 민영교도소등의 설치·운영에 관한 법령상 옳지 않은 것은? '20. 9급

① 민영교도소등의 설치·운영에 관한 회계는 교도작업회계와 일반회계로 구분하며, 민영교도소에 수용된 수용자가 작업하여 발생한 수입은 국고수입으로 한다.
② 교정법인은 기본재산에 대하여 용도변경 또는 담보제공의 행위를 하려면 기획재정부장관의 허가를 받아야 한다.
③ 민영교도소등의 직원은 근무 중 법무부장관이 정하는 제복을 입어야 한다.
④ 법무부장관은 민영교도소등의 직원이 위탁업무에 관하여 「민영교도소등의 설치·운영에 관한 법률」에 따른 명령이나 처분을 위반하면 그 직원의 임면권자에게 해임이나 정직·감봉 등 징계처분을 하도록 명할 수 있다.

해설

② (×) 기획재정부장관(×) → 법무부장관(○). 「동법」 제14조 참조.

정답 ②

MEMO

CHAPTER 04 수용자의 법적 지위와 권리 구제 및 행형 공개

제1절 법적 지위와 권리구제제도

01 다음 중 수용자 등 기본권에 대한 설명으로 옳은 것은 모두 몇 개인가? (다툼이 있는 경우 판례에 의함) '24. 5급(교정관) 승진

> ㉠ 교도소 등 구금시설에 수용된 피구금자는 스스로 의사에 의하여 시설로부터 나갈 수 없고 행동의 자유도 박탈되어 있으므로, 그 시설의 관리자는 피구금자의 생명, 신체의 자유, 신체의 안전을 확보할 의무가 있는 바, 그 안전확보의무의 내용과 정도는 사안에 따라 구체적으로 확정할 수 없고, 시간적·장소적 상황 등에 따라 일의적으로 확정하여야 한다.
> ㉡ 소송사건의 대리인인 변호사가 수형자를 접견하고자 하는 경우 소송계속 사실을 소명할 수 있는 자료를 제출하도록 규정하고 있는 「형의 집행 및 수용자의 처우에 관한 법률 시행규칙」 제29조의 2 제1항 제2호 중 '수형자 접견'에 관한 부분은 과잉금지의 원칙에 위배되어 변호사인 청구인의 직업수행의 자유를 침해한다.
> ㉢ 소장이 수용자와 그 배우자의 접견을 녹음하여 검찰청 검사장에게 그 접견 녹음파일을 제공한 행위는 해당 수용자의 개인정보자기결정권을 침해한다.
> ㉣ 헌법재판소는 「가석방심사 등에 관한 규칙」에 규정된 준법서약서의 제출이 반드시 법적으로 강제되어 있는 것이 아니며, 수형자는 가석방심사위원회의 판단에 따라 준법서약서의 제출을 요구받았다고 하더라도 자신의 의사에 의하여 그 제출을 거부할 수 있으므로, 수형자의 양심의 자유를 침해하는 것이 아니라고 판단한 바 있다.

① 0개　　　　② 1개　　　　③ 2개　　　　④ 3개

해설

㉠ (○) 이 판례는 대법원 2006. 8. 24. 선고 2005다37050 판결로, 교도소 등의 구금시설에서 피구금자의 생명과 신체의 안전을 보장하는 관리자의 의무에 관한 내용이다.

<판례 요지>
구금시설에 수용된 피구금자는 스스로 시설로부터 나갈 수 없으며, 행동의 자유 또한 제한된 상태에 있으므로, 그 시설의 관리자는 피구금자의 생명과 신체의 안전을 보호할 책임이 있다. 이 <u>안전 확보 의무는 구체적인 상황에 따라 달라지며, 피구금자의 상태, 수용시설의 여건, 시간적·장소적 상황 등을 고려하여 구체적으로 확정되어야 한다.</u> 시설 관리자는 피구금자가 상해를 입거나 위험에 처하지 않도록 필요한 주의 의무를 다해야 하며, 이를 위반하여 피구금자가 피해를 입은 경우 시설 측에 책임이 있을 수 있다. 이 판례는 교정시설에서 피구금자(수용자)의 인권과 안전보호에 관한 법적 책임을 명확히 한 중요한 사례이다.

ⓒ (×) 대법원 및 헌법재판소는 변호사가 수형자를 접견할 때 소송계속 사실을 소명할 수 있는 자료를 제출하도록 한 「형의 집행 및 수용자의 처우에 관한 법률 시행규칙」 제29조의 2 제1항 제2호가 변호사의 직업수행의 자유를 침해하지 않는다고 판단했다. 이 규정은 공공의 이익과 수형자의 교정 및 수용시설의 안전을 보장하기 위해 필요한 것으로, 과잉금지 원칙에 위배되지 않는다는 결론이다. 판례명: 헌법재판소 2011. 3. 31. 2009헌마706 결정 참고.

〈판례 요지〉
변호사가 수형자를 접견할 때 소송계속 사실을 소명할 수 있는 자료를 제출하도록 규정한 「형의 집행 및 수용자의 처우에 관한 법률 시행규칙」 제29조의 2 제1항 제2호는 변호사의 직업수행의 자유를 침해하지 않는다. 해당 규정은 수형자의 보호 및 교정시설의 안전 확보를 위해 필요한 것으로, 이는 공공의 이익과 사적 이익 사이의 균형을 맞추는 합리적인 규제이다. 따라서 이 규정은 과잉금지의 원칙에 위배되지 않으며, 변호사의 직업수행의 자유를 부당하게 제한하지 않는다.
이 판례는 공공의 안전과 교정시설의 질서를 유지하기 위해 제한적으로 부과된 규제가 합리적인 범위 내에 있음을 인정한 사례이다.

ⓒ (×) 위에서 제시한 판례 내용은 옳지 않다. 이 판례에서는 소장이 수용자와 그 배우자의 접견을 녹음하여 검사장에게 제공한 행위가 수용자의 개인정보자기결정권을 침해하지 않는다고 판시했다.
대법원은 소장이 수용자와 그 배우자의 접견을 녹음하고 그 파일을 검찰청 검사장에게 제공한 행위가 적법한 절차에 따른 것으로, 해당 수용자의 개인정보자기결정권을 침해하지 않는다고 보았다. 특히, 이 행위는 수사나 재판과정에서 중요한 역할을 하기 위한 목적으로, 법적으로 정당한 권한 내에서 이루어진 것이기 때문에 위법하지 않다는 판단했다. 대법원 2012. 4. 26. 선고 2010두7901 판결 참조.

〈판례 요지〉
소장이 수용자와 그 배우자의 접견을 녹음하고 해당 파일을 검찰청 검사장에게 제공한 행위는 적법한 절차에 따라 이루어진 것이며, 수용자의 개인정보자기결정권을 침해하지 않는다. 해당 행위는 형사절차의 적법성을 확보하기 위한 필요성과 공공의 이익을 위해 정당한 권한 내에서 이루어진 것으로, 수용자의 권리를 부당하게 제한한 것으로 볼 수 없다. 따라서 이러한 행위는 위법성이 없으며, 개인정보자기결정권의 침해로 볼 수 없다는 것이 대법원의 입장이다.
이 판례는 수사 및 재판 절차에서의 접견 녹음 행위가 개인정보 보호와 공공의 이익 사이에서 어떻게 조화되어야 하는지를 명확히 한 사례이다.

ⓔ (○) 헌법재판소는 준법서약서의 제출이 법적으로 강제되지 않으며, 수형자는 가석방심사위원회의 요구에도 불구하고 자신의 의사에 따라 제출을 거부할 수 있으므로, 양심의 자유를 침해하지 않는다고 판단한 바 있다. 헌법재판소 2010. 12. 28. 선고 2008헌마385 결정 참조.

〈판례 요지〉
헌법재판소는 「가석방심사 등에 관한 규칙」에서 규정한 준법서약서 제출이 가석방을 위한 필수 요건이 아니며, 법적으로 강제되지 않는다고 보았다. 수형자는 가석방심사위원회의 판단에 따라 준법서약서 제출을 요구받더라도 이를 자신의 의사에 따라 거부할 수 있다. 따라서 준법서약서 제출 요구가 수형자의 양심의 자유를 침해하지 않는다는 결론을 내렸다. 이는 가석방이 수형자의 법적 권리가 아닌, 특정 조건을 충족했을 때 허가되는 제도임을 전제로 한 것이다.
이 판례는 수형자의 가석방심사에서 양심의 자유와 가석방요건 간의 균형을 강조한 사례로, 준법서약서 제출이 강제되지 않음을 명확히 하였다.

정답 ③

02 수형자의 법적 지위가 아닌 것은? '97. 5급(교정관) 승진

① 재사회화를 위한 처우는 인권에 우선할 수 있다.
② 불법·부당한 처벌로부터의 자유권이 인정된다.
③ 처우를 거부할 권리도 인정하려는 추세이다.
④ 수형자의 권리·의무는 행정명령으로 제한·변경할 수 없다.
⑤ 수형자도 인권침해 시 소송을 제기할 수 있는 기본권을 가진다.

해설

① (×) 재사회화를 위한 처우는 **사회국가원리**에 바탕을 둔다. 즉 국가의 행형대상자에 대한 배려의무에 근거를 두고 시행된다. 그런데 교정당국이 재사회화를 위한 적극적 교정에 중점을 두게 되면 수형자에 대한 간섭이 강화되고 의무이행을 강제하게 된다. 이것은 다른 한편 수형자의 입장에서 보면 수형자의 자유를 제한하고 인권을 침해하는 결과를 가져올 수 있다. 그러므로 수형자의 주체적 자유와 인권이 보장되는 한도 내에서만 처우가 이루어져야 한다. 수형자의 사회복귀를 위하여 필요한 조치라도 인권침해의 우려가 있는 경우에는 법률적 규정이 없는 한 이를 인정해서는 아니 된다. 이러한 맥락에서 **법치국가원리**(자유권)와 **사회국가원리**(사회권)가 충돌할 경우에는 법치국가적 자유권이 우선해야 한다는 것이다.
④ (○) 과거에 특별권력관계론이 인정될 때에는 행정명령에 의해서도 수형자의 자유와 권리가 제한될 수 있었다. 즉 수형자에 대해서는 일반국민에게 보장된 헌법상의 기본권, 법률에 의한 행정·사법적 구제는 배제되며, 수형자를 어디에 어떻게 수용하고 어떤 자유를 허용하는가 하는 점은 행형기관의 재량에 따라 정해진다고 보았던 것이다. 그러나 1909년 **프로이덴탈**(Freudenthal)이 수형자와 국가의 관계를 명확히 법률관계로 파악하여 수형자가 기본권의 주체라고 명백히 주장한 이후 오늘날에는 수형자의 권리제한도 **법률** 또는 **법규명령**에 의하지 않으면 안 된다.
⑤ (○) 교정(행형)에 있어서도 형식적·실질적인 수형자의 법적 지위를 보장하기 위한 사법적 구제제도를 포함한 여러 권리구제제도가 수형자에게도 인정되고 있다.

정답 ①

03 다음은 수형자의 법적 지위에 관한 논의들이다. 가장 적절하지 않은 것은? 'AI 예상

① 수형자는 행형시설이라는 국가 영조물을 이용하는 자로서 형법 집행의 목적 범위 내에서 교정 당국이 제정하는 규율을 매개로 포괄적인 지배·복종 관계에 있다고 하는 논리가 특별권력관계 이론이다.
② 독일의 프로이덴탈은 수형자의 권리 의무는 행정명령으로 제한할 수 없으며 반드시 법률 또는 법규명령에 의하여야 한다는 행형법치주의를 주장하였다.
③ 1972년 서독의 연방헌법재판소는 일반권력관계이론으로 법률유보 배제의 원칙을 적용하여 국가의 수형자에 대한 권리와 의무를 설명하였다.
④ 실질적 법치주의에 따르면 행형 법정주의란 단지 행형에 관한 사항을 법률로 정하는 데 그치지 않고 행형 절차의 적정도 포함된다고 설명하고 있다.

해설

③ (×) 1972년 서독에서는 연방헌법재판소 결정에 의해 **특별권력관계론**이 부인된 이래 현재는 **특별권력관계이론 부정설**이 지배적인 이론으로 자리 잡았다. 이 결정에서 연방헌법재판소는 수형자의 기본권도 법치국가의 원리가 적용되므로 **법률유보 배제의 원칙은 인정될 수 없다**고 하면서 수형자의 기본권도

법률에 의하거나 법률의 근거 아래서만 제한할 수 있다는 것을 명백히 하였다.

☞ 출제의도 : 이 문제는 수형자의 법적 지위와 관련된 이론 및 원칙에 대한 이해를 평가하기 위한 것입니다. 특히 특별권력관계 이론과 행형법치주의의 원칙이 각 선택지에서 제시된 내용과 어떻게 서로 연결되는지를 이해하는 것이 중요합니다.

〈출제 의도 분석〉
1) 법적 지위 이해: 수형자의 권리와 의무에 관한 이론을 이해하고, 이를 통해 수용자의 법적 지위가 어떻게 결정되는지를 파악하게 하는 것이 목표입니다.
2) 이론 비교: 특별권력관계 이론과 일반권력관계 이론의 차이를 구별하는 능력을 요구합니다.
3) 법치주의 원칙: 법치주의가 수형자에게 어떻게 적용되는지, 특히 법률 유보의 원칙에 대한 이해도를 평가합니다.

〈수험생에게 주는 조언〉
1) 핵심 개념 파악: 특별권력관계 이론과 일반권력관계 이론의 기본 개념을 확실히 이해하고, 각각의 이론이 수형자의 권리와 의무에 미치는 영향을 정리해두세요.
2) 사례 연구: 독일 연방헌법재판소의 판례를 통해 법치주의와 수형자 권리에 대한 구체적인 사례를 학습하는 것이 좋습니다. 이러한 접근은 현행법령과 우리나라 판례를 통한 구체적인 학습과도 연결됩니다.
3) 정확한 용어 사용: 법학에서는 정확한 용어와 법리(원칙)를 사용하는 것이 중요하므로, 관련 용어를 잘 정리하고, 정리된 개념을 반복적으로 읽어보세요.
4) 종합적 사고: 내용의 이론적 이해뿐만 아니라 실질적으로 그 이론이 시험에 어떻게 적용되는지를 생각하며, 다양한 관점에서 지문을 분석하고 다음 시험에서 어떻게 변형될 수 있는지 예상하는 연습을 하세요.
이런 방식으로 준비하면, 관련 문제에 대해 더 깊이 있는 이해를 가지고 어떠한 응용문제도 쉽게 접근할 수 있을 것입니다.

정답 ③

04 수형자의 지위에 대한 다음 설명 중 가장 옳지 않은 것은?

① 「형의 집행 및 수용자의 처우에 관한 법률」은 수형자의 권리보장을 최대한 존중하여야 한다.
② 종래 수형자의 인권제한은 특별권력관계의 문제로 파악되어 왔다.
③ 현행 「형의 집행 및 수용자의 처우에 관한 법률」은 처우규정으로서의 성격이 더욱 짙다.
④ 수형자의 인권에 대한 제한은 법적 근거가 있는 경우에 한정된다.
⑤ 법무부장관이 형 집행과 관련하여 정한 사항은 법령의 위임 없이도 수용자의 권리와 의무에 관하여 구속력이 있다.

해설

③ (○) 종래의 「행형법」은 수형자의 권리장전이라는 측면보다는 교도소라는 **공공영조물**의 관리 규정이라는 성격이 전면에 나타나 있었다(정영석·신영균, 형사정책 503면). 그러나 2007년 전면 개정된 현행 법률의 명칭이 이전의 「행형법」이 아니라 「형의 집행 및 수용자의 처우에 관한 법률」로 바뀌었고, 전체 140개 조문 가운데 수용자의 처우에 관하여 제2편에 13개 장 110개 조문을 할애하여 자세히 규정하고 있으며, 제1조의 목적 규정에서는 '**수용자의 처우와 권리 및 교정시설의 운영에 관하여 필요한 사항을 규정함**'을 목적으로 명시하고 있는 것은, '처우 규정'으로서의 성격을 강화하여 「형집행법」이 수용자의 처우와 권리에 관한 사항을 보다 합리적이고 체계적으로 규율하는 데 주된 목적이 있음을 보여주고 있다. 이런 이유에서 「형집행법」을 줄여서 「수용자처우법」이라고 부르기도 한다. 또한 본 법은 수용자를 수용하는 교정시

설의 운영에 관해 필요한 사항들도 포함시키고 있으므로 '관리 규정'으로서의 성격도 함께 가지고 있다 (신양균, 17면). 따라서 일부 수험서에 "현행 「형의 집행 및 수용자의 처우에 관한 법률」은 공공영조물에 대한 관리 규정으로서의 성격이 짙다"를 맞는 지문으로 보고 있는 것은 오류라고 생각한다.

⑤ (×) 법무부장관이 형 집행과 관련하여 정한 사항이라도 법령의 위임 없이 교정기관의 내부의 조직이나 활동을 규율하고 있는 것은 '행정규칙' 내지 '행정명령'에 해당한다. 이러한 행정규칙은 국민이나 수용자에게는 구속력이 없다. 형집행법령의 위임을 받아 수용자의 권리와 의무에 관하여 규율하고 있는 '법규명령'만 법적 구속력이 인정된다.

정답 ⑤

05 수용자 권리구제 방법 중 비사법적 방법에 대한 설명으로 적절하지 않은 것은? '03. 9급

① 행형옴부즈만, 수용자고충처리위원회 등이 비사법적 권리구제제도로 활용된다.
② 사법적인 방법에 비해 많은 시간과 비용이 소요되며 전문가의 조언을 받아야 하는 등의 사정 때문에 수형자가 손쉽게 이용하기 곤란하다.
③ 「형의 집행 및 수용자의 처우에 관한 법률」상 수용자의 권리침해를 구제하기 위한 일환으로 인정하고 있는 소장면담 등이 비사법적 방법에 해당한다.
④ 사법적 구제제도는 비사법적 구제제도보다 수형자와 교도관 사이에 감정의 골을 깊게 할 수 있다.

해설

② (×) 이 내용은 사법적(司法的) 권리구제제도에 대한 설명이다. 사법적 구제는 사법부(법원)에 대하여 재판을 청구하는 방법으로서 민사소송·형사소송·행정소송, 헌법소원이 있다. 이러한 방법은 궁극적인 권리구제 방법이지만, 그 절차가 복잡하고 많은 비용과 시간이 소요되므로 수용자가 손쉽게 이용할 수 있는 제도가 아니다.

정답 ②

06 재소자 권리구제 제도로서 옴부즈맨(Ombudsman)에 대한 설명으로 옳지 않은 것은? '23. 9급

① 성공 여부는 독립성, 비당파성 및 전문성에 달려있다.
② 옴부즈맨의 독립성과 전문성을 확보하기 위해서는 교정당국이 임명하여야 한다.
③ 재소자의 불평을 수리하여 조사하고 보고서를 작성하여 적절한 대안을 제시한다.
④ 원래 정부 관리에 대한 시민의 불평을 조사할 수 있는 권한을 가진 스웨덴 공무원제도에서 유래하였다.

해설

② (×) 옴부즈맨의 독립성과 전문성을 확보하기 위해서는 교정당국이 옴브브맨 구성에 관여해서는 안 된다.

정답 ②

07 수용자 권리구제에 관한 설명 중 옳지 않은 것은?

① 소장은 수용자가 정당한 사유 없이 면담 사유를 밝히지 아니한 때에는 면담에 응하지 아니 할 수 있다.
② 수용자는 그 처우에 관하여 불복하는 경우 법무부장관·순회점검공무원 또는 관할지방교정청장, 소장에게 청원할 수 있다.
③ 수용자는 순회점검공무원에 대해서는 말로도 청원할 수 있다.
④ 청원에 관한 결정은 문서로써 하여야 한다.

해설

② (×) 소장은 청원 대상 기관장이 아니다. 소장이 정보공개 청구 대상 기관에는 해당되는 것과 헷갈리지 않도록 주의해야 한다.「법」제117조 참조.

정답 ②

08 수형자의 권리구제제도가 아닌 것은?

① 행정심판
② 참관
③ 청원
④ 소장면담

해설

② (×) 참관은 행형 공개제도로서 직무관련성이 없는 제도이므로 권리구제방법으로 인정되지 않는다. 비사법적 구제 수단으로는 소장 면담, 청원, 행정심판, 순회 점검 등이 있다. 이 방법은 사법적 구제수단에 비하면 간편하고 쉽게 권리구제를 받을 수 있다는 장점이 있으나, 교정 행정 당국에 의한 권리구제이므로 실효성의 면에서 의문이 제기되고 있다. 그리하여 최근에는 국가인권위원회에 대한 '진정'이 새로운 권리구제 방법으로 많이 이용되고 있다.

정답 ②

09 「형의 집행 및 수용자의 처우에 관한 법률」상 권리구제에 대한 설명으로 옳은 것은? '23. 7급

① 소장은 수용자의 신청에 따라 면담한 결과, 처리가 필요한 사항이 있으면 그 결과를 수용자에게 알려야 한다.
② 수용자가 순회점검공무원에게 말로 청원하여 순회점검공무원이 그 청원을 청취하는 경우에는 해당 교정시설의 교도관이 참여한다.
③ 수용자는 그 처우에 관하여 불복하는 경우 법무부장관·순회점검공무원 또는 소장에게 청원할 수 있다.
④ 수용자는 「공공기관의 정보공개에 관한 법률」에 따라 법무부장관, 순회점검공무원 또는 관할 지방교정청장에게 정보의 공개를 청구할 수 있다.

해설

① (○) 법 제116조 4항 참조.
② (×) 순회점검공무원이 말로 청원을 청취하는 경우에는 해당 교정시설의 교도관이 참여하여서는 아니 된다. 이 경우에는 교도관은 보이는 거리에서 수용자를 관찰할 수도 없다. 법 제117조 4항.
③ (×) 소장(×) → 관할 지방교정청장(○). 법 제117조 1항.
④ (×) 순회점검공무원(×) → 소장(○). 법 제117조의 2 제1항.

정답 ①

10 형집행법령상 소장이 수용자의 면담신청을 받아들이지 않을 수 있는 사유를 모두 고른 것은?

㉠ 정당한 사유 없이 면담사유를 밝히지 아니한 때
㉡ 면담목적이 법령이나 지시에 명백히 위배되는 사항을 요구하는 것인 때
㉢ 동일한 사유로 면담한 사실이 있음에도 불구하고 정당한 사유 없이 반복하여 면담을 신청하는 때
㉣ 교도관의 직무집행을 방해할 목적이라고 인정되는 상당한 이유가 있는 때

① ㉠, ㉡
② ㉠, ㉢, ㉣
③ ㉡, ㉢, ㉣
④ ㉠, ㉡, ㉢, ㉣

해설

㉡ (×) '면담목적이 지시에 명백히 위배되는 사항을 요구하는 것인 때'는 면담 제외 사유에 해당되지 않는다. '면담목적이 법령에 명백히 위배되는 사항을 요구하는 것인 때'가 면담 제외 사유 중 하나이다. 법 제6조 제2항 참조.

정답 ②

11 수용자의 권리구제제도인 청원에 대한 설명으로 옳지 않은 것은?

① 수용자가 석방된 이후에는 수용생활 중 받은 처우에 대한 불복이 있는 경우라도 청원할 수 없다.
② 소장은 부당한 청원을 하였다는 이유로 수용자에게 불이익한 처우를 하여서는 아니 된다.
③ 수용자의 청원은 단독청원과 공동청원으로 구분된다.
④ 수용자는 관할지방교정청장에게도 청원할 수 있다.
⑤ 청원에 대한 결정은 반드시 문서로써 하여야 한다.

해설

③ (×) 공동청원 또는 집단청원, 대리청원, 반복청원은 인정되지 않는다.

정답 ③

12 청원에 대하여 가장 적절하지 않은 것은?

① 수용자에게 처우상 불복이 있는 경우에 할 수 있다.
② 수용자가 순회점검공무원에게 말로 청원을 하는 경우에는 교도관은 참여하여서도 아니 되고, 감시하여서도 아니 된다.
③ 청원을 심사·결정하였을 때에는 법무부장관이 결정서를 지체 없이 수용자에게 전달하여야 한다.
④ 순회점검공무원에 대한 청원은 문서로도 할 수 있다.
⑤ 청원으로 당해 소장의 결정사항이 정지되는 것은 아니다.

해설

③ (×) 청원서나 청원에 관한 결정서는 소장을 거쳐 청원 대상(수령)기관이나 수용자에게 전달되어야 한다. 「법」 제117조: ⑥ 소장은 청원에 관한 결정서를 접수하면 청원인에게 지체 없이 전달하여야 한다.

정답 ③

13 다음 중 수용자의 청원에 대한 설명으로 틀린 것은? '03. 9급

① 타인의 부당한 처우에 대해서는 청원할 수 없다.
② 공동청원은 가능하나 반복청원은 불가능하다.
③ 외국인 수형자도 청원할 수 있다.
④ 소장에게 사전에 청원취지서의 제출 없이 제기하면 된다.

해설

② (×) 공동청원, 반복청원 모두 청원의 형식적 요건을 갖추지 못한 것이므로 청원의 각하 사유에 해당된다. '각하'란 소송이나 신청이 형식적인 요건을 갖추지 못한 경우, 부적법한 것으로 간주하여 내용에 대한 판단 없이 절차를 종료하는 것을 말한다.

정답 ②

14 청원에 대한 설명으로 가장 거리가 먼 것은? '01. 9급 수정

① 순회점검공무원은 수용자로부터 말에 의한 청원을 받았을 때에는 그 요지를 청원부에 기재하여야 한다.
② 순회점검공무원이 결정한 청원사항은 그 요지를 청원부에 기재하여야 한다.
③ 순회점검공무원은 청원을 스스로 결정하는 것이 부적당하다고 인정하는 경우가 있다 하더라도 본인이 수령한 청원사항에 대하여는 결정해야 한다.
④ 청원은 법무부장관 및 관할 지방교정청장에게도 할 수 있다.

해설

③ (×) 순회점검공무원은 청원을 스스로 결정하는 것이 부적당하고 인정하는 경우에는 그 내용을 법무부장관에게 보고하여야 한다(「시행령」 제139조 4항).

정답 ③

15 수형자 권리 구제와 관련이 없는 것은?

① 국가인권위원회의 진정
② 가석방심사위원회의 심사 신청
③ 소장 면담
④ 순회 점검

해설

② (×) 가석방심사위원회의 적격심사 신청은 시설의 장만이 할 수 있고 수용자의 신청권은 인정되지 않는다. 또한 가석방은 권리구제방법과는 관련이 없다. ④ 구 「행형법」과 비교하면 「형집행법」은 법무부장관의 순회점검 관련규정을 종전의 임의규정에서 매년 1회 이상 점검하도록 강행규정화하고, 특히 수용자의 처우 및 인권실태파악을 순회점검의 목적으로 추가하여 수용자인권보호를 위한 감독권을 강화했다. 따라서 현행법상 순회점검은 간접적인 권리구제제도로 인정된다(신양균, 518면).

그러나 시찰과 참관은 권리구제제도로 볼 수 없다. '시찰'은 판·검사가 업무상 참고를 위해 교정시설의 실태를 파악하기 위한 수단의 일종이며, 참관은 일반인이 연구나 관심차원에서 교정시설을 견학하는 데 지나지 않으므로, 이는 교정의 투명성확보에는 기여하지만 그 자체를 외부의 감시수단으로 보아 권리구제수단의 일종으로 볼 수는 없다(신양균, 518면).

정답 ②

16 다음 중 「형의 집행 및 수용자의 처우에 관한 법률」상 수용자의 권리구제수단에 대한 설명이 아닌 것은? '05. 7급 수정

① 법무부장관이나 순회점검공무원은 현행법상 규정에 의하여 1년에 1회 이상 교도소를 순회점검하여야 한다.
② 수용자는 처우에 대하여 불복과 상관없이 일반적인 처우에 관하여 청원할 수 있다.
③ 청원은 법무부장관 또는 순회공무원과 관할 지방교정청장에게 할 수 있다.
④ 관할 지방교정청장에 대한 청원은 말로 하여서는 아니 된다.

해설

② (×) 청원의 요건으로 '처우에 불복이 있는 경우에만' 청원이 가능하도록 규정하고 있다(「법」 제117조). 이는 다른 권리침해의 경우에는 「형집행법」이외의 다른 구제수단을 활용하도록 한 취지이다. '처우'란 수용자에게 사실상·법률상 영향을 미치는 교정행정작용을 말한다.

정답 ②

17 수용자의 권리구제수단에 관한 설명으로 옳은 것은? '07. 9급

① 수용자가 법무부장관에게 청원하는 경우에는 청원서를 작성하여 당해 시설의 소장에게 제출하며, 소장은 청원서를 검토한 후 법무부장관에게 송부한다.
② 수용자가 순회점검공무원에게 청원하는 경우에는 서면 또는 말로써 할 수 있으며, 순회점검공무원이 말로써 청원을 청취하는 때에는 교도관을 참여시킬 수 있다.
③ 법무부장관은 교도소 등을 순회점검하거나 소속 공무원으로 하여금 순회점검하게 해야 한다.

④ 수용자는 교도소의 처우에 대하여 행정심판 및 행정소송을 제기할 수 있으나, 헌법소원의 제기는 불가능하다.

해설

① (×) 소장은 청원서를 개봉해서는 아니 되므로 청원서를 검토할 수 없다.
② (×) 교도관이 참여하여서는 아니 된다.
④ (×) 수용자는 교정기관에 의해 자신의 헌법상의 기본권이 침해되었다는 이유로 헌법재판소에 헌법소원을 제기할 수 있다.

정답 ③

18 다음 내용 중 옳지 않은 것은?

① 수용자는 그 처우에 관하여 소장면담을 할 수 있다.
② 소장은 면담을 신청한 자가 있는 경우에는 그 인적사항을 면담부에 기록하고 특별한 사정이 없으면 신청한 순서에 따라 면담을 하여야 하며 당해 수용자에게 표시한 의견의 요지를 면담부에 기재하여야 한다.
③ 수용자는 교도소의 처분 또는 부작위에 대하여 다른 법률에 특별한 규정이 있는 경우를 제외하고는 행정심판을 청구할 수 있다.
④ 수용자는 교도소의 위법한 행정에 대하여 행정소송을 할 수 있다. 다만, 행정소송 이전에 행정심판을 거쳐야 한다.

해설

④ (×) 1998년 개정된 행정소송법은 행정소송 이전에 행정심판을 거치도록 하는 필요적 행정심판전치주의를 폐지하고 임의적 행정심판전치주의를 채택하였다. 이에 따라 위법한 행정처분으로 인하여 권익을 침해당한 사람은 원칙적으로 행정심판을 거치지 않고 행정소송을 제기할 수 있게 되었다. 따라서 위법한 교정처분에 대해서도 행정심판을 거치지 않고 곧바로 행정소송을 제기할 수 있다.

정답 ④

AI 예상 응용지문

❶ 소장은 수용자가 면담을 신청한 경우에는 특별한 사정이 없으면 신청 내용의 중대성에 따라 면담하여야 한다. (×)
❷ 소장은 수용자의 면담을 받아들이지 아니하는 경우에는 그 요지를 면담부에 기록하여야 한다. (×)
❸ 법무부장관은 수용자의 처우 및 인권실태 등을 파악하기 위하여 매월 1회 이상 교정시설을 순회점검하여야 한다. (×)

❶ 내용의 중대성에 따라(×) → 신청한 순서에 따라(○) ❷ 그 요지를 기록해야 한다(×) → 그 사유를 해당 수용자에게 알려주어야 한다(○) ❸ 매월(×) → 매년(○) / 순회점검하여야 한다(×) → 순회점검하거나 소속 공무원으로 하여금 순회점검하게 하여야 한다(○). 법 제8조.

19 현행법령상 수용자의 권리구제제도로서 소장면담에 관한 설명으로 옳은 것은? '07. 5급(교정관) 승진 수정

① 소장면담제도는 「형의 집행 및 수용자의 처우에 관한 법률 시행령」에 근거규정을 두고 있다.
② 수용자는 그 일신상의 사정에 대해서만 소장에게 면담을 신청할 수 있다.
③ 소장은 특별한 사정이 있으면 소속 교도관으로 하여금 그 면담을 대리하게 할 수 있다.
④ 소장은 면담과 결과 처리가 필요한 사항이 있으면 그 처리결과를 수용자에게 통지할 수 있다.
⑤ 소장은 수용자와의 면담을 위해 매주 1회 이상 면담 일을 정해야 한다.

해설

① (×) 과거에는 「행형법 시행령」에 근거규정을 두고 있었으나, 현재는 「형집행법」 제116조에 근거규정을 두고 있다. 시행령에는 세부사항을 규정하고 있다.
② (×) 일신상의 사정에 관하여는 면담사유가 아니다. 수용자는 그 처우에 관하여 소장에게 면담을 신청할 수 있다.
④ (×) 통지할 수 있다(×). 소장은 수용자를 면담한 경우에는 그 요지를 면담부에 기록해야 하고, 면담한 결과 처리가 필요한 사항이 있으면 그 처리 결과를 수용자에게 통지하여야 한다. 또한 소장이 수용자의 면담 신청을 받아들이지 아니한 경우에는 그 사유를 해당 수용자에게 알려주어야 한다.
⑤ (×) 과거의 규정이다. 현재는 "소장은 수용자가 면담을 신청한 경우에는 그 인적사항을 면담부에 기록하고 특별한 사정이 없으면 신청순서에 따라 면담하여야 한다."고 규정하고 있다.

정답 ③

20 현행법상 권리구제로서 옳지 않은 것은? '10. 5급(교정관) 승진

① 수용자가 청원을 함에 있어서 형집행법에 규정이 없는 경우에는 청원법 규정이 적용되고, 수용자는 법무부장관, 순회점검공무원, 지방교정청장 이외의 관서에 대해서도 청원법의 규정에 따라 청원할 수 있다.
② 청원이 채택되면 즉시 당해 처분은 무효 또는 취소 등의 효력이 발생하므로 청원은 신속한 권리구제방법으로 실효성이 강하다.
③ 교정시설의 소장이나 직원으로부터 받은 조치가 부당하다고 판단할 경우 수용자나 법정대리인, 배우자, 변호사, 형제자매 등은 감사원법에 따라 감사원에 심사청구를 하여 권리구제를 받을 수 있다.
④ 수형자는 교도소장 등의 위법 부당한 처분 또는 부작위에 의해 자신의 권리가 침해된 경우 행정심판법에 따라 관할 지방교정청장에 행정심판을 청구할 수 있다.
⑤ 수용자는 행정소송·민사소송·형사소송을 권리구제 수단으로 이용할 수 있다.

해설

② (×) 청원이 채택되더라도 즉시 당해 처분의 무효 또는 취소 등의 효력이 발생하지 않고, 소장의 취소명령이 이루어짐으로써 그 효력이 발생한다. 따라서 청원은 중요한 권리구제수단이지만 그 자체만으로는 실효성이 약하다고 할 수 있다(박상기 외, 형사정책, 379면).

정답 ②

21 현행법령상 수용자의 권리구제제도로서 청원에 관한 설명으로 옳지 않은 것은?

① 수용자는 그 처우에 관하여 불복하는 경우 법무부장관·순회점검공무원 또는 관할 지방교정청장에게 청원할 수 있다.
② 청원에 관한 결정은 문서로서 하여야 하며, 소장은 결정서를 접수하면 청원인에게 지체 없이 전달하여야 한다.
③ 청원하려는 수용자는 청원서를 작성하여 봉한 후 소장에게 제출하여야 한다.
④ 순회점검공무원에게 하는 청원은 말로도 할 수 있으며, 이 경우 해당 교정시설의 교도관 등이 참여할 수 있다.

해설
④ (×) 순회점검공무원에게 하는 청원은 문서로 할 수도 있고 말로도 할 수 있으며, 말로 청원하는 경우 해당 교정시설의 교도관 등이 참여할 수 없다.

정답 ④

22 현행법령상 수용자의 정보공개제도로서 관한 설명으로 옳지 않은 것은? 'AI 예상

① 수용자는 「공공기관의 정보공개에 관한 법률」에 따라 법무부장관, 지방교정청장 또는 소장에게 정보의 공개를 청구할 수 있다.
② 현재의 수용기간 동안 법무부장관, 지방교정청장 또는 소장에게 정보공개청구를 한 후 정당한 사유 없이 그 청구를 취하하거나 「공공기관의 정보공개에 관한 법률」에 따른 비용을 납부하지 아니한 사실이 2회 이상 있는 수용자가 정보공개청구를 한 경우에 법무부장관, 지방교정청장 또는 소장은 그 수용자에게 정보의 공개 및 우송 등에 들 것으로 예상되는 비용을 미리 납부하게 하여야 한다.
③ 대법원은, "「공공기관의 정보공개에 관한 법률」 제9조(비공개 대상 범죄) 제1항 제4호에서 비공개대상으로 규정한 '형의 집행, 교정에 관한 사항으로서 공개될 경우 그 직무수행을 현저히 곤란하게 하는 정보'란 당해 정보가 공개될 경우 재소자들의 관리 및 질서유지, 수용시설의 안전, 재소자들에 대한 적정한 처우 및 교정·교화에 관한 직무의 공정하고 효율적인 수행에 직접적이고 구체적으로 장애를 줄 고도의 개연성이 있고, 그 정도가 현저한 경우를 의미한다"고 보았다.
④ 대법원은, "교도소에 수용 중이던 재소자가 담당 교도관들을 상대로 한 가혹행위를 이유로 형사고소 및 민사소송을 제기하면서 그 증명자료 확보를 위해 '근무보고서'와 '징벌위원회 회의록' 등의 정보공개를 요청하였으나 교도소장이 이를 거부한 사안에서, 징벌위원회 회의록 중 비공개 심사·의결 부분과 재소자의 진술, 위원장 및 위원들과 재소자 사이의 문답 등 징벌 절차 진행 부분은 「공공기관의 정보공개에 관한 법률」 제9조(비공개 대상 범죄) 제1항 제5호의 비공개사유에 해당하지만, 근무보고서는 법 제9조(비공개 대상 범죄) 제1항 제4호에서 정한 비공개 대상 정보에 해당하지 않는다고 보아 분리 공개가 허용된다"고 판단하였다.

해설

② (×) 미리 납부하게 하여야 한다(×) → 미리 납부하게 할 수 있다(○). 법 제117조의 2 제2항 참조.
③ (○) 이 판례는 정보공개법 제9조 제1항 제4호의 해석에 대한 중요한 기준을 제시하고 있다. 대법원은 정보공개의 원칙을 존중하면서도, 형사 집행 및 교정업무가 공정하고 효율적으로 수행될 수 있는 공익을 보호하기 위해 일부 정보는 비공개될 필요가 있음을 강조하였다. 특히, 공개된 정보가 교정시설의 안전과 질서유지에 직접적인 영향을 미치고, 직무수행을 현저히 곤란하게 할 고도의 개연성이 있을 경우, 해당 정보는 비공개 대상이 될 수 있다고 판단했다. 대법원 2014. 10. 16. 선고 2012두27786 판결 참조.
④ (○) 이 사건은 교도소에 수용 중인 재소자가 담당 교도관들의 가혹행위를 이유로 형사 고소와 민사 소송을 제기하면서, 그 증명 자료로 '근무보고서'와 '징벌위원회 회의록' 등의 정보공개를 요청한 것이다. 이에 대해 교도소장은 이 요청을 거부하였고, 이에 대해 대법원은 각각의 정보에 대해 공개 가능성을 판시했다. 대법원 2014. 1. 29. 선고 2012두26537 판결 참조. 이 판례의 요지는, <u>징벌위원회 회의록의 비공개는 정당하나, 근무보고서는 비공개 사유에 해당하지 않으므로 공개가 가능하다는 것이다</u>. 즉, 일부 정보는 비공개하고, 다른 정보는 분리하여 공개하는 방식이 적절하다고 판시한 사례이다. 대법원은 정보공개의 원칙을 유지하면서도, 일부 민감한 정보는 교정업무의 공정성과 효율성을 저해할 가능성이 있어 비공개될 수 있다고 보았다. 그러나 모든 정보가 비공개될 필요는 없으며, 근무보고서와 같이 공개가 직무수행에 지장을 주지 않는 정보는 국민의 알권리를 보장하는 차원에서 <u>분리 공개가 가능하다는 입장을 명확히 하였다</u>.

☞ 출제의도 : 이 문제는 수용자의 정보공개제도에 대한 법적 이해를 정확히 확인하고, 판례를 통해 구체적인 사례를 설명하는 것을 목표로 하고 있습니다.

정답 ②

---

23 현행법령상 청원에 대한 설명 중 적절하지 않은 것은?

───── 보 기 ─────

㉠ 수용자는 그 처우에 관하여 불복하는 경우 법무부장관 또는 감사관에게 청원할 수 있다.
㉡ 수용자는 청원서를 작성하면 교도관은 이를 봉한 후 소장에게 제출하여야 한다.
㉢ 소장은 수용자가 순회점검공무원에게 청원하는 경우 인적사항과 청원요지를 청원부에 기록한다.
㉣ 청원에 대한 결정은 문서로써 하여야 한다.

① ㉠
② ㉠, ㉡
③ ㉠, ㉡, ㉢
④ ㉠, ㉡, ㉢, ㉣

해설

㉠ (×) 감사관은 청원의 대상기관이 아니다. 다만, 수용자는 소장이나 직원으로부터 받은 조치가 위법 또는 부당하다고 판단될 경우 감사원에 해당 조치의 적정성 여부에 대한 심사의 청구를 할 수 있다(「감사원법」 제43조).
㉡ (×) 청원하는 수용자가 봉한 후 소장에게 제출해야 한다.
㉢ (×) 소장은 인적 사항만 청원부에 기록하여야 한다. 말로써 순회점검공무원에게 청원하는 경우에는 순회점검공무원이 그 요지를 청원부에 기록하여야 한다(「시행령」 제139조 참조).

정답 ③

24 형의 집행 및 수용자의 처우에 관한 법령상 청원에 대한 설명으로 옳지 않은 것은? '19. 9급

① 수용자는 그 처우에 관하여 불복하는 경우 법무부장관·순회점검공무원 또는 관할 지방교정청장에게 청원할 수 있다.
② 청원하려는 수용자는 청원서를 작성하여 봉한 후 소장에게 제출하여야 한다. 다만, 순회점검공무원에 대한 청원은 말로도 할 수 있다.
③ 소장은 청원서를 개봉하여서는 아니 되며, 이를 지체 없이 법무부장관·순회점검공무원 또는 관할 지방교정청장에게 보내거나 순회점검공무원에게 전달하여야 한다.
④ 소장은 수용자가 관할 지방교정청장에게 청원하는 경우에는 그 인적 사항을 청원부에 기록하여야 한다.

해설

④ (×) 소장이 그 인적 사항을 청원부에 기록해야 하는 것은 수용자가 순회점검공무원에게 청원하는 경우이다. 「시행령」 제139조 참조.

정답 ④

25 다음 중 형의 집행 및 수용자의 처우에 관한 법령상 청원의 요건으로 옳은 것은?

① 자기의 이익과 동료들의 이익에 대한 요구가 가능하다.
② 부당한 처우에 대하여 청원할 수 있다.
③ 일신상의 사유로 청원할 수 있다.
④ 본인의 막연한 희망이나 교정제도에 대하여도 할 수 있다.

해설

① (×) 동료의 이익(×)
③ (×) 일신상의 사유는 청원사유가 아님
④ (×) 할 수 없다.

정답 ②

26 다음 중 현행법령상 청원에 대한 규정으로 적절하지 않은 것은?

① 수용자는 그 처우에 불복할 경우 법무부장관 등에 청원할 수 있다.
② 청원에 대한 결정은 문서로만 해야 한다. 다만, 순회점검공무원은 결정을 말로도 할 수 있다.
③ 청원 처리의 기준 및 절차 등에 관하여 필요한 사항은 법무부장관이 정한다.
④ 순회점검공무원에 대한 청원은 서면 또는 말로서 할 수 있다.

해설

② (×) 청원에 대한 결정은 어느 기관에서 행하든 반드시 문서로써 하여야 한다(「법」 제17조 5항 참조).
③ (○) 법무부장관은 「수용자 청원 처리지침」으로 이에 대하여 정하고 있다.

정답 ②

27 다음은 현행 법률에서 규정하고 있는 정보공개와 관련된 내용들이다. 틀린 것은?

① 수용자는 법무부장관, 교정본부장, 지방교정청장, 소장에게 정보공개를 청구할 수 있다.
② 현재의 수용기간 동안 수용자가 정당한 사유 없이 정보공개청구를 취하하거나 비용을 납부하지 않은 사실이 2회 이상 있는 경우 그 수용자에게 예상되는 비용을 미리 납부하게 할 수 있다.
③ 미리 비용을 납부해야 하는 수용자가 비용을 내지 않을 경우 정보공개 여부의 결정은 유예될 수 있다.
④ 예상비용의 산정방법, 납부방법, 납부기간, 그 밖에 필요한 사항은 대통령령으로 정한다.

해설

① (×) 교정본부장(×). 「법」 제117조의 2 참조.

정답 ①

28 「형의 집행 및 수용자의 처우에 관한 법률」과 동법 시행령상 청원에 대한 설명으로 옳지 않은 것은?

'16. 7급

① 수용자는 그 처우에 관하여 불복하는 경우 법무부장관·순회점검공무원 또는 관할 지방교정청장에게 청원할 수 있다.
② 청원하려는 수용자는 청원서를 작성하여 봉한 후 소장에게 제출하여야 한다. 다만, 순회점검공무원에 대한 청원은 말로도 할 수 있으며, 이때 그 내용을 전부 녹음하여야 한다.
③ 순회점검공무원이 청원을 청취하는 경우 해당 교정시설의 교도관이 참여해서는 아니 된다.
④ 청원에 관한 결정은 문서로써 하여야 하며, 소장은 청원에 관한 결정서를 접수하면 청원인에게 지체 없이 전달하여야 한다.

해설

② (×) 순회점검공무원에게 수용자가 말로써 청원하는 경우에는 해당 교정시설의 교도관은 참여하여서는 아니 되므로 녹취나 녹화는 인정되지 않는다.

정답 ②

29 다음 중 현행법령상 수용자의 정보공개청구에 대한 규정이다. 옳지 않은 것은?

① 수용자는 「공공기관의 정보공개에 관한 법률」에 따라 법무부장관, 지방교정청장 또는 소장에게 정보의 공개를 청구할 수 있다.
② 예상비용의 산정방법, 납부방법, 납부기간, 그 밖에 비용납부에 관하여 필요한 사항은 대통령령으로 정한다.
③ 비용납부의 통지를 받은 수용자는 그 통지를 받은 날부터 3일 이내에 현금 또는 수입인지로 법무부장관, 지방교정청장 또는 소장에게 납부하여야 한다.

④ 비용을 납부하지 아니한 사실이 2회 이상 있는 수용자가 정보공개청구를 한 경우에 법무부장관, 지방교정청장 또는 소장은 그 수용자에게 정보의 공개 및 우송 등에 들 것으로 예상되는 비용을 미리 납부하게 할 수 있다.

해설

③ (×) 3일 이내(×) → 7일 이내(○). 「시행령」 제139조의 2 제3항 참조.

정답 ③

AI 예상 응용지문

❶ 비용을 납부하지 않은 사실이 2회 이상 있는 수용자가 정보공개를 청구한 경우에 법무부장관 등은 예상비용을 미리 납부하게 해야 한다. (×)
❷ 정보공개를 청구한 후 정당한 사유없이 그 청구를 취하한 사실이 2회 이상 있는 수용자가 정보공개를 청구한 경우에는 정보공개에 예상되는 비용을 미리 납부하게 해야 한다. (×)

❶ 납부하게 해야 한다(×) → 납부하게 할 수 있다(○) ❷ 납부하게 해야 한다(×) → 납부하게 할 수 있다(○) 법 제117조의 2 참조.

30 수용자의 정보공개청구에 대한 지방교정청장 갑(甲)의 처분으로 적법한 것은? '14. 7급

① 정보공개를 위한 비용납부의 통지를 받은 수용자 A가 그 비용을 납부하기 전에 지방교정청장 甲은 정보공개의 결정을 하고 해당 정보를 A에게 공개하였다.
② 과거의 수용기간 동안 정당한 사유 없이 정보공개를 위한 비용을 납부하지 아니한 사실이 1회 있는 수용자 B가 정보공개청구를 하자, 청구를 한 날부터 7일째 甲은 B에게 정보의 공개 및 우송 등에 들 것으로 예상되는 비용을 미리 납부할 것을 통지하였다.
③ 정보공개를 위한 비용납부의 통지를 받은 수용자 C가 그 통지를 받은 후 3일 만에 비용을 납부했지만, 甲은 비공개 결정을 하고 C가 예납한 비용 중 공개 여부의 결정에 드는 비용을 제외한 금액을 반환하였다.
④ 현재의 수용기간 동안 甲에게 정보공개청구를 한 후 정당한 사유로 그 청구를 취하한 사실이 있는 수용자 D가 다시 정보공개청구를 하자, 甲은 D에게 정보의 공개 및 우송 등에 들 것으로 예상되는 비용을 미리 납부할 것을 통지하였다.

해설

① (○) 「법」 제117조의 2 제3항에 의하면 적법하다. 소장 등은 그 비용을 납부하지 아니한 경우 납부할 때까지 정보공개 여부의 결정을 '유예할 수 있다'로 규정하고 있기 때문에 공개 여부는 해당기관장의 재량이기 때문이다.
② (×) 과거(×) → 현재(○) / 1회(×) → 2회 이상(○).
현재의 수용기간 동안 정당한 사유 없이 취하·비용 불납 사실이 2회 이상 있는 수용자에 대해서만 비용을 미리 납부하게 할 수 있기 때문이다(「법」 제117조의 2 제2항 참조).
청구한 날부터 7일 이내에 예납통지를 할 수 있으므로 7일째 통지한 것은 적법하다.
③ (×) 예납한 비용 중 공개여부의 결정에 드는 비용을 제외한 금액(×) → 비공개 결정을 한 경우에는 전부를 반환하여야 하기 때문이다. 부분공개 결정을 한 경우에는 공개 결정한 부분에 드는 비용을 제외한 금액을 반환하여야 한다(「시행령」 제139조의 2 제6항 참조).

④ (×) 정당한 사유(×) → 정당한 사유 없이(○). 정당한 사유가 있는 경우에는 예납통지사유에 해당되지 않는다.

정답 ①

31 국가인권위원회에 관한 업무 중 바르지 않은 것은?

① 시설수용자가 구금·보호시설의 장 또는 관리인에 대하여 위원회에 보내는 진정서 그 밖의 서면의 작성의사를 표명한 때에는 구금·보호시설의 장 또는 관리인은 이를 금지하거나 방해하여서는 아니 된다.
② 구금·보호시설에 소속된 공무원 또는 직원은 시설수용자가 위원회에 보내기 위하여 작성 중이거나 소지하고 있는 진정서 또는 서면을 열람·압수 또는 폐기하여서는 아니 된다.
③ 구금·보호시설에 소속된 공무원 또는 직원은 수용자가 미리 작성의사를 표명하지 아니하고 작성 중이거나 소지하고 있는 문서의 경우에도 이를 폐기하여서는 아니 된다.
④ 구금·보호시설에 소속된 공무원 또는 직원은 시설수용자가 징벌혐의로 조사를 받고 있거나 징벌을 받고 있는 중이라는 이유로 위원회에 보내기 위한 진성서 또는 서면을 작성하거나 제출할 수 있는 기회를 제한하는 조치를 하여서는 아니 된다.

해설

③ (×) 시설수용자가 미리 작성의사를 표명하지 아니하고 국가인권위원회에 보내기 위하여 작성중이거나 소지하고 있는 문서의 경우에는 소속 공무원 또는 직원은 그 진정서 또는 서면을 열람·압수 또는 폐기할 수 있다(「국가인권위원회법 시행령」 제9조 2항 단서).
그러나 ①, ②의 내용처럼 진정서 또는 서면의 작성의사를 표명하고 작성중이거나 소지하고 있는 것은 폐기 등을 할 수 없다. ①, ②, ④는 「국가인권위원회법 시행령」 제9조 참조.

정답 ③

32 수용자의 인권보호를 위한 국가인권위원회의 업무에 관한 설명으로 옳지 않은 것은? '08. 9급

① 국가인권위원회는 필요하다고 인정하면 그 의결로서 구금·보호시설을 방문하여 조사할 수 있다.
② 구금·보호시설의 직원은 방문조사를 하는 위원이 시설수용자를 면담하는 장소에 참석할 수 없다.
③ 수용자는 구금·보호시설의 업무수행과 관련하여 헌법 제10조 내지 제22조에 보장된 인권을 침해당한 때에는 위원회에 그 내용을 진정할 수 있다.
④ 구금·보호시설에 소속된 공무원은 시설수용자가 위원회에 제출할 목적으로 작성한 진정서 및 서면을 열람할 수 없다.

해설

② (×) 구금·보호시설의 직원은 국가인권위원회 위원 등이 시설수용자를 면담하는 장소에 참석할 수

있다. 다만, 대화내용을 녹음하거나 녹취하지 못한다(「동법」 제24조 5항 단서). 이와 대비해서 기억해야 할 내용은 "시설에 수용되어 있는 진정인 또는 진정을 하려는 사람과 국가인권위원회 위원 또는 위원회 소속 직원의 면담에는 구금·보호시설의 직원이 참여하거나 그 내용을 듣거나 녹취하지 못한다. 다만, 보이는 거리에서 시설수용자를 감시할 수 있다(「동법」 제31조 6항)."이다.

정답 ②

33 다음은 수용자들의 국가인권위원회 진정과 관련된 설명이다. 적절하지 않은 것은?

① 소장은 신입수용자들에게, 인권침해 사실을 위원회에 진정할 수 있다는 것과 그 방법을 고지해야 한다.
② 소장은 적절한 장소에 진정함을 설치하고 용지, 필기도구 및 봉함용 봉투를 비치하여야 한다.
③ 진정이 없는 경우에도 교도소 내에서 인권침해나 차별행위가 있다고 믿을만한 상당한 근거가 있는 경우 직권조사를 할 수 있다.
④ 교도소의 직원은 국가인권위원회 직원 등이 수용자를 면담하는 장소에 입회할 수 없다.

해설

④ (×) 없다(×) → 있다(○).

정답 ④

34 현행법령상 수용자의 권리구제방법에 대한 설명으로 옳지 않은 것은? '08. 9급

① 수용자는 법무부장관에게 직접 청원할 수 있으나, 소장에게 청원의 취지를 미리 구두나 서면으로 알려야 한다.
② 일반인이 교도소장 등의 위법·부당한 처분에 대해 행정심판을 청구하는 경우에는 지방교정청 산하 행정심판위원회가 이를 심사·재결한다.
③ 수용자에 대한 교도소장 등의 위법·부당한 처분이 있는 때에는 국민권익위원회가 이를 조사하여 교도소장 등에게 적절한 시정을 권고할 수 있다.
④ 수용자가 처우에 관하여 소장에게 면담을 신청할 수 있는 권리는 「형의 집행 및 수용자의 처우에 관한 법률」에 근거를 두고 있다.

해설

① (×) 1999년 「행형법」 제7차 개정 이전에는 청원의 취지를 기재한 서면을 소장에게 제출케 했었으나 7차 개정에서 이를 삭제했다. 그것은 청원을 저지하거나 청원을 하였다는 이유로 불이익한 처우를 하지 못하도록 함으로써 청원을 원활하게 제기할 수 있도록 하여 청원권을 보장하기 위한 목적이었다.

정답 ①

35 수용자 甲은 교도관 A로부터 불법하게 보호장비를 착용당했다고 주장하고 있다. 甲이 취할 수 있는 권리구제수단으로 현행법하에서 허용되지 않는 것은? '08. 7급

① 법무부장관에게 청원하는 방법
② 경찰에 A를 형사고소하는 방법
③ 국가인권위원회에 진정하는 방법
④ 징벌위원회에 소청하는 방법

해설

④ (×) '소청'이란 공무원이 징계처분을 받았을 때 이의를 제기하는 특별행정심판제도이다. '소청'은 수용자가 이용할 수 있는 권리구제 수단이 아니다.

정답 ④

AI 예상 응용지문

❶ 순회점검공무원은 수용자가 말 또는 문서로 청원하는 경우에는 그 요지를 면담부에 기록하여야 한다. (×)
❷ 순회점검공무원은 청원을 스스로 결정한 경우에는 그 내용을 법무부장관에게 보고하여야 한다. (×)

❶ 문서로(×), 면담부(×) → 청원부(○) ❷ 순검은 청원에 관하여 결정한 경우에는 그 요지를 청원부에 기록하고, 스스로 결정하는 것이 부적당하다고 인정하는 경우에는 법무부장관에게 보고하여야 한다. 시행령 제139조 참조.

36 수용자의 권리구제에 대한 설명으로 옳지 않은 것은? '20. 7급

① 소장은 특별한 사정이 있으면 소속 교도관으로 하여금 그 면담을 대리하게 할 수 있으며, 이 경우 면담을 대리한 사람은 그 결과를 소장에게 지체 없이 보고하여야 한다.
② 사법적 권리구제수단으로는 행정소송, 민·형사소송, 청원, 헌법소원이 있다.
③ 구금·보호시설의 직원은 국가인권위원회 위원 등이 시설에 수용되어 있는 진정인과 면담하는 장소에 참석할 수 없으며, 대화내용을 듣거나 녹취하지 못한다. 다만, 보이는 거리에서 시설수용자를 감시할 수 있다.
④ 청원권자는 수형자, 미결수용자, 내·외국인을 불문하고 「형의 집행 및 수용자의 처우에 관한 법률」상 수용자이다.

해설

② (×) 청원은 비(非)사법(司法)적 권리구제제도에 해당한다.

정답 ②

37 수용자에 대한 징벌 및 권리구제에 대한 설명으로 옳은 것은? '12. 9급

① 소장은 동일한 사유로 면담한 사실이 있음에도 불구하고 정당한 사유 없이 반복하여 면담을 신청하는 경우 수용자의 면담에 응하지 아니할 수 있다.
② 수용자가 청원서를 제출한 경우, 소장은 지체 없이 청원 내용을 확인하여야 한다.
③ 2회 이상 정보공개청구비용을 납부하지 않은 수용자는 향후 정보공개를 청구할 수 없다.
④ 징벌위원회는 징벌대상자에게 일정한 사유가 있는 경우 3개월 이하의 기간 내에서 징벌의 집행유예를 의결할 수 있다.

해설

② (×) 소장은 청원서를 절대로 개봉해서는 아니 된다.
③ (×) 청구할 수 있다. 다만, 비용예납명령을 받을 수 있고, 그 비용이 납부될 때까지 정보공개 여부의 결정을 유예당할 수 있다.
④ (×) 징벌집행유예기간은 2개월 이상 6개월 이하의 기간 내이다(「법」 제114조 참조).

정답 ①

---

38 수용자의 권리구제에 대한 설명으로 옳지 않은 것은? '11. 9급

① 수용자가 교정시설의 처우에 불복하는 경우 교정시설의 소장에게 청원할 수 있다.
② 순회점검공무원이 수용자의 청원을 청취하는 경우에는 해당 교정시설의 교도관 등이 참여하여서는 아니 된다.
③ 수용자는 「공공기관의 정보공개에 관한 법률」에 따라 소장에게 정보의 공개를 청구할 수 있다.
④ 수용자는 권리구제를 위한 행위를 하였다는 이유로 불이익한 처우를 받지 아니한다.

해설

① (×) 소장이나 교정본부장은 청원 수령기관이 아니다.

정답 ①

📝 AI 예상 응용지문

❶ 수용자는 기본권인 알권리에 근거하여 소장에게 법에 따라 정보 공개를 청구할 수 있고, 부당한 처우에 대하여 청원할 수 있다. (×)
❷ 수용자는 그 처우에 관하여 불복하는 경우에는 해당 교정시설의 장, 순회점검공무원 또는 교정본부장에게 청원할 수 있다. (×)
❸ 수용자는 청원서를 작성하여 법무부장·순회점검공무원 또는 관할지방교정청장에게 제출하여 청원할 수 있다. (×)

---

❶ 청원할 수 있다(×) → 소장에게는 청원할 수 없다(○) ❷ 교정시설의 장(×) → 지방교정청장(○) / 교정본부장(×) → 법무부장관(○) ③ 청원서는 소장에게 제출해야 한다. 법 제117조 2항 참조.

39 수용자의 권리구제에 대한 설명으로 옳지 않은 것은? '12. 7급

① 비사법적 구제의 일환으로 수용자는 소장에게 면담을 신청할 수 있지만, 소장은 수용자가 정당한 사유 없이 면담 사유를 밝히지 아니하는 때에는 면담에 응하지 않을 수 있다.
② 수용자는 자기 또는 타인의 처우에 대한 불복이 있는 경우 법무부장관·순회점검공무원 또는 관할 지방교정청장에게 청원할 수 있다.
③ 수용자는 소장의 위법, 부당한 처분으로 인하여 자신의 권리나 이익이 침해되었다고 판단한 때에는 지방교정청장에게 행정심판을 청구할 수 있다.
④ 사법적 권리구제로서 헌법소원을 제기하기 위해서 법률에 정해진 기본권 구제절차를 거쳐야 하지만, 형의 집행 및 수용자의 처우에 관한 법률상의 청원을 거쳐야 할 필요는 없다.

해설

② (×) 타인(다른 사람)의 처우에 대한 불복이 있는 경우(×)

정답 ②

40 수용자의 권리구제에 대한 설명 중 옳지 않은 것을 고르면?

㉠ 순회공무원이 청원을 청취하는 경우에는 당해 순회점검공무원이 요청하면 해당 교정시설의 교도관이 참여할 수 있다.
㉡ 보안과장에 대한 수용자의 면담신청을 거부한 행위는 헌법소원의 대상이 되는 공권력의 행사에 해당하지 않는다.
㉢ 순회점검공무원은 청원을 스스로 결정하는 것이 부적당하다고 인정하는 경우에는 그 내용을 법무부장관 또는 지방교정청장에게 보고하여야 한다.
㉣ 교도관의 직무집행을 방해할 목적이라고 인정되는 상당한 이유가 있는 때에는 소장은 면담에 응하지 않을 수 있다.
㉤ 소장은 수용자가 순회점검공무원에게 말로 청원하는 경우에는 그 인적사항과 청원의 요지를 청원부에 기록하여야 한다.

① ㉠, ㉡, ㉢   ② ㉡, ㉢, ㉣   ③ ㉡, ㉣, ㉤   ④ ㉠, ㉢, ㉤

해설

㉠ (×) 절대로 참여할 수 없다.
㉡ (○) 현행법상 수용자는 교도관의 면담을 신청할 권리가 없다. 따라서 교도관인 보안과장의 면담 거부행위는 헌법소원의 대상이 되는 공권력의 행사에 해당하지 아니한다(2014 헌마 388).
㉢ (×) 지방교정청장(×)
㉤ (×) 소장은 인적사항만을 기록하도록 규정하고 있고, 청원의 요지는 순회점검공무원이 청원부에 기록하여야 한다.

정답 ④

41 「공직선거법」제18조 제1항 제2호는 수형자의 선거권을 제한하고 있는데, 이 규정에 대한 헌법재판소의 입장과 일치하지 않는 것은? '09. 7급 수정

① 선거권의 제한은 국민주권에 바탕을 두고 자유·평등·정의를 실현시키려는 우리 헌법의 민주적 가치질서를 직접적으로 침해하게 될 위험성이 크기 때문에 언제나 필요한 최소한의 정도에 그쳐야 한다.
② 공직선거법상 유기징역 또는 유기금고의 선고를 받고 그 집행유예 중인 자에 관한 규정과 형법상 집행유예 중인자의 공법상 선거권에 관한 규정에 의해 집행유예를 받은 자에 대한 선거권 제한은 헌법에 위반된다.
③ 선거권 제한은 공동체 구성원으로서 반드시 지켜야 할 기본적 의무를 저버린 행위자에게까지 그 공동체의 운용을 주도하는 통치조직의 구성에 직·간접으로 참여하도록 하는 것은 바람직하지 않다는 기본적 인식과 이러한 반사회적 행위에 대한 사회적 제재의 의미를 갖고 있다.
④ 선거권의 행사를 위해서는 그 전제로 선거와 관련된 충분한 정보가 제공되어야 하는데, 일정한 시설에 격리·수용되어 있는 수형자들에게 그와 같은 충분한 정보의 제공은 현실적으로 어렵다.

해설

② (○) 2012 헌마 409, 2013 헌마 167(병합) 참조.
③ (○) 헌재 2002 헌마 411 참조.
④ (×) 수형자는 과거 구행형법 아래에서의 처우에 비하여 선거관련 정보획득의 주요매체라고 할 수 있는 신문·TV 등에의 접근이 더욱 자유롭게 되어 선거권 행사에 필요한 정보획득의 기회는 충분히 제공되어 있다고 보고 있다(2007 헌마 1462).

<2012 헌마 409 결정요지>
이 사건에서는 ②와 같은 위헌 결정 이외에 「형법」과 「공직선거법」에 의하여 유기징역 또는 유기금고의 선고를 받고 그 집행이 종료되지 아니한 자(수형자)에게 범죄자가 저지른 범죄의 경중을 전혀 고려하지 않고 수형자 모두의 선거권을 제한하는 것도, 침해의 최소성원칙에 어긋나므로 헌법에 위반된다고 하여 헌법불합치결정을 하였다. 즉 이러한 규정들은 선거권을 침해하고 보통선거원칙에 위반하여 평등원칙에도 어긋난다고 판시했다.
이러한 위헌결정을 한 이유는, 심판대상이 된 위의 조항 중 수형자에 관한 부분의 선거권 제한이 지나치게 전면적·획일적으로 수형자의 선거권을 제한하는 데 있다.
이와 같은 헌법에 위반된다는 결정에 따라 현행 「공직선거법」은 "선거일 현재 1년 이상의 징역 또는 금고의 형의 선고를 받고 그 집행이 종료되지 아니하거나 그 집행을 받지 아니하기로 확정되지 아니한 사람은 선거권이 없다. 다만, 그 집행유예를 선고받고 유예기간 중에 있는 사람은 선거권이 제한되지 아니한다(제18조 1항)"로 개정되었다.

정답 ④

42 다음 중 수용자처우의 내용에 대한 헌법재판소의 결정례에 대한 설명으로 거리가 먼 것은?

① 독거수용 중 TV시청을 제한받게 된 것은 합리적인 이유가 없는 자의적 차별로 헌법상의 평등원칙에 위배된다고 볼 수 있다.
② 금치수형자에 대한 접견·편지수발의 제한은 수용시설 내의 안전과 질서 유지라는 정당한 목적을 위한 필요최소한의 제한이다.
③ 금치처분을 받은 수형자에 대한 절대적인 운동의 금지는 헌법 제10조의 인간의 존엄과 가치 및 신체의 안전성이 훼손당하지 아니할 자유를 포함하는 제12조의 신체의 자유를 침해한 것이다.
④ 수형자는 미결수용자의 지위와 구별되므로 접견의 빈도 등이 상당 정도 제한될 수밖에 없고, 수형자와 변호사와의 접견에 대한 제한은 재판청구권의 침해라고 볼 수 없다.

해설
① (×) 볼 수 있다(×) → 볼 수 없다(○).

정답 ①

AI 예상 응용지문
❶ 금치처분을 받은 사람에게 실외운동 정지의 처우제한을 함께 부과하도록 하는 규정은 위헌이다. (○)
❷ 소장은 금치처분을 집행하는 경우에도 수용자의 기본적인 건강유지를 위하여 특히 필요하다고 인정하면 실외운동을 허가할 수 있다. (×)

❷ 금치처분을 받은 수용자에게도 원칙적으로 실외운동은 제한할 수 없다.

43 다음은 수용자 처우와 관련된 판례이다. 가장 타당하지 않은 것은?

① 수형자의 타 종교 집회참석을 효율적 수용관리와 계호상의 어려움 등을 이유로 제한하는 것은 기본권의 본질을 침해하는 것이다.
② 교도소 내에서의 처우를 왜곡하여 외부인과 연계하여 교도소 내의 질서를 해칠 목적으로 변호사에게 편지를 발송하는 경우에는 변호인의 조력을 받을 권리가 보장되는 경우에 해당하지 아니한다.
③ 신문의 일부 기사를 삭제한 후 수용자에게 구독하게 한 행위는 수용질서를 위한 청구인의 알권리에 대한 최소한의 제한이라고 볼 수 있으므로 청구인의 알권리를 과도하게 침해하는 것은 아니다.
④ 수용자가 교도관의 감시·단속을 피하여 규율 위반행위를 하는 것만으로는 단순히 금지규정에 위반되는 행위를 한 것에 지나지 아니할 뿐, 위계에 의한 공무집행방해죄가 성립한다고 할 수 없다.

해설
① (×) 신봉하는 종교가 아닌 다른 종교행사에 참여금지처분을 내린 것은 수형자의 기본권인 종교의 자유를 본질적으로 침해하지 않은 것으로써 합헌이다(2004 헌마 911 참조).

정답 ①

44 수용자의 권리보호에 대한 설명으로 옳지 않은 것은? '13. 7급

① 헌법 제10조에서 규정하고 있는 모든 국민의 인간으로서의 존엄과 가치, 행복추구권은 이의 근거가 된다.
② 수용자는 청원, 진정, 소장과의 면담, 그 밖의 권리구제를 위한 행위를 하였다는 이유로 불이익한 처우를 받지 아니한다.
③ 사법적 권리구제 수단으로, 공권력의 부당한 행사 내지 불행사로 인하여 기본권을 침해받은 수용자는 법원의 재판을 제외하고는 헌법소원을 제기할 수 있다.
④ 비사법적 권리구제 수단으로 서면으로 청원을 하는 경우 수용자는 청원서를 작성하여 봉한 후 소장 또는 순회점검공무원에게 제출하여야 한다.

해설

④ (×) 순회점검공무원(×) → 소장에게 제출하여야 한다(「법」제117조 참조).

정답 ④

45 수형자의 권리 및 권리구제에 대한 설명으로 옳지 않은 것은?(다툼이 있는 경우 판례에 의함) '17. 7급

① 교도소의 안전 및 질서유지를 위하여 행해지는 규율과 징계로 인한 기본권의 제한도 다른 방법으로는 그 목적을 달성할 수 없는 경우에만 예외적으로 허용되어야 한다.
② 교도관의 시선에 의한 감시만으로는 자살·자해 등의 교정사고 발생을 막는 데 시간적·공간적 공백이 있으므로 이를 메우기 위하여는 CCTV를 설치하여 수형자를 상시적으로 관찰하는 것이 적합한 수단이 될 수 있다.
③ 수형자의 보관품(영치품)에 대한 사용신청 불허처분 후 수형자가 다른 교도소로 이송되었더라도 권리와 이익의 침해 등이 해소되지 않고 형기가 만료되기까지는 아직 상당한 기간이 남아 있을 뿐만 아니라, 재이송 가능성이 소멸하였다고 단정하기 어려운 점에서 보관품(영치품) 사용신청 불허처분의 취소를 구할 이익이 있다.
④ 교정시설의 1인당 수용면적이 수형자의 인간으로서의 기본 욕구에 따른 생활조차 어렵게 할 만큼 지나치게 협소하더라도, 이는 그 자체로 국가형벌권 행사의 한계를 넘어 수형자의 인간의 존엄과 가치를 침해한다고 보기는 어렵다.

해설

④ (×) 교정시설의 1인당 수용면적이 수형자의 인간으로서의 기본욕구에 따른 생활조차 어렵게 할 만큼 지나치게 협소하다면, 수형자의 인간으로서의 존엄과 가치를 침해한 것이므로 위헌이다(2013 헌마 142). 「헌법」제10조에서 보장하는 인간의 존엄과 가치는, 국가가 형벌권을 행사함에 있어 사람을 국가행위의 단순한 객체로 취급하는 것 및 비인간적이고 잔혹한 형벌을 부과하는 것을 금지하며 행형(行刑)에 있어 인간 생존의 기본 조건이 박탈된 시설에 사람을 수용하는 것도 금지한다. 그리고 구금의 목적달성을 위하여 필요최소한의 범위 내에서는 수형자의 기본권에 대한 제한이 불가피하더라도, 국가는 어떠한 경우에도 수형자의 인간의 존엄과 가치를 훼손할 수는 없다.
이를 바탕으로, '수형자가 인간생존의 기본조건이 박탈된 교정시설에 수용되어 인간의 존엄과 가치를 침해당하였는지 여부'를 판단함에 있어서는 1인당 수용면적 뿐만 아니라 수형자 수와 수용거실 현황 등

수용시설 전반의 운영실태와 수용기간, 국가예산의 문제 등 제반사정을 종합적으로 고려할 필요가 있다. 그렇다고 해도 교정시설의 1인당 수용면적이 수형자의 인간으로서의 기본욕구에 따른 생활조차 어렵게 할 만큼 지나치게 비좁다면, 이는 그 자체로 국가형벌권 행사의 한계를 넘어 수형자의 인간의 존엄과 가치를 침해한 것이다.

정답 ④

46 「형의 집행 및 수용자의 처우에 관한 법률」상 수용자 권리구제에 대한 설명으로 옳지 않은 것은?
'20. 9급

① 소장은 수용자가 정당한 사유 없이 면담사유를 밝히지 아니하는 때에는 면담을 거부할 수 있다.
② 수용자는 그 처우에 관하여 불복하는 경우 법무부장관, 순회점검 공무원 또는 관할 지방법원장에게만 청원할 수 있다.
③ 수용자는 그 처우에 관하여 불복하여 순회점검 공무원에게 청원하는 경우 청원서가 아닌 말로도 할 수 있다.
④ 수용자는 청원, 진정, 소장과의 면담, 그 밖의 권리구제를 위한 행위를 하였다는 이유로 불이익한 처우를 받지 아니한다.

해설

② (×) 지방법원장(×) → 지방교정청장(○).「법」제117조 참조.

정답 ②

47 수용에 관한 다음 사항 중 틀린 것은? '00. 5급(교정관) 승진

① 수용자는 청원서를 작성하여 소장에게 제출하여 법무부장관에게 청원할 수 있다.
② 미결수용자는 의사에 반하여 두발과 수염을 짧게 깎을 수 없다.
③ 감염병환자는 소장이 수용을 거절할 수 있다.
④ 구치소는 참관할 수 없다.
⑤ 수용자는 처우에 관하여 소장에게 면담을 신청할 수 있다.

해설

④ (×) 구치소와 미결수용실은 참관할 수 있다. 미결수용자 또는 사형확정자가 수용된 거실에 한해 참관이 금지된다.

정답 ④

48 다음 중 괄호 안에 잘 어울리는 것으로 짝지은 것은?

> (　　)는 합리적인 이유 없이 성별, 종교, 장애, 나이, (　　　), 출신지역, 출신국가, (　　), 용모 등 신체조건, 병력(病歷), 혼인 여부, 정치적 의견 및 (　　　) 등을 이유로 차별받지 아니한다.

① 수용자 - 사회적 신분 - 출신민족 - 성적지향
② 수형자 - 사회적 신분 - 출신인종 - 성적취향
③ 수형자 - 정치적 신분 - 출신민족 - 성적지향
④ 수용자 - 정치적 신분 - 출신인종 - 성적취향

해설
① (○)「법」제5조 참조.

정답 ①

49「형의 집행 및 수용자 처우에 관한 법률」의 적용을 받지 않는 자는?

① 미결수용자
② 소년교도소에 수용된 소년 수형자
③ 노역장 유치명령을 받은 자
④ 가석방된 자

해설
④ (×) 가석방된 자는 시설내처우에서 사회내처우로 바뀐 사람이므로, 가석방된 자 중 보호관찰이 부가된 사람은「보호관찰 등에 관한 법률」이 적용되고, 보호관찰이 면제된 사람은「가석방자 관리규정」의 적용을 받는다.

정답 ④

50 다음은 현행 법률에서 규정하고 있는 정보의 공개와 관련된 내용들이다. 옳지 않은 것은?

① 수용자는 법무부장관, 교정본부장, 소장에게 정보의 공개를 청구할 수 있다.
② 예상되는 비용을 미리 납부하여야 하는 수용자가 비용을 납부하지 아니한 경우 그 비용을 납부할 때까지 정보공개 여부의 결정을 유예할 수 있다.
③ 예상비용의 산정방법, 납부방법, 납부기간, 그 밖에 비용납부에 관하여 필요한 사항은 대통령령으로 정한다.
④ 현재의 수용기간 동안 수용자가 정보공개청구를 한 후 정당한 사유 없이 그 청구를 취하하거나 비용을 납부하지 아니한 사실이 2회 이상 있는 경우 그 수용자에게 예상되는 비용을 미리 납부하게 할 수 있다.

해설

① (×) 교정본부장(×) → 지방교정청장(○). 「법」제117조의 2 참조.

정답 ①

51 수용자의 처우 및 권리에 관한 헌법재판소의 태도로 옳은 것을 모두 고르면 몇 개인가?

> ㉠ 교도소 내 엄중격리대상자에 대하여 1인 운동장을 사용하게 하는 조치는 그 목적의 정당성 및 수단의 적정성이 인정된다.
> ㉡ 수용자가 변호사와 접견하는 경우에도 일률적으로 접촉차단시설이 설치된 장소에서 하도록 하는 규정은 과잉금지원칙에 위배되지 않으며 재판청구권을 침해하는 것도 아니다.
> ㉢ 독거수용실에만 텔레비전 시청시설을 설치하지 않음으로써 독거수용 중인 수용자가 TV시청을 할 수 없도록 한 교도소장의 행위는 독거수용실 수용자를 혼거실 수용자와 차별대우한 것으로 평등권을 침해하는 것이다.
> ㉣ 수용자에게는 현행법상 독거수용을 신청할 권리가 있다.
> ㉤ 수용 거실의 지정은 소장이 죄명·형기·죄질·성격·범죄 전력·나이·경력 및 수용 생활 태도, 그 밖에 수용자의 개인적 특성을 고려하여 결정하는 것이므로 소장에게 수용 거실 지정이나 변경의 구체적인 이유를 수용자에게 설명해야 할 법률상 의무는 존재하지 않는다.
> ㉥ 소장이 자살사고를 예방하기 위하여 수용 거실 출입문에 있는 배식구를 배식 시간 이외에는 잠그도록 한 행위는 교정시설 관리행위일 뿐이므로 수용자의 기본권을 침해할 가능성이 있다고 볼 수 없다.

① 1개   ② 2개   ③ 3개   ④ 4개

해설

㉠ (○) 2005 헌마 137 참조.
㉡ (×) 형사사건이 아닌 민사·행정·헌법소원 등 법률적 분쟁과 관련하여 수용자가 변호사의 도움을 받을 경우에는 원칙적으로 접촉차단시설이 설치된 장소에서 접견하도록 규정하였던 시행령 제58조 제4항은 헌법에 위반된다. 이는 형사사건의 미결수용자 이외의 수용자 모두로 하여금 일률적으로 접촉차단시설이 설치된 장소에서 변호사와 접견하도록 하고 있어, 이는 과잉금지의 원칙을 위반하여 수용자의 재판청구권을 침해하는 것이므로 헌법에 위반된다(헌재 2001 헌마 122).
㉢ (×) 그러한 행위가 곧 합리적인 이유가 없는 자의적 차별이라고 할 수 없어 헌법상의 평등원칙에 위배된다고 볼 수 없다(헌재 2004 헌마 571).
㉣ (×) 수용자에게 현행법상 독거수용을 신청할 권리가 있다고 할 수 없다. 교정시설의 장에게 모든 수용자를 독거수용해야 할 의무가 있다고 볼 수 없다. 수용자를 교정시설 내의 어떤 수용거실에 수용할지 여부는 수용자의 교정교화와 건전한 사회복귀를 도모할 수 있도록 구체적인 사항을 참작하여 교정시설의 장이 결정할 수 있다(2013 헌마 287).
㉤ (○) 2014 헌마 368 참조.
㉥ (○) 2012 헌마 246 참조.

정답 ③

제2절 교정(행형)의 공개

01 「형의 집행 및 수용자의 처우에 관한 법률」상 ㉠~㉢에 들어갈 단어를 바르게 나열한 것은? '17. 5급(교정관) 승진

○ 법무부장관은 교정시설의 운영, 교도관의 복무, 수용자의 처우 및 인권실태 등을 파악하기 위하여 매년 1회 이상 교정시설을 (㉠)하거나 소속 공무원으로 하여금 (㉠)하게 하여야 한다.
○ 판사와 검사는 직무상 필요하면 교정시설을 (㉡)할 수 있다.
○ 판사와 검사 외의 사람은 교정시설을 (㉢)하려면 학술연구 등 정당한 이유를 명시하여 교정시설의 장의 허가를 받아야 한다.

	㉠	㉡	㉢		㉠	㉡	㉢
①	순회점검	시찰	참관	②	순회감찰	감독순시	견학
③	순회점검	시찰	견학	④	순회감찰	감독순시	참관
⑤	직무감찰	감독순시	견학				

해설

① (○) 법제8조, 제9조 참조.

정답 ①

02 행위와 그 주체를 연결한 것으로 옳지 않은 것은? '10. 9급

① 교정시설의 시찰 - 판사와 검사
② 교정시설의 참관 - 판사와 검사 외의 사람
③ 교정시설의 순회점검 - 법무부장관과 소속 공무원
④ 교정시설의 설치·운영의 민간 위탁 - 교정시설의 장

해설

④ (×) 교정시설의 장(×) → 법무부장관(○). 법무부장관은 교정시설의 설치 및 운영에 관한 업무의 일부를 법인 또는 개인에게 위탁할 수 있다(「법」 제7조 1항).

정답 ④

AI 예상 응용지문

❶ 법무부장관은 교정시설의 설치 및 운영에 관한 업무의 일부 또는 전부를 법인·단체에게 위탁할 수 있다. (×)
❷ 법무부장관은 필요하다고 인정되는 경우에도 공공단체에게는 교정업무를 위탁할 수 없다. (○)

❶ 전부(×)

03 교정시설의 시찰과 참관에 대한 설명 중 옳은 것은?

① 판사와 검사의 교정시설 시찰은 언제든지 가능하다.
② 판사와 검사는 학술연구 등의 목적이 있는 경우 참관이 가능하다.
③ 참관을 위해서는 직무상 필요가 있어야 한다.
④ 모든 참관의 허가는 소장의 권한이다.

해설

① (×) 언제든지(×) → 직무상 필요하면(○). 「법」 제9조 1항 참조.
② (×) 참관은 판사·검사 이외의 사람이 주체임, 「법」 제9조 2항 참조.
③ (×) 참관은 직무관련성이 없는 행위이다.

정답 ④

AI 예상 응용지문

❶ 외국인에게 참관을 허가할 경우에는 관할 지방교정청장의 허가를 받아야 한다. (×)
❷ 소장은 외국인에게 참관을 허가할 경우에는 미리 관할의 승인을 받아야 한다. (×)
❸ 법무부장관은 교정시설의 운영, 교도관의 복무, 경비교도의 복무, 수형자의 교화 및 인권실태 등을 파악하기 위하여 매년 1회 이상 교정시설을 순회점검하거나 소속 공무원으로 하여금 순회점검하게 하여야 한다.

❶ 지방교정청장의 허가(×) → 승인(○) ❷ 법무부장관(×) → 지방교정청장(○). 시행령 제3조 2항 참조. ❸ 경비교도의 복무(×) / 수형자의 교화(×) → 수용자의 처우(○). 법 제8조 참조.

04 「형의 집행 및 수용자 처우에 관한 법률」의 규정에 의하여 참관이 금지된 곳으로 옳은 것은?

'10. 9급

① 여성수용자의 거실
② 전담교정시설 수용자의 거실
③ 개방시설 수용자의 거실
④ 사형확정자의 거실

해설

④ (○) 현행법상 참관이 금지되는 장소는 세 곳이다. 미결수용자가 수용된 거실(「법」 제80조), 미결수용자가 수용된 경찰서유치장(「법」 제87조), 사형확정자가 수용된 거실(「법」 제89조)이다.

정답 ④

05 교정시설의 순회점검에 대한 설명으로 잘못된 것은?

① 법무부장관은 매년 1회 이상 교정시설을 순회점검하거나 소속 공무원으로 하여금 순회점검을 하게 하여야 한다.
② 내부적 감독방법으로 상급관청에 의한 지휘·감독권 행사의 일종으로 볼 수 있다.
③ 점검요원은 필요하다고 인정되는 경우에는 관계공무원의 출석 및 답변을 요구할 수 있다.
④ 법률에 순회점검의 목적을 명시하고 있지는 않지만 교정시설의 운영, 교도관 및 경비교도의 복무, 수용자의 처우 및 인권실태 등의 파악을 목적으로 한다.

해설

④ (×) 「형집행법」 제8조에 그 목적을 명시하고 있다. 순회점검은 간접적인 권리구제제도로 인정된다.

정답 ④

AI 예상 응용지문

❶ 법무부장관은 매년 2회 이상 교정시설을 순회점검하거나 소속 공무원으로 하여금 순회점검하게 하여야 한다. (×)
❷ 소장은 검사와 판사 그 밖의 사람이 교정시설의 참관을 신청한 경우에는 그 성명·직업·나이·성별·주소 및 참관 목적을 확인한 후 허가 여부를 결정하여야 한다. (×)

❶ 2회(×) → 1회(○) ❷ 검사와 판사 그 밖의 사람이(×) → 판사와 검사 외의 사람이(○)

---

06 형의 집행 및 수용자의 처우에 관한 법령상 교정시설의 시찰 및 참관에 대한 설명으로 옳은 것은?

① 교정시설의 장은 판사와 검사 외의 사람이 교정시설의 참관을 신청하는 경우에는 그 성명·직업·주소·나이·성별 및 참관 목적을 확인한 후 허가 여부를 결정하여야 한다.
② 판사와 검사 외의 사람은 교정시설을 참관하려면 학술연구 등 정당한 이유를 명시하여 관할 지방교정청장의 허가를 받아야 한다.
③ 판사 또는 검사가 교정시설을 시찰할 경우에는 미리 그 신분을 나타내는 증표를 교정시설의 장에게 제시한 후 시찰부에 서명 또는 날인하여야 한다.
④ 교정시설의 장은 판사 또는 검사가 교정시설을 시찰할 경우 교도관에게 시찰을 요구받은 장소를 안내하게 하고 그 시간을 시찰부에 기록하여야 한다.

해설

행형의 공개제도는, 오늘날 공개주의를 원칙으로 하는 행형의 기본이 되는 제도로서 중요시되고 있다.
① (○) 시행령 제3조 1항.
② (×) 참관의 허가권자는 소장이다(「법」 제 9조).
③, ④ (×) <2018. 12. 24. 개정>을 통해 「시행령」 제2조의 시찰부는 폐지했다.

정답 ①

---

07 시찰과 참관에 대한 설명으로 옳지 않은 것은? '11. 7급

① 판사와 검사는 직무상 필요하면 교정시설을 시찰할 수 있다.
② 소장은 교도관에게 시찰을 요구받은 장소를 안내하게 해야 한다.
③ 외국인에게 참관을 허가할 경우에는 법무부장관의 승인을 받아야 한다.
④ 미결수용자가 수용된 거실은 참관할 수 없다.

해설

③ (×) 법무부장관의 승인(×) → 지방교정청장의 승인(○). 「시행령」 제3조 2항.

정답 ③

08 교정시설에 대한 설명으로 적절하지 않은 것은? '11. 9급

① 법무부장관은 교정시설 설치 및 운영에 관한 업무의 일부를 법인 또는 개인에게 위탁할 수 있다.
② 법무부장관은 교정시설의 운영, 교도관의 복무, 수용자의 처우 및 인권실태 등을 파악하기 위하여 매년 1회 이상 교정시설을 순회점검하거나 소속 공무원으로 하여금 순회점검 하게 하여야 한다.
③ 검사는 직무상 필요하면 교정시설을 시찰할 수 있다.
④ 판사는 교정시설을 시찰하고자 하는 때에는 정당한 이유를 명시하여 교정시설의 장의 허가를 받아야 한다.

해설
④ (×) 정당한 이유를 명시하여 교정시설의 장의 허가를 받아야 하는 것은 '참관'이고, 시찰은 허가가 요건이 아니다.

정답 ④

AI 예상 응용지문
❶ 검사는 직무상 필요하면 교정시설을 참관할 수 있다. (×)

❶ 참관(×) → 시찰(○)

09 교정시설의 시찰과 참관에 대한 설명 중 타당하지 않은 것은?

① 판사의 교정시설 시찰은 소장 승인을 받지 않는다.
② 검사의 교정시설 시찰은 직무상 필요를 요건으로 한다.
③ 외국인 참관을 허가할 경우 소장은 미리 관할 지방교정청장의 승인을 받아야 한다.
④ 미결수용자의 거실은 참관이 제한되나 사형확정자의 거실은 참관이 허용된다.

해설
④ (×) 사형확정자의 거실도 참관 금지 장소이다.

정답 ④

AI 예상 응용지문
❶ 여성수용자가 수용된 거실과 소년수용자가 수용된 거실에 대한 참관허가는 소장이 할 수 없다. (×)
❷ 판사와 검사 외의 사람이 교정시설을 참관하려면 직무상 필요가 인정되어야 한다. (×)

❶ 없다(×) → 있다(○) ❷ 직무상 필요 인정(×)

10 다음 중 순회점검·시찰·참관에 대하여 틀린 것은?

① 판사·검사는 미결수용자가 수용된 거실을 시찰할 수 있다.
② 외국인의 참관 허가 시 지방교정청장의 승인을 필요로 한다.
③ 남자교도관은 특히 필요한 경우 야간에도 여자수용자가 수용된 거실을 시찰할 수 있다.
④ 순회점검은 2년에 1회 이상 실시한다.

해설

④ (×) 과거 「행형법」의 내용이다. 현행법은 매년 1회 이상이다(「법」 제8조).

정답 ④

11 「형의 집행 및 수용자의 처우에 관한 법률」상 시찰과 참관에 관한 설명으로 틀린 것은?

① 구치소와 미결수용실은 참관할 수 없다.
② 미결수용자와 사형확정자가 수용된 거실은 시찰할 수 있다.
③ 사형확정자가 수용된 거실은 참관할 수 없다.
④ 시찰은 판사와 검사의 직무상 필요한 경우에, 참관은 판사와 검사 이외의 자가 학술연구 등을 목적으로 소장의 허가를 받아, 실시하는 것이다.

해설

① (×) 구 「행형법」의 규정이다. 현행법은 구치소와 미결수용실, 경찰서유치장 자체를 참관금지장소로 규정하지 않고, 미결수용자·사형확정자가 수용된 거실만 한정해서 참관을 금하고 있다.

정답 ①

AI 예상 응용지문

❶ 판사 또는 검사가 교정시설을 시찰할 경우에는 미리 그 신분을 나타내는 증표를 해당 교정시설의 담당 교도관에게 제시해야 한다. (×)
❷ 소장은 판사가 증표를 제시하여 시찰을 요청한 경우에 교도관에게 시찰을 요구받은 장소를 안내하게 하고 그 시간을 시찰부에 기록하여야 한다. (×)

❶ 담당 교도관(×) → 교정시설의 장(○) ❷ <개정 2018. 12. 24>에 의해 '시찰부 기재'는 폐지됨.

CHAPTER 05 회복적 사법

01 회복적 사법에 기초한 프로그램으로 가장 옳지 않은 것은? 'AI 예상

① 가족집단회합 모델
② 전자장치부착 모델
③ 양형 서클 모델
④ 피해자-가해자 화해 모델

해설

② (×) 전자장치 부착 제도는 무력화 방법 또는 지역사회교정 또는 중간제제의 일종이다.
① (○) 가족집단회합: 회복적 사법의 일환으로, 당사자와 중재자를 비롯해 피해자와 가해자의 가족은 물론 친구와 이들을 지지하는 집단 등이 참여하여 대화를 나누고 문제를 해결하는 과정이다.
③ (○) 양형 서클: 피해자와 가해자 측 사이의 대화를 통해 형사사법기관에 적정한 양형을 권고하는 방식으로, 회복적 사법에 부합한다. 양형서클은 재판과정의 일부로 진행되기도 하고, 재판과 독립하여 이루어지기도 한다. 주로 경미한 범죄를 대상으로 실시된다.
④ (○) 피해자-가해자 화해: 가장 오래된 회복적 사법 프로그램의 모델이다. 회복적 사법의 핵심 요소로, 피해회복과 화해를 위해 피해자와 가해자가 직접 만나 제3자의 중재 아래 대화하며 해결하는 과정을 포함한다. 중재모델에는 지역사회 중재, 피해자-가해자 화해(화합), 피해자-가해자 조정 등 다양한 유형이 포함된다.

☞ 출제의도 : 이 문제의 출제 의도는 회복적 사법의 개념과 그에 기반한 프로그램들의 특성을 이해하고 구분할 수 있는 능력을 평가하는 것입니다. 회복적 사법은 범죄로 인해 발생한 피해를 치유하고, 가해자와 피해자가 서로 이해하며 소통하여 지역공동체가 재통합하는 것을 중시하는 접근 방식입니다. 출제자는 수험생들이 회복적 사법의 철학과 구체적인 실천 방안을 이해하고, 그것을 바탕으로 올바른 선택을 할 수 있는지를 평가하고자 한 것입니다.

정답 ②

02 회복적 사법에 대한 설명 중 가장 적절하지 않은 것은?

① 최초의 공식적인 회복적사법 프로그램은 미국 오하이오 주에서 도입된 피해자-가해자 화해프로그램(victim-offender mediation)이다.
② 가족집단 회합모델(family group conference)은 뉴질랜드 마오리족의 전통에서 유래하였다.
③ 써클(circle) 모델은 아메리칸 인디언과 캐나다 원주민들에 의해 사용되던 것으로 범죄상황을 정리하여 피해자와 가해자를 공동체 내로 재통합하려는 시도이다.
④ 미국에서 시행된 가장 대규모의 회복적 사법제도는 버몬트 주의 배상적 보호관찰 프로그램이다.

해설

① (×) 회복적 사법은 피해자, 지역사회 그리고 가해자(범죄자)의 범죄피해 회복과 관련된 다양한 개념이다. 이와 유사한 개념으로는 **지역사회 사법, 긍정적 사법, 재통합적 사법, 관계적 사법, 전환적 사법** 등 다양한 용어가 사용되고 있다. 회복적 사법의 최초의 공식적 시행 근거는 1974년 캐나다 온타리오주의 피해자

- 가해자(범죄자) 중재(victim-offender mediation) 또는 화해(화합)(reconciliation) 모델이다. 이는 가해자와 피해자 사이에 제3자가 개입하여 배상과 화해 등에 관해 중재하여 범죄 사건을 재통합적으로 해결하는 프로그램을 의미한다. 이 프로그램이 가장 오래된 회복적 사법 모델이다.

정답 ①

03 회복적 사법(Restorative Justice)에 관한 설명으로 가장 적절하지 않은 것은?

① 피해자, 가해자 및 지역사회 등의 참여를 중시한다.
② 중재나 협상 및 합의 등을 통해 피해자 회복과 가해자의 처벌에 그 목표를 둔다.
③ 양형서클은 피해자와 가해자를 공동체 내로 재통합하려는 시도로써 회복적 사법에 해당한다.
④ 이론적 근거로는 브레이스웨이트(Braithwaite)의 재통합적 수치이론을 들 수 있다.

해설

②(×) 회복적 사법은 피해자의 피해, 그리고 지역사회의 피해와 그들의 요구를 고려하면서 피해에 대한 범죄자의 책임을 확실히 하고, 사법 절차에서 범죄로 인한 문제를 치유하고 조정하기 위해 중재자의 도움으로 피해자·가해자, 그 밖의 관련자 및 지역사회가 함께 참여하는 과정이다. 회복적 사법의 목표는 범죄자의 처벌이나 처벌 면제에 있는 것이 아니라, 피해자·지역사회와 가해자의 화해를 통해 피해자·지역사회, 가해자 사이의 조화를 회복하고 사회의 재통합을 이루는 것이다.

정답 ②

04 교정처우의 새로운 이론인 회복적 사법(Restorative Justice)와 관련한 다음 설명 중 옳지 않은 것은?

① 이 이론은 과거 응징적·강제적·사후대응적 사법제도에 대한 반성으로 나온 것으로서 정부와 범죄자가 주체이다.
② 피해자 및 지역사회의 손실을 복구하고 재통합을 추구는 형사사법이론이다.
③ 싱가포르의 '노란리본 프로젝트(Yellow Ribbon Project)'는 이 이론에 입각한 범국민 교정 참여운동이다.
④ 교정처우에 있어 기존의 처벌과 응보 외에 치료와 화해의 개념을 도입하였다.

해설

회복적 사법은 종래의 형벌시스템에 내포되어 있는 '적대적 보복감정에 기초한 해악의 부과'라는 파괴적 구도를 깨뜨리고 '인도주의와 동정심에 기초한 화해와 용서'를 통해 사회공동체의 항구적인 평화를 추구한다는 구상에서 출발했다.
①(×) 회복적 사법절차의 주체는 국가와 범죄자로 한정하지 않고 가해자(범죄자)와 피해자 그리고 지역사회 등 사건관련자들이 모두 주체가 된다. '회복적 사법'이란 특정범죄와 관련된 모든 당사자들이 함께 참여하여 범죄의 피해와 그로 인한 후유증 등을 형벌이라는 수단에만 의존하지 않고 건설적인 방식으로 해결하려는 새로운 형사사법절차이다. 이 회복적 사법은 범죄로 인해 발생한 정신적·물질적 피해를 원상회복하고 법적 평화를 되찾아 유지하는 것을 이념으로, 피해자와 가해자 또는 지역사회구성원 등 범죄사건 관련자들이 사건 해결 과정에 적극적으로 참여하여 피해자 또는 지역사회의 손실을 복구하고, 가해자는 피해배상 급부를 통해 자신의 책임을 수용하고 규범에 순응하는 행동양식을 회복함으로써 원활한 사회복귀의 길로 나아가도록 하여 관련당사자들의 화해와 재통합을 추구한다. 이는 1970년대 이후 북미와 유럽에서 시행하고 있는 다양한 형태의 피해회복 및 형사화해프로그램을 통한 새로운 범죄대응방식에

서 시작되어 현재는 전 세계적으로 널리 확산되고 있다. 회복적 사법은 범죄통제에 대한 국가의 독점에 반대하고, 피해자·가해자·지역사회 공동체가 가능한 한 초기단계에서부터 범죄사건의 해결에 적극적으로 관여한다.

정답 ①

05 회복적 사법에 대한 설명으로 옳지 않은 것은? '23. 9급

① 처벌적이지 않고 인본주의적인 전략이다.
② 구금 위주 형벌정책의 대안으로 제시되고 있다.
③ 사적 잘못(private wrong)보다는 공익에 초점을 맞춘다는 비판을 받는다.
④ 범죄를 개인과 국가 간의 갈등으로 보기보다 개인 간의 갈등으로 인식한다.

해설

③ (×) 응보적 사법은 범죄를 국가에 대한 침해행위 및 국가의 법 위반행위로 보아 공익을 위한 처벌을 강조한다. 회복적 사법에서는 범죄를 특정 개인 또는 지역사회에 대한 침해행위로 이해하고, 피해자나 지역사회의 범죄피해 회복을 중요시하므로 "공익보다는 사적 잘못에 초점을 맞춘다"라는 비판을 받는다.

정답 ③

06 회복적 사법(restorative justice)에 대한 설명으로 옳지 않은 것은? '20. 9급

① 경쟁적, 개인주의적 가치를 권장한다.
② 형사절차상 피해자의 능동적 참여와 감정적 치유를 추구한다.
③ 가족집단회합(family group conference)은 피해자와 가해자 및 양 당사자의 가족까지 만나 피해회복에 대해 논의하는 회복적 사법 프로그램 중 하나이다.
④ 사건의 처리과정이나 결과에 대한 보다 많은 정보를 피해자에게 제공해 줄 수 있다.

해설

① (×) 경쟁적·개인주의적 가치(×) → 화합적·공동체주의적(○). 회복적 사법은, 범죄란 범죄인과 피해자 및 사회 사이에서 발생하는 분쟁이며, 형사사법제도의 목적은 그 분쟁을 제거하고 법적 평화를 회복하는 것이라고 한다.

정답 ①

07 최근 각국의 교정정책 수립 시 중요한 이념적 토대를 제공하고 있는 회복적 사법(restorative justice)에 대한 설명으로 옳지 않은 것은?

① 공동체적 사법, 배상적 사법, 관계적 사법이라고도 불린다.
② 기존의 형사사법이 가해자 책임성에 대해서 지나치게 강조하였다고 비판하면서 가해자 책임성을 완화하는 데 중점을 두고 있다.
③ 피해자가 입은 상처에 대해 진단하고 피해자의 욕구를 범죄처리절차에서 반영해야 한다고 주장한다.
④ 가해자와 피해자뿐만 아니라 그들이 구성원으로 있는 지역사회 자체의 역할과 기능도 강조된다.

해설

② (×) 회복적 사법은 범죄를 단순히 법위반의 문제로만 보지 않고 다른 사람에 대한 잘못된 행위 또는 인간관계의 침해로 본다. 따라서 범죄는 사회적 공동체 내의 사회적 조건과 관계에서 그 원인을 찾을 수 있다. 범죄를 이와 같이 본다면 범죄의 책임은 전적으로 가해자에게만 있는 것이 아니라 그 공동체와 사회적 조건에도 일정한 정도의 책임이 있다. 따라서 '기존의 형사사법이 가해자의 책임성에 대해서 지나치게 강조하였다고 비판'한 것은 맞는 내용이다. 그러나 회복적 사법이 '가해자의 책임성을 완화하는 데 중점을 두었다'는 것은 맞지 않는다. 왜냐하면, 회복적 사법은 형사사법과정의 주요 목표를 범죄로 인해 야기된 상처를 치유하면서 피해자·가해자 및 지역공동체를 회복시키는 데 두고 있기 때문이다. 회복적 사법은 범죄자의 책임완화보다는 가해자(범죄자) 자기 자신이 한 행동에 대해 스스로 책임감을 가지고 피해를 배상하고 사죄함으로써 피해자와 지역사회의 용서를 구해 원활하게 사회에 복귀하도록 하는 데 중점을 두고 있다. 이렇게 되면 피해자와 지역사회는 배상과 화해를 위한 교섭을 통해 법적 정의의 실존을 확인하고 법질서에 대한 신뢰를 회복하게 된다.

정답 ②

---

08 형사사법정책의 새로운 방향으로서 회복적 사법(Restorative Justice)에 대한 설명으로 옳지 않은 것은 몇 개인가? '12. 9급

― 보 기 ―

㉠ 회복적 사법의 핵심가치는 피해자, 가해자 욕구뿐만 아니라 지역사회 욕구까지 반영하는 것이다.
㉡ 범죄를 개인 대 국가의 갈등으로 인식한다.
㉢ 회복적 사법은 범죄가 발생하는 여건·환경에 관심을 둔다.
㉣ 회복적 사법은 범죄로 인한 손해의 복구를 위해 중재, 협상, 화합의 방법을 강조한다.
㉤ 회복적 사법은 범죄자의 교화개선이라는 교정의 이념을 실현시키기 위해 등장했으며 피해자 권리운동의 발전과는 관련이 없다.

① 1개　　　② 2개
③ 3개　　　④ 4개

해설

㉡, ㉤이 틀렸다.
㉡ (×) 회복적 사법은, 범죄는 개인 대 국가의 갈등이라기보다는 일차적으로 피해자와 사회공동체, 범죄자 모두에게 해를 끼치는 갈등이라고 본다. 회복적 사법은 범죄를 단지 '법의 위반'에 초점을 맞추기보다는 범죄자가 피해자나 사회공동체 또는 그 자신에게 입힌 피해에 초점을 맞추어 이해한다.
㉤ (×) 종래의 징벌적 형사사법시스템은 범죄자에 대한 형벌이나 교화개선에만 관심을 두어 왔다. 이를 비판하는 회복적 사법은 가해자 중심의 전통적 제재시스템에 내재된 모순을 지적하고 형사절차에서 피해자의 지위를 강화하는 동시에 피해회복의 기회를 부여받을 수 있게 하는 데 중점을 둔다. 회복적 사법은 1940년대부터 크게 발전한 피해자학으로부터 힘입어 피해자 권리운동의 발전과정에서 정립된 이론이다.

정답 ②

09 다음 회복적 사법(restorative justice)에 대한 설명 중 적절하지 않은 것은?

① 피해자와 가해자의 합의와 조정을 강제한다.
② 전통적 형사사법이 가해자 책임성을 지나치게 강조하면서 범죄로 인한 실질적인 피해에 대한 복구가 제대로 되지 못한 점을 비판한다.
③ 피해자의 상처를 진단하고 치유하는 과정이 형사절차에 반영되어야 한다고 주장한다.
④ 지역사회의 역할과 책임성을 강조한다.

해설

① (×) 회복적 사법은, 피해자와 지역사회가 가해자에게 배상과 화해를 위한 교섭의 기회를 주고, 사법기관은 당사자 사이의 사적(私的) 배상 또는 화해에 대해 형사법적 의미를 부여하는 것을 기본 이념으로 한다. 따라서 합의와 조정은 자율에 맡기지, 강제하지는 않는다. 형벌은 피고인의 의사 및 태도와 관계없이 강제적으로 부과되어 집행되지만, 회복적 사법절차에서 피해회복과 화해는 강제성을 띠지 않고 당사자의 자유로운 선택에 맡겨진다.

정답 ①

10 회복적 사법에 대한 설명으로 옳지 않은 것은? '13. 7급

① 회복적 사법은 지역사회의 피해를 복구하고 사회적 화합을 도모할 수 있다.
② 회복적 사법은 가해자에게 진심으로 반성할 수 있는 기회를 제공함으로써 재사회화에도 도움이 된다.
③ 회복적 사법은 회복목표가 명확하고 재량이 광범위하여 평가 기준이 가변적이라는 장점이 있다.
④ 회복적 사법은 형사화해를 통해 형벌이 감면되는 경우 낙인 효과를 경감시킬 수 있다.

해설

③ (×) 회복적 사법이란 피해자, 가해자, 지역사회의 회복을 일컫는다. 회복적 사법의 핵심가치는 피해자와 가해자의 욕구뿐만 아니라 지역사회의 욕구까지 균형을 이루는 것이다. 따라서 회복 목표가 포괄적이고 명확하지 않다. 또한 회복적 사법절차의 특성상 사법기관의 재량이 광범위하고 양형평가기준이 가변적이어서 처분의 불균형을 초래할 수 있다. 이러한 양형의 불균형 내지 불공정은 법 앞에 평등한 보호를 받을 권리를 침해한다. 이는 장점이 아니라 단점에 속한다.

정답 ③

회복적 사법의 장·단점

장 점
• 응보적·전통적 사법의 단점 보완 – 피해자 및 지역사회의 범죄로 인한 피해복구에 유리 • 피해의 회복과 교화개선, 재통합의 조화 실현 – 낙인효과의 최소화 및 능동적 책임의식을 통한 사회복귀 촉진 • 사법기관의 업무부담 감소 – 사법절차의 비용·손실 경감 • 피해자의 이익 신속 보호

- 별도의 민사적 절차 없이 피해 배상 실현
• 형사사법절차로 해결하기 어려운 범죄에 대한 합리적 대응 가능
• 법질서 회복과 형사사법에 대한 신뢰 증대 - 적극적 일반예방 효과 제고

단 점

• 사법절차의 공정성과 명확성의 확보 곤란
• 낙인효과 감소, 재범 감소 등에 대한 검증 곤란
• 가해자와의 화해 실패로 인한 재(再)피해화 초래 위험
• 피해자가 회복적 사법에서 가해자에게 이용될 수 있음
• 피해 배상, 화해의 한계로 전체 범죄에 적용 어려움
• 형벌의 공익적 기능 경시, 사적 잘못(private wrong)에 지나친 비중을 두고 있음
• 유죄 확정 전의 화해절차는 무죄추정의 원칙에 반하고 재판받을 권리 침해

11 다음 중 회복적 사법에 대한 설명으로 거리가 먼 것은?

① 피해자가 입은 상처에 대해 진단하고 피해자의 욕구를 반영하는 접근이다.
② 소년 범죄자를 다루는데 적합하다.
③ 강력범죄를 제외한 다양한 범죄와 범죄자에게 적용될 수 있다.
④ 공식적 형사사법체계가 가해자에게 부여하는 낙인효과를 줄일 수 있다.

해설

③ (×) 회복적 사법은 1974년 캐나다에서 소년범죄사건의 가해자와 피해자의 조정 형태로 처음 시행된 후 강력범죄로까지 확장되어 왔다. 회복적 사법은 강력범죄행위자에게도 적용될 수 있다. 다만, 강력범죄행위에 대해서는 손해가 회복되고 피해자가 용서하여 화해했더라도 그것은 단지 양형상의 참작사유일 뿐이지, 국가의 제재가능성은 여전히 남아 있게 된다. 경미한 범죄행위에 대해서는 피해회복 또는 화해가 형벌을 대체할 수도 있으나 강력범죄에 대해서는 형벌을 대체할 수는 없다. 강력사건에 회복적 사법이 제공되는 경우 피해자가 보복을 두려워할 수 있으므로, 회복적 사법이 그 업무의 효율성을 향상시키고 사회의 안녕과 피해자의 안전에 긍정적으로 기여할 수 있도록 제도적 보완이 요구된다. 회복적 사법프로그램은 주로 청소년범죄자·경미한 범죄자 등에게 집중되었지만 브레이스웨이트는 심각한 성인범죄·조직범죄·정치범죄·전쟁범죄 등에도 잘 적용될 수 있다고 주장했다.

정답 ③

12 회복적 사법에 대한 설명으로 옳지 않은 것은? '12. 7급

① 범죄피해자의 피해회복을 통하여 사회적 화합을 성취하고자 한다.
② 브레이스웨이트의 재통합적 수치이론(reintegrative shaming theory)은 회복적 사법의 기본적 이론 틀이다.
③ 유엔에서 분류한 회복적 사법의 세 가지 분류는 대면개념(encounter conception), 해체적 수치개념(disintegrative shaming conception), 변환개념(transformative conception)이다.
④ 회복적 사법의 목표는 사회복귀와 더불어 재범의 감소에 있다.

해설

② (○) 회복적 사법의 방법에는, 범죄자로 하여금 정중한 방식으로 범죄의 결과를 인정하면서 피해자와 대면하게 하는 것(수모 없는 수치심 부여), 낙인을 회피시키기 위한 적극적 노력(주변사람의 추천장 등을 통한 도움을 받아 범죄자가 근본적으로 나쁜 사람은 아니라는 점을 인식시키는 것 등), 의례적인 재통합을 위한 노력(진심어린 관계회복, 사과와 용서를 위한 기회 확대) 등이 있다. 이에 따라 재통합적 수치심 부여는 일부 회복적 사법프로그램을 위한 동기부여체계가 되었다.
브레이스웨이트는 재통합적 수치심부여이론에서 오명 씌우는 수치심 부여(해체적 또는 낙인적 수치심부여)와 재통합적 수치심부여를 제시하여 범죄이론을 정립했다.
③ (×) 유엔은 회복적 사법의 개념을 내용적으로 세 가지로 분류하고 있다. 그것은 대면개념, 배상(회복)개념(reparative conception), 변환개념이다.

정답 ③

13 회복적 사법(restorative justice)에 대한 설명으로 옳지 않은 것은? '15. 7급

① 회복적 사법은 가해자에 대한 강한 공식적 처벌과 피해의 회복을 강조한다.
② 회복적 사법은 공식적인 형사사법이 가해자에게 부여하는 오명 효과를 줄이는 대안이 될 수 있다.
③ 회복적 사법의 시각에서 보면 범죄행동은 법을 위반한 것일 뿐만 아니라 피해자와 지역사회에 해를 끼친 것이다.
④ 회복적 사법 프로그램으로는 피해자-가해자 중재, 가족화합 등이 있다.

해설

① (×) 회복적 사법은 가해자에 대한 강한 공식적 처벌만을 강조하는 응보적 사법모델과는 달리 가해자의 사죄와 배상을 통해 피해자가 당한 정신적·물질적 피해를 회복하고, 갈등의 당사자인 이들이 서로 화해함으로써 가해자가 규범합치적 행동양식을 회복하고 다시 사회공동체로 재통합되도록 하는 데 중점을 둔다.

정답 ①

14 회복적 사법에 관한 설명 중 타당하지 않은 것은?

① 회복적 사법의 핵심가치는 피해자와 가해자 및 지역사회의 요구까지도 반영하는 것이다.
② 회복적 사법의 이념에 따르면 화해 또는 피해회복을 통해 형사책임의 면제·완화는 인정되지 않는다.
③ 피해자와 가해자 및 지역사회의 역할을 강조하고, 이를 통해 피해자와 지역사회의 손실을 복구하고 재통합을 추구하는 형사사법이론이다.
④ 유엔은 회복적 사법의 개념을 내용에 따라 대면개념(encounter conception), 배상개념(reparative conception), 변환개념(transformative conception)으로 분류하고 있다.
⑤ 회복적 사법은 범죄피해자와 가해자가 함께 만나 범죄에 대하여 이야기 하고 회복을 위해 어떤 과정이 필요한지 의견을 모으는 것을 포함한다.

해설

② (×) 회복적 사법은 당사자 사이의 사적(私的) 배상 또는 피해회복을 통한 화해에 대하여 형사법적 의미를 부여하여 형사책임의 면제·완화를 인정한다.

정답 ②

15 회복적 사법에 대한 설명으로 옳은 것은?

① 회복적 사법은 민·형 분리의 입법체계를 강조한다.
② 회복적 사법은 피해자보호에 기여할 수 있으나, 형사사법기관의 업무 부담이 증가되고 범죄사건처리에 소요되는 비용이 크게 증가하는 문제가 있다.
③ 우리나라에서도 회복적 사법을 반영하여 「소년법」상 화해 권고 규정을 두고 있다.
④ 회복적 사법에서는 피해회복이나 화해를 독자적인 형벌로 인정한다.

해설

① (×) 회복적 사법은 당사자 사이의 사적 배상 또는 화해에 대한 형사법적 의미를 부여하는 것을 기본이념으로 삼고 있기 때문에 민·형 분리의 전통적 입법체계는 유지될 수 없다.
② (×) 회복적 사법은 사법기관의 업무 부담을 줄여주므로 범죄사건에 소요되는 비용을 크게 줄일 수 있다.
④ (×) 회복적 사법은 형벌을 없애고, 피해회복과 화해로 형벌을 대체하자는 논리가 아니다. 회복적 사법에서도 가해자의 책임과 형벌은 인정하면서, 피해회복과 조화를 추구한다.
③ (○) 우리나라에서 채택한 회복적 사법을 대표하는 제도는 소년법상의 화해권고 제도이다. 이에 대하여 「소년법」 제25의 3조는 "소년부 판사는 소년의 품행을 교정하고 피해자를 보호하기 위하여 필요하다고 인정하면 소년에게 피해 변상 등 피해자와의 화해를 권고할 수 있다"고 규정하고 있다.

정답 ③

CHAPTER 06 교정 처우제도

　교정처우를 구분할 때 보통 시설내처우, 사회적 처우, 사회내처우(지역사회교정)로 구분한다. 여기서 '시설내처우'는 전통적 시설내처우를 뜻한다. '사회적 처우'는 시설내처우에 바탕을 두면서 처우의 내용과 방법이 전통적 시설내 처우와 달리 격리·보안의 요소를 축소하고, 시설 내에서의 생활을 일반사회와 가깝게 하도록 하며, 형기만료 전에도 바깥 사회와 교류를 넓히고 가족이나 지역사회와의 유대관계를 유지할 수 있게 하는 처우이다. 이는 결국 넓은 의미의 시설내처우에 바탕을 두고 있다. 이러한 점을 명확하게 하기 위하여 이윤호 교수님은 교정처우를 폐쇄형 처우, 개방형 처우, 사회형 처우로 구분하는 견해를 소개하고 있다(교정학, 202면 ~ 353면 참조). 현행법령상 중간처우는 개방시설처우를 뜻한다(법 제 57조 4항 및 시행규칙 제93조). 중간처우는 지역사회 또는 교정시설에서 실시할 수 있으므로, 개방형 처우와 사회형 처우 양자의 성질을 띠고 있다. 또한 현행 법령상 사회적 처우도 형기 중 교정시설 밖에서 이루어지는 사회견학, 사회봉사, 자신이 신봉하는 종교행사 참석, 연극·영화 그 밖에 문화공연 관람, 소년수형자의 발표회 및 공연 참가 활동으로서 사회형 처우의 성질을 가미하고 있다(시행규칙 제92조 및 제59조의 5). 현행 법령에서는 이론과 달리 중간처우와 사회적 처우를 다르게 규정하고 있다.

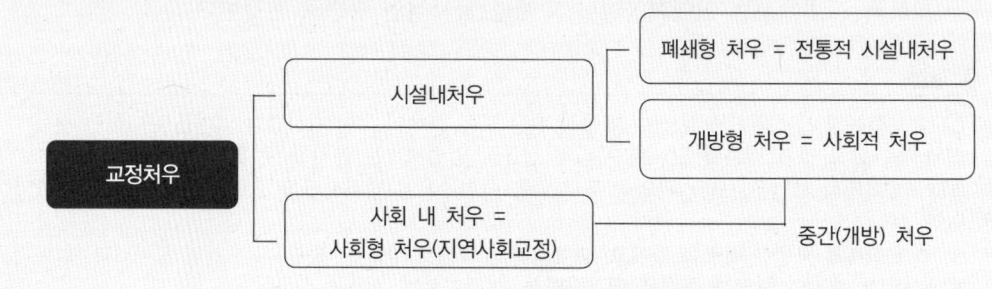

✚ 교정처우

폐쇄형 처우 (전통적 시설내처우)	수형자치제, 선시제도, 독거제, 혼거제, 누진제, 분류제
개방형 처우 (사회적 처우)	개방교도소, 외부통근제, 외부통학제, 귀휴, 부부 및 가족 접견제(가족만남의 집 이용), 카티지제, 주말·휴일·단속 구금제, 합동접견제(가족만남의 날 행사), 보스탈제, 사회견학·사회봉사·외부 종교행사 참석·외부 문화공연과 발표회 등 참석
사회형 처우 (지역사회교정)	중간처벌(배상명령, 사회봉사·수강명령, 집중보호관찰, 전자감시와 가택구금, 충격구금), 지역사회교정, 보호관찰, 중간처우소, 청소년봉사국, 집단가정, 주간처우, Outward Bound

제1절 폐쇄형 처우(시설내처우)

01 다음 중 교정처우의 구분에 대한 설명으로 옳지 않은 것은 무엇인가? 'AI 예상

① 시설내처우는 전통적인 격리 및 보안 중심의 처우를 의미한다.
② 사회적 처우는 시설 내에서의 생활을 일반 사회와 유사하게 하며, 가족과의 유대를 강화하는 방식을 포함한다.
③ 개방형 처우는 오직 교정시설 밖에서만 이루어지는 처우를 의미한다.
④ 간처우는 개방시설처우로서 지역사회 또는 교정시설에서 실시할 수 있다.

해설

③ (×) 개방형 처우는 교정시설 내에서 수행될 수 있으며, 반드시 교정시설 밖에서만 이루어지는 것은 아니다. 따라서 이 설명은 개방형 처우의 범위를 잘못 이해한 것이다.

☞ 출제의도 : 이 문제는 교정처우의 다양한 개념과 그 차이를 이해하고 있는지를 평가하고자 합니다. 특히, 수험생이 각각의 교정처우가 어떻게 구분되는지를 명확히 알고 있는지를 점검하려는 목적이 있습니다. 3번 지문에서의 오류를 통해 개방형 처우에 대한 정확한 이해를 요구하며, 교정학 이론과 현행법령의 연관성을 이해하는 능력을 측정하고자 했습니다.

정답 ③

02 수형자자치제에 관한 설명으로 틀린 것은? '99. 5급(교정관) 승진

① 뉴욕 오번 교도소에서 최초로 시작되었다.
② 정기형주의를 기본요건으로 한다.
③ 오스본(T. M. Osborne)이 최초의 주장자이다.
④ 계호주의의 폐단을 시정할 수 있다.
⑤ 수용자의 사회성 훈련에 유용하다.

해설

② (×) 부정기형과 함께 시행할 때 효과가 커진다. 따라서 수형자자치제는 부정기형제도를 전제로 하는 것이 바람직하다.

정답 ②

03 다음 중 수형자자치제의 형사정책적 목표로 보기 어려운 것은? '04. 5급(교정관) 승진

① 수형자의 독립심과 자기통제력 증진
② 계호주의의 폐단 극복
③ 교정행정의 효율성 제고
④ 교정비용의 절감
⑤ 형벌의 억제효과 제고

> **해설**
> ⑤ (×) 자치제의 실시는 형벌의 위하력을 떨어뜨려 일반예방을 통한 범죄억제 효과가 경감된다. 이는 단점이다.
>
> 정답 ⑤

04 전통적인 행형인 수형자자치제도에 대한 설명 중 옳지 않은 것은?

① 선량한 시민보다는 단순히 선량한 수형자를 만드는 데 그치기 쉽다는 우려를 고려한 시설 내 처우 제도이다.
② 수형자의 사회적응능력 함양을 궁극적인 목표로 하므로 소규모 교도소에서 시행하는 것이 효과적이다.
③ 교정시설의 계호인력을 경감할 수 있다는 장점이 있는 반면에 교도관의 권위를 하락시킬 수 있다는 단점도 있다.
④ 부정기형을 도입하는 경우에는 충분한 기능을 할 수 없다.

> **해설**
> ④ (×) 부정기형을 전제로 해야 효과적이다.
>
> 정답 ④

05 수형자치제 실시내용 중 가장 적절하지 않은 것은?

① 자율과 책임을 전제로 한다.
② 미국의 오번 감옥에서 오스본(Osborne)에 의해 전면적 수형자치제가 시작되었다.
③ 독거제를 전제로 하는 사회적 처우이다.
④ 과학적 분류조사하에 실시되었다.

> **해설**
> ③ (×) 혼거제를 바탕으로 하는 제도이고 전통적인 시설내처우이다.
>
> 정답 ③

06 수형자자치제도를 효과적으로 실시하기 위한 전제조건으로 볼 수 없는 것은? '96. 7급

① 민주적 사회　　　　　　　　② 과학적 분류
③ 교도소의 소규모화　　　　　④ 교도작업 내용의 세분화

> **해설**
> ④ (×) 교도작업의 세분화는 관련이 없다.
>
> 정답 ④

07 다음 중 수형자치제의 장점이 아닌 것은? '00. 7급

① 정기형의 책임주의에 부합할 수 있다.
② 자율적이고 자발적인 교정질서를 유지할 수 있다.
③ 교정시설의 계호부담을 경감할 수 있다.
④ 수형자의 명예심과 자존심을 자극한다.

해설

① (×) 자치제는 정기형제도 하에서는 그 기능을 충분히 발휘할 수 없다. 왜냐하면 정기형은 형기가 만료되면 아직 자치능력이 형성되지 않은 사람도 사회에 복귀시키지 않을 수 없기 때문이다.

정답 ①

08 수형자자치제에 대한 설명으로 옳지 않은 것은?

① 소집단처우제도와 결합하여 실시하는 것이 효과적이므로, 카티지(Cottage)제는 대개 20명 ~ 30명 정도 수용하는 시설로 운용된다.
② 다른 처우제도에 비하여 전문요원을 요하지 않는다는 점이 장점이다.
③ 1914년 미국 뉴욕 오번 감옥에서 처음으로 행형제도로서 실시되었다.
④ 우리나라에서도 원칙적으로 완화경비처우급 이상의 수형자에 대해서 부분적인 자치제를 실시하고 있다.

해설

② (×) 자치제와 카티지제는 수형자의 과학적인 분류처우와 이들을 적절히 지도할 전문요원이 필요하다.
③ (○) 오번교도소 이전 실시 주장도 있지만, 보통 1914년 오스본이 미국 뉴욕 오번 감옥에서 실시한 전면적 수형자자치제를 처음으로 행형제도로서 실시된 수형자자치제로 주목하고 있다.

정답 ②

09 수형자자치제의 전제와 관계가 없는 것은? '97. 5급(교정관) 승진

① 자유형의 한도 내에서 실시한다.
② 혼거제가 전제되어야 한다.
③ 대규모 시설이 갖추어져야 한다.
④ 가석방과 연계되어야 한다.
⑤ 과학적인 분류가 전제되어야 한다.

해설

③ (×) 수형자치제는 수용인원이 비교적 적은 소규모 교도소에서 실시하는 것이 적합하다.

정답 ③

10 현행법상 자치생활과 자치활동에 관한 설명 중 가장 적절하지 않은 것은?

① 자치처우는 개별처우급의 구분 중 하나이다.
② 소장은 외부통근자의 사회적응 능력을 기르고 원활한 사회복귀를 촉진하기 위하여 필요하다고 인정하는 경우에는 수형자 자치에 의한 활동을 허가할 수 있다.
③ 자치생활 수형자는 지정된 채널이 아닌 채널을 통해 텔레비전을 시청하거나 라디오를 청취할 수 있다.
④ 소장은 자치생활 수형자들이 강당 등 적당한 장소에서 월 1회 이상 토론회를 할 수 있도록 하여야 한다.

해설

③ (×) 자치생활의 범위에 '자율적인 TV시청·라디오 청취'는 포함되지 않는다. '인원점검, 취미활동, 일정한 구역 안에서의 생활'이 자치생활의 범위로 규정되어 있다(「형집행법 시행규칙」제86조 2항 참조).

정답 ③

11 다음 선시제도에 대한 설명 중 틀린 것은? '95. 9급

① 선행을 통하여 자기의 형기를 단축하는 제도이다.
② 시설 내 처우이다.
③ 가석방제도와 구별된다.
④ 위원회의 심사를 받는다는 점에서 가석방과 동일하다.

해설

④ (×) 선시제는 형기 이전에 조기 석방시키는 제도라는 점에서 가석방제도와 유사한 제도이다. 선시제는 성실한 작업수행이나 규율위반 없는 수형생활에 대한 보상으로 수형기간의 일부를 단축시켜 만기석방일을 앞당겨 조건부로 석방해주는 제도이다. 이 선시제는 법률에 의하여 일정한 요건이 충족되면 반드시 필요적으로 석방해야 한다는 점에서 임의적 조기석방제도인 가석방과 구별된다. 선시제도로 석방된 자는 형기가 만료될 때까지 일정조건이 부과된 보호관찰처분을 받고 가석방된 것으로 간주한다(배종대·정승환, 행형학 262면).

정답 ④

➕ 선시제와 가석방제도

선시제도	가석방제도
• 형기만료 전 조건부 석방 　- 필요적 보호관찰 부과 • 잔형기 없이 형종료로 간주하여 조기석방 　- 시설내처우(폐쇄형처우) • 정기형의 결함 보완제도 • 필요적 조기석방제도 　- 위원회 심사 없이 법률로 석방 • 실질적 형기 단축 있음 • 사회방위·처우의 개별화 불리 • 우리나라 현재 불채택	• 형기만료 전 조건부 석방 　- 필요적 보호관찰 부과 • 잔형기 유지한 채 조기석방 　- 사회내처우(사회형처우) • 정기형의 결함 보완제도 • 임의적 조기석방제도 　- 위원회 심사를 거쳐 석방여부 결정 • 실질적 형기 단축 없음 • 사회방위·처우의 개별화 유리 • 우리나라 현재 시행 중

12 다음 수형자자치제에 관한 설명 중 틀린 것은? '06. 9급

① 정기형의 책임주의에 부합할 수 있는 사회적 처우이다.
② 자발적 수용질서를 유지하는 데 도움이 된다.
③ 교정공무원의 계호부담을 줄일 수 있다.
④ 수형자의 사회성 훈련이 용이하다.

해설

① (×) 정기형의 책임주의에 부합되지 않는다. 수형자자치제는 전통적인 시설내처우(폐쇄형처우)에 속한다.

정답 ①

13 「형의 집행 및 수용자의 처우에 관한 법률 시행규칙」상의 자치생활 및 자치활동의 내용에 적합하지 않은 것은?

① 소장은 외부통근자의 사회적응능력을 배양하고 원활한 사회복귀를 촉진하기 위하여 필요하다고 인정하는 경우에는 수형자자치에 의한 활동을 허가할 수 있다.
② 소장은 개방처우급·완화경비처우급 수형자에게 자치생활을 허가할 수 있다.
③ 수형자자치생활의 범위는 인원점검, 취미활동, 일정한 구역 안에서의 생활 등으로 한다.
④ 소장은 자치생활 수형자들이 교육실·강당 등 적당한 장소에서 매주 1회 이상 토론회를 할 수 있도록 하여야 한다.

해설

④ (×) 매주 1회 이상(×) → 매월 1회 이상(○).「시행규칙」제86조 참조. ▶ 연상기억법: 토론회는 자치자에게 월 1회 이상 할 수 있도록 해야 하고, 경기·오락회는 개완자에게 월2회 이내로 개최하게 할 수 있다. 시행규칙 제86조, 제91조 비교 참조.

정답 ④

14 수형자자치제에 관한 내용으로 옳지 않은 것으로만 묶인 것은? '11. 7급

| 보 기 |

㉠ 미국 메사추세츠주의 노포크(Norfolk) 교도소에서 최초로 시작되었다.
㉡ 과학적 분류처우가 전제되어야 하며, 대규모 시설보다 소규모 시설에서 효과적이다.
㉢ 사회내처우의 일환으로 혼거제하에서 그 효용성이 높다.
㉣ 대규모 수형자처우제의 단점을 보완하기 위한 대안적 제도로 카티지제도(cottage system)가 시행되었다.
㉤ 계호인원이 늘어 행형경비가 늘어날 수 있다.
㉥ 수형자의 자치의식과 책임감을 기본으로 하며, 정기형 하에서 실시하는 것이 효과적이다.

① ㉠, ㉢, ㉣, ㉤   ② ㉠, ㉢, ㉤, ㉥   ③ ㉡, ㉢, ㉣, ㉥   ④ ㉡, ㉣, ㉤, ㉥

해설

㉠ (×) 수형자자치제는 수형자 스스로의 책임에 기초하여 한편으로는 교도소 내의 질서를 유지되게 하고 다른 한편으로는 수형자 자신의 사회복귀를 준비하게 하는 자치활동으로 행형을 운용하는 제도로서, 오번교도소에서 처음 실시되었다. 이후 싱싱교도소에서도 시행되었는데, 싱싱교도소의 자치제는 자치제의 모범으로 알려져 있다(배종대, 형사정책, 422면).
㉢ (×) 사회내처우(×)
㉤ (×) 수형자자치제도는 수형자의 독립심과 자율성 및 자립심을 북돋울 수 있으며, 단체생활에서의 책임감 및 상부상조의 정신을 기를 수 있어 사회성을 고취시킬 수 있다. 또한 수형자로 하여금 스스로 수형생활의 질서를 유지하고 행형을 운용하게 함으로써 자긍심을 심어 줄 수 있어서 수형자의 개선에 도움이 되고, 수형자의 관리·감독이라는 계호의 부담이 줄어들어 행형경비도 줄일 수 있다는 장점이 있다(이윤호, 293면).
㉥ (×) 정기형(×)

정답 ②

15 수형자자치제(Inmate Self-government System)에 대한 설명으로 옳지 않은 것은? '24. 9급

① 수형자자치제는 부정기형제도하에서 효과적인 것으로, 수형자에 대한 과학적 분류심사를 전제로 한다.
② 수형자자치제는 수형자의 처우에 있어서 자기통제원리에 입각한 자기조절 훈련과정을 결합한 것으로, 수형자의 사회적응력을 키울 수 있다.
③ 오스본(T. Osborne)은 1914년 싱싱교도소(Sing Sing Prison)에서 행형시설 최초로 수형자자치제를 실시하였다.
④ 수형자자치제는 교도관의 권위를 저하시킬 수 있고, 소수의 힘 있는 수형자에 의해 대다수의 일반수형자가 억압·통제되는 폐단을 가져올 수 있다.

해설

③ (×) 오스본(T. Osborne)은 1914년 오번교도소(Auburn Prison)에서 행형시설 최초로 수형자자치제를 실시하였다. 싱싱교도소(Sing Sing Prison)에서 적용한 것은 그 이후이다. 또한 오번교도소는 침묵제 또는 혼거제로도 소개되는 오번제가 처음으로 실시된 유명한 교도소이다. 싱싱교도소는 1825년 오번제를 따랐던 것도 알아둘 내용이다.

정답 ③

16 「형의 집행 및 수용자의 처우에 관한 법률 시행규칙」상 자치생활에 대한 설명으로 옳지 않은 것은? '12. 9급

① 소장은 완화경비처우급 수형자에게 자치생활을 허가할 수 있다.
② 수형자 자치생활의 범위는 인원점검, 취미활동, 일정한 구역 안에서의 생활 등으로 한다.
③ 소장은 자치생활 수형자들이 교육실, 강당 등 적당한 장소에서 최대 월 2회까지 토론회를 할 수 있도록 하여야 한다.
④ 소장은 자치생활 수형자가 법무부장관 또는 소장이 정하는 자치생활 준수사항을 위반한 경우에는 자치생활 허가를 취소할 수 있다.

해설

③ (×) 월 1회 이상 토론회를 할 수 있도록 하여야 하므로, 최대 횟수의 제한은 없다(「시행규칙」 제86조 참조).

정답 ③

17 수형자자치제도와 관계가 깊은 것은 몇 개 인가?

┤ 보 기 ├

㉠ 계호주의 흠결 보완   ㉡ 오스본(T. M. Osborne)
㉢ 카티지(Cottage)제도   ㉣ 과학적 수형자 분류
㉤ 정기형제도   ㉥ 자기통제원리

① 3개   ② 4개   ③ 5개   ④ 6개

해설

㉤ (×) 정기형제도(×) → 부정기형제도(○)

정답 ③

18 현재 우리나라의 수형자 자치제에 대한 설명 중 옳지 않은 것은?

① 개방처우급과 완화경비처우급 수형자에게만 부분적으로 자치제를 인정하고 있다.
② 소장은 자치수형자들이 교육실, 강당 등 적당한 장소에서 월 1회 이상 토론회를 할 수 있도록 해야 한다.
③ 자치생활을 하는 수형자가 자치생활 준수 사항을 위반한 경우에는 자치생활 허가를 취소하여야 한다.
④ 자치생활의 범위는 인원점검, 취미활동, 일정한 구역 안에서의 생활 등으로 한다.

해설

③ (×) 취소하여야 한다(×) → 취소할 수 있다(○).

정답 ③

19 다음은 수형자자치제에 대한 설명이다. 옳지 않은 것은?

① 혼거제를 조건으로 하며, 부정기형과 부합한다.
② 수형자의 사회적응능력을 함양할 수 있다.
③ 대규모 교도소에서 실시하는 것이 적합하다.
④ 형벌의 위하력이 약화되고, 국민의 법감정에 반한다.

해설

③ (×) 대규모 교도소(×) → 소규모 교도소(○).

정답 ③

20 선시제도와 누진제도의 공통점이 아닌 것은? '95. 7급

① 형기 계산이 복잡하다.
② 행형성적이 좋아도 개선이 안 될 수 있다.
③ 교활한 수형자가 발생할 우려가 있다.
④ 자발적인 노력으로 교화개선을 촉진한다.

해설

① (×) 선시제도는 단축기간을 정하는데 있어서 형기계산이 복잡하다. 그러나 누진제는 진급에 따라 처우가 정하여지므로 그러한 문제는 없다.

정답 ①

21 선행보상과 관련된 것이다. 틀린 것은? '99. 5급(교정관) 승진

① 한국은 실시한 적이 없다.
② 자력개선을 도모하기 위한 제도이다.
③ 규율유지에 도움이 된다.
④ 선행이 대하여 시상을 하는 제도이다.
⑤ 법률의 엄격성을 완화시킨다.

해설

① (×) 해방이후 미군정시기에 「우량수형자석방령」에 의해 시행되다가 형법 제정(1953)시 폐지되었다.

정답 ①

22 선시제도(good time system)에 관한 설명으로 옳지 않은 것은?

① 수형자의 선행을 기초로 일정한 법적 기준에 따라 석방시기를 앞당기는 제도이고, 우리나라에서도 시행된 적이 있다.
② 교도소의 규율을 유지하고 교화개선을 촉진한다는 목적이 있다.
③ 행형이념의 변화에 따른 개방처우의 한 형태이다.
④ 수형자의 선행실적에 따라 요건이 충족되면 별도의 심사 없이 석방되므로 사회방위에 불리하다는 지적이 있다.

해설

③ (×) 전통적 시설내처우(폐쇄형처우)에 속한다.

정답 ③

23 선시제도와 관련된 다음의 설명 중 옳지 않은 것은?

① 사법권의 침해이며 삼권분립의 원칙에 어긋난다는 비판이 있다.
② 교도소의 질서유지에 도움이 된다.
③ 교활한 수형자에게 유리할 수 있다는 단점이 있다.
④ 실질적으로 형기단축이 없고 형식적 형기도 변하지 않는다.

해설
④ (×) 가석방에 대한 내용이다. 선시제는 형식적 형기단축은 없으나 실질적 형기단축은 있다. 가석방은 형식적·실질적 형기단축이 없다.

정답 ④

24 선시제도와 관련된 설명으로 옳지 않은 것은?

① 현재 소년법에 의해 19세 미만 수형자에게만 시행하고 있다.
② 무기수형자와 단기수형자는 제외된다.
③ 형식적인 형기단축인 감형과 달리 선시제도는 실질적인 형기단축으로 평가된다.
④ 형기계산이 복잡하다는 단점이 있다.

해설
① (×) 현재 전혀 시행하지 않고 있다.

정답 ①

25 〈보기1〉의 수용자 구금제도와 〈보기2〉의 설명이 바르게 연결된 것은? '14. 9급

┤ 보 기 1 ├
㉠ 펜실베니아제(Pennsylvania System) ㉡ 오번제(Auburn System)
㉢ 엘마이라제(Elmira System) ㉣ 카티지제(Cottage System)

┤ 보 기 2 ├
a. 대규모 수형자자치제의 단점을 보완하기 위해 수형자를 소집단으로 처우하는 제도
b. 수형자의 자력적 개선에 중점을 두며 사회복귀 프로그램의 동기부여 등 누진적 처우방법을 시도하는 제도
c. 수형자의 개별처우에 적정을 기할 수 있고 범죄적 악성오염을 예방하기 위한 제도
d. 주간에는 작업에 종사하게 하고 야간에는 독방에 수용하여 교화개선을 시도하는 제도

	㉠	㉡	㉢	㉣		㉠	㉡	㉢	㉣
①	c	b	d	a	②	c	d	b	a
③	d	a	c	b	④	d	c	a	b

해설

구금제도의 핵심적 특징을 익히는 문제이다.
㉠, c 펜실바니아제 – 엄정독거제, 정신적 교화개선 추구
㉡, d 오번제 – 반독거제, 침묵제
㉢, b 엘마이라제 – 부정기형에 의한 감화제
㉣, a 카티지제 – 소집단화된 처우제도, 자치제 결합

정답 ②

26 수형자의 처우방식 중 누진처우제도에 대한 설명으로 옳지 않은 것은? '17. 9급

① 일종의 토큰경제(token economy)에 해당하는 제도로서, 재판상 선고된 자유형의 집행단계를 여러 개의 단계로 나누어 수형자의 개선 정도에 따라 상위계급으로 진급하게 함으로써 점차 자유제한적 처우를 완화하는 것이다.
② 영국에서 시작된 일종의 고사제(考査制)에 호주의 마코노키(A. Machonochie)가 점수제(點數制)를 결합시킴으로써 더욱 발전하였다고 한다.
③ 아일랜드제(Irish system)는 크로프톤(W. Crofton)이 창안한 것으로 매월 소득점수로 미리 정한 책임점수를 소각하는 방법을 말하며, 우리나라의 누진처우방식과 유사하다.
④ 엘마이라제(Elmira system)는 자력적 갱생에 중점을 둔 행형제도로 일명 감화제라고도 하는데, 전과 3범 이상의 청소년범죄자를 대상으로 하여 개선·교화를 위해 교도소를 학교와 같은 분위기에서 운영하는 제도이다.

해설

③ (×) 이 지문은 이번 시험에서 출제오류로 인해 맞는 지문으로 보았으나, 틀린 지문이다. 왜냐하면 2007년 「행형법」 전면개정으로 현행법에서는 고사제에 근거하여 부분적으로 누진처우가 시행되고 있기 때문에 점수제의 일종인 아일랜드제는 우리나라 누진처우방식과 유사하다고 할 수 없기 때문이다. 이 지문이 타당하도록 수정하면, "아일랜드제(Irish system)는 크로프톤(W. Crofton)이 창안한 것으로 매월 소득점수로 미리 정한 책임점수를 소각하는 방법을 말하며, 우리나라의 소득점수 산정 방식과 유사하다."이다.
④ (×) 전과 3범 이상의 청소년 범죄자를 대상으로 (×) → 16세에서 30세까지의 초범자들을 대상으로 (○).

정답 ③, ④

27 누진처우제도에 대한 설명으로 가장 옳지 않은 것은?

① 누진처우제도는 시설 내 자유의 폭을 넓혀 주고 보다 빠른 사회적 적응을 촉진하는 제도이다.
② 누진처우제도는 단기수형자에게 그 효과가 높다.
③ 누진처우제도의 가장 높은 단계는 가석방이라 할 수 있다.
④ 누진처우제도는 정신장애자에게는 효과가 높지 않다.

해설

② (×) 누진처우제도는 장기수형자에게 적합하다.
④ (○) 합리적인 이성을 지니지 못한 사람은 자기 통제력이 없기 때문에 정신 장애인에게는 적용하기 어렵다.

정답 ②

28 다음 누진제도에 관한 설명 중 가장 적절하지 않은 것은?

① 1840년 호주의 마코노키가 처음 점수제에 의한 누진제를 시행하였다.
② 크로프톤은 마코노키의 점수제에 수정을 가해 아일랜드제를 창안하였다.
③ 잉글랜드제는 아일랜드제를 수정한 제도이다.
④ 엘마이라제는 미국에서 부정기형제도와 함께 운영한 제도이다.

해설

③ (×) 잉글랜드제를 기반으로 아일랜드제가 발전되었다. 잉글랜드제는 독거처우 → 혼거처우 → 가석방의 3단계 처우 방식이고, 중간교도소제가 없고 일별소각방식을 내용으로 한다.
아일랜드제는 독거처우 → 혼거처우 → 중간교도소 처우 → 가석방의 4단계 처우이고, 중간교도소제가 적용되고, 월별소각방식을 취하며, 가석방된 자에 대해서는 경찰감시를 부가했다는 것이 특징으로 구분된다.

정답 ③

29 누진계급의 측정 방법으로 점수제에 해당하지 않는 것은? '22. 9급

① 고사제(probation system)
② 잉글랜드제(England system)
③ 아일랜드제(Irish system)
④ 엘마이라제(Elmira system)

해설

① (×) 고사제는 '기간제'라고도 부른다. 잉글랜드제, 아일랜드제, 엘마이라제는 점수제의 종류이다.

정답 ①

30 누진처우제도의 문제점으로 옳지 않은 것은? '03. 7급

① 인격특성을 고려한 개별처우가 경시되는 경향이 있다.
② 위선적이고 기만적인 교활한 수형자에게 이익이 될 수 있다.
③ 시설내처우에 있어서는 효과가 없다.
④ 상대적으로 최하위급에 불리한 처우가 되기 쉽다.

해설

③ (×) 시설내처우로서 그 효과를 높이기 위한 제도이다.

정답 ③

31 누진처우제도의 유형에 대한 설명으로 옳은 것은? '21. 7급

① 점수제의 종류 중 하나인 아일랜드제는 매월의 소득점수로 미리 정한 책임점수를 소각하는 방법이며, 독거구금·혼거작업·가석방이라는 3단계에 반자유구금인 중간교도소를 추가한 것이다.
② 점수제에 대해서는 교도관의 자의가 개입되기 쉽고 공평성을 저하시킬 우려가 있다는 비판이 있다.
③ 점수제의 종류 중 하나인 잉글랜드제는 수형자를 최초 9개월간 독거구금을 한 후에 공역(公役)교도소에 혼거시켜 강제노역을 시키며, 수형자를 고사급·제3급·제2급·제1급의 4급으로 나누어 책임점수를 소각하면 상급으로 진급시켜 가석방하는 제도이다.
④ 점수제의 종류 중 하나인 엘마이라제는 자력적 개선에 중점을 둔 행형제도로 일명 감화제도라고 한다. 엘마이라감화원은 16~30세까지의 재범자들을 위한 시설로서 수형자분류와 누진처우의 점수제, 부정기형과 보호관찰부 가석방 등을 운용하였다.

해설

② (×) 점수제(×) → 고사제(○).
③ (×) 잉글랜드제는 4계급제가 아니라 5계급제인 것이 특징이다. 고사급·제3급·제2급·제1급·특별급의 5계급을 거치도록 한다.
④ (×) 재범자들을 위한 제도가 아니라, 초범자들을 대상으로 한 제도인 것이 특징이다.

정답 ①

32 누진계급 측정방법의 명칭과 설명이 옳게 짝지어진 것은? '14. 7급

① 점수제(mark system) - 일정한 기간을 경과하였을 때 행형성적을 심사하여 진급을 결정하는 방법으로 기간제라고도 하며, 진급과 가석방 심사의 구체적 타당성을 기대할 수 있으나, 진급이 교도관의 자의에 의하여 좌우되기 쉽다.
② 고사제(probation system) - 최초 9개월의 독거구금 후 교도소에서 강제노동에 취업하는 수형자에게 고사급, 제3급, 제2급, 제1급, 특별급의 다섯 계급으로 나누어 상급에 진급함에 따라 우대를 더하는 방법으로 진급에는 지정된 책임점수를 소각하지 않으면 안 되는 방법이다.
③ 엘마이라제(Elmira refomatory system) - 누진계급을 제1급, 제2급, 제3급으로 구분하고 신입자를 제2급에 편입시켜 작업, 교육 및 행장에 따라 매월 각 3점 이하의 점수를 채점하여 54점을 취득하였을 때 제1급에 진급시키는 방법이다.
④ 잉글랜드제(England system) - 수형자가 매월 취득해야 하는 소득점수로 지정점수를 소각하는 방법으로서 책임점수제라고도 하며, 진급척도로서의 점수를 매일이 아닌 매월 계산한다.

해설

① (×) 지문의 내용은 고사제(기간제)에 해당된다.

② (×) 점수제(점수소각제)에 해당하는 잉글랜드제에 대한 설명이다.
③ (○) 엘마이라제는 부정기형을 적용하여 교화개선에 중점을 두는 제도이므로 '감화제'라고도 한다.
④ (×) 잉글랜드제는 일별소각방식이므로, 지문의 내용은 아일랜드제에 해당된다.

정답 ③

33 행형제도에 관한 설명 중 틀린 것은? '98. 5급(교정관) 승진

① 엘마이라제는 Elam Lynds가 주간혼거, 야간독거제로 창안하였다.
② 펜실베니아제도는 속죄의 심리교육적 종교사상과 접목된 제도이다.
③ 오번제는 독거제와 혼거제의 단점을 보완한 침묵제이다.
④ 자치제도는 사회적 훈련에 역점을 둔 교도민주주의의 실험이라고 할 수 있다.
⑤ 고사제는 누진처우제도의 일종이다.

해설

① (×) 엘마이라제(×) → 오번제(○). 엘마이라제는 브록웨이(Z. R. Brockway)가 정립시켰으며, 그는 나이 16세에서 30세까지의 초범자들을 대상으로 수형자분류제와 누진처우의 점수제, 부정기형 그리고 보호관찰부 가석방을 결합시킨 처우제도를 시행했다.

정답 ①

34 수형자분류 및 처우에 대한 설명으로 옳지 않은 것은? '19. 7급

① 수형자분류는 수형자에 대한 개별적 처우를 가능하게 함으로써 수형자의 교화개선과 원만한 사회복귀에 도움을 준다.
② 19C 이후 과학의 발달에 힘입어 수형자의 합리적인 처우를 위하여 과학적인 분류의 도입이 주장되었으며, 뉴욕주 싱싱(Sing Sing)교도소에서 운영한 분류센터인 클리어링 하우스(Clearing house)가 그 대표적인 예이다.
③ 누진계급(점수)의 측정방법인 고사제(기간제)는 일정 기간이 경과하였을 때에 그 기간 내의 수형자 교정성적을 담당교도관이 보고하고, 이를 교도위원회가 심사하여 진급을 결정하는 방법이다.
④ 누진계급(점수)의 측정방법인 아일랜드제(Irish system)는 수형자를 최초 9개월의 독거구금 후 교도소에서 강제노동에 취업시키고, 수형자를 5계급으로 나누어 이들이 지정된 책임점수를 소각하면 상급으로 진급시키는 방법이다.

해설

④ (×) 지문의 내용은 점수제 중 하나인 잉글랜드제(English System)에 대한 기술이다. 그 밖에 점수제에 속하는 방식은 아일랜드제와 엘마이라제가 있다. 아일랜드제(Irish System)는 혼거작업단계와 가석방 사이에 반자유처우인 중간교도소 처우단계를 두었고, 가석방된 자에 대해 경찰감시를 부과한 점이 특징이다.

정답 ④

35 시설내처우와 관계없는 것은?

① 사회내처우 부작용에 따라 고안되었으나, 형사사법망의 확대를 초래한다.
② 현재까지 교정처우의 주류를 이루고 있으나, 시설내처우보다는 사회내처우를 확대하려는 경향이 있다.
③ 분류제, 누진제도, 선시제 등의 형태로 실시되고 있다.
④ 외부통근 및 귀휴제도와 같은 개방형처우도 시설 내에서 실시되는 사회적 처우이다.

해설

① (×) 시설내처우의 부작용에 대한 대안으로 고안된 것이 사회내처우이다. 형사사법망의 확대(사회통제의 확대)란, 국가로부터 통제받는 사람을 늘어나게 한다는 의미인데, 이는 시설내처우의 문제점이 아니라 사회내처우·다이버전·중간처벌의 대표적 단점이다.

정답 ①

제2절 개방형처우(사회적 처우)

01 중간처우 제도와 시설에 대한 설명으로 옳지 않은 것은? '18. 7급

① 정신질환자 또는 마약중독자들이 겪는 구금으로 인한 충격을 완화해 주는 역할을 한다.
② 교도소 수용이나 출소를 대비하는 시설로 보호관찰 대상자에게는 적용되지 않는다.
③ 교정시설 내 중간처우로는 외부방문, 귀휴, 외부통근작업 및 통학제도 등을 들 수 있다.
④ 교도소 출소로 인한 혼란·불확실성·스트레스를 완화해 주는 감압실(減壓室)로 불리기도 한다.

해설

② (×) '좁은 의미의 중간처우' 개념에 해당하는 '중간처우소 이용 처우'는 교정시설 내 중간처우인 사회적 처우로서의 귀휴·외부통근·외부통학·사회견학(외부방문)과는 달리 교정시설 밖에 설치·운영하는 과도기적 시설에서 이루어진다. '넓은 의미의 중간처우'는 사회적 처우와 같은 개념이다. 중간처우소는 출소자를 위한 중간처우소 처우(halfway-out house)와 입소자들을 위한 중간처우소 처우(halfway-in house) 두 가지 제도로 운영되고 있었다. 그런데 최근에는 단지 과도기적 기능에 한정하지 않고 아예 형벌의 대안제도로서 이용되기도 한다. 즉 완전한 구금을 바탕으로 하는 '자유형 집행 시설내 처우'와 '완전한 자유라는 무처분' 대신 두 처분의 중간적인 독립된 처분으로도 활용되고 있다. 따라서 일반적인 보호관찰이나 집중 감시 보호관찰 대상자들보다 좀 더 강한 통제와 관리가 필요하다고 판단되는 대상자들을 수용하는 시설로도 이용되거나 보호관찰 또는 가석방 도중 준수사항을 위반한 경우에 중간처우소에 수용하여 교육·훈련하는 처우제도로서도 활용되고 있다.

정답 ②

02 개방처우제도에 관한 설명으로 옳지 않은 것은?

① 수용자의 출소 후 사회 재적응에 유익하며, 현행법은 개방시설처우를 중간처우로서 규정하고 있다.
② 도주의 위험이 있으므로 대개 보호관찰과 결합한 형태로 운용된다.
③ 우리나라의 사회적 처우에는 사회견학·사회봉사 등이 제도화되어 있다.
④ 개방형처우는 종신무기수나 사형수를 제외한 모든 수형자들이 언젠가는 사회로 복귀하기 때문에 그들이 되돌아갈 일반사회에 더 가까이 접근시키고, 그 생활에 익숙해지게 할 필요성에서 시작된 것이다.

해설

개방형처우(사회적 처우)는 전통적 폐쇄처우의 폐해와 문제점을 축소하거나 해소하고, 수형자의 사회복귀를 극대화시키기 위해 시설 내에서 운용되는 처우방식이므로, 시설내처우를 발전·변화시킨 개념이다. 따라서 전통적 시설내처우인 폐쇄형 처우와 정반대의 독자적 개념이 아니라 폐쇄처우를 보다 재사회화 방향으로 보완하여 현대화시킨 상대적 개념이다(이윤호, 294면).
① (○) 「법」 제57조 4항 및 시행규칙 제93조 참조.

> 시행규칙 제93조(중간처우) ① 소장은 개방처우급 혹은 완화경비처우급 수형자가 다음 각 호의 사유에 모두 해당하는 경우에는 교정시설에 설치된 개방시설에 수용하여 사회 적응에 필요한 교육, 취업지원 등 적정한 처우를 할 수 있다. <개정 2024. 2. 8.>
> 1. 형기가 2년 이상인 사람
> 2. 범죄 횟수가 3회 이하인 사람
> 3. 중간처우를 받는 날부터 가석방 또는 형기 종료 예정일까지 기간이 3개월 이상 2년 6개월 미만인 사람
> ② 소장은 제1항에 따른 처우의 대상자 중 다음 각 호의 사유에 모두 해당하는 수형자에 대해서는 **지역사회에 설치된 개방시설에 수용하여** 제1항에 따른 처우를 할 수 있다. <개정 2024. 2. 8.>
> 1. 범죄 횟수가 1회인 사람
> 2. 중간처우를 받는 날부터 가석방 또는 형기 종료 예정일까지의 기간이 1년 6개월 미만인 사람
> ③ 제1항 및 제2항에 따른 중간처우 대상자의 선발절차, 교정시설 또는 지역사회에 설치하는 개방시설의 종류 및 기준, 그 밖에 필요한 사항은 법무부장관이 정한다.

② (×) 개방형처우는 시설내처우에 바탕을 두고 있기 때문에 사회내처우 방식인 보호관찰이 부과될 수 없다.

정답 ②

03 개방처우 또는 중간처우에 대한 설명 중 가장 적절한 것은?

① 사회내처우와 같은 개념이다.
② 중간처우는 교정시설에 설치된 개방시설 또는 지역사회에 설치된 개방시설에 수용하여 처우한다.
③ 개방처우는 지역사회교정에 바탕을 두고 있다.
④ 사회봉사명령이나 수강명령은 개방처우에 속한다.

해설

① (×) 사회내처우와 개방처우는 본질적으로 다른 개념이다. 사회적 처우와 본질을 같이 한다.
② (○) 「시행규칙」 제93조 참조.
③ (×) 개방처우는 시설내처우에 바탕을 두고 있다.
④ (×) 지문의 제도는 사회 내 처우에 속한다.

정답 ②

04 개방처우가 가져올 수 있는 장점과 가장 거리가 먼 것은? '98. 7급

① 행형경제의 효율화를 가져온다.
② 국민의 응보감정과도 부합할 수 있다.
③ 형벌의 인도화에 기여한다.
④ 수형자의 사회복귀를 촉진시킨다.

해설

② (×) 형벌집행의 강도를 완화하는 제도는 모두 국민의 응보적 법감정과는 배치된다.

정답 ②

05 개방시설처우에 대하여 옳지 않은 것은?

① 개방처우의 확대적용은 국민의 감정에 위배될 수 있다.
② 개방시설처우는 사회적 처우와 사회내처우의 성질이 혼합되어 있다.
③ 구금을 대체하는 개념이다.
④ 도주우려가 있다는 단점이 있다.

해설

③ (×) 개방처우 내지 사회적처우는 자유형의 본질인 구금을 유지하면서 교정목적에 부합하도록 구금을 완화하는 개념이다. 구금을 대체하는 개념은 사회내처우(사회형 처우)이다.

정답 ③

06 시설 내의 엄격한 처우를 완화하기 위한 개방처우에 속하지 않는 것은?

① 외부통근제
② 독거수용제
③ 부부 만남의 집
④ 주말구금제

해설

② (×) 독거수용, 선시제, 수형자치제는 폐쇄형 처우에 속한다.

정답 ②

07 사회적 처우에 대한 설명으로 옳지 않은 것은? '11. 9급

① 개방처우는 가족과의 유대가 지속될 수 있는 장점이 있다.
② 현행법상 귀휴기간은 형집행기간에 포함된다.
③ 우리나라의 외부통근작업은 행정형 외부통근제도이다.
④ 갱생보호는 정신적·물질적 원조를 제공하여 건전한 사회인으로 복귀할 수 있는 기반을 조성할 수 있다.

해설
④ (×) 사회내처우에 대한 기술이므로 옳지 않다.

정답 ④

08 개방형처우에 대한 설명으로 옳지 않은 것은? '13. 7급 수정

① 개방처우의 유형으로는 외부통근제도, 주말구금제도, 부부접견제도 그리고 민영교도소제도 등을 들 수 있다.
② 개방시설에서의 처우는 유형적·물리적 도주방지장치가 전부 또는 일부가 없고 수용자의 자율 및 책임감에 기반을 둔 처우제도이다.
③ 외부통근제도는 수형자를 주간에 외부의 작업장에서 생산 작업에 종사하게 하는 것으로 사법형, 행정형 그리고 혼합형으로 구분된다.
④ 우리나라는 가족만남의 집 운영을 통해 부부접견제도를 두고 있다고 해석할 수 있고, 외부통근제도도 시행하고 있으나 주말구금제도는 시행하고 있지 않다.

해설
① (×) 민영교도소제도는 개방처우에 속하지 않는다.

정답 ①

09 외부통근제도에 대한 설명이다. 적절하지 않은 것은?

① 장기수형자의 사회적 접촉으로 자율적인 출소준비가 가능하다.
② 출소 후에도 근무가 가능한 직업에 종사할 수 있다.
③ 사회인은 긍정적으로 받아들인다.
④ 외부통근제도는 제5차 「행형법」 개정에 반영되었고, 외부통학제도는 제7차 「행형법」 개정 시에 반영되었다.

해설
③ (×) 일반사회인은 부정적으로 받아들인다.

정답 ③

10 다음 중 주말구금의 문제점이라 할 수 없는 것은? '98. 9급

① 국민감정 ② 도주문제
③ 수용시설문제 ④ 수형자 간의 갈등문제

해설

④ (×) 주말구금제는 1943년 독일의 소년재판소법에 의한 소년구금의 한 형태인 휴일구금에서 시작되었다. 주말구금은 주말과 휴일에 실시하는 형의 분할집행이라는 점에서 시설수용을 하지 않는 가택구금(사회내구금)과 구별되며 다른 한편으로는 주말을 제외한 휴가 등을 이용하여 분할집행하는 단속(斷續)구금과도 구별된다. 주말구금제도는 경범죄 수형자로 하여금 명예감정을 자극되게 하여 범행에 대한 반성을 촉진함과 동시에 단기자유형의 폐해를 제거할 수 있다. 그리고 기존의 직장·학교생활 및 가족과의 생활을 계속할 수 있으며, 피해자에 대한 손해배상을 보다 쉽게 할 수 있는 이점이 있다.
이 제도를 효율적으로 시행하기위해서는 그 대상자의 주거나 직장에서 멀지 않은 장소에 시설을 마련해야 하고, 도주를 방지하기 위한 보완장치가 필요하며, 국민의 법감정에 위배되는 문제를 극복하여야 한다. ④는 문제점으로 볼 수 없다. 오히려 폐쇄처우에서 더욱 문제된다.

정답 ④

11 사회적 처우에 대한 설명으로 옳지 않은 것은? '14. 7급

① 사회견학, 사회봉사, 종교행사 참석, 연극, 영화, 그 밖의 문화공연 관람은 사회적 처우에 속한다.
② 교정시설의 장은 원칙적으로 개방처우급, 완화경비처우급 및 일반경비처우급 수형자에 대하여 교정시설 밖에서 이루어지는 활동을 허가할 수 있다.
③ 연극이나 영화, 그 밖의 문화공연 관람에 필요한 비용은 수형자 부담의 원칙이며, 처우상 필요한 경우에는 예산의 범위에 그 비용을 지원할 수 있다.
④ 교정시설의 장은 사회적 처우 시에 별도의 수형자 의류를 지정하여 입히게 하지만 처우상 필요한 경우 자비구매의류를 입게 할 수 있다.

해설

② (×) 일반경비처우급(×), 일반경비처우급은 원칙적으로는 허가대상이 아니지만, 처우상 특히 필요한 경우에는 일반경비처우급 수형자에 대하여도 이를 허가할 수 있다. 중경비처우급은 불허. 「시행규칙」 제92조 참조.

정답 ②

12 다음은 외부통근작업과 관련된 설명이다. 틀린 것은?

① 사법형 외부통근작업의 시초는 1913년 미국의 후버법에 의한 사법형 외부통근제이다.
② 외부통근작업을 하는 수용자는 시설 외에서는 사회인과 동일한 조건으로 취업하게 사복을 착용할 수 있고, 사회인과 동일한 근로조건과 임금을 받으며 근무할 수 있다.
③ 우리나라에서는 제5차 「행형법」 개정(1995.1.5.)에 의해 그 근거가 마련되었다.
④ 우리나라의 외부통근제는 사법형 외근통근제이다.

해설

④ (×) 사법형(×) → 행정형(○).

정답 ④

➕ 외부통근제

외부통근제 의의
• 교정시설 내의 외부기업체 작업장이나 지역사회의 외부기업체에 출·퇴근하며 수형생활하게 하는 처우로서 휴가제(ticket-of-leave)에 근원을 두고 있으며, 일명 주간가석방(day parole)이라고도 함. • 외부통근제가 처음으로 법제화된 것은 1913년 미국 위스콘신주의 후버법(Huber Law) • 적용형태에 따라 사법형, 행정형, 혼합형으로 구분

행정형 외부통근제
• 석방 전 누진처우의 일환으로 장기수형자를 대상으로 함 • 교정기관에서 행정처분으로 결정 • 유럽 대부분의 국가들과 일본, 우리나라에서 채택 • 대상자에 대한 규율이 사법형 외부통근제도보다 완화됨 • 영국의 호스텔제(Hostel System)가 대표적인 제도

사법형 외부통근제
• 형벌의 일종으로 법원이 선고함. 일명 '통근형'이라 함 • 경범죄·단기수형자에게 적용됨 • 수용으로 인한 실업의 위험을 해소하고, 주말구금이나 야간구금 같은 반구금제도와 함께 활용하는 데 적합 • 미국에서 주로 활용되고 있음

혼합형 외부통근제
• 사법형 외부통근제와 행정형 외부통근제를 절충하여 시행 • 법원은 형벌의 일종으로 통근형을 선고하고, 교정기관은 가석방심사위원회와 같은 기구의 허가를 얻어 외부통근을 시행하는 제도 • 미국의 위스콘주와 노스캐롤라이나주가 대표적인 실시 예임

13 외부통근제도에 대한 설명 중 적절하지 않은 것은?

① 이 제도는 작업함에 있어 교도관의 감시·감독을 받지 않는 점에서 구외작업과 다르고, 시설 밖에서 작업하되 야간에는 교정시설로 복귀해야 한다는 점에서 시설외의 자유노역제와 구별된다.
② 미국의 후버법은 사법형 외부통근제와 영국의 호스텔은 행정형 외부통근제와 각각 관련이 있다.
③ 수형자의 사회적응능력 배양에 목적이 있다.
④ 우리나라의 외부통근작업에 대하여는 형집행법 시행령에 근거 규정을 두고 있다.

해설

④ (×) 「형집행법」 제68조에 근거 규정을 두고 있다. 구체적인 선정 절차 등은 「시행규칙」 제120조에 규정되어 있다.

정답 ④

14 「형의 집행 및 수용자의 처우에 관한 법률 시행규칙」상 원칙적으로 교정시설 밖에 있는 외부기업체에 통근하며 작업하는 수형자의 선정기준에 해당되지 않는 것은? '20. 7급

① 해당 작업 수행에 건강상 장애가 없을 것
② 일반경비처우급 이상에 해당할 것
③ 가족·친지 또는 교정위원 등과 접견·편지수수·전화통화 등으로 연락하고 있을 것
④ 집행할 형기가 7년 미만이고 가석방이 제한되지 아니할 것

해설

② (×) 원칙적으로 완화경비처우급 이상에 해당해야 한다. 교정시설 안에 설치된 외부기업체의 작업장에 통근하며 작업하는 수형자는 원칙적으로 일반경비처우급 이상에 해당하면 된다. 그렇지만, 작업부과 또는 교화를 위하여 특히 필요한 경우에는 중경비처우급 수형자도 외부통근자로 선정할 수 있다. 시행규칙 제120조 참조.

정답 ②

15 개방처우 중 우리나라에서 실시하는 '가족 만남의 날' 행사에 대한 설명으로 옳지 않은 것은? '11. 7급

① 개방처우급, 완화경비처우급 수형자에 대하여 가족 만남의 날 행사에 참여하거나 가족 만남의 집을 이용하게 할 수 있다.
② 개방처우급, 완화경비처우급 수형자는 접견 허용횟수 내에서 가족 만남의 날 행사 참여 또는 가족 만남의 집을 이용할 수 있다.
③ 교화를 위하여 특히 필요한 경우, 일반경비처우급 수형자에 대하여도 가족 만남의 날 행사 참여 또는 가족 만남의 집 이용을 허가할 수 있다.
④ 가족이 없는 수형자의 경우 결연을 맺었거나, 가족에 준하는 사람으로 하여금 그 가족을 대신하여 행사에 참여하게 할 수 있다

해설

② (×) 가족만남의 날 행사 및 가족만남의 집 이용은 접견허용횟수에는 포함되지 않으므로 접견허용횟수와 관계없이 이용할 수 있다. 「시행규칙」 제89조 참조.

정답 ②

📝 AI 예상 응용지문

❶ 시행규칙상 중간처우 대상자의 선발절차는 법무부장관의 승인을 받아 소장이 정한다. (×)
❷ 시행규칙상 지역사회에 설치된 개방시설에 수용하여 사회적응에 필요한 적정한 처우를 하기 위해서는 개방·완화급 수형자로서 집행할 형기가 7년 미만이고 가석방이 제한되지 아니할 요건을 갖추어야 한다. (×)

❶ 법무부장관이 정한다. 「시행규칙」 제93조 3항 참조. ❷ 외부기업체 통근의 요건이다. 「시행규칙」 제93조와 제120조 대조 참조.

16 「형의 집행 및 수용자의 처우에 관한 법률 시행규칙」상 가족 만남의 날 행사 등에 대한 설명으로 옳은 것은? '20. 7급

① 수형자와 그 가족이 원칙적으로 교정시설 밖의 일정한 장소에서 다과와 음식을 함께 나누면서 대화의 시간을 갖는 행사를 말한다.
② 소장은 중경비처우급 수형자에 대하여 가족 만남의 날 행사에 참여하게 하거나 가족 만남의 집을 이용하게 할 수 있다.
③ 가족 만남의 날 행사에 참여하는 횟수만큼 수형자의 접견 허용횟수는 줄어든다.
④ 소장은 가족이 없는 수형자에 대하여는 결연을 맺었거나 그 밖에 가족에 준하는 사람으로 하여금 그 가족을 대신하게 할 수 있다.

해설

① (×) 교정시설 밖의 일정한 장소(×) → 교정시설의 일정한 장소(○)
② (×) 중경비처우급 수형자에게는 인정하지 않고 있다. 원칙적으로 개방처우급·완화경비처우급 수형자에게 적용되며, 교화를 위해 특히 필요한 경우에는 일반경비처우급 수형자에게도 허가할 수 있다.
③ (×) 일반적인 접견허용횟수에는 포함되지 아니한다. 시행규칙 제89조 참조.

정답 ④

17 주말구금제도에 관한 설명으로 옳지 않은 것은? '07. 9급

① 단기자유형의 악성감염 등의 폐해를 제거한다.
② 장기수형자에게 적합하다.
③ 피해자에 대한 손해배상에 유리하다.
④ 경범죄자로 하여금 명예감정을 자각시켜 자신의 범죄적 책임을 반성하도록 촉구한다.

해설

② (×) 단기수형자에게 적합하다.

정답 ②

18 외부통근제도에 대한 설명으로 옳지 않은 것은? '09. 9급

① 영국은 호스텔(Hostel)이라는 개방시설을 설치하여 행정형 외부통근제를 실시한다.
② 사법형 외부통근제는 수용으로 인한 실업의 위험을 해소할 수 있다는 장점이 있다.
③ 우리나라는 사법형 외부통근제를 원칙으로 하면서 행정형을 예외로 인정하고 있다.
④ 행정형 외부통근제의 경우 장기수형자의 사회적 접촉기회를 제공하여 성공적인 사회복귀를 도모할 수 있다.

해설

③ (×) 우리나라는 사법형과 혼합(절충)형은 전혀 채택하지 않고 있다.

정답 ③

19 「형의 집행 및 수용자의 처우에 관한 법률 시행규칙」상 외부기업체 통근작업에 대한 설명으로 옳지 않은 것은? '17. 5급(교정관) 승진

① 외부기업체에 통근하며 작업하는 수형자로 선정되기 위한 요건에는 가족·친지 또는 교정위원 등과 접견·편지수수·전화통화 등으로 연락하고 있을 것이 포함되어 있다.
② 소장은 외부통근자가 법령에 위반되는 행위를 하거나 법무부장관 또는 소장이 정하는 준수사항을 위반한 경우에는 외부통근자 선정을 취소하여야 한다.
③ 소장은 외부통근자로 선정된 수형자에 대하여는 자치활동·행동수칙·안전수칙·작업기술 및 현장적응훈련에 대한 교육을 하여야 한다.
④ 집행할 형기가 7년 이상 남은 수형자도 작업 부과와 교화를 위해서 특히 필요하다고 인정하는 경우에는 교정시설 밖에 위치한 외부기업체에 통근 작업하는 수형자로 선정될 수 있다.
⑤ 소장은 외부통근자의 사회적응능력을 기르고 원활한 사회복귀를 촉진하기 위하여 필요하다고 인정하는 경우에는 수형자 자치에 의한 활동을 허가할 수 있다.

해설

② (×) 취소하여야 한다(×) → 취소할 수 있다(○).「시행규칙」 제121조 참조.

정답 ②

20 다음 중 중간적 처우와 가장 거리가 먼 것은?

① 분류제도 ② 외부통근제
③ 귀휴제도 ④ 주말구금

해설

① (×) 분류제도는 시설내처우(폐쇄형 처우)에 속한다.

정답 ①

21 다음 중 옳지 않은 것은?

① 현행법상 중간처우는 일반경비급 수형자에게 처우상 특히 필요한 경우에도 실시할 수 없다.
② 귀휴는 6개월 이상 형을 집행받은 수형자 중에서 형기의 4분의 1이 지나고 교정성적이 우수한 사람에게 허가될 수 있다.
③ 주말구금제도는 단기자유형의 폐해를 제거할 수 있고, 직장 및 가정생활을 원만하게 유지할 수 있다.
④ 소장은 수형자의 교정성적이 우수하거나 교화 또는 건전한 사회복귀를 위해서 특히 필요하다고 인정되는 경우에는 접촉차단시설이 없는 장소에 접견하게 할 수 있다.

해설

② (×) 형기의 4분의 1(×) → 형기의 3분의 1(○).

정답 ②

22 중간처우제도에 대한 설명으로 옳지 않은 것은? '98. 7급

① 중간처우제도의 대상자는 형기 종료를 앞둔 수형자뿐 아니라 가석방을 앞둔 수형자도 해당한다.
② 중간처우제도는 수형자 처우의 인도화와 합리화라는 관점에서 나온 제도이다.
③ 중간처우제도는 초기에는 사회 내 처우와 결합된 형태로 시작되었다.
④ 중간처우제도는 시설 내 처우와 사회 내 처우의 중간형태이다.

해설

③ (×) 초기에는 시설내처우와 결합하여 시행하다가 근래에 와서 지역사회에 기반을 둔 중간처우로 발전해나가고 있다. 우리나라도 2015년부터 형집행법을 개정하여 지역사회에 설치된 개방시설에 수용하여 사회적응에 필요한 교육, 취업지원 등의 적정한 중간처우를 할 수 있도록 하고 있다(「법」 제57조 4항 참조).

정답 ③

23 중간처우에 대한 설명으로 옳지 않은 것은?

① 중간처우란 출소기일이 임박한 수형자의 정상적인 사회복귀를 돕기 위한 출소 전 준비제도로 많이 활용된다.
② 중간처우제도의 기원은 1854년 아일랜드의 감옥 소장이었던 크론프톤이 설치한 중간교도 소에서 시작되었다.
③ 우리나라에서는 혼합형 외부통근제, 휴일구금제 등의 중간처우가 실시되고 있다.
④ 중간처우제도는 시설내 중간처우와 사회내 중간처우로 나뉘는 바, 중간처우의 집(Halfway House), 석방 전 지도센터(Pre-release Guidance Center)가 사회내 중간처우에 속한다.

> **해설**
> ③ (×) 귀휴제도 혼합형 외부통근제, 휴일구금제는 실시하지 않고 있다.
>
> 정답 ③

24 교정처우를 시설내처우, 개방처우, 사회내처우로 나눌 때 개방처우에 해당하는 것만을 고른 것은? '16. 5급(교정관) 승진

| ㉠ 가족접견 | ㉡ 전자감시 | ㉢ 귀휴 |
| ㉣ 외부통근 | ㉤ 집중보호관찰 | ㉥ 가택구금 |

① ㉠, ㉡, ㉤
② ㉠, ㉢, ㉣
③ ㉡, ㉢, ㉥
④ ㉡, ㉤, ㉥
⑤ ㉢, ㉣, ㉤

> **해설**
> ㉡ 전자감시, ㉤ 집중보호관찰, ㉥ 가택구금은 사회내처우(사회형 처우)에 속한다.
>
> 정답 ②

25 교정처우를 폐쇄형 처우, 개방형 처우, 사회형 처우로 구분할 때 개방형 처우에 해당하는 것만을 모두 고른 것은? '16. 9급

| ㉠ 주말구금 | ㉡ 부부접견 | ㉢ 외부통근 |
| ㉣ 보호관찰 | ㉤ 사회봉사명령 | ㉥ 수형자자치제 |

① ㉠, ㉡, ㉢
② ㉠, ㉤, ㉥
③ ㉡, ㉢, ㉣
④ ㉣, ㉤, ㉥

> **해설**
> ㉣, ㉤ (×) 보호관찰, 사회봉사명령은 사회형 처우이다. ㉥ (×) 수형자자치제는 폐쇄형 처우에 속한다.
>
> 정답 ①

26 「형의 집행 및 수용자의 처우에 관한 법률 시행규칙」상 중간처우에 대한 설명으로 옳지 않은 것은?

① 소장은 형기종료를 앞둔 수형자 중에서 일정한 요건을 갖춘 사람에 대해서는 형기 종료 전 일정 기간 동안 지역사회에 설치된 개방시설에 수용하여 사회적응에 필요한 교육, 취업지원 등의 적정한 처우를 할 수 있다.
② 중간처우 대상자의 경비처우급은 개방처우급 혹은 완화경비처우급이다.
③ 교정시설에 설치된 개방시설에 수용하여 사회 적응에 필요한 교육, 취업지원 등 적정한 처우를 할 수 있는 중간처우는 형기가 3년 이하인 사람, 범죄 횟수가 2회 이상인 사람은 대상자가 될 수 있다.
④ 중간처우 대상자의 선발절차는 법무부장관이 정한다.

해설

① (○) 「법」 제57조 4항 참조.
② (○) 중간처우는 「시행규칙」 제93조에서 일반경비처우급, 중경비처우급 수형자는 제외시키고 있다.
③ (×) 형기가 2년 이상인 사람, 범죄횟수가 3회 이하인 사람, 중간처우를 받는 날부터 가석방 또는 형기 종료 예정일까지 기간이 3개월 이상 2년 6개월 미만인 사람이 원칙적 적용대상이다. 지역사회에 설치된 개방시설에 수용하여 중간처우를 할 수 있는 사람은 범죄 횟수가 1회인 사람, 중간처우를 받는 날부터 가석방 또는 형기 종료 예정일까지의 기간이 1년 6개월 미만인 사람이다. 「시행규칙」 93조 제1·2항 참조.
④ (○) 중간처우 대상자의 선발절차, 교정시설 또는 지역사회에 설치하는 개방시설의 종류 및 기준, 그 밖에 필요한 사항은 법무부장관이 정한다. 「시행규칙」 제93조 3항 참조.

정답 ③

27 다음에서 설명하는 수용자 구금제도는? '20. 9급

> 이 제도는 '보호' 또는 '피난시설'이란 뜻을 갖고 있으며, 영국 켄트지방의 지역 이름을 따 시설을 운영했던 것에서 일반화되어 오늘날 소년원의 대명사로 사용되곤 한다. 주로 16세에서 21세까지의 범죄소년을 수용하여 직업훈련 및 학과교육 등을 실시함으로써 교정, 교화하려는 제도이다.

① 오번 제도(Auburn system)
② 보스탈 제도(Borstal system)
③ 카티지 제도(Cottage system)
④ 펜실베니아 제도(Pennsylvania system)

해설

② (○) 보스탈제도는 영국에서 처음 형사사법에 도입한 제도이다. 이는 청소년범죄자들을 성인범죄자들과 분리해서 처우하면서 처벌보다는 교육에 중점을 둔 교정제도로 개발되었다. 행정형 외부통근제의 대표적 방식인 '호스텔제'(Hostel system)와 구분해서 이해하자.

정답 ②

28 중간처우소(halfway house)에 대한 설명으로 옳지 않은 것은? '21. 7급

① 석방 전 중간처우소는 교도소에서 지역사회로 전환하는데 필요한 도움과 지도를 제공한다.
② 석방 전 중간처우소는 정신질환 범죄자나 마약중독자에 유용하며 석방의 충격을 완화해 주는 역할을 한다.
③ 우리나라의 중간처우소 사례인 밀양희망센터는 외부업체에서 일하고 지역사회 내의 기숙사에서 생활하는 형태로 운영된다.
④ 미국에서 가장 일반적인 중간처우소 유형은 수형자가 가석방 등 조건부 석방이 결정된 후 초기에 중간처우소에 거주하는 것이다.

> **해설**
>
> ② (×) 석방 전 중간처우소(×) → 입소 전 중간처우소(○). 중간처우소(halfway house)는 마약중독자 등의 금단증상을 완화하는 등 '입소자를 위한 중간처우시설(halfway-in house)'과 '출소자를 위한 중간처우시설(halfway-out house)' 및 시설내처우의 대안이나 집중감시 보호관찰자 등의 통제를 위한 독자적인 중간처우시설로 이용되고 있다. 정신질환 범죄자나 마약중독자에게 유용한 중간처우소는 '입소자를 위한 중간처우시설'로서 '입소 전 중간처우소'에 해당한다. 우리나라 안양교도소의 '소망의 집'은 '출소자를 위한 중간처우시설'로서 우리나라 최초(2009년)로 설치 운영되고 있다.
>
> 정답 ②

제3절 사회형 처우(사회내처우)

01 다음은 지역사회교정(community corrections)에 대한 설명이다. 적절하지 않는 것은? 'AI 예상

① 지역사회교정 출현은 교정시설의 과밀수용, 재범률 증가가 큰 영향을 미쳤다.
② 다이버전은 범죄자에 대한 부정적 낙인을 최소화함으로서 2차적 범죄를 막으려는 목적이 있다.
③ 지역사회교정에서 민간의 개입은 최소화된다.
④ 지역사회보호, 처벌의 연속성, 사회복귀, 재통합 등이 목표이다.

해설

③ (X) 지역사회교정 내지 사회내처우는 교정의 사회화·다양화를 추구하는 형사정책이다. 그러므로 '담안의 교정이 아닌 지역사회와 함께하는 교정'을 중시한다. 따라서 지역사회교정은 민간의 참여와 협력을 통해 운영되는 경우가 많다. 민간조직이나 지역사회의 자원은 범죄자의 재사회화와 재통합에 중요한 역할을 하므로, 민간의 개입이 최소화된다는 주장은 부적절하다.

☞ 출제의도 : 이 문제는 지역사회교정의 기본 개념과 원칙을 이해하고, 그에 따른 다양한 요소들, 특히 민간의 역할에 대한 인식을 평가하려는 목적이 있습니다. 수험생들은 지역사회교정의 다각적인 접근 방식을 이해해야 하며, 민간의 참여가 중요한 이유를 설명할 수 있어야 합니다.

〈종합적인 학습 조언〉
1) 기본 개념 숙지: 지역사회교정의 정의와 목적, 프로그램에 대해 충분히 이해하세요.
2) 사례 연구: 실제 사례를 통해 지역사회교정의 이론이 어떻게 적용되는지 살펴보세요.
3) 프로그램 분석: 다양한 지역사회교정 프로그램의 장단점을 비교해보세요.
이러한 체계적인 준비를 하면 교정학 관련 시험에서 더 나은 성과를 거둘 수 있을 것입니다.

정답 ③

02 지역사회교정에 대한 설명으로 옳지 않은 것은? '16. 5급(교정관) 승진

① 범죄자와 지역사회와의 의미 있는 유대 관계를 유지하여 범죄자를 재사회화하려는 것이다.
② 지역사회교정 프로그램은 주로 전환, 옹호, 재통합의 형태로 시행된다.
③ 전환이란 범죄자를 공식적인 형사사법 절차와 과정으로부터 비공식적인 형사사법 절차와 과정으로 우회시키는 제도로서 교도소 과밀화 해소에 도움이 된다.
④ 국가에 의해서 통제되고 규제되는 시민의 비율이 증가하여 형사사법의 그물망 확대라는 문제점이 대두된다.
⑤ 중간처우소, 수형자자치제, 집단가정은 지역사회교정의 대표적인 프로그램이다.

해설

⑤ (X) 중간처우소와 집단가정은 지역사회교정을 위한 대표적인 제도이나 수형자자치제는 전통적인 시설내처우(폐쇄형 처우)이다.

정답 ⑤

지역사회교정

재통합적 지역사회교정의 의의

재통합적 지역사회교정의 등장배경은 시설수용의 폐해(낙인효과·범죄학습·전과자 확산·누범자 양산 등 범죄배양효과), 범죄자에 대한 지역사회의 부정적 인식, 사회의 변동과 복잡화 등이다. 재통합적 지역사회교정은 전통적 시설내 처우에 대한 불만과 그 개선책으로 창안된 것이다. 이것은 범죄자에 대한 인도적 처우, 교화개선과 사회복귀의 긍정적 효과 추구, 교정경비의 절감과 수형자의 집중 관리를 통한 관리적 이익 실현 등을 추구한다. 이러한 목표를 달성하려면, 다양한 수형자와 그들이 필요로 하는 다양한 서비스를 제공해 줄 수 있는 지역사회와 교정프로그램의 상호작용을 극대화하는 노력이 요구된다. 지역사회교정을 뒷받침하는 이론으로는 낙인이론, 긴장이론, 차별적 기회구조이론, 차별적 교제이론, 사회유대이론 등이 있다.

중간처우소(halfway house)

중간처우소는 완전한 구금생활을 하는 교도소와 자유생활이 가능한 사회의 중간단계에 있는 시설로서, 사회복귀를 위한 폭넓은 자유를 허용하는 처우방식을 시행하는 장소이다.

이것은 1961년 미국의 시카고 등에서 연방교도소에 수용된 수형자를 석방 전 3~4개월 동안 특수시설로 옮겨 외부에 있는 직장에 통근할 수 있도록 석방전보도센터를 개설한 것이 그 기원이다.

중간처우소 개설방법으로는 교도소의 일구획을 사용하는 방법과 교도소 밖에 독립된 시설로 설치하는 방법이 있다. 전자는 개방형 처우(사회적 처우), 후자는 사회내처우(사회형처우)로서의 성격을 지닌다. 영국의 Hostel은 후자에 해당된다. 미국에서 중간처우의 집은 주로 민간 기관에 위탁하여 운영하고 있다.

중간처우소는 halfway-out-house(출소자를 위한 중간처우소)와 halfway-in-house(입소자를 위한 중간처우소)로 구분된다. 출소 전 중간처우소는 출소자들이 수용생활을 끝내고 지역사회에 재적응할 수 있도록 도와주는 과도기적 시설이고, 입소 전 중간처우소는 신입재소자들이 충격을 완화하고 수형생활에 잘 적응할 수 있도록 준비시키는 기능을 하는 과도기적 시설이다. 그러므로 중간처우소는 급격한 주거환경 변화에서 오는 충격을 줄여주는 '감압실(decompression chamber)'이라고도 한다. 최근에는 보호관찰대상자 등을 재교육시키는 독자적 시설 기능으로도 활용되고 있다.

집단가정(Group House)

집단가정은, 가족 같은 분위기에서 가정과 같은 생활을 하도록 하는 비구금적 장기거주프로그램이다.

이것은 법원에 의해서 위탁된 비행청소년이나 보호관찰을 조건으로 보내진 청소년들에게 개인적·사회적 서비스와 구조화된 생활환경을 제공하는 기능을 한다. 때로는 교정시설에 수용되었다가 사회로 복귀하는 청소년을 위한 과도기적 주거시설로서도 이용되기도 한다.

집단가정은 정상적인 가족집단생활, 학교출석, 취업유지, 문제해결을 위한 부모와의 공동 노력 그리고 지역사회에의 참여 등을 강조한다. 집단가정은 지역사회에서의 독립적인 생활에 필요한 정보·기술·자기통제 등을 가르치기 때문에 청소년의 정상적인 사회화에 기여할 수 있다.

➕ 지역사회교정 시행 형태

지역사회교정 프로그램은 전환형(diversion), 옹호형(advocacy), 재통합형(reintegration) 세 가지 형태로 시행된다.

전환적 지역사회교정

전환이란 낙인의 영향을 최소화하고 범죄인의 사회복귀를 쉽게 하도록 하기 위해서, 범죄인을 공식적인 형사절차와 과정으로부터 비공식적인 절차와 과정으로 전환(우회)시키는 제도이다. 대부분의 지역사회교정은 전환을 전제로 해서 이루어지고 있다. 예컨대, 훈방·기소유예·선고·집행유예 등이 전환처분에 의한 사회내처우이다. 따라서 전환은 교도소과밀화 해소에도 기여하는 조치이다.

옹호(원조)적 지역사회교정

옹호란, 범죄인의 변화보다는 범죄인의 재사회화 기능을 담당하는 사회의 변화를 중시하는 지역사회교정방식이다. 옹호는 단순히 기존의 교정자원에 범죄인을 위탁하는 것만으로 충분한 교정을 이룰 수 없고 또 교정에 필요한 자원으로 부적절한 것이라면, 그에 맞는 교정자원을 개발하고, 기존의 교정자원이 활용하기 어려운 것이라면 이용 가능하도록 변화시켜야 한다는 것이다. 이러한 방식의 지역사회교정의 예로는, 청소년봉사국의 설립이나 청소년을 위한 무료법률구조 활동의 신설, 법률의 변화에 따른 적절한 대처 등이 있다. 우리나라의 청소년보호법의 제정·시행 등이 이러한 방식의 성격을 지닌 활동이다.

재통합적 지역사회교정

옹호적 지역사회교정이 범죄인보다는 사회의 변화를 강조하는 것에 비해, 재통합은 범죄인의 개선과 사회 환경, 양쪽의 변화·개선을 중시하는 지역사회교정 방식이다. 범죄인은 자신의 가정, 학교 또는 사회적 상황으로 인해 범죄를 행하게 된 경우가 많으므로, 이들이 재범을 하지 않게 하기 위해서는 그들이 겪었던 문제를 해결하는데 필요한 교육·취업·상담 등을 얻을 수 있도록 지역사회의 적절한 자원을 연결시켜 줌으로써, 그들로 하여금 지역사회에서의 합법적이고 적절한 역할을 수행할 수 있도록 하는 것을 중시하여야 한다는 접근방식이다.

이러한 주장은, 대부분의 범죄인들이 사회적 환경의 문제로 범죄를 행하게 된다는 환경론적 원인론에 바탕을 두고 있다. 또한 재범자들의 재범 이유가 대부분 사회의 냉대와 합법적 기회의 부족에서 기인한다는 것을 감안한 것이다.

우리나라 소년법상 보호관찰 처분을 받은 비행소년에 대한 소년 보호를 위한 보호자 특별교육 명령제도(제32조의 2 제3항)와 보호소년법상의 '출원하는 보호소년 등의 성공적인 사회정착을 위하여 장학·원호·취업알선 등의 사회정착지원' 규정(제45조의 2) 등은 재통합을 강조하는 처우의 예이다.

---

03 지역사회 교정에 대한 설명으로 옳지 않은 것은? '24. 9급

① 교정시설의 과밀수용 문제를 해소하기 위한 방안 중 하나이다.
② 범죄자의 처벌·처우에 대한 인도주의적 관점이 반영된 것이다.
③ 형사제재의 단절을 통해 범죄자의 빠른 사회복귀와 재통합을 실현하고자 한다.
④ 실제로는 범죄자에 대한 통제를 증대시켰다는 비판이 있다.

해설

③ (×) 지역사회교정 또는 사회내처우, 중간제재는 형사제재를 단절시키는 것이 아니다. 오히려 다양화된 여러 제도를 통해 범죄에 상응하는 제재를 적용하고, 범죄자의 빠른 사회복귀와 재통합을 실현하고자 한다.

정답 ③

04 다양한 형태로 출현하여 시행되고 있는 지역사회교정(사회 내 처우)의 형태로 옳지 않은 것은? '21. 9급

① 출소자들에 대한 원조(advocacy)
② 지역사회 융합을 위한 재통합(reintegration)
③ 사회적 낙인문제 해소를 위한 전환제도(diversion)
④ 범죄자의 선별적 무력화(selective incapacitation)

> **해설**
>
> ④ (×) 사회내처우(지역사회교정)의 실현형태는 '전환적 지역사회 교정', '원조(옹호)적 지역사회교정', '재통합적 지역사회교정'이 있다. '선별적 무(능)력화(무해화)'는 상습성이 있는 중범죄자를 가려내어 '장기간 구금함으로써 범죄를 저지르기 못하게 하는 것'임으로 '사회내처우'의 실현 형태라기보다는 '시설내처우'와 관련이 크다.
>
> 정답 ④

05 지역사회교정에 대한 설명으로 옳지 않은 것은? '20. 7급

① 교정의 목표는 사회가 범죄자에게 교육과 취업기회를 제공해 주고 사회적 유대를 구축 또는 재구축하는 것이다.
② 구금이 필요하지 않은 범죄자들에게는 구금 이외의 처벌이 필요하다.
③ 전통적 교정에 대한 새로운 대안의 모색으로 지역사회의 책임이 요구되었다.
④ 교정개혁에 초점을 둔 인간적 처우를 증진하며 범죄자의 책임을 경감시키는 시도이다.

> **해설**
>
> ④ (×) 지역사회교정(사회내처우)는 인간적인 처우면에서는 시설내처우보다 증진된 처우이나, 범죄자의 책임을 경감시키려는 시도와는 거리가 멀다. 오히려 시설내처우를 할 정도의 무거운 책임이 아니므로, 그 책임에 상응하는 지역사회교정을 적용하여 처우를 개별화하기 위한 의도라고 보아야 한다.
>
> 정답 ④

06 다음 중 지역사회교정에 대한 설명으로 가장 부적절한 것은? '03. 9급

① 수용자관리 및 경제적 비용측면에서 고려되었다고 볼 수 있다.
② 지역사회교정은 인권침해의 요소가 없다.
③ 1967년 미국에서는 지역사회교정을 교정의 주요업무로 규정한 바 있다.
④ 사회복귀와 재통합의 실현을 목표로 삼고 있다.

> **해설**
>
> ② (×) 지역사회교정도 자유제한처분이므로 인권침해의 요소를 지니고 있다. 따라서 지역사회교정도 절차적 기본권이 보장되는 한도 내에서 필요최소한으로 제한되어야 한다.
>
> 정답 ②

07 다음은 지역사회교정(community corrections)에 대한 설명이다. 맞지 않는 것은?

① 지역사회교정 출현은 교정시설의 과밀수용, 재범률 증가가 큰 영향을 미쳤다.
② 다이버전은 범죄자에 대한 부정적 낙인을 최소화함으로서 2차적 범죄를 막으려는 목적이 있다.
③ 지역사회교정에서 민간의 개입은 최소화된다.
④ 지역사회보호, 처벌의 연속성, 사회복귀, 재통합 등이 목표이다.

해설
③ (×) 지역사회교정 내지 사회내처우는 교정의 사회화·다양화를 추구하는 형사정책이다. 그러므로 '담안의 교정이 아닌 지역사회와 함께하는 교정'을 중시한다. 따라서 민간의 참여가 최대화되어야 한다.

정답 ③

---

08 지역사회교정의 장점을 기술한 것으로 옳지 않은 것은? '16. 9급

① 새로운 사회통제 전략으로서 형사사법망의 확대효과를 가져온다.
② 교정시설 수용에 비해 일반적으로 비용과 재정부담이 감소되고 교도소 과밀수용 문제를 해소할 수 있다.
③ 대상자에게 사회적 관계의 단절을 막고 낙인효과를 최소화하며 보다 인도주의적 처우가 가능하다.
④ 대상자에게 가족, 지역사회, 집단 등과 유대관계를 유지하게 하여 범죄자의 지역사회 재통합 가능성을 높여 줄 수 있다.

해설
① (×) 형사사법망의 확대는 지역사회교정(사회형처우)의 대표적 단점이다.

정답 ①

---

09 지역사회교정에 대한 목표가 될 수 없는 것은? '04. 5급(교정관) 승진

① 지역사회의 보호
② 처벌의 연속성 제공
③ 선별적 무능화
④ 효과적인 사회복귀와 재통합
⑤ 교정비용절감 효과

해설
③ (×) 선별적 무능화는 상습성이 있는 중범죄자만을 과학적으로 선별하여 장기구금시킴으로써 범죄를 줄이는 전략이다. 이는 그 시행결과 사회내처우가 확대되지만 지역사회교정의 목표와는 거리가 멀다.

정답 ③

10 시설구금의 폐해에 대한 문제에 대해 일반 사회인의 이해와 포용을 중요한 전제로 하여 전환제도 (Diversion)의 근거를 제공한 이론은?

① 낙인이론
② 억제이론
③ 학습이론
④ 사회통제이론

> **해설**

① (×) 낙인이론은 경미한 범죄인에 대한 형벌 부과의 부작용을 중시하면서, 교정을 위한 처벌일지라도 신중하게 최소한으로 제한되어야 하고, 그 대신 낙인의 부작용이 최소화될 수 있도록 하는 다이버전·비범죄화 등의 대책을 강조하였다.

정답 ①

11 다음에 제시된 다양한 교정처우 중 지역사회교정(community-based corrections) 프로그램으로 적절하지 않은 것을 모두 고른 것은?

(ㄱ) 가택구금(house arrest)	(ㄴ) 충격구금(shock incarceration)
(ㄷ) 거주센터(residential center)	(ㄹ) 사회봉사(connunity service)명령
(ㅁ) 개방교도소(open institution)	(ㅂ) 단속구금, 휴일구금, 주말구금

① (ㄱ), (ㄷ)
② (ㄴ), (ㄹ)
③ (ㄷ), (ㅁ)
④ (ㅁ), (ㅂ)

> **해설**

(ㅁ), (ㅂ) (×) 개방교도소, 단속·휴일구금은 사회적처우(개방형처우)에 해당한다.
(ㄴ) (○) 충격구금은 짧은 기간 시설내처우를 하다가 남은 형기를 사회내에서 보호관찰을 부과하여 처우하는 중간처벌의 일종이다. 그러므로 사회내처우에 해당한다.

정답 ④

✚ **충격구금**

충격구금은, 책임에 상응하는 형기가 비교적 긴 경우에도 단기간의 구금만을 집행하여 범죄자에게 충격을 가한 후 잔형유예기간 동안 보호관찰을 부과하여 지역사회에서 교정하는 방법이다. 이 제도는 장기구금에 따른 폐해와 부정적 요소를 경감·해소하고 그 대신 구금이 가질 수 있는 긍정적인 측면을 강조하는 처우방식이다. 이 제도는 자유형(구금)과 잔형유예 및 보호관찰의 일부 장점들을 결합시킨 것으로써, 시설내처우와 사회내처우 양자의 성격을 겸비한 처우제도이다. 이는 구금의 고통이 가장 큰 짧은 기간 동안만 짧게(short) 맵고(sharp), 충격적(shock)으로 자유형을 집행하여 그로 인한 제지효과를 극대화하고, 장기구금으로 인한 부정적인 측면을 극소화시키는 데 의의를 두고 있다.

이 제도를 긍정적으로 평가하는 측에서는 장기구금은 사회의 안전만을 중시하는 행형이지만 보호관찰 전에 단기간 구금하는 것은, 사회도 보호되고 수형자 자신도 자신의 행태에 대해 되돌아보고 개선할 수 있도록 하는 장점을 지닌 처우라고 본다.

12 충격구금(shock incarceration)에 대한 설명으로 옳지 않은 것은? '15. 7급

① 장기구금에 따른 폐해를 최소화하거나 줄이는 대신 구금의 긍정적 측면을 강조하기 위한 것이다.
② 구금의 고통이 큰 기간을 구금하여 범죄억제효과를 극대화하는 데 제도적 의의가 있다.
③ 형의 유예 및 구금의 일부 장점들을 결합한 것으로 보호관찰과는 결합될 수 없다.
④ 짧은 기간 구금되지만 범죄자가 악풍에 감염될 우려가 있다.

해설
③ (×) 충격구금은 단기간 자유형 집행 후 보호관찰을 시행하는 제도이다. 이는 구금과 잔형유예·보호관찰을 절충시켜 그 장점을 살린 제도이다.

정답 ③

13 집중감독보호관찰에 대한 설명으로 옳지 않은 것은? '16. 9급

① 위험성이 높은 보호관찰대상자 중에서 대상자를 선정하는 것이 보편적이다.
② 구금과 일반적인 보호관찰에 대한 대체방안으로서 대상자와의 접촉을 늘려 세밀한 감독을 한다.
③ 대상자의 자발적 동의와 참여하에 단기간 구금 후 석방하여 집중적으로 감시하는 사회내 처우이다.
④ 보호관찰이 지나치게 관대한 처벌이라는 느낌을 주지 않으면서 범죄자를 사회 내에서 처우할 수 있는 기회를 제공한다.

해설
③ (×) 단기간 구금 후 조기에 석방하여 보호관찰을 부과하는 중간처벌은 충격구금에 해당하는 내용이다. 대상자의 동의를 전제로 하는 제도는 가택구금(사회내구금)에 해당하는 내용이다.

정답 ③

➕ 집중감독(감시) 보호관찰
- 집중감독보호관찰은 통상의 보호관찰에 비해 감시와 통제의 강도를 높이는 제재인데, 통상적인 보호관찰을 하기에는 너무 위험하다고 여겨지는 범죄자에 대한 감시를 강화하기 위하여 창안된 제도이다.
- 집중감독보호관찰은 1974년 미국 Georgia 주에서 처음 시작되었다.
- 집중감독보호관찰은 재범위험성이 높은 대상자를 특별히 선정하여 일반보호관찰보다 접촉횟수를 늘리고, 감시 감독의 강도를 높이며, 특수한 프로그램을 실시하는 등 대상자에 대한 감독을 강화한다.
- 집중감독보호관찰은 중간제재 또는 중간처벌의 한 형태이며, 야간외출금지, 약물 또는 알코올 테스트, 가택구금, 전자감시 등 다른 제도와 결합하여 시행되기도 한다.
- 집중감독보호관찰과 유사한 성격을 지닌 중간처벌로는 가택구금(사회내구금)이 있다. 집중감독보호관찰은 보호관찰에 대한 신뢰성 부족이 제기되면서 보호관찰의 문제점을 보완하기 위한 제도로서 등장했고, 가택구금은 자유형을 대체하기 위한 제도로서 창안되었다.
- 집중감독보호관찰은 구금을 본질로 하지 않으며 사회복귀를 주된 목적으로 하는 제재이나, 가택구금은 구금의 일종이며 사회복귀 목적과 징벌적 목적을 가진다는 점에서 양자는 차이가 있다.

14 보호관찰의 지도·감독 유형으로 올린(L. E. Ohlin)이 제시한 내용 중 지역사회보호와 범죄자보호 양쪽 사이에서 갈등을 가장 크게 겪는 보호관찰관의 유형은? '17. 9급

① 보호적 보호관찰관 ② 수동적 보호관찰관
③ 복지적 보호관찰관 ④ 중개적 보호관찰관

해설

① (×) 올린은 보호관찰관의 유형을 처벌적 보호관찰관, 보호적 보호관찰관, 복지적 보호관찰관, 수동적 보호관찰관으로 분류했다. 이 중 보호적 보호관찰관은 사회의 보호와 범죄자의 보호를 절충하려는 유형이므로, 지역사회보호를 위한 통제적 역할과 범죄자 개인을 보호·개선하기 위한 지원(원호)적 역할 사이에서 직무상 갈등을 가장 크게 겪는다.

정답 ①

15 다음 설명에 해당하는 스미크라(Smykla)의 보호관찰 모형은? '17. 7급

> 보호관찰관은 외부자원을 적극 활용하여 보호관찰대상자들이 다양하고 전문적인 사회적 서비스를 받을 수 있도록 사회 기관에 위탁하는 것을 주요 일과로 삼고 있다.

① 프로그램모형(program model) ② 중재자모형(brokerage model)
③ 옹호모형(advocacy model) ④ 전통적모형(traditional model)

해설

① (×) 보호관찰관은 전문가를 지향하나 목적수행을 위한 자원은 내부적으로 해결하는 유형이다.
② (×) 보호관찰관은 전문가로서 자신의 전문성에 맞게 배정된 관찰대상자들에게 사회자원의 개발과 중개의 방법으로 외부자원을 적극 활용하여 대상자가 전문적인 보호관찰을 받을 수 있게 하는 유형으로서, 가장 바람직한 보호관찰의 모형이다. 이는 '중개모형'으로 번역하는 것이 적합하다.
④ (×) 보호관찰관이 만능보호관찰관으로서 통제를 강조하는 내부자원을 이용하여 지도·감독·원호·보도 등 다양한 기능을 하는 유형이다.

정답 ③

16 (가)와 (나)에 들어갈 내용을 바르게 연결한 것은? '21. 7급

> (가)는(은) 보호관찰관의 기능과 자원의 활용에 따라 보호관찰을 모형화하였는데, 이 중 (나)모형이란 전문성을 갖춘 보호관찰관이 외부의 사회적 자원을 적극 개발하고 활용하는 유형을 말한다.

	(가)	(나)		(가)	(나)
①	Crofton	옹호(adobocy)	②	Crofton	중개(brokerage)
③	Smykla	옹호(advocacy)	④	Smykla	중개(brokerage)

해설

④ (○) 스미클라(Smykla)는 보호관찰관의 전문성·기능 및 자원활용을 기준으로 보호관찰의 모델을 전통적 모형, 프로그램 모형, 옹호모형, 중개모형으로 분류했다. 이 중 가장 중개모형이 가장 바람직하다고 주장했다.

정답 ④

17 형벌이나 교정처우에 관련된 설명 중 옳지 않은 것은?

① 중간처벌(intermediate sanctions)제도는 구금과 비구금이라는 양극적 형벌체계를 보완한 것이다.
② 중간처우소(halfway house)는 처우단계상 구금 이전이나 이후에 모두 사용된다.
③ 벌금형(fines)은 미국이나 기타 선진국가에서 점차 그 용도를 상실해 가고 있다.
④ 집중감시가석방(intensive supervision parole)은 일반가석방에 비해 비용부담이 크다.
⑤ 병영식 캠프(boot camp)는 단기 교정프로그램으로서 대체로 소년범을 주 대상으로 한다.

해설

③ (×) 벌금형은 단기자유형을 대체하는 수단으로 오늘날 세계적으로 가장 활용 비중이 높은 형벌이다.

정답 ③

18 올린(L. E. Ohlin)의 관점에 따라 보호관찰관의 유형을 통제와 지원이라는 두 가지 차원에서 그림과 같이 구분할 때, ㉠ ~ ㉣에 들어갈 유형을 바르게 연결한 것은? '18. 7급

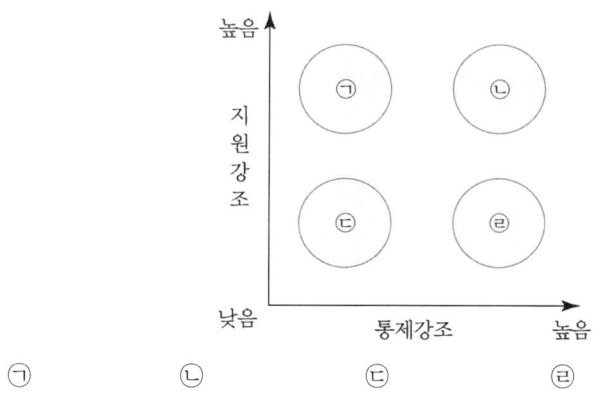

	㉠	㉡	㉢	㉣
①	복지적 관찰관	보호적 관찰관	수동적 관찰관	처벌적 관찰관
②	보호적 관찰관	복지적 관찰관	수동적 관찰관	처벌적 관찰관
③	복지적 관찰관	보호적 관찰관	처벌적 관찰관	수동적 관찰관
④	보호적 관찰관	복지적 관찰관	처벌적 관찰관	수동적 관찰관

해설

① (○) 올린의 보호관찰관 유형 중 복지적 보호관찰관은 '지원'을 강조하는 역할유형이므로 ⊙에 해당하고, 보호적 보호관찰관은 '통제'와 '지원'을 절충하려는 역할유형이므로 ⓒ에 해당한다. 수동적 보호관찰관은 통제나 지원 모두에 대해 소극적이므로 ⓒ에 해당하고, 처벌적 보호관찰관은 '통제'를 강조하는 역할유형이므로 ⓔ에 해당한다.

정답 ①

19 다음에서 설명하는 오린(L. E. Ohlin)의 보호관찰관 유형은? '21. 7급

> 이 유형의 보호관찰관은 주로 직접적인 지원이나 강연 또는 칭찬과 꾸중 등 비공식적인 방법을 이용한다. 또한 보호관찰관은 사회의 보호, 즉 사회방위와 범죄자 개인의 개선·보호를 조화시키고자 하므로 역할갈등을 크게 겪는다.

① 처벌적 보호관찰관(punitive probation officer)
② 보호적 보호관찰관(protective probation officer)
③ 복지적 보호관찰관(welfare probation officer)
④ 수동적 보호관찰관(passive probation officer)

해설

② (○) 보호적 보호관찰관은 사회의 보호와 범죄자 개인의 개선·보호를 조화시키고자 하는 역할을 중시하는 특징이 있으므로, 역할갈등을 크게 겪는다.

정답 ②

20 다음 중 중간처벌제도에 대한 설명으로 거리가 가장 먼 것은?

① 중간처벌은 집중감시 보호관찰과 구금형 사이의 대체 형벌이다.
② 주로 사회 내에서 이루어지는 범죄자에 대한 강화된 통제방안 등이 포함되어 있다.
③ 구금형과 보호관찰 사이에 계단식 형벌단계를 제공하여 형벌의 적정성에 기여한다.
④ 보호관찰관련 중간처벌로는 쇼크구금(shock incarceration)과 병역식 캠프(boot camp)를 들 수 있다.

해설

① (×) 중간처벌은 구금형(자유형)과 보호관찰 사이의 틈을 메우기 위해 새롭게 만들어진 제재이지, 중간제재의 일종인 집중감시 보호관찰과 구금형 사이의 중간적인 대체 형벌이 아니다.
④ (○) 일부 교재는 보호관찰 관련 중간처벌: 집중감시 보호관찰·배상제도·가택구금·사회봉사·수강명령·전자감시, 교정 관련 중간처벌: 충격구금·병영식 캠프를 제시하면서 이 지문을 틀린 정답으로 하고 있다. 그러나 이와 같은 구분은 통일된 학설로 인정되지 않고 있다. 따라서 수험생은 이 구분에 따라 중간 처벌을 구분하는 것에 대하여는 관심을 두지 않아도 된다.
중간처벌은 보호관찰에 부과하여 사용하는 제도와 보호관찰과 독립된 제도로 나눌 수 있다(정진수, 교정학, 223면).

정답 ①

21 중간처벌정책에 대한 기대효과가 아닌 것은? '99. 5급(교정관) 승진 수정

① 형사제재의 연속성에 기여
② 구금인구 감소
③ 교정의 민영화 확산
④ 형벌부과 불공정성 감소
⑤ 구금인구 중 강력범 비율 증대

해설

④ (×) 중간처벌이나 사회내처우는 적법절차가 이완되어 적용하는 경우가 많으므로 형벌의 불공정성을 야기할 수 있다.

정답 ④

✚ 중간처벌의 장점 및 문제점

장점	문제점
• 불필요한 구금의 회피 　- 중간처벌은 범죄자를 지역사회 내 교정에 둠으로써 과밀수용의 문제를 줄일 수 있고, 구금에 비해 사회복귀와 재통합 가능성을 높일 수 있으며, 비용이 절감되는 효과가 있음 • 보호관찰의 한계 보완 　- 중간처벌은 감시를 강화하거나 범죄인의 필요에 부합하는 전문화된 프로그램을 제공하여 보호관찰의 단점 개선 가능 • 적정한 양형 　- 구금과 보호관찰 사이의 다양한 중간제재를 단계적으로 개발·사용함으로써 범죄에 상응하는 다양한 제재를 적용할 수 있음	• 형사사법망의 확대 　- 중간처벌은 국가에 의해 관리되고 통제되는 범죄인의 수를 증가시키고, 국가의 개입권을 강화함으로써 범죄자를 통제하는 권한을 강화시킴 • 범죄자 선정 및 처벌의 불공정성 • 시행기관 선정의 어려움 • 공공의 안전에 대한 불안 야기 • 국민의 법감정에 부합하지 않음

22 중간처벌제도에 대한 설명으로 옳은 것은? '19. 7급

① 중간처벌은 중간처우에 비해 사회복귀에 더욱 중점을 둔 제도이다.
② 충격구금은 보호관찰의 집행 중에 실시하는 것으로, 일시적인 구금을 통한 고통의 경험이 미래 범죄행위에 대한 억지력을 발휘할 것이라는 가정을 전제로 한다.
③ 배상명령은 시민이나 교정당국에 비용을 부담시키지 않고, 범죄자로 하여금 지역사회에서 가족과 인간관계를 유지하며 직업활동에 전념할 수 있게 한다.
④ 집중감독보호관찰(intensive supervision probation)은 주로 경미범죄자나 초범자에게 실시하는 것으로, 일반보호관찰에 비해 많은 수의 사람을 대상으로 한다.

해설

① (×) 반대로 기술되었음. 중간처우는 사회복귀에 중점을 두고, 중간처벌은 제재의 강도 또는 사회방위에 중점을 둔다.
② (×) 충격구금은 자유형을 먼저 집행해들어간 후 집행 도중 형기종료 이전에 조기석방하면서 보호관찰로 전환하는 중간처벌 방식이다. 충격구금은 보호관찰 집행 중 실시하는 것이 아니라 충격구금 후 보호관찰을 집행하는 방식이다.

④ (×) 경미한 범죄자나 초범자에게는 전통적인 일반보호관찰이 적합하고, 집중감시 보호관찰 대상자는 비교적 무거운 범죄를 범한 자나 누범자에게도 적용할 수 있다. 일반보호관찰은 보호관찰관 1인당 10명 이상의 대상자를 부담시키는 경우가 많으나, 집중감시보호관찰은 보호관찰관 1인당 10명 이내 적은 수의 범죄인을 대상으로 한다.

정답 ③

23 전자감시제도에 관한 설명으로 옳지 않은 것은? '08. 7급

① 보호관찰관의 감시업무 부담을 경감시키고, 시설수용보다 관리비용을 절감할 수 있다는 장점도 제기되고 있다.
② 전자감시기구는 일반인들의 눈에 잘 띄지 않으므로 낙인효과도 작고, 시민의 자유 침해를 최소화하여 형사사법망의 축소에도 도움이 된다.
③ 전자감시제도는 인간을 기계와 장비의 감시 대상으로 전락시키며, 대상자의 사생활을 감시하여 과잉금지원칙에 위배된다는 비판이 있다.
④ 전자감시방법으로는 일정한 시간간격을 두고 무선신호를 자동적으로 발신하는 계속적 감시시스템, 감시컴퓨터가 무작위로 대상자의 자택에 전화를 걸어 소재를 확인하는 단속적 감시시스템 그리고 대상자에게 외출을 허용하지만 부착된 송신기가 발신하는 무선신호를 통하여 그 소재를 확인하는 탐지시스템이 있다.

해설

② (×) 전자감시제도(전자감독)란 대상자가 특정한 시간에 일정한 장소에 있는지 여부를 확인하기 위하여 과학기술적 감시장비를 이용하는 방법이다. 이 제재는 사회내처우의 일종으로 형사사법망의 확대가 발생하는 단점이 있다. 형사사법망의 확대란, 새로운 대안적 형사제재에 의해 과거에는 보다 가벼운 제재를 받았을 범죄자에게 보다 강도 높은 제재가 부과되는 것을 말한다. 이러한 논리에 따르면, 과거에는 집행유예나 보호관찰만 받았을 범죄자에게 전자감독이 부과되는 경우 형사사법망의 확대가 발생한다.

정답 ②

24 다음의 내용에 모두 부합하는 제도는? '16. 9급

- 시설수용의 단점을 피할 수 있다.
- 임산부 등 특별한 처우가 필요한 범죄자에게도 실시할 수 있다.
- 판결 이전이나 형 집행 이후 등 형사사법의 각 단계에서 폭넓게 사용될 수 있다.

① 개방처우 ② 전자감시
③ 사회봉사 ④ 수강명령

해설

② (×) 전자감시제도는 시설수용의 단점을 피할 수 있는 사회내처우이고, 시설수용에 적합하지 않은 임산부·감염병 환자 등 특별한 처우가 필요한 범죄자에게 시설수용의 대안으로 실시하는 것을 본질로 하

는 중간처벌제도이다. 전자감시는 수사단계·재판단계에서 미결수용 대신에 도주를 방지하는 방법으로 사용될 수도 있고, 사회내처우를 받는 사람뿐만 아니라 판결 이후 자유형을 집행 받는 수형자에 대한 물적 계호 방법으로도 사용할 수 있다. 현재 우리나라에서도 「형집행법」 제94조는 전자영상장비로 거실에 있는 수용자를 계호할 수 있는 근거를 규정하고 있고, 「전자장치 부착 등에 관한 법률」은 사회내처우로서 보호관찰에 부가적인 조치로서 위치추적 전자장치 부착제도를 규정하고 있다.

전자감독은 초기에는 보호관찰을 받는 재산범죄자에 대해 사용되었으나 오늘날에는 광범위한 범죄자에게 사용하고 있다.

정답 ②

---

25 전자감시제도의 형사정책적 역기능에 해당하는 것은?

① 사회내처우의 효과를 경감시킨다.
② 인간존엄성의 침해소지가 있다.
③ 행형비용을 증가시킨다.
④ 시설처우의 단점을 배가시킨다.

해설

① (×) 사회내처우 대상자를 확대시킬 수 있다.
② (○) 전자감독을 시행하는 것은 인간의 존엄성에 대한 침해 소지가 있고 대상 범죄자에 대한 프라이버시 침해, 그 가족의 사생활에 대한 침해 등 기본권을 침해할 수 있다.
③ (×) 행형비용 절감효과가 있다.
④ (×) 시설처우의 단점을 줄인다.

정답 ②

---

26 전자감시 가택구금제도의 장점이 아닌 것은? '06. 9급

① 수용과밀화를 해소하며, 경비절감에도 효과적이다.
② 범죄자의 인권존중에 효율적이다.
③ 범죄자의 교정시설 내 악풍감염 차단에 기여할 수 있다.
④ 다른 제재와 병행하여 탄력적으로 운용할 수 있다.

해설

② (×) 동물이나 노예에게 부과하는 기계적 감시장치를 우주보다 존엄한 인간의 감시수단으로 사용하는 것은 인간의 존엄과 가치에 반한다.

정답 ②

---

27 가택구금의 장점으로 볼 수 없는 것은? '04. 5급(교정관) 승진

① 사회복귀 용이
② 비용절감
③ 지역사회보호
④ 인권존중
⑤ 탄력적 운용가능

해설

④ (×) 가택구금은 범죄자를 본인 집에 구금시키고, 전자장비를 이용하여 범죄자를 감시하는 중간처벌의 일종이다. 가택구금은 보호관찰과 같은 일반적인 사회내처우와 달리 전자감독과 결합된 '원격구금'이 제재의 내용으로 포함되며, 통행금지 등 대상자의 자유를 중대하게 제한하는 준수사항이 부과되는 것이 일반적이므로, 인권의 제한이 많은 사회내처우이다. 이 제도는 과밀수용을 해소함과 동시에 적절한 감시감독을 통한 사회안전을 확보할 수 있는 장점이 있다.

정답 ④

28 '전자감시를 조건으로 한 가택구금'에 대한 설명으로 옳지 않은 것은? '09. 9급

① 범죄자를 자신의 집에 구금시키고 전자장비를 이용하여 범죄자를 감시하는 일종의 시설내 처우이다.
② 과잉구금 및 교도소 과밀수용의 문제점을 해결하기 위한 대안으로 시작되었다.
③ 범죄자에 대한 통제 강화라는 엄격한 처벌의 요구와 구금비용절약이라는 경제성의 요구를 동시에 만족시킬 수 있다.
④ 형사사법의 그물망을 확대시킴으로서 더 많은 사람들에 대해 형사사법기관이 개입하게 된다는 단점이 있다.

해설

① (×) 시설내처우(×) → 사회내처우(○).

정답 ①

29 다음 중 석방 이전 단계에서 수형자들의 사회복귀를 준비하기 위한 시설은 무엇인가?

① 병영식 캠프
② 중간처우소
③ 보호관찰소
④ 직업훈련교도소

해설

② (×) 중간처우소는 장기간 수형생활을 한 수형자가 수용생활을 끝내고 석방될 때 지역사회에 재적응할 수 있도록 도와주는 처우를 행하는 과도기적 시설이다.

정답 ②

➕ 병영캠프(boot camp programs)

- 병영캠프는 기초적인 군사훈련과 전통적인 사회복귀처우를 종합한 중간처벌(중간체재)의 일종이다.
- 병영캠프는 Georgia주와 Oklahoma주에서 시작되었다.
- 병영캠프에서는 몇 개월간 수용되는데, 교도소 수용기간이나 보호관찰의 기간에 비하면 훨씬 단기간이라서 그러한 처우에 비해서 혜택을 받는 처우이다.
- 병영캠프를 마친 자는 일반적으로 임시석방, 집중보호관찰, 사회내구금(가택구금) 형태로 석방된다.
- 충격보호관찰(shock probation)과 병영캠프를 충격구금(shock incarceration)이라고도 한다.

30 다음은 중간처우와 중간처벌에 관한 것이다. 바른 것은?

┤ 보 기 ├

㉠ 중간처우가 사회복귀에 중점을 둔 제도라면, 중간처벌은 제재에 중점을 두었다.
㉡ 중간처우소는 영국의 호스텔에서 발전한 것으로 주간에는 직장에 통근하고 야간과 공휴일엔 시설에서 자유형집행을 한다.
㉢ 우리나라는 수용시설 내의 수형자를 지역사회와 연계시켜 사회적응력을 배양하고 사회복귀를 촉진하기 위해서 가석방 또는 형기종료 전 일정기간 지역사회 또는 교정시설에 설치된 개방시설에 수용하여 사회적응에 필요한 교육, 취업지원 등의 적정한 처우를 할 수 있도록 규정을 두고 있다.
㉣ 중간처벌은 보호관찰과 구금형 사이의 처벌형태로 일종의 대체처벌이라고 할 수 있다.
㉤ 중간처벌에는 전자감독, 사회내 구금(house arrest), 집중보호관찰, 개방교도소 처우, 충격구금 등 다양한 형태가 있다.
㉥ 전환은 범죄자라는 낙인을 회피할 수 있고, 다른 범죄자와의 부정적 접촉을 차단할 수 있다.
㉦ 충격구금은 시설내처우와 지역사회교정을 절충시킨 중간처우이다.

① 4개
② 5개
③ 6개
④ 7개

해설

㉤ (×) 개방교도소 처우는 시설내처우에 바탕을 둔 중간처우에 해당한다. 중간처벌에는 속하지 않는 제도이다.
㉦ (×) 중간처우(×) → 중간처벌(○).

정답 ②

31 사회 내 처우에 해당되는 것은? '09. 7급 수정

┤ 보 기 ├

㉠ 가석방 ㉡ 귀휴 ㉢ 보호관찰 ㉣ 사회견학 ㉤ 사회봉사명령
㉥ 외부통근 ㉦ 주말구금 ㉧ 갱생보호 ㉨ 민영교도소

① ㉠, ㉢, ㉤, ㉧
② ㉠, ㉢, ㉥, ㉧
③ ㉡, ㉣, ㉥, ㉧
④ ㉢, ㉣, ㉥, ㉦

해설

㉡, ㉣, ㉥, ㉦ (×) 사회적(중간) 처우에 해당한다.
㉨ (×) 민영교도소는 시설내처우(폐쇄형 처우)이다.

정답 ①

32 사회 내 처우에 관한 설명으로 옳지 않은 것은?

① 석방 전 지도센터는 사회내처우센터의 유형에 해당되지 아니한다.
② 현행법상 전자장치 부착 조건부 보석은 사회내처우에 속한다.
③ 자율성의 향상과 체득은 사회내처우의 기본목표라 할 수 있다.
④ 존 어거스터스(J. Augustus)는 보호관찰제도의 발전에 기여하였다.

해설

① (×) '석방 전 지도센터(Prerelease Guidance Center)'는 수형자가 석방을 준비하는 단계에서 구금시설과 일반사회의 중간단계의 처우를 위해 설치·운용된다. Hostel 제도나 Halfway House 제도가 현대화된 석방전지도센터이다. 이는 사회내처우센터의 한 형태이다.
② (○) <개정 2020. 2. 4>를 통해 「전자장치 부착 등에 관한 법률」에서 전자 보석제도를 도입하였다. 이는 미결수용자에 대한 사회내처우의 성격을 가지고 있다.

정답 ①

33 사회내처우 제도에 대한 설명으로 옳지 않은 것은? '14. 7급

① 지역사회의 자원이 동원됨으로써 교정에 대한 시민의 관심이 높아지고, 나아가 이들의 참여의식을 더욱 강화할 수 있다.
② 수용시설의 제한된 자원과는 달리 지역사회에서는 다양한 자원을 쉽게 발굴 및 활용할 수 있다.
③ 범죄인이 경제활동을 포함하여 지역사회에서 일상생활을 하는 것이 가능하므로, 범죄인 개인의 사회적 관계성을 유지할 수 있다.
④ 전자감시제도의 경우, 처우 대상자의 선정에 공정성을 기하기 용이하다.

해설

④ (×) 전자감시제도 등 사회내처우는 적법절차 원칙을 엄격하게 적용하기 어렵고 전자감시 대상자 선정의 객관적 기준을 정립하기 어려워, 선정의 공정성을 기하기 쉽지 않다.

정답 ④

34 사회내처우에 대한 설명으로 옳지 않은 것은? '13. 7급

① 시설내처우의 범죄학습효과와 낙인효과를 피할 수 있다.
② 형법, 치료감호법, 청소년보호법. 성폭력범죄의 처벌 등에 관한 특례법은 보호관찰 규정을 두고 있다.
③ 사회내처우에는 전자감시, 가택구금, 사회봉사명령 그리고 외출제한명령 등이 포함된다.
④ 사회내처우의 주대상자는 원칙적으로 비행청소년이나 경미범죄자 또는 과실범이다.

해설

② (×) 청소년보호법에는 보호관찰 규정을 두고 있지 않다.

정답 ②

35 사회내처우에 관한 설명 중 가장 옳지 않은 것은?

① 사회내처우는 시설내처우에 대응하는 개념으로서 교정시설의 과밀 수용 등 시설내처우의 문제점을 시정하기 위하여 고안된 것이다.
② 현행법상의 가석방제도, 보호관찰제도, 사회봉사명령 및 수강명령제도, 갱생보호제도 등은 사회내처우로 볼 수 있다.
③ 사회봉사명령은 대체로 청소년범죄자, 마약·알코올 중독범죄자, 음주운전자 등의 특수범 죄자에게 적용되는 구금의 대안이다.
④ 배상명령은 범죄자로 하여금 자신의 범죄로 인해 피해를 입은 범죄피해자에게 금전적으로 배상시키는 제도이다.

해설

③ (×) 사회봉사명령(×) → 수강명령(○). 사회봉사명령은 노동의 가치와 근로의식의 고취 그리고 봉사정신의 함양에 그 취지를 둔 사회내처우이기 때문에 정신적·심리적 결함이 있는 중독자 등에게는 부합하지 않다.

정답 ③

36 다음 중 사회내처우에 대한 설명으로 틀린 것은? '03. 9급

① 진정한 자유의 학습은 자유 가운데서 이루어져야 한다는 것에 기초한다.
② 범죄인의 개별처우를 실현하기 위한 처우방법으로 시설내처우의 폐해를 줄이기 위한 대안으로 등장하였다.
③ 비판범죄학에서는 이를 단순히 행형전략을 변형시킨 것에 불과하다고 비판하였다.
④ 처우대상자가 시설 내에서 사회내처우로 옮겨가면서 사법기관의 인적·물적 부담은 더욱 가중되었다.

해설

④ (×) 사회내처우는 사법기관의 인적·물적 부담을 줄여주고, 교정 비용을 절감시키는 장점을 지니고 있다.

정답 ④

37 사회내처우 제도에 관한 설명 중 옳지 않은 것은? '06. 9급

① 시설내처우에 비해 재사회화 목적 달성에 효율적이다.
② 시설내처우에 비해 운용경비가 절감된다.
③ 일반인의 법감정을 충족시켜 준다.
④ 개선보다는 과잉구금문제의 해결을 위한 새 사회통제전략에 불과하다는 비판을 받고 있다.

해설

③ (×) 사회내처우는 범죄인을 사회로부터 격리시키지 않기 때문에 사회방위에는 불리하고 국민의 법감정과도 충돌된다.

정답 ③

38 사회내처우를 확대하자는 이유로서 가장 부적절한 것은? '05. 9급

① 단기자유형의 폐해 극복
② 과밀수용 해소 및 수용에 따른 경비절감
③ 사회방위의 강화
④ 낙인 해소와 악풍감염의 방지

해설

③ (×) 시설내처우는 수용 기간 동안 무능력화 효과가 확실하게 이루어지지만, 사회내처우는 무능력화 효과가 약하다. 그러므로 재범의 우려가 남아있어 사회방위의 약화를 가져온다.

정답 ③

39 사회내처우에 해당하지 않는 것을 모두 고른 것은?

보 기
㉠ 보호관찰 ㉡ 외부통근 ㉢ 귀휴 ㉣ 사회봉사명령, 수강명령
㉤ 주말구금 ㉥ 갱생보호 ㉦ 부부 및 가족접견 ㉧ 가석방
㉨ 개방교도소 ㉩ 전자감시부 보석 ㉪ 민영교도소 ㉫ 카티지제

① ㉠, ㉣, ㉥, ㉦, ㉧
② ㉠, ㉢, ㉣, ㉤, ㉦, ㉧, ㉨
③ ㉡, ㉣, ㉥, ㉨, ㉩
④ ㉡, ㉢, ㉤, ㉦, ㉨, ㉪, ㉫

해설

④ (×) ㉡, ㉢, ㉤, ㉦, ㉨, ㉫은 개방형 처우(사회적 처우)이고, ㉪은 폐쇄형 처우(시설내처우)이다.

정답 ④

40 지역사회교정(community-based corrections)에 대한 설명으로 옳지 않은 것은? '19. 9급

① 범죄자에 대한 인도주의적 처우, 사회복귀의 긍정적 효과 그리고 교정경비의 절감과 재소자관리상 이익의 필요성 등의 요청에 의해 대두되었다.
② 통상의 형사재판절차에 처해질 알코올중독자, 마약사용자, 경범죄자 등의 범죄인에 대한 전환(diversion) 방안으로 활용할 수 있다.
③ 범죄자에게 가족, 지역사회, 집단 등과의 유대관계를 유지하게 하여 지역사회 재통합 가능성을 높여줄 수 있다.
④ 사회 내 재범가능자들을 감시하고 지도함으로써 지역사회의 안전과 보호에 기여하고, 사법통제망을 축소시키는 효과를 기대할 수 있다.

해설

④ (×) 사법통제망을 축소시키는 효과(×), 사회내처우의 대표적인 단점으로 지적되는 것은 '사법통제망의 확대'이다. 지역사회의 안전과 보호에 대한 기여도는 시설내처우가 더 높다.

정답 ④

41 우리나라 가석방제도의 역사적 발전에 관한 설명으로 옳지 않은 것은? '07. 7급

① 고려·조선시대의 휼형(恤刑)제도는 가석방과 유사한 측면을 가지고 있었다.
② 1905년 형법대전에 규정된 보방(保放)규칙은 죄수를 일시석방 할 수 있도록 하였다.
③ 1908년 법률은 종신형 수형자에 대해서는 가방(假放)을 불허하였다.
④ 미군정하에서 실시된 우량수형자석방령은 선시제(Good Time System)의 성격을 가진 것이다.

해설

③ (×) 종신형 수형자(무기형 수형자)에 대하여 가석방제도가 적용되었다.

정답 ③

♣ 우리나라 가석방제도의 발전과정

우리나라 가석방제도의 싹은 고대 삼국시대부터 찾아볼 수 있다. 이 시대에는 대사(大赦)·특사(特赦)의 제도가 있어 등극, 국경사 또는 재앙이 닥쳤을 때 행해졌다고 전한다. 고려시대를 거쳐 조선전기에 이르러서는 특사나 귀휴의 형태로 행하여졌다. 유배된 죄인이 친상(親喪)을 당한 경우에는 특별휴가를 받을 수 있었으며, 조선후기·구한말에는 보방규칙이 있어 형기중 죄수를 석방하기도 하였다. 이들은 오늘날의 귀휴, 가석방과 유사하다고 할 수 있다. 일제 시대에는 그 비율이 비록 1%에 불과하였지만 가출옥제도가 시행되었으며, 1948년 미군정 때에는 우량수형자석방령에서 선시제도를 규정하기도 하였다. 이후 1953년 형법이 제정되면서 비로소 현대적 가석방제도의 모습을 갖추게 되었다. 구 형법에서는 가석방시 보호관찰을 규정하지 않았었는데, 1995년 개정형법은 가석방기간 동안 필요적으로 보호관찰을 하도록 규정하였다.

42 다음 중 가석방에 대한 설명으로 틀린 것은?

① 「형법」상 가석방의 경우 보호관찰은 임의적 부과 내용이다.
② 부정기형제도처럼 가석방은 정기형의 엄격성을 보완한다.
③ 1791년 영국의 식민지 호주에서 처음 실시되었다.
④ 가석방제도는 영미의 패롤(퍼로울·parole)제도와 유사성을 지니고 있다.

해설

① (×) 필요적 보호관찰이나 면제할 수 있는 예외 인정. 가석방된 자는 가석방 기간 중 보호관찰을 받는다. 다만, 가석방을 허가한 행정관청이 필요가 없다고 인정한 때에는 그러하지 아니하다(「형법」 제78조의 2 제2항).
② (○) 가석방은 정기자유형을 실질적으로 상대적 부정기형화하게 된다.
④ (○) 영미의 parole 제도는 법원이 피고인에게 상대적 부정기형을 선고하고, 교정기관이 선고 형기의 범위 내에서 구체적으로 집행될 형기를 정하여 가석방하면서 보호관찰을 부과하는 제도이다.

정답 ①

43 다음 중 가석방제도와 가장 거리가 먼 것은?

① 교육형주의, 특별예방주의
② 부정기형주의
③ 보호관찰제도
④ 책임주의

해설

④ (×) 가석방은 책임에 따라 정해진 형기 종료 이전에 조기에 석방하는 제도이다. 따라서 책임주의 원칙에 위배되는 제도이다.
② (○) 부정기형제도에서는 가석방은 그 제도의 내용으로 당연히 내포된 석방 방법이다. 일반적으로 가석방은 정기형주의 하에서는 형기를 단축할 수 있는 여지를 둠으로써 정기형제도의 경직성을 완화하는 제도로서 형사정책적 의미가 있다.

정답 ④

➕ 가석방 제도

- 가석방은 자유형 집행을 받고 있는 사람이 행상이 양호하고 개전의 정이 현저하다고 인정될 때 형기만료 전에 조건부로 수형자를 석방하고, 그것이 취소 또는 실효되지 않고 일정기간 경과하면 형집행이 종료된 것으로 간주하는 제도이다.
- 가석방은 소년원 수용자의 임시퇴원, 피치료감호자의 가종료와 같은 성격을 지니고 있다.
- 가석방제도의 기능은 정기형제도의 비효율성을 극복하고, 정기자유형을 상대적부정기형으로 만드는 역할을 한다.
- 가석방은 특별예방주의, 교정주의, 교육형주의에 바탕을 두고, 불필요한 형집행기간을 단축함으로써 수형자의 자발적인 재사회화 동기를 북돋아 높여주는 기능을 한다.

44 다음 중 보호관찰부 가석방(parole)의 문제점이 아닌 것은?

| (ㄱ) 재량권의 남용 | (ㄴ) 대상자선정의 어려움 | (ㄷ) 과다한 경비 |
| (ㄹ) 예측의 어려움 | (ㅁ) 보호관찰관의 기능적 갈등 | |

① (ㄴ)
② (ㄷ)
③ (ㄱ), (ㄹ)
④ (ㄷ), (ㅁ)

해설

(ㄷ) (×) 보호관찰부 가석방은 시설내처우를 유지하는 것보다 교정비용이 절감되는 장점이 있다.

정답 ②

45 현행 법령상 가석방제도에 대한 설명으로 옳지 않은 것은? '18. 9급

① 가석방은 행정처분의 일종이다.
② 가석방심사위원회는 위원장을 포함한 5인 이상 9인 이하의 위원으로 구성한다.
③ 가석방심사위원회는 가석방 적격결정을 하였으면 5일 이내에 법무부장관에게 가석방 허가를 신청하여야 한다.
④ 가석방취소자의 잔형 기간은 가석방을 실시한 다음 날부터 원래 형기의 종료일까지로 하고, 잔형집행 기산일은 가석방을 실시한 다음 날로 한다.

해설

④ (×) 가석방 취소자 및 실효자의 잔형집행 기산일은 가석방의 취소 또는 실효로 인하여 교정시설에 수용된 날부터 한다(「시행규칙」제 263조 5항).

정답 ④

46 가석방제도에 관한 설명으로 옳지 않은 것은? '09. 9급

① 정기자유형의 문제점을 보완하고 수형자의 개선의지를 촉진할 수 있다.
② 교정시설 내 질서유지 및 교정교화의 효과증진에 기여할 수 있다.
③ 불필요한 구금을 회피함으로써 경비를 절감할 수 있다.
④ 사법처분의 일환으로 공정성을 증대시킬 수 있다.

해설

④ (×) 행정처분의 일환이며, 객관적인 법적 구성요건 없이 심사위원회의 평가에 의해 적합 여부(적부) 심사가 이루어지므로 불공정한 형 집행이 나타날 수 있다.

정답 ④

47 갱생보호제도의 발전방안으로 볼 수 없는 것은? '99. 5급(교정관) 승진

① 갱생보호를 위한 시설의 축소   ② 유권적 갱생보호의 확대
③ 민간의 적극적인 참여   ④ 정부의 재정적 지원
⑤ 복지정책적 차원에서의 접근

해설

①(×) 갱생보호를 위한 시설의 축소(×) → 갱생보호를 위한 시설의 확대(○)

정답 ①

✚ 갱생보호

1. 갱생보호(after care)는 국가·지방공공단체 또는 일반시민 단체가 출소자의 정상적인 사회복귀를 위해 필요한 지도·감독·원호 등을 하는 형사정책 활동이다.
2. 협의의 갱생보호는 그 대상을 교도소, 소년교도소 등의 행형시설에서 일정기간 처우를 받고 출소하는 자에 한정하는 개념이다. 이 개념이 전통적 의미의 갱생보호 개념이고 '석방자 보호'라고도 한다(배종대·정승환, 271면).
3. 광의의 갱생보호는 협의의 갱생보호에다 형의 선고유예·집행유예·가석방·임시퇴원 등으로 법적 구속상태에서 풀려난 일체의 출소자에 대한 보호활동을 의미한다.
4. 갱생보호의 제도 취지는, 정상적 사회복귀를 원조하기 위한 제도적 장치로서 기능하여 '교도소와 사회의 가교 역할'을 하는 데 있다. 그러므로 갱생보호는 출소자의 보호를 통해 범죄를 예방하는 활동이다.
5. 갱생보호는 유권적(필요적) 갱생보호와 임의적(자선적) 갱생보호로 구분된다.
    1) 유권적 갱생보호란 본인의 동의 또는 신청 없이 국가의 권한·필요에 따라 일정기간 강제로 실시하는 출소자에 대한 보호활동을 의미한다. 보호관찰이 대표적인 예이다.
    2) 임의적 갱생보호란 본인의 동의 또는 신청이 있는 경우에 한하여 실시하는 출소자 보호활동을 말한다.
    3) 현행 「보호관찰 등에 관한 법률」은 유권적 갱생보호를 '보호관찰'이라고 부르고, 임의적 갱생보호를 '갱생보호'로 지칭하여 규정하고 있다. 갱생보호대상자 및 관계기관은 보호관찰소의 장, 갱생보호사업의 허가를 받은 자 또는 한국법무보호복지공단에 갱생 보호를 신청할 수 있다(제66조 1항). 이는 임의적 갱생보호를 규정하고 있다.
6. 우리나라 갱생보호활동은 1911년경 등장한 '출옥인보호회'에서 비롯되었다. 1961년 「갱생보호법」이 제정되었고, 1988년 「보호관찰법」의 제정과 더불어 부분적으로는 유권적 갱생보호가 가능하게 되었다. 현재는 갱생보호에 관한 법률을 따로 두지 않고 1995년 「갱생보호법」과 「보호관찰법」이 통합되어 제정된 「보호관찰 등에 관한 법률」에 의해 갱생보호를 규정하고 있다.
7. 미국의 갱생보호는 위스터(R. Wister)가 '불행한 수형자를 원조하기 위한 필라델피아협회'를 조직하여 보호활동을 전개한 것에서 시작되었다. 위스터는 '갱생보호의 아버지'란 평가를 받고 있다. 그 후 어거스트(J. Augustus)에 의해 보호관찰이 시작되어 발전해 왔다. 어거스트는 '최초의 보호관찰관'이라는 평가를 받고 있다.
8. 영국은 1862년에 갱생보호법이 제정되었고, 1907년에 「범죄자보호관찰법」에 의해 유권적 갱생보호에 해당하는 프로베이션(probation)이 실시되었다.
9. 미국의 갱생보호는 자선적 차원에서 민간보호단체 중심으로 시작되었고, 미국과 영국의 갱생보호제도는 프로베이션(보호관찰) 또는 퍼로울(parole : 보호관찰부 가석방)과 같은 유권적 갱생보호 형태로 발전해왔다. 독일의 경우는 국가중심으로 전개되어 온 것이 특징이다.

48 갱생보호제도에 관한 설명으로 옳지 않은 것은?

① 미국의 갱생보호제도는 석방자에 대한 민간단체의 자선활동에서 비롯되었다.
② 독일에서는 국가를 중심으로 한 보호 활동에서 출발하였다.
③ 우리나라에서 갱생보호사업은 한국갱생보호공단에서 담당·집행하고 있다.
④ 현행 「보호관찰 등에 관한 법률」상의 갱생보호는 임의적 갱생보호를 원칙으로 하며 대상자는 형사처분 또는 보호처분을 받은 자이다.

해설

③ (×) 갱생보호의 실시에 관한 사무는 보호관찰소가 관장하도록 되어 있다(「보호관찰 등에 관한 법률」 제15조 참조). 사업의 실시는 한국법무보호복지공단, 갱생보호사업자, 보호관찰소가 한다(같은 법 제66조).

제66조(갱생보호의 신청 및 조치) ① 갱생보호 대상자와 관계 기관은 보호관찰소의 장, 갱생보호사업 허가를 받은 자(갱생보호사업자) 또는 한국법무보호복지공단에 갱생보호 신청을 할 수 있다.
② 제1항의 신청을 받은 자는 지체 없이 보호가 필요한지 결정하고 보호하기로 한 경우에는 그 방법을 결정하여야 한다.
③ 제1항의 신청을 받은 자가 제2항에 따라 보호 결정을 한 경우에는 지체 없이 갱생보호에 필요한 조치를 하여야 한다.

④ (○) 구 「갱생보호법」이 대상자를 제한적으로 열거한 것에 비해 현행법은 그 범위를 일반화하여 포괄적으로 규정하고 있는 것이 차이점이다. 갱생보호를 받을 사람(갱생보호 대상자)은 형사처분 또는 보호처분을 받은 사람으로서 자립갱생을 위한 숙식 제공, 주거 지원, 창업 지원, 직업훈련 및 취업 지원 등 보호의 필요성이 인정되는 사람으로 한다(보호관찰 등에 관한 법률 제3조 3항).

정답 ③

49 갱생보호제도에 관한 설명으로 옳지 않은 것은? '07. 9급

① 미국에서 갱생보호제도는 위스터(R. Wister)를 중심으로 한 '불행한 수형자를 돕는 필라델피아협회' 등 민간단체를 중심으로 한 출소자 보호활동에서 출발하였다.
② 갱생보호사업을 하려는 자는 요건을 갖추어 법무부에 신고함으로써 갱생보호사업을 할 수 있다.
③ 갱생보호 대상자는 형사처분 또는 보호처분을 받은 사람이다.
④ 갱생보호의 목적을 효율적으로 달성하기 위하여 한국법무보호복지공단이 법인으로 설립되어 있다.

해설

② (×) 갱생보호사업을 하려는 자는 법무부령으로 정하는 바에 따라 법무부장관의 허가를 받아야 한다. 허가받은 사항을 변경하려는 경우도 또한 같다(「보호관찰법」 제67조 1항).

정답 ②

50 갱생보호에 대한 설명으로 옳지 않은 것은? '09. 7급

① 갱생보호의 실시에 관한 사무는 한국법무보호복지공단이 관장한다.
② 한국법무보호복지공단 이외의 자로서 갱생보호사업을 하고자 하는 자는 법무부장관의 허가를 받아야 한다.
③ 갱생보호 대상자와 관계 기관은 보호관찰소의 장, 갱생보호사업의 허가를 받은 자 또는 한국법무보호복지공단에 갱생보호신청을 할 수 있다.
④ 갱생보호 대상자는 형사처분 또는 보호처분을 받은 자로서 자립갱생을 위한 숙식 제공, 주거지원, 창업지원, 직업훈련 및 취업 지원 등 보호의 필요성이 인정되는 자이다.

해설

① (×) 한국법무보호복지공단(×) → 보호관찰소(○).

정답 ①

> 📋 **AI 예상 응용지문**
>
> ❶ 갱생보호를 받을 수 있는 사람은 형사처분 또는 보안처분을 받은 사람, 형집행정지 중인 자, 가석방 중인 자 등이다. (×)
>
> ───────────────
> ❶ 형집행정지 중인 자(×) / 보안처분(×) → 보호처분(○)

51 현행법상 갱생보호의 방법이 아닌 것은?

① 숙식 제공
② 주거지원
③ 기초생활보장
④ 직업훈련 및 취업 지원

해설

③(×) 기초생활보장(×) 「보호관찰 등에 관한 법률」 제3조 3항, 제65조 1항 참조.

> 제65조(갱생보호의 방법) ① 갱생보호는 다음 각 호의 방법으로 한다.
> 1. 숙식 제공 2. 주거 지원 3. 창업 지원 4. 직업훈련 및 취업 지원 5. 출소예정자 사전상담
> 6. 갱생보호 대상자의 가족에 대한 지원 7. 심리상담 및 심리치료 8. 사후관리
> 9. 그 밖에 갱생보호 대상자에 대한 자립 지원

정답 ③

52 우리나라 갱생보호제도에 대한 설명으로 옳지 않은 것은? '11. 7급

① 갱생보호 대상자는 형사처분 또는 보호처분을 받은 사람이다.
② 갱생보호사업을 하려는 자는 법무부장관의 허가를 받아야 한다.
③ 우리나라는 석방자에 대한 필요적 갱생보호를 원칙적으로 인정하고 있다.
④ 갱생보호사업을 효율적으로 추진하기 위하여 한국법무보호복지공단이 설립되어 있다.

해설

③ (×) 우리나라는 갱생보호 대상자와 관계 기관이 신청하는 경우에 보호관찰소장, 갱생보호사업을 허가받은 자, 한국법무보호복지공단이 보호가 필요한지 결정하여 시행하도록 하고 있어, **임의적 갱생보호를 원칙적으로** 채택하고 있다(「보호관찰법」제66조 참조). 다만, 현행법에서는 과거 「갱생보호법」처럼 임의적 갱생보호만으로 명시적인 한정 규정을 두지 않고 있으며, 보호관찰소장이 한국법무보호복지공단 등에게 적절한 원조 또는 협력을 요청할 수 있으므로, 필요적(유권적) 갱생보호도 인정할 여지가 있다는 견해가 있다.

정답 ③

53 보호관찰 등에 관한 법령상 '갱생보호 대상자에 대한 숙식 제공'에 관한 설명으로 옳지 않은 것은? '18. 7급

① 숙식 제공은 갱생보호시설에서 갱생보호 대상자에게 숙소·음식물 및 의복 등을 제공하고 정신교육을 하는 것으로 한다.
② 숙식을 제공한 경우에는 법무부장관이 정하는 바에 의하여 소요된 최소한의 비용을 징수할 수 있다.
③ 숙식 제공 기간의 연장이 필요하다고 인정되는 때에는 매회 6월의 범위 내에서 3회에 한하여 그 기간을 연장할 수 있다.
④ 숙식 제공 기간을 연장하고자 할 때에는 해당 갱생보호시설의 장의 신청이 있어야 한다.

해설

④ (×) 갱생보호시설의 장(×) → 갱생보호대상자 본인의 신청(○).「보호관찰 등에 관한 법률 시행규칙」 제60조 참조. 사업자 또는 공단은 갱생보호대상자에 대한 숙식제공의 기간을 연장하고자 할 때에는 본인의 신청에 의하되, 자립의 정도·계속보호의 필요성 기타 사항을 고려하여 이를 결정하여야 한다.

정답 ④

54 주로 단기자유형을 선고해야 될 범죄자나 경미한 범죄를 저지른 자에 대해서 교정시설에 수용하여 자유형을 집행하는 대신 일정기간 무보수로서 의무적인 작업을 실시하는 것으로 범죄로 인한 피해에 대해 노동으로 사회에 보상하는 것은? '05. 9급

① 사회봉사명령
② 보호관찰
③ 집행유예 및 선고유예
④ 수강명령

해설

① (×) 사회봉사명령(노동명령)은 범죄자가 피해자에게 범죄피해를 금전적으로 배상할 능력이 없을 때 금전적 배상 대신 노동을 통해 범죄피해를 배상하는 성격을 지닌 제도이다. 단, 피해자가 자신에 대한 가해자의 노동을 원치 않을 때는 공공분야에 노동을 제공하도록 하는데, 이를 '지역사회봉사명령'이라고도 한다(이윤호, 313면). 보통 사회봉사명령은 범죄자로 하여금 일정시간 동안 무보수로 공공기관이나 복지기관에 봉사하도록 하는 제도로 운용되고 있다. 이는 노동을 통해서 범죄피해를 배상하게 하는 제도로서의 성격을 지니고 있다.

정답 ①

55 현행법령상 갱생보호제도에 대한 설명으로 옳은 것은? '19. 5급(교정관) 승진

① 갱생보호는「형의 집행 및 수용자의 처우에 관한 법률」에서 규정하고 있다.
② 갱생보호는 형의 집행이 종료하거나 면제되어 석방된 이후에만 가능한 조치이다.
③ 보호처분을 받은 자는 갱생보호의 대상이 될 수 없다.
④ 보호관찰소의 장에 대하여 갱생보호를 신청할 수 없다.
⑤ 갱생보호 대상자가 친족 등으로부터 충분한 도움을 받을 수 있는 경우 갱생보호를 행하지 않는다.

해설

① (×) 「보호관찰 등에 관한 법률」에서 규정하고 있다.
②, ③ (×) 형 집행 종료 또는 면제 이전에 가석방된 사람에게도 할 수 있고, 형사처분 또는 보호처분을 받은 사람에게 가능한 조치이다. 「동법」 제3조 3항 참조.
④ (×) 보호관찰소의 장, 갱생보호사업 허가를 받은 자, 한국법무보호복지공단에 신청할 수 있다. 「동법」 제66조 1항 참조.
⑤ (○) 갱생보호는 갱생보호대상자가 친족 또는 연고자 등으로부터 도움을 받을 수 없거나 이들의 도움 만으로는 충분하지 아니한 경우에 한하여 행한다(「보호관찰 등에 관한 법률 시행령」 제40조).

정답 ⑤

56 사회봉사명령에 대한 설명이다. 틀린 것은? '04. 5급(교정관) 승진

① 영국에서 최초 당사자의 동의를 기초로 과밀수용 해소방안의 하나로 시작되었다.
② 처벌적 기능, 배상 기능, 범죄자와 사회의 화해기능을 가지고 있다.
③ 구금회피수단과 봉사정신자각 그리고 사회책임설적 성격을 가지고 있다.
④ 사회봉사명령을 하는 데 있어 동의 없이 시행하는 것은 필요불가결한 요소이다.
⑤ 우리나라는 1988년 소년법 개정으로 최초 도입되었다.

해설

④ (×) 영국에서는 대상자의 동의를 전제로 시행하는 제도였다. 다만, 우리나라의 사회봉사명령은 모두 대상자의 동의를 요건으로 하지 않고 있다.

정답 ④

57 사회봉사명령제도에 대한 설명으로 옳지 않은 것은?(다툼이 있는 경우 판례에 의함) '11. 9급

① 다양한 형벌목적을 결합시킬 수 없어 자유형에 상응한 형벌효과를 거둘 수 없다.
② 자유형의 집행을 대체하기 위한 것이므로 피고인에게 일정한 금원을 출연하거나 이와 동일시할 수 있는 행위를 명하는 것은 허용될 수 없다.
③ 강제노역으로서 이론상 대상자의 동의를 요한다고 하여야 할 것이나, 현행법은 대상자의 동의를 요건으로 하고 있지 않다.
④ 일반인의 직업 활동을 저해할 우려가 있고, 대상자에게 또 다른 낙인으로 작용할 수 있다.

해설

① (×) 형벌의 응보·속죄적 목적, 사회복귀적 목적과 결합할 수 있고, 여가시간과 보수의 박탈 그리고 강제성이 있다는 점에서 형벌수단의 의미를 함께 가지고 있으므로, 자유형에 상응하는 형벌효과를 거둘 수 있다.
② (○) 우리나라 대법원 판례의 입장이다.

정답 ①

✚ 사회봉사명령

의의

사회봉사명령이란 유죄가 인정된 범죄인에게 구금 또는 벌금 대신 일정한 기간 무보수노동에 종사하도록 의무를 지우는 제재이다.

특성

사회봉사명령제도는 현재 구금형의 과도한 집행을 대체하는 수단으로 가장 널리 사용되고 있으며 다음과 같은 요소를 가지고 있다.

1) 이 제도는 개인적·사회적으로 인력을 낭비하지 않으면서 처벌효과를 거둘 수 있는 제재수단이며, 그 형벌적 요소는 여가시간의 박탈에 있다. 직업을 가지고 있으면서 무보수로 봉사활동을 해야 하는 부담과 활동의 비자발성은 다분히 형벌적 요소를 가지고 있다고 할 수 있다.
2) 사회봉사명령에는 배상적 요소 또한 내재되어 있는데, 이 말은 범죄자가 범죄행위로 인해 끼친 사회적 손실을 자신이 직접 보상하도록 한다는 의미이다. 이러한 배상요소는 범죄자에 대한 직접적 응보보다는 한 단계 발전된 형식이라고 할 수 있다.
3) 사회봉사는 자신의 범죄행위를 타인을 위한 노동을 통해 속죄하는 수단이 되기도 한다. 특히 강한 죄책감을 가지고 있는 범죄인에게 이러한 속죄요소는 더욱 효과적으로 작용할 수 있다.
4) 사회봉사를 통해 범죄자는 사회적 책임감을 키우고 긍정적 가치관을 형성한다. 나아가서 범죄기회나 범죄동기의 억제가 가능하며 자신의 소질과 관심을 발전시키면서 동시에 좋은 근로습관을 기를 수 있기 때문에 사회복귀에 도움이 되는 부분이 많다.

법적 성격

1) 법률적 사법처분
   사회봉사명령은 법원의 판결로 부과하는 법률적 사법처분이다. 이러한 처분은 독립적일 수도 있고 부가적 처분일 수도 있는데, 각 국가의 입법형태에 따라 차이가 있다. 우리나라는 「소년법」의 경우에 독립적 처분이고 「형법」의 경우는 집행유예에 부수적 처분이다.
2) 은사적 성격
   사회봉사명령은 사회에서 정상적 생활을 영위하면서 이루어지는 것이므로 일반인이나 범죄자는 이를 관대한 처분으로 받아들이는 것이 일반적이다. 이 점에서 은사적 성격이 있다고 할 수 있다.
3) 형벌적 의미
   사회봉사명령은 여가시간과 보수의 박탈 그리고 강제성이 있다는 점에서 형벌수단의 의미를 함께 가지고 있다.
4) 사회사업적 성격
   사회봉사는 사회라는 외부적 공간에서 이루어지고, 사회봉사를 명령받은 자는 부조대상이 되는 것이 아니라 오히려 베푸는 자로 여겨진다는 점에서 사회사업적 처우의 성격도 가지고 있다.

연혁

1) 사회봉사명령은 자유형을 대체하기 위한 수단으로 1960년대 영국에서 시작되었다.
2) 우리나라의 사회봉사명령제도는 1988년 소년법 개정에 따라 1989년부터 시행되었으며, 성인범에 대해서는 1995년 형법 개정으로 집행유예 처분을 받은 자에 대해 부담부 처분으로 시행되기 시작했다.

58 사회봉사명령의 장점이 아닌 것은?

① 피해배상의 성격을 가지고 있다.
② 교육적 효과가 있다.
③ 형벌적 성격을 완전히 배제한 형사제재에 해당한다.
④ 사회복귀적 요소가 있으며 구금의 폐해를 제거할 수 있다.

해설

③ (×) 사회봉사명령은 여가시간과 보수를 박탈하고 강제적으로 노동하여야 하므로 형벌적 성격도 지니고 있는 형사제재이다.

정답 ③

59 현행사회봉사명령에 대한 설명으로 옳지 않은 것은?

① 법원은 벌금미납자에 대하여 사회봉사명령을 허가할 수 있다.
② 형의 선고를 유예하는 경우에 사회봉사를 명할 수 있다.
③ 당사자의 동의를 요하지 아니한다.
④ 사회봉사명령은 보호관찰관이 집행한다.

해설

② (×) 형법상 사회봉사·수강명령은 집행유예하는 경우에만 부과할 수 있고, 선고유예·가석방에 대해서는 부과할 수 없다.

정답 ②

60 사회봉사명령에 대해 적합하지 않은 것은? '07. 9급 수정

① 사회적으로 고립되어 있거나 단편적인 생활양식을 가진 자의 경우
② 자신을 비하하거나 목적 없이 생활하면서 자신의 능력을 모르는 경우
③ 성적 도착에 의한 범죄를 범한 경우
④ 근로정신이 희박하고 다른 사람의 재물을 탐내거나 직무와 관련하여 부당한 대우를 받은 경우

해설

③ (×) 마약이나 알코올중독으로 범죄를 행한 자, 정신장애나 성적 도착에 의해 범죄를 범한 자 등에게는 사회봉사명령이 적합하지 않다. 수강명령이 더욱 적합한 처우이다.

정답 ③

61 사회봉사명령제도에 관한 설명으로 옳은 것은? '07. 7급

① 사회봉사명령제도는 본래 장기자유형에 대한 대체방안으로 논의되었다.
② 사회봉사명령 대상자에게 사회적으로 기피하는 일을 시킴으로 인해 인권침해라는 비난이 일 수도 있다.
③ 사회봉사명령제도는 사회내처우로서 범죄배양효과(crime breeding effect)를 방지하기 어렵다.
④ 제도의 목적이 다양함으로 인해 봉사명령의 효과가 증대되고 있다.

해설

① (×) 장기자유형(×) → 단기자유형(○).
③ (×) 사회내처우이므로 시설내처우의 폐해인 범죄배양효과를 방지할 수 있는 장점이 있다.
④ (×) 목적의 다양화로 인해 효과가 경감할 수 있다.

정답 ②

AI 예상 응용지문

❶ 수강명령은 유죄가 인정된 범죄인이나 비행소년을 교화·개선하기 위해 교육 훈련·상담·수강 등을 통하여 자기 개선적 효과를 추구하고, 일정시간 여가를 박탈하여 처벌의 효과도 얻을 수 있는 중간처우의 일종이다.
(×)

❶ 중간처우(×) → 중간처벌 또는 사회내처우(○)

62 사회내 처우에 대한 설명으로 옳지 않은 것은? '17. 9급

① 전자감시(감독)제도는 처벌프로그램의 종류라기보다는 대상자의 위치를 파악할 수 있는 감시(감독)기술로서, 구금으로 인한 폐해를 줄일 수 있고 대상자가 교화·개선에 도움이 되는 각종 교육훈련과 상담을 받을 수 있다.
② 집중감시(감독)보호관찰은 감독의 강도가 일반보호관찰보다는 높고 구금에 비해서는 낮은 것으로, 집중적인 접촉관찰을 실시함으로써 대상자의 욕구와 문제점을 보다 정확히 파악하고, 이에 알맞은 지도·감독 및 원호를 실시하여 재범방지의 효과를 높일 수 있다.
③ 사회봉사명령은 유죄가 인정된 범죄인이나 비행소년을 교화·개선하기 위해 이들로부터 일정한 여가를 박탈함으로써 처벌의 효과도 얻을 수 있고, 동시에 교육훈련을 통하여 자기 개선적 효과를 기대할 수 있다.
④ 배상제도는 범죄자로 하여금 범죄로 인한 피해자의 경제적 손실을 금전적으로 배상하게 하는 것으로, 범죄자의 사회복귀를 도울 수 있으며 범죄자에게 범죄에 대한 속죄의 기회를 제공한다.

해설

③ (×) 교육을 통하여 자기 개선적 효과를 기대할 수 있는 제도는 수강명령이다. 사회봉사명령은 교육훈련을 내용으로 하지 않고, 무보수로 일정기간 동안 지역사회를 위해 봉사노동하도록 의무화하는 것을 내용으로 하고 있어 '노동명령'이라고도 한다. 이 제도는 영국에서 처음 시작되어, 현재는 많은 국가에서 시행하고 있으며, 우리나라에서도 점차 확대·시행되고 있다.

정답 ③

63 교정처우에 대한 설명으로 옳은 것은? '19. 7급

① 선시제도(good time system)는 대규모 시설에서의 획일적인 수용처우로 인한 문제점을 해소하기 위해 가족적인 분위기에서 소집단으로 처우하는 제도이다.
② 개방형(사회적)처우는 폐쇄형(시설내)처우의 폐해를 최소화하기 위한 것으로, 개방시설에 대한 논의가 1950년 네덜란드 헤이그에서 개최된 제12회 '국제형법 및 형무회의'에서 있었다.
③ 사회형(사회내)처우의 유형으로는 민영교도소, 보호관찰제도, 중간처우소 등을 들 수 있다.
④ 수형자자치제는 부정기형제도보다 정기형제도 하에서 더욱 효과적으로 운영될 수 있는 반면, 소수의 힘 있는 수형자에게 권한이 집중될 수 있어서 수형자에 의한 수형자의 억압과 통제라는 폐해를 유발할 수 있다.

해설

① (×) 소집단 처우제도는 카티지제(Cottage System)이다. 선시제도는 선량하게 보낸 시간만큼 포상기간을 주어 형기를 실질적으로 단축하는 자기형기 단축제도 또는 선행보상 형기단축제도이다.
③ (×) 민영교도소(×). 민영교도소는 전통적 시설내처우(폐쇄형처우)에 해당한다. 중간처우소는 개방형처우(사회적 처우)에도 해당할 수 있고, 사회형처우(사회내처우)로도 분류될 수 있다. 시행방식에 따라 달라질 수 있다.
④ (×) 수형자 자치제는 부정기형 제도·소규모시설·과학적 분류를 바탕으로 시행할 때 효과적이다.

정답 ②

AI 예상 응용지문

❶ 보호관찰부 선고유예·집행유예를 영미법에서는 프로베이션(probation)이라 하고, 보호관찰부 가석방을 퍼로울(parole)이라고 한다. (○)
❷ 현행 형법에서 선고유예·집행유예시 보호관찰을 명할 것인가는 법관이 정하므로 선고유예·집행유예에는 보호관찰부 선고·집행유예와 단순 선고·집행 유예로 나눌 수 있다. (○)
❸ 현행 형법에서 가석방 시 가석방을 허가한 행정관청이 필요가 없다고 인정하는 때에는 보호관찰을 부과하지 아니할 수 있으므로, 가석방도 보호관찰부 가석방과 단순 가석방으로 나눌 수 있다. (○)

MEMO

출제위원급 교수님들의 자문을 받아 AI와 함께 만든
김옥현 객관식 교정학 기출·예상 문제집

CHAPTER 01 | 수용
CHAPTER 02 | 물품지급
CHAPTER 03 | 금품관리
CHAPTER 04 | 위생과 의료
CHAPTER 05 | 접견·편지수수 및 전화통화 등 외부와의 교통
CHAPTER 06 | 종교와 문화
CHAPTER 07 | 사회적 약자에 대한 특별한 보호
CHAPTER 08 | 수형자의 처우
CHAPTER 09 | 미결수용자
CHAPTER 10 | 사형확정자
CHAPTER 11 | 안전과 질서
CHAPTER 12 | 규율과 상벌

PART 02

「형의 집행 및 수용자의 처우에 관한 법률」상 수용자 처우

01 「형의 집행 및 수용자의 처우에 관한 법률」상 옳은 것은? 'AI 예상

① 이 법은 수형자의 교정교화와 건전한 사회복귀를 도모하고, 수용자의 처우와 권리 및 교정시설의 운영에 관하여 필요한 사항을 규정함을 목적으로 한다.
② '수형자'라 함은 징역형·금고형 또는 구류형을 선고받아 그 형이 확정된 자와 벌금 또는 과료를 완납하지 아니하여 노역장 유치명령을 받은 자를 말한다.
③ '미결수용자'라 함은 형사피의자 또는 형사피고인으로서 체포되거나 구속영장의 집행을 받은 자를 말한다.
④ 이 법을 집행함에 있어서 수용자의 인권은 최대한으로 존중되어야 하며, 출신국가·출신민족·정치적 의견 및 성적(性的) 지향 등에 의한 수용자의 차별은 필요한 최소한에 그쳐야 한다.

해설

② (×) "수형자"란 징역형·금고형 또는 구류형의 선고를 받아 그 형이 확정되어 교정시설에 수용된 사람과 벌금 또는 과료를 완납하지 아니하여 노역장 유치명령을 받아 교정시설에 수용된 사람을 말한다.
③ (×) "미결수용자"란 형사피의자 또는 형사피고인으로서 체포되거나 구속영장의 집행을 받아 교정시설에 수용된 사람을 말한다. 「법」 제2조 참조.
④ (×) 수용자는 합리적인 이유 없이는 절대로 차별받지 아니한다. 따라서 '필요한 최소한의 차별도 허용될 수 없다.

☞ 출제의도와 조언 : 이 문제는 「형의 집행 및 수용자의 처우에 관한 법률」에 대한 이해도를 평가하기 위해 출제된 것으로, 법률의 목적, 수형자 및 미결수용자의 정의, 그리고 수용자의 인권 관련 조항을 다루고 있습니다. '수형자'와 '미결수용자' 등과 같은 법률용어의 정의를 정확히 알고 있는지를 테스트하는 문제는 매우 중요하고 자주 출제합니다. 법률 용어와 조문의 의미는 시험에서 자주 출제되므로 먼저 정확한 이해가 필요합니다. 수험생들이 법령 관련 문제에서 오답률이 높은 이유는 이해 없이 무조건 암기만 하기 때문입니다. 법조문을 이해한 후 암기해야 합니다. 그리고 단편적 암기보다는 헷갈리지 않도록 비슷한 내용과 비교하며 암기해야 합니다. 특히 숫자 관련 조문들이나 비슷한 주제들은 전체적으로 종합해서 서로 착각하지 않도록 유형별로 비교하는 것이 아주 중요합니다. '수형자'와 '미결수용자' '수용자' 등의 여러 정의를 반드시 이해하고, 실제 사례를 통해 그 차이를 명확히 기억해 두세요. 교정학 시험에서는 법령 관련 응용문제의 오답률이 특히 높습니다. 그러므로 이런 점들을 바탕으로 법령에 대한 깊은 이해와 함께 관련 지식을 확장하면, 공무원 시험에서 매우 높은 점수를 받을 가능성이 높아질 것입니다.

정답 ①

02 「형의 집행 및 수용자의 처우에 관한 법률」 제1조에 규정된 목적이 아닌 것은? '09. 9급

① 수형자의 교정교화와 건전한 사회복귀 도모
② 수형자, 미결수용자, 사형확정자 등의 처우와 권리를 규정
③ 보호관찰과 갱생보호의 처우를 규정
④ 교정시설의 운영에 관한 사항을 규정

해설

③ (×) 형집행법은 시설내처우를 규제하는 법이므로 보호관찰·갱생보호 등과 같은 사회내처우에 대하여는 규정이 없다. 보호관찰·갱생보호는 「보호관찰 등에 관한 법률」에서 규정하고 있다.

정답 ③

03 「형의 집행 및 수용자의 처우에 관한 법률」상 수용자의 범위에 관한 설명 중 옳지 않은 것은? (교정시설에 수용된 것을 전제로 함)

① 수형자·미결수용자뿐만 아니라 사형확정자도 수용자에 해당한다.
② 법원의 감치명령을 받은 사람은 수용자에 포함되지 아니한다.
③ 벌금을 완납하지 아니하여 노역장 유치명령을 받은 사람은 수형자에 포함된다.
④ 구속영장 없이 긴급 체포된 사람도 미결수용자에 포함된다.

해설

② (×) 현행법상 수용자로는 수형자, 미결수용자, 사형확정자 외에도 적법 절차에 따라 수용된 사람인 감치명령을 받은 사람, 감정을 위한 유치명령을 받은 자, 일시수용된 피석방자 등이 있다.

정답 ②

04 「형의 집행 및 수용자의 처우에 관한 법률」의 성질에 관한 설명으로 옳지 않은 것은?

① 국가와 수용자 간의 공법적인 관계를 규율하는 공법이다.
② 형벌권의 발생요건을 규정한 「형법」과 마찬가지로 실체법이다.
③ 배분적 정의에 입각하여 범죄로부터 사회를 보호하고 공공의 안녕과 질서유지 등을 추구하는 형사법이다.
④ 형의 집행 및 수용자의 처우에 관하여 국가권력에 의하여 강제적으로 일방적인 법적 효과를 발생시킨다.

해설

② (×) 실체법(×) → 절차법(○). ④ 강행법

정답 ②

05 「형의 집행 및 수용자의 처우에 관한 법률」상 수형자에 포함되지 않는 사람은?(교정시설에 수용된 사람을 전제로 함)

① 사형을 선고받아 그 형이 확정된 사람
② 금고형을 선고받아 그 형이 확정된 사람
③ 구류형을 선고받아 그 형이 확정된 사람
④ 벌금을 완납하지 아니하여 노역장 유치명령을 받은 사람

해설

① (×) 사형확정자와 수형자는 형이 확정되어 수용된 사람이라는 점에서는 공통점이 있으나, 사형과 자유형은 본질이 다르므로 구분되는 법개념이다.

정답 ①

06 다음은 교정용어에 대한 설명이다. 옳지 않은 것은?

① '교정시설의 보관 범위'란 수용자 1명이 교정시설에 보관할 수 있는 물품의 수량으로서 소장이 정하는 범위를 말한다.
② '전달금품'이란 수용자 외의 사람이 교정시설의 장의 허가를 받아 수용자에게 건넬 수 있는 금품을 말한다.
③ '외부통근자'란 건전한 사회복귀와 기술습득을 촉진하기 위하여 외부기업체 또는 교정시설 안에 설치된 외부기업체의 작업장에 통근하며 작업하는 수형자를 말한다.
④ '자비구매물품'이란 수용자가 교도소·구치소 및 그 지소의 장의 허가를 받아 자신의 비용으로 구매할 수 있는 물품을 말한다.

해설

① (×) 소장(×) → 법무부장관(○). 「시행규칙」제2조 <개정 2020. 8. 5> 참조.

정답 ①

MEMO

수 용

01 「형의 집행 및 수용자의 처우에 관한 법률」상 수용에 대한 설명으로 옳지 않은 것은? '23. 9급
① 독거수용이 원칙이지만 수용자의 생명 또는 신체의 보호, 정서적 안정을 위하여 필요한 때에는 혼거수용할 수 있다.
② 구치소의 수용인원이 정원을 훨씬 초과하여 정상적인 운영이 곤란한 때에는 교도소에 미결수용자를 수용할 수 있다.
③ 수형자가 소년교도소에 수용 중에 19세가 된 경우에도 교육·교화프로그램, 작업, 직업훈련 등을 실시하기 위하여 특히 필요하다고 인정되면 23세가 되기 전까지는 계속하여 수용할 수 있다.
④ 소장은 특별한 사정이 있으면 「형의 집행 및 수용자의 처우에 관한 법률」 제11조의 구분수용 기준에 따라 다른 교정시설로 이송하여야 할 수형자를 9개월을 초과하지 아니하는 기간 동안 계속하여 수용할 수 있다.

해설

④ (×) 9개월(×) → 6개월(○). 법 제12조 4항 참조.

정답 ④

02 다음 설명 중 잘못된 것은? '97. 7급 수정
① 사형확정자의 구비서류는 수용지휘서, 재판서(판결서 등본), 사형확정통지서이다.
② 수형자의 구비서류는 재판서(판결서 등본), 형집행지휘서, 인수서이다.
③ 노역장유치자의 구비서류는 재판서(판결서 등본), 노역장유치집행지휘서이다.
④ 미결수용자의 구비서류는 영장, 수용지휘서이다.

해설

② (×) 인수서(×), 수형자의 수용에 필요한 서류는 형집행지휘서, 재판서(판결서 등본)이다. 다만, 수형자로서 잔형기집행이 필요한 형집행정지결정 취소자나 가석방실효·취소자의 경우에는 별도로 잔형집행지휘서가 필요하다. 수용시 법정서류를 구비하는 것을 '형식적 수용요건'이라 한다. 인수서는 확인서와 혼동하지 아니하도록 주의를 요한다. 인수서는 신입자를 받았을 때 소장이 호송인에게 써주는 서류이고, 확인서는 신입자에게 부상·질병 등이 있을 때 호송인으로부터 소장이 받는 서류이다. 「시행령」 제13조 참조.

정답 ②

✚ 수용 서류

수형자	판결서 등본이나 재판을 기재한 조서의 등본을 첨부한 형집행지휘서가 필요하다. 「자유형 등에 관한 검찰집행사무규칙」 제4조 참조.
미결수용자	수용지휘서가 필요하며, 영장에 의해 체포·구속된 경우에는 영장 그리고 범죄경력조회서를 필요로 한다. 긴급체포나 현행범 체포로 체포된 피의자의 경우에는 긴급체포서나 현행범인체포서 사본으로 영장을 대신한다. 체포영장이나 구속영장 또는 긴급체포서가 있더라도 검사의 수용지휘서가 없으면 미결수용자를 수용할 수 없다.
사형확정자	사형확정통지서, 재판서(판결서 등본)이 첨부된 수용지휘서
노역장유치자	재판서(판결서 등본)을 첨부한 노역장유치집행지휘서

※ 주의
현재 「형집행법」 제16조에 명시되어 있는 필요서류 중 하나인 '재판서'는 형사절차법령상에서는 '판결서'로 개칭되어 있으므로 「형사소송법」, 「형사소송법규칙」, 「검찰사무집행규칙」 등을 근거로 '판결서 등본'을 병기하였다.

03 교정시설에 수용하는 실질적 요건이 아닌 것은?

① 시설에 수용능력이 구비되어 있어야 할 것
② 수용을 지휘하는 적법한 서류를 갖추었을 것
③ 법정서류에 표시된 내용이 사실과 일치할 것
④ 수용거절 사유가 없을 것

해설

실질적 수용요건이란 예컨대, 피수용자가 문서에 기재된 본인인지 그리고 서류에 기재된 교정시설과 실제 수용시설이 일치하는지 여부, 피수용자가 법정감염병에 해당하는지 여부 그리고 수용시설이 수용능력을 갖추고 있는지 여부 등이 이에 해당된다.
② (×) 이 지문은 형식적 수용요건에 해당한다.

정답 ②

04 형집행법 상 신입자에게 말이나 서면으로 고지하여야 할 사항이 아닌 것은?

① 형기의 기산일
② 접견·편지, 그 밖의 수용자의 권리에 관한사항
③ 징벌·규율, 그 밖의 수용자의 의무에 관한 사항
④ 작업에 필요한 기본적인 사항

해설

④ (×) 작업에 필요한 기본적인 사항(×) → 일과(日課) 그 밖의 수용생활에 필요한 사항, 형기의 종료일, 청원·「국가인권위원회법」에 따른 진정·그 밖의 권리구제에 관한 사항(○). 「법」 제17조 참조.

정답 ④

05 「형의 집행 및 수용자의 처우에 관한 법률」상 신입자에게 간이입소절차를 실시하는 경우에 해당하는 것만을 모두 고르면? '19. 5급(교정관) 승진

> ㄱ. 영장에 의해 체포되어 교정시설에 유치된 피의자
> ㄴ. 긴급체포되어 교정시설에 유치된 피의자
> ㄷ. 현행범인으로 체포되어 교정시설에 유치된 피의자
> ㄹ. 구속영장이 집행되어 교정시설에 유치된 피의자
> ㅁ. 구속영장 청구에 따라 구속전 피의자 심문을 위하여 교정시설에 유치된 피의자

① ㄱ, ㄹ ② ㄹ, ㅁ ③ ㄱ, ㄴ, ㄷ
④ ㄴ, ㄷ, ㅁ ⑤ ㄱ, ㄴ, ㄷ, ㅁ

해설

ㄹ(×) 구속영장이 집행되어 교정시설에 유치된 피의자는 정식 입소절차 적용. 「형집행법」 제16조 2 참조.

정답 ⑤

AI 예상 응용지문

❶ 소장은 수용자 거실 앞에 이름표를 붙이되 이름표 아랫부분에는 수용자번호 및 입소일을 적고, 그 윗부분에는 수용자의 성명·출생연도·죄명·형명·형기 등을 적되 아랫부분의 내용은 보이지 않도록 가려야 한다. (×)

❶ 윗부분 내용이 보이지 않도록 하여야 한다. 「시행령」 제12조 참조.

06 「형의 집행 및 수용자의 처우에 관한 법률」상 간이입소절차 대상자로 볼 수 있는 경우를 모두 고른 것은? '24. 6급(교감) 승진

> ㉠ 「형사소송법」 제151조(증인이 출석하지 아니한 경우의 과태료) 제2항에 따라 교정시설에 감치된 증인
> ㉡ 「형사소송법」 제201조의2(구속영장 청구와 피의자 심문) 제10항 및 제71조의2(구인 후의 유치)에 따른 구속영장 청구에 따라 피의자 심문을 위하여 교정시설에 유치된 피의자
> ㉢ 「형사소송법」 제212조(현행범의 체포)에 따라 체포되어 교정시설에 유치된 피의자
> ㉣ 「형사소송법」 제200조의3(긴급체포)에 따라 체포되어 교정시설에 유치된 피의자

① ㉠, ㉡ ② ㉠, ㉢, ㉣
③ ㉡, ㉢, ㉣ ④ ㉠, ㉡, ㉢, ㉣

해설

㉠ (×) 간이입소절차 대상자에 해당하지 아니 한다. 「법」 제16조의2(간이입소절차) 참조.

정답 ③

07 「형의 집행 및 수용자의 처우에 관한 법률 시행령」상 수용자의 독거수용에 대한 설명으로 옳지 않은 것은? '24. 9급

① 처우상 독거수용이란 주간에는 교육·작업 등의 처우를 위하여 일과(日課)에 따른 공동생활을 하게 하고, 휴일과 야간에만 독거수용하는 것을 말한다.
② 계호상 독거수용이란 사람의 생명·신체의 보호 또는 교정시설의 안전과 질서유지를 위하여 항상 독거수용하고 다른 수용자와의 접촉을 금지하는 것을 말한다. 다만, 수사·재판·실외운동·목욕·접견·진료 등을 위하여 필요한 경우에는 그러하지 아니하다.
③ 교도관은 계호상 독거수용자를 수시로 시찰하여 건강상 또는 교화상 이상이 없는지 살펴야 하며, 시찰 결과 계호상 독거수용자가 건강상 이상이 있는 것으로 보이는 경우에는 교정시설에 근무하는 의사(공중보건의사를 포함한다)에게 즉시 알려야 하고, 교화상 문제가 있다고 인정하는 경우에는 소장에게 지체 없이 보고하여야 한다.
④ 소장은 계호상 독거수용자를 계속하여 독거수용하는 것이 건강상 또는 교화상 해롭다고 인정하는 경우에는 이를 즉시 중단하여야 한다.

해설

① (×) 휴일(×) → 휴업일(○). '휴일'은 일요일이나 경축일 등 공휴일 따위와 같이 공식적으로 일을 하지 아니하고 쉬는날이고, '휴업일'은 공휴일뿐만 아니라 교정시설의 장 등에 의해 임시로 쉬는 날까지 포함하는 개념이다. 「시행령」 제5조 참조.

정답 ①

08 형의 집행 및 수용자의 처우에 관한 법령상 신입자의 수용에 대한 설명으로 옳지 않은 것은? '16. 9급

① 신입자에 대한 고지사항에는 형기의 기산일 및 종료일, 수용자의 권리 및 권리구제에 관한 사항이 포함된다.
② 신입자의 건강진단은 수용된 날부터 3일 이내에 하여야 한다. 다만, 휴무일이 연속되는 등 부득이한 사정이 있는 경우는 예외로 한다.
③ 소장은 신입자가 환자이거나 부득이한 사정이 있는 경우가 아니면 수용된 날부터 3일 동안 신입자 거실에 수용하여야 하며, 19세 미만의 신입자에 대하여는 그 수용기간을 45일까지 연장할 수 있다.
④ 소장은 신입자가 있으면 그 사실을 수용자의 배우자, 직계 존속·비속 또는 형제자매 등 가족에게 지체 없이 통지하여야 한다. 다만, 수용자가 통지를 원하지 아니하면 그러하지 아니하다.

해설

③ (×) 45일(×) → 30일(○). 「시행령」 제18조 3항 참조.

정답 ③

> 📝 **AI 예상 응용지문**
>
> ❶ 소장은 19세 미만의 신입자에 한하여 특히 필요하다고 인정하는 경우 신입자거실 수용 기간을 30일까지 연장할 수 있다. (×)
> ❷ 신입자 거실에 수용된 사람에게는 특히 필요하다고 인정하는 경우 이외에는 작업을 부과해서는 아니 된다. (×)
> ❸ 소장은 다른 교정시설로부터 이송되어 온 사람이 있으면 그 사실을 가족 또는 다른 친족에게 지체 없이 알려야 한다. (×)
>
> ❶ 한하여(×), 19세 이상 수용자 중에서 '특히 필요하다고 인정되는 수용자'도 연장 가능함. ❷ 작업 부과는 어떠한 경우에도 인정 안 됨. ❸ 다른 친족(×)

09 신입자에 대한 설명 중 옳지 않은 것은?

① 소장은 신입자의 키·용모·문신·흉터 등 신체 특징과 가족 등 보호자의 연락처를 수용기록부에 기록하여야 하며, 신체 특징의 기록이 어려운 경우에는 사진을 촬영하여 수용기록부에 첨부하여야 한다.
② 신입자가 수용되어 있는 거실에 대해서는 신입일로부터 3일 동안 거실출입문 등에 "신입"이라고 쓴 표찰을 걸어 놓아야 한다.
③ 소장은 19세 미만의 신입자에 대하여는 30일 동안 신입자거실에 수용하여야 한다.
④ 소장은 신입자 또는 이입자를 수용한 날부터 3일 이내에 수용기록부, 수용자명부 및 형기종료부를 작성·정비하고 필요한 사항을 기록하여야 한다.

해설

③ (×) 19세 미만의 신입수용자도 원칙적으로는 3일 동안 신입거실에 수용한다. 다만, 미성년자로서 보호할 필요가 있기 때문에 소장이 재량으로 30일까지 신입자거실 수용기간을 연장할 수 있다. 「시행령」 제18조 참조.

정답 ③

10 다음은 현행법령상의 분류기준에 관한 진술이다. 옳지 않은 것은?

① 19세 이상의 수형자와 19세 미만의 수형자를 같은 교정시설에 수용하는 경우에는 서로 분리하여 수용한다.
② 교도소는 만 19세 이상의 수형자를 수용하고 소년교도소에는 만 19세 이하의 수형자를 수용한다.
③ 수형자와 미결수용자는 같은 교정시설에 수용하는 경우에는 서로 분리하여 수용한다.
④ 남자와 여자는 같은 교정시설에 수용하는 경우에는 서로 분리하여 수용한다.

해설

② (×) 19세 이하(×) → 19세 미만(○). 「법」 제11조 참조.

정답 ②

📝 **AI 예상 응용지문**

❶ 사형확정자는 구치소 또는 미결수용실에 수용한다. (×)
❷ 남성과 여성은 구분하여 수용한다. (×)

❶ 미결수용실(×) → 교도소(○) ❷ 구분(×) → 분리(○)

11 현행법령상 수용에 대한 설명으로 틀린 것은? '99. 5급(교정관) 승진 수정

① 혼거수용 인원은 요양이나 그 밖의 부득이한 사정이 있는 경우에는 2명을 수용할 수 있다.
② 주간에는 교육·작업 등의 처우를 위하여 일과에 따른 공동생활을 하게하고 휴업일 및 야간에만 독거수용하는 것은 계호상 독거수용이다.
③ 독거수용이 원칙이고 예외적으로 혼거수용한다.
④ 금치처분자는 원칙적으로 징벌자 거실에 수용한다.
⑤ 독거수용거실이 부족할 경우 혼거 수용할 수 있다.

📖 **해설**

② (×) 계호상 독거수용(×) → 처우상 독거수용, 「시행령」 제5조 참조.
① (○) 「시행령」 제8조 단서에 따르면 맞다.

정답 ②

📝 **AI 예상 응용지문**

❶ 수용자는 독거수용한다. 단, 필요한 경우에는 혼거 수용할 수 있다. (×)
❷ 소장은 노역장 유치명령을 받은 수형자와 자유형 수형자를 어떠한 경우에도 혼거수용해서는 아니 된다. (×)

❶ 필요한 경우에는(×) → 법정 사유가 있는 경우에는(○) ❷ 노역수형자 중 계속노역자는 자유형 수형자와 혼거 인정함.

12 형의 집행 및 수용자의 처우에 관한 법령상 수용에 대한 설명으로 옳지 않은 것은? '19. 9급

① 수형자의 교화 또는 건전한 사회복귀를 위하여 필요한 때에는 혼거수용을 할 수 있다.
② 처우상 독거수용의 경우에는 주간에는 교육·작업 등의 처우를 하여 일과에 따른 공동생활을 하게 하고, 휴업일과 야간에만 독거수용을 한다.
③ 계호상 독거수용의 경우에는 사람의 생명·신체의 보호 또는 교정시설의 안전과 질서유지를 위하여 항상 독거수용하고 다른 수용자와의 접촉을 금지한다. 다만, 수사·재판·실외운동·목욕·접견·진료 등을 위하여 필요한 경우에는 그러하지 아니하다.
④ 교도관은 모든 독거수용자를 수시로 시찰하여 건강상 또는 교화상 이상이 없는지 살펴야 한다.

해설

④ (×) 교도관의 시찰 특칙 규정은 모든 독거수용자를 대상으로 적용되지 않고, 계호상 독거수용자에 대하여 적용된다. 「시행령」 제6조 참조. 모든 독거수용자(×) → 계호상 독거수용자(○).

정답 ④

13 형의 집행 및 수용자의 처우에 관한 법령상 수용에 대한 설명으로 옳은 것은 모두 몇 개인가?

'23. 7급(교위) 승진

> ㉠ 신입자의 건강진단은 휴무일이 연속되는 등 부득이한 사정이 있는 경우가 아닌 한 수용된 날부터 3일 이내에 하여야 한다. 다만, 에는 예외로 한다
> ㉡ 범죄의 증거인멸을 방지하기 위하여 필요한 때에는 교도소에 미결수용자를 수용할 수 있으나, 취사 등의 작업을 위하여 필요하다고 하여 구치소에 수형자를 수용할 수 없다.
> ㉢ 수형자가 소년교도소에 수용 중에 19세가 된 경우에도 교육·교화프로그램, 작업, 직업훈련 등을 실시하기 위하여 특히 필요하다고 인정되면 23세가 되기 전까지는 계속하여 수용할 수 있다.
> ㉣ 소장은 신입자 또는 다른 교정시설로부터 이송되어 온 사람이 있으면 그 사실을 수용자가 알리는 것을 원하지 아니하더라도 수용자의 가족에게 지체 없이 알려야 한다.

① 1개 ② 2개
③ 3개 ④ 4개

해설

㉠ (×) 1주일(×) → 3일(○). 「시행령」 제15조(신입자의 건강진단) 참조.
㉡ (×) 취사 등의 작업을 위하여 필요하거나 그 밖에 특별한 사정이 있으면 <u>구치소에 수형자를 수용할 수 있다</u>. 법 제12조(구분수용의 예외) 2항 참조.
㉢ (○) 법 제12조(구분수용의 예외) 3항 참조.
㉣ (×) 수용자가 알리는 것을 원하지 아니하면 알리지 아니한다. 법 제21조(수용사실의 알림) 단서 참조.

정답 ①

14 수용에 대한 설명 중 옳지 않은 것은? (다툼이 있는 경우 판례에 의함)

① 소장은 수용자의 거실을 지정하는 경우에는 죄명·형기·죄질·성격·범죄전력·나이·경력 및 수용생활 태도, 그 밖에 수용자의 개인적 특성을 고려하여야 한다.
② 혼거수용 인원은 3명 이상으로 한다. 다만, 요양이나 그 밖의 부득이한 사정이 있는 경우에는 예외로 한다.
③ 수용자에게는 특정 수용거실에 대한 신청권 내지 수용거실 변경에 대한 신청권이 있다.

④ 소장은 노역장 유치명령을 받은 수형자와 징역형·금고형 또는 구류형을 선고 받아 형이 확정된 수형자를 혼거수용해서는 아니 된다. 다만, 징역형·금고형 또는 구류형의 집행을 마친 다음에 계속해서 노역장 유치명령을 집행하거나 그 밖에 부득이한 사정이 있는 경우에는 그러하지 아니하다.

해설

③ (×) "수용자에게는 특정 수용거실에 대한 신청권이 없다"는 것이 판례의 일관된 입장이다. 수용거실의 지정은 교도소장이 죄명·형기·죄질·성격·범죄전력·나이·경력 및 수용생활태도, 그 밖에 수용자의 개인적이 특성을 고려하여 결정하는 것으로(「법」 제15조), 소장의 재량적 판단사항이며, 수용자에게 거실변경을 신청할 권리 내지 특정 수용거실에 대한 신청권이 있다고 볼 수 없다. [12헌마 886] 참조.

정답 ③

15 「형의 집행 및 수용자의 처우에 관한 법률 시행령」에서 규정하고 있는 신입자 관련 내용 중 적절하지 않은 것은?

① 신입자 거실에 수용된 사람도 신청에 의해 작업할 수 있다.
② 신입자가 19세 미만인 경우에는 30일 동안 신입자 거실에 수용할 수 있다.
③ 신입자의 건강진단은 원칙적으로 수용된 날부터 3일 이내에 하여야 한다.
④ 신입자에 대한 수용기록부는 수용한 날부터 3일 이내에 작성하여야 한다.

해설

① (×) 신입자 거실에 수용된 사람에게는 절대로 작업을 부과해서는 아니 된다. 「시행령」 제18조 2항 참조.

정답 ①

AI 예상 응용지문

❶ 소장은 신입자를 인수한 경우에는 교도관에게 신입자의 신체·의류 및 휴대품을 수용 된 날부터 3일 이내에 검사하게 하여야 한다. (×)
❷ 신입자의 검사·목욕은 지체 없이, 건강진단과 수용기록부 작성은 3일 이내에, 신입자거실수용은 3일 동안, 석방예정자는 3일 이내의 범위에서 각각 해당조치를 한다. (○)
❸ 신입자 또는 이입자의 건강진단은 휴무일이 연속되는 등 부득이한 사정이 없다면 수용된 날부터 7일 이내에 하여야 한다. (×)
❹ 소장은 신입자가 환자인 경우가 아니면 수용된 날부터 5일 동안 신입자거실에 수용하여야 한다. (×)

❶ 3일 이내에(×) → 지체 없이(○) ❸ 신입자 또는 이입자(×) → 신입자(○) / 7일(×) → 3일(○). ❹ 환자인 경우가 아니면(×) → 환자이거나 부득이한 사정이 있는 경우가 아니면(○) / 5일(×) → 3일(○).

16 「형의 집행 및 수용자의 처우에 관한 법률 시행령」상 신입자의 처우에 대한 설명으로 옳지 않은 것은?

'16. 7급

① 신입자의 건강진단은 수용된 날부터 3일 이내에 하여야 한다. 다만, 휴무일이 연속되는 등 부득이한 사정이 있는 경우에는 예외로 한다.
② 소장은 신입자 거실에 수용된 사람에게 교화를 위해 필요한 경우 작업을 부과할 수 있다.
③ 소장은 19세 미만의 신입자 그 밖에 특히 필요하다고 인정하는 수용자에 대하여는 신입자 거실에의 수용기간을 30일까지 연장할 수 있다.
④ 소장은 신입자를 인수한 경우에는 교도관에게 신입자의 신체·의류 및 휴대품을 지체 없이 검사하게 하여야 한다.

▎해설

② (×) 신입자 거실에 수용된 자에게는 절대로 작업을 부과할 수 없다. 「시행령」 제18조 2항 참조.

정답 ②

AI 예상 응용지문

❶ 소장은 신입자의 사정과 관계없이 수용된 날부터 3일 동안 신입자거실에 수용하고 작업을 부과해서는 아니된다. (×)
❷ 혼거수용은 어떠한 경우에도 2명으로 하여서는 아니 된다. (×)

❶ 사정과 관계없이(×) → 환자이거나 부득이한 사정이 있는 경우가 아니면(○) ❷ 어떠한 경우에도 2명(×) → 요양이나 부득이한 사정이 있는 경우에는 2명도 가능(○)

17 「형의 집행 및 수용자의 처우에 관한 법률」의 내용으로 옳지 않은 것은? '18. 9급

① 법무부장관은 교정시설의 설치 및 운영에 관한 업무의 일부를 법인 또는 개인에게 위탁할 수 있다.
② 법무부장관은 교정시설의 운영, 교도관의 복무, 수용자의 처우 및 인권실태 등을 파악하기 위하여 매월 1회 이상 교정시설을 순회점검하거나 소속 공무원으로 하여금 순회점검하게 하여야 한다.
③ 수형자가 소년교도소에 수용 중에 19세가 된 경우에도 교육·교화프로그램, 작업, 직업훈련 등을 실시하기 위하여 특히 필요하다고 인정되면 23세가 되기 전까지는 계속하여 수용할 수 있다.
④ 교정시설의 장은 법률이 정한 사유가 있는 수형자에게 5일 이내의 특별귀휴를 허가할 수 있다.

▎해설

순회점검제도는 수용자의 인권침해를 사전에 방지하고 적절한 처우를 보장하기 위한 제도로서, 교정의 기본제도이다.
② (×) 순회점검은 매년 1회 이상 실시하여야 한다(「법」 제 8조). 매월(×) → 매년(○).

정답 ②

18 교도소 수용 후 처우에 관한 설명 중 가장 옳지 않은 것은?

① 수용자의 의류와 침구는 모두 국가예산으로 지급된 것만을 사용할 수 있다.
② 신입자뿐 아니라 이입자에 대해서는 수용자가 알아야 할 사항 등을 고지해야 한다.
③ 수용자의 처우상 필요한 경우 교도소장은 법무부장관 또는 지방교정청장의 승인을 얻어 수용자를 다른 교도소에 이송할 수 있다.
④ 소장은 신입자에 대하여는 지체없이 신체·의류 및 휴대품을 검사하고 건강진단을 하여야 한다.

해설

① (×) 수용자에게는 건강유지에 적합한 의류·침구, 그 밖의 생활용품을 지급한다(「법」제22조 1항). 여기서 '지급'이라 함은 수용자에게 정해진 기준에 따라 물품을 제공하는 것이므로, 생활용품은 원칙적으로 '관급(官給)'임을 뜻한다. 그러나 「법」제24조에서 물품의 자비구매도 인정하고 있다.

정답 ①

19 다음은 「형의 집행 및 수용자의 처우에 관한 법률 시행규칙」상 기본수용급의 구분 내용이다. 옳지 않은 것은 몇 개인가?

㉠ 23세 이하의 청년수형자	㉡ 65세 이상의 노인 수형자
㉢ 18세 미만의 소년수형자	㉣ 형기가 20년 이상인 장기수형자
㉤ 신체질환 또는 장애가 있는 수형자	㉥ 여성수형자
㉦ 금고형수형자	㉧ 외국인수형자
㉨ 정신질환 또는 장애가 있는 수형자	

① 2개
② 3개
③ 4개
④ 5개

해설

㉠ (×) 23세 이하(×) → 23세 미만(○). ㉢ (×) 18세 미만(×) → 19세 미만(○).
㉣ (×) 20년(×) → 10년(○).

정답 ②

20 현행법령상 수용 및 수용 후의 절차에 대해 올바르게 설명한 것은?

① 소장은 법원·검찰청·경찰관서 등으로부터 처음으로 수용되는 사람을 인수한 경우에는 호송인으로부터 확인서를 받아야 한다.
② 소장은 신입자에게 질병이나 그 밖의 부득이한 사정이 있는 경우가 아니면 수용된 날부터 3일 이내에 목욕을 하게 하여야 한다.
③ 소장은 신입자의 키·문신 등 신체특징과 DNA 감식시료, 가족 등 보호자의 연락처를 수용기록부에 기록하여야 하며, 교도관이 업무상 필요한 경우에도 소장의 허가 없이는 이를 열람하지 못하도록 하여야 한다.
④ 소장은 신입자가 환자인 경우에는 신입자거실에 수용하지 아니하고 의료거실에 수용할 수 있다.

해설

① (×) 확인서를 받아야 한다(×) → 인수서를 써주어야 한다(○). 「시행령」 제13조 참조.
② (×) 목욕은 지체 없이 하게 해야 한다. 「시행령」 제16조 참조.
③ (×) DNA 감식시료는 기록할 수 없다. 또한 교도관이 업무상 필요한 경우에는 소장의 허가 없이도 열람할 수 있다(「시행령」 제17조 1항).
④ (○) 「시행령」 제18조 1항을 해석하면 맞는 내용이다.

정답 ④

21 다음 중 적절하지 않은 것을 모두 골라 묶은 것은?

┤ 보 기 ├

㉠ 소장은 수용, 작업, 교화, 그 밖의 처우를 위하여 필요하다고 인정하면 법무부장관의 승인을 받아 수용자를 다른 교정시설로 이송할 수 있다.
㉡ 지방교정청장의 이송 승인은 관할 내 이송으로 한정된다.
㉢ 소장은 노역장 유치 명령을 받은 수형자와 구류형을 선고받아 형이 확정된 수형자를 어떠한 경우에도 혼거수용해서는 아니 된다.
㉣ 교정시설을 새로 설치하는 경우에는 독거실과 혼거실의 비율을 5:5로 하여야 한다.
㉤ 소장은 어떠한 경우라도 남성교도관이 야간에 수용자 거실에 있는 여성 수용자를 시찰하게 하여서는 아니 된다.

① ㉡, ㉤ ② ㉢, ㉣
③ ㉠, ㉢, ㉣ ④ ㉢, ㉣, ㉤

해설

㉢ (×) 자유형수형자와 노역장수형자는 혼거수용해서는 아니 되지만, 자유형의 집행을 마친 다음에 납부하지 아니한 벌금 등으로 계속해서 노역장유치명령을 집행하거나 그 밖에 부득이한 사정이 있는 경우에는 혼거수용할 수도 있다(「시행령」 제9조).
㉣ (×) 5:5로 하여야 한다(×) → 적정한 수준이 되도록 하여야 한다(「시행령」 제4조).

ⓜ (×) 특히 필요하다고 인정하는 경우에는 야간에도 남성교도관이 시찰하게 할 수 있다(「시행령」제7조).

정답 ④

22 「형의 집행 및 수용자의 처우에 관한 법률」상 수용자의 수용에 대한 설명으로 옳은 것은? '09. 9급

① 사형확정자는 기결수용시설인 교도소에만 수용한다.
② 범죄의 증거인멸을 방지하기 위해 필요하다는 이유만으로는 미결수용자를 교도소에 수용할 수 없다.
③ 수형자가 소년교도소에 수용 중에 19세가 된 경우에도 교육·교화프로그램, 작업, 직업훈련 등을 위해 특히 필요하다고 인정되면 23세가 되기 전까지는 계속하여 수용할 수 있다.
④ 수용자가 암과 같은 불치병에 걸린 경우에는 소장은 수용을 거부할 수 있고, 그 경우 그 사유를 지체 없이 수용지휘기관과 관할 보건소장에게 통보하고 법무부장관에게 보고하여야 한다.

해설

① (×) 사형확정자는 교도소 또는 구치소에 구분하여 수용한다(「법」 제11조).
② (×) 「법」 제12조 1항에 따라 수용할 수 있다.
③ (○) 「법」 제12조 3항 참조.
④ (×) 불치병(×) → 다른 사람의 건강에 위해를 끼칠 우려가 있는 감염병에 걸린 사람의 수용을 거절할 수 있다(「법」 제18조).

정답 ③

AI 예상 응용지문

❶ 소장은 특히 필요하다고 인정하는 경우가 아니면 남성교도관이 주·야간에 수용자거실에 있는 여성수용자를 시찰하게 하여서는 아니 된다. (×)
❷ 소장은 불치병에 걸려 있다는 것을 이유로 신입자의 수용을 거절하여서는 아니 된다. (○)

---
❶ 주·야간(×) → 야간(○)

23 현행법상 수용에 관한 설명으로 옳은 것은?

① 신입자는 질병 기타 부득이한 사유가 있는 경우를 제외하고는 수용할 날로부터 5일 동안 신입자거실에 수용하여야 한다.
② 소장은 19세 미만의 신입자 그 밖에 19세 이상의 신입자 중에서 필요하다고 인정하는 수용자에 대하여는 신입자거실 수용기간을 20일까지 연장할 수 있다.
③ 소장은 신입자 또는 다른 교정시설로부터 이송되어 온 사람이 있으면 수용자의 의사 여부와 관계없이 그 사실을 가족에게 지체 없이 알려야 한다.
④ 소장은 다른 사람의 건강에 위해를 끼칠 우려가 있는 감염병에 걸린 사람에 대해서는 수용을 거절할 수 있으며 그 사유를 지체 없이 수용지휘기관과 관할 보건소장에게 통보하고 법무부장관에게 보고하여야 한다.

> **해설**

① (×) 5일(×) → 3일(○).
② (×) 20일(×) → 30일(○).
③ (×) 수용자가 알리는 것을 원하지 아니하면 알리지 아니한다(「법」 제21조 <개정 2020. 2. 4>).

정답 ④

24 수용자의 거실지정과 수형자의 작업 부과 시 공통된 고려사항으로만 묶인 것은?

① 형기, 성격
② 범죄경력, 나이
③ 죄명, 건강상태
④ 수용생활태도, 취미

> **해설**

①(○) 형기, 성격은 거실 지정할 때나 작업을 부과할 때 동일하게 고려해야 할 사항이다.

- 소장은 수용자의 거실을 지정하는 경우에는 죄명·형기·죄질·성격·범죄전력·나이·경력 및 수용생활태도, 그 밖에 수용자의 개인적 특성을 고려하여야 한다(법 제15조).
  ▶ **연상기억법**: 나성경형은 거실 지정 시 범죄 전력에 죄명·죄질이 있어 수용생활 태도가 고려되었다.
- 소장은 수형자에게 작업을 부과하려면 나이·형기·건강상태·성격·기술·취미·경력·장래 생계, 그 밖의 수형자의 사정을 고려해야 한다(법 제65조 2항).
  ▶ **연상기억법**: 나형기는 작업을 통해 건장한 경력을 성취한다.

정답 ①

25 현행법령상 신입자의 수용에 관한 설명으로 옳지 않은 것은?

① 소장은 법원·검찰청·경찰관서 등으로부터 처음으로 교정시설에 수용되는 사람에 대하여는 집행지휘서, 재판서 그밖에 수용에 필요한 서류를 조사한 후 수용한다.
② 소장은 신입자에 대하여는 지체 없이 신체·의류 및 휴대품을 검사하고 건강진단을 하여야 한다.
③ 신입자를 인수한 교도관은 호송인에게 신입자의 성명, 나이 및 인수일시를 적은 인수서를 써주어야 한다.
④ 소장은 신입자의 신원에 관한 사항을 조사하여 수용기록부에 기록하여야 한다.

> **해설**

③ (×) 인수서는 교도관이 아니라 소장이 써 주어야 한다(「시행령」 제13조 1항). 신입자를 인수한 교도관이 해야할 일은 소장이 써주는 인수서에 신입자의 성명·나이 및 인수 일시를 적고 서명 또는 날인하는 행위이다(동조 2항).

정답 ③

AI 예상 응용지문

❶ 소장은 신입자 및 다른 교정시설로부터 이송되어 온 사람에 대하여는 부득이한 사정이 있는 경우가 아니면 3일 동안 독거실에 수용하여야 한다. (×)
❷ 신입자 및 이입자는 소장이 실시하는 검사 및 건강진단을 받아야 한다. (×)
❸ 「형사소송법」에 따라 체포되어 교정시설에 유치된 피의자 및 구속영장 청구에 따라 피의자 심문을 위하여 교정시설에 유치된 피의자는 법무부장관이 정하는 바에 따라 간이입소절차를 실시한다. (○)

❶ 다른 교정시설로부터 이송되어 온 사람(×) / 독거실(×) → 신입자 거실(○) ❷ 이입자(×)

26 「형의 집행 및 수용자 처우에 관한 법률」상 '수용'에 관한 설명 중 옳은 것은?

① 20세 이상의 수형자와 20세 미만의 수형자를 같은 교정시설에 수용하는 경우에는 서로 구분하여 수용한다.
② 수용자는 혼거수용을 원칙으로 하나 혼거실 부족 등 시설여건이 충분하지 아니한 때에는 독거수용할 수 있다.
③ 소장은 수용인원이 정원을 초과하여 정상적인 운영이 곤란한 때에는 수용을 거절하여야한다.
④ 소장은 수용목적상 필요하다 해도 수용 중인 사람에 대하여는 사진촬영이나 지문채취를 할 수 없다.
⑤ 소장은 다른 교정시설로부터 이송되어 온 사람이 있으면 그 사실을 수용자의 가족에게 지체 없이 알려야 하지만 수용자가 알림을 원하지 않으면 그러하지 아니하다.

해설

① (×) 형기, 성격 20세(×) → 19세(○). / 구분(×) → 분리(○).
② (×) 혼거수용, 독거수용(×) → 독거수용, 혼거수용(○). 독거수용원칙 예외적 혼거수용 인정.
③ (×) 수용권한이 있는 교정기관은 구비서류의 형식적 요건이 결여된 경우 및 문서에 기재된 내용과 실제 수용대상이 일치하지 않는 경우에는 수용을 거절하여야 한다. 또한 당해 시설이 대상자를 수용할 만한 수용능력을 갖추지 못한 경우에도 수용을 거절할 수 있다고 보는 것이 통설이다(신양균, 97면). 그러나 이러한 실질적 수용요건은 「형집행법」상 '수용'에 관한 규정의 내용이 아니라 학설적으로 주장되는 내용이다.
그러므로 필요적 거절로 기술한 것은 틀린 지문이다. 실질적 수용요건으로서 수용거절을 법률상 명시한 사유는 '감염병에 걸린 사람에 대한 수용거절' 이다. 소장은 다른 사람의 건강에 위해를 끼칠 우려가 있는 감염병에 걸린 사람의 수용을 거절할 수 있다(「법」 제18조 1항). 수용요건이 갖추어지지 않았음에도 불구하고 소장이 직권을 남용하여 대상자를 수용하는 경우에는 형법상 불법감금죄가 성립할 수 있다(신양균, 97면).
④ (×) 「법」 제19조 2항 참조. ⑤ '가족'이란 배우자, 직계존·비속 또는 형제자매를 말한다.

정답 ⑤

27 「형의 집행 및 수용자 처우에 관한 법률」에 의할 때 수용자를 교정시설에 수용하는 기준으로 옳지 않은 것은? '11. 9급

① 소년교도소에서 19세 미만의 수형자를 수용하는 것이 원칙이지만, 수형자가 소년교도소에 수용 중에 19세가 된 경우에도 본인의 신청으로 23세가 되기 전까지는 계속하여 수용할 수 있다.
② 미결수용자는 구치소에 수용하는 것이 원칙이지만, 범죄의 증거인멸을 방지하기 위하여 필요하거나 그 밖에 특별한 사정이 있는 때에는 교도소에 미결수용자를 수용할 수 있다.
③ 수형자는 교도소에 수용하는 것이 원칙이지만, 취사 등의 작업을 위하여 필요한 경우에는 수형자를 구치소에 수용할 수 있다.
④ 수용자는 독거 수용하는 것이 원칙이지만 수용자의 생명 또는 신체 보호, 정서적 안정을 위하여 필요한 때에는 수용자를 혼거 수용할 수 있다.

해설

① (×) 19세 이후 소년교도소 계속 수용은 '수형자 본인의 신청'에 의해 이루어지는 것이 아니고, 교육·교화프로그램, 작업, 직업훈련 등을 실시하기 위하여 특히 필요하다고 인정되면 소장의 직권으로 결정한다(「법」 제12조 3항 참조).

정답 ①

---

28 수용자의 수용 절차에 관한 기술 중 틀린 것은?

① 소장은 신입자가 환자이거나 부득이한 사정이 없는 한 수용일로부터 3일 동안 신입자 거실에 수용하여야 한다.
② 소장은, 신입자 본인이 수용사실을 알리는 것을 원하지 않는 경우를 제외하고는, 그 사실을 가족에게 수용된 날로부터 3일 이내에 알려야 한다.
③ 소장은 신입자가 수용한 날로부터 3일 이내 수용기록부를 작성하여야 한다.
④ 신입자의 건강진단은 부득이한 사정이 있는 경우를 제외하고 수용된 날로부터 3일 이내에 하여야 한다.

해설

② (×) 3일 이내(×) → 지체 없이 알려야 한다(○). 「법」 제21조 참조.

정답 ②

AI 예상 응용지문

❶ 신입자 및 이입자의 건강검진은 수용된 날부터 3일 이내에 하여야 한다. (×)
❷ 소장은 신입자를 인수한 경우에는 3일 이내에 신체의 검사를 하게 하여야 한다. (×)

❶ 이입자(×), 건강검진(×) → 건강진단(○) ❷ 3일 이내에(×) → 지체 없이(○)

29 현행법상 구분수용에 관한 기술 중 옳은 것은?

① 소년교도소에는 19세 이하의 수형자를 수용한다.
② 수형자가 소년교도소 수용 중 교육·교화 프로그램, 작업, 직업훈련 등을 실시하기 위하여 특히 필요한 경우 23세까지 계속하여 수용할 수 있다.
③ 구치소의 수용인원이 정원을 훨씬 초과한 경우 교도소에 미결수용자를 수용할 수 있다.
④ 특별한 사정이 있으면 구치소에 수형자를 수용할 수 있다.

해설

① (×) 19세 이하(×) → 19세 미만(○).
② (×) 23세까지(×) → 23세가 되기 전까지(○).
③ (×) 정원을 훨씬 초과한 사유만 가지고는 요건이 충족되지 못하고, 그로 인해 정상적인 운영이 곤란할 때에 미결수용자를 교도소에 수용할 수 있다(「법」제12조 1항 참조).

정답 ④

30 현행법상 수용자의 수용분류에 관한 설명 중 옳은 것은?

① 수형자는 20세를 기준으로 교도소와 소년교도소로 구분하여 수용한다.
② 소년교도소에 수용 중인 수형자는 특히 필요하다고 인정되면 23세가 되기 전까지는 계속하여 소년교도소에 수용할 수 있다.
③ 수형자는 혼거수용하는 것이 원칙이나 교화 또는 건전한 사회복귀를 위하여 필요한 때에는 독거수용할 수 있다.
④ 교도소장은 특별한 사유가 없더라도 자유재량으로 교도소에 미결수용자를 수용할 수 있다.
⑤ 교정시설의 장은 시설의 안전과 질서유지를 위하여 관할 지방검찰청 검사장의 승인을 받아 수용자를 다른 교정시설로 이송할 수 있다.

해설

① (×) 20세 기준(×) → 19세 기준(○).
③ (×) 내용이 반대로 기술되어야 맞음
④ (×) 자유재량으로는 그리할 수 없고 법정사유에 해당 해야만 교도소에 수용할 수 있다.
⑤ (×) 검사장 승인(×) → 법무부장관의 승인(○).

정답 ②

AI 예상 응용지문

❶ 소장은 수용·작업·교화 등 처우를 위하여 필요하다고 인정하면 법무부장관의 승인을 받아 수용자를 다른 교정시설로 이송할 수 있지만, 시설의 안전과 질서유지를 위하여 필요한 경우에는 이송할 수 없다. (×)
❷ 소장은 신입자가 있으면 그 사실을 의무적으로 그 가족에게 지체 없이 통지하여야 하지만, 다른 교정시설로부터 이송된 사람이 있을 때에는 수용자가 신청하면 통지할 수 있다. (×)
❸ 소장은 수용자가 징벌처분을 받은 경우에는 그의 가족에게 그 사실을 알려야 한다(「시행령」제133조 2항) (×)

❹ 지방교정청장은 직업훈련을 위하여 필요한 경우에는 수형자를 다른 교정시설로 이송할 수 있다. 소장은 법무부장관의 이송처분에 따라 이송된 수형자나 직업훈련 중인 수형자를 다른 교정시설로 이송해서는 아니 된다. 다만, 훈련취소 등 특별한 사유가 있는 경우에는 그러하지 아니하다. (×)

❶ 없다(×) → 있다(○) ❷ 이입자도 원칙적으로 의무적 통지해야 함. ❸ 징벌처분 중 접견·편지수수·전화 통화가 제한된 경우만 통지사유임. ④ 시행규칙 제127조(직업훈련 대상자 이송) ❹ 지방교정청장(×) → 법무부장관(○).

31 형집행법령상 수용자의 구분수용에 관한 설명으로 가장 옳은 것은?

① 사형확정자는 교도소에 수용한다.
② 취사 등의 작업을 위하여 미결수용자를 교도소에 수용할 수 있다.
③ 수형자가 소년교도소에 수용 중에 19세가 된 경우에도 교육을 위하여 필요한 경우 23세까지 소년교도소에 수용할 수 있다.
④ 교도소 및 구치소의 각 지소에는 교도소 또는 구치소에 준하여 수용자를 수용한다.

해설

① (×) 교도소 또는 구치소(○).
② (×) 미결수용자에게는 작업의무를 부과할 수 없으므로 작업을 위해서는 교도소에 수용할 수 없다. 운영지원 작업을 위하여 필요한 사정이 있는 경우에는 구치소에 수형자를 수용할 수 있다(「법」제12조 2항 참조).
③ (×) 23세까지(×) → 23세가 되기 전까지는(○). 법 제12조 3항.

정답 ④

32 형의 집행 및 수용자의 처우에 관한 법률 상 구분수용의 예외로 옳지 않은 것은? '21. 7급

① 관할 법원 및 검찰청 소재지에 구치소가 없는 때에는 교도소에 미결수용자를 수용할 수 있다.
② 범죄의 증거인멸을 방지하기 위하여 필요하거나 그 밖에 특별한 사정이 있는 때에는 교도소에 미결수용자를 수용할 수 있다.
③ 취사 등의 작업을 위하여 필요하거나 그 밖에 특별한 사정이 있으면 구치소에 수형자를 수용할 수 있다.
④ 수형자가 소년교도소에 수용 중에 19세가 된 경우에도 교육·교화프로그램, 작업, 직업훈련 등을 실시하기 위하여 특히 필요하다고 인정되면 25세가 되기 전까지는 계속하여 수용할 수 있다.

해설

④ 25세(×) → 23세(○). 「법」제12조 제3항.

정답 ④

33 형의 집행 및 수용자의 처우에 관한 법령상 수용자의 수용에 대한 설명으로 옳지 않은 것은?

'15. 7급 수정

① 교도관은 계호상 독거수용자를 수시로 시찰하여 건강상 또는 교화상 이상이 없는지 살펴야 한다.
② 취사 작업을 위하여 필요하거나 그 밖에 특별한 사정이 있으면 구치소에 수형자를 수용할 수 있다.
③ 교정시설의 장은 신입자의 의사에 반하여 건강진단을 할 수 없다.
④ 수용자의 생명·신체의 보호, 증거인멸의 방지 및 교정시설의 안전과 질서유지를 위하여 필요하다고 인정하면 혼거실이나 교육실, 그 밖에 수용자들이 서로 접촉할 수 있는 장소에서 수용자의 자리를 지정할 수 있다.

해설

③ (×) 소장은 신입자의 의사에 관계없이 건강진단을 실시하여야 한다(「법」제16조 2항).

정답 ③

34 「형의 집행 및 수용자의 처우에 관한 법률」에 따르면, 수용자는 독거수용을 원칙으로 한다. 예외로 혼거 수용할 수 있는 경우가 아닌 것은? '12. 9급

① 독거실 부족 등 시설 여건이 충분하지 아니한 때
② 노역장 유치명령을 받은 수형자와 징역형을 선고받아 형이 확정된 수형자
③ 수용자의 생명 또는 신체의 보호를 위하여 필요한 때
④ 수형자의 건전한 사회복귀를 위하여 필요한 때

해설

② (×)「법」제14조 참조. 노역장 유치명령을 받은 자와 징역형 수형자를 혼거수용해서는 아니 된다.

정답 ②

35 현행법령상 수용과 관련하여 옳은 것은?

① 주간에는 교육 등의 처우를 위하여 일과(日課)에 따른 공동생활을 하게 하고 휴업일과 야간에는 독거수용하는 것을 계호상 독거수용이라고 한다.
② 계호상 독거수용자는 수사·실외운동·접견 등을 위하여 필요한 경우에도 항상 독거수용하여 다른 수용자와의 접촉을 금한다.
③ 계호상 독거수용자를 시찰한 결과 교화상 문제가 있다고 인정하는 경우에는 소장에게 지체 없이 보고하고, 건강상 이상이 있다고 보이는 경우에는 의무관에게 즉시 알려야 한다.
④ 소장은 계호상 독거수용자를 계속하여 독거수용하는 것이 건강상 또는 교화상 해롭다고 인정하는 경우에는 이를 즉시 중단할 수 있다.

해설

① (×) 처우상 독거수용이다. 「시행령」 제5조 참조.
② (×) 계호상 독거수용자도 수사 등을 위하여 필요한 경우에는 다른 수용자와 접촉하도록 할 수 있다. 따라서 우리나라의 현행 독거수용은 엄정독거제에 해당하지 않는다. 「시행령」 제5조 참조.
④ (×) 중단할 수 있다(×) → 즉시 중단하여야 한다(○). 「시행령」 제6조 참조.

정답 ③

AI 예상 응용지문

❶ 처우상 독거수용이란 주간에는 교육·작업 등의 처우를 위하여 일과에 따른 공동생활을 하게 하고 야간에만 독거수용하는 것을 말한다. (×)
❷ 처우상 독거수용이란 주간에는 처우를 위하여 공동생활을 하게 하고, 공휴일과 야간에만 독거수용하는 것을 말한다. (×)

❶ 야간에만(×) → 휴업일과 야간에만(○) ❷ 공휴일(×) → 휴업일(○)

---

36 형의 집행 및 수용자 처우에 관한 법령상 수용에 대한 설명으로 옳은 것은?

① 교도관은 계호상 독거수용자가 건강상 이상이 있는 것으로 보이는 경우에는 교정시설에 근무하는 의무관 또는 소장에게 지체 없이 보고하여야 한다.
② 소장은 특히 필요하다고 인정하는 경우가 아니면 남성교도관이 주·야간에 수용자 거실에 있는 여성수용자를 시찰하게 하여서는 아니 된다.
③ 수용자는 독거수용한다. 다만, 시설의 안전과 질서유지를 위하여 필요한 때에는 혼거수용할 수 있다.
④ 소장은 수용자의 생명·신체의 보호, 증거인멸의 방지 및 교정시설의 안전과 질서 유지를 위하여 필요하다고 인정하면 혼거실·교육실·강당·작업장, 그 밖에 수용자들이 서로 접촉할 수 있는 장소에서 수용자의 자리를 지정할 수 있다.

해설

① (×) 또는 소장에게(×). 의무관에게만 알리면 된다. '교화상 문제'가 있다고 인정하는 경우에는 소장에게 지체없이 보고해야 한다. 시행령 제6조 제2항 참조.
② (×) 주·야간(×) → 야간(○). 시행령 제7조 참조.
③ (×) '시설의 안전과 질서유지를 위해 필요한 때'는 혼거수용할 수 있는 사유로 규정되어 있지 않다. 법 제14조 참조.
④ (○) 시행령 제10조 참조.

정답 ④

37 수용관리에 대한 설명으로 옳지 않은 것만을 모두 고른 것은? '14. 7급

> ㉠ 수형자의 전화통화의 허용횟수는 완화경비처우급의 경우 월 5회 이내로 제한된다.
> ㉡ 교정시설의 장은 다른 사람의 건강에 위해를 끼칠 우려가 있는 감염병에 걸린 사람의 수용을 거절할 수 있다.
> ㉢ 19세 이상 수형자는 교도소에 수용한다.
> ㉣ 목욕횟수는 부득이한 사정이 없으면 매주 1회 이상이 되도록 한다.
> ㉤ 19세 미만의 수용자와 계호상 독거수용자에 대하여는 건강검진을 6개월에 1회 이상 하여야 한다.
> ㉥ 수형자의 신입 수용시 변호사 선임에 대해 고지하여야 한다.
> ㉦ 면회자가 가져온 음식물은 보관할 수 있다.
> ㉧ 수형자의 접견횟수는 매월 4회이다.

① ㉠, ㉥, ㉦
② ㉡, ㉣, ㉧
③ ㉠, ㉣, ㉦, ㉧
④ ㉢, ㉤, ㉥, ㉦

해설

㉠ (×) 5회 이내(×) → 3회 이내(○). 5회 이내는 개방처우급에 해당된다(「시행령」 제90조).
㉥ (×) 이는 고지사항(알려야 할 사항)이 아니다(「법」 제17조). '변호인을 선임할 수 있음'을 고지해야 할 때는 체포 · 구속영장 집행 시, 피의자 심문 전 등이다.
㉦ (×) 음식물은 보관의 대상이 아니므로 보관할 수 없다(「시행령」 제44조).

정답 ①

---

38 수용자 A에 대한 C구치소 소장의 행정행위 중 현행법령에 위반되는 사례는 어느 것인가?

> 수용자 A는 18세로서 2016.1.5. 살인 혐의로 B경찰서에 구속되어 2016.1.10. C구치소에 수용되었다.

① A에 대해 수용된 날로부터 20일 동안 신입자거실에 수용하였다.
② A에 대한 수용기록부, 수용자명부를 2016.1.15. 작성하였다.
③ A의 건전한 사회복귀를 위하여 특히 필요하다고 인정하여 수용자 번호표를 붙이지 아니하도록 하였다.
④ A에 대한 건강진단을 2016.1.12. 하였다.

해설

① (○) 19세 미만자이므로 신입자거실 수용기간을 30일까지 연장할 수 있으므로 합법이다.
② (×) 신입자, 이입자를 수용한 날로부터 3일 이내에 수용기록부, 수용자명부를 작성하여야 한다(「시행령」 제19조). 이에 따르면 1. 12까지 작성해야 하므로 기일 초과로서 위법이다. A는 미결수용자이고 수형

자가 아니므로 '형기종료부'는 작성하지 아니해도 된다.
④ (○) 「시행령」 제15조 참조.

정답 ②

39 다음 중 현행 법령에 어긋나는 것은?

① 소장은 신입자 또는 이입자를 수용한 날로부터 3일 이내에 수용기록부, 수용자명부 및 형기종료부를 작성·정비하고 필요한 사항을 기록하여야 한다.
② 소장은 기소된 수용자에 대하여 건강상의 사유로 구속의 집행정지를 할 필요가 있다고 인정하는 경우에는 의무관의 진단서와 외부병원 진단서 및 인수인에 대한 확인서류를 첨부하여 그 사실을 검사에게 통보하여야 한다.
③ 수용시설의 공사 등으로 수용거실이 일시적으로 부족한 때에는 지방교정청장이 수용자의 이송을 승인할 수 있으며, 이때의 이송은 관할 내 이송으로 한정된다.
④ 소장은 신입자 또는 다른 교정시설로부터 이송되어 온 사람이 있으면 그 사실을 수용자의 가족에게 지체 없이 알려야 하지만 수용자가 알림을 원하지 아니하면 그러하지 아니하다.

해설

① (○) 「시행령」 제19조 참조.
② (×) 소장은 수용자에 대하여 건강상의 사유로 형의 집행정지 또는 구속의 집행정지를 할 필요가 있다고 인정하는 경우에는 의무관의 진단서와 인수인에 대한 확인서류를 첨부하여 그 사실을 검사에게, 기소된 상태인 경우에는 법원에도 지체 없이 통보하여야 한다(「시행령」 제21조). 따라서 ②지문은 '외부병원의 진단서'는 요건이 아닌 사항이므로 삭제되어야 맞고, 기소된 수용자이므로 법원에도 지체 없이 통보해야 맞는 내용이 된다.
③ (○) 「시행령」 제22조 참조.
④ (○) 「법」 제21조 참조.

정답 ②

40 형의 집행 및 수용자 처우에 관한 법령상 수용자 이송에 대한 설명으로 옳은 것은? '21. 9급

① 법무부장관은 이송승인에 관한 권한을 법무부령으로 정하는 바에 따라 지방교정청장에게 위임할 수 있다.
② 소장은 수용자를 다른 교정시설에 이송하는 경우에 의무관으로부터 수용자가 건강상 감당하기 어렵다는 보고를 받으면 이송을 중지하고 그 사실을 지방교정청장에게 알려야 한다.
③ 소장은 수용자의 정신질환 치료를 위하여 필요하다고 인정하면 법무부장관의 승인을 받아 치료감호시설로 이송할 수 있다.
④ 수용자가 이송 중에 징벌대상 행위를 하거나 다른 교정시설에서 징벌대상 행위를 한 사실이 이송된 후에 발각된 경우에는 그 수용자를 인수한 지방교정청장이 징벌을 부과한다.

해설

① (×) 법무부령(×) → 대통령령(○). 법 제20조 제2항 참조.
② (×) 지방교정청장에게(×) → 이송받을 소장에게(○). 시행령 제23조 참조.
④ (×) 지방교정청장이(×) → 그 수용자를 인수한 소장이(○). 시행령 제136조 참조.

▶ 이 문제가 시사하는 바는 '이송'에 관하여 출제하면서 '법률과 시행령의 종합'뿐 아니라, 해당 조문과 동떨어진 징벌과 관련된 규정까지 출제한 것처럼, 앞으로는 이와 같은 확장·종합 문제가 자주 출제된다는 점이다. 따라서, 이와 같은 양식의 종합 문제에 대비하여 준비할 필요가 있다.

정답 ③

41 「수형자 등 호송 규정」에 대한 설명으로 옳지 않은 것은? '13. 9급

① 발송관서는 미리 수송관서에 대하여 피호송자의 성명·발송시일·호송사유 및 방법을 통지하여야 한다.
② 호송관의 여비나 피호송자의 호송비용은 원칙적으로 호송관서가 부담한다.
③ 피호송자가 열차·선박 또는 항공기에서 사망시 호송관서는 최초 도착지 관할 검사의 지휘에 따라 필요한 조치를 취한다.
④ 교도소와 교도소 사이의 호송과 그 밖의 호송 모두 교도관만이 행한다.

해설

① (○) 제5조.
② (○) 제13조 1항. 다만, 피호송자를 교도소나 경찰관서에 숙식하게 한 때에는 그 비용은 교도소나 경찰관서가 부담한다.
③ (○) 제12조 2항.
④ (×) 모두 교도관만이 행한다(×). 교도소와 교도소 사이의 호송은 교도관이 행하며, 그 밖의 호송은 경찰관이 행한다(제2조).

정답 ④

42 「수형자 등 호송 규정」상 수형자의 호송에 대한 설명으로 옳은 것은? '19. 5급(교정관) 승진

① 교정시설 간의 호송은 교도관, 경찰관, 검찰청 직원이 행한다.
② 호송관의 여비나 피호송자의 호송비용은 수송관서가 부담한다.
③ 피호송자의 질병이나 사망으로 인한 비용은 발송관서가 부담한다.
④ 열차를 이용할 경우에는 일출 전 또는 일몰 후에도 호송할 수 있다.
⑤ 피호송자가 도주하면 호송관은 즉시 발송관서와 수송관서에 통지하여야 한다.

해설

① (×) 교정시설과 교정시설 사이의 호송은 교도관이 행하고, 그 밖의 호송은 경찰관이 행한다. 같은 규정 제2조.
② (×) 호송관서가 부담한다. 같은 규정 제13조 참조.

③ (✕) 각각 그 교부를 받은 관서가 부담한다. 같은 규정 제13조 2항 참조.
⑤ (✕) 피호송자가 도주하면 호송관은 즉시 그 지방 및 인근 경찰관서나 호송관서에 통지해야 한다. 발송·수송 관서에 대한 통지는 호송관서가 한다. 같은 규정 제10조 1항 참조.

정답 ④

---

43 법률의 위임에 의하여 지방교정청장이 수용자의 관할 내 이송을 승인할 수 있는 경우에 해당하지 않은 것은?

① 수용시설의 공사 등으로 수용거실이 일시적으로 부족한 때
② 교정시설 간 수용인원의 뚜렷한 불균형을 조정하기 위하여 특히 필요하다고 인정 되는 때
③ 교정시설의 안전과 질서유지를 위하여 긴급하게 이송할 필요가 있다고 인정되는 때
④ 수용자의 의료처우를 위하여 긴급하게 이송할 필요가 있을 때

해설
④ (✕) 「법」제20조 제2항 및 「시행령」제22조 1항 참조.

정답 ④

---

44 수용자의 이송에 대한 설명 중 맞는 것은 모두 몇 개인가?

| 보 기 |

㉠ 법무부장관은 이송승인에 관한 권한을 대통령령으로 정하는 바를 따라 순회점검공무원에게 위임할 수 있다.
㉡ 법무부장관은 안전과 질서유지를 위하여 긴급하게 이송할 필요가 있다고 인정되는 때에는 지방교정청장에게 이송승인을 위임할 수 있다.
㉢ 지방교정청장은 관할 내 이송에 대한 승인을 할 수 있고, 교정시설 간 수용인원의 뚜렷한 불균형을 조정하기 위하여 특히 필요하다고 인정되는 때에는 관할 밖 이송을 승인할 수 있다.
㉣ 지방교정청장은 특히 필요한 경우에 한하여 관할 이외의 타 지역에 대한 이송을 승인할 수 있다.

① 1개   ② 2개   ③ 3개   ④ 4개

해설
㉠ (✕) 순회점검공무원(✕) → 지방교정청장(○). 「법」제20조 2항 참조.
㉡ (○) 「법」제20조 및 「시행령」제22조 참조.
㉢, ㉣ (✕) 지방교정청장은 관할 밖의 다른 시설로의 이송에 대해서는 어떠한 사유로도 이송승인권을 행사할 수 없다(「시행령」제22조 2항).

정답 ①

📝 AI 예상 응용지문

❶ 법무부장관은 이송 승인에 관한 권한을 법무부령이 정하는 바에 따라 교정본부장에게 위임할 수 있다. (×)

❶ 법무부령(×) → 대통령령(○) / 교정본부장(×) → 지방교정청장(○)

45 수용자 이송에 대한 설명으로 타당한 것은?

① 법무부장관은 이송에 관한 권한의 전부 또는 일부를 지방교정청장에게 위임할 수 있다.
② 소장은 의무관으로부터 수용자가 건강상 감당하기 어렵다는 보고를 받으면 이송을 중지하고 그 사실을 법무부장관에게 보고하여야 한다.
③ 수용자가 이송 중에 징벌대상행위를 하거나 다른 교정시설에서 징벌대상행위를 한 사실이 이송된 후에 발각된 경우에는 그 수용자를 인수한 소장이 징벌을 부과한다.
④ 교정시설의 안전과 질서유지를 위하여 긴급하게 이송할 필요가 있다고 인정되는 때에는 지방교정청장은 관할 외 이송을 승인할 수 있다.

📕 해설

① (×) 전부(×). 법무부장관은 지방교정청장에게 관할 밖 이송승인권은 위임할 수 없다. 「시행령」 제22조 2항 참조.
② (×) 법무부장관에게 보고(×) → 그 사실을 이송 받을 소장(수송관서의 장)에게 알려야 한다(「시행령」 제23조).
③ (○) 「시행령」 제136조 참조.
④ (×) 관할 외 이송 승인(×)

정답 ③

📝 AI 예상 응용지문

❶ 소장은 교정시설 안에서 천재지변이나 그 밖의 사변에 대한 피난의 방법이 없는 경우에는 지방교정청장의 승인을 받아 수용자를 다른 장소로 이송할 수 있다. (×)

❶ 긴급이송은 승인을 요하지 않음.

46 다음은 A지방교정청장의 직무수행 사례를 나열한 것이다. 이중 현행법상 어긋나는 것은?

① 수용시설의 증축으로 수용거실이 일시적으로 부족한 관내 B교도소 수용자 98명에 대하여 지방교정청장 관할 C교도소로 이송을 승인하였다.
② 일본인 D에 대한 참관허가를 승인해 달라는 관할 내 E교도소의 장 F의 신청을 받고 이를 승인하였다.
③ G구치소에 대한 검사 H의 시찰을 허가해 달라는 G구치소장의 보고를 받고 이를 허가하였다.
④ 처우에 불복하는 관할 내 I구치소 수용자 J가 제출한 청원서를 읽어보고 이에 대한 결정을 문서로 하였다.

해설

① (○) 지방교정청장은 관할 내 이송승인권을 행사할 수 있다.
② (○) 관할 내 교정시설에 대한 외국인의 참관허가에 대한 승인권이 있다.
③ (×) 검사의 시찰은 허가 또는 승인 없이도 직무상 필요하면 검사가 행할 수 있다(「법」제9조 참조).
④ (○) 청원 수령할 수 있고 그에 대한 결정도 할 수 있는 권한이 있다(「법」제117조).

정답 ③

47 현행법상 지방교정청장의 권한이라고 보기 어려운 것은?

① 관할 내 이송 승인
② 외국인에 대한 참관 승인
③ 청원 심사·결정
④ 관할 내 교정시설 순회점검

해설

① (○) 「시행령」제22조 참조. ② (○) 「시행령」제3조 2항 참조. ③ (○) 「법」제117조 참조.
④ (×) 순회점검권은 법무부장관에게 있고, 소속 공무원에게 순회점검하게 할 수 있음. 법 제8조 참조.

정답 ④

48 형집행법상 지방교정청장의 권한이 아닌 것은?

㉠ 집체직업훈련 대상자 선정
㉡ 소속 교정시설의 보호장비 사용 실태의 정기적 점검
㉢ 치료감호시설로 수용자 이송 승인
㉣ 수용자의 징벌 실효에 대한 승인
㉤ 직업훈련 직종 선정

① ㉠, ㉢
② ㉡, ㉣
③ ㉠, ㉣, ㉤
④ ㉢, ㉣, ㉤

해설

㉢ (×) 법무부장관이 승인한다. 법 제37조 제2항 참조.
㉣ (×) '수용자의 징벌 실효에 대한 승인'은 법무부장관의 권한이다. 법 제115조 참조.
㉤ (×) 직업훈련 직종 선정 및 훈련과정별 인원은 법무부장관의 승인을 받아 소장이 정한다. 규칙 제124조 제1항 참조.

정답 ④

49 「형의 집행 및 수용자의 처우에 관한 법률 시행령」상 지방교정청장의 이송승인권에 따라 수용자의 이송을 승인할 수 있는 경우로 옳지 않은 것은? '23. 7급

① 수용시설의 공사 등으로 수용거실이 일시적으로 부족한 때
② 교정시설 간 수용인원의 뚜렷한 불균형을 조정하기 위하여 특히 필요하다고 인정되는 때
③ 교정시설의 안전과 질서유지를 위하여 긴급하게 이송할 필요가 있다고 인정되는 때
④ 다른 지방교정청장의 요청에 의하여 수용인원을 다른 지방교정청과 조정할 필요가 있을 때

해설

④ (×) 해당 사유 아니다. 시행령 제22조 참조.

정답 ④

50 다음 중 교도소장의 수용관리 행위가 현행법령에 부합하지 않은 것은? '13. 7급

① 집행할 형기가 7년 미만이고 가석방이 제한되지 아니하는 수형자를 외부통근자로 선정하였다.
② 작업의 특성상 실외운동의 필요성이 없다고 인정되어 그 작업에 종사하는 수형자의 실외운동을 중지하였다.
③ 교화상 특히 필요하다고 인정되어 법원의 결정으로 편지수수가 금지된 수용자에게 전화통화를 허용하였다.
④ 시설의 안전 또는 질서를 해칠 명백한 위험이 있다고 인정되어 수용자의 학술에 관한 집필을 제한하였다.

해설

③ (×) 법원이 형사소송법에 따라 접견·편지수수 금지 결정을 하였을 때에는 전화통화를 허가할 수 없다(「시행규칙」 제25조 참조).

정답 ③

➕ 전화통화 허가 금지사유 (시행규칙 제25조)

제25조(전화통화의 허가) ① 소장은 전화통화(발신하는 것만을 말한다. 이하 같다)를 신청한 수용자에 대하여 다음 각 호의 어느 하나에 해당하는 사유가 없으면 전화통화를 허가할 수 있다. 다만, **미결수용자에게 전화통화를 허가할 경우 그 허용횟수는 월 2회 이내로 한다.** 〈개정 2024. 2. 8.〉
1. 범죄의 증거를 인멸할 우려가 있을 때
2. 형사법령에 저촉되는 행위를 할 우려가 있을 때
3. 「형사소송법」 제91조 및 같은 법 제209조에 따라 접견·편지수수 금지결정을 하였을 때
4. 교정시설의 안전 또는 질서를 해칠 우려가 있을 때
5. 수형자의 교화 또는 건전한 사회복귀를 해칠 우려가 있을 때
② 소장은 제1항에 따른 허가를 하기 전에 전화번호와 수신자(수용자와 통화할 상대방을 말한다)를 확인하여야 한다. 이 경우 수신자에게 제1항 각 호에 해당하는 사유가 있으면 제1항의 허가를 아니할 수 있다.
③ 전화통화의 통화시간은 특별한 사정이 없으면 **5분 이내로 한다.** 〈개정 2024. 2. 8.〉

51 「교도관직무규칙」에 관한 설명 중 옳지 않은 것은?

① 2명 이상의 교도관이 공동으로 근무하는 경우에는 선임자가 책임자가 된다.
② 교도관은 직무수행을 위하여 특히 필요하다고 인정되는 경우에는 그 직무수행에 참여하는 하위직급의 다른 직군 교도관을 지휘·감독할 수 있다.
③ 수용자의 도주, 폭행, 소요, 자살 등 구금 목적을 해치는 행위에 관한 방지 조치는 다른 모든 직무에 우선한다.
④ 교도관은 수용기록부 등 수용자의 신상 관계 서류를 공무상으로 사용하기 위하여 열람·복사 등을 하려면 상관의 허가를 받아야 한다.

해설

① (×) 소장은 2명 이상의 교도관을 공동으로 근무하게 하는 경우에는 책임자를 지정하고, 직무를 분담시켜 책임한계를 분명히 하여야 한다(제 9조). 따라서 공동근무 시 선임자가 당연히 책임자가 되는 것이 아니다.

정답 ①

52 「교도관직무규칙」상 당직간부의 직무에 대한 규정으로 (㉠) ~ (㉤)에 들어갈 내용이 같은 것끼리만 묶인 것은? '24. 6급(교감) 승진

> 제49조(당직간부의 편성) ① 당직간부는 교대근무의 각 부별로 2명 이상 편성한다. 이 경우 정(正)당직간부는 1명, 부(副)당직간부는 1명 이상으로 한다.
> ② 당직간부는 교정관 또는 교감으로 임명한다. 다만, 교정시설의 사정에 따라 결원의 범위에서 교위 중 적임자를 선정해 당직간부에 임명할 수 있다.
> ③ 정당직간부 및 부당직간부의 업무분담에 관하여는 (㉠)이 정한다.
>
> 제50조(교정직교도관 점검 등) ① 당직간부는 교정직교도관을 점검하여야 하며, 점검이 끝나면 그 결과를 (㉡)에게 보고하여야 한다.
>
> 제51조(근무상황 순시·감독) 당직간부는 보안근무 교정직교도관의 근무배치를 하고, 수시로 보안근무 교정직교도관의 근무상황을 순시·감독하여야 하며, 근무배치 및 순시·감독결과를 (㉢)에게 보고하여야 한다.
>
> 제53조(일과시작·종료의 진행) ② 당직간부는 수용자의 작업 등 일과활동이 끝나면 교정직교도관으로 하여금 수용자가 일과활동을 한 작업장 등에서 인원 및 도구를 점검하게 하고 그 결과를 (㉣)에게 보고한 후 수용자를 거실로 들어가게 하여야 한다. 수용자가 거실로 들어가면 다시 인원점검을 하고 그 결과를 (㉤)에게 보고한 후 일과종료를 명한다.

① ㉠, ㉤   ② ㉡, ㉤   ③ ㉢, ㉤   ④ ㉡, ㉢, ㉤

해설

① (○) ㉠ 소장, ㉡ 보안과장, ㉢ 과장 ㉣ 과장 ㉤ 소장

정답 ①

53 다음 설명 중 가장 옳은 것은?

① 판례에 따르면, 피의자신문 중에 변호인 등의 접견신청이 있는 경우에는 검사 또는 사법경찰관이 그 허가여부를 결정하여야 한다.
② 범죄피해자 보호법에 의하면 범죄피해에 대한 구조금은 일시금으로 지급되며, 과실에 의한 범죄행위로 인한 범죄피해도 구조의 대상이 된다.
③ 헌법재판소는 인원점검 시 정좌 지도행위는 수용자에게 정좌를 일방적으로 강제하는 것이므로 위헌이라고 결정하였다.
④ 수용자가 작성한 문서로서 해당 수용자의 날인이 필요한 것은 왼손 엄지손가락으로 손도장을 찍게 한다. 다만, 수용자가 왼손 엄지손가락으로 손도장을 찍을 수 없는 경우에는 다른 손가락으로 손도장을 찍게 하고, 그 손도장 옆에 어느 손가락인지 기록하게 한다.

해설

② (×) 과실에 의한 범죄행위로 인한 범죄피해는 제외한다. 「범죄피해자 보호법」 제3조 참조.
③ (×) 이 사건 정좌 지도행위는 수용자에게 정좌를 일방적으로 강제하는 것은 아니므로, 단순히 비권력적 사실행위에 불과하여 헌법소원의 대상이 되는 공권력의 행사에 해당하지 않는다.(13 헌마 856).
④ (×) 왼손(×) → 오른손(○). 「교도관 직무규칙」 제14조 참조.
① (○) 헌재 헌마 1204 참조.

정답 ①

54 「교도관 직무규칙」과 「수형자 등 호송규정」의 규정 내용으로 옳은 것은?

㉠ '교도관'이란 수용자나 치료감호대상자의 구금·계호 및 처우 등에 해당하는 업무를 담당하는 공무원을 말한다.
㉡ 교도관은 교정직교도관·직업훈련교도관·의료기술직교도관·기술직교도관·관리운영직교도관 등 5개 직렬로 크게 구분한다.
㉢ 교도관의 직무 중 수용자의 도주, 폭행, 소요, 자살, 등 구금목적을 해치는 행위에 관한 방지 조치는 다른 모든 직무에 우선한다.
㉣ 교도소와 교도소 사이의 호송은 교도관 또는 경찰관이 행한다.
㉤ 호송은 어떠한 경우에도 일출 전 또는 일몰 후에 행해서는 아니 된다.
㉥ 피호송자가 법령에 의하여 필요한 물품을 자신의 비용으로 구입할 수 있는 때에는 호송관은 물품의 구매를 허가할 수 있다.

① ㉠, ㉤ ② ㉢, ㉥ ③ ㉡, ㉣ ④ ㉢, ㉤

해설

㉠ (×) 치료감호대상자(×). 「교도관 직무규칙」제2조 제1호 참조.
㉡ (×) 의료기술직교도관(×) → 보건위생직교도관(○). 「교도관 직무규칙」제2조 제2호~제6호 참조.
㉢ (○) 「교도관 직무규칙」제6조 참조.
㉣ (×) 경찰관(×). 교도소와 교도소 사이의 호송은 교도관이 행하며, 그 밖의 호송은 경찰관이 행한다. 「수형자 등 호송규정」제2조 참조.
㉤ (×) 호송은 일출 전 또는 일몰 후에는 행할 수 없다. 다만, 열차·선박·항공기를 이용하는 때 또는 특별한 사유가 있는 때에는 예외로 한다. 「수형자 등 호송규정」제7조 참조.
㉥ (○) 「수형자 등 호송규정」제9조 1항 참조.

정답 ②

55 「수형자 등 호송규정」상 호송에 대한 설명으로 옳지 않은 것은? '21. 9급

① 피호송자가 도주한 때에 서류와 금품은 수송관서로 송부하여야 한다.
② 교도소·구치소 및 그 지소 간의 호송은 교도관이 행한다.
③ 송치 중의 보관(영치)금품을 호송관에게 탁송한 때에는 호송관서에 보관책임이 있고, 그러하지 아니한 때에는 발송관서에 보관 책임이 있다.
④ 호송관의 여비나 피호송자의 호송비용은 호송관서가 부담하나, 피호송자를 교정시설이나 경찰관서에 숙식하게 한 때에는 그 비용은 교정시설이나 경찰관서가 부담한다.

해설

① (×) 피호송자(호송을 당하는 수용자)의 도주가 발생한 경우에는 서류와 금품은 발송관서에 반환하여야 한다. 제10조 참조.

⊙ 「수형자 등 호송규정」에서 중요한 것은 '발송관서', '수송관서', '호송관서'를 잘 구분하는 것이다.

정답 ①

56 「교도관 직무규칙」상 보건위생교도관의 직무에 대한 설명으로 (㉠) ~ (㉣) 중 '의무관'이 들어가는 것은 모두 몇 개인가? '23. 5급(교정관) 승진

> 제80조(의약품의 관리) ④ (㉠)은 천재지변이나 그 밖의 중대한 사태에 대비해 필요한 약품을 확보해야 하며, 월 1회 이상 그 수량 및 보관상태 등을 점검한 후 점검 결과를 상관에게 보고해야 한다.
> 제81조(교정직교도관 등에 대한 의료교육) ② (㉡)은 간병수용자에 대해 간호방법, 구급요법 등 간호에 필요한 사항을 훈련시켜야 한다.
> 제84조(위생검사) ① (㉢)은 매일 1회 이상 의료수용동의 청결, 온도, 환기, 그 밖의 사항을 확인하여야 한다.
> ② (㉣)은 교정시설의 모든 설비와 수용자가 사용하는 물품 또는 급식 등에 관하여 매주 1회 이상 전반적으로 그 위생에 관계된 사항을 확인하여야 하고, 그 결과 특히 중요한 사항은 소장에게 보고하여야 한다.

① 1개
② 2개
③ 3개
④ 4개

해설

(㉠): 약무직교도관, (㉡): 의무관, (㉢): 의무관, (㉣): 의무관

정답 ③

CHAPTER 02 물품지급

01 형의 집행 및 수용자의 처우에 관한 법령상 자비구매물품에 대한 설명으로 가장 옳지 않은 것은? 'AI 예상

① 수용자는 소장의 허가를 받아 자신의 비용으로 음식물·의류·침구 그 밖에 수용생활에 필요한 물품을 구매할 수 있다.
② 자비구매물품의 종류에는 음식물, 신발류·침구류 외의 의약품 및 의료용품도 포함된다.
③ 소장은 감염병의 유행 또는 수용자의 징벌 집행 등으로 자비구매물품의 사용이 중지된 경우에는 구매신청을 제한해야 한다.
④ 소장은 수용자가 자비로 구매한 의류·침구 그 밖의 생활용품을 보관한 후 그 수용자가 사용하게 할 수 있다.

해설

③ (×) 제한해야 한다(×) → 제한할 수 있다(○). 이 문항에서는 감염병의 유행이나 징벌 집행과 같은 특정 상황에서 소장이 자비구매물품의 사용을 "제한해야 한다"고 잘못 언급되어 있다. 실제로는 "제한할 수 있다"는 표현이 적합하다. 이는 법적 재량의 범위를 나타내며, 소장이 상황에 따라 적절한 판단을 내릴 수 있음을 반영한다. 「형집행법 시행규칙」 제17조 2항 참조.

☞ 출제의도 : 이 문제의 출제 의도는 수용자의 권리와 소장의 재량권을 명확히 구분하고, 자비구매물품에 대한 법령을 정확히 이해하도록 하는 것입니다. 특히, 자비구매물품의 사용 제한에 대한 규정이 어떻게 적용되는지를 강조하고 있습니다. 따라서, 이 문제는 수용자의 권리보호와 함께 법 집행의 유연성을 이해하도록 돕는 것이 출제 의도입니다.

정답 ③

02 「형의 집행 및 수용자의 처우에 관한 법률 시행규칙」상 수용자 의류의 품목에 대한 설명으로 가장 옳은 것은? '24. 5급(교정관) 승진

① 평상복은 겨울옷·봄가을옷·여름옷을 수형자용(用), 미결수용자용 및 사형확정자용과 남녀용으로 각각 구분하여 18종으로 한다.
② 모범수형자복은 겨울옷·봄가을옷·여름옷을 남녀용으로 각각 구분하여 6종으로 한다.
③ 임산부복은 봄가을옷·여름옷을 수형자용과 미결수용자용으로 구분하여 6종으로 한다.
④ 환자복은 겨울옷·여름옷을 수형자용과 미결수용자용으로 구분하여 4종으로 한다.

해설

① (×) 사형확정자용(×) → 피보호감호자용(○). 평상복은 겨울옷·봄가을옷·여름옷을 수형자용(用), 미결수용자용 및 피보호감호자용과 남녀용으로 각각 구분하여 18종으로 한다. 「시행규칙」 제4조 참조.
③ (×) 6종(×) → 4종(○). 「시행규칙」 제4조 2항 제2호 참조.
④ (×) 수형자용과 미결수용자용으로(×) → 남녀용으로(○). 「시행규칙」 제4조 2항 제2호 참조.
② (○) 「시행규칙」 제4조 2항 제2호 참조.

> **시행규칙 제4조(의류의 품목)** ① 수용자 의류의 품목은 **평상복·특수복·보조복·의복부속물·모자 및 신발**로 한다.
> ② 제1항에 따른 품목별 구분은 다음 각 호와 같다.
> 1. **평상복**은 겨울옷·봄가을옷·여름옷을 **수형자용(用), 미결수용자용** 및 **피보호감호자용과 남녀용**으로 각각 구분하여 <u>18종</u>으로 한다.
> 2. **특수복**은 **모범수형자복·외부통근자복·임산부복·환자복·운동복** 및 반바지로 구분하고, 그 중 **모범수형자복** 및 **외부통근자복**은 겨울옷·봄가을옷·여름옷을 남녀용으로 각각 구분하여 <u>6종</u>으로 하고, **임산부복**은 봄가을옷·여름옷을 수형자용과 미결수용자용으로 구분하여 <u>4종</u>으로 하며, **환자복**은 겨울옷·여름옷을 **남녀용**으로 구분하여 <u>4종</u>으로 하고, **운동복** 및 **반바지**는 각각 <u>1종</u>으로 한다.
> 3. **보조복**은 위생복·조끼 및 비옷으로 구분하여 <u>3종</u>으로 한다.
> 4. **의복부속물**은 러닝셔츠·팬티·겨울내의·장갑·양말로 구분하여 <u>5종</u>으로 한다.
> 5. **모자**는 모범수형자모·외부통근자모·방한모 및 위생모로 구분하여 <u>4종</u>으로 한다.
> 6. **신발**은 고무신·운동화 및 방한화로 구분하여 3종으로 한다.

정답 ②

03 현행법령상 급여에 관한 명문 규정의 내용으로 옳은 것은?

① 주식은 원칙적으로 쌀, 보리의 혼합으로 한다.
② 수용자에게 지급하는 음식물은 주식과 부식으로 한다.
③ 수용자에게 급여하는 의류와 침구는 청남색으로 한다.
④ 수용자는 소장의 허가를 받아 자신의 비용으로 음식물·의류·침구 그 밖에 수용생활에 필요한 물품을 구매할 수 있는데, 소장은 교도작업제품으로서 자비구매물품으로 적합한 것은 지정받은 자비구매물품 공급자를 거쳐 우선하여 공급할 수 있다.

해설

① (×) 수용자에게 지급하는 주식은 쌀로 한다. 소장은 쌀 수급이 곤란하거나 그 밖에 필요하다고 인정하면 주식을 쌀과 보리 등 잡곡의 혼합곡으로 하거나 대용식을 지급할 수 있다(「시행령」 제28조).
② (×) 수용자에게 지급하는 음식물은 주식·부식·음료, 그 밖의 영양물로 한다(「시행령」 제27조).
③ (×) 수용자의 의류·침구의 품목별 색채 및 규격은 법무부장관이 정한다(「시행규칙」 제9조).
④ (○) 「법」 제24조 및 「시행규칙」 제18조 참조.

정답 ④

AI 예상 응용지문

❶ 소장은 수형자의 경비등급에 따라 주·부식, 음료 등 물품에 차등을 두어 지급할 수 있다. (×)
❷ 소장은 수용자 외의 사람이 수용자에게 금원(金員)을 건네줄 것을 신청하는 경우에는 현금·수표 범위 내에서 허가한다. (×)
❸ 소장은 수용자가 자비구매물품의 구매를 신청하는 경우에는 법무부장관이 교정성적 또는 경비처우급을 고려하여 정하는 보관금의 사용한도, 교정시설의 보관범위 및 수용자가 지닐 수 있는 범위에서 허가할 수 있다.

❶ 경비등급(×) → 경비처우급(○), 건강유지에 필요한 물품은 차등 없음. ❷ 현금·수표 및 우편환의 범위에서 허가한다. 온라인 입금한 경우에는 건네줄 것을 허가한 것으로 본다. ③ 허가할 수 있다(×) → 허가한다(○). 시행규칙 제17조 1항.

04 「형의 집행 및 수용자의 처우에 관한 법률 시행규칙」상 음식물 지급에 대한 설명으로 옳은 것(○)과 틀린 것(×)이 바르게 열거된 것은? '24. 6급(교감) 승진

> ㉠ 수용자에게 지급하는 주식은 1명당 1일 390 그램을 기준으로 한다.
> ㉡ 소장은 수용자에 대한 원활한 급식을 위하여 해당 교정시설의 전전 분기 평균 급식인원을 기준으로 1개월분의 주식을 항상 확보하고 있어야 한다.
> ㉢ 수용자에게 지급하는 음식물의 총열량은 1명당 1일 2천500 킬로칼로리를 기준으로 한다.
> ㉣ 소장은 작업시간을 2시간 이상 연장하는 경우에는 수용자에게 주·부식 또는 대용식 1회분을 간식으로 지급할 수 있다.

	㉠	㉡	㉢	㉣		㉠	㉡	㉢	㉣
①	(×)	(×)	(○)	(×)	②	(○)	(○)	(○)	(○)
③	(×)	(○)	(×)	(○)	④	(○)	(×)	(○)	(×)

해설

㉡ (×) 전전 분기(×) → 직전 분기(○). 제12조(주식의 확보) 참조. '직전 달'(×)로 바꾸는 함정 주의.
㉣ (×) 2시간(×) → 3시간(○) 「시행규칙」 제24조 및 「시행규칙」 제15조 2항 참조.

정답 ④

05 다음 내용 중 옳은 것을 고르면?

① 소장은 수용자의 기호 등을 고려하여 주식으로 빵이나 국수 등을 주 1회의 범위에서 지급할 수 있다.
② 소장은 수용자에게 건강유지에 적합한 의류·침구, 그 밖의 생활용품을 지급할 수 있다.
③ 소장은 수용자 외의 사람이 수용자에게 음식물을 건네줄 것을 신청하는 경우에는 법무부장관이 정하는 바에 따라 교정시설 안에서 판매되는 음식물에 한하여 허가한다.
④ 소장은 수용자에게 건강상태, 성별, 부과된 작업의 종류, 그 밖의 개인적 특성을 고려하여 건강 및 체력을 유지하는 데에 필요한 음식물을 지급할 수 있다.
⑤ 국경일이나 그 밖에 이에 준하는 날에는 특별한 음식물을 지급할 수 있다.

해설

① (×) 2014.11.17. 개정으로 횟수 제한 폐지했음. 소장은 수용자의 기호 등을 고려하여 주식으로 빵이나 국수 등을 지급할 수 있다(「시행규칙」 제11조 3항).
② (×) 지급할 수 있다(×) → 지급한다(○). 「법」 제22조 1항 참조. '지급'이라 함은 수용자에게 정해진 기준에 따라 물품을 제공하는 것이므로, 생활용품은 자기부담이 원칙이 아니라 관급이 원칙임을 의미한다.
③ (×) 교정시설 안에서 판매하는 음식물 중에서 허가하는 것이 원칙이나 종교행사나 교화프로그램의 시행을 위하여 특히 필요하다고 인정하는 경우에는 교정시설 안에서 판매되는 음식물이 아니더라도 건네줄 것을 허가할 수 있다(「시행규칙」 제22조 2항).
④ (×) 성별(×) → 나이(○) / 지급할 수 있다(×) → 지급한다(○). 「법」 제23조 1항 참조.
⑤ (○) 「시행령」 제29조 참조.

정답 ⑤

06 현행법상 수용자의 처우에 대한 설명으로 옳지 않은 것을 모두 고른 것은? '12. 9급 수정

― 보 기 ―

㉠ 수용자 외의 사람이 수용자에게 금품을 건네줄 것을 신청하는 때에는 소장은 금지사유에 해당하지 아니하면 허가하여야 한다.
㉡ 수용자에게 지급하는 음식물의 총열량은 1명당 1일 2,500 킬로칼로리를 기준으로 한다.
㉢ 소장은 전화통화를 신청한 수용자가 범죄의 증거를 인멸할 우려가 있을 때, 전화통화를 허가해서는 아니 된다.
㉣ 외부통근작업은 개방처우급 수형자에 대해서만 허가한다.
㉤ 의류·침구류 및 신발류는 자비로 구매할 수 없다.
㉥ 직계비속이 해외유학을 위하여 출국하게 된 때에는 귀휴를 허가할 수 없다.
㉦ 소장은 교정시설의 안전과 질서를 해치지 아니하는 범위에서 종교단체 또는 종교인이 주재하는 종교행사를 실시한다.

① ㉠, ㉢, ㉤
② ㉡, ㉣, ㉥
③ ㉠, ㉡, ㉦
④ ㉣, ㉤, ㉥

해설

㉠ (○) 「법」 제27조 참조. ㉡ (○) 「시행규칙」 제14조 참조. ㉢ (○) 「시행규칙」 제25조 참조.
㉣ (×) 외부기업체에 통근하며 작업하는 수형자는 개방처우급·완화경비처우급에 해당해야 하고, 교정시설 안에 설치된 외부기업체의 작업장에 통근하는 수형자는 일반경비처우급에 해당하는 수형자도 포함된다. 따라서 외부통근작업자가 될 수 있는 수형자는 원칙적으로 개방·완화경비·일반경비 처우급 수형자이다. 그러나 작업부과 또는 교화를 위하여 특히 필요하다고 인정하는 경우에는 중경비처우급 수형자에 대하여도 외부통근자로 선정할 수 있다(「시행규칙」 제120조 참조).
㉤ (×) 자비로 구매할 수 있다(「법」 제24조).
㉥ (×) 직계비속이 입대하거나 해외유학을 위하여 출국하게 된 때에도 「시행규칙」 제129조의 귀휴허가사유에 해당된다.
㉦ (○) 「시행규칙」 제31조 1항 참조.

정답 ④

07 음식물 지급에 관한 다음 문항 중 옳은 것은?

① 소장은 수용자의 기호 등을 고려하여 주식으로 빵이나 국수 등을 주 2회의 범위에서 지급할 수 있다.
② 주식은 쌀 9 보리 1의 비율인 혼합곡을 지급한다.
③ 소장은 해당 교정시설의 직전분기 평균급식 인원을 기준으로 2개월분의 주식을 항상 확보하고 있어야 한다.
④ 소장은 작업시간을 3시간 이상 연장하는 경우에는 수용자에게 주·부식 또는 대용식 1회분을 간식으로 지급할 수 있다.

해설

① (×) 횟수 제한 없이 지급할 수 있다.
② (×) 2014. 11. 17 개정 전의 규정 내용이다. 현재는 "수용자에게 지급하는 주식은 쌀로 한다(「시행령」 제28조 1항)." "주식은 쌀과 보리 등 잡곡의 혼합곡으로 하거나 대용식을 지급하는 경우에는 법무부장관이 정하는 바에 따른다."고 규정하고 있다(「시행규칙」 제10조).
③ (×) 2개월분(×) → 1개월분(○). 「시행규칙」 제12조 참조.
④ (○) 「시행규칙」 제15조 2항 참조.

정답 ④

---

08 수용자에게 지급하는 음식물에 관한 설명으로 옳은 것은 몇 개인가?

> ㉠ 수용자에게 지급하는 음식물의 총열량은 1명당 1일 2800킬로칼로리를 기준으로 한다.
> ㉡ 소장은 작업시간을 2시간 이상 연장하는 경우에는 수용자에게 주·부식을 간식으로 지급할 수 있다.
> ㉢ 소장은 국경일이나 그 밖에 이에 준하는 날에는 특별한 음식물을 지급한다.
> ㉣ 소장은 수용자의 기호 등을 고려하여 주식으로 빵이나 국수 등을 지급할 수 있다.
> ㉤ 소장은 수용자에 대한 원활한 급식을 위하여 해당 교정시설의 직전 분기 평균 급식인원을 기준으로 1개월분의 주식과 부식을 항상 확보하고 있어야 한다.
> ㉥ 수용자에게 지급하는 주식은 1명당 1식 390그램을 기준으로 한다.

① 1개   ② 2개   ③ 3개   ④ 4개

해설

㉠ (×) 2800킬로칼로리(×) → 2500킬로칼로리(○). 「시행규칙」 제14조 2항
㉡ (×) 2시간 이상(×) → 3시간 이상(○).
㉢ (×) 지급한다(×) → 지급할 수 있다(「시행령」 제29조).
㉤ (×) 주식과 부식(×) → 주식(○). 「시행규칙」 제12조 참조.
㉥ (×) 1식 390그램(×) → 1일(○). 「시행규칙」 제11조 1항
㉣ (○) 적절한 내용이다.

정답 ①

> **AI 예상 응용지문**
>
> ❶ 소장은 수용자의 건강상태, 나이, 부과된 작업의 종류, 그 밖의 개인적 특성을 고려하여 건강 및 체력을 유지하는 데에 필요한 음식물을 지급한다. 이에 따라 수용자에게 지급하는 음식물은 주식·간식·음료, 그 밖의 영양물로 한다. (×)
> ❷ 소장은 교육의 장려나 적절한 처우를 위하여 필요하다고 인정하는 경우 특별한 주식과 부식을 지급할 수 있다. (×)
> ❸ 수용자에게 지급하는 1명당 1일 390그램 주식 지급 기준량은 작업 여부 및 작업의 종류 등을 고려하여 필요한 경우에는 변경할 수 있다. (○)
>
> ❶ 간식(×) → 부식(○) ❷ 교육(×) → 작업(○) / 주식과 부식(×) → 부식(○)

09 「형의 집행 및 수용자의 처우에 관한 법률 시행규칙」상 수용자에게 지급하는 물품에 대한 설명으로 가장 옳은 것은? '24. 5급(교정관) 승진

① 소장은 수용자의 기호 등을 고려하여 주식으로 빵이나 국수 등을 지급할 수 있다.
② 수용자에게 지급하는 음식물의 총열량은 1명당 1일 남자의 경우 2천500 킬로칼로리, 여자의 경우 2천 킬로칼로리를 기준으로 한다.
③ 소장은 수용자에 대한 원활한 급식을 위하여 해당 교정시설의 직전 분기 평균 급식 인원을 기준으로 3개월분의 주식을 항상 확보하고 있어야 한다.
④ 소장은 작업시간을 3시간 이상 연장하는 경우에는 수용자에게 주·부식 또는 대용식 1회분을 간식으로 지급할 수 있다.

해설

② (×) 남녀 구분 없이 2천500 킬로칼로리이다. 「시행규칙」 제14조 2항 참조.
③ (×) 3개월 분(×) → 1개월 분(○). 「시행규칙」 제12조 참조.
④ (×) 지급하여야 한다(×) → 지급할 수 있다(○). 「시행규칙」 제15조 2항 참조.

정답 ①

10 형의 집행 및 수용자의 처우에 관한 법령상 음식물 지급에 대한 설명으로 옳은 것으로만 묶은 것은? '17. 7급

ㄱ. 소장은 작업시간을 4시간 이상 연장하는 경우에만 수용자에게 주·부식 또는 대용식 1회분을 간식으로 지급할 수 있다.
ㄴ. 소장은 수용자의 기호 등을 고려하여 주식으로 빵이나 국수 등을 지급할 수 있다.
ㄷ. 소장은 쌀 수급이 곤란하거나 그 밖에 필요하다고 인정하면 주식을 쌀과 보리 등 잡곡의 혼합곡으로 하거나 대용식을 지급할 수 있다.
ㄹ. 소장은 수용자에게 건강상태, 나이, 부과된 작업의 종류, 그 밖의 개인적 특성을 고려하여 건강 및 체력을 유지하는 데에 필요한 음식물을 지급한다.

① ㄱ, ㄴ, ㄷ ② ㄱ, ㄴ, ㄹ ③ ㄱ, ㄷ, ㄹ ④ ㄴ, ㄷ, ㄹ

해설

ㄱ(×) 4시간((×) → 3시간(○). 「시행규칙」 제15조 2항 참조.

정답 ④

AI 예상 응용지문

❶ 주식은 쌀과 보리 등 잡곡의 혼합곡으로 하거나 대용식을 지급하는 경우에는 지방교정청장이 정하는 바에 따른다. (×)
❷ 부식은 대용식으로 지급하며, 1명당 1일 영양섭취기준량은 19세 이상인 사람과 19세 미만인 사람으로 구분하여 법무부령으로 정하고 있다. (×)

❶ 지방교정청장(×) → 법무부장관(○) ❷ 부식은 주식과 함께 지급한다.

11 「형의 집행 및 수용자의 처우에 관한 법률 시행규칙」상 자비구매물품에 대한 규정으로 (㉠) ~ (㉦)에 들어갈 내용이 같은 것끼리 묶인 것은? '24. 5급(교정관) 승진

> 제16조(자비구매물품의 종류 등) ① 자비구매물품의 종류는 다음 각 호와 같다.
> 1. 음식물   2. 의약품 및 의료용품   3. 의류·침구류 및 신발류
> 4. 신문·잡지·도서 및 문구류   5. 수형자 교육 등 교정교화에 필요한 물품
> 6. 그 밖에 수용생활에 필요하다고 인정되는 물품
> ② 제1항 각 호에 해당하는 자비구매물품의 품목·유형 및 규격 등은 영 제31조에 어긋나지 아니하는 범위에서 (㉠)이 정하되, 수용생활에 필요한 정도, 가격과 품질, 다른 교정시설과의 균형, 공급하기 쉬운 정도 및 수용자의 선호도 등을 고려하여야 한다.
> ③ (㉡)은 자비구매물품 공급의 교정시설 간 균형 및 교정시설의 안전과 질서유지를 위하여 공급물품의 품목 및 규격 등에 대한 통일된 기준을 제시할 수 있다.
>
> 제17조(구매허가 및 신청제한) ① (㉢)은 수용자가 자비구매물품의 구매를 신청하는 경우에는 법무부장관이 교정성적 또는 제74조에 따른 경비처우급을 고려하여 정하는 보관금의 사용한도, 교정시설의 보관범위 및 수용자가 지닐 수 있는 범위에서 허가한다.
> ② (㉣)은 감염병(「감염병의 예방 및 관리에 관한 법률」에 따른 감염병을 말한다)의 유행 또는 수용자의 징벌집행 등으로 자비구매물품의 사용이 중지된 경우에는 구매신청을 제한할 수 있다.
>
> 제20조(주요사항 고지 등) ① (㉤)은 수용자에게 자비구매물품의 품목·가격, 그 밖에 구매에 관한 주요사항을 미리 알려주어야 한다.
> ② (㉥)은 제품의 변질, 파손, 그 밖의 정당한 사유로 수용자가 교환, 반품 또는 수선을 원하는 경우에는 신속히 적절한 조치를 하여야 한다.
>
> 제21조(공급업무의 담당자 지정) ① (㉦)은 자비구매물품의 품목·규격·가격 등의 교정시설 간 균형을 유지하고 공급과정의 효율성·공정성을 높이기 위하여 그 공급업무를 담당하는 법인 또는 개인을 지정할 수 있다.

① ㉠, ㉤, ㉦
② ㉡, ㉢, ㉣
③ ㉡, ㉦
④ ㉡, ㉣, ㉥, ㉦

해설
③ (○) ㉠ 소장 ㉡ 법무부장관 ㉢ 소장 ㉣ 소장 ㉤ 소장 ㉥ 소장 ㉦ 법무부장관

정답 ③

12 「형의 집행 및 수용자의 처우에 관한 법률 시행규칙」상 자비구매물품에 대한 설명으로 옳은 것(○)과 틀린 것(×)이 바르게 연결된 것은? '24. 6급(교감) 승진

> ㉠ 자비구매물품의 품목·유형 및 규격 등은 교화 또는 건전한 사회복귀에 적합하고 교정시설의 안전과 질서를 해칠 우려가 없는 범위에서 법무부장관이 정하되, 수용생활에 필요한 정도, 가격과 품질, 다른 교정시설과의 균형, 공급하기 쉬운 정도 및 수용자의 선호도 등을 고려하여야 한다.
> ㉡ 법무부장관은 자비구매물품 공급의 교정시설 간 균형 및 교정시설의 안전과 질서유지를 위하여 공급물품의 품목 및 규격 등에 대한 통일된 기준을 제시할 수 있다.
> ㉢ 소장은 수용자가 자비구매물품의 구매를 신청하는 경우에는 법무부장관이 교정성적 또는 경비처우급을 고려하여 정하는 보관금의 사용한도, 교정시설의 보관범위 및 수용자가 지닐 수 있는 범위에서 허가한다.
> ㉣ 법무부장관은 감염병(「감염병의 예방 및 관리에 관한 법률」에 따른 감염병을 말한다)의 유행 또는 수용자의 징벌집행 등으로 자비구매물품의 사용이 중지된 경우에는 구매신청을 제한할 수 있다.

	㉠	㉡	㉢	㉣		㉠	㉡	㉢	㉣
①	(×)	(○)	(○)	(○)	②	(○)	(×)	(○)	(×)
③	(×)	(×)	(○)	(○)	④	(×)	(○)	(○)	(×)

해설

㉠ (×) 법무부장관(×) → 소장(○). 제16조(자비구매물품의 종류 등) 제2항 참조.
㉣ (×) 법무부장관(×) → 소장(○). 제17조(자비구매물품의 종류 등) 제2항 참조.

정답 ④

13 「형의 집행 및 수용자의 처우에 관한 법률 시행규칙」상 수용자 물품지급에 대한 설명으로 가장 옳은 것은 모두 몇 개인가? '23. 7급(교위) 승진

> ㉠ 수용자에게 지급하는 의류 및 침구는 1명당 2매로 하되, 작업 여부 또는 난방 여건을 고려하여 3매를 지급할 수 있다.
> ㉡ 수용자에게 지급하는 주식은 1명당 1일 350 그램을 기준으로 하며, 수용자의 나이, 건강, 작업 여부 및 작업의 종류 등을 고려하여 필요한 경우에는 지급 기준량을 변경할 수 있다.
> ㉢ 소장은 수용자에 대한 원활한 급식을 위하여 해당 교정시설의 직전 분기 평균 급식인원을 기준으로 2개월분의 주식을 항상 확보하고 있어야 한다.
> ㉣ 수용자에게 지급하는 음식물의 총열량은 1명당 1일 2천500 킬로칼로리를 기준으로 한다.

① 1개　　② 2개
③ 3개　　④ 4개

해설

㉠ (×) 수용자에게 지급하는 의류 및 침구는 1명당 <u>1매</u>로 하되, 작업 여부 또는 난방 여건을 고려하여 <u>2매</u>를 지급할 수 있다.
㉡ (×) 350(×) → 390(○). 제11조(주식의 지급) 1·2항 참조.
㉢ (×) 2개월분의(×) → 1개월분의(○). 제12조(주식의 확보) 참조.
㉣ (○) 제14조(주·부식의 지급횟수 등) 2항 참조.

정답 ①

MEMO

금품관리

01 보관(영치)의 법적 성질에 대하여 가장 적절한 설명을 한 것은? '99. 9급

① 수용자의 재산에 대한 소유권 박탈
② 수용자의 재산에 대한 점유권 박탈
③ 수용자의 재산에 대한 소유권과 점유권 박탈
④ 수용자의 재산에 대한 지배를 일시 정지 또는 제한하는 행위

해설

④ (×) 보관(영치)은 소유권이나 점유권을 영구히 박탈하는 처분이 아니라, 수용자에게 딸린 금전과 물품을 본인을 위하여 그리고 교정시설의 안전과 질서를 위하여 보관 또는 처분하는 행위이다. 보관(영치)은 수용자의 재산에 대한 지배를 일시 정지 또는 제한하는 권력적 사실행위이다. 보관(영치)은 압수와 유사한 강제처분의 일종이라고 할 수 있으나, 보관은 처분의 주체가 법원이나 수사기관이 아니라 교정시설이고, 영장에 의한 사법(司法)적 통제의 대상이 아니라는 점에서 압수와 차이가 있다.

정답 ④

02 보관(영치)에 관한 규정을 적용받지 않은 것은? '10. 9급

① 외부에서 송부된 음식물
② 수용자의 휴대금
③ 수용자가 입소시 휴대한 물건
④ 수용자가 자비로 구매한 의류

해설

① (○) 음식물은 보관(영치)의 대상이 되지 아니한다(「시행령」 제44조).
②, ③ (×) 소장은 수용자의 휴대금품을 교정시설에 보관한다(「법」 제25조).
④ (×) 소장은 수용자가 자비로 구매한 의류 등을 보관(영치)한 후 그 수용자가 사용하게 할 수 있다(「시행령」 제32조).

정답 ①

03 다음 중 보관(영치)의 대상으로 볼 수 없는 것은?

① 유류금품
② 휴대금품, 전달(교부)금품
③ 자비구매물품
④ 송부물품

해설

① (○) 유류금품은 교정시설에서 수용자가 사망하였거나 도주하였을 경우에 교정시설에 남겨놓은 돈과 물건이다. 이것은 청구절차에 따라 사망자의 상속인이나 또는 도주자의 가족에게 돌려주기 위해 교정시설에 일정기간 보관해야 할 금품이므로 보관(영치)의 대상이 아니다. 청구절차를 마치고도 청구가 없으면 그 금품은 국고에 귀속된다.

정답 ①

04 현행법령상 금품관리에 대한 규정으로 옳지 않은 것은?

① 수용자는 편지·도서 그 밖에 수용생활에 필요한 물품을 법무부장관이 정하는 범위에서 지닐 수 있다.
② 수용자에게 건네주려고 하는 금품의 허가 범위 등에 관하여 필요한 사항은 법무부령으로 정한다.
③ 금품을 보낸 사람을 알 수 없거나 보낸 사람의 주소가 불분명한 경우에는 금품을 다시 가지고 갈 것을 공고하여야 하며, 공고한 후 3개월이 지나도 금품을 돌려달라고 청구하는 사람이 없으면 그 금품은 국고에 귀속된다.
④ 수용자의 보관(영치)금품은 석방할 때에 신청여부와 관계없이 본인에게 되돌려 주어야 한다.

해설

③ (×) 3개월(×) → 6개월(○). 「법」제27조 참조.
④ (○) 다만, 보관품을 한꺼번에 가져가기 어려운 경우 등 특별한 사정이 있어 수용자가 석방 시 소장에게 1개월 이내의 기간을 정하여 그 기간 동안 보관품을 보관하여 줄 것을 신청하는 경우에는 석방 시 돌려주지 아니한다(「법」제29조 1항 참조).

정답 ③

05 보관(영치)에 관한 설명으로 가장 적절한 것은?

① 보관금품은 수용자가 석방될 때 본인의 청구에 의하여 본인에게 돌려주어야 한다.
② 수용자가 지니기 적당하지 아니한 것에 대하여 「형의 집행 및 수용자의 처우에 관한 법률」이 보관의 제외 대상으로 명시하고 있다.
③ 수용자가 석방될 때 보관금품을 한꺼번에 가져가기 어려운 사정이 있어 수용자가 석방시 소장에게 1개월 이내의 범위를 정하여 보관금품을 보관하여 줄 것을 신청하는 경우에는 석방 시 본인에게 돌려주지 아니할 수 있다.
④ 수용자가 석방 시 보관시켰다가 보관기간이 지났음에도 찾아가지 않은 보관품은 본인 또는 그 가족에게 그 내용 및 청구절차를 알려주어야 한다. 이를 알림을 받은 날(알려줄 수 없는 경우에는 청구사유가 발생한 날)로부터 1년이 지나도 청구가 없으면 그 금품은 국고에 귀속된다.

해설

① (×) 보관금품은 법에 규정한 효력으로 본인에게 돌려주는 것이지 청구가 있어야 돌려주는 것이 아니다(「법」제29조 1항).
② (×) 「법」제25조 1항의 5가지 보관 제외 대상에 속하지 않는다. 소장은 지니는(소지) 범위를 벗어난 물품으로서 교정시설에 특히 보관할 필요가 있다고 인정하면 그 물품은 보관할 수 있다(「법」제26조 참조).
③ (×) 보관금품(×) → 보관품(○). 석방시 환부 원칙의 예외가 적용되는 것은 보관금은 제외되고 보관품에 대해서만 인정된다(「법」제29조 1항 단서).

정답 ④

06 다음 중 잠금장치가 있는 견고한 용기에 넣어 보관해야 할 보관금품이 아닌 것은?

① 금·은·보석
② 유가증권
③ 인장
④ 현금·수표

해설

④ (×) 현금과 수표는 회수하여 그 금액을 보관금대장에 기록(입력)하여 보관한다. 「시행령」 제35조 참조.

정답 ④

07 형의 집행 및 수용자의 처우에 관한 법령상 금품관리에 대한 설명으로 옳은 것은? '24. 9급

① 소장은 수용자가 석방될 때 보관하고 있던 수용자의 휴대금품을 본인에게 돌려주어야 한다. 다만, 보관품을 한꺼번에 가져가기 어려운 경우 등 특별한 사정이 있어 수용자가 석방 시 소장에게 일정 기간 동안(3개월 이내의 범위로 한정한다) 보관품을 보관하여 줄 것을 신청하는 경우에는 그러하지 아니하다.
② 소장은 사망자 또는 도주자가 남겨두고 간 금품이 있으면 사망자의 경우에는 그 상속인에게, 도주자의 경우에는 그 가족에게 그 내용 및 청구절차 등을 알려 주어야 한다. 다만, 썩거나 없어질 우려가 있는 것은 폐기할 수 있다.
③ 소장은 수용자 외의 사람이 신청한 수용자에 대한 금품의 전달을 허가한 경우 그 금품을 지체 없이 수용자에게 전달하여 사용하게 하여야 한다.
④ 소장은 사망자의 유류품을 건네받을 사람이 원거리에 있는 등 특별한 사정이 있는 경우에는 유류품을 팔아 그 대금을 보내야 한다.

해설

① (×) 3개월 이내의 범위(×) → 1개월 이내의 범위. 법 제29조 1항. ② (○) 법 제28조 1항.
③ (×) 소장은 수용자에 대한 금품의 전달을 허가한 경우에는 그 금품을 보관한 후 해당 수용자가 사용하게 할 수 있다. 시행령 제42조 1항.
④ (×) 소장은 사망자의 유류품을 건네받을 사람이 원거리에 있는 등 특별한 사정이 있는 경우에는 유류품을 받을 사람의 청구에 따라 유류품을 팔아 그 대금을 보낼 수 있다. 시행령 제45조 1항.

정답 ②

08 형의 집행 및 수용자의 처우에 관한 법령상 수용자의 금품관리에 대한 설명으로 옳지 않은 것은?

'17. 9급 수정

① 소장은 수용자의 휴대금품을 교정시설에 보관한다. 다만, 휴대품이 썩거나 없어질 우려가 있는 것이면 수용자로 하여금 자신이 지정하는 사람에게 보내게 하거나 그 밖에 적당한 방법으로 처분하게 할 수 있다.
② 소장은 신입자의 휴대품을 팔 경우에는 그 비용을 제외한 나머지 대금을 보관할 수 있다.
③ 소장은 수용자의 보관품이 인장인 경우에는 잠금장치가 되어 있는 견고한 용기에 넣어 보관하여야 한다.
④ 소장은 수용자 이외의 사람의 신청에 따라 수용자에게 건네주도록 허가한 물품은 교도관으로 하여금 검사하게 할 필요가 없으나, 그 물품이 의약품인 경우에는 의무관으로 하여금 검사하게 하여야 한다.

해설

④ 교도관으로 하여금 검사할 필요가 없으나(×). 소장은 건네줄 것을 허가한 물품은 검사할 필요가 없다고 인정되는 경우가 아니면 교도관으로 하여금 검사하게 해야 한다. 이 경우 그 물품이 의약품인 경우에는 의무관으로 하여금 검사하게 해야 한다.「시행령」제43조 참조.

정답 ④

09 형의 집행 및 수용자의 처우에 관한 법령상 금품관리에 대한 설명으로 옳지 않은 것은? 'AI 예상

① 수용자 외의 사람이 수용자에게 금품을 건네줄 것을 신청하는 경우 소장은 그 금품이 수형자의 건강, 교화 또는 건전한 사회복귀를 해칠 우려가 있는 때에는 허가하지 않아야 한다.
② 소장은 법무부장관이 정하는 범위를 벗어난 물품으로서 교정시설에 특히 보관할 필요가 있다고 인정하지 아니하는 물품은 수용자로 하여금 자신이 지정하는 사람에게 보내게 하거나 그 밖에 적당한 방법으로 처분하게 할 수 있다.
③ 소장은 사망자 또는 도주자가 남겨두고 간 금품 중에 썩거나 없어질 우려가 있는 것은 폐기할 수 있다.
④ 소장은 수용자가 석방될 때 보관하고 있던 수용자의 휴대금품을 본인에게 돌려주어야 한다. 다만, 보관품을 한꺼번에 가져가기 어려운 경우 등 특별한 사정이 있어 수용자가 석방 시 소장에게 일정 기간 동안(1개월 이내의 범위로 한정한다) 보관품을 보관하여 줄 것을 신청하는 경우에는 그러하지 아니하다.

해설

① (×) 건강을 해칠 우려(×) → 시설의 안전과 질서를 해칠 우려(○). 수용자 외의 사람이 금품을 건네줄 것을 신청하는 경우, 금품의 허가 기준이 선택지에 잘못된 설명을 포함하고 있다. 법 제27조에 따르면, 금품 전달이 금지되는 경우는 "수형자의 교화 또는 건전한 사회복귀를 해칠 우려" 또는 "시설의 안전과 질서를 해칠 우려"가 있을 때이다. 문제에서 '수형자의 건강'을 이유로 금품 전달을 허가하지 않는다고

Chapter 03 금품관리 283

하였는데, 이는 옳지 않은 함정이다. 따라서 이 선택지가 옳지 않은 설명으로, 정답이다. '수형자의 교화 또는 건전한 사회복귀를 해칠 우려가 있는 때' 또는 '시설의 안전과 질서를 해칠 우려가 있는 때'에는 금품전달을 허가하여서는 아니 된다. 법 제27조 참조.
② (○) 법 제26조 제2항 참조.   ③ (○) 법 제28조 제1항 참조.   ④ (○) 법 제29조 제1항 참조.
☞ 출제의도 : 문제는 수용자 금품관리의 법적 근거를 정확히 이해하고, 각 상황에서의 소장의 권한 및 제한 목적 규정 등을 알고 있는지를 평가하고자 합니다. 정확한 법적 용어와 조건에 따라 옳고 그름을 판단해야 하므로, 법 조항을 정확히 이해하는 것이 중요합니다.

정답 ①

10 다음 설명 중 옳지 않은 것은?

① 수용자는 편지·도서, 그 밖에 수용생활에 필요한 물품을 법무부장관이 정하는 범위에서 지닐 수 있다.
② 수용자에게 보내온 금품으로서 본인이 받지 아니하려는 경우에는 그 금품을 보낸 사람을 알 수 없으면 금품을 다시 가지고 갈 것을 공고하여야 하며, 공고한 후 6개월이 지나도 금품을 돌려달라고 청구하는 사람이 없으면 그 금품은 국고에 귀속된다.
③ 소장은 사망자가 남겨둔 금품이 있어 그 상속인에게 그 내용 및 청구절차 등을 알려 주었으나, 그 알림을 받은 날부터 6개월이 지나도 청구가 없으면 그 금품은 국고에 귀속된다.
④ 소장은 수용자에게 보내온 금품으로서 시설의 안전 또는 질서를 해칠 우려가 있어 보낸 사람에게 되돌려 보낼 때에는 그 사실을 수용자에게 알려 주어야 한다.

해설

③ (×) 유류금품과 보관품은 알림 후 1년 경과해도 청구 없으면 국고에 귀속되고, 전달(교부)금품은 공고 후 6개월 경과하면 국고에 귀속된다.「법」제28조, 제29조 및「법」제27좀 참조.

정답 ③

AI 예상 응용지문

❶ 수용자는 편지·도서, 그 밖에 수용생활에 필요한 물품을 소장이 정하는 범위에서 지닐 수 있다. (×)
❷ 소장이 사망자가 남겨 둔 금품이 있어 그 가족에게 그 내용 및 청구절차 등을 알려주었으나, 알림을 받은 날부터 1년이 지나도록 청구가 없으면 그 금품은 국고에 귀속된다. (×)
❸ 소장은 수용자가 그의 가족에게 도움을 주거나 그 밖에 정당한 용도로 사용하기 위하여 보관금사용을 신청한 경우에만 그 사정을 고려하여 허가할 수 있다. (×)
❹ 소장은 사망자 또는 도주자의 유류품을 건네받을 사람이 원거리에 있는 등 특별한 사정이 있는 경우에는 유류품을 받을 사람의 청구에 따라 또는 직권으로 유류품을 팔아 그 대금을 보낼 수 있다. (×)

❶ 소장(×) → 법무부장관(○) ❷ 가족에게(×) → 상속인에게(○) ❸ 배우자의 직계존속에게 도움을 주기 위하여 신청한 경우에도 허가할 수 있음.「시행령」제38조 1항 참조. ❹ 도주자(×) / 직권으로(×)「시행령」제45조 참조.

MEMO

CHAPTER 04 위생과 의료

01 「형의 집행 및 수용자의 처우에 관한 법률」상 수용자의 위생과 의료에 대한 설명으로 가장 옳지 않은 것은? '23. 7급(교위) 승진

① 교정시설에는 수용자의 진료를 위하여 필요한 의료 인력과 설비를 갖추어야 한다.
② 소장은 정신질환이 있다고 의심되는 수용자가 있으면 정신건강의학과 의사의 진료를 받을 수 있도록 하여야 한다.
③ 교정시설에 갖추어야 할 의료설비의 기준에 관하여 필요한 사항은 법무부령으로 정한다.
④ 소장은 수용자가 진료 또는 음식물의 섭취를 거부하면 의무관으로 적당한 진료 또는 영양보급 등의 조치를 하게 하여야 한다.

해설

④ (×) 60세 이상의 수용자(×) → 관찰·조언 또는 설득을 하도록 하여야 한다(○), 소장은 수용자가 진료 또는 음식물의 섭취를 거부하면 의무관으로 하여금 관찰·조언 또는 설득을 하도록 하여야 한다. 그러한 조치에도 불구하고 수용자가 진료 또는 음식물의 섭취를 계속 거부하여 그 생명에 위험을 가져올 급박한 우려가 있으면 의무관으로 하여금 적당한 진료 또는 영양보급 등의 조치를 하게 할 수 있다. 제40조(수용자의 의사에 반하는 의료조치) 참조.

정답 ④

02 「형의 집행 및 수용자의 처우에 관한 법률 시행령」상 수용자의 위생과 의료에 대한 설명으로 가장 옳지 않은 것은? '24. 6급(교감) 승진

① 소장은 원칙적으로 공휴일 및 법무부장관이 정하는 날은 제외하고「국가공무원 복무규정」제9조(근무시간 등)에 따른 근무시간 내에서 수용자가 매일 1시간 이내의 실외운동을 할 수 있도록 하여야 한다.
② 질병 등으로 실외운동이 수용자의 건강에 해롭다고 인정되는 때는 해당하면 실외운동을 실시하지 아니할 수 있다.
③ 소장은 작업의 특성, 계절, 그 밖의 사정을 고려하여 수용자의 목욕횟수를 정하되 부득이한 사정이 없으면 매주 1회 이상이 되도록 한다.
④ 소장은 수용자에 대하여 1년에 1회 이상 건강검진을 하여야 한다. 다만, 60세 이상의 수용자와 계호상 독거수용자에 대하여는 6개월에 1회 이상 하여야 한다.

해설

④ (×) 60세 이상의 수용자(×) → 19세 미만의 수용자, 65세 이상의 노인수용자(○), 제51조(건강검진횟수) 제1항, 제47조 2항 참조.

정답 ④

03 「형의 집행 및 수용자의 처우에 관한 법률」상 수용자 의료처우 등에 대한 설명으로 가장 옳지 않은 것은? '23. 7급(교위) 승진

① 소장은 수용자의 정신질환 치료를 위하여 필요하다고 인정하면 법무부장관의 승인을 받아 치료감호시설로 이송할 수 있다.
② 소장은 제1항 또는 제2항에 따라 수용자가 외부의료시설에서 진료받거나 치료감호시설로 이송되면 그 사실을 그 가족(가족이 없는 경우에는 수용자가 지정하는 사람)에게 지체 없이 알려야 한다. 다만, 수용자가 알리는 것을 원하지 아니하면 그러하지 아니하다.
③ 소장은 수용자가 자신의 고의 또는 중대한 과실로 부상 등이 발생하여 외부의료시설에서 진료를 받은 경우에는 그 진료비의 전부 또는 일부를 그 수용자에게 부담하게 하여야 한다.
④ 소장은 수용자가 부상을 당하거나 질병에 걸리면 적절한 치료를 받도록 하여야 한다.

해설

③ (×) 부담하게 하게 하여야 한다(×) → 부담하게 할 수 있다(○), 법 제37조(외부의료시설 진료 등) 4항 참조.

정답 ③

04 형의 집행 및 수용자의 처우에 관한 법률 상 수용자의 위생과 의료에 대한 내용으로 옳지 않은 것은? '21. 7급

① 수용자는 자신의 신체 및 의류를 청결히 하여야 하며, 자신이 사용하는 거실·작업장, 그 밖의 수용시설의 청결유지에 협력하여야 하며, 위생을 위하여 머리카락과 수염을 단정하게 유지하여야 한다.
② 소장은 수용자가 외부의료시설에서 진료받거나 치료감호시설로 이송되면 그 사실을 그 가족(가족이 없는 경우에는 수용자가 지정하는 사람)에게 지체 없이 알려야 한다. 다만, 수용자가 알리는 것을 원하지 아니하면 그러하지 아니하다.
③ 소장은 감염병이나 그 밖에 감염의 우려가 있는 질병의 발생과 확산을 방지하기 위하여 필요한 경우 수용자에 대하여 예방접종·격리수용·이송, 그 밖에 필요한 조치를 하여야 한다.
④ 소장은 수용자의 정신질환 치료를 위하여 필요하다고 인정하면 직권으로 치료감호시설로 이송할 수 있다.

해설

④ (×) 직권으로 치료감호시설로 이송할 수 있다(×) → 법무부장관의 승인을 받아 치료감호시설로 이송할 수 있다. 「법」 제37조 제2항.

정답 ④

05 「형의 집행 및 수용자의 처우에 관한 법률」상 수용자의 의료처우에 대한 설명으로 옳은 것만을 모두 고른 것은? '17. 5급(교정관) 승진

> ㄱ. 소장은 수용자에 대하여 건강검진을 정기적으로 하여야 한다.
> ㄴ. 소장은 감염병이나 그 밖에 감염의 우려가 있는 질병의 발생과 확산을 방지하기 위하여 필요한 경우 수용자에 대하여 예방접종·격리수용·이송, 그 밖에 필요한 조치를 하여야 한다.
> ㄷ. 소장은 수용자가 부상을 당하거나 질병에 걸리면 적절한 치료를 받도록 하여야 한다.
> ㄹ. 소장은 수용자에 대한 적절한 치료를 위하여 필요하다고 인정하면 교정시설 밖에 있는 의료시설에서 진료를 받게 하여야 한다.
> ㅁ. 소장은 수용자가 자신의 비용으로 외부의료시설에서 근무하는 의사에게 치료받기를 원하면 교정시설에 근무하는 의사의 의견을 고려하여 이를 허가해야 한다.
> ㅂ. 소장은 정신질환이 있다고 의심되는 수용자가 있으면 정신건강의학과 의사의 진료를 받을 수 있도록 하여야 한다.

① ㄱ, ㄴ, ㄷ, ㄹ
② ㄱ, ㄷ, ㄹ, ㅁ
③ ㄴ, ㄷ, ㄹ, ㅁ
④ ㄷ, ㄹ, ㅁ, ㅂ
⑤ ㄱ, ㄴ, ㄷ, ㅂ

해설

ㄹ(×) 진료를 받게 하여야 한다(×). → 진료를 받게 할 수 있다(○). 「법」제37조 1항 참조.
ㅁ(×) 허가해야 한다(×). → 허가할 수 있다(○). 「법」제38조 참조.

정답 ⑤

AI 예상 응용지문

❶ 소장은 수용자가 감염병에 걸렸다고 의심되는 경우에는 1개월 이상 격리수용하고 그 수용자의 휴대품을 소독하여야 한다. (×)
❷ 교정시설에 근무하는 간호사는 야간 또는 공휴일 등에 수용자가 부상을 당하거나 질병에 걸리면 「의료법」에도 불구하고 적절한 진단과 치료조치를 할 수 있다. (×)
❸ 소장은 수용자가 자신의 비용으로 외부의사에게 치료받는 것을 허가한 경우에는 그 사실을 그 가족에게 지체없이 알려야 한다. (×)
❹ 수용자에 대한 구체적인 치료방법이나 의약품의 선택은 의학적인 소견과 형의 집행 및 수용자의 처우와 관련된 판단에 따르는 것이므로, 반드시 환자가 요구하는 특정한 치료방법에 따른 치료를 행하거나 특정한 의약품을 지급하여야 하는 것은 아니다. (○)
❺ 교도소의 의무관은 교도 수용자에 대한 진찰·치료 등의 의료행위를 하는 경우 수용자의 생명·신체·건강을 관리하는 업무의 성질에 비추어 환자의 구체적인 증상이나 상황에 따라 위험을 방지하기 위하여 요구되는 최선의 조치를 행하여야 할 주의의무가 있다. (○)

❶ (×) 1개월(×) → 1주(○)
❷ (×) 간호사는 야간·공휴일이라 할 지라도 일반적인 진단·처방·치료 등을 할 수 없고 법령으로 정한 경미한 의료행위만 할 수 있다. 「법」제36조 2항 및 「시행령」제54조의 2 참조.
❸ (×) 가족에게 알림 사유 아님.

❹ (○) 대법원 2005도6488 판결 참조. 수용자의 치료 방법이나 의약품 선택에 있어서 반드시 수용자의 요구에 따를 필요는 없고, 의학적 판단과 형 집행 관련 법적 판단에 따르는 것이 원칙임을 명시한 판례이다.
❺ (○) 대법원 2006도1742 판결 참조. 교도소 내에서 제공되는 의료행위가 일반사회에서 제공되는 의료서비스와 마찬가지로, 의료진이 수용자의 건강 상태를 제대로 평가하고 필요한 조치를 취해야 한다는 원칙을 명시한 판례이다.

06 수용자의 치료에 관한 설명 중 옳지 않은 것은?

① 소장은 정신질환이 있다고 의심되는 수용자가 있으면 정신건강의학과 의사의 진료를 받을 수 있도록 하여야 한다.
② 소장은 수용자에 대한 적절한 치료를 위하여 필요하다고 인정하면 교정시설 밖에 있는 의료시설에서 진료를 받게 할 수 있다.
③ 수용자를 치료감호시설로 이송할 때에는 지방교정청장의 승인이 필요하다.
④ 수용자의 중대한 과실로 부상이 발생하여 외부의료시설에서 진료를 받은 경우에는 그 진료비의 전부 또는 일부를 그 수용자에게 부담하게 할 수 있다.

해설

③ (×) '수용자의 정신질환 치료를 위한 치료감호시설로의 이송'은 교정본부 관할 밖에 있는 기관으로의 이송이므로 법무부장관이 지방교정청장에게 승인권을 위임할 수 있는 사항이 아니고, 특칙에 의해 시행될 수 있을 뿐이다(「법」제37조 2항). 지방교정청장의 승인(×) → 법무부장관의 승인(○).
이송 시 승인권은 법무부장관에게 있지만, 법무부장관은 이송승인에 관한 권한을 대통령령으로 정하는 바에 따라 지방교정청장에게 위임할 수 있고, 위임받은 지방교정청장은 관할 내 이송에 한하여는 이송을 승인할 수 있다. 지방교정청장은 관할 밖의 이송에 대해서는 전혀 승인권이 인정되지 않는다.

정답 ③

07 현행법령상 위생과 의료에 관한 것이 아닌 것은? '02. 7급 수정

① 소장은 감염병에 걸린 수용자에 대하여 다른 수용자와 격리수용할지 여부를 재량으로 결정할 수 있다.
② 수용자가 자비로써 치료를 원하는 때에는 의무관의 의견을 고려하여 소장은 이를 허가할 수 있다.
③ 소장은 수용자에 대한 적절한 치료를 하기 위하여 필요하다고 인정하면 교정시설 밖에 있는 외부의료시설에서 진료를 받게 할 수 있다.
④ 소장은 수용자가 외부의료시설에서 진료받거나 치료감호시설로 이송되면 그 사실을 지체 없이 가족에게 알려주어야 하는 것이 원칙이다.

해설

① (×) 소장은 수용자가 감염병에 걸렸다고 의심되는 경우에는 1주 이상 격리수용하고 그 수용자의 휴대품을 소독하여야 한다(「시행령」제53조). 감염병에 걸린 경우에는 즉시 격리수용하고 그 수용자가 사용한 물품과 설비를 철저히 소독해야 한다. 따라서 격리수용은 소장의 의무이지 재량이 아니다.

정답 ①

08 「형의 집행 및 수용자의 처우에 관한 법률 시행령」상 소장이 실외운동을 실시하지 않을 수 있는 경우에 해당하지 않는 것은?

① 교육의 특성상 실외운동이 필요 없다고 인정된 때
② 수용자의 건강에 해롭다고 인정되는 때
③ 우천으로 실외운동을 하기 어려운 때
④ 수사로 실외운동을 하기 어려운 때

> **해설**
> ① (×) 교육(×) → 작업(○). 소장은 수용자가 매일(공휴일 및 법무부장관이 정하는 날은 제외한다) 「국가공무원 복무규정」 근무시간 내에서 1시간 이내의 실외운동을 할 수 있도록 하여야 한다. 다만, 다음 각 호의 어느 하나에 해당하면 실외운동을 실시하지 아니할 수 있다. 1. 작업의 특성상 실외운동이 필요 없다고 인정되는 때 2. 질병 등으로 실외운동이 수용자의 건강에 해롭다고 인정되는 때 3. 우천, 수사, 재판, 그 밖의 부득이한 사정으로 실외운동을 하기 어려운 때(시행령 제49조).
>
> **정답** ①

09 다음 중 실외운동을 할 수 없는 사유로 옳지 않은 것은?

① 눈·비로 인해 실외운동을 하기 어려운 때
② 겨울 온수 목욕으로 인해 실외운동을 할 시간이나 계호인원이 부족할 때
③ 작업의 특성상 실외운동이 필요 없다고 인정되는 때
④ 폐렴, 천식 등의 질병으로 실외운동이 수용자의 건강에 해롭다고 인정되는 때

> **해설**
> ② (×) 「시행령」 제49조 참조.
>
> **정답** ②

10 수용자의 의료처우에 관한 설명으로 옳은 것은? '08. 7급

① 수용자가 자비로써 치료를 원하는 때에는 필요에 의하여 당해 소장은 이를 허가할 수 있다 (임의적).
② 소장은 감염병의 유행이 있을 때에는 그 예방을 위하여 음식물의 자비부담 취식을 금지해야 한다(필요적).
③ 소장은 수용자에 대한 적절한 치료를 하기 위하여 필요하다고 인정하는 때에는 당해 수용자를 교도소 밖에 있는 병원에 이송하여야 한다(필요적).
④ 소장은 감염병에 걸린 수용자를 다른 수용자와 격리수용할 수 있다(임의적).

> **해설**
> ② (×) 자비로 구매하는 음식물의 공급을 중지할 수 있다(임의적).
> ③ (×) 교정시설 밖에 있는 의료시설에서 진료를 받게 할 수 있다(임의적).

④ (×) 즉시 격리수용하고 그 수용자가 사용한 물품과 설비를 철저히 소독하여야 한다(필요적).

정답 ①

11 형의 집행 및 수용자의 처우에 관한 법령상 감염성 질병에 관한 조치에 대한 내용으로 옳지 않은 것은? '20. 7급

① 소장은 수용자가 감염병에 걸렸다고 의심되는 경우에는 2주 이상 격리수용하고 그 수용자의 휴대품을 소독하여야 한다.
② 소장은 감염병이 유행하는 경우에는 수용자가 자비로 구매하는 음식물의 공급을 중지할 수 있다.
③ 소장은 수용자가 감염병에 걸린 경우 지체 없이 법무부장관에게 보고하고 관할 보건기관의 장에게 알려야 한다.
④ 소장은 감염병의 유행으로 자비구매물품의 사용이 중지된 경우에는 자비구매신청을 제한할 수 있다.

해설

① (×) 2주 이상(×) → 1주 이상(○). 시행령 제53조 참조. ④ (○) 시행규칙 제17조 제2항 참조.

정답 ①

AI 예상 응용지문

❶ 소장은 감염병에 걸려 수용을 거절한 경우 그 사유를 지체없이 가족에게 알려주어야 한다. (×)

❶ 그 사유를 지체없이 수용지휘기관과 관할 보건소장에게 통보하고, 법무부장관에게 보고해야 한다. 법 제18조 제2항 참조.

12 감염병에 대한 설명으로 옳지 않은 것은?

① 소장은 다른 사람의 건강에 위해를 끼칠 우려가 있는 감염병에 걸린 사람의 수용을 거절할 수 있다.
② 교정시설에 감염병이 유행할 때에는 유아의 양육을 허가하지 않을 수 있다.
③ 소장은 수용자가 감염병이 걸렸다고 의심되는 경우에는 2주 이상 격리수용하고 그 수용자의 휴대품을 소독하여야 한다.
④ 소장은 수용자가 감염병에 걸린 경우에는 그 사실을 지체 없이 법무부장관에게 보고하고 관할보건기관의 장에게 알려야 한다.

해설

③ (×) 2주 이상(×) → 1주 이상(○). 「시행령」제53조 1항

정답 ③

13 현행법령상 수용자의 목욕 횟수·시간과 실외운동시간을 바르게 나열한 것은?

① 목욕 - 매일 1회 이상 30분 이내, 실외운동 - 매일 1시간 이상
② 목욕 - 매주 1회 이상, 실외운동 - 매일 1시간 이내
③ 목욕 - 매월 1회 이상, 실외운동 - 매일 30분 이내
④ 목욕 - 매주 1회 이상 1시간 이내, 실외운동 - 매일 30분 이내

해설

②(○) 소장은 작업의 특성, 계절, 그 밖의 사정을 고려하여 수용자의 목욕횟수를 정하되 부득이한 사정이 없으면 매주 1회 이상이 되도록 하여야 한다(「시행령」 제50조). 목욕에는 시간 제한 규정이 없다. 소장은 공휴일 및 법무부장관이 정하는 날을 제외한 매일 국가공무원 근무시간 내에서 1시간 이내의 실외운동을 할 수 있도록 하여야 한다(시행령 제49조).

정답 ②

14 현행법상 수용자의 위생과 의료에 대한 내용으로 옳지 않은 것은?

① 작업의 특성상 실외운동이 필요 없다고 인정되는 때에는 실외운동을 실시하지 아니할 수 있다.
② 소장은 수용자의 정신질환 치료를 위하여 필요하다고 인정하면 법무부장관의 승인을 받아 치료감호시설로 이송할 수 있다.
③ 소장은 수용자가 자신의 고의 또는 과실로 부상 등이 발생하여 외부의료시설에서 진료를 받는 경우에는 그 진료비의 전부 또는 일부를 그 수용자에게 부담하게 할 수 있다.
④ 소장은 감염병에 걸린 수용자에 대하여 다른 수용자와 격리 수용할지의 여부를 재량으로 결정할 수 없다.

해설

③(×) 자신의 고의 또는 과실로(×) → 고의 또는 중대한 과실로(○). 「법」 제37조 5항 참조.

정답 ③

15 현행법령상 수용자의 위생과 의료에 관한 설명으로 옳지 않은 것은? '10. 9급

① 소장은 특별한 경우와 공휴일과 법무부장관이 정하는 날을 제외하고는 수용자가 매일 근무 시간 내에서 1시간 이내의 실외운동을 할 수 있도록 하여야 한다.
② 소장은 작업의 특성, 계절, 그 밖의 사정을 고려하여 수용자의 목욕횟수를 정하되 부득이한 사정이 없으면 매주 1회 이상이 되도록 한다.
③ 소장은 19세 미만의 수용자와 계호상 독거수용자에 대하여는 1년에 1회 이상 건강검진을 하여야 한다.
④ 소장은 수용자가 자신의 비용으로 외부의료시설에서 근무하는 의사에게 치료받기를 원하는 때에는 이를 허가할 수 있다.

> 해설

③ (×) 1년에 1회 이상(×) → 6개월에 1회 이상(○). 「시행령」 제51조 참조.
여기에 노인수용자까지 포함시켜 19세 미만 수용자, 계호상 독거수용자, 노인수용자는 6개월에 1회 이상으로 정리하자.

정답 ③

16 수용자의 위생과 의료에 대한 설명으로 옳지 않은 것은? '11. 7급

① 소장은 다른 사람의 건강에 위해를 끼칠 우려가 있는 감염병에 걸린 사람의 수용을 거절할 수 있다.
② 소장은 수용자에 대한 적절한 치료를 위해 필요한 경우 법무부장관의 승인을 받아 외부 의료시설에 진료를 받게 할 수 있다.
③ 소장은 수용자의 정신질환치료를 위해 필요한 경우 법무부장관의 승인을 받아 치료감호시설에 이송할 수 있다.
④ 소장은 수용자에 대하여 건강검진을 정기적으로 해야 하는 횟수는 대통령령으로 정한다.

> 해설

② (×) '법무부장관의 승인'은 요건이 아니다(「법」제31조 1항 참조).

정답 ②

17 다음 중 수용자의 건강검진 횟수가 다른 하나는?

① 계호상 독거수용자　　② 임산부인 수용자
③ 노인수용자　　　　　④ 19세 미만 수용자

> 해설

② (×) 소장은 수용자에 대하여 1년에 1회 이상 건강검진을 하여야 한다. 다만, 19세 미만의 수용자와 계호상 독거수용자에 대하여는 6개월에 1회 이상 하여야 한다(시행령 제51조), 소장은 노인수용자에 대하여 6개월에 1회 이상 건강검진을 하여야 한다(시행규칙 제47조 2항).

정답 ②

📝 AI 예상 응용지문

❶ 소장은 여성수용자 및 장애인수용자에 대하여는 6개월에 1회 이상 건강검진을 하여야 한다.　(×)
❷ 소장은 19세 미만의 수용자와 계호상 독거수용자에 대하여는 6개월에 1회 이상 건강진단을 하여야 한다.　(×)
❸ 수용자가 임신 중인 경우에는 정기적인 검진 등 적절한 조치를 하여야 하고, 출산하려고 하는 경우에는 외부의료시설에서 진료를 받게 하는 등 적절한 조치를 하여야 한다.　(○)

❶ 6개월(×) → 1년(○)　❷ 건강진단(×) → 건강검진(○)

18 수용자의 위생과 의료에 대한 설명으로 옳은 것은? '13. 7급

① 19세 미만의 수용자와 계호상 독거수용자에 대하여는 건강검진을 1년에 1회 이상 하여야 한다.
② 소장은 감염병이 유행하는 경우에는 수용자에게 지급하는 음식물의 배급을 일시적으로 중지할 수 있다.
③ 교정시설에서 간호사가 할 수 있는 의료행위에는 응급을 요하는 수용자에 대한 응급처치가 포함된다.
④ 소장은 수용자를 외부 의료시설에 입원시키는 경우에는 그 사실을 지방교정청장에게까지 지체 없이 보고하여야 한다.

해설

① (×) 1년(×) → 6개월(○).
② (×) 음식물의 배급(×) → 자비로 구매한 음식물의 공급(○).
③ (○) 「법」 제36조 2항 및 「시행령」 제54조의 2 참조.
④ (×) 소장은 수용자가 외부의료시설에서 진료 받거나 치료감호시설로 이송된 경우 수용자가 통지하기를 반대하지 아니하면 그 사실을 가족에게 지체 없이 통지하여야 한다(법 제37조 4항). 그리고 소장은 수용자를 외부의료시설에 입원시키거나 입원 중인 수용자를 교정시설로 데려온 경우에는 법무부장관에게 지체 없이 보고하여야 한다.(시행령 제57조). 지방교정청장에게는 보고하지 않는다.

정답 ③

19 현행법령상 수용자의 위생과 의료에 관한 설명으로 옳지 않은 것은?

① 노인수용자, 19세미만의 수용자, 계호상 독거수용자에 대하여는 6개월에 1회 이상 건강검진을 하여야 한다.
② 소장은 수용자가 감염병에 걸렸다고 의심되는 경우에는 1주 이상 격리수용하여야 한다.
③ 교정시설에 근무하는 간호사는 야간 또는 공휴일에 외상 등 흔히 볼 수 있는 상처의 치료와 그에 따르는 의약품의 투여를 할 수 있다.
④ 소장은 정신질환이 있다고 의심되는 수용자가 있으면 정신의학과 의사의 진료를 받을 수 있도록 할 수 있다.

해설

④ (×) 할 수 있다(×) → 있도록 하여야 한다(○). 「법」 제39조 2항 참조.

정답 ④

20 현행법령상 의사의 지도 없이 할 수 있는 간호사의 경미한 의료행위에 해당되지 않는 것은?

① 외상 등 흔히 볼 수 있는 상처의 치료
② 응급을 요하는 수용자에 대한 응급처치
③ 부상과 질병의 악화방지를 위한 처치
④ 외부병원으로의 이송에 대한 진단서 발부

해설

④ (×) 「시행령」 제54조의 2 참조.

정답 ④

21 형집행법령상 교정시설에 근무하는 간호사가 의사의 지도없이 야간 또는 공휴일 등에 할 수 있는 경미한 의료행위에 해당하지 않는 것은?

① 외상 등 흔히 볼 수 있는 상처의 치료
② 응급을 요하는 수용자에 대한 응급처치
③ 부상과 질병의 악화방지를 위한 처치
④ 의약품의 처방 및 투약

해설

④ (×) 의약품 처방(×) → 의료행위에 따르는 의약품의 투여(○). 그 밖에 '환자의 요양지도 및 관리'도 간호사가 의사의 지도없이 할 수 있는 경미한 의료행위이다. 시행령 제54조의 2 참조.

정답 ④

22 수용자에 대한 의료처우에 관한 다음 설명 중 가장 옳은 것은?

① 소장은 수용자가 자신의 고의 또는 중대한 과실로 부상이 발생하여 치료를 받은 경우에는 그 치료비의 전부 또는 일부를 그 수용자에게 부담하게 할 수 있다.
② 소장은 정신질환이 있다고 의심되는 수용자가 있으면 정신건강의학과 의사의 진료를 받을 수 있도록 할 수 있다.
③ 소장은 수용자가 진료를 거부하면 교도관으로 하여금 관찰·조언 또는 설득을 하도록 하여야 한다.
④ 소장은 수용자가 질병에 걸린 경우에는 다른 수용자에게 그 수용자를 간병하게 할 수 있다.

해설

① (×) 치료를 받은 경우에는(×) → 외부의료시설에서 진료를 받은 경우에는(○). 「법」 제37조 5항 참조.
② (×) 있도록 할 수 있다(×) → 있도록 하여야 한다(○). 「법」 제39조 2항 참조.
③ (×) 교도관(×) → 의무관(○). 「법」 제40조 1항 참조.
④ (○) 「시행령」 제54조 참조.

정답 ④

23 위생과 의료에 대한 다음 설명 중 옳지 않은 것은?

① 소장은 저수조 등 급수시설을 1년에 1회 이상 청소·소독하여야 한다.
② 소장은 수용자에 대하여 1년에 1회 이상 건강검진을 하여야 한다.
③ 소장은 작업의 특성, 계절, 그 밖의 사정을 고려하여 수용자의 목욕횟수를 정하되 부득이한 사정이 없으면 매주 1회 이상이 되도록 한다.
④ 소장은 수용자가 감염병에 걸렸다고 의심되는 경우에는 1주 이상 격리수용하여야 한다.

해설

① (×) 1년 (×) → 6개월(○). 「시행령」 제47조 2항 참조.

정답 ①

24 형의 집행 및 수용자의 처우에 관한 법령상 수용자의 위생과 의료에 대한 설명으로 옳은 것으로만 묶은 것은? '17. 7급 수정

> ㄱ. 소장은 저수조 등 급수시설을 1년에 1회 이상 청소·소독하여야 한다.
> ㄴ. 소장은 수용자가 위독한 경우에는 그 사실을 가족에게 지체 없이 알려야 한다.
> ㄷ. 교정시설에 근무하는 간호사는 야간 또는 공휴일 등에 응급을 요하는 수용자에 대한 응급처치를 할 수 있다.
> ㄹ. 소장은 19세 미만의 수용자와 계호상 독거수용자에 대하여는 1년에 1회 이상 건강검진을 하여야 한다.
> ㅁ. 소장은 수용자를 외부 의료시설에 입원시키거나 입원 중인 수용자를 교정시설로 데려온 경우에는 그 사실을 법무부장관에게 지체 없이 보고하여야 한다.
> ㅂ. 소장은 수용자가 자신의 비용으로 외부의료시설에서 근무하는 의사에게 치료받기를 원하면 법무부장관의 승인을 받아 이를 허가할 수 있다.

① ㄱ, ㄴ, ㄷ
② ㄴ, ㄷ, ㄹ
③ ㄴ, ㄷ, ㅁ
④ ㄷ, ㄹ, ㅁ

해설

ㄱ (×) 1년(×) → 6개월(○). ㄹ (×) 1년(×) → 6개월(○).
ㅂ (×) 법무부장관의 승인을 받아(×) → 의무관의 의견을 고려하여(○)

정답 ③

25 수용자의 의료에 대한 설명 중 옳은 것은?

① 소장은 수용자의 정신질환 치료를 위하여 필요하다고 인정하면 지방교정청장의 승인을 받아 치료감호시설로 이송할 수 있다.
② 수용자가 외부의료시설에서 진료 받게 되면 언제나 그 사실을 그 가족 등에게 지체 없이 알려야 한다.
③ 소장은 수용자가 진료 또는 음식물의 섭취를 거부하면 즉시 의무관으로 하여금 적당한 진료 또는 영양보급 등의 조치를 하게 할 수 있다.
④ 소장은 수용자가 자신의 고의 또는 중대한 과실로 부상 등이 발생하여 외부의료시설에서 진료를 받은 경우에는 그 진료비의 전부 또는 일부를 그 수용자에게 부담하게 할 수도 있다.

해설

① (×) 지방교정청장(×) → 법무부장관(○). 「법」 제37조 2항 참조.
② (×) 외부의료시설의 진료나 치료감호시설로 이송이 있으면 가족 등에게 알려야 하지만, 수용자가 알리는 것을 원하지 아니하면 통지해서는 아니 된다.
③ (×) 거부하기만 하면 강제의료조치를 할 수 있는 것이 아니고, 계속된 거부로 인해 그 생명에 급박한 위험 초래 우려가 있어야만 의무관으로 하여금 강제적으로 의료조치를 하게 할 수 있다. 「법」 제40조 참조.

정답 ④

26 형의 집행 및 수용자의 처우에 관한 법령상 수용자의 의료처우에 대한 설명으로 옳지 않은 것은?
'17. 9급

① 소장은 수용자가 자신의 비용으로 외부의료시설에서 근무하는 의사에게 치료받기를 원하면 교정시설에 근무하는 의사의 의견을 고려하여 이를 허가할 수 있다.
② 소장은 진료를 거부하는 수용자가 교정시설에 근무하는 의사의 설득 등에도 불구하고 진료를 계속 거부하여 그 생명에 위험을 가져올 급박한 우려가 있으면 위 의사로 하여금 적당한 진료 등의 조치를 하게 할 수 있다.
③ 소장은 19세 미만의 수용자와 계호상 독거수용자에 대하여는 6개월에 1회 이상 건강검진을 하여야 한다.
④ 소장은 수용자가 자신의 고의 또는 과실로 부상 등이 발생하여 외부의료시설에서 진료를 받은 경우에는 그 진료비의 전부 또는 일부를 그 수용자에게 부담하게 하여야 한다.

해설

④ (×) 과실(×) → 중대한 과실(○). 부담하게 하여야 한다(×) → 부담하게 할 수 있다(○). 「법」 제37조 5항

정답 ④

27 형의 집행 및 수용자의 처우에 관한 법령상 수용자의 의료에 대한 설명으로 옳지 않은 것은? '19. 7급

① 소장은 수용자가 감염병에 걸렸다고 인정되는 경우에는 1주 이상 격리수용하고 그 수용자의 휴대품을 소독하여야 한다.
② 소장은 19세 미만의 수용자, 계호상 독거수용자 및 노인수용자에 대하여는 6개월에 1회 이상 건강검진을 하여야 한다.
③ 장애인수형자 전담교정시설의 장은 장애인의 재활에 관한 전문적인 지식을 가진 의료진과 장비를 갖추도록 노력하여야 한다.
④ 소장은 수용자를 외부 의료시설에 입원시키거나 입원 중인 수용자를 교정시설로 데려온 경우에는 그 사실을 법무부장관에게 지체 없이 보고하여야 한다.

해설

① (×) 감염병에 관한 조치는 세 가지로 구분된다.
'감염병에 걸렸다고 의심되는 경우'에는, '1주 이상 격리수용하고 그 수용자의 휴대품을 소독하여야' 하고, '감염병에 걸린 경우'라면, '즉시 격리수용하고 그 수용자가 사용한 물품과 설비까지 소독하여야' 하며, '감염병이 유행하는 경우'에는 '수용자 각자가 자비로 구매한 음식물(*물품×)의 공급을 중지할 수 있음'이다. 「시행령」 제53조 참조.

정답 ①

28 형의 집행 및 수용자의 처우에 관한 법률 시행령 및 판례상 위생과 의료에 대한 설명으로 옳지 않은 것은 모두 몇 개인가? '24. 5급(교정관) 승진

> ㉠ 소장은 저수조 등 급수시설을 6개월에 1회 이상 청소·소독하여야 한다.
> ㉡ 소장은 수용자가 감염병에 걸렸다고 의심되는 경우에는 1주 이상 격리수용하고 그 수용자의 휴대품을 소독하여야 한다.
> ㉢ 소장은 수용자에 대하여 1년에 1회 이상 건강검진을 하여야 한다. 다만, 19세 미만의 수용자와 계호상 독거수용자에 대하여는 6개월에 1회 이상 하여야 한다.
> ㉣ 소장은 수용자가 부상을 당하거나 질병에 걸린 경우에는 그 수용자를 의료거실에 수용하거나, 다른 수용자에게 그 수용자를 간병하게 할 수 있다.
> ㉤ 헌법재판소는 구치소의 장 등이 수용시설 내에 온수사용설비를 설치하지 아니한 부작위는 헌법소원의 대상이 되는 공권력의 불행사에 해당한다고 하였다.

① 0개　　　　② 1개
③ 2개　　　　④ 3개

해설

㉤ (×) 헌법재판소가 구치소나 교도소의 온수사용설비와 관련된 사건에 대해 판단한 판례는 2018헌마360 결정례이다. 이 결정에서 헌법재판소는 구치소 또는 교도소의 장이 온수사용설비를 설치하지 않은 부작위가 헌법소원의 대상이 되는 공권력의 불행사에 해당하지 않는다고 판단하였다. 즉, 헌법재판소는 온수사용설비의 설치는 입법자의 재량에 속하는 문제로서, 구치소나 교도소에서 온수 사용이 제한된다고 해서 곧바로 기본권 침해가 발생하는 것은 아니라고 보았다. 이 결정례의 핵심 내용은 1) 구치소나 교도소의 온수사용설비 미설치에 대한 부작위는 공권력의 불행사로서 헌법소원의 대상이 되지 않는다. 2) 온수 제공 여부는 입법자의 정책적 재량에 속하며, 기본권 침해의 사안으로 판단되지 않는다는 보는 헌법재판소의 입장이다. 따라서 보기에 제시된 "공권력의 불행사에 해당한다"는 내용은 적절하지 않은 설명이다.

정답 ②

29 「형의 집행 및 수용자의 처우에 관한 법률」상 교도소장 A가 취한 조치 중 타당한 것은?

'15. 7급

① 정치인 B가 신입자로 수용되면서 자신의 수감 사실을 가족에게 알려줄 것을 원하였으나, 교도소장 A는 정치인 B에게 아첨하는 것처럼 비칠까봐 요청을 거부하고 가족에게 통지하지 않았다.
② 기독교 신자이며 교도소장 A의 동창인 수용자 C는 성경책을 소지하기를 원하였으나, 교도소장 A는 지인에 대한 특혜처럼 비칠까봐 별다른 교화나 질서유지상의 문제가 없음에도 성경책 소지를 제한하였다.
③ 수용자인 연예인 D가 교도소 외부 대형병원에서 자신의 비용으로 치료받기를 원하였으나, 교도소장 A는 교도소의 의무관으로부터 소내 치료가 충분히 가능한 단순 타박상이라 보고받고 명백한 꾀병으로 보이기에 외부병원 치료 요청을 거부하였다.
④ 교도소장 A는 금고형을 선고받고 복역 중인 기업인 E가 교도작업을 하지 않는 것은 특혜라고 비칠까봐 기업인 E가 거부함에도 불구하고 교도작업을 부과하였다.

해설

③ (○) 소장은 수용자가 자신의 비용으로 외부의사 치료를 받기를 원하면 의무관의 의견을 고려하여 이를 허가할 수 있다(「법」 제38조). 따라서 D의 신청에 대하여 재량으로 허가하지 아니할 수 있다.
① (×) 소장은 신입자나 이입자가 있으면 해당 수용자가 통지하는 것에 반대하지 않는 한 배우자, 직계존·비속, 형제자매에게 지체 없이 통지하여야 한다(「법」 제21조). 따라서 B의 통지 희망에 대한 통지 거부는 위법이다.
② (×) 소장은 수형자의 교화 또는 건전한 사회복귀를 위하여 필요한 때 또는 시설의 안전과 질서유지를 위하여 필요한 때에만 종교서적 등의 소지를 제한할 수 있다. 따라서 이러한 제한사유 없이 C의 성경책 소지를 제한한 것은 위법이다.
④ (×) 징역형 이외에 구류·금고형 수형자는 정역 부과 대상이 아님에도 금고수형자 E에게 강제로 작업을 부과한 것은 위법이다.

정답 ③

AI 예상 응용지문

❶ 외부의사는 수용자를 진료하는 경우에는 보건복지부장관이 정하는 사항을 준수하여야 한다. (×)
❷ 교정시설이 갖추어야 할 의료설비의 기준에 관하여 필요한 사항은 「의료법」으로 정한다. (×)
❸ 교정시설에 근무하는 간호사는 야간 또는 공휴일에 한해서는 「의료법」 제27조에도 불구하고 진료보조 이외에도 치료·진단 등 적절한 의료행위를 할 수 있다. (×)
❹ 소장은 수용자가 감염병에 걸렸다고 의심되는 경우에는 즉시 격리수용하고 그 사실을 관할보건기관의 장에게 보고하여야 한다. (×)

❶ 보건복지부장관(×) → 법무부장관(○) ❷ 의료법(×) → 법무부령(○) ❸ 대통령령으로 정하는 가벼운 의료행위만 할 수 있음. ❹ 감염병에 걸렸다고 의심되는 경우(×) → 감염병에 걸린 경우(○) / 보고는 법무부장관에게 하고, 보건소장에게는 알려야 한다.

30 형의 집행 및 수용자의 처우에 관한 법령상 수용시설 내 감염병 관련 조치에 대한 설명으로 옳지 않은 것은? '23. 9급

① 소장은 감염병이 유행하는 경우 수용자가 자비로 구매하는 음식물의 공급을 중지하여야 한다.
② 소장은 수용자가 감염병에 걸렸다고 의심되는 경우에는 1주 이상 격리수용하고 그 수용자의 휴대품을 소독하여야 한다.
③ 소장은 감염병이나 그 밖에 감염의 우려가 있는 질병의 발생과 확산을 방지하기 위하여 필요한 경우 수용자에 대하여 예방접종·격리수용·이송, 그 밖에 필요한 조치를 하여야 한다.
④ 소장은 수용자가 감염병에 걸린 경우에는 즉시 격리수용하고 그 수용자가 사용한 물품 및 설비를 철저히 소독해야 한다. 또한 이 사실을 지체 없이 법무부장관에게 보고하고 관할 보건기관의 장에게 알려야 한다.

해설

① (×) 중지하여야 한다(×) → 중지할 수 있다. 시행령 제53조 참조.

정답 ①

31 「형의 집행 및 수용자의 처우에 관한 법률」상 수용자 의료에 대한 설명으로 가장 옳은 것은? '24. 5급(교정관) 승진

① 주간에 근무하는 간호사는 「의료법」 제27조(무면허 의료행위 등 금지)에도 불구하고 법무부령으로 정하는 경미한 의료행위를 할 수 있다.
② 소장은 수용자에 대한 적절한 치료를 위하여 필요하다고 인정하면 법무부장관의 승인을 받아 교정시설 밖에 있는 의료시설에서 진료를 받게 할 수 있다.
③ 수용자가 자신의 고의 또는 중대한 과실로 부상 등이 발생하여 외부의료시설에서 진료를 받은 경우 그 진료비는 본인이 부담하여야 한다.
④ 소장은 수용자가 진료 또는 음식물의 섭취를 거부하면 의무관으로 하여금 관찰·조언 또는 설득을 하도록 하여야 하며, 이러한 조치에도 불구하고 수용자가 진료 또는 음식물의 섭취를 계속 거부하여 그 생명에 위험을 가져올 급박한 우려가 있으면 의무관으로 하여금 적당한 진료 또는 영양보급 등의 조치를 하게 할 수 있다.

해설

① (×) 주간(×), 법무부령(×). 치료를 위하여 교정시설에 근무하는 간호사는 <u>야간</u> 또는 <u>공휴일</u> 등에 「의료법」 제27조에도 불구하고 <u>대통령령</u>으로 정하는 <u>경미한 의료행위</u>를 할 수 있다.(「법」 제36조 2항).
② (×) 법무부장관의 승인을 받아(×). 법무부장관의 승인은 요건이 아니다. 법 제37조(외부의료시설 진료 등) 1항 참조.
③ (×) 그 진료비는 본인이 부담하여야 한다(×). 소장은 수용자가 자신의 고의 또는 <u>중대한 과실</u>로 부상 등이 발생하여 외부의료시설에서 진료를 받은 경우에는 그 진료비의 <u>전부 또는 일부를 그 수용자에게 부담하게 할 수 있다.</u>

정답 ④

32 형의 집행 및 수용자의 처우에 관한 법령상 감염병 등에 대한 설명으로 가장 옳은 것은? '23. 7급(교위) 승진

① 소장은 감염병이나 그 밖에 감염의 우려가 있는 질병의 발생과 확산을 방지하기 위하여 필요한 경우 수용자에 대하여 예방접종·격리수용·이송, 그 밖에 필요한 조치를 하여야 한다.
② 소장은 수용자가 감염병에 걸렸다고 의심되는 경우에는 즉시 격리수용하고 그 수용자가 사용한 물품과 설비를 철저히 소독하여야 한다.
③ 소장은 수용자가 감염병에 걸린 경우에는 1주 이상 격리수용하고 그 수용자의 휴대품을 소독하여야 한다.
④ 소장은 감염병이 유행하는 경우에는 수용자가 자비로 구매하는 음식물의 공급을 중지하여야 한다.

해설

② (×) 소장은 수용자가 감염병에 걸렸다고 의심되는 경우에는 1주 이상 격리수용하고 그 수용자의 휴대품을 소독하여야 한다. 「시행령」 제53조 1항 참조.
③ (×) 소장은 수용자가 감염병에 걸린 경우에는 즉시 격리수용하고 그 수용자가 사용한 물품과 설비를 철저히 소독하여야 한다. 「시행령」 제53조 3항 참조.
④ (×) 중지하여야 한다(×) → 중지할 수 있다(○). 「시행령」 제53조 2항 참조.

정답 ①

CHAPTER 05 접견·편지수수 및 전화통화 등 외부와의 교통

01 「형의 집행 및 수용자의 처우에 관한 법률」상 접견에 대한 설명으로 적절한 것은? 'AI 예상
① 수용자는 교정시설의 다른 사람과 사람과 접견할 수 있다.
② 시설의 안전 또는 질서를 해칠 우려가 있는 때에는 수용자는 접견할 수 없다.
③ 미결수용자(형사사건으로 수사 또는 재판을 받고 있는 수형자와 사형확정자를 포함한다)가 변호인(변호인이 되려는 사람을 제외한다)과 접견하는 경우에는 접촉차단시설이 설치되지 아니한 장소에서 접견하게 할 수 있다.
④ 범죄의 증거를 인멸하거나 형사법령에 저촉되는 행위를 할 우려가 있는 때에는 교도관은 수용자의 접견 내용을 청취·기록·녹음 또는 녹화할 수 있다.

해설

① (×) 다른 사람과(○) → 외부에 있는 사람과(○). 법 제41조 1항.
③ (×) 접견하게 할 수 있다(×) → 접견하게 한다(○), 변호인이 되려는 사람을 제외한다(×) → 변호인이 되려는 사람을 포함한다(○). 형집행법 제41조 2항< 개정 2022.12.27.> 참조.
④ (×) 소장은 교도관으로 하여금 수용자의 접견 내용을 청취·기록·녹음 또는 녹화하게 할 수 있다. 법 제41조 4항 참조. 교도관이 직접 할 수 있는 조치는 접견의 중지이다. 법 제42조 참조.
☞ 출제의도 : 이 문제는 「형의 집행 및 수용자의 처우에 관한 법률」에서 수용자의 접견권에 관한 내용을 정확하게 이해하고 있는지 평가하는 문제입니다. 특히 미결수용자와 변호인 간의 접견에 대한 구체적인 규정을 묻고 있습니다. ③의 문항은 최근 개정된 법률을 반영하고 있는지를 시험합니다. 수험자가 최신 법령개정 사항을 숙지하고 있는지, 특히 형사사법 절차에서 미결수용자의 방어권을 강화하는 취지의 개정을 알고 있는지 평가합니다. 특히 미결수용자의 변호인 접견 시, 접촉차단시설이 없는 장소에서 접견할 수 있다는 기존 규정에서, "할 수 있다"와 "한다"의 차이를 정확히 파악하도록 요구합니다. 2022년 개정된 법령에 따라 미결수용자는 변호인과의 접견 시 반드시 차단시설이 없는 장소에서 접견해야 하므로, 이를 명확히 알고 있는지 확인하고 있습니다. 나머지 선지들은 수용자의 접견권을 제한할 수 있는 여러 조건을 설명하고 있으며, 이를 통해 수용자의 권리가 보장되지만, 동시에 교정시설의 질서와 안전을 위해 접견에 대한 제한이 가능함을 이해하고 있는지를 묻고 있습니다. 이 문제는 수험생들이 자칫 소홀히 할 수 있는 법의 취지를 이해하고 있는지에 대해서도 난도 높은 함정 패턴의 문제로 평가했습니다.

정답 ②

AI 예상 응용지문

❶ 수용자가 소송사건의 대리인인 변호사와 접견하는 경우 등 수용자의 재판청구권 등을 실질적으로 보장하기 위하여 교정시설의 안전 또는 질서를 해칠 우려가 없는 경우에는 접촉차단시설이 설치되지 아니한 장소에서 접견하게 한다. (○)

02 법령 상 수용자의 접견에 관한 설명 중 옳지 않은 것은?

① 범죄의 증거를 인멸할 우려가 있는 때에는 접견을 금지하도록 명시되어 있지는 않으나, 수용자의 접견 내용을 청취·기록·녹음 또는 녹화하게 할 수 있다.
② 수용자가 형사법령에 저촉되는 행위를 할 우려가 있는 때에는 접견을 금지할 수 있고, 접견 내용을 청취·기록·녹음 또는 녹화하게 할 수 있다.
③ 미결수용자의 변호인과의 접견 횟수는 법령상 제한이 없다.
④ 소송대리인인 변호사와 접견하는 수용자의 접견시간은 법령상 명시적 제한이 없다.

해설

① (○) 「법」제41조 제1항 및 제2항 참조.
② (○) 「법」제41조 제1항 및 제2항 참조.
③ (○) 미결수용자의 변호인과의 접견시간 제한은 「형집행법 시행령」제58조 제2항에 "회당 30분 이내의 제한이 적용되지 않음"을 명시하고 있고, 접견 횟수에 관하여는 「법」제84조 제3항에서 "미결수용자와 변호인 간의 접견은 시간과 횟수를 제한하지 않는다"고 규정하고 있으므로 "법령상 명시적 제한은 없다"고 할 수 있다.
④ (×) 수용자가 소송사건의 대리인인 변호사와 접견하는 시간은 회당 60분으로 한다(「시행령」제59조의 2).

정답 ④

03 「형의 집행 및 수용자의 처우에 관한 법률」상 수용자의 외부교통권에 관한 설명으로 옳지 않은 것은?

'09. 9급 수정

① 수용자는 교정시설 외부에 있는 사람과 접견할 권리를 가지며, 소장은 일정한 경우에는 접견의 제한, 접견내용의 청취·기록·녹음 또는 녹화를 할 수 있다.
② 같은 교정시설의 수용자 간에도 편지를 주고받을 수 있으나, 이 경우에는 소장의 허가를 받아야 한다.
③ 소장은 수용자에게 외부와의 전화통화를 허가할 수 있고, 이 경우 통화내용의 청취 또는 녹음을 조건으로 할 수 있고, 청취 또는 녹음하려면 사전에 수용자 및 상대방에게 녹음 등을 하는 사실을 알려주어야 한다.
④ 수용자는 소장의 허가를 받아 문서 또는 도화를 작성하거나 문예·학술, 그 밖의 사항에 관하여 집필하여야 한다.

해설

넓은 의미의 외부교통이란 신문·TV 등을 통하여 외부의 정보를 입수할 수 있는 모든 방법 및 귀휴제·외부통근제·교정위원과의 상담 등 외부와 접촉할 수 있는 모든 방법을 말한다.
좁은 의미의 외부교통은 「형집행법」제2편 5장에서 규정하고 있는 접견·편지(편지)수수·전화통화이다.
④ (×) 소장의 허가를 받아(×). 집필은 수용자가 필기도구를 이용하여 문서를 작성하거나 그림을 그리는 것을 말한다. 집필에 관한 권리는 신체의 자유, 표현의 자유의 범주에 속하는 것으로서 특별히 법률에 의하여 제한되지 않는 한 일반적으로 인정되는 기본권이다. 집필은 글이나 그림이 완성된 이후라야 그 내용을 제대로 파악할 수 있음에도 불구하고 구행형법은 소장의 사전 허가를 받아 집필하도록 규정하고 있었다. 이는 집필권 내지 표현의 자유를 침해한다는 비판을 받아왔다. 「형집행법」은 이러한 문제점을

개선하여 사전허가제를 폐지하고 예외적으로 명백하고 현존하는 위험이 있는 경우에만 집필권을 제한할 수 있도록 개정하였다.

정답 ④

📝 AI 예상 응용지문

❶ 같은 교정시설의 수용자 간에 편지를 주고받으려면 소장의 허가를 받아야 하지만 다른 교정시설에 있는 수용자간 편지는 허가 없이 주고받는다. (○)

04 수용자의 외부교통에 관한 설명으로 옳지 않은 것은?

① 수용자의 전화통화 및 편지 발송비용은 수용자가 부담한다.
② 수용자를 대상으로 하는 방송은 무상으로 한다.
③ 전화통화의 통화내용의 청취·녹음에 관하여 필요한 사항은 대통령령으로 정한다.
④ 접견과 편지수수는 수용자의 권리이기 때문에 원칙적으로 소장의 허가를 받아야 하는 것은 아니다.

해설

③ (×) 전화통화의 청취 등에 관하여 필요한 사항은 법무부령으로 정하고, 접견·편지에 관하여 필요한 사항은 대통령령으로 정한다(「법」 제44조, 제41조 참조).

정답 ③

05 현행법령상 규정으로 적절하지 않은 것은?

① 수용자는 다른 사람과 접견할 수 있다.
② 수용자는 다른 사람과 편지를 주고받을 수 있다.
③ 수용자는 소장의 허가를 받아 교정시설의 외부에 있는 사람과 전화통화를 할 수 있다.
④ 수용자는 소장의 허가 없이 문서 또는 도화를 작성하거나 문예·학술 그 밖의 사항에 관하여 집필할 수 있다.

해설

① (×) 다른 사람(×) → 교정시설의 외부에 있는 사람(○). 접견은 교정시설 내에 있는 사람과는 그 자유가 보장되어 있지 않고, 교정시설 외부에 있는 사람에 대하여 기본권으로 보장된다(「법」 제41조 참조). 전화통화의 허가 대상도 교정시설의 외부에 있는 사람과의 전화통화이다. 그러나 편지수수의 대상은 '다른 사람'이다. 따라서 외부와의 교통제도 중 편지수수가 가장 폭넓게 보장되고 있다. 더욱 자세히 설명하면, 접견과 편지수수는 권리로서 인정되나 전화통화는 권리로서는 인정되지 않고 소장의 허가가 있는 경우에만 이용할 수 있다. 접견과 편지수수는 기본권으로 인정되므로 소장의 허가 없이 이용할 수 있는데, 접견의 대상은 교정시설의 외부에 있는 사람으로 한정되고, 편지수수는 교정시설의 외부에 있는 사람으로 대상을 한정하지 않고 다른 사람 모두를 대상으로 확대하고 있다.

정답 ①

06 외부교통에 대한 설명으로 옳은 것을 모두 고른 것은? '09. 7급

보 기
㉠ 외부교통은 수형자의 사회복귀를 원만하게 하기 위한 수단이다. ㉡ 수형자가 가족 만남의 날 행사에 참여하는 경우, 이는 법률이 정한 접견허용횟수에 포함되지 않는다. ㉢ 수형자의 교화를 위하여 필요한 때에는 수형자의 접견내용을 녹화할 수 있다. ㉣ 녹음을 조건으로 소장은 외부와의 전화통화를 허가할 수 있다.

① ㉠, ㉡
② ㉠, ㉢, ㉣
③ ㉠, ㉡, ㉢
④ ㉠, ㉡, ㉢, ㉣

해설

④ (○) 모두 맞는 내용이다. 이 문제를 계기로 외부교통에 대해 널리 이해하자.

정답 ④

AI 예상 응용지문

❶ 소장은 특별한 사정이 없으면 교도관으로 하여금 수용자와 그 상대방에게 접견내용의 녹음·녹화 사실을 수용자와 그 상대방이 접견실에 들어간 후에 말이나 서면 등 적절한 방법으로 알려주게 하여야 한다. (×)

❷ 소장은 접견내용의 청취·기록을 위하여 소송사건의 대리인인 변호사와 접견하는 수용자의 접견장소에 교도관을 참여하게 할 수 있다. (×)

❸ 소송대리인과 수용자 접견 시, 접촉차단시설 아닌 곳에서의 접견은 교정시설의 안전과 질서를 해칠 우려가 없는 경우로 조건이 붙어 있으나, 참여금지는 무조건이다. (○)

❶ 들어간 후(×) → 들어가기 전에(○) ❷ 참여하게 할 수 있다(×) → 참여하게 할 수 없다(○)

✚ 수용자와 소송사건의 대리인인 변호사와의 접견

- 수용자가 소송사건의 대리인인 변호사와 접견하는 경우로서 교정시설의 안전 또는 질서를 해칠 우려가 없는 경우에는 수용자의 접견은 접촉차단시설이 설치되지 아니한 장소에서 하게 한다. 법 제41조 제2항 (개정 2019. 4. 23) 참조
- 소송사건의 대리인인 변호사와 접견하는 수용자에 대하여는, 소장은 접견 내용의 청취·기록을 위하여 수용자의 접견에 교도관을 참여하게 할 수 없다.「시행령」제62조 제1항 (개정 2016.6.28.)참조
- 2016. 6. 28 신설 내용(「시행령」제59조의 2)
  - 수용자가 소송사건의 대리인인 변호사와 접견하는 시간은 회당 60분이다.
  - 수용자가 소송사건의 대리인인 변호사와 접견하는 횟수는 월 4회로 하고, 상소권 회복·재심청구사건의 대리인이 되려는 변호사와의 접견은 사건당 2회로 하되, 일반접견 횟수에 포함시키지 아니한다.
  - 소장은 소송사건의 수 또는 소송내용의 복잡성 등을 고려하여 소송의 준비를 위하여 특히 필요하다고 인정하면 접견 시간대 외에도 접견을 하게 할 수 있고, 접견 시간 및 횟수를 늘릴 수 있다.
  - 소장은 접견 수요 또는 접견실 사정 등을 고려하여 원활한 접견 사무 진행에 장애가 발생한다고 판단하면 접견시간 및 횟수를 줄일 수 있고, 줄어든 시간과 횟수는 다음 접견 시에 추가하도록 노력하여야 한다.
  - 수용자와 소송사건의 대리인인 변호사와의 접견에 관하여 필요한 사항은 법무부령으로 정한다.

07 현행법상 수용자의 외부교통에 대한 설명으로 옳지 않은 것은?

① 미결수용자와 변호인 간의 접견은 시간과 횟수를 제한하지 아니한다.
② 미결수용자를 제외한 수용자와 변호인 간의 접견은 시간과 횟수를 제한하지 아니한다.
③ 수용자가 주고받는 편지의 내용도 형사소송법이나 그 밖의 법률에 따른 편지검열의 결정이 있는 때는 검열한다.
④ 교정시설의 장은 수용자가 주고받는 편지에 법령에 따라 금지된 물품이 들어 있는지 확인할 수 있다.
⑤ 교정시설의 장이 수용자에게 교정시설의 외부에 있는 사람과 전화통화를 허가한 경우에는 통화내용의 청취 또는 녹음을 조건으로 붙일 수 있다.

해설

② (×) 미결수용자를 제외한 수용자와 변호인 간의 접견(×) → 미결수용자와 변호인 간의 접견(○). 미결수용자와 변호인 간의 접견 및 형사사건으로 수사·재판을 받고 있는 수형자 또는 사형확정자와 변호인 간의 접견은 시간과 횟수를 제한하지 아니한다(「법」 제84조 2항, 「법」 제88조).

정답 ②

---

08 현행법상 소장이 교도관으로 하여금 수용자의 접견내용을 청취·기록·녹음 또는 녹화하게 할 수 있는 경우가 아닌 것은? '11. 9급

① 범죄의 증거를 인멸하거나 형사법령에 저촉되는 행위를 할 우려가 있는 때
② 시설의 안전과 질서유지를 위하여 필요한 때
③ 음란물, 사행 행위에 사용되는 물품을 주고받으려고 하는 때
④ 수형자의 교화 또는 건전한 사회복귀를 위하여 필요한 때

해설

③ (×) 「형집행법」 제41조 2항 참조. 금지물품을 주고받거나 주고받으려고 하는 때에는 접견을 중지할 수 있다.

정답 ③

---

09 다음 수용자의 외부교통권에 대한 내용으로 거리가 먼 것은? '06. 5급(교정관) 승진 수정

① 수용자는 소장의 허가를 받아 다른 사람과 접견할 수 있다.
② 수용자의 접견시간은 30분 내로 하고, 다만 변호인과의 접견은 예외로 한다.
③ 수용자가 주고받는 편지의 내용은 검열 받지 아니하지만, 법령에 따라 금지된 물품이 들어 있는지는 확인할 수 있다.
④ 소장은 일반경비처우급·중경비처우급 수형자에게도 전화사용을 허가할 수 있다.
⑤ 전화사용의 허가는 통화내용의 청취를 조건으로 하지 않을 수 있다.

해설

① (×) 허가 없이 접견한다. 다른 사람과(×) → 교정시설의 외부에 있는 사람과(○).「법」41조 1항 참조.
④ (○)「시행규칙」제90조 참조.
⑤ (○) "전화통화의 허가에는 통화내용의 청취 또는 녹음을 조건으로 붙일 수 있다(임의적)"고「법」제44조 2항이 규정하고 있으므로, 청취 또는 녹음의 조건은 소장이 녹음요건에 해당하지 않으면 녹음하지 않을 수도 있다.

정답 ①

10 형의 집행 및 수용자 처우에 관한 법령상 접견에 대한 설명으로 옳지 않은 것은? '21. 9급

① 수용자가 소송사건의 대리인인 변호사와 접견하는 경우로서 교정시설의 안전 또는 질서를 해칠 우려가 없는 경우에는 접촉차단시설이 설치되지 아니한 장소에서 접견하게 한다.
② 수용자가 형사소송법 에 따른 상소권회복 또는 재심 청구사건의 대리인이 되려는 변호사와 접견할 수 있는 횟수는 월 4회이다.
③ 소장은 범죄의 증거를 인멸하거나 형사 법령에 저촉되는 행위를 할 우려가 있는 때에는 교도관으로 하여금 수용자의 접견내용을 청취·기록·녹음 또는 녹화하게 할 수 있다.
④ 수용자가 미성년자인 자녀와 접견하는 경우에는 접촉차단 시설이 설치되지 아니한 장소에서 접견하게 할 수 있다.

해설

② 월4회(×) → 사건 당 2회(○). 시행령 제59조의2 참조.
⊙ 접견과 관련된 법률 및 시행령 규정은 최근에 개정되어 앞으로 2 ~ 3년은 출제빈도가 높아진다.

정답 ②

11 현행법령상 수용자의 접견에 관한 설명으로 옳지 않은 것은?

① 범죄의 증거를 인멸할 우려가 있다 해도 소장은 외부에 있는 사람과 접견을 허용하여야 한다.
② 접견 중인 수용자가 교화 또는 건전한 사회복귀를 해칠 우려가 있는 물품을 주고받으려고 하는 때에 교도관은 접견을 중지할 수 있다.
③ 개방처우급 수형자에 대하여는 접촉차단시설이 설치된 장소 외의 적당한 곳에서 접견을 실시할 수 있다.
④ 소장은 수형자의 교화를 위하여 필요한 때에는 교도관으로 하여금 접견내용을 청취·기록·녹음 또는 녹화하게 하여야 한다.

해설

④ (×) 접견내용의 청취·기록·녹음 또는 녹화는 임의적이지 필요적 사유가 아니다(「법」제41조 2항 참조). 녹음 또는 녹화하게 하여야 한다(×) → 녹음 또는 녹화하게 할 수 있다(○).

정답 ④

📝 AI 예상 응용지문

❶ 수용자가 소송사건의 대리인인 변호사와 접견하는 경우로서 교정시설의 안전 또는 질서를 해칠 우려가 없는 경우에는 접촉차단시설이 없는 장소에서 접견하게 할 수 있다. (×)
❷ 수용자가 미성년자인 자녀와 접견하는 경우에는 접촉차단시설이 없는 장소에서 접견하게 한다. (×)
❸ 수용자가 소송사건의 대리인인 변호사와 접견하는 경우에는 접촉차단시설이 없는 장소에서 접견하게 하여야 한다. (×)
❹ 수용자가 자녀와 접견하는 경우에는 접촉차단시설이 설치되지 아니한 장소에서 접견하게 할 수 있다. (×)

❶ 접견하게 할 수 있다(×) → 접견하게 한다(○) ❷ 접견하게 한다(×) → 접견하게 할 수 있다(○) ❸ 교정시설의 안전과 질서를 해칠 우려가 없는 경우에 한함. ❹ 자녀와(×) → 미성년자인 자녀와(○)

---

12 현행법령상 경비처우급별 접견횟수로 틀린 것은?

① 개방처우급 월 7회
② 완화경비처우급 월 6회
③ 일반경비처우급 월 5회
④ 중경비처우급 월 4회

해설

① (×) 개방처우급 1일 1회(○).

정답 ①

---

13 다음 중 현행법령상 접견에 대해서 옳은 것은? '05. 7급 수정

① 수용자의 접견시간은 30분 이내로 하며, 19세 미만의 수형자는 접견시간을 증가시켜야 한다.
② 수형자접견의 횟수는 월 4회로 하는 것이 원칙이고, 사형확정자는 1일 1회로 하는 것이 원칙이다.
③ 접견의 횟수·시간·장소·방법 및 접견내용의 청취·기록·녹음·녹화 등에 관하여 필요한 사항은 대통령령으로 정한다.
④ 수용자와 변호인과의 접견일 때에는 교도관은 참여할 수 없으며, 변호인에게 면담요지를 기록하게 하여야 한다.

해설

① (×) 변호인과 접견하는 미결수용자를 제외한 수용자의 접견 시간은 회당 30분 이내로 한다(「시행령」 제58조 2항). 그러나 수용자가 소송사건의 대리인인 변호사와 접견하는 시간은 회당 60분으로 한다(「시행령」 제59조의 2 제1항). 또한 수형자의 교화 또는 건전한 사회복귀를 위하여 특히 필요하다고 인정하면 접견시간을 30분보다 연장할 수 있다(「시행령」 제59조 1항). 수형자가 19세 미만인 때에는 접견횟수를 늘릴 수 있다(「시행령」 제59조 2항).
② (×) 사형확정자의 접견횟수는 매월 4회로 한다(「시행령」 제109조). 미결수용자의 접견횟수는 매일 1회로 한다. 다만 변호인과의 접견은 이 횟수에 포함되지 아니한다(「시행령」 제101조).
④ (×) 변호인에게 면담요지를 기록하게 할 수 없다.

정답 ③

14 「형의 집행 및 수용자의 처우에 관한 법률」 및 동법 시행령상 접견에 대한 설명으로 옳지 않은 것은? '15. 9급

① 사형확정자에 대한 변호인의 접견은 접촉차단시설이 설치된 장소에서 하여야 한다.
② 미결수용자와 변호인과의 접견에는 교도관이 참여하지 못하며 그 내용을 청취 또는 녹취하지 못하나, 보이는 거리에서 미결수용자를 관찰할 수 있다.
③ 소장은 미결수용자가 징벌대상자로서 조사받고 있거나 징벌집행 중인 경우에도 변호인과의 접견을 보장하여야 한다.
④ 소장은 수형자가 19세 미만인 때에는 접견 횟수를 늘릴 수 있다.

해설
① (×) 사형확정자가 다른 형사사건으로 수사 또는 재판을 받고 있는 경우에는 미결수용자와 변호인과의 접견에 관한 규정이 준용된다. 그러므로 접견차단시설이 없는 장소에서 접견하게 하여야 한다.

정답 ①

15 「형의 집행 및 수용자의 처우에 관한 법률」과 동법 시행규칙상 수용자의 교정시설 외부에 있는 사람(변호인 제외)과의 접견에 대한 설명으로 옳지 않은 것은? '16. 7급

① 시설의 안전 또는 질서를 해칠 우려가 있는 때에는 수용자는 교정시설의 외부에 있는 사람과 접견할 수 없다.
② 일반경비처우급 수형자의 접견 허용횟수는 월 6회로 하되, 1일 1회만 허용한다.
③ 접견 중인 수용자가 수용자의 처우 또는 교정시설의 운영에 관한 거짓사실을 유포하는 때에는 교도관은 접견을 중지할 수 있다.
④ 소장은 교화 및 처우상 특히 필요한 경우에는 수용자가 다른 교정시설의 수용자와 통신망을 이용하여 화상으로 접견하는 것을 허가할 수 있다.

해설
① (○) 수용자와 외부인이 접견을 하게 되면 시설의 안전 또는 질서를 해칠 우려가 있는 때에는 수용자의 접견권이 제한된다. 「법」 제41조 제1항 참조.
② (×) 월 6회(×) → 월 5회(○).
④ (○) 「시행규칙」 제87조 제3항 참조.

정답 ②

16 현행법령상 접견에 관한 설명으로 옳지 않은 것은?

① 수형자의 교화를 해칠 우려가 있는 행위를 하려고 하는 때에는 접견을 중지할 수 있다.
② 교도관은 접견 중인 수용자 또는 그 상대방이 증거를 인멸하려고 하는 때에는 접견을 중지할 수 있다.
③ 수용자와 외부의 사람이 접견하는 경우에 접견내용이 청취·녹음 또는 녹화될 때에는 원칙적으로 외국어를 사용해서는 아니 된다.
④ 마약류수용자와 조직폭력수용자가 다른 사람과 접견할 때에는 접촉차단시설이 없는 장소에서 하게 할 수 있다.

해설

④ (×) 소장은 조직폭력수용자가 다른 사람과 접견할 때에는 접촉차단시설이 있는 장소에서 하게 하여야 한다(「시행규칙」 제202조). 할 수 있다(×) → 하게 하여야 한다(○).

정답 ④

17 교도관이 수용자의 접견을 중지할 수 있는 경우로서 옳은 것은?

① 접견의 상대방이 누군지 알 수 없을 때
② 범죄의 증거를 인멸하거나 인멸하려고 하는 때
③ 소장의 접견중지명령이 있을 때
④ 수용자의 처우 또는 교정시설의 운영에 관하여 거짓 사실을 유포할 가능성이 있을 때

해설

② (○) 「법」 제42조 참조. 접견의 중지 사유는 접견이 현재 진행 중인 상황을 전제로 하므로, 단순히 '우려가 있는 때'는 해당되지 않는다는 점을 염두에 두고 그 사유를 기억해야 한다.

> **제42조(접견의 중지 등)** 교도관은 접견 중인 수용자 또는 그 상대방이 다음 각 호의 어느 하나에 해당하면 접견을 중지할 수 있다.
> 1. 범죄의 증거를 인멸하거나 인멸하려고 하는 때
> 2. 제92조의 금지물품을 주고받거나 주고받으려고 하는 때
> 3. 형사 법령에 저촉되는 행위를 하거나 하려고 하는 때
> 4. 수용자의 처우 또는 교정시설의 운영에 관하여 거짓사실을 유포하는 때
> 5. 수형자의 교화 또는 건전한 사회복귀를 해칠 우려가 있는 행위를 하거나 하려고 하는 때
> 6. 시설의 안전 또는 질서를 해하는 행위를 하거나 하려고 하는 때

정답 ②

AI 예상 응용지문

❶ 교도관은 수용자 또는 그 상대방이 범죄의 증거를 인멸하는 때에는 접견을 중지해야 한다. (×)
❷ 시설의 안전 또는 질서를 해칠 우려가 있는 때에는 접견을 중지할 수 있다. (×)
❸ 수형자의 접견횟수는 매주 4회로 한다. (×)

❶ 중지해야 한다(×) → 중지할 수 있다(○) ❷ 우려가 있는 때(×) → 해하는 행위를 하거나 하려고 하는 때(○) ❸ 매주(×) → 매월(○)

18 수용자의 접견에 관한 설명 중 가장 타당한 것은?

① 변호인과 접견하는 미결수용자를 포함한 수용자의 접견시간은 회당 30분 이내로 한다.
② 수용자의 접견횟수는 매월 4회로 한다.
③ 수형자가 19세 미만인 때에는 접촉차단시설이 없는 장소에서 접견하게 할 수 있다.
④ 국어로 의사소통하기 곤란한 사정이 있는 경우에는 외국어를 사용할 수 있다.

해설

① (×) 변호인과 접견하는 미결수용자의 접견시간은 제한할 수 없다. 수용자가 소송사건의 대리인인 변호사와 접견하는 시간은 회당 60분이고, 그 외 수용자의 접견시간은 회당 30분 이내로 한다.
② (×) 수용자 중 수형자 및 사형확정자의 접견횟수가 원칙적으로 매월 4회이다. 미결수용자는 매일 1회로 하는 것이 원칙이다.
③ (×) 19세 미만 수형자에게 인정된 예외는 접견 횟수 증가이다. 19세 미만인 수형자에 대해서는 '접견시간대 외의 접견', '접견시간 연장', '접촉차단시설이 없는 장소에서의 접견'이라는 예외는 적용되지 않는다(「시행령」제59조 3항 참조).
④ (○) 접견시 접견 내용이 청취·녹음·녹화될 때에는 외국어를 사용해서는 아니 되지만, 국어로 의사소통이 곤란한 경우에는 이러한 상황에서도 외국어를 사용할 수 있다(「시행령」제60조 참조).

정답 ④

---

19 소장은 접견시 법정사유가 없으면 접견내용을 청취·기록·녹음 또는 녹화하게 하여서는 아니 된다. 현행법상 접견내용을 녹음 등을 하게 할 수 있는 사유에 해당하지 않는 것은?

① 형사 법령에 저촉되는 행위를 할 우려가 있는 때
② 범죄의 증거를 인멸하거나 인멸할 우려가 있는 때
③ 조직폭력수용자가 다른 사람과 접견하는 때
④ 수형자의 교화 또는 건전한 사회복귀를 위하여 필요한 때

해설

③ (×) 「법」제41조 2항 참조. 소장은 조직폭력수용자가 다른 사람과 접견할 때에는 외부폭력조직과의 연계가능성이 높은 점 등을 고려하여 접촉차단시설이 있는 장소에서 접견하게 하여야 하며, 조직폭력수용자의 편지 및 접견의 내용 중 특이사항이 있는 경우에는 검찰청, 경찰서 등 관계기관에 통보할 수 있다(「시행규칙」제202조, 203조 참조).

정답 ③

➕ 접견 제한사유 · 녹음 등의 사유 · 중지사유

제한사유	청취 · 기록 · 녹음 · 녹화사유	진행 중 중지사유
1. 형사법령에 저촉되는 행위를 할 우려가 있는 때 2. 「형사소송법」이나 그 밖의 법률에 따른 접견금지의 결정이 있는 때 3. 수형자의 교화 또는 건전한 사회복귀를 해칠 우려가 있는 때 4. 시설의 안전 또는 질서를 해칠 우려가 있는 때	1. 범죄의 증거를 인멸하거나 형사법령에 저촉되는 행위를 할 우려가 있는 때 2. 수형자의 교화 또는 건전한 사회복귀를 위하여 필요한 때 3. 시설의 안전과 질서유지를 위하여 필요한 때	1. 범죄의 증거를 인멸하거나 인멸하려고 하는 때 2. 제92조의 금지물품을 주고 받거나 주고받으려고 하는 때 3. 형사법령에 저촉되는 행위를 하거나 하려고 하는 때 4. 수용자의 처우 또는 교정시설에 관하여 거짓사실을 유포하는 때 5. 수형자의 교화 또는 건전한 사회복귀를 해칠 우려가 있는 행위를 하거나 하려고 하는 때 6. 시설의 안전 또는 질서를 해하는 행위를 하거나 하려고 하는 때
세 사유의 공통 목적		
1. 형사 법령에 저촉되는 행위 2. 수형자의 교화 또는 건전한 사회복귀 3. 시설의 안전과 질서		

20 수용자와 교정시설의 외부에 있는 사람의 접견이 제한되는 사유가 아닌 것은? '10. 7급

① 형사 법령에 저촉되는 행위를 할 우려가 있는 때
② 「형사소송법」이나 그 밖의 법률에 따른 접견금지의 결정이 있는 때
③ 부과된 작업의 성과가 현저히 미달한 때
④ 수형자의 교화 또는 건전한 사회복귀를 해칠 우려가 있는 때

해설

③ (×) 작업성과 미달이나 교육 태만 또는 교정성적 저조 등은 접견권 제한사유가 될 수 없다. 「법」 제41조 참조.

정답 ③

21 다음 중 접견의 중지사유로 옳지 않은 것은? '15. 9급

① 형사법령에 저촉되는 행위를 하거나 하려고 하는 때
② 시설의 안전 또는 질서를 해하는 행위를 하거나 하려고 할 때
③ 범죄의 증거를 인멸하거나 인멸하려고 하는 때
④ 수용자의 처우 또는 교정시설의 운영에 관하여 사실을 유포하는 때

해설

④ (×) 사실을 유포하는 때(×) → 거짓 사실을 유포하는 때(○). 「법」 제42조 참조.

정답 ④

22 형의 집행 및 수용자의 처우에 관한 법령상 소장이 교도관으로 하여금 수용자의 접견내용을 청취·기록·녹음 또는 녹화하게 할 수 있는 경우가 아닌 것은? '20. 9급

① 수용자의 처우 또는 교정시설의 운영에 관하여 거짓사실을 유포하는 때
② 시설의 안전과 질서유지를 위하여 필요한 때
③ 범죄의 증거를 인멸하거나 형사 법령에 저촉되는 행위를 할 우려가 있는 때
④ 수형자의 교화 또는 건전한 사회복귀를 위하여 필요한 때

해설

① (×) '수용자의 처우 또는 고정시설의 운영에 관하여 거짓사실을 유포하는 때'는 접견의 중지사유이다.

정답 ①

23 현행법상 수용자는 원칙적으로 교정시설의 외부에 있는 사람과 접견할 수 있으나 일정한 경우는 이를 제한받고 있다. 다음 중 이러한 사유에 해당하지 않는 것은?

① 형사법령에 저촉되는 행위를 할 우려가 있는 때
②「형사소송법」이나 그 밖의 법률에 따른 접견금지의 결정이 있는 때
③ 수형자의 교화 또는 건전한 사회복귀를 해칠 우려가 있는 때
④ 사회의 안전 또는 질서를 해칠 우려가 있는 때

해설

④ (×) 사회의 안전(×) → 시설의 안전(○).「법」제41조 1항 참조.

정답 ④

24「형의 집행 및 수용자의 처우에 관한 법률」상 수용자의 편지수수에 대한 설명으로 옳은 것은? '13. 7급

① 수용자는 편지를 보내려는 경우 해당 편지를 봉함하지 않은 상태로 제출한다.
② 수용자가 보내는 편지의 발송한도는 매주 7회이다.
③ 소장은 수용자에게 온 편지에 금지물품이 들어 있는지를 개봉하여 확인할 수 있다.
④ 수용자의 편지·소송서류 등의 문서를 보내는 데 드는 비용은 국가가 부담하는 것을 원칙으로 한다.

해설

① (×) 과거의 규정이다. 현행법은 편지를 봉함하여 제출하도록 규정하고 있다(「시행령」제65조).
② (×) 수용자가 보내거나 받는 편지는 법령에 어긋나지 아니하면 횟수를 제한하지 아니한다(「시행령」제64조).
④ (×) 수용자가 부담하는 것을 원칙으로 한다. 다만, 소장은 수용자가 그 비용을 부담할 수 없는 경우에는 예산의 범위에서 해당 비용을 부담할 수 있다(「시행령」제69조 참조).

정답 ③

25 형의 집행 및 수용자의 처우에 관한 법령상 수용자의 변호사 접견에 대한 설명으로 옳지 않은 것은?

① 수용자가 소송사건의 대리인인 변호사와 접견하는 시간은 회당 60분으로 한다.
② 수용자가 「형사소송법」에 따른 상소권회복 또는 재심 청구사건의 대리인이 되려는 변호사와 접견하는 횟수는 월 2회로 하고 접견 횟수에 포함시키지 아니한다.
③ 소송사건의 대리인인 변호사가 수용자를 접견하고자 하는 경우에는 변호사 접견 신청서에 소송위임장 사본 등 소송사건의 대리인임을 소명할 수 있는 자료 및 소송계속(係屬) 사실을 소명할 수 있는 자료를 첨부하여 소장에게 제출하여야 한다.
④ 수용자가 「형사소송법」에 따른 상소권회복 또는 재심 청구사건의 대리인이 되려는 변호사와 접견하는 경우에는 교정시설의 안전 또는 질서를 해칠 우려가 없는 한 접촉차단시설이 설치되지 않은 장소에서 접견하게 한다.

해설

② (×) 월 2회(×) → 사건 당 2회(○). 「시행령」 제59조의 2 제2항 참조.

정답 ②

26 형의 집행 및 수용자의 처우에 관한 법령상 접견 중인 수용자 또는 그 상대방에 대해 교도관이 접견을 중지할 수 있는 사유로 옳은 것은?

① 범죄의 증거를 인멸할 때
② 행정법령에 저촉되는 행위를 하려고 하는 때
③ 미결수용자의 건전한 사회복귀를 해칠 우려가 있는 행위를 하려고 하는 때
④ 수용자의 처우에 관하여 사실을 유포하는 때

해설

② (×) 행정법령(×) → 형사법령(○).
③ (×) 미결수용자(×) → 수형자(○).
④ (×) 사실(×) → 거짓사실(○). 법 제42조 참조.

정답 ①

27 현행법령상의 접견제한사유를 모두 고른 것은?

보 기
㉠ 형사법령에 저촉되는 행위를 할 우려가 있는 때 ㉡ 시설의 안전을 해칠 우려가 있는 때 ㉢ 범죄의 증거를 인멸하려고 하는 때 ㉣ 수형자의 건전한 사회 복귀를 해칠 우려가 있는 때 ㉤ 금지물품을 주고받으려고 하는 때

① ㉠, ㉢, ㉣ ② ㉠, ㉡, ㉣
③ ㉠, ㉡, ㉢ ④ ㉠, ㉡, ㉢, ㉣

해설

㉢ (×) 접견에 있어서는, 청취·녹음 등의 사유와 접견의 중지사유에 해당한다. 또한 전화 통화를 허가할 수 없는 사유이다.
㉤ (×) 접견 중지사유 및 전화통화 중지사유

정답 ②

AI 예상 응용지문

❶ 수용자가 재심청구사건의 대리인이 되려는 변호사와의 접견은 월 2회로 한다. (×)
❷ 소장은 수형자의 교화를 위하여 필요한 때에는 녹음·녹화를 위하여 수용자의 접견에 교도관을 참여하게 할 수 있다. (×)

❶ 월 2회(×) → 사건 당 2회(○) ❷ 녹음·녹화(×) → 청취·기록(○)

---

28 형의 집행 및 수용자의 처우에 관한 법령상 수용자의 편지수수 등에 대한 설명으로 옳지 않은 것은?

'24. 9급

① 수용자는 시설의 안전 또는 질서를 해칠 우려가 있는 때에는 다른 사람과 편지를 주고받을 수 없다.
② 수용자가 보내거나 받는 편지는 법령에 어긋나지 않으면 횟수를 제한하지 않는다.
③ 소장은 규율위반으로 징벌집행 중인 수용자가 다른 수용자와 편지를 주고받는 때에는 그 내용을 검열하여야 한다.
④ 소장은 법원·경찰관서, 그 밖의 관계기관에서 수용자에게 보내온 문서는 다른 법령에 특별한 규정이 없으면 열람한 후 본인에게 전달하여야 한다.

해설

③ (×) 검열하여야 한다(×) → 검열할 수 있다(○)). 시행령 제66조 1항.

정답 ③

29 금지물품 확인을 위하여 수용자나 다른 사람에게 편지를 봉함하지 않은 상태로 제출하게 할 수 있는 경우는 모두 몇 개인가?

> ㉠ 절도죄로 춘천교도소에 수용된 A가 서울구치소에 수용 중인 B에게 편지를 보내려는 경우
> ㉡ 경북 제2교도소에 수용 중인 중경비시설 수용 대상인 수형자 C가 변호인에게 편지를 보내려는 경우
> ㉢ 거창구치소에서 징벌 집행 중인 수용자 D가 부산교도소 수용자 E에게 편지를 보내려는 경우
> ㉣ 상주교도소에 수용 중인 마약류사범 F가 소송대리인인 변호사에게 편지를 보내려는 경우
> ㉤ 포항교도소에 수용 중인 중경비시설 수용 대상인 수형자 G가 그의 어머니에게 편지를 보내려는 경우

① 1개 ② 2개
③ 3개 ④ 4개

해설

㉠ (×) '수용자가 같은 교정시설에 수용 중인 다른 수용자에게 편지를 보내려는 경우'에는 봉함하지 않은 상태로 제출하게 할 수 있으나, 다른 교정시설에 수용되어 있는 수용자 간 편지는 봉함하여 제출한다.

㉡ (×) 수형자가 별도의 형사사건으로 선임된 변호인에게 보내는 편지는 봉함하지 않은 상태로 제출하게 할 수 없다. 엄중관리대상자와 중경비시설 수용대상인 수형자가 변호인 외의 자(일반인이나 수용자)에게 편지를 보내려는 경우에는 봉함하지 아니한 상태로 제출하게 할 수 있다. 형집행법 시행령 제65조 1항 참조.

㉢ (○) '수용자가 규율위반으로 조사 중에 다른 수용자에게 편지를 보내려는 경우'이거나 '징벌 집행 중인 수용자가 다른 수용자에게 편지를 보내려는 경우'에는 '같은 교정시설 내 수용자 간 편지'가 아니고 '다른 교정시설 수용자 간 편지인 경우'에도 봉함하지 않은 상태로 제출하게 할 수 있다. '징벌 집행 중인 수용자나 규율위반으로 조사 중인 수용자가 다른 사람(수용자 아닌 일반인)에게 편지를 보내려는 경우'에는 봉함하지 않은 상태로 제출하게 할 수 없다. 이 문제를 통해 제1호 '엄중관리대상자 및 중경비시설 수용 대상인 수형자가 다른 사람에게 편지를 보내려는 경우와 제3호 규율위반으로 조사 중인 수용자 및 징벌 집행 중인 수용자가 다른 수용자에게 편지를 보내려고 하는 경우'의 봉함하지 않은 상태의 편지 제출 요건을 명확하게 구분하도록 해야 한다. 형집행법 시행령 제65조 1항 참조.

㉣ (○) 마약류사범·조직폭력사범·관심대상수용자가 변호인이 아니라 소송대리인인 변호사에게 편지를 보내려는 경우인 때에는 다른 수용자에게 편지를 보내는 경우와 마찬가지로 해당 사유에 부합되면 봉함하지 않은 상태로 제출하게 할 수 있다. 시행령 제65조 1항 참조..

㉤ (○) 중경비시설 수용대상인 수형자가 변호인 외의 자에게 편지를 보내려는 경우에는 봉함하지 아니한 상태로 제출하게 할 수 있다. 시행령 제65조 1항 참조..

정답 ③

30 현행법령상 수용자의 편지검열에 관하여 옳지 않은 것은?

① 상대방이 누구인지 확인할 수 없는 때에는 그 내용을 검열할 수 있다.
② 같은 교정시설의 수용자에 한해 편지를 주고받으려면 소장의 허가를 받아야 하고, 소장은 그 내용을 검열할 수 있다.
③ 규율위반으로 징벌집행 중인 수용자가 외부의 다른 사람과 편지를 주고받는 때에는 그 내용을 검열할 수 있다.
④ 헌법재판소는 수용자가 보내려는 모든 편지에 대해 무봉함 상태로 제출을 강제함으로써 사실상 검열 가능한 상태에 놓이도록 하는 것은 통신비밀의 자유를 침해하는 것이라고 본다.

> **해설**
>
> ③ (×) 외부의 다른 사람과(×) → 다른 수용자와(○).
> 「시행령」 제66조 제1항에 의하면, 편지의 내용을 검열할 수 있는 사유로서 1. 엄중관리대상자인 때, 2. 편지를 주고받으려고 하는 수용자와 같은 교정시설에 수용 중인 때, 3. 규율위반으로 조사 중이거나 징벌집행 중인 때, 4. 범죄의 증거를 인멸할 우려가 있는 때에 해당하는 경우에는 수용자와 다른 수용자가 편지를 주고받는 때에만 검열할 수 있다. 이 사유는 수용자가 외부에 있는 다른 사람과 편지를 주고받을 경우라면 검열사유가 아니다.
> 수용자가 다른 수용자뿐 아니라 수용자가 아닌 다른 사람과 주고받는 편지의 내용을 검열할 수 있는 사유는 1. 편지의 상대방이 누구인지 확인할 수 없을 때, 2. 「형사소송법」이나 그 밖의 법률에 따른 편지검열의 결정이 있는 때, 3. '수형자의 교화 또는 건전한 사회복귀를 해칠 우려가 있는 때', '시설의 안전 또는 질서를 해칠 우려가 있는 때' 에 해당하는 내용이나 형사법령에 저촉되는 내용이 기재되어 있다고 의심할 만한 상당한 이유가 있는 때이다(「법」 제43조 제4항 참조).
>
> **정답** ③

31 다음 중 편지검열 사유에 대한 설명으로 옳지 않은 것은?

① 엄중관리대상자가 아닌 수용자가 다른 교정시설의 엄중관리대상자에게 보내는 편지는 검열 사유에 해당한다.
② 엄중관리대상자가 다른 교정시설의 수용자에게 보내는 편지는 검열사유에 해당된다.
③ 미결수용자와 변호인 간의 편지는 상대방이 변호인임을 확인할 수 없는 경우를 제외하고는 검열할 수 없다.
④ 같은 교정시설에 있는 수용자에게 보내는 편지는 검열사유에 해당되지 않는다.

> **해설**
>
> ④ (×) '같은 교정시설에 있는 수용자 간' 편지는 검열사유 뿐만 아니라 봉함하지 않은 상태로 제출케 할 수 있는 사유이고, 소장의 사전허가 사유이기도 하다.
>
> **정답** ④

32 갑·을·병은 공범으로 갑과 을은 A교도소에서 수용되어 있고 병은 B교도소에 수용되어 있다. 다음 중 이들 간의 편지(편지)수수에 관한 내용 중 적절하지 않은 것은?

① 갑이 을에게 편지를 보내기 위해서는 A교도소장의 허가를 받아야 한다.
② 갑이 을에게 보내는 편지가 시설의 안전 또는 질서를 해칠 우려가 없는 경우라도 A교도소장은 갑의 편지를 검열할 수 있다.
③ 갑이 병에게 보내는 편지가 범죄의 증거를 인멸할 우려가 있는 때에는 A교도소장의 허가를 받아야 한다.
④ 병이 마약류사범으로 지정된 경우에는 갑이 병에게 보낸 편지는 검열의 대상이 되며 원칙적으로 A교도소에서 검열해야 한다.

해설

③ (×) 법률은 같은 교정시설의 수용자 간에 편지를 주고받는 경우만을 유일하게 사전허가를 요건으로 규정하고 있다(「법」 제43조 2항). 따라서 수용자 간의 편지수수라 할지라도 다른 교정시설에 있는 수용자 간의 편지수수는 사전허가를 요건으로 할 수 없다. 다른 교정시설에 수용되어 있는 수용자 간 편지수수에 적용되는 특칙은, '규율위반으로 조사 중이거나 징벌집행 중인 때' 및 '범죄의 증거를 인멸할 우려가 있는 때', '엄중관리대상자인 때'에 해당하는 수용자가 당사자인 경우에는 편지내용을 검열할 수 있다는 것이다.
① (○) 「법」 제43조 2항   ② (○) 「법」 제43조 4항, 「시행령」 제66조   ④ (○) 「시행령」 제66조 1항

정답 ③

33 수용자에 대한 접견, 편지수수 및 전화 통화에 대한 설명으로 옳지 않은 것은?

① 수용자가 교정시설의 운영에 관하여 거짓 사실을 유포하는 때에는 교도관은 접견 중인 수용자의 접견을 중지할 수 있다.
② 미결수용자와 변호인의 접견에 교도관이 참여한 경우 그것은 수용자의 접견교통권을 침해한 것이다.
③ 수용자가 전화통화를 하는 동안에 교도관은 그 통화내용을 청취할 수 없다.
④ 같은 교정시설의 수용자 간에 편지를 주고받으려면 소장의 허가를 받아야 한다.

해설

③ (×) 수용자의 전화통화를 허가할 때에 통화내용의 청취 또는 녹음을 붙일 수 있음으로 교도관은 그 통화내용을 청취할 수 있다(「법」 제44조 2항 참조).

정답 ③

34 형의 집행 및 수용자의 처우에 관한 법령상 수용자의 전화통화에 대한 설명으로 옳지 않은 것은?

① 소장이 수용자에 대하여 교정시설의 외부에 있는 사람과 전화통화를 허가할 때에는 통화내용의 청취 또는 녹음을 조건으로 붙일 수 있다.
② 전화통화의 통화시간은 특별한 사정이 없으면 3분 이내로 하고, 수용자의 전화통화 요금은 수용자가 부담하는 것을 원칙으로 한다.
③ 소장은 전화통화 허가 후 수용자가 형사법령에 저촉되는 행위를 할 우려가 있을 때에는 전화통화의 허가를 취소할 수 있다.
④ 소장은 사형확정자의 심리적 안정과 원만한 수용생활을 위하여 월 2회 이내의 범위에서 전화통화를 허가하여야 한다.
⑤ 교도관은 전화통화 중인 수용자가 교정시설의 운영에 관하여 거짓사실을 유포하는 때에는 전화통화를 중지할 수 있다.

해설

④ (×) 월 2회(×) → 월 3회(○). 허가하여야 한다(×) → 허가할 수 있다(○). 「시행규칙」제156조 참조.

정답 ④

AI 예상 응용지문

❶ 수용자가 편지를 보내려는 경우 소장은 소정의 사유에 따른 내용검열을 위하여 필요한 경우에는 편지를 봉함하지 않은 상태로 제출하게 할 수 있다. (×)
❷ 소장은 편지에서 금지물품 확인을 했을 때에는 그 사실을 해당 수용자와 그 상대방에게 지체 없이 알려주어야 한다. (×)
❸ 소장은 사형확정자의 교화와 원만한 수용생활을 위하여 필요하다고 인정하는 경우에는 월 3회 이내의 범위에서 전화통화를 허가할 수 있다.

❶ 내용검열(×) → 금지물품의 확인(○) ❷ 금지물품 확인(×) → 내용을 검열(○) / 수용자와 상대방(×) → 수용자(○) ❸ 교화와(×) → 심리적 안정과(○). 시행규칙 제156조(전화통화) 참조.

---

35 외국 국적인 여성 트럼프는 죄를 범해 교도소로 들어왔다. 이에 대한 설명으로 옳은 것은?

① 정신적인 충격으로 인해 유산을 하였을 경우 소장은 정기적인 검진을 하지 않아도 된다.
② 고의적인 음식물 섭취 거부로 인해 생명에 위협이 될 정도의 건강이 의심되는 경우 음식물을 강제 섭취시킬 수 있다.
③ 트럼프의 친구인 마르크가 접견을 왔을 시 보안을 위반할 수 있으므로 자국어로 의사소통을 하면 안 된다.
④ 트럼프의 14세 딸이 면회를 왔을 시 외국인이므로 접촉이 차단되지 않은 장소에서 접견을 할 수 있다.

해설

① (×) 소장은 유산한 경우에는 정기적인 검진 등 적절한 조치를 하여야 한다(「법」 제52조 1항).
② (○) 소장은 수용자가 음식물 섭취를 거부하면 의무관으로 하여금 관찰·조언 또는 설득하도록 하여야 하고, 이렇게 하였음에도 불구하고 음식물 섭취를 계속 거부하여 그 생명에 위험을 가져올 급박한 우려가 있으면 의무관으로 하여금 적당한 진료 또는 영양보급 등의 조치를 하게 할 수 있다(「법」 제40조 참조).
③ (×) 접견내용이 청취·녹음·녹화될 때에만 외국어 사용금지 규정이 적용된다. 따라서 이 사례의 경우에는 외국어를 사용하는 것이 제한되지 않는다. 또한 청취·녹음·녹화되는 경우에도 이 사례처럼 국어로 의사소통하기 곤란한 사정이 있는 경우에는 외국어를 사용할 수 있다(「시행령」 제60조 참조).
④ (×) 외국인에 대한 특례로서, 접촉차단시설이 없는 장소에서의 접견 허용 규정은 존재하지 않는다. 이 사례처럼 접촉차단시설이 없는 장소에서 접견을 하도록 허용할 수 있는 근거는 「법」 제41조 3항이다. "소장은 수용자가 미성년자인 자녀와 접견하는 경우에는 접촉차단시설이 없는 장소에서 접견하게 할 수 있다"고 규정하고 있다.

정답 ②

36 수용자의 기본권에 대한 설명으로 옳은 것은? (다툼이 있는 경우 헌법재판소 판례에 의함) '14. 7급

① 변호사와 접견하는 경우에도 수용자의 접견은 원칙적으로 접촉차단시설이 설치된 장소에서 하도록 규정하고 있는 형의 집행 및 수용자의 처우에 관한 법률 시행령 관련 조항은 수용자의 재판청구권을 침해한다.
② 수형자의 선거권을 전면적·획일적으로 제한하는 공직선거법관련 조항은 범행의 불법성이 커 교정시설에 구금되어 있는 자들의 선거권을 일률적으로 제한해야 할 필요성에 근거한 것으로 수형자의 선거권을 침해하는 것은 아니다.
③ 교도소에 수용된 때에는 국민건강급여를 정지하도록 한 국민건강보험법상의 규정은 수용자의 건강권, 인간의 존엄성, 행복추구권, 인간다운 생활을 할 권리를 침해하는 것으로 위헌이다.
④ 교화상 또는 구금목적에 특히 부적당하다고 인정되는 기사, 조직범죄 등 수용자 관련 범죄 기사에 대한 신문기사를 삭제한 후 수용자에게 구독케 한 행위는 알권리의 과잉침해에 해당한다.

해설

② (×) 집행유예자와 수형자에 대하여 전면적·획일적으로 선거권을 제한하는 것은 침해의 최소성 원칙에 어긋난다. 또한 보통선거 원칙을 위반하여 집행유예자와 수형자를 일반국민과 달리 취급하는 것이므로 평등의 원칙에도 어긋난다.
③ (×) 침해한 것으로 볼 수 없으므로 합헌이다.
④ (×) 신문기사 삭제행위는 알권리를 과잉제한 한 것이라고 할 수 없고, 알권리의 본질적인 내용을 침해하였다 할 수 없다.

정답 ①

37 다음 설명 중 옳지 않은 것은?

① 수형자의 접견횟수는 월 4회, 접견시간은 30분으로 한다.
② 수용자는 소장의 허가를 얻어 교정시설 외부의 사람과 통화를 할 수 있다.
③ 범죄의 증거를 인멸하거나 형사법령에 저촉되는 행위를 할 우려가 있는 때에는 교도관으로 하여금 접견 내용을 청취, 기록, 녹음 또는 녹화하게 할 수 있다.
④ 미결수용자의 접견횟수는 매일 1회로 하되, 변호인과의 접견은 그 횟수에 포함시키지 않는다.

해설

① (×) 30분으로(×) → 30분 이내로(○).

정답 ①

38 현행법령상 편지수수에 대한 규정으로 적절한 것은?

① 미결수용자와 변호인 간의 편지도 예외적으로 검열할 수 있는 경우가 있다.
② 편지 내용의 검열절차 등에 관하여 필요한 사항은 법무부령으로 정한다.
③ 규율위반으로 조사 중인 수용자가 다른 사람과 편지를 주고받는 때에는 그 내용을 검열할 수 있다.
④ 최근 헌법재판소는 수용자가 발송하는 편지(편지)를 검열하는 것을 통신의 자유의 본질적 내용을 침해하는 것이라고 판시하였다.

해설

① (○) 교정시설에서 상대방이 변호인임을 확인할 수 없는 경우에 한하여 검열할 수 있다.
② (×) 법무부령(×) → 대통령령(○).
③ (×) 다른 사람(×) → 다른 수용자(○). 「시행령」 제66조 1항 참조.
④ (×) 수용자가 발송하는 편지(편지)을 검열하는 것은 교정시설의 규율과 질서유지 및 구금의 목적 달성을 위해 필요하다. 그러므로 현행 법령에 따라 수형자가 주고받는 편지(편지)의 검열을 하는 것은 유효적절한 방법에 의한 최소한의 제한으로 볼 수 있다. 따라서 편지(편지)검열로 인하여 수형자의 통신의 비밀이 일부 제한된다 하여도 그것은 통신의 자유의 본질적인 내용까지 침해하는 것은 아니다(96 헌마 398).

정답 ①

39 수용자의 편지수수와 관련한 다음 설명 중 옳지 않은 것은?

① A교도소에 수용되어 있는 수형자 B가 C구치소에 수용되어 있는 미결수용자 D와 편지를 주고받으려면 A교도소장의 허가를 받아야 한다.
② 19세인 미결수용자 E가 보내거나 받는 편지는 법령에 어긋나지 아니하면 횟수를 제한하지 아니한다.
③ 마약류 사범으로 F교도소에 수용되어 있는 수형자 G가 H구치소의 I수용자에게 보내는 편지의 검열은 F교도소에서 하는 것이 원칙이다.
④ 현행법에 따라 발신이 금지된 수형자 J의 편지는 J에게 그 사유를 알린 후 동의하면 이를 폐기할 수 있다.

> 해설

① (×) 허가받아야 한다(×). B와 D는 같은 교정시설에 수용되어 있지 않으므로 허가 없이 편지교환할 수 있는 권리가 있다.
④ (○) 발신·수신이 금지된 편지는 그 구체적인 사유를 서면으로 작성해 관리하고, 수용자에게 그 사유를 알린 후 교정시설에 보관한다. 다만, 수용자가 동의하면 폐기할 수 있다(「법」 제43조 7항). <개정 2020. 2. 4>

정답 ①

40 형의 집행 및 수용자의 처우에 관한 법령상 소장이 수용자 간의 편지를 검열할 수 있는 경우에 해당하지 않는 것은? '16. 9급

① 범죄의 증거를 인멸할 우려가 있는 때
② 규율위반으로 조사 중이거나 징벌집행 중인 때
③ 편지를 주고받으려는 수용자와 같은 교정시설에 수용 중인 때
④ 민·형사 법령에 저촉되는 내용이 기재되어 있다고 의심할 만한 상당한 이유가 있는 때

> 해설

④ (×) 민·형사 법령(×) → 형사법령(○). 수용자가 다른 수용자와 편지를 주고받을 때의 편지검열사유는 수용자와 일반인 간의 편지검열에 대한 특칙으로 「시행령」 제66조에 규정되어 있다. 그러므로 「법」 제43조 4항의 검열사유인 '편지의 상대방이 누구인지 확인할 수 없는 때' '「형사소송법」이나 그 밖의 법률에 따른 편지검열의 결정이 있는 때'도 기본적으로 적용된다. 따라서 「시행령」 제66조 1항에 규정되어 있는 검열사유인 ①, ②, ③ 및 어느 한 쪽의 수용자 또는 양쪽의 수용자 모두가 엄중관리대상인 경우에도 그 내용을 검열할 수 있다.

정답 ④

> AI 예상 응용지문

❶ 소장은 수용자에게 온 편지는 개봉해서 확인해서는 아니 되고, X-레이 투시기 등으로만 확인할 수 있다. (×)
❷ 소장이 수용자가 주고받는 편지에 법령으로 금지된 물품이 들어있으면, 편지의 내용검열결과와 별도로 발신 또는 수신을 금지할 수 있다. (○)

❶ 개봉하여 확인할 수 있다. 「시행령」 제65조.

41 다음 중 현행법령상 편지수수에 대한 규정으로 옳은 것은?

① 수용자는 다른 교정시설에 있는 수용자에게 편지를 보내려면 소장의 허가를 받아야 한다.
② 규율위반으로 조사 중이거나 징벌집행 중인 수용자가 다른 사람과 편지를 주고받는 때에는 그 내용을 검열할 수 있다.
③ 규율위반으로 조사 중이거나 징벌집행 중인 수용자가 편지를 보내려는 경우에는 금지물품의 확인을 위하여 필요한 경우에는 편지를 봉함하지 않은 상태로 제출하게 할 수 있다.
④ 소장은 법원·경찰관서, 그 밖의 관계기관에서 수용자에게 보내온 문서는 다른 법령에 특별한 규정이 없으면 열람한 후 본인에게 전달하여야 한다.

해설

① (×) 다른 교정시설(×) → 같은 교정시설(○).
② (×) 다른 사람(×) → 다른 수용자(○).
③ (×) 징벌 집행 중인 수용자가 편지를 보내려는 경우 전부가 봉함하지 않은 채 제출하게 할 수 있는 사유가 아니다. 외부인이 아닌 수용자에게 보내는 경우에만 봉함하지 않은 상태로 제출하게 할 수 있다 (「시행령」 제65조 1항 참조).
④ (○) 「시행령」 제67조 참조.

정답 ④

42 소장이 경비처우급에 따라 접견횟수를 허용한 것으로 옳지 않은 것은?

① 중경비처우급 월 4회
② 일반경비처우급 월 5회
③ 완화경비처우급 월 6회
④ 개방처우급 월 8회

해설

④ (×) 월 8회(×) → 1일 1회(○). 「시행규칙」 제87조 참조.

정답 ④

AI 예상 응용지문

❶ 수용자의 전화통화요금은 수용자가 부담한다. 다만 처우상 특히 필요한 경우에는 예산의 범위에서 소장이 부담할 수 있다. 「시행규칙」 제29조 참조. (×)
❷ 수형자의 전화통화는 개방처우급·완화경비처우급 수형자에게 원칙적으로 허용할 수 있고, 일반경비처우급에 대하여도 처우상 특히 필요한 경우에 할 수 있으나, 중경비처우급 수형자에게는 허용하면 안 된다. (×)
❸ 소장은 수용자가 전화통화 요금을 부담할 수 없는 경우에는 전화요금 수용자 부담 원칙에도 불구하고 예산의 범위에서 요금을 부담할 수 있다. (×)

❶ 처우상 특히 필요한 경우에는(×) → 교정성적이 양호한 수형자 또는 보관금이 없는 수용자 등의 경우에는(○) ❷ 중경비처우급 수형자에게도 처우상 특히 필요한 경우에는 허용 가능함. ③ 수용자가 그 비용을 부담할 수 없는 경우(×) → 교정성적이 양호한 수형자 또는 보관금이 없는 수용자(○). 시행규칙 제29조(통화요금의 부담) 참조. '수용자가 그 비용을 부담할 수 없는 경우'의 예외를 인정하여 소장이 예산의 범위에서 비용 부담할 수 있도록 규정한 것은 '편지 등 발송비용 부담'이다. 시행령 제69조 참조.

43 형의 집행 및 수용자의 처우에 관한 법령상 편지수수와 전화통화에 대한 설명으로 옳은 것은? '19. 9급

① 소장은 처우등급이 중(重)경비시설 수용대상인 수형자가 변호인 외의 자에게 편지를 보내려는 경우 법령에 따라 금지된 물품이 들어있는지 확인을 위하여 필요한 경우에는 편지를 봉함하지 않은 상태로 제출하게 할 수 있다.
② 소장은 「형의 집행 및 수용자의 처우에 관한 법률」에 의하여 발신 또는 수신이 금지된 편지는 수용자에게 그 사유를 알린 후 즉시 폐기하여야 한다.
③ 수용자가 허가를 받아 교정시설의 외부에 있는 사람과 전화통화를 하는 경우 소장은 통화내용을 청취 또는 녹음을 하여야 한다.
④ 수용자가 외부에 있는 사람과 전화통화를 하는 경우 전화통화 요금은 소장이 예산의 범위에서 부담하되, 국제통화요금은 수용자가 부담한다.

해설

② (×) 폐기해야 한다(×) → 그 구체적인 사유를 서면으로 작성해 관리하고, 보관한다. 다만, 동의하면 폐기할 수 있다(○).「법」제43조 7항 참조.
③ (×) 청취 또는 녹음을 하여야 한다(×) → 청취 또는 녹음을 조건으로 붙일 수 있다(○).「법」제44조 2항 참조.
④ (×) 수용자의 전화통화 요금은 수용자가 부담한다. 예외적으로 교정성적이 양호한 수형자 또는 보관금이 없는 수용자에 대하여는 소장 부담 인정.「시행규칙」제29조 참조.

정답 ①

44. 현행법령상 편지검열의 사유가 아닌 것은 모두 몇 개인가?

ㄱ. 편지의 상대방이 누구인지 확인할 수 없는 때
ㄴ. 형사소송법이나 그 밖의 법률에 따른 편지검열의 결정이 있는 때
ㄷ. 수형자의 교화 또는 건전한 사회복귀를 해칠 우려가 있는 내용이 기재되어 있다고 의심할 만한 상당한 이유가 있는 때
ㄹ. 시설의 안전 또는 질서를 해칠 우려가 있는 내용이 기재되어 있다고 의심할 만한 상당한 이유가 있는 때
ㅁ. 형사 법령에 저촉되는 내용이 기재되어 있다고 의심할 만한 상당한 이유가 있는 때
ㅂ. 사생활의 비밀 또는 자유를 침해할 우려가 있는 내용이 기재되어 있다고 의심할 만한 상당한 이유가 있는 때
ㅅ. 조직폭력사범이 다른 교정시설에 있는 조직폭력사범이 아닌 수용자와 편지를 주고받는 때

① 0개
② 1개
③ 2개
④ 3개

해설

ㅂ (×) 사생활의 비밀 또는 자유를 침해할 우려가 있는 편지의 내용에 해당하면 발신 또는 수신을 금지할 수 있다. 따라서 ㅂ의 내용은 편지를 검열한 결과 조치할 수 있는 사유이지 편지검열의 사유에 해당하지는 않는다. (「법」제43조 참조).

정답 ②

AI 예상 응용지문

❶ 엄중관리대상자가 교정시설의 외부에 있는 사람과 편지를 교환하는 경우에는 편지를 봉함하지 아니한 상태로 제출하게 할 수 있는 사유이나 검열의 사유에는 해당하지 아니한다. (○)
❷ 소장은 관계기관에서 수용자에게 보내온 문서는 열람 없이 본인에게 전달한다. (×)
❸ 수용자 간 오고가는 편지에 대한 검열은 보내는 교정시설 또는 받는 교정시설 중 한 곳에서만 할 수 있다. (×)
❹ 소장은 수용자의 접견, 편지수수, 전화통화 등의 과정에서 수용자의 교화에 특히 참고할 사항을 알게 된 경우에는 그 요지를 수용기록부에 기록해야 한다. (×)

❶ 수용자에게 보내는 편지인 경우에는 내용검열도 할 수 있으나, 엄중관리대상자가 외부사람에게 보내는 편지는 검열사유가 아님. ❷ 관계기관에서 보내온 문서는 다른 법령에 특별한 규정이 없으면 열람한 후에 본인에게 전달하여야 한다. ❸ 원칙적으로 보내는 교정시설에서 검열한다. 다만, 특히 필요하다고 인정되는 경우에는 편지를 받는 교정시설에서도 검열할 수 있다. ❹ 소장(×) → 교도관(○) / 교화에(×) → 처우에(○). 「시행령」 제71조 참조.

45 형집행법령상 수용자의 편지수수에 대한 설명으로 옳지 않은 것은?

① 소장은 편지의 내용을 검열했을 때에는 그 사실을 해당 수용자에게 지체 없이 알려주어야 한다.
② 편지발송의 횟수, 편지 내용물의 확인방법 및 편지 내용의 검열절차 등에 관하여 필요한 사항은 대통령령으로 정한다.
③ 수용자 간에 오가는 편지에 대한 검열은 편지를 받은 교정시설에서 한다. 다만, 특히 필요하다고 인정되는 경우에는 편지를 보내는 교정시설에서도 할 수 있다.
④ 같은 교정시설의 수용자 간에 편지를 주고받으려면 소장의 허가를 받아야 한다.

해설

③ (×) 검열은 편지를 보내는 교정시설에서 하는 것이 원칙이다. 시행령 제66조 제2항 참조.

정답 ③

46 형의 집행 및 수용자의 처우에 관한 법령상 수용자의 전화통화에 대한 설명으로 적절하지 않은 것은?

① 미결수용자에게 전화통화를 허가할 경우 그 허용횟수는 월 2회 이내로 한다.
② 전화통화의 통화시간은 특별한 사정이 없으면 3분 이내로 한다.
③ 소장은 녹음기록물에 대한 보호·관리를 위해 전화통화정보 취급자를 지정해야 하고, 전화통화정보 취급자는 직무상 알게 된 전화통화정보를 누설 또는 권한 없이 처리하거나 다른 사람이 이용하도록 제공하는 등 부당한 목적으로 사용해서는 안 된다.
④ 수형자의 경비처우급별 전화통화의 허용횟수는 개방처우급은 월 20회 이내, 완화경비처우급은 월 10회 이내, 일반경비처우급은 월 5회 이내, 중(重)경비처우급은 처우상 특히 필요한 경우 월 2회 이내이다.

해설

② (×) 3분 이내(×) → 5분 이내(○). 시행규칙 제25조 제3항 참조.
① (○) 시행규칙 제25조 1항. ③ (○) 시행규칙 제28조 3항. ④ (○) 시행규칙 제90조 참조.

정답 ②

47 「형의 집행 및 수용자의 처우에 관한 법률 시행규칙」상 전화통화의 허용횟수에 대한 규정으로 (㉠) ~ (㉣)에 들어갈 숫자의 합으로 옳은 것은? '24. 6급(교감) 승진

> 제90조(전화통화의 허용횟수) ① 수형자의 경비처우급별 전화통화의 허용횟수는 다음 각 호와 같다.
> 1. 개방처우급: 월 (㉠) 회 이내
> 2. 완화경비처우급: 월 (㉡)회 이내
> 3. 일반경비처우급: 월 (㉢)회 이내
> 4. 중(重)경비처우급: 처우상 특히 필요한 경우 월 (㉣)회 이내

① 12　　　　　　　　　　　　② 37
③ 38　　　　　　　　　　　　④ 50

해설

② (○) ㉠ 20　㉡ 10　㉢ 5　㉣ 2

정답 ②

MEMO

CHAPTER 06 종교와 문화

01 수용자의 종교의 자유에 대한 설명으로 가장 적절한 것은? 'AI 예상

① 소장은 수형자의 교화와 사회복귀를 해치지 아니하는 범위에서 종교단체 또는 종교인이 주재하는 종교행사를 실시한다.
② 수용자는 교정시설의 안 또는 밖에서 실시하는 종교의식 또는 행사에 참석할 수 있으며, 개별적인 종교상담을 받을 수 있다.
③ 소장은 수용자가 종교상담을 신청하거나 수용자에게 종교상담이 필요한 경우에는 해당 종교의 전도사로 하여금 상담하게 할 수 있다.
④ 소장은 수용자가 종교행사용 시설의 부족 등 여건이 충분하지 아니할 때에는 수용자의 종교행사 참석을 제한할 수 있다.

해설

①(×) 수형자의 교화와 사회복귀를 해치지 아니하는 범위에서(×) → 교정시설의 안전과 질서를 해치지 않는 범위에서(○). 시행규칙 제31조 1항 참조.
②(×) 교정시설의 안 또는 밖에서(×) → 교정시설의 안에서(○). 법 제45조 1항 참조.
③(×) 해당 종교의 전도사로 하여금(×) → 해당 종교를 신봉하는 교도관 또는 교정참여인사로 하여금(○). 시행규칙 제33조 참조.
④(○) 제32조(종교행사의 참석대상)의 수용자의 종교행사 참석 제한 사유 참조.
☞ 출제의도 : 이 문제는 최근 실제 시험에서 형의 집행 및 수용자의 처우와 관련된 법령의 구체적인 내용을 이해하고 있는지를 묻는 문제가 난도 높은 문항으로 자주 출제되는 경향을 고려하여 출제하였습니다. 각 지문에서 함정 부분을 찾아내고, 해당 법령의 구체적 조항을 통해 정확한 규정을 이해하도록 준비시키는 것이 핵심입니다.

정답 ④

02 형집행법령상 종교와 문화에 대한 설명으로 옳은 것을 모두 고른 것은? '24. 5급(교정관) 승진

㉠ 소장은 수용자가 전도를 핑계삼아 다른 수용자의 평온한 신앙생활을 방해할 때에는 수용자의 종교행사 참석을 제한할 수 있다.
㉡ 소장은 수용자가 종교상담을 신청하거나 수용자에게 종교상담이 필요한 경우에는 해당 종교의 성직자로 하여금 상담하게 할 수 있다.
㉢ 소장은 사생활의 비밀 또는 자유를 침해할 우려가 있는 때에는 개별 수용자에 대하여 라디오 및 텔레비전의 청취 또는 시청을 금지할 수 있다.
㉣ 소장은 수용자의 건강과 일과시간 등을 고려하여 1일 6시간 이내에서 방송편성시간을 정한다. 다만, 토요일·공휴일, 작업·교육실태 및 수용자의 특성을 고려하여 방송편성시간을 조정할 수 있다.

① ㉠, ㉡   ② ㉠, ㉣   ③ ㉡, ㉢   ④ ㉢, ㉣

해설

ⓒ (×) 성직자로 하여금(×) → 교도관 또는 교정참여인사로 하여금(○). 시행규칙 제33조(종교상담) 참조.
ⓒ (×) '사생활의 비밀 또는 자유를 침해할 우려가 있는 때'는 금지 사유에 해당하지 않는다. 소장은 수형자의 교화 또는 건전한 사회복귀를 해칠 우려가 있는 때, 시설의 안전과 질서유지를 위하여 필요한 때의 어느 하나에 해당하는 사유가 있으면 수용자에 대한 라디오 및 텔레비전의 방송을 일시 중단하거나 개별 수용자에 대하여 라디오 및 텔레비전의 청취 또는 시청을 금지할 수 있다.「법」제48조 2항 참조.

정답 ②

03 수용자의 종교의 자유에 대한 설명으로 가장 옳지 않은 것은?

― 보 기 ―

㉠ 종교적 활동의 자유는 신앙의 자유와는 달리 상대적 기본권으로서 기본권제한의 일반원리에 입각하여 제한할 수 있다.
ⓒ 신앙의 자유는 절대적 기본권에 속하기 때문에 수용자의 종교행사 참석은 법률로써도 제한할 수 없다.
ⓒ 헌법재판소는 종교행사 장소가 협소하다는 이유로 미결수용자에 대해 일괄적으로 종교 행사 참석을 금지한 구치소의 처분은 종교의 자유를 침해한 것이라고 보았다.
ⓔ 소장은 시설의 안전과 질서유지를 위해 필요한 때 또는 수형자의 건전한 사회복귀를 위해 필요한 때에는 수형자의 신앙생활에 필요한 서적이나 물품을 지니는 것을 제한할 수 있다.
ⓜ 수용자는 자신이 신봉하는 종교행사에 참석할 수 있다. 그러나 신봉하는 종교가 아닌 다른 종교행사에 참여금지처분을 내린 것은 수형자의 기본권인 종교의 자유를 본질적으로 침해한 것이 아니므로 헌법에 위반되지 않는다.
ⓗ 소장은 시설의 안전과 질서유지를 위해 필요한 때에 한하여 교정시설 안에서 실시하는 종교의식 또는 행사에 수용자가 참석하는 것을 제한할 수 있다.
ⓢ 소장은 수용자의 신앙생활에 필요하다고 인정하는 경우에는 외부에서 제작된 성물도 수용자가 소지하게 할 수 있다.

① ㉠, ⓒ
② ⓒ, ⓔ
③ ⓒ, ⓢ
④ ⓒ, ⓗ

해설

ⓒ (×) 신앙의 자유는 종교를 취사선택하고 신앙을 고백할 수 있는 자유이므로 절대적 기본권이다. 종교적 행위의 자유는 종교의식이나 기타 종교행사에 자유롭게 참석하고 참석을 강요당하지 않을 자유를 의미한다. 종교행위의 자유는 상대적 기본권이므로 「헌법」 제37조 2항에 근거하여 법률로써 제한할 수 있다. 「형집행법」 제45조도 이러한 자유제한을 규정하고 있다.
ⓗ (×) '시설의 안전과 질서유지를 위해 필요한 때' 외에 '수형자의 교화를 위하여 필요한 때', '수형자의 건전한 사회복귀를 위하여 필요한 때'에도 제한할 수 있다(「법」 제45조 3항 참조).

정답 ④

04 형의 집행 및 수용자의 처우에 관한 법령 상 종교와 문화에 대한 설명으로 옳은 것은? 'AI 예상

① 소장은 수용자의 건강과 일과시간 등을 고려하여 1일 8시간 이내에서 방송편성시간을 정한다.
② 소장은 시설의 안전과 질서유지를 위하여 필요한 경우에도 교정시설 안에서 실시하는 수용자의 종교의식 또는 행사 참석을 제한할 수 없다.
③ 집필용구의 관리, 집필의 시간·장소, 집필한 문서 또는 도화의 외부반출 등에 관하여 필요한 사항은 대통령령으로 정한다.
④ 소장은 수용자가 자신의 비용으로 구독 신청한 신문·잡지 또는 도서가 시설의 안전을 해하거나 수형자의 건전한 사회복귀를 저해하는 경우를 제외하고는 구독을 허가하여야 한다.

해설

① (×) 1일 8시간 이내(×) → 1일 6시간 이내(○). 시행규칙 제39조 참조.
② (×) 제한할 수 없다(×) → 제한할 수 있다(○). 법 제45조 3항 참조.
④ (×) 시설의 안전을 해하거나 수형자의 건전한 사회복귀를 저해하는 경우(×) → 「출판문화산업 진흥법」에 따른 유해 간행물인 경우(○). 법 제47조 2항 참조.
☞ 출제의도 : 이 문제는 형의 집행 및 수용자의 처우와 관련된 법령의 세부 내용을 이해하고 있는지를 묻고, 수용자의 종교적·문화적 권리가 어떤 제약 아래 있는지를 파악하도록 유도하려는 의도로 출제되었습니다. 각 보기에서 잘못된 부분을 찾아내고, 해당 법령의 구체적 조항을 통해 정확한 규정을 이해하도록 하려는 것이 핵심입니다.

정답 ③

05 형의 집행 및 수용자의 처우에 관한 법령상 수용자의 종교 및 문화활동에 대한 설명으로 옳은 것은? '20. 7급

① 수용자가 자신의 비용으로 구독을 신청할 수 있는 신문·잡지 또는 도서는 교정시설의 보관범위 및 수용자의 소지범위를 벗어나지 아니하는 범위에서 원칙적으로 신문은 월 3종 이내로, 도서(잡지를 포함한다)는 월 5권 이내로 한다.
② 소장은 수용자의 건강과 일과시간 등을 고려하여 1일 4시간 이내에서 방송편성시간을 정한다. 다만, 토요일·공휴일, 작업·교육실태 및 수용자의 특성을 고려하여 방송편성시간을 조정할 수 있다.
③ 수용자는 휴업일 및 휴게시간 내에 시간의 제한 없이 집필할 수 있다. 다만, 부득이한 사정이 있는 경우에는 그러하지 아니하다.
④ 소장은 수용자의 신앙생활에 필요한 서적이나 물품을 신청할 경우 외부에서 제작된 휴대용 종교서적 및 성물을 제공하여야 한다.

해설

① (×) 도서는 잡지를 포함하여 월 10권 이내로 한다. 시행규칙 제35조 참조.
② (×) 4시간(×) → 6시간(○). 시행규칙 제39조 참조.
④ (×) 제공하여야 한다(×) → 수용자가 지니게 할 수 있다(○). 시행규칙 제34조 참조.

정답 ③

06 현행법령상 수용자의 종교와 문화에 관한 설명으로 옳지 않은 것은?

① 소장은 종교행사용 시설의 부족 등 여건이 충분하지 아니할 때에는 수용자의 종교행사 참석을 제한할 수 있다.
② 소장은 수형자의 건전한 사회복귀를 위하여 필요한 때에는 신앙생활에 필요한 서적의 지님(소지)을 제한할 수 있다.
③ 소장은 시설의 안전 또는 질서를 해칠 우려가 있는 때에는 수용자의 집필을 제한할 수 있다.
④ 소장은 수형자의 건전한 사회복귀를 해칠 우려가 있는 때에는 그 수형자에 대하여 텔레비전 시청을 금지할 수 있다.

해설

① (○) 형집행법 「시행규칙」 제32조 참조.
② (○) 「동법」 제45조 3항 참조.
③ (×) 해칠 우려가 있는 때(×) → 해칠 명백한 위험이 있다고 인정되는 경우(○).
현행 형집행법은 집필권을 보장하고 있다. 다만, 소장이 시설의 안전 또는 질서를 해칠 명백한 위험이 있다고 인정하는 경우에는 집필권을 제한할 수 있다(「법」 제49조 1항). 이 집필 제한의 근거가 되는 규정은, "표현의 자유와 같은 기본권은 실질적 해악이 미칠 명백하고도 현존하는 위험(clear and present danger)이 있는 경우에만 제한할 수 있다"는 헌법의 일반 이론에 따른 것이다. 그러므로 구「행형법」에서 규정한 것처럼, 교화상 부적당하다는 이유로 집필을 금지하는 것은 허용되지 않으며, 수용자가 청원이나 권리구제를 부당하게 반복한다거나 교도소를 소재로 한 집필이라는 이유만으로 집필을 금지해서도 아니 된다.
④ (○) 「동법」 제48조 2항 참조.

정답 ③

07 수용자의 종교 및 문화 활동에 대한 설명으로 옳지 않은 것은? '15. 5급(교정관) 승진

① 수용자는 교정시설 안에서 실시하는 종교행사에 참석할 수 있으며, 개별적인 종교 상담을 받을 수 있다.
② 소장은 수용자의 지식함양 및 교양습득에 필요한 도서를 비치하고 수용자가 이용할 수 있도록 하여야 한다.
③ 소장은 수용자가 읽을 수 있도록 신문 등을 비치하여 수용자가 이용할 수 있도록 하여야 한다.
④ 수용자는 정서안정 및 교양습득을 위하여 라디오 청취와 텔레비전 시청을 할 수 있다.
⑤ 수용자는 허가 없이도 문서 또는 도화를 작성하거나 문예, 학술, 그 밖의 사항에 관하여 집필할 수 있다.

해설

③ (×) 신문(×) → 도서(○). 도서비치는 소장의 의무이나 신문·잡지는 수용자가 신청하여 구독해야 한다(「법」 제46조, 제47조 참조).

정답 ③

08 형집행법령상 도서·방송 등에 대한 설명으로 가장 옳은 것은? '23. 7급(교위) 승진

① 소장은 수용자가 쉽게 이용할 수 있도록 비치도서의 목록을 정기적으로 공개하여야 한다. 비치도서의 열람방법, 열람기간 등에 관하여 필요한 사항은 소장이 정한다.
② 수용자가 구독을 신청할 수 있는 신문·잡지 또는 도서는 교정시설의 보관범위 및 수용자가 지닐 수 있는 범위를 벗어나지 않는 범위에서 신문은 월 3종 이내로, 도서(잡지를 포함한다)는 월 15권 이내로 한다. 다만, 소장은 수용자의 지식함양 및 교양습득에 특히 필요하다고 인정하는 경우에는 신문 등의 신청 수량을 늘릴 수 있다.
③ 소장은 수용자의 건강과 일과시간 등을 고려하여 1일 6시간 이내에서 방송편성시간을 정한다. 다만, 토요일·공휴일, 작업·교육실태 및 수용자의 특성을 고려하여 방송편성시간을 조정할 수 있다.
④ 수용자를 대상으로 하는 방송은 무상으로 한다. 법무부장관은 방송의 전문성을 강화하기 위하여 외부전문가의 협력을 구할 수 있고, 모든 교정시설의 수용자를 대상으로 통합방송을 할 수 있다. 소장은 방송에 대한 의견수렴을 위하여 설문조사 등의 방법으로 수용자의 반응도 및 만족도를 측정하여야 한다.

해설
① (×) 소장(×) → 법무부장관(○).「시행령」제72조(비치도서의 이용) 참조.
② (×) 15권(×) → 10권(○) 「시행규칙」제35조(구독신청 수량) 참조.
③ (○) 「시행규칙」제39조(방송편성시간) 참조.
④ (×) 측정하여야 한다(×) → 측정할 수 있다(○).「시행규칙」제37조(방송의 기본원칙) 참조.

정답 ③

09 형의 집행 및 수용자의 처우에 관한 법령상 문화에 대한 설명으로 옳은 것은? '17. 9급

① 수용자는 문서 또는 도화를 작성하거나 문예·학술, 그 밖의 사항에 관하여 집필할 수 있다. 이때 집필용구의 구입비용은 원칙적으로 소장이 부담한다.
② 소장은 수용자의 지식함양 및 교양습득에 필요한 도서와 영상녹화물을 비치하여 수용자가 이용하게 하여야 한다.
③ 소장은 수용자가 자신의 비용으로 구독을 신청한 신문이 「출판문화산업 진흥법」에 따른 유해간행물인 경우를 제외하고는 구독을 허가하여야 한다.
④ 소장은 수용자의 건강과 일과시간 등을 고려하여 1일 8시간 이내에서 방송편성시간을 정한다. 다만, 토요일·공휴일, 작업·교육실태 및 수용자의 특성을 고려하여 방송편성시간을 조정할 수 있다.

해설
① (×) 집필용구의 구입비용은 원칙적으로 소장이 부담한다 (×) → 집필용구의 구입비용은 원칙적으로 수용자가 부담한다. (「시행령」제74조)
② (×) 도서와 영상녹화물 (×) → 도서 (○).「법」제46조 참조.

③ (○)「법」제47조 2항 참조.
④ (×) 1일 8시간 이내 (×) → 1일 6시간 이내 (○).「시행규칙」제39조 참조.

정답 ③

AI 예상 응용지문

❶ 소장은 신입자에게「아동복지법」에 따른 18세 미만 자녀에 대한 보호조치를 시·도지사 또는 시장·군수·구청장에게 의뢰할 수 있음을 알려주어야 한다. <2019.4.23 신설> 법 제53조의 2 참조. (○)
❷ 소장은 수형자의 교정교화를 위하여 상담·심리치료, 그 밖의 교화프로그램을 실시하여야 하고, 교화프로그램의 효과를 높이기 위하여 범죄원인별로 적절한 교화프로그램의 내용, 교육장소 및 전문인력의 확보 등 적합한 환경을 갖추도록 노력하여야 한다. <2019.4.23 신설> 법 제63조 제2항 참조. (○)
❸ 종교행사의 종류·참석대상·방법, 종교상담의 대상·방법 및 종교도서·물품을 지닐 수 있는 범위 등에 관하여 필요한 사항은 법무부령으로 정한다.<개정 2020.2.4> (○)
❹ 소장은 수용자의 건강과 일과시간 등을 고려하여 4시간 이내에서 방송편성시간을 정한다. (×)
❺ 소장은 텔레비전 방송 또는 라디오 방송을 생방송할 수 없으며, 녹음·녹화하여 방송할 수 있다. (×)
❻ 수용자는 신문(잡지를 포함한다)은 월 5종 이내로, 도서는 월 7권 이내로 구독을 신청할 수 있다. (×)

❹ 4시간(×) → 6시간(○) ❺ 생방송도 할 수 있음. ❻ 신문은 잡지 포함 않고 3종 이내이고, 잡지는 도서에 포함하여 월 10권 이내임.

10 형집행법령상 집필에 대한 설명으로 가장 옳은 것은? '24. 5급(교정관) 승진

① 집필용구의 구입비용은 수용자가 부담한다. 다만, 소장은 수용자가 그 비용을 부담할 수 없는 경우에는 필요한 집필용구를 지급하여야 한다.
② 수용자는 휴업일 및 휴게시간 내에 시간의 제한 없이 집필할 수 있다. 다만, 부득이한 사정이 있는 경우에는 그러하지 아니하다.
③ 수용자는 거실이나 그 밖에 지정된 장소에서 집필할 수 있지만 작업장에서는 집필할 수 없다.
④ 소장은 집필한 문서가 법무부장관이 정한 범위를 벗어난 물품으로서 교정시설에 특히 보관할 필요가 있다고 인정하지 아니하는 것은 즉시 폐기하여야 한다.

해설

① (×) 지급하여야 한다 (×) → 지급할 수 있다(○).「시행령」제74조(집필용구의 구입비용) 참조.
② (○) 시행령 제75조(집필의 시간대·시간 및 장소) 참조.
③ (×) 수용자는 거실·작업장, 그 밖에 지정된 장소에서 집필할 수 있다.「시행령」제75조 2항 참조.
④ (×) 즉시 폐기하여야 한다(×). 소장은 법무부장관이 정하는 범위를 벗어난 물품으로서 교정시설에 특히 보관할 필요가 있다고 인정하지 아니하는 물품은 수용자로 하여금 자신이 지정하는 사람에게 보내게 하거나 그 밖에 적당한 방법으로 처분하게 할 수 있다. 소장은 수용자가 제2항에 따라 처분하여야 할 물품을 상당한 기간 내에 처분하지 아니하면 폐기할 수 있다.「법」제49조 2항 및 제26조 참조.

정답 ②

11 형집행법령 및 판례상 종교와 문화에 대한 설명으로 옳지 않은 것은?(다툼이 있는 경우라면 판례를 기준으로 함)

① 헌법재판소는 미결수용자를 대상으로 한 개신교 종교행사를 4주에 1회, 일요일이 아닌 요일에 실시한 행위가 종교의 자유를 침해하는지 여부에 대하여 종교의 자유를 침해한다고 결정하였다.
② 소장은 종교행사용 시설의 부족 등 여건이 충분하지 아니할 때에는 수용자의 종교행사 참석을 제한할 수 있다.
③ 수용자가 구독을 신청할 수 있는 잡지 포함 도서는 교정시설의 보관범위 및 수용자가 지닐 수 있는 범위를 벗어나지 않는 범위에서 월 10권 이내로 한다. 다만, 소장은 수용자의 지식함양 및 교양습득에 특히 필요하다고 인정하는 경우에는 신청 수량을 늘릴 수 있다.
④ 수용자가 작성 또는 집필한 문서나 도화에 사생활의 비밀 또는 자유를 침해할 우려가 있는 때에 해당하면 그 구체적인 사유를 서면으로 작성해 관리하고, 수용자에게 그 사유를 알린 후 교정시설에 보관한다. 다만, 수용자가 동의하면 폐기할 수 있다.

해설

① (×) 해당 구치소에 종교행사 공간이 1개뿐이고, 종교행사는 종교·수형자와 미결수용자·성별·수용동별로 진행되며, 미결수용자는 공범이나 동일사건 관련자가 있는 경우 이를 분리하여 참석하게 하는 점을 고려하면 미결수용자 대상 종교행사를 4주에 1회 실시했더라도 종교의 자유를 과도하게 제한하였다고 보기 어렵다. 따라서 이 사건 종교행사 처우는 종교의 자유를 침해하지 않는다. [전원재판부 2013 헌마190] 참조.
② (○) 시행규칙 제32조 참조.
③ (○) 시행규칙 제35조 참조.
④ (○) 법 제49조 3항 참조.

정답 ①

12 「형의 집행 및 수용자의 처우에 관한 법률 시행규칙」상 방송프로그램에 대한 구분으로 가장 적절하게 짝지어진 것은? '23. 7급(교위) 승진

① 오락콘텐츠: , 연예, 스포츠 중계, 일반상식, 뉴스 등
② 교화콘텐츠: 인간성 회복, 근로의식 함양, 가족관계 회복, 국가관 고취, 드라마 등
③ 교육콘텐츠: 한글·한자·외국어 교육, 보건위생 향상, 성(性)의식 개선, 약물남용 예방 등
④ 교양콘텐츠: 다큐멘터리, 생활정보, 직업정보, 음악 등

해설

① (×) 일반상식, 뉴스(×) → 음악, 드라마(○). 「시행규칙」 제40조(방송프로그램) 제2항 제4호 참조.
② (×) 드라마(×) → 질서 의식 제고(○). 「시행규칙」 제40조(방송프로그램) 제2항 제2호 참조.
③ (○) 「시행규칙」 제40조(방송프로그램) 제2항 제1호 참조.
④ (×) 음악(×) → 뉴스,, 일반상식(○). 「시행규칙」 제40조(방송프로그램) 제2항 제3호 참조.

정답 ③

13 형집행법 시행규칙 및 판례상 방송에 대한 설명으로 옳은 것을 모두 고른 것은? '24. 6급(교감) 승진

> ㉠ 수용자는 소장이 지정한 장소에서 지정된 채널을 통하여 텔레비전을 시청하거나 라디오를 청취하여야 한다. 다만, 제86조에 따른 자치생활 수형자는 법무부장관이 정하는 방법에 따라 텔레비전을 시청할 수 있다.
> ㉡ 소장은 방송프로그램을 자체 편성하는 경우에는 특정 종교의 행사나 교리를 찬양하거나 비방하는 내용이 포함되지 아니하도록 특히 유의하여야 한다.
> ㉢ 수용자는 방송설비 또는 채널을 임의 조작·변경하거나 임의수신 장비를 지녀서는 아니 되며, 방송시설과 장비를 손상하거나 그 밖의 방법으로 그 효용을 해친 경우에는 배상을 하여야 한다.
> ㉣ 헌법재판소는 채널지정조항이 교정시설의 안전과 질서유지를 위하여 지정된 채널을 통해서만 텔레비전 시청을 하도록 하는 것은 그 목적의 정당성이 인정되고 수단 또한 적정하다고 하더라도 채널 지정조항으로 인하여 수형자가 원하는 지상파 방송을 자유롭게 생방송으로 시청할 수 없는 불이익은 중대하므로 지정된 채널을 통하여 텔레비전을 시청하여야 한다는 조항은 수용자의 알권리를 침해한다고 보았다.

① ㉠, ㉣
② ㉠, ㉡, ㉢
③ ㉡, ㉢, ㉣
④ ㉠, ㉡, ㉢, ㉣

해설

㉣ (×) 헌법재판소는 채널 지정과 관련한 교정시설 내 TV 시청 제한 조치는 **정당성과 수단의 적정성**을 인정하였다. 그리고 수형자의 알권리 침해를 주장하는 부분에 대해 **제한적 채널 시청**이 불가피한 공공질서 및 안전유지 목적과의 균형을 고려하여 알권리 침해로 보지 않았다. 2013헌마142 결정 (수용자 채널 제한 사건) 참조.
헌법재판소는 교정시설 내에서 수용자에게 제공되는 TV 채널을 제한하는 조항이 수형자의 기본권을 제한하는 것이기는 하나, 교정시설의 질서와 안전 유지를 위해 필요한 조치라고 보았다. 또한, 수용자의 TV 시청 자체가 완전히 금지되지 않았고, 다양한 공익 채널을 통해 정보를 접할 수 있으므로 알권리의 본질적 침해는 아니라고 판단했다. 이 판례는 교정시설 내에서의 수형자 권리와 공공질서의 균형을 중요시한 사례로, 수형자의 알권리와 같은 기본권이 완전히 박탈된 것이 아니고, 교정시설 운영의 안전 및 질서유지 목적을 고려할 때 일정한 제한은 **합헌적**이라는 취지를 갖고 있다.

정답 ②

CHAPTER 07 사회적 약자에 대한 특별한 보호

01 형집행법 상 여성수용자의 처우에 관한 설명 중 옳지 않은 것은?

① 여성의 신체·의류 및 휴대품에 대한 검사는 여성교도관이 하여야 한다.
② 여성수용자의 거실에 대한 검사는 여성 교도관이 하여야 한다.
③ 여성교도관이 부족한 경우 남성교도관이 1인의 여성수용자에 대하여 실내에서 상담 등을 하려면 투명한 창문이 설치된 장소에서 다른 여성을 입회시킨 후 실시하여야 한다.
④ 소장은 여성수용자뿐만 아니라 남성수용자도 미성년자인 자녀와 접견하는 경우에는 차단시설이 없는 장소에서 접견하게 할 수 있다.

해설

② (×) 거실, 작업장, 그 밖에 수용자가 생활하는 장소에 대한 검사는 동성(同性) 교도관이 시행하도록 하는 제한규정이 없다.
①, ③ (○) 「법」 제51조 및 제 93조 참조.
④ (○) 「법」 제41조 제3항 참조. <2019. 10. 24. 개정> "수용자의 접견은 접촉차단시설이 설치된 장소에서 하게 한다. 그렇지만, 수용자가 미성년자인 자녀와 접견하는 경우에는 접촉차단시설이 설치되지 아니한 장소에서 접견하게 할 수 있다."

정답 ②

02 「형의 집행 및 수용자의 처우에 관한 법률」상 여성수용자의 처우에 관한 설명으로 옳지 않은 것은?
'18. 9급

① 교정시설의 장은 여성수용자에 대하여 건강검진을 실시하는 경우에는 나이·건강 등을 고려하여 부인과질환에 관한 검사를 포함시켜야 한다.
② 교정시설의 장은 여성수용자가 미성년자인 자녀와 접견하는 경우 차단시설이 없는 장소에서 접견하게 할 수 있다.
③ 교정시설의 장은 여성수용자에 대하여 상담·교육·작업 등을 실시하는 때에는 여성교도관이 담당하도록 하여야 한다.
④ 교정시설의 장은 수용자가 임신 중이거나 출산(유산은 포함되지 않음)한 경우에는 모성보호 및 건강유지를 위하여 정기적인 검진 등 적절한 조치를 하여야 한다.

해설

④ (×) 출산에는 '유산'과 '사산'을 포함한다(「법」 제 52조 1항).
교정에 대한 처우의 개별화 차원에서 특별한 보호를 하여야 할 대상으로 규정된 사람들은 여성·노인·장애인·외국인·소년 등이다. 이중 출제비중이 가장 높은 것은 여성수용자이다. 그렇지만 좀 더 난이도를 높이고자 할 경우 「시행규칙」상 노인수용자 등을 규정한 내용도 출제 가능성이 높다.

정답 ④

03 현행법상 여성수용자의 처우에 관한 설명으로 옳지 않은 것은? '09. 9급

① 여성의 신체·의류 및 휴대품에 관한 검사는 물론이고, 거실에 있는 여성수용자를 전자영상장비로 계호하는 경우에도 여성교도관이 하여야 한다.
② 소장은 수용자에 대하여 1년에 1회 이상 건강검진을 하여야 하며, 19세 미만의 수용자와 여성수용자에 대하여는 6개월에 1회 이상 하여야 한다.
③ 부득이한 사정으로 남성교도관이 1명의 여성수용자에 대하여 실내에서 상담 등을 하는 경우에는 투명한 창문이 설치된 장소에서 다른 여성을 입회시킨 후 실시하여야 한다.
④ 소장은 특히 필요하다고 인정하는 경우가 아니면 남성교도관이 야간에 수용자 거실에 있는 여성수용자를 시찰하게 하여서는 아니 된다.

해설

② (×) 여성에게는 건강검진 특례는 적용되지 않는다. 그러므로 일반수용자처럼 1년에 1회 이상 건강검진을 한다.

정답 ②

04 여성수용자의 처우 및 유아의 양육에 관한 설명으로 옳지 않은 것은? '10. 9급

① 소장은 여성수용자가 목욕을 하는 경우에 계호가 필요하다고 인정하면 여성교도관이 하도록 하여야 한다.
② 소장은 여성수용자의 목욕횟수를 정하는 경우에는 그 신체적 특징을 고려하여야 한다.
③ 소장은 여성수용자가 자신이 출산한 유아를 교정시설에서 양육할 것을 신청한 때에는 특정한 사유가 없으면 생후 18개월에 이르기까지 교정시설 내에서 양육할 수 있도록 허가하여야 한다.
④ 소장은 여성수용자의 유아가 질병·부상 등이 심할 때에는 그 여성수용자로 하여금 생후 18개월에 이르기까지 교정시설 내에서 양육할 수 있도록 허가하여야 한다.

해설

④ (×) 유아가 질병·부상, 그 밖의 사유로 교정시설에서 생활하는 것이 특히 부적당하다고 인정하는 경우에는 소장은 유아양육의 신청이 있는 경우 이를 허가하지 아니할 수 있다(「법」 제53조 참조).

정답 ④

AI 예상 응용지문

❶ 여성수용자는 시설 내 수용 중에 자신이 출산한 유아를 교정시설에서 양육할 것을 신청할 수 있으나, 여성수용자가 출산한 다음 수용된 경우에는 상당한 이유가 있는 경우에 한하여 당해 소장이 이를 허가할 수 있다.
(×)
❷ 소장은 여성수용자가 목욕하는 경우에 계호가 필요하다고 인정하면 전자영상장비로 감호할 수 있다. (×)

❶ 출산한 다음 수용된 경우에도 똑같이 신청할 수 있고, 소장은 법정 제한 사유가 없으면 생후 18개월에 이르기까지 허가하여야 한다. ❷ 있다(×) → 없다(○). 소장은 여성수용자가 목욕을 하는 경우에 계호가 필요하다고 인정하면 여성교도관이 하도록 하여야 한다. 시행령 제77조(여성수용자의 목욕) 제2항.

05 여성수용자에 대한 처우 설명 문항 중 적절하지 않은 것은?

① 여성수용자의 신체, 의류 및 휴대품 검사는 반드시 여성교도관이 하여야 한다.
② 거실에 있는 여성수용자를 전자영상장비로 계호하는 경우 반드시 여성교도관이 계호하여야 한다.
③ 소장은 여성수용자가 목욕하는 경우 계호가 필요하다 인정되면 반드시 여성교도관이 하도록 하여야 한다.
④ 소장은 여성수용자에게 상담, 교육, 작업 등을 실시할 때에는 반드시 여성교도관이 담당하도록 하여야 한다.

해설

④ (×) 상담 등을 실시할 때 여성교도관이 담당하는 것이 원칙이지만, 여성교도관이 부족하거나 그 밖의 부득이한 사정이 있으면 그러하지 아니하다(「법」 제51조 1항).

정답 ④

AI 예상 응용지문

❶ 소장은 여성수용자에 대하여 건강검진을 실시하는 경우에는 나이·건강 등을 고려하여 반드시 부인과 질환에 대한 검사를 포함시켜야 한다. (○)

06 「형의 집행 및 수용자의 처우에 관한 법률」상 여성수용자의 특별한 보호에 대한 설명으로 옳지 않은 것은? '13. 7급

① 여성수용자가 미성년자인 자녀와 접견할 경우에 언제나 차단시설이 있는 장소에서 접견하여야 하되, 최소한의 수준의 차단시설이어야 한다.
② 여성수용자에 대하여 상담·교육·작업 등을 실시하는 때에는 여성교도관이 담당하는 것이 원칙이다.
③ 소장은 여성수용자에 대하여 건강검진을 실시하는 경우에는 나이·건강 등을 고려하여 부인과질환에 관한 검사를 포함시켜야 한다.
④ 여성수용자가 자신이 출산한 유아를 교정시설에서 양육할 것을 신청하더라도, 소장은 교정시설에 감염병이 유행할 경우 허가하지 않을 수 있다.

해설

① (×) '수용자가 미성년자인 자녀와 접견하는 경우'에 있어서 '접촉차단시설이 없는 장소에서의 접견'은 의무적·필요적 규정이 아니고 재량적·임의적 규정이다. 따라서 소장의 재량으로 결정할 처분이므로 언제나 접촉차단시설이 있는 장소 또는 없는 장소에서만 접견하게 해야 하는 것은 아니다. 차단시설이 있는 장소에서 접견하게 할 수도 있고, 없는 장소에서 접견하게 할 수도 있다.(「법」 제41조 3항 참조).

정답 ①

📝 **AI 예상 응용지문**

❶ 소장은 수용자가 미성년자인 자녀와 접견하는 경우에는 차단시설이 없는 장소에서 접견하게 하여야 한다. (×)
❷ 소장은 여성수용자에 한하여 미성년자인 자녀와 접견하는 경우에는 접촉차단시설이 없는 장소에서 접견하게 할 수 있다. (×)
❸ 거실에 있는 수용자를 전자영상장비로 계호하는 경우에는 수용자가 여성이면 여성교도관이, 수용자가 남성이면 남성교도관이 계호하여야 한다. (×)

───────────
❶ 접견하게 하여야 한다(×) → 접견하게 할 수 있다(○) ❷ 한하여(×), 남성 수용자도 해당됨. ❸ 남성에 대한 특칙 규정은 없음. 법 제94조 2항 참조.

07 여성수용자의 처우에 대한 설명으로 옳지 않은 것은? '14. 7급

① UN 피구금자(수용자) 처우 최저기준규칙 에서는 여자피구금자는 여자직원에 의해서만 보호되고 감독되도록 하고 있으나, 남자직원 특히 의사 및 교사가 여자시설에서 직무를 행할 수 있도록 하고 있다.
② 남성교도관은 필요하다고 인정되는 경우에도 야간에는 수용자 거실에 있는 여성수용자를 시찰할 수 없다.
③ 여성수용자는 자신이 출산한 유아를 교정시설에서 양육할 것을 신청할 수 있으며, 특별한 사유가 없으면 생후 18개월에 이르기까지 허가하여야 한다.
④ 교정시설의 장은 여성수용자가 미성년자인 자녀와 접견하는 경우에는 차단시설이 없는 장소에서 접견하게 할 수 있다.

📘 **해설**

② (×) 야간에는 남성교도관이 수용자거실에 있는 여성수용자를 시찰하지 않는 것이 원칙이지만, 소장이 특히 필요하다고 인정하는 경우 남성교도관으로 하여금 시찰하게 할 수 있다(「시행령」 제7조 참조).

정답 ②

📝 **AI 예상 응용지문**

❶ 소장은 특히 필요하다고 인정하는 경우가 아니면 남성교도관 1인이 주·야간에 수용자 거실에 있는 여성수용자를 시찰케 해서는 아니 된다. (×)
❷ 남성교도관이 2인 이상의 여성수용자에 대하여 상담 등을 하는 경우에는 다른 여성을 입회시키지 아니해도 위법이 아니다. (○)
❸ 소장은 신입자에게 「아동복지법」 제15조에 따른 보호조치를 의뢰할 수 있음을 알려주어야 한다. 소장은 수용자가 그와 같은 보호조치를 의뢰하려는 경우 보호조치 의뢰가 원활하게 이루어질 수 있도록 지원하여야 한다. (○)

───────────
❶ 1인이 주·야간에(×) → 남성교도관이 야간에(○)

08 「형의 집행 및 수용자의 처우에 관한 법률」상 여성수용자의 처우에 대한 설명으로 옳은 것은?
'14. 9급

① 남성교도관이 1인의 여성수용자에 대하여 실내에서 여성교도관 입회 없이 상담 등을 하려면 투명한 창문이 설치된 장소에서 다른 남성을 입회시킨 후 실시하여야 한다.
② 소장은 여성수용자가 자신이 출산한 유아를 교정시설에서 양육할 것을 신청한 때에는 유아가 질병이 있는 경우에만 허가하지 않을 수 있다.
③ 거실에 있는 여성수용자에 대해서는 자살 등의 우려가 큰 때에도 전자영상장비로 계호할 수 없다.
④ 소장은 여성수용자가 유산한 경우에 모성보호 및 건강유지를 위하여 정기적인 검진 등 적절한 조치를 하여야 한다.

해설

① (×) 다른 남성(×) → 다른 여성(○). 「법」제51조 2항 참조.
② (×) 유아의 질병뿐 아니라 유아가 교정시설에서 생활하는 것이 특히 부적당하다고 인정되는 때, 수용자가 질병·부상 등으로 유아양육능력이 없다고 인정되는 때, 교정시설에 감염병이 유행하거나 그 밖의 사정으로 유아양육이 특히 부적당한 때에도 유아양육을 허가하지 않을 수 있다(「법」제53조 1항).
③ (×) 전자영상장비 계호는 여성을 대상으로 할 수도 있다. 다만 반드시 여성교도관이 계호해야한다(「법」제94조 2항).
④ (○) 「법」제52조 1항 참조.

정답 ④

---

09 형의 집행 및 수용자의 처우에 관한 법령상 특별한 보호가 필요한 수용자의 처우에 대한 설명으로 옳지 않은 것은? '20. 9급

① 소장은 수용자가 임신 중이거나 출산(유산·사산은 제외한다)한 경우에는 모성보호 및 건강유지를 위하여 정기적인 검진 등 적절한 조치를 하여야 한다.
② 장애인수용자의 거실은 시설부족 또는 그 밖의 부득이한 사정이 없으면 건물의 1층에 설치하고, 특히 장애인이 이용할 수 있는 변기 등의 시설을 갖추도록 하여야 한다.
③ 소장은 외국인수용자의 수용거실을 지정하는 경우에는 종교 또는 생활관습이 다르거나 민족감정 등으로 인하여 분쟁의 소지가 있는 외국인수용자는 거실을 분리하여 수용하여야 한다.
④ 노인수형자 전담교정시설에는 별도의 공동휴게실을 마련하고 노인이 선호하는 오락용품 등을 갖춰두어야 한다.

해설

① 유산·사산은 제외한다(×) → 포함한다(○). 「시행령」제 78조 참조.

정답 ①

10 외국 국적의 여성 A가 죄를 범해 신입자로 교도소에 수용된 경우 형의 집행 및 수용자의 처우에 관한 법령상 A에 대한 설명으로 옳지 않은 것은? '23. 7급

① 소장은 A가 질병 등으로 위독하거나 사망한 경우에는 그의 국적이 속하는 나라의 외교공관 또는 영사관의 장이나 그 관원 또는 가족에게 이를 즉시 알려야 한다.
② A를 이송이나 출정으로 호송하는 경우 남성수용자와 호송 차량의 좌석을 분리하는 등의 방법으로 서로 접촉하지 못하게 하여야 한다.
③ A와 교정시설 외부의 사람이 접견하는 경우에 접견내용이 청취·녹음 또는 녹화될 때, A가 국어로 의사소통하기 곤란한 사정이 있는 경우에는 외국어를 사용할 수 있다.
④ 소장은 A가 환자이거나 부득이한 사정이 있는 경우가 아니면 수용된 날부터 3일 동안 신입자거실에 수용해야 하고, 신청에 따라 작업을 부과할 수 있다.

해설

① (○) 시행규칙 제59조.
② (○) 시행령 제100조.
③ (○) 시행령 제60조 1항.
④ (×) 신입자거실에 수용된 기간 동안에는 <u>어떠한 명분으로도 작업을 절대로 부과하여서는 아니 된다</u>. 시행령 제18조 2항.

정답 ④

11 다음 중 현행법령상 여성수용자에 대한 처우에 대한 설명으로 옳은 것은?

① 소장은 여성수용자에 대하여 처우할 때 여성의 신체적·심리적 특성을 고려할 수 있다.
② 소장은 여성수용자가 자녀와 접견하는 경우에는 차단시설이 없는 장소에서 접견하게 할 수 있다.
③ 남성교도관이 1명의 여성수용자와 실내에서 면담할 때에는 투명한 창문이 설치된 장소에서 다른 직원을 입회시킨 후 실시하여야 한다.
④ 출산 또는 유산·사산한 후 60일이 지나지 아니한 경우를 출산의 범위로 본다.

해설

① (×) 고려할 수 있다(×) → 고려하여야 한다(○).
② (×) 자녀와 접견하는(×) → 미성년자인 자녀와 접견하는 경우(○).
③ (×) 다른 직원(×), '다른 직원'에는 남성 직원도 포함되므로 틀렸다. 입회자로 자격 있는 사람은 남성을 제외한 다른 여성이다. '다른 여성'이므로 다른 여성교도관에 한정되지 않고 다른 여직원, 다른 여성 수용자 등이 포함된다(「법」제51조 참조).

정답 ④

12 형의 집행 및 수용자의 처우에 관한 법령상 여성수용자의 처우에 대한 설명으로 옳지 않은 것은?

'19. 7급

① 여성수용자가 자신이 출산한 유아를 교정시설에서 양육할 것을 신청한 경우, 법에서 규정한 특별한 사유에 해당하지 않으면 생후 18개월에 이르기까지 이를 허가하여야 한다.
② 소장은 유아의 양육을 허가하지 아니하는 경우에는 수용자의 의사를 고려하여 유아보호에 적당하다고 인정하는 법인 또는 개인에게 그 유아를 보낼 수 있다.
③ 소장은 수용자가 임신 중이거나 출산(유산·사산을 포함한다)한 경우에는 모성보호 및 건강유지를 위하여 정기적인 검진 등 적절한 조치를 하여야 한다.
④ 남성교도관이 1인의 여성수용자에 대하여 실내에서 상담등을 하려면 투명한 창문이 설치된 장소에서 다른 교도관을 입회시킨 후 실시하여야 한다.

해설

④ (×) 다른 교도관 (×) → 다른 여성(○). 「법」 제51조 참조.

정답 ④

13 현행법령상 특별한 보호가 필요한 수용자의 처우에 대한 설명 중 옳은 것은 모두 몇 개인가?

> ㄱ. 소장은 생리 중인 여성수용자에 대하여는 위생에 필요한 물품을 지급하여야 한다.
> ㄴ. 소장은 여성수용자가 미성년자인 자녀와 접견하는 경우에는 차단시설이 없는 장소에서 접견하게 하여야 한다.
> ㄷ. 소장은 외국인수용자의 수용거실을 지정하는 경우에는 종교, 피부색 또는 생활 습관이 다르거나 민족감정 등으로 인하여 분쟁의 소지가 있는 외국인수용자는 거실을 분리하여 수용하여야 한다.
> ㄹ. 노인수용자란 70세 이상인 수용자를 말한다.
> ㅁ. 소장은 노인수용자에 대하여 1년에 1회 이상 건강검진을 하여야 한다.
> ㅂ. 장애인수용자의 거실은 시설부족 또는 그 밖의 부득이한 사정이 없으면 건물의 1층에 설치하고, 특히 장애인이 이용할 수 있는 변기 등의 시설을 갖추도록 하여야 한다.

① 1개 ② 2개
③ 3개 ④ 4개

해설

ㄱ. ㅂ은 옳은 내용이다.
ㄴ(×) 접견하게 하여야 한다(×) → 접견하게 할 수 있다(○).
본 규정은 <2019.4.23 개정>을 통해 삭제되었다. 그렇지만 "접견할 수 있다"고 하면 맞는 내용이다. <2019.10.24 시행일> 이후에는 여성수용자뿐만 아니라 모든 수용자가 미성년자인 자녀와 접견하는 경우에는 접촉차단시설이 설치되지 아니한 장소에서 접견하게 할 수 있다. (「법」 제41조 3항 참조).
ㄷ(×) 피부색, 생활습관(×) → 생활관습(○).

소장은 외국인수용자의 수용거실을 지정하는 경우에는 종교 또는 생활관습이 다르거나 민족감정 등으로 인하여 분쟁의 소지가 있는 외국인수용자는 거실을 분리하여 수용하여야 한다. 「시행규칙」 제57조 1항 참조.
ㄹ(×) 70세(×) → 65세(○). 「시행령」 제81조 1항 참조.
ㅁ(×) 1년에 1회(×) → 6개월에 1회(○). 「시행규칙」 제47조 2항 참조.

정답 ②

AI 예상 응용지문

❶ 소장은 남성수용자가 미성년자인 자녀와 접견하는 경우에는 차단시설이 없는 장소에서 접견하게 할 수 있다. (○)

❷ 장애인수형자 전담교정시설의 장은 장애 종류별 특성에 알맞은 재활치료 프로그램을 개발하여 시행하여야 하고, 장애인의 재활에 관한 전문적인 지식을 가진 의료진과 장비를 갖추도록 노력하여야 한다. (○)

14 형집행법령상 여성수용자의 처우에 대한 설명으로 옳지 않은 것은 모두 몇 개인가? '24. 6급(교감) 승진

㉠ 소장은 여성수용자에 대하여 건강검진을 실시하는 경우에는 나이 · 건강 등을 고려하여 부인과질환에 관한 검사를 포함시킬 수 있다.
㉡ 소장은 생리 중인 여성수용자에 대하여는 위생에 필요한 물품을 .
㉢ 소장은 여성수용자에 대하여 상담 · 교육 · 작업 등을 실시하는 때에는 여성교도관이 담당하도록 하여야 한다. 다만, 여성교도관이 부족하거나 그 밖의 부득이한 사정이 있으면 그러하지 아니하다.
㉣ 여성교도관이 부족하거나 그 밖의 부득이한 사정이 있어서 남성교도관이 1인의 여성수용자에 대하여 실내에서 상담등을 하려면 투명한 창문이 설치된 장소에서 다른 여성을 입회시킨 후 실시하여야 한다.
㉤ 소장은 여성수용자가 목욕을 하는 경우에 계호가 필요하다고 인정하면 여성교도관이 하도록 하여야 한다.

① 1개　　　　　　　　　　　② 2개
③ 3개　　　　　　　　　　　④ 4개

해설

㉠ (×) 포함시킬 수 있다(×) → 포함시켜야 한다(○). 법 제50조(여성수용자의 처우) 제2항.
㉡ (×) 지급할 수 있다(×) → 지급하여야 한다(○). 법 제50조(여성수용자의 처우) 제3항.

정답 ②

15 「형의 집행 및 수용자의 처우에 관한 법률」상 특별한 보호가 필요한 수용자들에 대한 적정한 배려나 처우로 옳지 않은 것은? '09. 9급

① 노인수용자에 대하여 나이·건강상태 등을 고려하여 그 처우에 있어 적정한 배려를 하여야 한다.
② 장애인수용자에 대하여 장애의 정도를 고려하여 그 처우에 있어 적정한 배려를 하여야 한다.
③ 유아를 출산한 여성수용자는 교정시설 내에서 그 유아를 양육할 것을 신청할 수 없으나, 소장의 결정에 의해서 양육이 가능하다.
④ 외국인수용자에 대하여 언어·생활문화 등을 고려하여 적정한 처우를 하여야 한다.

해설
③ (×) 구「행형법」은 '상당한 이유가 있는 경우에 한하여 당해 소장이 이를 허가할 수 있다'고 규정함으로써 유아양육을 예외로 규정하고 소장의 재량으로 했었다. 그러나 「형집행법」은 허가제외 사유에 해당하지 않으면 소장이 원칙적으로 허가하도록 하여 여성수용자의 양육권을 보장하고 있다(「법」 제53조 참조).

정답 ③

16 현행법령에서 규정하고 있는 '특별한 보호'에 관한 내용 중 틀린 것은? '10. 9급

① 남성교도관이 1명의 여성수용자에 대하여 실내에서 상담 등을 하려면 투명한 창문이 설치된 장소에서 여성교도관을 입회시킨 후 실시하여야 한다.
② 여성수용자는 자신이 출산한 유아를 교정시설에서 양육할 것을 신청할 수 있으며, 형집행법 제53조 제1항 각 호에서 규정하는 사유가 없으면 생후 18개월에 이르기까지 허가하여야 한다.
③ 장애인수용자의 거실은 시설부족 또는 그 밖의 부득이한 사정이 없으면 건물의 1층에 설치하고 특히 장애인이 이용할 수 있는 변기 등의 시설을 갖추도록 하여야 한다.
④ 소장은 외국인수용자의 종교 또는 생활관습이 다르거나 민족감정 등으로 분쟁의 소지가 있는 외국인은 분리 수용하여야 한다.

해설
① (×) 여성교도관(×) → 다른 여성(○). 「법」 제51조 2항 참조. ② 「법」 제53조 참조.
③ (○) 「시행규칙」 제51조. ④ 「시행규칙」 제57조.

정답 ①

17 「형의 집행 및 수용자의 처우에 관한 법률 시행규칙」에서 특별한 보호가 필요한 수용자 처우에 대한 설명으로 옳은 것은? '13. 9급

① 65세 이상인 노인수용자는 1년에 1회 이상 정기 건강검진을 하여야 한다.
② 외국인수용자의 거실 지정은 분쟁의 소지가 없도록 유색인종별로 분리 수용하여야 한다.
③ 노인수용자의 거실은 전용 승강기가 설치된 건물의 2층 이상에만 설치하도록 한다.
④ 임산부인 수용자에게는 필요한 양의 쌀밥, 죽 등의 주식과 별도로 마련된 부식을 지급할 수 있다.

해설
① (×) 1년에 1회(×) → 6개월 1회(○).
② (×) 유색인종별로 분리 수용하여야 한다(×) → 소장은 외국인 수용자의 수용 거실을 지정하는 경우에는 종교 또는 생활관습이 다르거나 민족감정 등으로 인하여 분쟁의 소지가 있는 외국인수용자는 거실을 분리하여 수용하여야 한다(「시행규칙」 제57조 1항).
③ (×) 전용승강기가 설치된 건물의 2층 이상에만 설치(×) → 노인수용자의 거실은 시설부족 또는 그 밖의 부득이한 사정이 없으면 건물의 1층에 설치해야 한다. 그리고 특히 겨울철 난방을 위하여 필요한 시설을 갖추어야 한다(「시행규칙」 제44조 2항).
④ (○) 임산부인 수용자인 경우에는 의무관의 의견을 들어 필요한 양의 죽 등의 주식과 별도로 마련된 부식을 지급할 수 있다. 유아양육을 허가받은 경우 양육 유아에 대하여는 대체식품을 지급할 수 있다(「시행규칙」 제42조 참조).

정답 ④

18 「형의 집행 및 수용자의 처우에 관한 법률 시행규칙」상 노인수용자의 처우에 대한 설명으로 옳은 것은? '20. 7급

① 노인수형자 전담교정시설에는 별도의 개별휴게실을 마련하고 노인이 선호하는 오락용품 등을 갖춰두어야 한다.
② 노인수형자를 수용하고 있는 시설의 장은 노인문제에 관한 지식과 경험이 풍부한 외부전문가를 초빙하여 교육하게 하는 등 노인수형자의 교육 받을 기회를 확대하고, 노인전문오락, 그 밖에 노인의 특성에 알맞은 교화프로그램을 개발·시행하여야 한다.
③ 소장은 노인수용자가 거동이 불편하여 혼자서 목욕하기 어려운 경우에는 교도관, 자원봉사자 또는 다른 수용자로 하여금 목욕을 보조하게 할 수 있다.
④ 소장은 노인수용자가 작업을 원하는 경우에는 나이·건강상태 등을 고려하여 해당 수용자가 감당할 수 있는 정도의 작업을 부과한다. 이 경우 담당 교도관의 의견을 들어야 한다.

해설
① (×) 개별휴게실(×) → 공동휴게실(○). 시행규칙 제43조 제2항 참조.
② (×) 노인수형자를 수용하고 있는 시설의 장은(×) → 노인수형자 전담교정시설의 장은(○). 시행규칙 제48조 제1항 참조.
④ (×) 담당 교도관(×) → 의무관(○). 시행규칙 제48조 제2항 참조.

정답 ③

19 「형의 집행 및 수용자의 처우에 관한 법률 시행규칙」상 장애인수용자에 대한 설명으로 가장 옳지 않은 것은? '20. 6급(교감) 승진

① 법무부장관이 장애인수형자의 처우를 전담하도록 정하는 시설의 장은 장애종류별 특성에 알맞은 재활치료프로그램을 개발하여 시행하여야 한다.
② 장애인수형자 전담교정시설이 아닌 교정시설에서는 장애인수용자를 수용하기 위하여 별도의 거실을 지정하여 운용하여야 한다.
③ 장애인수용자의 거실은 시설부족 또는 그 밖의 부득이한 사정이 없으면 건물의 1층에 설치하고, 특히 장애인이 이용할 수 있는 변기 등의 시설을 갖추도록 하여야 한다.
④ 장애인수용자란 「장애인복지법 시행령」 별표 1의 제1호부터 제15호까지의 규정에 해당하는 사람으로서 시각·청각·언어·지체(肢體) 등의 장애로 통상적인 수용생활이 특히 곤란하다고 인정되는 수용자를 말한다.

해설

② (×) 지정하여 운용하여야 한다(×) → 지정하여 운용할 수 있다(○). 시행규칙 제48조 제1항 참조.

정답 ②

20 다음은 장애인 수용자에 대한 법령규정들이다. 틀리게 기술된 것은?

① 시각, 청각, 언어 지체 등의 장애로 통상적 수용생활이 특히 곤란한 수용자가 장애인수용자에 포함된다.
② 일반 교정시설의 경우 장애인수용자의 거실은 원칙적으로 1층에 설치하고 장애인용 변기 등의 시설을 갖추어야 한다.
③ 장애인수용자의 경우 주·부식 지급이나 운동, 목욕 등에서 일반적인 기준을 초과하여 처우를 제공할 수 있다.
④ 장애인수용자를 수용하고 있는 모든 교정시설에서는 장애 종류별 특성에 알맞은 재활치료 프로그램을 개발하여 시행하여야 한다.

해설

④ (×) 모든 교정 시설(×) → 전담교정시설(○). 「시행규칙」 제50조 참조.
① (○) 「시행규칙」 제49조 참조. ② 「시행규칙」 제51조 2항 참조. . ③ 「시행규칙」 제54조 및 제45조 참조.

정답 ④

AI 예상 응용지문

❶ 장애인수용자의 거실은 시설부족 또는 그 밖의 부득이한 사정이 없으면 건물의 1층에 설치하고, 특히 겨울철 난방을 위하여 필요한 시설을 갖추어야 한다. (×)

❶ 장애인수용자(×) → 노인수용자(○)

21 소년수용자의 처우에 대한 설명으로 옳은 것은? '20. 7급

① 소년수형자 전담교정시설에는 별도의 개별학습공간을 마련하고 학용품 및 소년의 정서 함양에 필요한 도서, 잡지 등을 갖춰두어야 한다.
② 소장은 소년수형자 등의 나이·적성 등을 고려하여 필요하다고 인정하면 접견 및 전화통화 횟수를 늘릴 수 있다.
③ 소장은 소년수형자의 나이·적성 등을 고려하여 필요하다고 인정하면 발표회 및 공연 등 참가활동을 제외한 본인이 희망하는 활동을 허가할 수 있다.
④ 소년수형자 전담교정시설이 아닌 교정시설에서는 소년수용자를 수용할 수 없다.

해설

① (×) 개별학습공간(×) → 공동학습공간(○). 시행규칙 제59조의 2 참조.
③ (×) 성인수형자와는 달리 사회적 처우의 일환으로, 발표회 및 공연 등 참가활동까지 포함시키고 있다. 시행규칙 제59조의 5 참조.
④ (×) 전담교정시설이 아닌 교정시설에도 수용할 수 있다. 그러한 경우에도 소년수형자의 교육·교화프로그램에 관하여는 소년의 나이·적성 등 특성에 알맞은 교육·교화프로그램을 개발하여 시행하여야 한다. 그러나 별도의 공동학습공간을 마련하고 도서·잡지 등을 갖추어야 하는 것은 소년수형자 전담 교정시설에만 적용됨. 시행규칙 제59조의 3 제2항 및 제59조의 2 제1항 참조.

정답 ②

22 소년수용자와 여성수용자에 관한 다음의 설명 중 옳은 것은? '06. 7급 수정

① 소년교도소에는 19세 이상의 수형자가 수용될 수 없다.
② 무기형을 선고받은 소년수형자의 경우에 5년의 복역기간이 경과하면 가석방될 수 있다.
③ 여성수용자가 출산한 유아에 대해서는 입소 후 24개월의 기간 동안 해당 여성수용자가 교정시설 내에서 양육하는 것을 허용할 수 있다.
④ 여성수용자의 신체와 의류에 대한 검사는 여성교도관이 행하지만 여성수용자의 휴대품에 대한 검사는 남성교도관도 할 수 있다.

해설

① (×) 수형자가 소년교도소에 수용 중에 19세가 된 경우에도 교육·교화프로그램, 작업, 직업훈련 등을 실시하기 위하여 특히 필요하다고 인정되면 23세가 되기 전까지는 계속하여 수용할 수 있다(「법」 제12조 3항).
③ (×) 입소 후 24개월(×) → 생후 18개월(○). 「법」 제53조 참조.
④ (×) 휴대품 검사도 반드시 여성교도관이 하여야 한다(「법」 제93조 4항 참조).
② (○) 그 외 소년수형자가 15년 유기형인 경우에는 3년, 부정기형 경우에는 단기의 3분의 1이 지나면 가석방을 허가할 수 있다(「소년법」 제65조 참조).

정답 ②

23 다음은 법률상 특별한 보호가 필요한 수용자의 처우에 대한 설명이다. 옳은 것은 몇 개인가?

―― 보 기 ――
㉠ 생리 중인 여성수용자에 대하여는 위생에 필요한 물품을 지급할 수 있다.
㉡ 노인수용자란 70세 이상인 수용자를 말한다.
㉢ 장애인 수용자란 시각, 청각, 언어, 지체 등의 장애를 가진 수용자이다.
㉣ 소장은 외국인 수용자에 대하여 언어나 생활문화 등을 고려하여 적정한 처우를 하여야 한다.
㉤ 노인·장애인·외국인 수용자 및 여성수용자에 대한 특별한 보호에 필요한 사항은 대통령령으로 정한다.
㉥ 여성수용자가 미성년 자녀와 접견시, 차단시설이 없는 장소에서 접견하도록 해야 한다.
㉦ 외국인수용자란 대한민국 이외 국가의 국적을 가진 수용자를 말한다.

① 1개　　　　　　　　　② 3개
③ 4개　　　　　　　　　④ 5개

해설

㉠ (×) 지급할 수 있다(×) → 지급하여야 한다(○). 「법」제50조 3항
㉡ (×) 70세(×) → 65세(○). 「시행령」제81조 참조.
㉢ (×) 장애인 수용자란 단순히 지체 등의 장애를 가진 수용자가 아니라, 시각·청각·언어·지체 등의 장애로 통상적인 수용생활이 특히 곤란하다고 인정되는 수용자를 말한다(「시행규칙」제49조 참조).
㉣ (○)
㉤ (×) 여성수용자(×) → 소년수용자(○). 대통령령(×) → 법무부령(○). 「법」제54조 참조.
여성수용자에 대한 적정한 배려 또는 처우에 관하여는 법무부령에 위임하지 않고, 법률에서 직접 규정하고, 보조적으로 시행령에 세부 내용을 규정하고 있다.
㉥ (×) 접견하도록 해야 한다(×) → 접견하게 할 수 있다(임의적).
㉦ (×) 대한민국 이외 국가의 국적을 가진 수용자(×) → 대한민국의 국적을 가지지 아니한 수용자(○). 「시행규칙」제81조 3항 참조.

정답 ①

24 출산 유아 양육신청 및 임산부 처우에 대한 규정 내용 중 옳지 않은 것은? '02. 5급(교정관) 승진 수정

① 여성수용자의 친생자에 한하여 교정시설에서 양육할 것을 신청할 수 있다.
② 유아의 출산시기는 입소 전 또는 입소 후 불문한다.
③ 소장은 생후 18개월에 이르기까지 허가할 수 있다.
④ 소장은 수용자가 유산한 경우에도 모성보호 및 건강유지를 위하여 정기적인 검진 등 적절한 조치를 하여야 한다.
⑤ 소장은 수용자가 출산하려고 하는 경우에는 외부의료시설에서 진료를 받게 하는 등 적절한 조치를 하여야 한다.

해설

③ (×) 법정 제한사유가 없으면 생후 18개월에 이르기까지 허가하여야 한다(「법」 제53조 1항). 허가할 수 있다(×) → 허가하여야 한다(○).

정답 ③

25 「형의 집행 및 수용자 처우에 관한 법률」상 여성수용자는 자신이 출산한 유아를 교정시설에서 양육할 것을 신청할 수 있는데, 시설 내에서 양육할 수 있는 기간은?

① 양육허가 후 18개월 ② 생후 18개월
③ 양육허가 후 12개월 ④ 생후 12개월

해설

② (①) 「법」 제53조 참조.

정답 ②

AI 예상 응용지문

❶ 소장은 신청받은 유아양육을 허가하지 아니한 경우에는 먼저 해당 교정시설을 관할하는 시장·군수 또는 구청장에게 그 유아를 보내어 보호하게 하여야 한다. (×)

❶ 허가하지 아니하는 경우에는 수용자의 의사를 고려하여 유아 보호에 적당하다고 인정하는 법인 또는 개인에게 보낼 수 있다(보내야 한다×). 다만, 적당한 개인·법인이 없는 경우에는 시장 등에게 보내서 보호하게 하여야 한다(보내서 보호하게 할 수 있다×). 「시행령」 제80조 참조.

26 「형의 집행 및 수용자 처우에 관한 법률 시행규칙」상 노인수용자의 처우에 대한 설명으로 옳지 않은 것은? '16. 9급

① 소장은 노인수용자에 대하여 6개월에 1회 이상 건강검진을 하여야 한다.
② 노인수형자 전담교정시설에는 별도의 공동휴게실을 마련하고 노인이 선호하는 오락용품 등을 갖춰두어야 한다.
③ 소장은 노인수용자의 나이·건강상태 등을 고려하여 필요하다고 인정하면 법률에서 정한 수용자의 지급기준을 초과하여 주·부식을 지급할 수 있다.
④ 노인수용자의 거실은 시설부족 또는 그 밖의 부득이한 사정이 없으면 건물의 1층에 설치하고, 특히 겨울철 난방을 위하여 필요한 시설을 갖출 수 있다.

해설

① (○) 「시행규칙」 제47조 2항 참조.
② (○) 「시행규칙」 제43조 2항 참조.
③ (○) 「시행규칙」 제45조 참조.
④ (×) 갖출 수 있다(×) → 갖추어야 한다(「시행규칙」 제44조 2항 참조).

정답 ④

27 「형의 집행 및 수용자 처우에 관한 법률 시행규칙」상 외국인수용자의 수용에 대한 설명으로 옳지 않은 것은? '16. 7급

① 법무부장관이 외국인수형자의 처우를 전담하도록 정하는 시설의 장은 외국인의 특성에 알맞은 교화프로그램 등을 개발하여 시행하여야 한다.
② 외국인수용자를 수용하는 소장은 외국어에 능통한 소속 교도관을 전담요원으로 지정하여 일상적인 개별면담, 고충해소, 통역·번역 및 외교공관 또는 영사관 등 관계기관과의 연락 등의 업무를 수행하게 하여야 한다.
③ 소장은 외국인수용자의 수용거실을 지정하는 경우에는 종교 또는 생활관습이 다르거나 민족감정 등으로 인하여 분쟁의 소지가 있는 외국인 수용자는 거실을 분리하여 수용하여야 한다.
④ 소장은 외국인수용자가 질병 등으로 사망한 경우에는 관할 출입국관리사무소, 그의 국적이나 시민권이 속하는 나라의 외교공관 또는 영사관의 장이나 그 관원 및 가족에게 즉시 통지하여야 한다.

해설

④ (×) 관할 출입국관리사무소(×), 그 관원 및 가족(×) → 관원 또는 그 가족(○). 「시행규칙」 제59조 참조.

정답 ④

28 외국인수용자의 처우에 대한 설명으로 옳은 것은? '20. 7급

① 외국인수용자 전담요원은 외국인 미결수용자에게 소송 진행에 필요한 법률지식을 제공하는 조력을 하여야 한다.
② 외국인수용자를 수용하는 소장은 외국어 통역사 자격자를 전담요원으로 지정하여 외교공관 및 영사관 등 관계기관과의 연락업무를 수행하게 하여야 한다.
③ 소장은 외국인수용자의 수용거실을 지정하는 경우에는 반드시 분리수용하도록 하고, 그 생활양식을 고려하여 필요한 설비를 제공하여야 한다.
④ 외국인수용자에 대하여 소속국가의 음식문화를 고려할 필요는 없지만, 외국인수용자의 체격 등을 고려하여 지급하는 음식물의 총열량을 조정할 수 있다.

해설

① (○) 이 규정은 국민인 미결수용자에 대해 법률구조에 대한 지원이 임의적 규정인 것과 대비된다. 다시 말해, "소장은 미결수용자가 빈곤하거나 무지하여 수사 및 재판과정에서 권리를 충분히 행사하지 못한다고 인정하는 경우에는 법률구조에 필요한 지원을 할 수 있다(시행령 제99조)."와 비교해서 구분해야 한다.
② (×) 외국어 통역사 자격자(×) → 외국어 능통한 소속 교도관(○)
③ (×) 반드시 분리수용해야 하는 것은 아니고 종교 또는 생활 관습이 다르거나 민족감정 등으로 인하여 분쟁의 소지가 있는 외국인 수용자만 거실을 분리하여 수용하면 된다. 그리고 외국인 수용자의 생활양식을 고려하여 필요한 수용설비를 제공하도록 노력하면 되고, 필요한 설비를 꼭 제공하여야 하는 것은 아니다.

시행규칙 제57조 참조.
④ (×) 소속 국가의 음식문화를 반드시 고려하여야 한다. 지급하는 음식물의 총열량은 소속 국가의 음식문화·체격 등을 고려하여 조정할 수 있다. 그리고 외국인수용자에 대하여는 쌀, 빵 그 밖의 식품을 주식으로 지급하도록 하고 있으므로, 주식을 쌀로 한정하지 않아도 된다. 시행규칙 제58조 참조.

정답 ①

29. 「형의 집행 및 수용자 처우에 관한 법률」과 동법 시행규칙상 수용자의 특별한 보호를 위하여 행하는 처우에 관한 규정의 내용과 일치하지 않는 것은? '16. 7급

① 노인수용자의 거실은 시설부족 또는 그 밖의 부득이한 사정이 없으면 건물의 1층에 설치하고, 특히 겨울철 난방을 위하여 필요한 시설을 갖추어야 한다.
② 장애인수형자 전담교정시설의 장은 장애인의 재활에 관한 전문적인 지식을 가진 의료진과 장비를 갖추어야 한다.
③ 법무부장관이 19세 미만의 수형자의 처우를 전담하도록 정하는 시설에는 별도의 공동학습공간을 마련하고 학용품 및 소년의 정서 함양에 필요한 도서, 잡지 등을 갖춰 두어야 한다.
④ 남성교도관이 1인의 여성수용자에 대하여 실내에서 상담 등을 하려면 투명한 창문이 설치된 장소에서 다른 여성을 입회시킨 후 실시하여야 한다.

해설

② (×) 갖추어야 한다(×) → 갖추도록 노력하여야 한다(○).「시행규칙」제52조 참조.

정답 ②

AI 예상 응용지문

❶ 현행법령에 따르면, 노인수용자·장애인수용자·외국인수용자·소년수용자·여성수용자에 대한 적정한 배려 또는 처우를 위하여 특히 그 처우를 전담하도록 정하는 전담 교정시설과 전담요원을 두어야 한다. (×)
❷ 현행법령상 적절한 처우 또는 배려를 위하여 전담요원을 지정하도록 규정하고 있는 특별한 보호대상자는 외국인수용자뿐이다. (○)
❸ 소장은 노인·장애인 수용자에 대하여는 적정한 처우를 하여야 하고, 외국인·소년 수용자에 대하여는 그 처우에 있어 배려를 할 수 있다. (×)

❶ 전담요원은 외국인수용자에 한해서 인정됨. ❸ 노인·장애인은 배려 대상이고, 소년·외국인은 처우대상임. / 할 수 있다.(×) → 하여야 한다.(○)

30 「형의 집행 및 수용자 처우에 관한 법률 시행규칙」과 동법 상 특별한 보호가 필요한 수용자의 처우에 대한 설명으로 옳은 것은 모두 몇 개인가? '24. 5급(교정관) 승진

> ㉠ 노인수형자 전담교정시설에는 별도의 공동휴게실을 마련하고 노인이 선호하는 오락용품 등을 갖춰두어야 한다.
> ㉡ 소장은 외국인수용자에 대하여는 그 생활양식을 고려하여 필요한 수용설비를 제공하도록 노력하여야 한다.
> ㉢ 장애인수형자 전담교정시설의 장은 장애인의 재활에 관한 전문적인 지식을 가진 의료진과 장비를 갖추도록 노력하여야 한다.
> ㉣ 외국인수용자를 수용하는 소장은 외국어에 능통한 소속 교도관을 전담요원으로 지정하여 일상적인 개별면담, 고충해소, 통역·번역 및 외교공관 또는 영사관 등 관계기관과의 연락 등의 업무를 수행하게 하여야 한다.
> ㉤ 장애인수형자 전담교정시설이 아닌 교정시설에서는 장애인수용자를 수용하기 위하여 별도의 거실을 지정·운용하여야 한다.
> ㉥ 「형의 집행 및 수용자의 처우에 관한 법률」 제57조(처우) 제6항에 따라 법무부장관이 외국인수형자의 처우를 전담하도록 정하는 시설의 장은 외국인의 특성에 알맞은 교화프로그램 등을 개발하여 시행하여야 한다.

① 2개　　② 3개　　③ 4개　　④ 5개

해설

㉤(×) 지정·운용하여야 한다(×) → 지정하여 운용할 수 있다(○). 같은 규칙 제51조 1항.

정답 ④

31 「형의 집행 및 수용자의 처우에 관한 법률 시행규칙」상 수용자의 처우에 대한 설명으로 옳은 것은? '21. 9급

① 소장은 임산부인 수용자에 대하여 필요하다고 인정하는 경우에는 교정시설에 근무하는 교도관의 의견을 들어 필요한 양의 죽 등의 주식과 별도로 마련된 부식을 지급할 수 있다.
② 소장은 소년수형자의 나이·적성 등을 고려하여 필요하다고 인정하면 전화통화 횟수를 늘릴 수 있으나 접견 횟수를 늘릴 수는 없다.
③ 소장은 외국인수용자가 질병 등으로 위독하거나 사망한 경우에는 그의 국적이나 시민권이 속하는 나라의 외교공관 또는 영사관의 장이나 그 관원 또는 가족에게 이를 10일 이내에 통지하여야 한다.
④ 소장은 노인수용자가 거동이 불편하여 혼자서 목욕하기 어려운 경우에는 교도관, 자원봉사자 또는 다른 수용자로 하여금 목욕을 보조하게 할 수 있다.

해설

① (×) 교도관의 의견을 들어(×) → 의무관의 의견을 들어(○). 시행규칙 제42조. 건강과 관련된 조치나 업무 관할은 '교도관'이 아니라, '의무관'임을 구분하는 문제이다.
② (×) 없다(×) → 있다(○). 접견횟수도 늘릴 수 있다. 시행규칙 제59조의4 참조. 또한, '19세 미만일

때'의 사유가 적용되지 않는 '접견의 예외'는 '접촉차단시설이 설치되지 않은 장소에서의 접견'임을 기억해야 한다.
③ (×) 10일 이내에 통지해야 한다(×) → 즉시 알려야 한다(○). 시행규칙 제59조 참조.

▶ 이 문제처럼 법령의 단순 암기력을 테스트하는 문제보다는 법령에 대한 이해력을 테스트하기 위하여, '규정 내용을 변형시킨 문제 양식'도 난도를 높이는 데 활용하는 출제기법임을 고려하자.

정답 ④

32 「형의 집행 및 수용자의 처우에 관한 법률 시행규칙」상 소년수용자의 처우에 대한 설명으로 가장 옳지 않은 것은? '24. 5급(교정관) 승진

① 소년수형자 전담교정시설에는 별도의 공동학습공간을 마련하고 학용품 및 소년의 정서 함양에 필요한 도서, 잡지 등을 갖춰 두어야 한다.
② 소장은 수용자가 거동이 불편하여 혼자서 목욕하기 어려운 경우에는 교도관, 자원봉사자 또는 다른 수용자로 하여금 목욕을 보조하게 할 수 있다.
③ 소장은 작업을 원하는 경우에는 나이·건강상태 등을 고려하여 해당 수용자가 감당할 수 있는 정도의 작업을 부과한다. 이 경우 교도관의 의견을 들어야 한다.
④ 소장은 소년수형자 등의 나이·적성 등을 고려하여 필요하다고 인정하면 소년수형자 등에게 교정시설 밖에서 이루어지는 발표회 및 공연 등 참가 활동을 허가할 수 있다.

해설
③ (×) 교도관(×) → 의무관(○) 시행규칙 제59조의6(사회적 처우) 참조.

정답 ③

33 형의 집행 및 수용자 처우에 관한 법령상 여성수용자의 처우에 대한 설명으로 옳지 않은 것을 모두 몇 개인가? '23. 7급(교위) 승진

> ㉠ 남성교도관이 1인의 여성수용자에 대하여 실내에서 상담등을 하려면 투명한 창문이 설치된 장소에서 다른 교도관을 입회시킨 후 실시하여야 한다.
> ㉡ 소장은 법 제53조(유아의 양육) 제1항에 따라 유아의 양육을 허가한 경우에는 교정시설에 육아거실을 지정·운영하여야 한다.
> ㉢ 소장은 유아의 양육을 허가하지 아니하는 경우에는 수용자의 의사를 고려하여 유아보호에 적당하다고 인정하는 법인 또는 개인에게 그 유아를 보낼 수 있다. 다만, 적당한 법인 또는 개인이 없는 경우에는 그 유아를 해당 교정시설의 소재지 관할 이외의 시장·군수 또는 구청장에게 보내서 보호하게 하여야 한다.
> ㉣ 소장은 여성수용자에 대하여 건강검진을 실시하는 경우에는 나이·건강 등을 고려하여 부인과질환에 관한 검사를 포함시킬 수 있다.

① 1개　　　② 2개　　　③ 3개　　　④ 4개

해설

㉠ (×) 다른 교도관을(×) → 다른 여성을(○). 법 제51조 2항 참조.
㉢ (×) 관할 이외의(×) → 소재지를 관할하는(○). 시행령 제80조(유아의 인도) 제1항 참조.
㉣ (×) 포함시킬 수 있다(×) → 포함시켜야 한다(○). 법 제50조(여성수용자의 처우) 제2항 참조.

정답 ③

---

34 형의 집행 및 수용자 처우에 관한 법령상 외국인수용자에 대한 설명으로 옳지 않은 것을 모두 고른 것은? '23. 7급(교위) 승진

> ㉠ 외국인수용자란 대한민국의 국적을 가지지 아니한 수용자를 말한다. 소장은 외국인수용자에 대하여 언어·생활문화 등을 고려하여 적정한 처우를 할 수 있다.
> ㉡ 외국인수용자에 대하여는 쌀, 빵 또는 그 밖의 식품을 주식으로 지급하되, 소속 국가의 음식문화를 고려하여야 한다. 외국인수용자에게 지급하는 부식의 지급기준은 법무부장관이 정한다.
> ㉢ 소장은 외국인수용자의 수용거실을 지정하는 경우에는 종교 또는 생활관습이 다르거나 민족감정 등으로 인하여 분쟁의 소지가 있는 외국인수용자는 거실을 분리하여 수용할 수 있다.
> ㉣ 소장은 외국인수용자에 대하여는 그 생활양식을 고려하여 필요한 수용설비를 제공하도록 노력하여야 한다.

① ㉠, ㉢   ② ㉠, ㉡, ㉢   ③ ㉡, ㉢   ④ ㉡, ㉣

해설

㉠(×) 적정한 처우를 할 수 있다(×) → 적정한 처우를 하여야 한다(○). 법 제54조 3항 참조.
㉢(×) 분리하여 수용할 수 있다(×) → 분리하여 수용하여야 한다(○). 시행규칙 제57조(수용거실 지정) 제1항 참조.

정답 ①

MEMO

CHAPTER 08 수형자의 처우

제1절 분류심사

01 형의 집행 및 수용자의 처우에 관한 법령 상 수형자의 처우에 대한 설명으로 옳지 않은 것은? 'AI 예상

① 수형자에 대한 처우는 교화 또는 건전한 사회복귀를 위하여 교정성적에 따라 상향 조정될 수 있으며, 특히 그 성적이 우수한 수형자는 개방시설에 수용되어 사회생활에 필요한 적정한 처우를 받을 수 있다.
② 수형자의 처우등급은 기본수용급, 경비처우급, 개별처우급으로 구분한다.
③ 수형자의 취업지원협의회는 회장 1명을 포함하여 3명 이상 5명 이하의 내부위원과 10명 이상의 외부위원으로 구성한다.
④ 소장은 미결수용자로서 자유형이 확정된 사람에 대하여는 검사의 집행 지휘서가 발송된 때부터 수형자로 처우할 수 있다.

해설

④ (×) 발송된 때(×) → 도달한 때(○). 검사의 집행 지휘서가 도달한 때부터 수형자로 처우할 수 있다. 시행령 제82조 1항 참조.

☞ 출제의도 : 출제 의도는 출제 빈도가 가장 높은 부분인 수형자의 처우와 관련된 법령 내용을 정확하게 이해하고 있는지 평가하는 것입니다. 수형자의 처우는 교정학의 중요한 부분으로, 수형자의 교화 및 사회복귀를 촉진하기 위한 다양한 처우 방식이 규정되어 있습니다. 수험생들은 이와 관련된 법령 조항을 정확히 숙지하고 있어야 합니다. 효율적으로 고득점을 하려면, 기출문제의 문항을 통해 법령해석능력을 길러야 합니다.

정답 ④

02 수형자분류의 연혁에 대한 설명 중 가장 적절치 않은 것은? '01. 5급(교정관) 승진 수정

① 서울지방교정청에 분류센터를 신설할 수 있는 규정이 마련되었다.
② 수형자 분류는 남녀수용자를 분리 수용한 것에서부터 시작되었다.
③ 1차적으로 범죄의 원인과 대책에 대한 과학적 인식이라는 차원에서 논의된다.
④ 수형자의 개별적 특성을 과학적으로 분류하고 이를 기초로 처우를 차별화한다.
⑤ 역사적으로 수형자의 분류는 수용분류에서 출발하여 처우분류에 중점을 두는 방향으로 발전되어 왔다.

> 해설

③ (×) '범죄인분류'에 대한 설명이다. 범죄인분류는 범죄의 원인, 유형 등에 대한 과학적 인식을 토대로 그 특징과 환경 등을 분석하고 그것을 토대로 범죄를 예방하기 위해 범죄인을 일정한 기준에 따라 구분하는 것이다. '수형자분류'는 수형자를 대상으로 수용시설·처우내용·계호 정도 등을 차별화하여 수형자의 구체적 처우 내용을 정하며 궁극적으로 수형자의 재사회화를 효율적으로 도모하는 처우 방식이다. 우리나라도 2016.9.5. 서울지방교정청에 분류센터를 신설할 수 있는 규정이 마련되었다(「법무부와 그 소속기관직제 시행규칙」 제15조 참조).

정답 ③

03 우리나라 분류제도의 역사에 대해 올바르게 기술한 것은?

① 우리나라에서는 고조선시대부터 '뇌옥'이 있었고 남녀를 분류 수용하였다.
② 기·미결별, 연령별, 남·녀별 등 분류수용이 완전 제도화된 것은 갑오개혁시기에 제정된 조선감옥령에 기인한다.
③ 서울구치소가 우리나라 최초의 분류전담소로 지정되었다.
④ 현재 수형자의 분류 및 처우를 세부적으로 규정하고 있는 것은 「형의 집행 및 수용자의 처우에 관한 법률 시행규칙」이다.

> 해설

① (×) 고조선시대에 구금시설이 있었는지에 대한 기록이 없다.
② (×) 「조선감옥령」은 1912년 제정·시행되었다. 이는 식민통치체제하의 행형을 위한 법체제였다. 「조선감옥령」에 의해 분류수용이 완전히 제도화되었다는 내용은 맞는다. 처음으로 기결·미결이 구분되기 시작한 것은 1894년 제정된 「감옥규칙」이었다. 감옥규칙에서는 미결감과 기결감을 구별하고, 판·검사의 감옥시찰을 명시했고, 재감자(在監者)의 준수사항을 규정하였다. 또한 같은 해에 범죄인의 개선을 촉진하는 목적으로 일종의 누진처우법인 「징역표」가 제정되었다. 그 후 여러 차례 행형관계법규가 정비되어 오다가 「조선감옥령」에 의해 연령별, 성별 분류가 제도화 되었다. 그러나 이 「조선감옥령」에 근거하여 총독의 명령으로 행형에 관한 별도의 규정을 둘 수 있게 하였고, 태형제도·예방구금을 인정하는 등의 민족적 차별과 권위주의와 엄형(嚴刑)주의에 근거한 재소자에 대한 처우 등 응보주의적 행형이 시행되었다.
③ (×) 우리나라에서 최초로 분류전담소로 지정된 교정시설은 서울구치소가 아니라 안양교도소이다.
④ (○) 우리나라에서 분류 및 누진처우는 갑오개혁 때 「징역표」를 시작으로 1980년에는 구「행형법」 개정을 통해 "소장은 수형자를 개별적으로 심사 분류하여 그에 상응한 처우를 하여야 한다."고 규정함으로써 법률로써 분류제의 채택을 명시하였다. 이에 따라 1969년 누진제를 실시하기 위해 제정했던 「교정누진처우규정」도 1991년 그 명칭을 「수형자분류처우규칙」으로 바꿈으로써 처우의 중점이 분류제로 이행하도록 하였고, 2007년 개정된 「형집행법」은 수형자의 처우에 관한 제8장 가운데, 별도의 절을 두어 분류심사에 대해 명시적인 규정을 두고 있다. 그리고 이 법 「시행규칙」에서 수형자의 분류 및 처우에 대해 세부적인 규정을 두고 있다.

정답 ④

04 다음 중 분류제도에 대한 설명으로 맞는 것은? '03. 9급

① 유럽형 분류개념은 개인에 대한 진단과 치료에 중점을 두고 있다.
② 미국형 분류개념은 집단별 분류에 중점을 두고 있다.
③ 오늘날 수형자 처우의 중점은 처우분류에서 수용분류의 형태로 바뀌고 있다.
④ 과학적 지식이 요구되는 적극적 분류개념은 범죄자 처우의 개별화를 위한 것이다.

해설

①, ② (○) 유럽과 미국을 반대로 기술했다.
③ (○) 수용분류에서 처우분류로 중점이 옮겨졌다.

정답 ④

05 수형자 분류에 대한 설명으로 옳지 않은 것은? '19. 9급

① 미네소타 다면적 인성검사(MMPI)는 인성에 기초한 수형자분류방법으로서, 비정상적인 행동을 객관적으로 측정하기 위한 수단으로 만들어졌다.
② 대인적 성숙도검사(I-Level)는 수형자를 지적 능력에 따라 분류하기 위해 사용하는 도구로서, 전문가의 도움 없이 교도관들이 분류심사에 활용할 수 있어 비용이 적게 든다는 장점이 있다.
③ 수형자에 대한 분류는 1597년 네덜란드의 암스테르담 노역장에서 남녀혼거의 폐해를 막기 위하여 남자로부터 여자를 격리수용한 것에서부터 시작되었다고 한다.
④ 우리나라에서는 1894년 갑오개혁으로 「징역표」가 제정되면서 수형자 분류사상이 처음으로 도입되었다고 한다.

해설

② I-Level 검사는 '대인적 성숙도검사'라고 번역하듯이, 이 제도는 '지적 능력'에 따라 분류하는 것이 아니라 '사회심리학적 성숙의 단계'에 따라 분류하여 그에 맞는 일련의 처우를 하는 제도이다. 이 검사제도는 임상전문가만이 할 수 있고 비용이 많이 들고 복잡한 것이 단점이다. 전문가의 도움 없이 교도관들이 분류심사에 활용할 수 있어 현재 여러 나라 교도소에서 광범위하게 활용하고 있는 제도는 '미네소타 다면적 인성검사(MMPI)'이다.

정답 ②

06 수형자분류심사에 대하여 바르게 설명한 것은?

① 분류심사는 신입심사와 재심사 및 특별심사가 있다.
② 가석방의 허가조건이 구비되면 부정기재심사를 할 수 있다.
③ 형집행지휘서가 접수된 날부터 6개월이 지나고 형기의 5분의 1이 경과하면 재심사를 할 수 있다.
④ 재심사는 정기재심사와 부정기재심사로 구분한다.

해설

① (×) 특별심사(×)
② (×) '가석방심사와 관련하여 필요한 때'는 2014년 개정으로 부정기재심사사유에서 삭제되었다.
③ (×) 정기재심사와 무관하다. 3분의 1, 2분의 1, 3분의 2, 6분이 5에 도달할 때 정기재심사를 한다. 「시행규칙」 제64조부터 제67조까지 참조.

정답 ④

AI 예상 응용지문

❶ 개별처우계획을 조정할 것인지를 결정하기 위한 분류심사를 "부정기재심사"라고 한다. (×)
❷ 정기재심사란 일정한 형기가 도달한 때, 상벌 또는 그 밖의 처우를 위하여 행하는 재심사이다. (×)
❸ 정기재심사는 사유에 해당하면 해야 하고(필요적 재심사), 부정기재심사는 사유에 해당해도 하지 아니할 수 있다. (○)

❶ 부정기재심사(×) → 재심사(○) ❷ 상벌 또는 그 밖의 처우를 위하여 행하는 재심사는 부정기재심사임.

---

07 수용자의 범죄횟수 산정에 관한 내용으로 틀린 것은?

① 수용자의 범죄횟수는 징역 또는 금고 이상의 형을 선고받은 횟수인데 집행유예기간 중 고의로 인한 금고 이상의 실형의 확정으로 집행유예가 실효된 경우에도 범죄횟수에 포함한다.
② 3년 이하의 징역형 또는 금고형을 선고받아 그 형의 집행을 종료하거나 그 집행이 면제된 날로부터 자격정지 이상의 형을 선고 받지 아니하고 5년이 경과한 경우에는 범죄횟수에 포함하지 아니한다.
③ 3년을 초과하는 징역형 또는 금고형을 선고받아 그 형의 그 집행을 종료하거나 그 집행이 면제된 날로부터 자격정지 이상의 형을 선고받지 아니하고 9년이 경과한 경우에는 범죄횟수에 포함하지 아니한다.
④ 2년의 징역형의 집행을 종료한 후 3년째에 벌금형을 선고받아 확정되었으나 다른 형벌을 받지 않고 5년을 경과했다면 2년의 징역형은 범죄횟수에 포함되지 않는다.

해설

① (○) 집행유예의 효력이 실효되면 선고된 형이 집행되므로 범죄횟수에 포함된다.
③ (×) 9년(×) → 10년(○).
④ (○) 벌금형은 자격정지보다 아래 단계의 형벌이므로 5년 이내에 선고받아 확정되었다 해도 실효에는 영향을 미치지 않아, 해당형은 실효되므로 범죄횟수에 포함되지 아니한다. 벌금·구류·과료·몰수는 형의 실효 경과에 저촉되지 않는다. 「시행규칙」 제3조 및 「형법」 제41조 참조.

정답 ③

08 형의 집행 및 수용자의 처우에 관한 법령상 수형자의 분류심사에 대한 설명으로 옳은 것은? '19. 9급

① 법무부장관은 분류심사를 전담하는 교정시설을 지정·운영하는 경우에는 지방교정청별로 2개소 이상이 되도록 하여야 한다.
② 개별처우계획을 수립하기 위한 분류심사는 매월 초일부터 말일까지 형집행지휘서가 접수된 수형자를 대상으로 하며, 그 다음 달까지 완료하여야 한다. 다만, 특별한 사유가 있는 경우에는 그 기간을 연장할 수 있다.
③ 소장은 분류심사를 위하여 수형자와 그 가족을 대상으로 상담 등을 통해 수형자 신상에 관한 개별사안의 조사, 심리·지능·적성검사, 그 밖에 필요한 검사를 할 수 있다.
④ 징역형·금고형이 확정된 사람으로서 집행할 형기가 형집행지휘서 접수일부터 6개월 미만인 사람 또는 구류형이 확정된 사람에 대해서는 분류심사를 하지 아니한다.

> **해설**
> ① (×) 2개소(×) → 1개소(○). 「시행령」제86조 참조.
> ③ (×) 수형자와 그 가족을 대상으로(×) → 수형자를 대상으로(○). 「법」제59조 3항 참조. '수형자의 가족 등과의 면담'은 분류조사의 일환이다(규칙 제70조).
> ④ (×) 6개월 미만(×) → 3개월 미만(○). 「시행규칙」제62조 참조.
>
> **정답** ②

09 형의 집행 및 수용자의 처우에 관한 법령상 이송·재수용의 개별처우계획에 대한 설명으로 옳지 않은 것은?

① 소장은 형집행정지 중에 있는 사람이 기간만료 또는 그 밖의 정지사유가 없어져 재수용된 경우에는 석방 당시와 동일한 처우등급을 부여할 수 있다.
② 소장은 가석방의 취소로 재수용되어 잔형(殘刑)이 집행되는 경우에는 석방 당시보다 한 단계 낮은 처우등급(경비처우급에만 해당한다)을 부여한다. 다만, 「가석방자관리규정」제5조 단서를 위반하여 가석방이 취소되는 등 가석방 취소 사유에 특히 고려할 만한 사정이 있는 때에는 석방당시와 동일한 처우등급을 부여할 수 있다.
③ 소장은 해당 교정시설의 특성 등을 고려하여 필요한 경우에는 다른 교정시설로부터 이송되어 온 수형자의 개별처우계획을 변경할 수 있다.
④ 소장은 형집행정지 중이거나 가석방기간 중에 있는 사람이 형사사건으로 재수용되어 형이 확정된 경우에는 종전 개별처우계획에 따라 처우한다.

> **해설**
> ④ (×) 종전 개별처우계획에 따라 처우한다(×) → 개별처우계획을 새로 수립하여야 한다(○). 법 제60조 제4항 참조.
>
> **정답** ④

10 다음 중 형집행법령상 분류심사 제외 대상자를 모두 고른 것은? 'AI 예상

> ㉠ 질병 등으로 분류심사가 곤란한 사람
> ㉡ 징벌대상행위의 혐의가 있어 조사 중이거나 징벌 집행 중인 사람
> ㉢ 구류형이 확정된 사람
> ㉣ 노역장 유치명령을 받은 사람
> ㉤ 징역형이 확정된 사람으로서 집행할 형기가 형 확정일로부터 3개월 미만인 사람
> ㉥ 금고형이 확정된 사람으로서 집행할 형기가 형집행지휘서 접수일부터 3개월인 사람

① ㉢
② ㉢, ㉤
③ ㉢, ㉤, ㉥
④ ㉠, ㉡, ㉢, ㉣, ㉤, ㉥

해설

㉢ (○) 징역형·금고형이 확정된 사람으로서 집행할 형기가 <u>형집행지휘서 접수일부터</u> 3개월 미만인 사람과 구류형이 확정된 사람은 분류심사를 아니한다.「시행규칙」제62조 1항 참조.
㉠, ㉡ (×) 분류심사 유예사유이지 제외사유가 아니다.
㉣ (×) <개정 2017. 8. 22.>으로 제외 사유에서 삭제되었다.
㉤ (×) 형 확정일로부터 3개월 미만인 사람(×) → 형집행지휘서 접수일부터(○).
㉥ (×) 3개월인 사람은 3개월 '미만'에 해당하지 않으므로 해당되지 않는다.
현재 분류심사 제외자는 1) 집행할 형기(형집행지휘서 접수일부터 형기종료일까지의 기간) 3개월 미만자, 2) 구류형 수형자, 3) 집행할 노역일 수 180일 미만인 노역수형이다.「분류처우 업무지침」제8조 참조. ☞ 출제의도 : 이 문제에서는 2017년 개정으로 삭제된 '㉣ 노역장 유치명령을 받은 사람'과 '㉤ 징역형이 확정된 사람으로서 집행할 형기가 형 확정일로부터 3개월 미만인 사람'을 정확하게 이해하여 실제 시험에서 헷갈리지 않도록 하기 위해 설계되었습니다. 그리고 '분류심사 제외사유'와 '분류심사 유예사유'도 수험생들이 자주 착각하는 것이므로 이에 대해서도 주의를 환기시키는 의도의 문제로 만들어졌습니다.

정답 ①

11 「형의 집행 및 수용자의 처우에 관한 법률 시행규칙」상 분류심사의 제외 또는 유예에 해당하지 않는 경우는? '17. 5급(교정관) 승진

① 징역형이 확정된 사람으로서 집행할 형기가 형집행지휘서 접수일부터 3개월 미만인 사람
② 금고형이 확정된 사람으로서 집행할 형기가 형집행지휘서 접수일부터 3개월 미만인 사람
③ 노역장 유치명령을 받은 사람
④ 수형자가 질병 등으로 분류심사가 곤란한 때
⑤ 수형자가 징벌대상행위의 혐의가 있어 조사 중이거나 징벌집행 중인 때

해설

③ (×) '노역장 유치명령을 받은 사람'은 2017년까지는 분류심사 제외대상이었으나 <2017. 8. 22>개정으로 삭제되었다.

정답 ③

12 「형의 집행 및 수용자의 처우에 관한 법률 시행규칙」상 분류심사를 하지 않는 사람으로 옳은 것만을 모두 고른 것은? '24. 5급(교정관) 승진

> ㉠ 구류형이 확정된 사람
> ㉡ 수형자가 질병 등으로 분류심사가 곤란한 때
> ㉢ 수형자가 징벌대상행위의 혐의가 있어 조사 중이거나 징벌집행 중인 때
> ㉣ 분류심사 유예한 사유가 소멸하였으나 집행할 형기가 사유 소멸일부터 3개월 미만인
> ㉤ 징역형·금고형이 확정된 사람으로서 집행할 형기가 형집행지휘서 접수일부터 3개월 미만인 사람

① ㉠, ㉤   ② ㉠, ㉣, ㉤   ③ ㉠, ㉡, ㉢, ㉣   ④ ㉡, ㉢, ㉣, ㉤

해설
② (○) ㉡, ㉢은 분류심사 유예한 사유에 해당함. 같은 규칙 제62조(분류심사 제외 및 유예) 참조.

정답 ②

13 「형의 집행 및 수용자의 처우에 관한 법률」상 분류처우위원회에 대한 설명으로 옳지 않은 것은? '23. 9급

① 분류처우위원회는 심의·의결을 위하여 외부전문가로부터 의견을 들을 수 있다.
② 분류처우위원회는 위원장을 포함한 5명 이상 9명 이하의 위원으로 구성하고, 위원장은 소장이 된다.
③ 분류처우위원회의 위원은 위원장이 소속 기관의 부소장 및 과장(지소의 경우에는 7급 이상의 교도관) 중에서 임명한다.
④ 수형자의 개별처우계획, 가석방심사신청 대상자 선정, 그 밖에 수형자의 분류처우에 관한 중요 사항을 심의·의결하기 위하여 교정시설에 분류처우위원회를 둔다.

해설
② (×) 5명 이상 9명 이하의 위원(×) → 5명 이상 7명 이하의 위원(×) (「법」제62조 참조).

정답 ②

14 수형자의 분류심사에 대한 설명으로 옳지 않은 것은? '09. 7급

① 교정시설의 장은 수형자의 개별처우계획을 합리적으로 수립하고 조정하기 위하여 수형자의 인성, 행동특성 및 자질 등을 과학적으로 조사·측정·평가하여야 한다.
② 수형자의 분류심사는 형이 확정된 경우에 개별처우계획을 수립하기 위하여 하는 심사와 일정한 형기가 지나거나 상벌 또는 그 밖의 사유가 발생한 경우에 개별처우계획을 조정하기 위하여 하는 심사로 구분된다.
③ 수형자의 처우등급은 수용급, 개선급, 관리급, 처우급으로 나눈다.
④ 교정시설의 장은 질병 등으로 분류심사가 곤란한 때는 분류심사를 유예한다.

해설

③ (×) 기본수용급, 경비처우급, 개별처우급으로 구분한다(「시행규칙」제72조 참조).

정답 ③

15 형의 집행 및 수용자의 처우에 관한 법령상 분류심사에 대한 설명으로 옳은 것만을 모두 고른 것은?

'18. 9급

> ㄱ. 교정시설의 장은 분류심사를 위하여 수형자를 대상으로 상담 등을 통한 신상에 관한 개별사안의 조사, 심리·지능·적성 검사, 그 밖에 필요한 검사를 할 수 있다.
> ㄴ. 개별처우계획을 조정할 것인지는 결정하기 위한 분류 심사는 정기재심사, 부정기재심사, 특별재심사로 구분된다.
> ㄷ. 경비처우급의 조정을 위한 평정소득점수 기준은 수용 및 처우를 위하여 필요한 경우 법무부장관이 달리 정할 수 있다.
> ㄹ. 교정시설의 장은 수형자가 부상이나 질병, 그 밖의 부득이한 사유로 작업 또는 교육을 받지 못한 경우에는 3점 이내의 범위에서 작업 또는 교육 성적을 부여할 수 있다.
> ㅁ. 조정된 처우등급에 따른 처우는 그 조정이 확정된 다음 날부터 한다. 이 경우 조정된 처우등급은 조정이 확정된 날부터 적용된 것으로 본다.

① ㄱ, ㄴ, ㄷ ② ㄱ, ㄷ, ㄹ ③ ㄴ, ㄷ, ㅁ ④ ㄴ, ㄹ, ㅁ

해설

ㄴ(×) 재심사에는 특별재심사가 없다(「시행규칙」제 65조).
ㅁ(×) 조정된 처우등급은 조정된 달의 초일부터 적용된 것으로 본다(「시행규칙」제 82조).
조정이 확정된 날(×) → 조정된 달의 초일(○).
ㄷ(×) 규칙 제81조 참조.

정답 ②

16 수형자분류처우 관련 규정의 적용과 신입심사에 관한 설명 중 옳지 않은 것은?

① 소장은 분류심사와 그 밖에 수용목적의 달성을 위하여 필요하면 수형자의 가족 등을 면담하거나 법원·경찰관서, 그 밖의 관계 기관 또는 단체 등에 대하여 필요한 사실을 조회할 수 있다.
② 재심사는 정기재심사와 부정기재심사로 구분하여 실시하되, 그 사유가 발생한 다음 달까지 완료하여야 한다.
③ 소장은 개별처우계획을 수립하기 위한 신입심사를 매월 초일부터 말일까지 형집행지휘서가 접수된 수형자에 대하여 실시하며, 다음 달까지 이를 완료하여야 한다.
④ 기본적인 처우가 필요한 수형자는 일반경비처우급이다.

> **해설**

④ (×) 일반경비처우급(×) → 중경비처우급(○).
통상적인 수준의 처우가 필요한 수형자는 일반경비처우급이다(「시행규칙」제74조 참조).

정답 ④

17 다음 중 분류심사사항이 아닌 것은? '03. 9급 수정

① 피해자와의 관계
② 보건 및 위생관리에 관한 사항
③ 석방 후의 생활계획에 관한 사항
④ 보안상의 위험도 측정 및 거실 지정에 관한 사항

> **해설**

① (×) 「시행규칙」제63조(분류심사 사항): 1. 처우등급에 관한 사항, 2. 작업, 직업훈련, 교육 및 교화프로그램 등의 처우방침에 관한 사항, 3. 보안상의 위험도 측정 및 거실 지정 등에 관한 사항, 4. 보건 및 위생관리에 관한 사항, 5. 이송에 관한 사항, 6. 가석방 및 귀휴심사에 관한 사항, 7. 석방 후의 생활계획에 관한 사항, 8. 그 밖에 수형자의 처우 및 관리에 관한 사항

정답 ①

18 다음은 「형의 집행 및 수용자의 처우에 관한 법률 시행규칙」상 분류심사 사항에 대한 설명으로 옳지 않은 것은 몇 개인가? '23. 7급(교위) 승진

> ㉠ 보안상의 위험도 측정 및 거실 지정 등에 관한 사항
> ㉡ 작업, 직업훈련, 교육 및 교화프로그램 등의 처우방침에 관한 사항
> ㉢ 가석방 및 귀휴심사에 관한 사항
> ㉣ 석방 후의 생활계획에 관한 사항
> ㉤ 처우등급에 관한 사항
> ㉥ 보건 및 위생관리에 관한 사항

① 0개   ② 1개
③ 2개   ④ 3개

> **해설**

①(○) 모두 분류심사 사항에 해당한다. 제63조(분류심사 사항) 참조.

정답 ①

19 수형자분류심사에 대하여 잘못 설명한 것은?

① 형집행지휘서가 접수된 날부터 3개월이 지난 자로 형기의 3분의 1에 도달한 때에 정기재심사를 할 수 있다.
② 소장은 신임심사를 매월 초일부터 말일까지 형집행지휘서가 접수된 수형자에 대하여 실시하며, 다음 달까지 이를 완료하여야 한다.
③ 교정교화의 과학화라는 관점에서 수형자분류가 이루어져야 한다.
④ 수형자에 대한 처우등급은 3가지로 구분된다.

해설

① (×) 3개월(×) → 6개월(○)/ 할 수 있다(×) → 해야 한다(○). 정기재심사는 형기의 3분의 1에 도달한 때, 형기의 2분의 1에 도달한 때, 형기의 3분의 2에 도달한 때, 형기의 6분의 5에 도달한 때에 해당하는 경우에 한다. 다만, 형집행지휘서가 접수된 날부터 <u>6개월이 지나지 아니한 경우에는 그러하지 아니하다</u>.「시행규칙」제66조 참조.

정답 ①

20 분류심사에 대한 설명으로 옳지 않은 것은?

① 신입심사는 매월 1일부터 말일까지 형집행지휘서가 접수된 수형자를 대상으로 하며, 그 달까지 완료하여야 한다.
② 부정기형의 정기재심사 시기는 단기형을 기준으로 한다.
③ 2개 이상의 징역형 또는 금고형을 집행하는 수형자의 재심사시기를 산정하는 경우에는 그 형기를 합산하고, 합산한 형기가 20년을 초과하는 경우와 무기형은 그 형기를 20년으로 본다.
④ 수형자가 집행유예의 실효 또는 현재 수용의 근거가 된 사건 외의 형사사건으로 금고 이상의 형이 확정된 때는 부정기재심사 사유가 된다.

해설

① (×) 1일부터(×) → 초일부터(○) / 그 달까지(×) → 그 다음 달까지(○).「시행규칙」제64조 참조.

정답 ①

AI 예상 응용지문

❶ 형집행지휘서가 접수된 날부터 6개월이 지나고, 형기의 3분의 1에 도달한 때에는 정기재심사를 할 수 있다. (×)
❷ 분류심사에 오류가 있음이 발견된 때에는 부정기재심사를 하여야 한다. (×)

❶ 할 수 있다(×) → 한다(○) ❷ 하여야 한다(×) → 할 수 있다(○)

21 「형의 집행 및 수용자의 처우에 관한 법률」상 분류심사에 대한 설명으로 옳지 않은 것은? '17. 5급(교정관) 승진

① 소장은 수형자에 대한 개별처우계획을 합리적으로 수립하고 조정하기 위하여 수형자의 인성, 행동특성 및 자질 등을 과학적으로 조사·측정·평가하여야 한다. 다만, 집행할 형기가 짧거나 그 밖의 특별한 사정이 있을 경우에는 예외로 할 수 있다.
② 소장은 분류심사를 위하여 외부전문가로부터 필요한 의견을 듣거나 외부전문가에게 조사를 의뢰할 수 있다.
③ 소장은 분류심사와 그 밖에 수용목적의 달성을 위하여 필요하면 수용자의 가족 등을 면담하거나 법원·경찰관서, 그 밖의 관계 기관 또는 단체에 대하여 필요한 사실을 조회할 수 있다. 이 때 조회를 요청받은 관계기관 등의 장은 특별한 사정이 없으면 지체 없이 그에 관하여 회신하여야 한다.
④ 분류처우위원회는 5인 이상 9인 이하의 위원으로 구성하며, 분류처우에 관한 중요사항을 심의 및 의결한다.
⑤ 분류처우위원회는 심의 및 의결을 위하여 외부전문가로부터 의견을 들을 수 있다.

해설

④ (×) 9인(×) → 7인(○).「법」제62조 참조.

정답 ④

22 현행법령상 분류심사와 관련된 내용으로 옳지 않은 것은? '11. 7급 수정

① 분류심사 사항에는 분류급에 관한 사항과 작업, 직업훈련, 교육 및 교화프로그램 등의 처우방침에 관한 사항 그리고 수용 전 전과에 관한 사항 등이 포함된다.
② 수형자가 교정사고 예방에 뚜렷한 공로가 있을 때에는 부정기재심사를 할 수 있다.
③ 집행할 형기가 형집행지휘서 접수일로부터 3개월 미만인 수형자는 분류심사대상에서 제외되지만 노역장 유치명령을 받은 사람은 분류심사 대상에서 제외하지 아니할 수 있다.
④ 분류조사 방법으로는 수용기록 확인 및 수형자 상담, 수형자 가족 등과의 면담, 그리고 관계기관에 대한 사실조회 등이 있다.

해설

① (×) 분류급에 관한 사항(×) → 처우등급에 관한 사항(○). 수용 전 전과에 관한 사항(×).「시행규칙」제63조 참조.

정답 ①

23 분류심사사항이 아닌 것은?

① 가족관계에 관한 사항
② 보건 및 위생관리에 관한 사항
③ 석방 후의 생활계획에 관한 사항
④ 보안상의 위험도 측정 및 거실지정 등에 관한 사항

해설

① (×) '가족관계 및 보호자 관계'는 분류조사 사항에 해당한다. 「시행규칙」제63조, 제69조 참조.

정답 ①

24 수형자의 분류심사에 대한 설명으로 옳지 않은 것은? '10. 9급

① 소장은 수형자의 집행할 형기가 분류심사 유예사유 소멸일로부터 3개월 미만인 경우에는 분류심사를 할 수 있다.
② 소장은 수형자의 개별처우계획을 합리적으로 수립하고 조정하기 위하여 분류심사를 하여야 한다.
③ 신입심사는 매월 초일부터 말일까지 형집행지휘서가 접수된 수형자를 대상으로 한다.
④ 수형자의 처우등급은 기본수용급, 경비처우급, 개별처우급으로 구분한다.

해설

① (×) 할 수 있다(×) → 할 수 없다(○). 「시행규칙」제62조 참조.

정답 ①

25 수형자 분류심사에 대한 설명으로 옳지 않은 것은? '12. 7급

① 교정시설의 장은 질병 등으로 분류심사가 곤란한 때에는 분류심사를 유예한다.
② 부정기형의 재심사 시기는 단기형을 기준으로 한다.
③ 교정시설의 장은 재심사를 할 때에는 그 사유가 발생한 달의 다음 달까지 완료하여야 한다.
④ 교정시설의 장은 형집행정지 중이거나 가석방기간 중에 있는 사람이 형사사건으로 재수용되어 형이 확정된 경우에는 석방 당시와 동일한 분류급을 부여한다.

해설

④ (×) 소장은 형집행정지 중이거나 가석방기간 중에 있는 사람이 형사사건으로 재수용되어 형이 확정된 경우에는 개별처우계획을 새로 수립해야 한다.

정답 ④

➕ **개별처우계획을 새로 수립해야 하는 사유**

- 형집행정지·가석방 중에 새로운 형사사건으로 형이 확정되어 재수용되는 경우
- 외국으로부터 이송되어 온 수형자
- 군교도소로부터 이송되어 온 수형자

26 「형의 집행 및 수용자의 처우에 관한 법률 시행규칙」상 처우등급에 대한 설명으로 옳지 않은 것은? '20. 7급

① 원칙적으로 경비처우급을 하향 조정하기 위하여 고려할 수 있는 평정소득점수의 기준은 5점 이하이다.
② 재심사에 따라 경비처우급을 조정할 필요가 있는 경우에는 세 단계의 범위에서 조정할 수 있다.
③ 소장은 수형자의 경비처우급을 조정한 경우에는 지체 없이 해당 수형자에게 그 사항을 알려야 한다.
④ 소장은 수형자를 처우등급별로 수용하는 경우 개별처우의 효과를 증진하기 위하여 경비처우급·개별처우급이 같은 수형자 집단으로 수용하여 처우할 수 있다.

📖 **해설**

② 세 단계(×) → 한 단계(○). 재심사에 따라 경비처우급을 조정할 필요가 있는 경우에는 원칙적으로 한 단계 범위에서 조정한다. 다만, 수용 및 처우를 위하여 특히 필요한 경우에는 두 단계의 범위에서 조정할 수 있다. 시행규칙 제68조 제2항 참조.

정답 ②

27 「형의 집행 및 수용자의 처우에 관한 법률」상 분류심사에 대한 설명으로 옳지 않은 것은? '13. 7급

① 소장은 분류심사를 위하여 수형자를 대상으로 상담 등을 통한 신상에 관한 개별사안의 조사, 심리·지능·적성검사, 그 밖에 필요한 검사를 할 수 있다.
② 집행할 형기가 짧거나 그 밖의 특별한 사정이 있는 경우에는 분류심사를 하지 않을 수 있다.
③ 동법의 시행규칙상 재심사는 정기재심사, 부정기재심사, 특별재심사로 구분된다.
④ 분류심사 사항으로는 처우등급, 교육 및 교화프로그램 등의 처우방침, 거실 지정에 관한 사항, 이송에 관한 사항, 석방 후의 생활계획에 관한 사항이 포함된다.

📖 **해설**

③ (×) 특별재심사는 없음.

정답 ③

28 「형의 집행 및 수용자 처우에 관한 법률 시행규칙」상 수용자에 대한 범죄횟수에 대한 설명으로 가장 옳은 것을 모두 고른 것은? '24. 5급(교정관) 승진

> ㉠ 선고유예가 확정된 경우에는 범죄횟수에 포함하지 아니한다.
> ㉡ 집행유예의 선고를 받은 사람이 유예기간 중 고의로 범한 죄로 금고 이상의 실형이 확정되지 아니하고 그 기간이 지난 경우에는 집행이 유예된 형은 범죄횟수에 포함하지 아니한다.
> ㉢ 3년을 초과하는 징역 또는 금고의 집행을 종료하거나 그 집행이 면제된 날부터 10년의 기간이 지난 경우에는 범죄횟수에 포함하지 아니한다. 다만, 그 기간 중 자격정지 이상의 형을 선고받아 확정된 경우는 제외한다.
> ㉣ 3년 이하의 징역 또는 금고의 집행을 종료하거나 그 집행이 면제된 날부터 5년의 기간이 지난 경우에는 범죄횟수에 포함하지 아니한다. 다만, 그 기간 중 자격정지 이상의 형을 선고받아 확정된 경우는 제외한다.

① ㉠, ㉡
② ㉠, ㉢, ㉣
③ ㉡, ㉢, ㉣
④ ㉠, ㉡, ㉢, ㉣

해설

㉠ (○) 수용자의 범죄횟수는 "징역 또는 금고 이상의 형을 선고받아 확정된 횟수"로 한다. 따라서 선고가 이루어지지 않고 유예된 선고유예의 경우는 당연히 범죄횟수에 포함하지 아니한다. 제3조(범죄횟수) 1항 해설 참조.
㉡ (○) 보기 지문의 내용은 형의 선고가 효력을 잃는 '형의 실효' 요건을 갖춘 것이므로 당연히 범죄횟수에 포함되지 아니한다고 이해된다. 시행규칙 제3조(범죄횟수) 제1항, 「형법」제65조 참조.
㉢, ㉣ (○). 시행규칙 제3조(범죄횟수) 제2항 참조.

정답 ④

29 다음 수형자 중 「형의 집행 및 수용자 처우에 관한 법률 시행규칙」상 분류심사 제외 대상에 해당하지 않는 것은? '16. 7급 수정

① 금고형이 확정된 사람으로서 집행할 형기가 형집행지휘서 접수일부터 3개월 미만인 사람
② 구류형이 확정된 사람
③ 징역형이 확정된 사람으로서 집행할 형기가 형집행지휘서 접수일부터 3개월 미만인 사람
④ 질병 등으로 분류심사가 곤란한 사람, 노역장 유치명령을 받은 사람

해설

④ (×) 이는 분류심사 유예대상자이다. 분류심사 유예대상자와 제외대상자를 구분하는 문제는 앞으로도 출제가능성이 높다. 「시행규칙」제62조 참조. 노역장 유치명령을 받은 사람은 <2017.8.22 개정>을 통해 제외대상에서 삭제되었다.

정답 ④

📝 **AI 예상 응용지문**

❶ 징역형·금고형이 확정된 사람으로서 집행할 형기가 형집행지휘일부터 3개월 미만인 수형자는 분류심사에서 제외된다. (×)
❷ 노역장 유치명령을 받은 사람은 분류심사를 할 수 있다. (○)

―――――――――――――――――――

❶ 형집행지휘일부터(×) → 형집행지휘서 접수일부터(○)

---

30 「형의 집행 및 수용자의 처우에 관한 법률 시행규칙」상 분류심사에 대한 설명으로 옳지 않은 것은?

'22. 9급

① 구류형이 확정된 사람에 대해서는 분류심사를 하지 아니한다.
② 무기징역형이 확정된 수형자의 정기재심사 시기를 산정하는 경우에는 그 형기를 20년으로 본다.
③ 부정기형의 정기재심사 시기는 장기형을 기준으로 한다.
④ 집행할 형기가 분류심사 유예사유 소멸일부터 3개월 미만인 경우 소장은 유예한 분류심사를 하지 아니한다.

해설

③ 장기형(×) → 단기형(○). 시행규칙 제66조 제2항 참조.

정답 ③

---

31 수형자에 대하여 개별처우계획을 새로 수립하여 시행해야 하는 경우가 아닌 것은?

① 「국제수형자이송법」에 따라 외국으로부터 이송되어 온 경우
② 군사법원에서 징역형 또는 금고형이 확정되거나 그 형의 집행 중에 있는 사람이 이송되어 온 경우
③ 가석방의 취소로 재수용되어 잔형이 집행되는 경우
④ 형집행정지 중에 있는 사람이 형사사건으로 재수용되어 형이 확정된 경우

해설

③ (×) '가석방 취소로 재수용되어 잔형이 집행되는 경우'에 해당하면 석방 당시보다 한 단계 낮은 경비처우급(처우등급)을 부여한다. 「형집행법 시행규칙」 제60조, 제61조 참조.

정답 ③

32 현행법상 수형자 처우에 관한 설명으로 옳은 것은?

① 형집행법은 수형자의 교정교화와 건전한 사회복귀의 도모를 수형자 처우의 원칙으로 명시하고 있다.
② 수형자의 처우는 보안 및 사회생활적응능력의 함양에 중점을 두어야 한다는 점을 명시하고 있다.
③ 교정(correction)이란, 시설에서 수형자의 잘못된 품성이나 행동을 바로잡는 것을 말하며 교화(reformation)는 시설 측에서 수형자의 잘못된 것을 바로잡아 좋은 방향으로 나아가게 하는 것을 말하는데, 이는 정의모델을 토대로 한 개념이다.
④ 개별처우의 원칙이란, 수형자 개개인의 환경을 과학적으로 조사·분류하여 이에 따라 개개인에게 적합한 처우를 하여야 한다는 원칙을 말하는데, 현행법은 이에 관한 명확한 원칙규정을 명시하지 않고 있다.
⑤ 외부전문가의 협력은 수형자의 개별처우를 위한 중요한 전제가 되며, 형집행법은 외부전문가의 상담 등을 명문화하고 있다.

해설

① (×) 「형집행법」은 '수형자의 교정교화와 건전한 사회복귀의 도모'를 '본법의 목적'으로 명시하고 있다. 수형자처우의 원칙으로는 "수형자에 대하여는 교육·교화프로그램, 작업, 직업훈련 등을 통하여 교정교화를 도모하고 사회생활에 적응하는 능력을 함양하도록 처우하여야 한다"고 규정하고 있다(「법」 제55조).
② (×) 보안(×) → 교정교화(○).
재사회화와 보안은 서로 충돌하고 갈등을 일으키면서 수용자의 처우방향을 변화시키는 역할을 한다. 따라서 수형자의 처우에 대한 실무에서 이러한 두 가지 목표를 어떻게 설정하느냐에 따라 개별적인 처우나 형집행에 있어서 지향점이나 기준이 달라진다. 「형집행법」이 수형자의 처우원칙을 교정교화, 사회적응능력의 함양이라고 명시한 것은, 재사회화를 위한 처우가 격리를 통한 고통부과나 시설의 보안을 위해 양보되어서는 안 된다는 점을 제시한 것이다.
③ (×) 정의모델(×) → 치료(의료)모델(○).
④ (×) 「형집행법」 제56조에서 '개별처우계획의 수립 등'이라는 표제 아래 명시하고 있다.
⑤ (○) 「법」 제58조 참조.

정답 ⑤

33 수형자의 분류처우에 대한 설명으로 옳지 않은 것은? '11. 7급

① 처우등급이란 수형자의 처우 및 관리와 관련하여 수형자를 수용할 시설, 수형자에 대한 계호의 정도, 처우의 수준 및 처우의 내용을 구분하는 기준이다.
② 소장은 조직폭력수용자가 다른 사람과 접견할 때에는 접촉 차단시설이 있는 장소에서 하게 해야 한다.
③ 소장은 종교행사시설의 부족 등 여건이 충분하지 않을 때 수용자의 종교행사 참석을 제한할 수 있다.
④ 집행유예선고를 받은 사람이 유예기간 중 고의로 죄를 지어 금고 이상의 실형이 확정되지 아니하고 그 기간이 지난 경우에도 범죄횟수에 포함한다.

해설

④ (×) 포함되지 아니한다(「시행규칙」 제3조 1항).

정답 ④

34 「형의 집행 및 수용자 처우에 관한 법률 시행규칙」상 기본수용급 구분에 관하여 (   )에 들어갈 숫자의 합으로 옳은 것은? '24. 5급(교정관) 승진

㉠ ( )세 미만의 소년수형자　　㉡ ( )세 미만의 청년수형자
㉢ ( )세 이상의 노인수형자　　㉣ 형기가 ( )년 이상인 장기수형자

① 117　　　　　　　　② 118
③ 122　　　　　　　　④ 123

해설

제73조(기본수용급) 기본수용급은 다음 각 호와 같이 구분한다.
1. 여성수형자　2. 외국인수형자　3. 금고형수형자　4. 19세 미만의 소년수형자
5. 23세 미만의 청년수형자　　6. 65세 이상의 노인수형자
7. 형기가 10년 이상인 장기수형자　8. 정신질환 또는 장애가 있는 수형자
9. 신체질환 또는 장애가 있는 수형자

정답 ①

35 「형의 집행 및 수용자 처우에 관한 법률 시행규칙」상 분류심사에 관한 설명으로 가장 옳은 것은? '24. 5급(교정관) 승진

① 인성검사는 신입심사 대상자 및 그 밖에 처우상 필요한 수형자를 대상으로 한다. 다만, 법령에 따라 수형자에 대한 분류심사가 유예된 때에는 인성검사를 하지 아니할 수 있다.
② 형기의 2분의 1에 도달한 때에는 정기재심사를 하여야 한다. 다만, 형집행지휘서가 접수된 날부터 9개월이 지나지 아니한 경우에는 그러하지 아니하다.
③ 수형자가 집행유예의 실효 또는 추가사건(현재 수용의 근거가 된 사건 외의 형사사건을 말한다)으로 벌금 이상의 형이 확정된 때에는 부정기재심사를 할 수 있다.
④ 2개 이상의 징역형 또는 금고형을 집행하는 수형자의 재심사 시기를 산정하는 경우에는 그 형기를 합산한다. 다만, 합산한 형기가 20년을 초과하는 경우에는 그 형기를 20년으로 본다.

해설

①(○) 법령에 따라 수형자에 대한 인성검사가 곤란하거나 불필요하다고 인정되는 사유가 있는 때에도 인성검사를 하지 아니할 수 있다. 제71조(분류검사) 제1항 참조.

②(×) 9개월(×) → 6개월(○). 형기의 3분의 1에 도달한 때, 형기의 2분의 1에 도달한 때, 형기의 3분의 2에 도달한 때, 형기의 6분의 5에 도달한 때에는 정기재심사를 하여야 한다. <u>부정기재심사가 임의적(재량적)인데 반해, 정기재심사는 필요적(의무적) 임</u>을 숙지해야 한다. 제66조(정기재심사) 1항 참조.
③ 벌금 이상(×) → 금고 이상(○). 제67조(부정기재심사) 참조.
④(×) 25년(×) → 20년(○). 제66조(정기재심사) 4항 참조.

정답 ①

AI 예상 응용지문

❶ 형기의 3분의 1에 도달한 때에는 정기재심사를 할 수 있다.(×)
❷ 분류심사에 오류가 있음이 발견된 때에는 부정기재심사를 하여야 한다.   (×)

❶ 할 수 있다(×) → 하여야 한다(○) ❷ 하여야 한다(×) → 할 수 있다(○)

---

36 형집행법령상 분류심사에 대한 설명으로 옳은 것은 몇 개인가? '24. 6급(교감) 승진

㉠ 수형자의 분류심사는 형이 확정된 경우에 개별처우계획을 수립하기 위하여 하는 심사와 일정한 형기가 지나거나 상벌 또는 그 밖의 사유가 발생한 경우에 개별처우계획을 조정하기 위하여 하는 심사로 구분한다.
㉡ 법무부장관은 수형자를 과학적으로 분류하기 위하여 분류심사를 전담하는 교정시설을 지정·운영할 수 있다.
㉢ 소장은 형집행정지 중이거나 가석방기간 중에 있는 사람이 형사사건으로 재수용되어 형이 확정된 경우에는 개별처우계획을 새로 수립하여야 한다.
㉣ 개별처우계획을 수립하기 위한 분류심사(이하 "신입심사"라 한다)는 매월 초일부터 말일까지 형집행지휘서가 접수된 수형자를 대상으로 하며, 그 다음 달까지 완료하여야 한다. 다만, 특별한 사유가 있는 경우에는 그 기간을 연장할 수 있다.

① 1개　　② 2개
③ 3개　　④ 4개

해설

④(○) 모두 옳다.

정답 ④

37 「형의 집행 및 수용자의 처우에 관한 법률 시행규칙」상 경비처우급에 대한 설명으로 옳은 것은? '23. 9급
① 개방시설에 수용되어 가장 낮은 수준의 처우가 필요한 수형자는 개방처우급으로 구분한다.
② 완화경비시설에 수용되어 통상적인 수준보다 낮은 수준의 처우가 필요한 수형자는 완화경비처우급으로 구분한다.
③ 일반경비시설에 수용되어 통상적인 수준의 처우가 필요한 수형자는 일반경비처우급으로 구분한다.
④ 중(重)경비시설에 수용되어 가장 높은 수준의 처우가 필요한 수형자는 중(重)경비처우급으로 구분한다.

해설

① (×) 낮은(×) → 높은(○). ② (×) 낮은(×) → 높은(○). ③ (○) ④ (×) 중경비처우급: 중경비시설에 수용되어 기본적인 처우가 필요한 수형자. 시행규칙 제74조(경비처우급) 제1항 참조.

정답 ③

38 「형의 집행 및 수용자의 처우에 관한 법률 시행규칙」상 경비처우급에 따른 작업기준 설명으로 옳은 것은?
① 개방시설에 수용되어 가장 높은 수준의 처우가 필요한 개방처우급 수형자는 외부통근작업을 적용한다.
② 완화경비시설에 수용되어 통상적인 수준보다 높은 수준의 처우가 필요한 완화경비수형자는 개방지역작업을 적용한다.
③ 일반경비시설에 수용되어 통상적인 수준의 처우가 필요한 일반경비급 수형자는 구내작업을 적용한다.
④ 중(重)경비시설에 수용되어 기본적인 처우가 필요한 중(重)경비처우급 수형자는 필요시 구내작업이 가능하다.

해설

① (×) 개방처우급 수형자는 외부통근작업 및 개방지역작업이 가능하다.
② (×) 완화경비수형자는 개방지역작업 및 필요시 외부통근작업이 가능하다.
③ (×) 일반경비급 수형자는 구내작업 및 필요시 개방지역작업이 가능하다. 시행규칙 제74조(경비처우급) 제2항 참조.

정답 ④

39 「형의 집행 및 수용자의 처우에 관한 법률 시행규칙」상 이송·재수용 수형자의 처우에 대한 설명으로 옳지 않은 것은? '17. 9급

① 소장은 형집행정지 중에 있는 사람이 기간 만료 또는 그 밖의 정지사유가 없어져 재수용된 경우에는 석방 당시와 동일한 처우등급을 부여하여야 한다.
② 소장은 해당 교정시설의 특성 등을 고려하여 필요한 경우에는 다른 교정시설로부터 이송되어 온 수형자의 개별처우계획을 변경할 수 있다.
③ 소장은 수형자가 가석방의 취소로 재수용되어 잔형(殘刑)이 집행되는 경우에는 석방 당시보다 한 단계 낮은 처우등급(경비처우급에만 해당한다)을 부여하는 것을 원칙으로 한다.
④ 소장은 형집행정지 중이거나 가석방기간 중에 있는 사람이 형사사건으로 재수용되어 형이 확정된 경우에는 개별처우계획을 새로 수립하여야 한다.

해설

① (×) 동일한 처우를 부여하여야 한다 (×) → 부여할 수 있다 (○).「시행규칙」제60조 제2항

정답 ①

AI 예상 응용지문

❶ 소장은 가석방기간 중에 있는 사람이 형사사건으로 재수용되어 형이 확정된 경우에는 석방 당시보다 한 단계 낮은 처우등급을 부여한다. (×)
❷ 소장은 가석방의 취소로 재수용되어 잔형이 집행되는 경우에는 석방 당시와 동일한 처우등급 또는 석방 당시보다 한 단계 낮은 처우등급을 부여한다. (×)

❶ 개별처우계획을 새로 수립하여야 한다. ❷ 석방 당시와 동일한 처우등급(×)

---

40 「형의 집행 및 수용자의 처우에 관한 법률 시행규칙」상 수형자의 가족 만남의 날 행사 등에 대한 설명으로 옳지 않은 것은? '16. 7급

① 소장은 개방처우급·완화경비처우급 수형자에 대하여 가족 만남의 날 행사에 참여하게 하거나 가족 만남의 집을 이용하게 할 수 있다.
② 소장은 가족이 없는 수형자에 대하여는 결연을 맺었거나 그 밖에 가족에 준하는 사람으로 하여금 그 가족을 대신하게 할 수 있다.
③ 수형자가 가족 만남의 날 행사에 참여하거나 가족 만남의 집을 이용하는 경우 「형의 집행 및 수용자의 처우에 관한 법률 시행규칙」 제87조에서 정한 접견 허용횟수에 포함된다.
④ 소장은 교화를 위하여 특히 필요한 경우에는 일반경비처우급 수형자에 대하여도 가족 만남의 날 행사 참여 또는 가족 만남의 집 이용을 허가할 수 있다.

해설

③ (×) 접견 허용횟수에 포함되지 않는다.「시행규칙」제89조 참조.

정답 ③

41 현행법령상 수형자의 분류와 처우에 관한 다음 설명 중 옳지 않은 것은?

─ 보 기 ─

㉠ 소장은 수형자의 개별처우계획을 합리적으로 수립하고 조정하기 위하여 분류검사를 하여야 한다.
㉡ 소장은 수형자가 스스로 개선하여 사회에 복귀하려는 의욕이 고취되도록 개별처우계획을 정기적으로 또는 수시로 점검하여야 한다.
㉢ 가장 높은 수준의 처우가 필요한 수형자는 개방처우급에 해당된다.
㉣ 소장은 수형자의 처우수준을 개별처우계획의 시행에 적합하게 정하거나 조정하기 위하여 평점소득점수를 기준으로 조정할 수 있는 처우등급은 개별처우급이다.
㉤ 수형자분류를 위해서는 수형자 개인에 대한 정보가 미리 확보되어야 하므로 판결 전 조사제도를 채택하는 것이 바람직하다.
㉥ 교정본부장은 수형자를 과학적으로 분류하기 위하여 분류심사를 전담하는 교정시설을 지정·운영할 수 있다.
㉦ 현행법은 등급별 차등을 두어 처우를 달리하는 누진제도를 부분적으로 유지하고 있다.

① ㉠, ㉡, ㉤
② ㉠, ㉣, ㉥
③ ㉡, ㉢, ㉦
④ ㉢, ㉣, ㉤

해설

㉠ (×) 분류검사(×) → 분류심사(○).「법」제59조 1항 참조. '분류심사'란 수형자의 인성·행동 특성 및 자질 등을 과학적으로 조사·측정·평가하는 것을 말한다.「법」제59조 1항 참조.
㉣ (×) 개별처우급(×) → 경비처우급(○).「시행규칙」제81조 참조.
㉥ (×) 교정본부장(×) → 법무부장관(○).「법」제61조 참조.

정답 ②

42 현행 수형자분류처우제도에 관한 설명으로 옳지 않은 것은?

① 수용시설과 계호의 정도 및 처우수준을 구별하는 기준은 기본처우급이다.
② 개별적인 수형자 특성에 따라 중점처우의 내용을 구별하는 기준은 개별처우급이다.
③ 기본수용급은 군별 분류에 해당하고, 경비처우급은 단계적 처우등급이며, 개별처우급은 개별분류에 해당한다.
④ 분류심사시 실시하는 교정심리검사로는 인성검사, 지능검사, 적성검사가 있다.

해설

① (×) 기본처우급(×) → 경비처우급(○). '기본처우급'은 존재하지 않고 현행 법령은 '기본수용급'을 두고 있다.「시행규칙」제72조 참조.
③ (○) 기본수용급은 '수용분류' 또는 '관리분류'로서 성별·국적·나이·형기 등 외부적인 특징을 기초로 수형자의 보호나 행형 관리의 목적에 중점을 둔 분류이다. 이는 비슷한 특징을 지닌 집단 분류 또는 군(群)별 분류에 해당한다. 경비처우급은 계호의 정도 및 처우 수준 단계에 따라 분류한 등급이다. 개별처우

급은 재사회화를 목적으로 한 과학적 분류를 기초로 한 개별적 처우 분류에 해당한다. 이는 처우의 개별화에 중점을 둔 처우등급이다.
④ (○) 「시행규칙」 제71조(분류검사) ① 소장은 분류심사를 위하여 수형자의 인성, 지능, 적성 등의 특성을 측정·진단하기 위한 검사를 할 수 있다.

정답 ①

43 「형의 집행 및 수용자의 처우에 관한 법률 시행규칙」상 소득점수에 대한 규정으로 (㉠) ~ (㉤)에 들어갈 숫자의 합은? '24. 6급(교감) 승진

── 보 기 ──

제77조(소득점수) 소득점수는 다음 각 호의 범위에서 산정한다.
1. 수형생활 태도: (㉠)점 이내
2. 작업 또는 교육 성적: (㉡)점 이내

제79조(소득점수 평가기준) ① 수형생활 태도 점수와 작업 또는 교육성적 점수는 제78조 제2항의 방법에 따라 채점하되, 수는 소속 작업장 또는 교육장 전체 인원의 (㉢)퍼센트를 초과할 수 없고, 우는 (㉣)퍼센트를 초과할 수 없다. 다만, 작업장 또는 교육장 전체인원이 4명 이하인 경우에는 수·우를 각각 1명으로 채점할 수 있다.
② 소장이 작업장 중 작업의 특성이나 난이도 등을 고려하여 필수 작업장으로 지정하는 경우 소득점수의 수는 5퍼센트 이내, 우는 10퍼센트 이내의 범위에서 각각 확대할 수 있다.
③ 소장은 수형자가 부상이나 질병, 그 밖의 부득이한 사유로 작업 또는 교육을 받지 못한 경우에는 (㉤)점 이내의 범위에서 작업 또는 교육 성적을 부여할 수 있다.

① 48
② 53
③ 55
④ 58

해설

㉠ 5 ㉡ 5 ㉢ 10 ㉣ 30 ㉤ 3

정답 ②

✚ 처우등급(시행규칙 제72조)

구분	구별기준	구분내용
기본수용급	성별·국적·나이·형기 등	수용할 시설 및 구획(집단별 분류)
경비처우급	도주 등의 위험성, 범죄성향의 진전·개선정도·교정성적	경비등급별 수용시설, 계호의 정도, 처우수준(단계적 처우등급분류)
개별처우급	수형자의 개별적인 특성	중점처우의 내용(개별분류)

> **AI 예상 응용지문**
>
> ❶ 개별처우급은 범죄성향의 진전과 개선정도, 교정성적에 따라 수용시설과 계호의 정도를 구별하는 기준이다. (×)
> ❷ 수형자의 개별적인 특성에 따라 중점처우의 내용을 구별하는 기준이 되는 처우등급은 기본수용급이다. (×)
> ❸ 경비처우급은 성별·국적·나이 등에 따라 처우수준을 구별하는 기준이 되는 처우등급이다. (×)
> ─────────
> ❶ 개별처우급(×) → 경비처우급(○) / 수용시설과 계호의 정도(×) → 처우수준(○) ❷ 기본수용급(×) → 개별처우급(○) ❸ 성별·국적·나이(×) → 범죄성향의 진전과 개선정도, 교정성적(○)

44 수형자의 처우등급 중 성별·국적·나이·형기 등에 따라 수용할 시설 및 구획 등을 구별하는 기준을 의미하는 용어는?

① 개별처우급 ② 기본수용급
③ 경비처우급 ④ 교정성적

해설

'수형자 분류는 일반적으로 수용(관리)분류와 처우분류로 구분한다. 현행법령에서는 '처우등급'을 기본수용급, 경비처우급, 개별처우급으로 구분한다.
② (○) 기본수용급은 수용(관리)분류의 성격을 지닌다. 따라서 수형자의 외부적 특징(성별·연령·죄질·구금의 근거 등)을 기초로 수형자의 보호나 행형관리에 중점을 둔 분류이다.

정답 ②

45 「형의 집행 및 수용자의 처우에 관한 법률 시행규칙」상 형집행지휘서가 접수된 날부터 6개월이 지난 이후 정기재심사를 해야 하는 시기로 가장 적합하지 않은 것은? 'AI 예상'

① 형기의 3분의 1에 도달한 때 ② 형기의 2분의 1에 도달한 때
③ 형기의 3분의 2에 도달한 때 ④ 형기의 7분의 5에 도달한 때

해설

④ (×) 형기의 7분의 5에 도달한 때(×) → 형기의 6분의 5에 도달한 때(○). 형집행법 시행규칙 제66조 1항 참조.
☞ 출제의도 : 이 문제의 출제 의도는 「형의 집행 및 수용자의 처우에 관한 법률 시행규칙」에 명시된 형기의 일정 비율에 도달했을 때 정기재심사를 시행하는 시기에 대한 규정을 정확하게 이해하고 있는지 평가하는 것입니다. 구체적으로, 형기의 몇 분의 몇에 도달했을 때 재심사를 시행해야 하는지에 관한 규정을 묻고 있으며, 이를 통해 수험생이 법령의 세부 내용을 얼마나 정확하게 파악하고 있는지 확인하려는 목적이 있습니다.
▶ 연상기억법: 정기재심사 분모로는 4·5·7은 없다.

정답 ④

46 수형자의 재심사사유에 해당하지 않는 것은?

① 교정사고 예방에 뚜렷한 공로가 있는 때
② 징벌하기로 의결한 때
③ 가석방심사상 필요한 때
④ 형집행지휘서가 접수된 날로부터 6개월을 경과하고 형기의 3분의 2에 도달한 때
⑤ 집행유예의 실효 또는 추가사건으로 금고 이상의 형이 확정된 때

> **해설**
>
> ③ (×) '가석방 심사와 관련하여 필요한 때' - 2014. 11. 17. 개정 시 삭제. 「시행규칙」 제66조, 제67조 참조.
>
> **정답** ③

47 개별처우에 따른 부정기재심사 사유에 해당하지 않는 것은?

① 기사 이상의 자격을 취득한 때
② 분류심사에 오류가 있음이 발견될 때
③ 교정사고의 예방에 뚜렷한 공로가 있는 때
④ 징벌위반행위에 대한 혐의가 있어 조사 중일 때

> **해설**
>
> ④ (×) 혐의가 있어 조사 중(×) → 징벌하기로 의결한 때(○).
>
> **정답** ④

48 「형의 집행 및 수용자의 처우에 관한 법률 시행규칙」상 분류심사에 관한 설명으로 옳은 것은? '23. 7급

① 정기재심사는 일정한 형기가 도달한 때 하는 재심사를 말하고, 형기의 3분의 1에 도달한 때 실시하며, 부정기형의 정기재심사 시기는 장기형을 기준으로 한다.
② 분류조사 방법에는 수용기록 확인 및 수형자와의 상담, 수형자의 가족 등과의 면담, 외부 전문가에 대한 의견조회 등이 포함된다.
③ 수형자가 질병으로 인해 분류심사가 곤란한 경우, 소장은 그 수형자에 대해서는 분류심사를 하지 아니한다.
④ 소장은 분류심사를 위하여 수형자의 인성, 지능, 적성 등의 특성을 진단하기 위한 검사를 할 수 있으며, 인성검사는 신입심사 대상자만을 그 대상으로 한다.

> **해설**
>
> ② (○) 옳다. 시행규칙 제70조.
> ① (×) 시행규칙 제66조. 장기형(×) → 단기형(○).
> ③ (×) 시행규칙 제62조. 분류심사를 하지 아니한다(×) → 분류심사를 유예한다(○).
> ④ (×) 시행규칙 제71조 1·2항. 인성검사는 신입심사 대상자뿐만 아니라, 그 밖에 처우상 필요한 수형자도 대상으로 한다.
>
> **정답** ①

49 「형의 집행 및 수용자의 처우에 관한 법률 시행규칙」상 부정기 재심사를 실시하는 경우에 해당하지 않는 것은?

① 수형자가 집행유예의 실효 또는 추가사건으로 벌금 이상의 형이 확정된 때
② 수형자가 교정사고의 예방에 뚜렷한 공로가 있는 때
③ 수형자가 전국기능경기대회에 입상한 때
④ 수형자를 징벌하기로 의결한 때

해설

① (×) 벌금(×) → 금고(○). 「시행규칙」 제67조 참조.

정답 ①

50 징역 10년과 징역 14년의 2개의 형을 집행하는 수형자 A에 대한 두 번째 정기재심사 완료 시점으로 옳은 것은? (형기기산일은 2010. 01.10일이다)

① 2020년 1월까지 완료
② 2020년 2월까지 완료
③ 2022년 2월까지 완료
④ 2026년 1월까지 완료

해설

② (○) A에 대한 재심사 시기 산정 형기는, 10+14=24에서, 합산형기가 20년을 초과하므로, 20년이다. 정기재심사 해당 첫 번째 사유는 형기의 3분의 1에 도달한 때이고, 두 번째는 2분의 1에 도달한 때이므로 형기기산일 2010년 1월 10일에다 10년을 더한 날의 다음날이 두 번째 재심사사유 발생일이다. 즉 2020년 1월 11일이 사유발생일이다. 따라서 재심사 시기는 사유발생일이 속한 달의 다음 달까지이므로 2020년 2월말까지 완료해야 한다. 「시행규칙」 제66조 및 제68조 참조.

정답 ②

51 「형의 집행 및 수용자의 처우에 관한 법률 시행규칙」상 수형자에게 부정기재심사를 할 수 있는 경우만을 모두 고르면? '22. 9급

ㄱ. 수형자가 지방기능경기대회에서 입상한 때
ㄴ. 수형자가 현재 수용의 근거가 된 사건 외의 추가적 형사사건으로 인하여 벌금형이 확정된 때
ㄷ. 수형자를 징벌하기로 의결한 때
ㄹ. 분류심사에 오류가 있음을 발견한 때
ㅁ. 수형자가 학사 학위를 취득한 때

① ㄱ, ㄷ
② ㄴ, ㄹ
③ ㄱ, ㄴ, ㅁ
④ ㄷ, ㄹ, ㅁ

해설
ㄱ. 지방기능경기대회(×) → 전국기능경기대회(○)
ㄴ. 벌금형(×) → 금고(○). 시행규칙 제67조 참조

정답 ④

52 다음 중 현행법령상 부정기재심사 사유에 해당하는 것은?

① 기능사 이상의 자격취득과 학사 이상의 학위를 취득한 때
② 가석방심사와 관련하여 필요한 때, 교정사고를 저질렀을 때
③ 석사학위를 취득한 때
④ 국제기능경기대회 입상한 때

해설
① (×) 기능사 이상(×) → 기사 이상(○)
② (×) '가석방심사와 관련하여 필요한 때'는 2004년 개정으로 삭제된 사유이다. 교정사고를 저질렀다 해도 징벌하기로 의결한 때에 해당하지 않으면 재심사사유가 아니다.
③ (○) 학사 이상의 학위이므로 석사, 박사 학위를 취득한 때도 부정기재심사 사유에 해당한다.
④ (×) 국제기능경기대회(×) → 전국기능경기대회(×). 「시행규칙」 제67조 참조.

정답 ③

53 「형의 집행 및 수용자의 처우에 관한 법률 시행규칙」상 부정기재심사를 실시할 수 있는 경우에 해당하는 것만을 모두 고르면? '19. 5급(교정관) 승진

ㄱ. 수형자를 징벌하기로 의결한 때
ㄴ. 수형자가 학사 학위를 취득한 때
ㄷ. 수형자가 지방기능경기대회에서 입상한 때
ㄹ. 수형자가 기능사 자격을 취득한 때
ㅁ. 수형자가 교정사고의 예방에 뚜렷한 공로가 있는 때
ㅂ. 수형자가 추가사건으로 벌금형이 확정된 때

① ㄱ, ㄷ
② ㄱ, ㄴ, ㅁ
③ ㄴ, ㄹ, ㅁ
④ ㄱ, ㄴ, ㄹ, ㅂ
⑤ ㄴ, ㄷ, ㅁ, ㅂ

해설
②(○) ㄱ, ㄴ, ㅁ이 해당한다.
ㄷ(×) 지방기능경기대회(×) → 전국기능대회(○).
ㄹ(×) 기능사 이상(×) → 기사 이상(○).
ㅂ(×) 벌금 이상(×) → 금고 이상(○). 「시행규칙」 제67조 참조.

정답 ②

54 다음 중 현행법령상 정기재심사 시기로 틀린 것은?

① 형기의 3분의 1에 도달한 때
② 형기의 2분의 1에 도달한 때
③ 형기의 4분의 3에 도달한 때
④ 형기의 6분의 5에 도달한 때

해설

③ (×) 「시행규칙」 제66조 참조.

정답 ③

55 형의 집행 및 수용자의 처우에 관한 법령상 정기재심사에 대한 내용으로 옳은 것은? '17. 7급

① 부정기형의 재심사 시기는 장기형을 기준으로 한다.
② 소장은 재심사를 할 때는 그 사유가 발생한 달로부터 2개월 이내까지 완료하여야 한다.
③ 무기형과 20년을 초과하는 징역형·금고형의 재심사 시기를 산정하는 경우에는 그 형기를 20년으로 본다.
④ 합산형기가 20년을 초과하는 경우에도 2개 이상의 징역형을 집행하는 수형자의 재심사 시기 산정은 그 형기를 합산한다.

해설

① (×) 장기형(×) → 단기형(○).
② (×) 2개월 이내까지(×) → 그 사유가 발생한 달의 다음 달까지(○).
④ (×) 합산한 형기가 20년을 초과하는 경우에는 그 형기를 20년으로 본다.

정답 ③

56 다음 중 일반경비처우급 수형자에게 허용되는 처우는 모두 몇 개인가?

㉠ 자치생활	㉡ 오락회 개최
㉢ 작업지도 보조	㉣ 개인작업
㉤ 외부 직업훈련	㉥ 문화공연 관람

① 0개
② 1개
③ 2개
④ 3개

해설

㉠ (×) 자치생활은 경비처우급에 따라서는 개방처우급·완화경비처우급에게만 허가할 수 있다. 또한 특칙상 외부통근자에게도 수형자 자치에 의한 활동을 허가할 수 있다. 규칙 제123조 참조.
㉡ (×) 오락회 개최는 경기 개최와 마찬가지로 개방·완화급 및 자치생활 수형자에 대하여만 허가할 수 있다. 규칙 제91조 참조.
㉢ (×) 교도관의 작업지도보조는 개방·완화급에 대해서만 하게 할 수 있다. 규칙 제94조 참조.
㉣ (×) 개인작업은 개방·완화급에게만 하게 할 수 있다. 규칙 제95조 참조.

ⓜ (×) 외부직업훈련은 개방·완화급에게만 받게 할 수 있다. 규칙 제96조 참조.
이는 외부통근작업 대상이 '외부기업체 통근'은 개방·완화급에게, '외부기업체의 작업장 통근'은 개방·완화·일반급에게 원칙적으로 적용되고, 작업부과 또는 교화를 위하여 특히 필요한 경우에는 중경비처우급에게까지 적용할 수 있는 것과 헷갈리지 않도록 대비하자!(「시행규칙」제120조 참조).
ⓗ (○) 교정시설 밖 문화공연 관람은 사회견학·사회봉사·자신이 신봉하는 종교행사 참석과 함께 사회적 처우에 속한다. 사회적 처우는 개방·완화급에 대하여 허가하는 것이 원칙이나, 처우상 특히 필요한 경우에는 일반경비급 수형자에게도 허가할 수 있다(「시행규칙」제92조 참조).

정답 ②

AI 예상 응용지문

❶ 소장은 개방처우급·완화경비처우급 또는 자치생활 수형자에 대하여 월 2회 이내에서 경기 또는 오락회를 개최하게 할 수 있다. 다만, 개방처우급 수형자에 대하여는 그 횟수를 늘릴 수 있다. (×)
❷ 소장은 개방처우급 혹은 완화경비처우급 수형자가 형기가 2년 이상인 사람, 범죄 횟수가 3회 이하인 사람, 중간처우를 받는 날부터 가석방 또는 형기 종료 예정일까지 기간이 3개월 이상 2년 6개월 미만인 사람 등 세 가지 사유 어느 하나에 해당하는 경우에는 교정시설에 설치된 개방시설에 수용하여 사회적응에 필요한 교육, 취업지원 등 적정한 처우를 할 수 있다. (×)
❸ 전화통화는 중(重)경비처우급에 대해 교화를 위하여 특히 필요한 경우 월 2회 이내로 허용할 수 있고, 가족 만남의 날 행사 등은 처우상 특히 필요한 경우에는 일반경비처우급 수형자에 대하여도 허가할 수 있다. (×)

❶ 개방처우급 수형자(×) → 소년수형자(○) 시행규칙 제91조. ❷ 어느 하나의 사유에 해당하는 경우에는 (×) → 세 가지 사유 모두에 해당하는 경우에는(○). 시행규칙 제93조 1항 참조. ❸ 전화통화는 중(重)경비처우급에 대해 <u>처우상 특히 필요한 경우</u> 월 2회 이내로 허용할 수 있고, 가족 만남의 날 행사 등은 <u>교화를 위하여 특히 필요한 경우</u>에는 일반경비처우급 수형자에 대하여도 가족 만남의 날 행사 참여 또는 가족 만남의 집 이용을 허가할 수 있다. 시행규칙 제90조와 제89조 비교.

57 「형의 집행 및 수용자의 처우에 관한 법률」, 동법 시행령 및 시행규칙상 허용되지 않는 사례는? '14. 7급

① 교도소장 A는 개방처우급 수형자인 B의 사회복귀와 기술습득을 촉진하기 위하여 필요하다고 여겨, B를 교도소 외부에 소재한 기업체인 C사로 통근하며 작업을 할 수 있도록 허가하였다.
② 개방처우급 수형자인 B가 교정 성적이 우수하고 타 수형자의 모범이 되는 점을 감안하여, 교도소장 A는 B가 교정시설에 수용동과 별도로 설치된 일반주택 형태의 건축물에서 1박 2일간 가족과 숙식을 함께 할 수 있도록 허가하였다.
③ 교도소장 A는 수형자 B의 교화 또는 건전한 사회복귀에 필요하다고 여겨, 인근 대학의 심리학 전공 교수 D를 초청하여 상담 및 심리치료를 하게 하였다.
④ 일반경비처우급 수형자인 E의 교정 성적이 우수하자, 교도소장 A는 E에게 자치생활을 허용하면서 월 1회 토론회를 할 수 있도록 허가하였다.

해설

④ (×) 자치생활 허가 대상 수형자는 일반경비처우급은 해당되지 않고 개방처우급, 완화경비처우급 수형자로 한정되어야 한다. 따라서 교도소장 A는 위법하게 직무를 수행했다. 또한 <u>자치생활 대상자에게 토론회는, 월 1회 이상 소장이 할 수 있도록 해주어야 할 의무가 있다.</u> 「시행규칙」 제86조 참조.

정답 ④

58 현행법령에 의한 수용자분류처우규정에 대한 설명으로 옳지 않은 것은? '06. 9급 수정

① 소장은 해당 교정시설의 특성 등을 고려하여 필요한 경우에는 다른 교정시설로부터 이송되어 온 수형자의 개별처우계획을 변경할 수 있다.
② 소장은 형집행정지 중에 있는 사람이 기간만료 그 밖의 정지사유 소멸로 재수용된 경우에는 석방 당시와 동일한 처우등급을 부여할 수 있다.
③ 소장은 가석방 취소로 재수용되어 잔형이 집행되는 경우에는 개별처우계획을 새로 수립하여야 한다.
④ 외국으로부터 이송되어 온 수형자에 대하여는 개별처우계획을 새로 수립하여 시행한다.

해설

① (×) 이송되어 온 수형자의 개별처우계획은 이송 전의 처우등급과 동일하게 적용하는 것이 원칙이다. 그렇지만 해당 교정시설의 특성에 따라 변경할 여지를 규정하고 있다.
② (×) 수형자가 심신장애로 의사능력이 없는 상태에 있을 때에는 검사의 지휘를 받아 필요적으로 집행을 정지해야 하고, 형의 집행으로 인하여 현저히 건강을 해하거나 생명을 보전할 수 없을 염려가 있을 때, 연령이 70세 이상인 때, 잉태 후 6월 이상인 때, 출산 후 60일이 경과하지 아니한 때, 직계존속이 연령 70세 이상 또는 중병이나 장애인으로 보호할 다른 친족이 없는 때, 직계비속이 유년으로 보호할 다른 친족이 없는 때, 기타 중대한 사유가 있는 때 등에는 임의적으로 검사의 지휘를 받아 형의 집행을 정지할 수 있다.
이와 같은 사유로 형집행정지 되었던 사람이 그 정지사유 소멸로 재수용된 경우에는 석방 당시와 동일한 처우등급을 부여할 수 있다. 이는 본인의 책임 있는 위반행위로 인한 것이 아니므로, 원칙적으로 석방당시와 동일한 처우등급을 기준으로 재수용하도록 하고 있다.
③ (○) 가석방의 취소로 재수용되는 것은 본인의 책임 있는 위반행위를 사유로 인한 것이므로, 그에 대한 책임을 묻는 취지에서 석방 당시보다 한 단계 낮은 처우등급을 부여하는 것을 원칙으로 규정하고 있다. 다만 가석방 취소사유에 고려할만한 사정이 있을 때에는 예외적으로 석방당시와 동일한 처우등급을 부여할 수 있다. 가석방 취소로 인한 재수용은 원칙적으로 가석방시킨 교정시설로 복귀 수용되기 때문에 본질적으로 수용환경이 변화된 것이 아니다. 따라서 개별처우계획을 새로 수립하는 것은 이치적으로 타당하지 않다.
④ (×) 외국으로부터 이송된 경우나 군교도소로부터 이송된 경우, 형집행정지 중이거나 가석방 기간 중 재범으로 재수용되어 형이 확정된 경우에는 수용환경이 본질적으로 바뀌었거나 새로운 범죄행위에 대한 집행에 해당하기 때문에 개별처우계획을 새로 수립하도록 하는 것이 타당하다. 「시행규칙」제60조, 제61조 참조.

정답 ③

59 수형자처우와 관련하여 원칙적으로 일반경비처우급까지 허용되는 것은?

① 가족만남의 날 행사 및 가족만남의 집 이용과 일반귀휴 허가대상
② 외부영화 관람과 외부종교행사 참석
③ 교정시설 안에 설치된 외부기업체의 통근 수형자 요건과 봉사원 선정 대상
④ 자치생활 및 개인작업

해설

③ (○) 교정시설 안에 설치된 외부기업체의 작업장에 통근하며 하는 외부통근의 원칙적 적용대상자에는 일반경비처우급이 포함된다(규칙 제120조 2항)). 봉사원 선정은 원칙적 적용대상자에 일반급 포함(규칙

제85조). ① (×) 가족만남의 날 행사·가족만남의 집 이용과 일반귀휴는 원칙적으로 개방·완화급, 예외적 일반급 허용.
② (×) 외부영화 관람과 외부종교행사 참석은 원칙적으로 개방·완화급, 예외적 일반급 허용.
④ (×) 자치생활 및 개인작업은 예외 없이 개방·완화급만 허용,

정답 ③

➕ 원칙적으로 개방처우급·완화경비처우급 수형자 해당 처우

처우 내용	허용 여부	중급 불가
1. 자치생활	일반급 불가능	중(重)급 불가능
2. 중간처우(개방시설 수용)	일반급 불가능	중(重)급 불가능
3. 개인작업	일반급 불가능	중(重)급 불가능
4. 외부직업훈련	일반급 불가능	중(重)급 불가능
5. 작업·교육 지도 보조	일반급 불가능	중(重)급 불가능
6. 가족만남의 날 행사 참여	교화를 위해 특히 필요한 경우 일반급 허가	중(重)급 불가능
7. 가족만남의 집 이용	교화를 위해 특히 필요한 경우 일반급 허가	중(重)급 불가능
8. 사회적 처우	처우상 특히 필요한 경우 일반급 허용	중(重)급 불가능
9. 전화통화 허용	개방급(월20회이내), 완화급(10회이내), 일반급(5회이내), 중급(처우상 특히 필요한 경우 2회이내)	중(重)급 가능
10. 일반귀휴	교화나 사회복귀 준비 등을 위하여 특히 필요한 경우 일반급 허가, 다만, 특별귀휴는 중(重)급도 가능	중(重)급 불가능
11. 외부기업체 통근	작업 부과 또는 교화를 위하여 특히 필요하다고 인정되는 경우 일반·중(重)급 허가	중(重)급 가능

60 「형의 집행 및 수용자의 처우에 관한 법률 시행규칙」상 수형자의 처우에 대한 설명으로 옳은 것은?

'24. 9급

① 소장은 개방처우급 수형자에 대하여 월 3회 이내에서 경기 또는 오락회를 개최하게 할 수 있다. 다만, 소년수형자에 대하여는 그 횟수를 늘릴 수 있다.
② 완화경비처우급 수형자에 대한 중간처우 대상자의 선발절차는 법무부장관이 정한다.
③ 소장은 처우를 위하여 특히 필요한 경우에는 일반경비처우급 수형자에 대하여도 가족 만남의 날 행사 참여를 허가할 수 있다.
④ 중(重)경비처우급 수형자에 대해서는 교화 및 처우상 특히 필요한 경우 전화통화를 월 2회 이내 허용할 수 있다.

해설

① (×) 개방·완화급 및 자치생활수형자에 대하여 월 3회(×) → 월 2회(○)(규칙 제91조 1항)).
가족만남의 날 행사·가족만남의 집 이용과 일반귀휴는 원칙적으로 개방·완화급, 예외적 일반급 허용.
② (○) 시행규칙 제93조 3항 참조.
③ (×) 처우를 위하여 특히 필요한 경우(×) → 교화를 위하여 특히 필요한 경우(○). 규칙 제89조 3항.
④ (×) 교화 및 처우상 특히 필요한 경우(×) → 처우상 특히 필요한 경우(○). 규칙 제90조 3항 참조.

정답 ②

61 「형의 집행 및 수용자의 처우에 관한 법률 시행규칙」상 수형자의 개인작업에 대한 설명으로 옳지 않은 것은? '24. 9급

① 소장은 수형자가 개방처우급 또는 완화경비처우급으로서 작업기술이 탁월하거나 작업성적이 우수한 경우에는 수형자 자신을 위한 개인작업을 하게 할 수 있다.
② 개인작업 시간은 교도작업에 지장을 주지 아니하는 범위에서 1일 2시간 이내로 한다.
③ 소장은 개인작업을 하는 수형자에게 개인작업 용구를 사용하게 할 수 있다. 이 경우 작업 용구는 특정한 용기에 보관하도록 하여야 한다.
④ 개인작업에 필요한 작업재료 등의 구입비용은 수형자가 부담한다. 다만, 처우상 필요한 경우에는 예산의 범위에서 그 비용을 지원할 수 있다.

해설

① (×) 작업기술이 탁월하거나 작업성적이 우수한 경우에는(×) → 작업기술이 탁월하고(and) 작업성적이 우수한 경우에는(○). 시행규칙 제95조 1항 참조..

정답 ①

AI 예상 응용지문

❶ 개인작업에 필요한 작업재료 등의 구입비용은 수형자가 부담한다. 다만, 처우상 필요한 경우에는 예산의 범위에서 그 비용을 지원하여야 한다. (×)
❷ 외부직업훈련의 비용은 수형자가 부담한다. 다만, 교화상 특히 필요한 경우에는 예산의 범위에서 그 비용을 지원할 수 있다. (×)
❸ 소장은 개방처우급·완화경비처우급 수형자에게 자치생활을 허가할 수 있다. 허가하는 경우 수형자 자치생활의 범위는 작업점검, 취미활동, 일정한 구역 안에서의 생활 등으로 한다. (×)
❹ 소장은 수형자가 개방처우급 또는 완화경비처우급으로서 작업기술이 탁월하거나 작업성적이 우수한 경우에는 개인작업을 하게 할 수 있다. (×)
❺ 사회적 처우 활동을 허가하는 경우 소장은 자비구매의류를 입게 한다. (×)

❶ 지원하여야 한다(×) → 그 비용을 지원할 수 있다(○). 시행규칙 제95조 참조. ❷ 교화상(×) → 처우상(○). 시행규칙 제96조 2항 참조. ③ 작업점검(×) → 인원점검(×). 시행규칙 제86조 2항 참조. ❹ 탁월하거나(×) → 탁월하고(○). ❺ 자비구매의류를 입게 한다(×) → 별도의 수형자 의류를 지정하여 입게 한다(○). 다만, 처우상 필요한 경우에는 자비구매의류를 입게 할 수 있다. 시행규칙 92조 2항 참조.

62 형의 집행 및 수용자의 처우에 관한 법령상 소장이 완화경비처우급 수형자에게 할 수 있는 처우내용이 아닌 것은? '17. 7급

① 자치생활을 허가하는 경우에는 월 1회 이상 토론회를 할 수 있도록 하여야 한다.
② 의류를 지급하는 경우에 색상, 디자인 등을 다르게 할 수 있다.
③ 작업·교육 등의 성적이 우수하고 관련 기술이 있는 경우에 교도관의 작업지도를 보조하게 할 수 있다.
④ 직업능력 향상을 위하여 특히 필요한 경우에는 교정시설 외부의 기업체 등에서 운영하는 직업훈련을 받게 할 수 있다.

해설

② (×) 개방처우급 수형자에게만 해당된다. 「시행규칙」 제84조 2항 참조.

정답 ①

63 분류심사를 유예하는 경우가 아닌 것은?

① 집행할 형기가 3개월 미만인 경우
② 질병으로 분류심사가 곤란한 때
③ 규율위반 등으로 조사 중이거나 징벌집행 중인 때
④ 분류심사가 특히 곤란하다고 인정하는 때

해설

① (×) 분류심사 제외사유이다. 「시행규칙」 제62조 2항 참조.

정답 ①

64 교정시설 중 도주방지를 위한 통상적인 설비를 갖추고 수형자에 대하여 통상적인 관리·감시를 하는 교정시설은 무엇인가?

① 보통경비시설 ② 완화경비시설
③ 일반경비시설 ④ 초중(超重)경비시설

해설

③ (○) 「법」 제57조 2항 참조. ①, ④ (×) 보통경비시설과 초중(超重)경비시설은 현행 법령상 개념 없다.

정답 ③

65 「형의 집행 및 수용자의 처우에 관한 법률 시행규칙」상 중간처우에 대한 설명 중 (   )에 들어갈 내용으로 가장 올바르게 연결된 것은? '23. 7급(교위) 승진

> 제93조(중간처우) ① 소장은 개방처우급 혹은 완화경비처우급 수형자가 다음 각 호의 사유에 모두 해당하는 경우에는 교정시설에 설치된 개방시설에 수용하여 사회 적응에 필요한 교육, 취업지원 등 적정한 처우를 할 수 있다.
> 1. 형기가 (㉠)년 이상인 사람
> 2. 범죄 횟수가 (㉡)회 이하인 사람
> 3. 중간처우를 받는 날부터 가석방 또는 형기 종료 예정일까지 기간이 (㉢)인 사람

	㉠	㉡	㉢
①	2	3	9개월 미만
②	2	3	3개월 이상 1년 6개월 미만
③	3	2	9개월 미만
④	2	3	3개월 이상 2년 6개월 미만

▌해설

정답 ④

66 「형의 집행 및 수용자의 처우에 관한 법률」상 경비등급이 아닌 것은?

① 개방시설
② 일반경비시설
③ 완화경비시설
④ 초중경비시설

▌해설

④ (×) 중경비시설(×) → 중경비시설(○). 「법」 제57조 2항 참조.

정답 ④

67 형의 집행 및 수용자의 처우에 관한 법령에 의할 때 옳은 것은?

① 일반경비처우급 수형자의 접견횟수는 매월 3회이다.
② 완화경비처우급 수형자에게 가능한 전화통화 횟수는 원칙적으로 월 10회 이내이다.
③ 개방처우급 또는 완화경비처우급으로서 작업기술이 탁월하고 작업성적이 우수한 경우, 교도작업에 지장을 주지 않는 범위에서 1일 3시간 이내로 개인작업을 할 수 있다.
④ 개방처우급, 완화경비처우급 또는 자치생활 수형자에 대하여 월 1회 이상 경기 또는 오락회를 개최하게 할 수 있다.

해설

① (×) 3회(×) → 5회(○). ③ 3시간(×) → 2시간(○). ④ 월 1회 이상(×) → 월 2회 이내(○). 「시행규칙」 제87조 1항.

정답 ②

AI 예상 응용지문

❶ 소장은 자치생활 수형자들이 교육실, 강당 등 적당한 장소에서 월 2회 이내에서 토론회를 진행하게 할 수 있다. (×)

❷ 소장은 개방처우급·완화경비처우급 또는 자치생활 수형자에 대하여 월 2회 이상 경기 또는 오락회를 개최할 수 있도록 하여야 한다. (×)

❶ 월 2회 이내에서 토론회를 진행하게 할 수 있다(×) → 월 <u>1회 이상</u> 토론회를 <u>할 수 있도록 하여야 한다</u>(○). 규칙 제86조 3항. ❷ 월 2회 이상 경기 또는 오락회를 개최할 수 있도록 하여야 한다(×) → <u>월 2회 이내에서</u> 경기 또는 오락회를 <u>개최하게 할 수 있다</u>(○). 규칙 제91조 1항.

---

68 다음 설명 중 옳지 않은 것은?

① 소장은 다른 수형자의 모범이 되는 일반경비처우급 수형자를 봉사원으로 선정할 수 있다.
② 소장은 직업능력 향상을 위하여 특히 필요한 경우 일반경비처우급 수형자에게도 교정시설 외부에서 운영하는 직업훈련을 받게 할 수 있다.
③ 소장은 교화상 특히 필요한 경우 일반경비처우급 수형자에게도 가족만남의 집 이용을 허가할 수 있다.
④ 소장은 특히 필요한 경우 일반경비처우급 수형자에게도 사회견학을 허가할 수 있다.

해설

② (×) 일반경비처우급·중경비처우급 적용 안됨. 「시행규칙」 제96조 참조.

정답 ②

---

69 「형의 집행 및 수용자의 처우에 관한 법률 시행규칙」상 소득점수와 처우등급 조정에 대한 설명으로 옳지 않은 것은? '23. 7급(교위) 승진 수정

① 보안·작업 담당교도관 및 수용관리팀의 팀장은 서로 협의하여 소득점수 평가 및 통지서에 해당 수형자에 대한 매월 초일부터 말일까지의 소득점수를 채점한다.
② 경비처우급을 하향 조정하기 위하여 고려할 수 있는 평정소득점수의 기준은 5점 이하이다. 다만, 수용 및 처우를 위하여 특히 필요한 경우 법무부장관이 달리 정할 수 있다.
③ 소장은 수형자가 부상이나 질병, 그 밖의 부득이한 사유로 작업 또는 교육을 받지 못한 경우에는 3점 이내의 범위에서 작업·교육 성적 또는 수형생활 태도 소득점수를 부여할 수 있다.
④ 조정된 처우등급에 따른 처우는 그 조정이 확정된 다음 날부터 한다. 이 경우 조정된 처우등급은 그 달 초일부터 적용된 것으로 본다.

해설

③ (×) 5점 이내(×) → 3점 이내(○) / 수형생활 태도(×). 제79조(소득점수 평가기준) 제3항 참조.

정답 ③

70 다음 〈보기1〉, 〈보기2〉의 연결이 바른 것은?

─── 보 기 1 ───
A. 수형자의 개별적인 특성에 따라 중점처우의 내용을 구별하는 기준
B. 도주 등의 위험성에 따라 수용시설과 계호정도를 구별하고 범죄성향의 진전과 개선정도, 교정성적에 따라 처우수준을 구별하는 기준
C. 성별, 국적, 나이, 형기 등에 따라 수용할 시설 및 구획 등을 구별하는 기준

─── 보 기 2 ───
㉠ 기본수용급   ㉡ 경비처우급   ㉢ 개별처우급
㉣ 누진처우급   ㉤ 수용처우급   ㉥ 개방처우급

① A - ㉢, B - ㉡, C - ㉠
② A - ㉢, B - ㉣, C - ㉠
③ A - ㉠, B - ㉡, C - ㉢
④ A - ㉠, B - ㉣, C - ㉢

해설

① (○) 「시행규칙」 제72조 참조.

정답 ①

AI 예상 응용지문

❶ 도주위험성에 따라 처우수준을 구별하고 범죄성향의 진전과 개선정도, 교정성적에 따라 수용시설과 계호 정도를 구별하는 기준이 되는 처우등급은 경비처우급이다. (×)

❷ 기본수용급은 성별·국적·나이·형기에 따라 수용시설 및 계호 정도를 구별하는 기준을 말한다. (×)

❶ 처우수준을 구별하고(×) → 수용시설과 계호의 정도를 구별하고(○) / 수용시설과 계호의 정도를(×) → 처우의 수준을(○) ❷ 계호 정도를(×) → 구획 등을(○)

71 다음 중 처우등급의 구별기준으로 가장 이질적인 것은?

① 도주 위험성
② 범죄성향의 진전
③ 개선 정도
④ 교정성적
⑤ 개별적인 특성

해설

⑤ (×) 경비처우급: 도주 등의 위험성에 따라 수용시설과 계호의 정도를 구별하고, 범죄성향의 진전과 개선 정도, 교정성적에 따라 처우 수준을 구별하는 기준
개별처우급: 수형자의 개별적인 특성에 따라 중점처우의 내용을 구별하는 기준. 「시행규칙」제72조 참조.

정답 ⑤

---

72 「형의 집행 및 수용자의 처우에 관한 법률 시행규칙」상 형집행지휘서가 접수된 날부터 6개월이 지난 수형자에 대한 정기재심사를 해야 하는 경우가 아닌 것은? '16. 5급(교정관) 승진

① 형기의 3분의 1에 도달한 때
② 형기의 2분의 1에 도달한 때
③ 형기의 3분의 2에 도달한 때
④ 형기의 4분의 3에 도달한 때
⑤ 형기의 6분의 5에 도달한 때

해설

④ (×) 형기의 4분의 3에 도달한 때(×), 「시행규칙」제66조 참조.

정답 ④

---

73 「형의 집행 및 수용자의 처우에 관한 법률 시행규칙」상 자치생활에 대한 설명으로 옳지 않은 것은?
'23. 7급(교위) 승진

① 소장은 개방처우급·완화경비처우급 수형자에게 자치생활을 허가할 수 있다.
② 수형자 자치생활의 범위는 인원점검, 취미활동, 일정한 구역 안에서의 생활 등으로 한다.
③ 소장은 자치생활 수형자들이 교육실, 강당 등 적당한 장소에서 월 1회 이상 토론회를 할 수 있도록 하여야 한다.
④ 소장은 자치생활 수형자가 법무부장관 또는 소장이 정하는 자치생활 중 지켜야 할 사항을 위반한 경우에는 자치생활 허가를 취소하여야 한다.

해설

④ (×) 취소하여야 한다(×) → 취소할 수 있다(○). 제86조(자치생활) 제4항 참조. ▶ 연상기억법: 교정 관련 법령상의 모든 취소 규정은 '임의적 취소'만 있지 '필요적 취소'는 전혀 없다. 그러므로 "취소하여야 한다"라는 문구가 있으면 무조건 틀린 선지이다.

정답 ④

74 「형의 집행 및 수용자의 처우에 관한 법률 시행규칙」상 경비처우급에 따른 작업기준이 바르게 연결되어 있는 것은?

① 개방처우급 – 개방지역작업 및 외부통근작업 가능
② 일반경비처우급 – 구내작업 및 필요시 외부통근작업 가능
③ 완화경비처우급 – 구내작업 및 필요시 개방지역작업 가능
④ 중경비처우급 – 필요시 구내작업 또는 개방지역작업 가능

> **해설**
>
> **✚ 경비등급에 따른 작업 기준**
>
> | 경비처우급 | 원칙적 작업 기준 | 필요시 가능 작업 |
> |---|---|---|
> | 개방처우급 | 외부통근작업 및 개방지역 작업 | – |
> | 완화경비처우급 | 개방지역작업 | 필요시 외부통근작업 |
> | 일반경비처우급 | 구내작업 | 필요시 개방지역작업 |
> | 중경비처우급 | – | 필요시 구내작업 |
>
> 정답 ①

75 「형의 집행 및 수용자의 처우에 관한 법률 시행규칙」상 〈보기 1〉의 경비처우급과 〈보기 2〉의 작업기준을 바르게 연결한 것은? '18. 9급

┤ 보 기 1 ├
ㄱ. 개방처우급   ㄴ. 중(重)경비처우급
ㄷ. 완화경비처우급 ㄹ. 일반경비처우급

┤ 보 기 2 ├
A. 개방지역작업 및 필요시 외부통근작업 가능
B. 구내작업 및 필요시 개방지역작업 가능
C. 외부통근작업 및 개방지역작업 가능
D. 필요시 구내작업 가능

① ㄱ - A   ② ㄴ - A   ③ ㄷ - D   ④ ㄹ - B

> **해설**
>
> ④ (○) 작업의 단계는 외부통근작업이 가장 높은 수준이며, 다음은 개방지역 작업, 그 다음은 구내작업 순이다. 따라서 경비처우급 중 가장 높은 수준의 처우가 적용되는 개방처우급은 외부통근작업 및 개방지역작업이 가능하고, 그 다음으로 높은 수준의 처우가 적용되는 완화경비처우급은 개방지역작업이 원칙이며, 필요시 외부통근작업이 가능하다. 통상적인 수준의 처우가 적용되는 일반경비처우급은 구내작업이 원칙이고 필요시 개방지역작업이 가능하며, 기본적인 처우가 적용되는 중경비처우급은 교정사고의 우려가 높으므로 필요시 구내작업이 가능하다.
>
> 정답 ④

76 수형자의 경비처우급에 대한 설명으로 옳은 것은? '13. 9급

① 교도소장은 중경비처우급 수형자라도 처우상 특히 필요하다고 인정하는 경우에는 접촉차단 시설이 설치된 장소 외의 적당한 곳에서 접견을 실시할 수 있다.
② 교도소장은 봉사원을 선정할 때에는 개방처우급 또는 완화경비처우급 수형자 중에서 교정 성적, 나이, 인성을 고려하여 교도관회의에 상정하고 심의·의결을 거쳐야 한다.
③ 교도소장은 개방처우급 수형자에 한하여 사회견학, 사회봉사, 교정시설 외부 종교행사를 허용할 수 있으며, 처우상 특히 필요한 경우 완화경비처우급 수형자와 일반경비처우급 수형자에게도 이를 허가할 수 있다.
④ 교도소장은 수형자의 모든 물품, 의류에 대하여 경비처우급에 따라 차이를 두어 지급하지 아니한다.

해설

① (○) 「시행규칙」 제88조 참조.
② (×) 소장은 개방·완화경비·일반경비처우급으로서 교정성적 등을 고려하여 다른 수형자의 모범이 된다고 인정하는 경우에는 봉사원으로 선정하여 담당교도관의 사무 처리와 그 밖의 업무를 보조하게 할 수 있다(「시행규칙」 제85조). 봉사원 선정, 기간 연장, 선정 취소는 분류처우위원회의 심의·의결을 거쳐야 한다.
③ (×) 개방·완화경비처우급에게 원칙적으로 허가하고, 일반경비처우급에게는 예외적 허가. 「시행규칙」 제92조 참조.
④ (×) 건강유지에 필요한 물품을 제외하고는 원칙적으로 차이를 두어 지급할 수 있다(「시행규칙」 제84조 참조).

정답 ①

77 「형의 집행 및 수용자의 처우에 관한 법률 시행규칙」상 수용자의 처우에 대한 설명으로 옳은 것은? '19. 7급

① 소장은 수형자가 완화경비처우급 또는 일반경비처우급으로서 작업·교육 등의 성적이 우수하고 관련 기술이 있는 경우에는 교도관의 작업지도를 보조하게 할 수 있다.
② 소장은 형집행정지 중인 사람이 기간만료로 재수용된 경우에는 석방 당시와 동일한 처우등급을 부여한다.
③ 분류심사에 있어서 무기형과 20년을 초과하는 징역형·금고형의 정기재심사 시기를 산정하는 경우에는 그 형기를 20년으로 본다.
④ 소장은 수형자의 경비처우급에 따라 부식, 음료, 그 밖에 건강유지에 필요한 물품에 차이를 두어 지급할 수 있다.

해설

① (×) 교도관의 작업지도 보조는 개방·완화급에게만 적용된다.
일반경비처우급(×)
② (×) 부여한다(×) → 부여할 수 있다(○).
④ (×) 물품지급은 경비처우급에 따라 차등 지급이 원칙이나, 건강유지에 필요한 물품은 차등 지급해서는 아니 된다.

정답 ③

78 경비처우급에 따른 수형자 처우에 대한 설명 중 옳지 않은 것은?

① 가족만남의 집은 개방처우급·완화경비처우급 수형자에게 이용하게 할 수 있고, 교화를 위하여 특히 필요한 경우에는 일반경비처우급 수형자에 대하여도 허가할 수 있다.
② 가족만남의 날 행사는 개방처우급·완화경비처우급 수형자에게 참여하게 할 수 있고, 교화를 위하여 특히 필요한 경우에는 일반경비처우급 수형자에 대하여도 허가할 수 있다.
③ 소장은 개방처우급·완화경비처우급·일반경비처우급 수형자로서 교정성적, 나이, 인성 등을 고려하여 다른 수형자의 모범이 된다고 인정되는 경우에는 봉사원으로 선정하여 담당교도관의 사무처리와 그 밖의 업무를 보조하게 할 수 있다.
④ 소장은 개방처우급·완화경비처우급 수형자에게 자치생활을 허가할 수 있고, 교화를 위하여 특히 필요한 경우에는 일반경비처우급 수형자에 대하여도 허가할 수 있다.

해설

④ (×) 자치는 개·완만이다. 개완특일이 아니다. 규칙 제68조 참조. '자치생활'은 개방·완화급에게만 허가할 수 있으나, '자치활동'은 외부통근자에게도 허가 가능. 규칙 제123조 참조.

정답 ④

79 형의 집행 및 수용자의 처우에 관한 법령상 수형자의 사회적 처우와 위로금에 대한 설명으로 옳은 것은? '23. 7급

① 화상접견은 접견 허용횟수에 포함되지만, 가족 만남의 날 참여는 접견 허용횟수에 포함되지 않는다.
② 사회적 처우 활동 중 사회견학이나 사회봉사에 필요한 비용은 수형자가 부담한다.
③ 가족 만남의 집 이용은 완화경비처우급과 개방처우급 수형자에 한하여 그 대상이 될 수 있다.
④ 작업으로 인한 부상으로 신체에 장해가 발생한 때 지급하는 위로금은 소장이 수형자를 석방할 때 수형자 본인에게 지급하여야 한다.

해설

② (×) 사회견학, 사회봉사, 자신이 신봉하는 종교행사 참석 활동에 필요한 비용은 국가(교정시설)이 부담한다. 연극, 영화, 그 밖의 문화공연 관람 활동에 필요한 비용은 수형자가 부담한다. 다만, 처우상 필요한 경우에는 예산의 범위에서 그 비용을 지원할 수 있다. 시행규칙 제92조(사회적 처우) 참조.
③ (×) 가족 만남의 집 이용은 완화경비처우급과 개방처우급 수형자에 한하여 그 대상이 되는 것이 아니라, 교화를 위하여 특히 필요한 경우에는 일반경비처우급 수형자에 대하여도 가족 만남의 날 행사 참여 또는 가족 만남의 집 이용을 허가할 수 있다. 제89조(가족 만남의 날 행사 등) 참조.
④ (×) 과거에는 위로금은 소장이 수형자를 석방할 때 수형자 본인에게 지급하여야 한다고 규정하고 있었으나, <개정 2022. 12. 27.> 이후 현재는 위로금은 석방할 때 지급한다는 부분이 삭제되었으므로, 그 지급 사유가 발생했을 때 본인에게 지급한다. 법 제74조(위로금·조위금) 참조.

정답 ①

AI 예상 응용지문

❶ 소장은 개방처우급·완화경비처우급 수형자에 대하여 교정시설의 안 또는 밖에서 이루어지는 사회견학 활동을 허가할 수 있다. (×)
❷ 소장은 개방처우급·완화경비처우급 또는 자치생활 수형자에 대하여 월 2회 이내에서 경기 또는 오락회를 개최하게 할 수 있고, 경기 또는 오락회가 개최되는 경우 소장은 관련 분야의 전문지식과 자격을 가지고 있는 외부강사를 초빙하여야 한다. (×)
❸ 주·부식, 음료, 그 밖에 건강유지에 필요한 물품은 제외하고, 소장은 수형자의 경비처우급에 따라 물품에 차이를 두어 지급한다. (×)

---

❶ 안 또는 밖에서(×) → 밖에서(○) 규칙 제92조 참조. ❷ 초빙하여야 한다(×) → 초빙할 수 있다(○). 규칙 제91조(경기 또는 오락회 개최 등) 참조. ❸ 물품에 차이를 두어 지급한다(×) → 물품에 차이를 두어 지급할 수 있다(○). 규칙 제84조(물품지급) 참조.

---

80 다음 중 「형의 집행 및 수용자의 처우에 관한 법률」상 수형자의 처우에 대한 설명으로 옳지 않은 것을 모두 고른 것은?

> (ㄱ) 소장은 교도관회의의 심의를 거쳐 수형자의 개별적 특성에 알맞은 교육·교화프로그램, 작업, 직업훈련 등의 처우에 관한 계획을 수립하여 시행한다.
> (ㄴ) 수형자는 교화 또는 건전한 사회복귀를 위하여 교정시설 밖의 적당한 장소에서 봉사활동·견학, 그 밖에 사회적응에 필요한 처우를 받을 수 있다.
> (ㄷ) 수형자에 대한 처우는 교화 또는 건전한 사회복귀를 위하여 교정성적에 따라 상향 조정될 수 있지만, 이 처우 조정의 경우에는 그 성적이 우수하더라도 개방시설에 수용하여 사회생활에 필요한 처우를 하는 등의 조치를 취할 수 없다.
> (ㄹ) 소장은 수형자의 가족 또는 배우자의 직계존속이 사망한 수형자에 대하여는 5일 이내의 특별귀휴를 허가할 수 있다.
> (ㅁ) 수형자가 작업 등으로 인한 부상 또는 질병으로 신체에 장해가 발생한 때, 작업 또는 직업 훈련 중에 사망하거나 그로 인하여 사망한 때 적용되는 위로금 또는 조위금을 지급받을 권리는 다른 사람 또는 법인에게 양도하거나 담보로 제공할 수 없으며, 다른 사람 또는 법인은 이를 압류할 수 없다.

① (ㄱ)
② (ㄷ)
③ (ㄴ), (ㄹ)
④ (ㄱ), (ㄷ)

해설

(ㄱ) (×) 교도관회의의 심의를 거쳐(×) → 분류처우위원회의 의결에 따라(○). 「법」 제56조(개별처우계획의 수립 등) 참조.
(ㄷ) (×) 상향조정될 수 있으며, 특히 그 성적이 우수한 수형자는 개방시설에 수용되어 사회생활에 필요한 적정한 처우를 받을 수 있다. 「법」 제57조 3항 참조.

정답 ④

81 다음 보기 ( )에 들어갈 내용을 바르게 연결한 것은?

― 보 기 ―

수형자에 대하여는 교육 · 교화프로그램 · 작업 · 직업훈련 등을 통하여 (㉠)(을)를 도모하고 (㉡)(을)를 함양하도록 처우하여야 한다.

	㉠	㉡
①	근로정신 함양	건전한 국민사상
②	근로정신 함양	사회생활에 적응하는 능력
③	교정교화	수용생활에 적응하는 능력
④	교정교화	사회생활에 적응하는 능력

해설

④ (○)「법」제55조(수형자 처우의 원칙) 참조.

정답 ④

82 수용자의 처우등급별 처우에 대한 설명으로 옳은 것은? '15. 5급(교정관) 승진

① 소장은 일반경비처우급 수형자에게 월 5회의 접견과 자치생활을 허가할 수 있다.
② 수용자가 다른 교정시설의 수용자와 화상접견을 하였거나 혹은 가족 만남의 집을 이용한 경우에는 그 횟수만큼 접견의 허용횟수를 차감한다.
③ 일반경비처우급과 중경비처우급 수형자는 담당교도관의 사무처리를 보조하는 봉사원으로 선정될 수 없다.
④ 개방처우급 수형자는 의류와 식음료의 지급에 있어서 우대를 받을 수 있다.
⑤ 소장은 처우상 특히 필요한 경우에는 일반경비처우급 수형자에게도 교정시설 밖에서의 영화관람을 허가할 수 있다.

해설

① (×) 월 5회 접견(○) / 자치생활을 허가할 수 있다(×).
② (×) 화상접견은 접견횟수에 포함되므로 허용횟수가 차감되나 가족만남의 집 이용은 접견횟수에 포함되지 않는다.
③ (×) 중경비처우급 수형자만 봉사원으로 선정될 수 없다.
④ (×) 의류에 대해서는 개방처우급 수형자 한하여 색상, 디자인 등을 달리할 수 있도록 규정(「시행규칙」제84조 2항)하고 있으므로 우대받을 수 있다. 그러나 건강유지에 필요한 물품인 식음료의 지급은 차등 없이 지급되므로 우대받을 수 없다.

정답 ⑤

83 「형의 집행 및 수용자의 처우에 관한 법률 시행규칙」상 수형자의 분류심사에 대한 설명으로 옳은 것은? '15. 5급(교정관) 승진

① 징역형·금고형이 확정된 사람으로서 집행할 형기가 형집행지휘서의 접수일부터 6개월 미만인 사람은 분류심사를 하지 아니한다.
② 소장은 분류심사 유예사유가 소멸된 날로부터 14일 이내에 분류심사를 하여야 한다.
③ 소장은 가석방기간 중에 있는 사람이 형사사건으로 재수용되어 형이 확정된 경우에는 기존 분류심사에 따라서 개별처우계획을 수립하여야 한다.
④ 소장은 군사법원에서 징역형 또는 금고형이 확정되거나 그 형의 집행 중에 있는 사람이 이송되어 온 경우에는 이전 교도소의 분류심사에 따라서 개별처우계획을 수립하여야 한다.
⑤ 수형자의 정기재심사를 함에 있어 부정기형의 재심사 시기는 단기형을 기준으로 한다.

해설

① (×) 6개월 미만(×) → 3개월 미만(○). 「시행규칙」 제62조 1항 참조.
② (×) 14일 이내(×) → 사유가 소멸한 경우에는 지체 없이 분류심사를 하여야 한다(○). 「시행규칙」 제62조 참조.
③ (×) 개별처우계획을 새로 수립하여야 한다. 「시행규칙」 제60조 4항 참조.
④ (×) 개별처우계획을 새로 수립하여야 한다. 「시행규칙」 제61조 2항 참조.

정답 ⑤

84 「형의 집행 및 수용자의 처우에 관한 법률 시행규칙」상 경비처우급에 따른 처우 내용에 대한 설명으로 옳지 않은 것은? '16. 5급(교정관) 승진

① 완화경비처우급은 개방지역 작업 및 필요시 외부통근작업이 가능하다.
② 일반경비처우급은 구내작업 및 필요시 개방지역작업이 가능하다.
③ 소장은 개방처우급·완화경비처우급·일반경비처우급 수형자에게 자치생활을 허가할 수 있다.
④ 중(重)경비처우급 수형자의 접견의 허용횟수는 월 4회이다.
⑤ 개방처우급 수형자에게 지급하는 의류는 그 색상과 디자인을 다르게 할 수 있다.

해설

③ (×) 일반경비처우급 수형자(×), 「시행규칙」 제86조 참조.

정답 ③

> 📋 **AI 예상 응용지문**

❶ 개방처우급수형자 및 완화경비처우급 수형자에게 지급하는 의류는 그 색상과 디자인을 다르게 할 수 있다. (×)
❷ 개방처우급수형자와 미결수용자의 접견·허용횟수는 1일 1회이다. 개방처우급 수형자의 전화통화의 허용횟수는 월 20회 이내이고, 미결수용자의 전화통화의 허용횟수는 월 2회 이내이다. (○)

❶ 완화경비처우급(×) ❷ 규칙 제25조(전화통화의 허가), 제90조(전화통화의 허용횟수) 참조.

85 「형의 집행 및 수용자의 처우에 관한 법률 시행규칙」상 수용자의 범죄 횟수에 대한 설명으로 가장 옳지 않은 것은?

① 원칙적으로 수용자의 범죄 횟수는 징역 또는 금고 이상의 형을 선고받아 확정된 횟수로 한다.
② 집행유예를 선고 받은 사람이 유예기간 중 고의로 범한 죄로 금고 이상의 실형이 확정되지 아니하고 그 기간이 지난 경우에는 집행이 유예된 형은 범죄 횟수에 포함하지 아니한다.
③ 징역 3년을 선고받고 확정되어 그 집행이 종료된 날로부터 4년이 지난 경우에는 범죄 횟수에 포함하지 아니한다.
④ 수용기록부 등 범죄 횟수를 기록하는 문서에는 수용 횟수를 함께 기록하여 해당 수용자의 처우에 참고할 수 있도록 한다.

🔍 **해설**

③ (×) 징역 3년을 선고받고 확정되어 그 집행이 종료된 경우에는 종료된 날로부터 5년이 지나야만 범죄 횟수에 포함하지 아니한다. 다만, 그 기간 중 자격정지 이상의 형을 선고받아 확정된 경우는 제외한다. 시행규칙 제3조 참조.

정답 ③

86 「형의 집행 및 수용자의 처우에 관한 법률 시행규칙」상 지역사회에 설치된 개방시설에 수용하여 중간처우를 할 수 있는 사유만을 모두 고르면? *AI 예상*

ㄱ. 완화경비처우급 수형자이고, 형기는 1년이며, 범죄횟수는 1회, 중간처우를 받는 날부터 가석방 예정일까지의 기간이 1년 6개월인 자
ㄴ. 개방처우급 수형자이고, 형기는 3년이며, 범죄횟수는 2회, 중간처우를 받는 날부터 형기 종료 예정일까지의 기간이 1년인 자
ㄷ. 완화경비처우급 수형자이고, 형기는 4년이며, 범죄횟수는 1회, 중간처우를 받는 날부터 가석방 예정일까지의 기간이 6개월인 자
ㄹ. 일반경비처우급 수형자이고, 형기는 3년이며, 범죄횟수는 1회, 중간처우를 받는 날부터 형기 종료 예정일까지의 기간이 8개월인 자

① ㄱ   ② ㄷ   ③ ㄱ, ㄴ   ④ ㄴ, ㄷ, ㄹ

해설

중간처우에 관하여는 먼저 '교정시설에 설치된 개방시설 수용' 요건인지, '지역사회에 설치된 개방시설 수용' 요건인지 구분해야 한다. 「시행규칙」 제93조 참조.
ㄱ(×) 형기 2년 이상이 아니고,, '1년 6개월인자'는 1년 6개월 미만인 사람인 수형자가 아니므로, 할 수 없다.
ㄴ(×) 범죄 횟수가 1회인 사람이 아니므로 포함되지 않는다.
ㄹ(×) 일반경비처우급은 포함되지 아니한다.

> **시행규칙 제93조(중간처우)** ① 소장은 개방처우급 혹은 완화경비처우급 수형자가 다음 각 호의 사유에 모두 해당하는 경우에는 교정시설에 설치된 개방시설에 수용하여 사회 적응에 필요한 교육, 취업지원 등 적정한 처우를 할 수 있다.
> 1. 형기가 2년 이상인 사람
> 2. 범죄 횟수가 3회 이하인 사람
> 3. 중간처우를 받는 날부터 가석방 또는 형기 종료 예정일까지 기간이 3개월 이상 2년 6개월 미만인 사람
> ② 소장은 제1항에 따른 처우의 대상자 중 다음 각 호의 사유에 모두 해당하는 수형자에 대해서는 지역사회에 설치된 개방시설에 수용하여 제1항에 따른 처우를 할 수 있다.
> 1. 범죄 횟수가 1회인 사람
> 2. 중간처우를 받는 날부터 가석방 또는 형기 종료 예정일까지의 기간이 1년 6개월 미만인 사람
> ③ 제1항 및 제2항에 따른 중간처우 대상자의 선발절차, 교정시설 또는 지역사회에 설치하는 개방시설의 종류 및 기준, 그 밖에 필요한 사항은 법무부장관이(※법무부령으로 ×) 정한다.

☞ 출제의도 : 이 문제는 교정학개론에서 교정시설 내 처우와 관련된 제도를 이해하는 능력을 평가하는 문제로, 특히 중간처우 대상자의 요건과 관련된 법규를 정확히 적용할 수 있는지를 묻고 있습니다. 문제는 두 가지 상황을 구분해야 합니다. 교정시설에 설치된 개방시설에 수용할 수 있는 요건과 지역사회에 설치된 개방시설에 수용할 수 있는 요건입니다. 구체적인 출제 의도는 다음과 같습니다:

1) 형기, 범죄 횟수, 중간처우를 받는 날부터 가석방 혹은 형기 종료 예정일까지의 기간 등 다양한 요건을 조합하여 법규를 정확하게 해석하고 적용할 수 있는 능력을 테스트하고자 합니다. 특히 지역사회에 설치된 개방시설에 수용될 수 있는 요건은 더 엄격한 기준을 요구하는데, 이를 통해 수험생들이 정확한 법적 규정을 바탕으로 실무에서 올바른 판단을 할 수 있는지를 확인하려고 합니다.

2) 교정 처우에 대한 법적 기준을 구체적으로 이해하고, 이를 바탕으로 적절한 처우를 제시할 수 있는 실무적 역량을 키우는 것이 목적입니다. 즉, 수형자의 처우와 관련된 다양한 법적 요건을 정확하게 분석하고, 실제 적용하는 능력을 중점적으로 평가하는 문제입니다.

정답 ②

---

87 형집행법령상 소장이 개방처우급 또는 완화경비처우급 수형자에게 교정시설에 설치된 개방시설에 수용하여 사회 적응에 필요한 교육, 취업지원 등 적정한 처우를 할 수 있는 사유에 해당하지 않는 것은?

① 소득점수가 우수한 사람
② 형기가 2년 이상인 사람
③ 범죄 횟수가 3회 이하인 사람
④ 중간처우를 받는 날부터 가석방 또는 형기 종료 예정일까지 기간이 3개월 이상 2년 6개월 이하인 사람

해설
① (×) 시행규칙 제93조 1항 참조.

정답 ①

88 「형의 집행 및 수용자의 처우에 관한 법률 시행령」상 수용자 처우에 대한 설명으로 옳지 않은 것은?

'16. 5급(교정관) 승진

① 사형확정자를 수용하는 시설의 설비 및 계호의 정도는 일반경비시설 또는 중경비시설에 준한다.
② 소장은 미결수용자가 빈곤하거나 무지하여 수사 및 재판 과정에서 권리를 충분히 행사하지 못한다고 인정하는 경우에는 법률구조에 필요한 지원을 할 수 있다.
③ 의무관은 수용자에게 보호장비를 계속 사용하는 것이 건강상 부적당하다고 인정하는 경우에는 소장에게 즉시 보고하여야 하며, 이 경우 소장은 특별한 사유가 없으면 보호장비 사용을 즉시 중지하여야 한다.
④ 소장은 미결수용자가 위독하거나 사망한 경우에는 그 사실을 검사에게 통보하고, 기소된 상태인 경우에는 법원에도 지체 없이 통보하여야 한다.
⑤ 소장은 수형자의 건전한 사회복귀를 위하여 필요하다고 인정하면 석방 전 7일 이내의 범위에서 석방예정자를 별도의 거실에 수용하여 장래에 관한 상담과 지도를 할 수 있다.

해설

⑤ (×) 7일 이내(×) → 3일 이내(○). 「시행령」 제141조 참조.

정답 ⑤

89 「형의 집행 및 수용자의 처우에 관한 법률 시행규칙」상 분류처우에 대한 설명으로 옳지 않은 것은?

'16. 5급(교정관) 승진

① 징역형·금고형이 확정된 사람으로서 집행할 형기가 형집행지휘서 접수일부터 3개월 미만인 사람, 구류형이 확정된 사람은 분류심사를 하지 아니한다.
② 조정된 처우등급에 따른 처우는 그 조정이 확정된 날부터 하며, 이 경우 조정된 처우등급은 그 달 초일부터 적용된 것으로 본다.
③ 수형자를 징벌하기로 의결한 때에는 부정기재심사를 할 수 있다.
④ 처우계획 수립에 관한 사항은 신입심사를 할 때에 조사하고, 처우계획 변경에 관한 사항은 재심사를 할 때에 조사한다.
⑤ 소득점수의 평가는 작업장 또는 교육장 전체인원이 4명 이하인 경우에는 수·우를 각각 1명으로 채점할 수 있다.

해설

① (○) 「시행규칙」 제62조 참조.
② (×) 확정된 날부터(×) → 확정된 다음 날부터(○). 「시행규칙」 제82조 1항 참조.
④ (○) 「시행규칙」 제69조 참조.
⑤ (○) 「시행규칙」 제79조 1항 참조.

정답 ②

90 다음 중 현행법령상 일반경비 처우급에 대한 처우의 내용으로 옳지 않은 것은?

① 작업·교육 등의 성적이 우수하고 관련 기술이 있는 경우에는 교도관의 작업지도를 보조하게 할 수 있다.
② 봉사원에 선정될 수 있다.
③ 교정시설 밖에서 연극, 영화, 그 밖의 영화관람을 하게 할 수 있다.
④ 일반귀휴의 대상이 될 수 있다.

해설

① (×) 작업·교육 등의 지도보조는 개방처우급·완화경비처우급 수형자에 한하여 허용할 수 있다(「시행규칙」 제94조).

정답 ①

91 현행법령상 자치생활에 대한 규정으로 옳은 것은 몇 개인가?

㉠ 자치생활 수형자에 대하여 월 3회 이내에서 경기 또는 오락회를 개최할 수 있도록 하여야 한다.
㉡ 소장은 개방처우급·완화경비처우급 수형자에게 자치생활을 허가할 수 있다.
㉢ 소장은 자치생활 수형자들이 교육실, 강당 등 적당한 장소에서 월 1회 이상 토론회를 할 수 있도록 하여야 한다.
㉣ 수형자 자치생활 범위는 인원점검, 취미활동, 일정한 구역 안에서의 생활 등으로 한다.
㉤ 소장은 자치생활 수형자가 법무부장관 또는 소장이 정하는 자치생활 중 지켜야 할 사항을 위반한 경우에는 자치생활 허가를 취소하여야 한다.

① 2개　　　② 3개　　　③ 4개　　　④ 5개

해설

㉠ (×) 3회(×) → 2회(○) / 개최할 수 있도록 하여야 한다(×) → 개최하게 할 수 있다(○). 「시행규칙」 제91조 참조. ㉤ (×) 취소하여야 한다(×) → 취소할 수 있다(○). 「시행규칙」 제86조 4항 참조.

정답 ②

📝 AI 예상 응용지문

❶ 소장은 수형자를 경비처우급별·개별처우급별로 구분하여 수용해야 한다. (×)
❷ 소장은 개방처우급·완화경비처우급·일반경비처우급 수형자에게 자치생활을 허가할 수 있다. (×)
❸ 소장은 특히 필요한 경우에는 일반경비처우급 수형자에 대하여도 개인작업을 하게 할 수 있다. (×)
❹ 소장은 개별처우 효과를 증진하기 위하여 기본수용급·경비처우급이 같은 수형자집단으로 수용하여 처우할 수 있다. (×)
❺ 소장은 수형자가 개방 또는 완화급으로서 작업·교육 등의 성적이 우수하거나 관련 기술이 있는 경우에는 교도관의 작업지도를 대신하게 할 수 있다. (×)

❶ 개별처우급(×) → 기본수용급(○) ❷ 일반경비처우급(×) ❸ 있다(×) → 없다(○) ❹ 기본수용급(×) → 개별처우급(○) ❺ 우수하거나(×) → 우수하고(○)/ 대신(×) → 보조(○) 규칙 94조.

92 형의 집행 및 수용자의 처우에 관한 법령상 소장이 개방처우급 혹은 완화경비처우급 수형자를 교정시설에 설치된 개방시설에 수용하기 위한 요건들에 해당하지 않는 것은?

① 개방처우급 혹은 완화경비처우급 수형자이어야 한다.
② 범죄 횟수가 3회 이하인 사람이어야 한다.
③ 중간처우를 받는 날부터 가석방 또는 형기 종료 예정일까지 기간이 3개월 이상 2년 6개월 이하인 사람이어야 한다.
④ 최근 1년 이내 징벌이 없는 사람이어야 하고 이에 따른 중간처우 대상자의 선발절차, 교정시설 또는 지역사회에 설치하는 개방시설의 종류 및 기준, 그 밖에 필요한 사항은 법무부령으로 정한다.

해설

④ (×) '최근 1년 이내 징벌이 없는 사람이어야 한다' 는 요건은 없다. 중간처우에 따른 대상자의 선발절차, 교정시설 또는 지역사회에 설치하는 개방시설의 종류 및 기준, 그 밖에 필요한 사항은 <u>법무부장관이 정한다</u>. 「시행규칙」 제93조 참조.

정답 ④

93 법령 상 명시된 분류처우위원회의 심의·의결 사항이 아닌 것은?

① 처우등급 판단 등 분류심사에 관한 사항
② 성차별 및 성폭력 예방정책에 관한 사항
③ 소득점수 등의 평가 및 평정에 관한 사항
④ 가석방 적격심사 신청 대상자 선정 등에 관한 사항

해설

② (×) 「형집행법 시행령」제97조 참조. '성차별 및 성폭력 예방정책에 관한 자문에 대한 응답 및 조언'은 교정자문위원회의 기능에 해당한다. 「시행규칙」 제264조 참조.

> 제97조(심의·의결 대상) 법 제62조의 분류처우위원회는 다음 각 호의 사항을 심의·의결한다.
> 1. 처우등급 판단 등 분류심사에 관한 사항
> 2. 소득점수 등의 평가 및 평정에 관한 사항
> 3. 수형자 처우와 관련하여 소장이 심의를 요구한 사항
> 4. 가석방 적격심사 신청 대상자 선정 등에 관한 사항
> 5. 그 밖에 수형자의 수용 및 처우에 관한 사항

정답 ②

AI 예상 응용지문

❶ 분류처우위원회의 회의는 재적위원 과반수의 출석으로 개의하고, 출석위원 과반수의 찬성으로 의결한다. (×)
❷ 분류처우위원회는 위원장을 포함한 5명 이상 7명 이하의 위원으로 구성하고, 외부위원은 3명 이상으로 한다. (×)
❸ 분류처우위원회의 회의는 매월 1일에 개최한다.. (×)

❶ 과반수 출석으로 개의하고(×) → 3분의 2의 이상의 출석으로(○) ❷ 외부위원은 참여하지 않음. ❸ 1일(×) → 10일(○)

제2절 교육과 교화프로그램

01 다음 중 현행 법령 규정에 어긋나지 않은 것은?

① 소장은 수형자가 건전한 사회복귀에 필요한 지식과 소양을 습득하도록 교육하여야 한다.
② 소장은 의무교육을 받지 못한 수형자에 대하여는 본인의 의사·나이·지식정도, 그 밖의 사정을 고려하여 그에 알맞게 교육할 수 있다.
③ 교정교육의 원리는 인간존중, 자기인식, 자조, 상호 신뢰를 바탕으로 하여야 한다.
④ 형집행법은 종교교회 이외에 교화프로그램에 대해서는 아무런 근거 규정을 두고 있지 않다.

해설

현행법상 수형자에 대한 교육은 크게 두 가지 유형이 있다. 하나는 사회복귀에 필요한 소양을 습득하는 교육이고, 다른 하나는 의무교육을 받지 못한 수형자에 대한 알맞은 교육이다.
① (×) 사회복귀에 필요한 지식과 소양을 습득하는 교육은 임의적(재량적)이다. 교육하여야 한다(×) → 교육할 수 있다(○). 「법」제63조 1항 참조.
② (×) 의무교육을 받지 못한 수형자에 대한 교육은 필요적(의무적)이다. 교육할 수 있다(×) → 교육하여야 한다(○). 「법」제63조 2항 참조.
③ (○) 교정교육의 원리로는 인간존중의 원리, 자기인식의 원리, 자조의 원리, 신뢰의 원리가 있다. 교정교육에 대한 원리를 규정한 명시 규정은 없지만 이러한 원리는 현행법의 기초가 된다고 할 수 있으므로 현행 법령에 어긋나지 않는다.
④ (×) 구「행형법」에 관한 설명이다. 현행 「형집행법」은 "수형자에 대하여 교육·교화프로그램, 작업, 직업훈련 등을 통하여 교정교화를 도모하고 사회생활에 적응하는 능력을 함양하도록 처우하여야 한다"라는 원칙 규정(제55조)을 두고 있다. 이는 재사회화 목적을 달성하기 위해 종래와 같이 작업에만 의존하지 않고 교육 및 교화프로그램을 적극 활용하도록 한 것이다.

정답 ③

02 다음은 교정교화에 대한 설명이다. 바르지 않은 것은?

① 교육과 교화프로그램은 수용자를 대상으로 시행하는 것이 원칙이다.
② 소장은 교육을 효과적으로 시행하기 위하여 교육실을 설치하는 등 교육에 적합한 환경을 조성하여야 한다.
③ 사회복귀를 위한 교육의 일환으로 소장은 수형자의 정서함양을 위하여 필요하다고 인정하면 연극·영화 관람, 체육 행사, 그 밖의 문화예술 활동을 하게 할 수 있다.
④ 형집행법 시행규칙은 교육과정으로서 검정고시반, 방송통신고등학교 과정, 독학에 의한 학위 취득 과정, 방송통신대학 과정, 전문대학 위탁교육 과정, 정보화 및 외국어 교육과정을 설치·운영할 수 있는 규정을 두고 있다.

해설

① (×) 수용자(×) → 수형자(○). 미결수용자는 무죄추정의 원칙이 적용되므로 교육·교화의 대상이 될 수 없고, 사형확정자는 사회복귀가 목적이 아니고 무능력화(격리)가 목적이므로 교정·교화의 대상이 아니다.

② (○) 「시행령」 제87조 참조.
③ (○) 「시행령」 제88조 참조.
④ (○) 「시행규칙」 제108조부터 제113조 참조.

정답 ①

03 현행법령상 교정교화프로그램에 대한 설명으로 옳은 것은? '08. 9급

① 교화프로그램의 종류·내용 등에 관하여 필요한 사항은 대통령령으로 정한다.
② 교화프로그램의 종류에는 문화프로그램, 문제행동예방프로그램, 가족관계 회복프로그램, 교화상담 등이 있다.
③ 소장은 수형자의 정서함양을 위하여 필요하다고 인정하는 경우에는 연극·영화 관람, 체육행사 그 밖의 문화예술 활동을 하게 하여야 한다.
④ 소장은 수형자의 교정교화를 위하여 상담·심리치료 그 밖의 교화프로그램을 실시할 수 있다.

해설

① (×) 대통령령(×) → 법무부령(○). 「법」 제64조 2항 참조.
② (○) 「시행규칙」 제114조
③ (×) 문화예술 활동을 하게 하여야 한다(×) → 하게 할 수 있다(○). 「시행령」 제88조 참조.
④ (×) 실시할 수 있다(×) → 실시하여야 한다(○). 「법」 제64조는 교화프로그램 실시의무를 규정하고 있다.

정답 ②

04 현행법상 교육과 교화프로그램에 대한 설명으로 옳지 않은 것은? '09. 9급 수정

① 수형자의 학과교육은 검정고시반, 방송통신고등학교과정, 독학에 의한 학위취득과정 등을 설치하여 운영할 수 있다.
② 교육계획은 교육대상자, 시설여건 등을 고려하여 소장이 수립하고 시행한다.
③ 수형자의 교정교화를 위한 상담·심리치료 등의 프로그램은 수형자자치위원회가 실시한다.
④ 소장은 교화프로그램으로 문제행동예방프로그램, 가족관계 회복프로그램 등을 실시할 수 있다.

해설

③ (×) 수형자에 대한 상담·심리치료 또는 생활지도 등은 소장이 심리학·의학 등에 관한 학식 또는 교정에 관한 경험이 풍부한 외부전문가로 하여금 하게 할 수 있다(「법」 제58조 참조).
① (○) 수형자에 대한 학과교육은 검정고시반, 방송통신고등학교과정, 방송통신대학 과정, 독학에 의한 학위 취득과정, 전문대학 위탁교육과정, 정보화 및 외국어 교육과정 등을 설치·운영할 수 있다(「시행규칙」 제108조에서 제113조 참조).
② (○) 소장은 교육대상자, 시설 여건 등을 고려하여 교육계획을 수립하여 시행해야 한다(「시행령」 제87조 2항).

④ (○) 소장은 교화프로그램으로 문제행동예방프로그램, 가족관계 회복프로그램, 문화프로그램, 교화상담 등을 실시할 수 있다(「시행규칙」제108조에서 제113조 참조).

정답 ③

AI 예상 응용지문

❶ 소장은 수형자와 그 가족의 관계를 유지·회복하기 위하여 수형자의 가족이 참여하는 각종 프로그램을 운영할 수 있는데, 이 가족관계회복프로그램은 교정시설 안에서 실시한다. (×)
❷ 가족관계회복프로그램에는 가족이 없는 수형자도 참여하게 할 수 있다. (○)

❶ 교정시설 안에서(×)

---

05 현행법상 수용자에 대한 교육에 관한 내용으로 옳지 않은 것은? '09. 9급

① 소장은 수형자의 정서함양을 위하여 필요하다고 인정하면 연극·영화 관람, 체육행사 등의 문화예술 활동을 하게 할 수 있다.
② 소장은 필요한 경우 교육을 위해 수형자를 외부교육기관에 위탁하여 교육받게 할 수 있다.
③ 소장은 미결수용자에 대하여는 신청에 따라 교육을 실시할 수 있고, 그 교육프로그램에는 교정시설 밖에서 행하는 것도 포함된다.
④ 소장은 교육대상자의 성적불량, 학업태만 등으로 인하여 교육의 목적을 달성하기 어려운 경우에는 그 선발을 취소할 수 있다.

해설

① (○) 「시행령」제88조 참조.
② (○) 「법」제63조 참조.
③ (×) 미결수용자에 대하여는 교육·교화프로그램, 작업을 신청에 의해서만, 교정시설 내에서만 실시할 수 있지, 교정시설 밖에서 행하는 것은 일체 허용할 수 없다(「시행령」제103조 참조). 사형확정자는 작업에 대해서만 교정시설 안에서 신청에 따라 실시하도록 명문규정을 두고 있다(「시행규칙」제153조 참조).
④ (○) 「시행규칙」제101조 2항 참조.

정답 ③

AI 예상 응용지문

❶ 사형확정자에 대한 교화프로그램과 교육에 대해서는 장소제한에 관한 명시규정이 없다. (○)
❷ 사형확정자에 대한 교육·교화프로그램 및 작업은 교정시설 밖에서 행하는 것은 포함되지 아니한다. (×)
❸ 소장은 교화프로그램의 효과를 높이기 위하여 범죄원인별로 적절한 교화프로그램의 내용, 교육장소 및 전문인력의 확보 등 적합한 환경을 갖추어야 한다. (×)

❷ 교육·교화프로그램(×) ❸ 갖추어야 한다.(×) → 갖추도록 노력하여야 한다.(○) 「법」제64조 2항. <신설 2019. 4. 23>

06 형의 집행 및 수용자의 처우에 관한 법령상 교화프로그램에 대한 설명으로 옳지 않은 것은? '23. 7급

① 소장은 수형자의 교정교화를 위하여 상담·심리치료, 그 밖의 교화프로그램을 실시하여야 한다.
② 소장은 수형자의 인성 함양 등을 위하여 문화예술과 관련된 다양한 프로그램을 개발하여 운영할 수 있다.
③ 소장은 교화프로그램의 효과를 높이기 위하여 범죄유형별로 적절한 교화프로그램의 내용, 교육장소 및 전문인력의 확보 등 적합한 환경을 갖추도록 노력하여야 한다.
④ 가족관계회복프로그램 대상 수형자는 교도관회의의 심의를 거쳐 선발하고, 참여인원은 5명 이내의 가족으로 하며, 특히 필요하다고 인정하면 참여 인원을 늘릴 수 있다.

해설

③ (×) 범죄유형별로(×) → 범죄원인별로(○). 교화프로그램의 효과를 높이기 위하여 **범죄원인별로** 적절한 교화프로그램의 내용, 교육장소 및 전문인력의 확보 등 적합한 환경을 갖추도록 노력하여야 한다(법 제64조 2항).

정답 ③

AI 예상 응용지문

❶ 소장은 수형자의 교정교화를 위하여 상담·심리치료, 그 밖의 교화프로그램을 실시할 수 있다. (×)
❷ 소장은 수형자의 인성 함양, 자아존중감 회복 등을 위하여 문화예술과 관련된 다양한 프로그램을 개발하여 운영하여야 한다. (×)
❸ 가족관계회복프로그램 대상 수형자는 분류처우위원회의 심의·의결을 거쳐 선발하고, 참여인원은 3명 이내의 가족으로 하며, 특히 필요하다고 인정하면 참여 인원을 늘릴 수 있다. (×)

❶ 실시할 수 있다(×) → 실시하여야 한다(○). 법 64조 1항. ❷ 운영하여야 한다(×) → 운영할 수 있다(○). 시행규칙 제115조. ❸ 분류처우위원회의 심의·의결을 거쳐(×) → 교도관회의의 심의를 거쳐 (○), 3명 이내(×) → 5명 이내(○). 시행규칙 제117조. "분류처우위원회의 심의·의결을 거쳐 선정해야 하는 것"은 '봉사원 선정'이다. 시행규칙 제85조 4항과 비교하여 숙지해야 한다.

---

07 수형자에 대한 현행 교육과정을 모두 고른 것은? '09. 7급

보 기
㉠ 전문대학 위탁교육과정   ㉡ 독학에 의한 학위취득과정
㉢ 정보화 및 외국어 교육과정   ㉣ 방송통신대학과정
㉤ 방송통신고등학교과정   ㉥ 검정고시반 과정

① ㉠, ㉡
② ㉡, ㉢
③ ㉠, ㉡, ㉢
④ ㉠, ㉡, ㉢, ㉣, ㉤, ㉥

해설

④ (○) 「시행규칙」 제108조 ~ 제113조 참조.

정답 ④

08 현행법령상 수용자의 교육에 대한 설명으로 옳은 것은? '11. 7급

① 소장은 교육을 위해 필요하면, 수형자를 외부의 교육기관에 통학하게 하거나 위탁하여 교육받게 할 수 있으나, 교육대상자의 작업 및 직업훈련 등은 면제할 수 없다.
② 수형자가 소년교도소 수용 중에 19세가 된 경우에도 교육이 특히 필요하다고 인정되면 23세가 되기 전까지는 계속하여 수용할 수 있다.
③ 소장은 심리적 안정 및 원만한 수용생활을 위해 사형확정자의 신청에 의해서만 교육을 실시할 수 있다.
④ 소장은 여성수용자에 대해 교육을 실시할 때는 반드시 여성교도관이 담당하도록 해야 한다.

해설

① (×) 교육대상자에게는 작업 및 직업훈련 등을 면제한다(「시행규칙」 제107조 1항).
② (○) 「법」 제12조 3항 참조.
③ (×) 사형확정자에 대한 교육 및 교화프로그램 실시는 신청 없이도 시행할 수 있다. 다만, 작업은 신청에 의해서만 부과할 수 있다(「법」 제90조 1항 참조).
④ (×) 여성교도관이 부족하거나 그 밖의 부득이한 사정이 있으면 여성교도관이 담당하지 아니할 수 있다(「법」 제51조 1항 단서 참조).

정답 ②

09 현행법상 수용자 교육에 대한 설명으로 옳은 것을 모두 고른 것은? '12. 7급

― 보 기 ―

㉠ 소장은 외국어 교육대상자가 교육실 외에서 어학학습장비를 이용한 외국어 학습을 원하는 경우에는 교도관회의의 심의를 거쳐 허가할 수 있다.
㉡ 방송통신대학과정을 지원할 수 있는 수형자는 개방처우급, 완화경비처우급, 일반경비처우급 수형자이다.
㉢ 미결수용자에 대한 교육은 교정시설 밖에서 실시하는 프로그램도 포함한다.
㉣ 현행법상 독학에 의한 학위취득과정은 공식적인 수형자교육과정에 포함되지 않는다.
㉤ 소장은 수형자를 외부교육기관에 위탁하여 교육받게 할 수 있다.

① ㉠, ㉡, ㉤ ② ㉠, ㉢, ㉣
③ ㉡, ㉢, ㉣ ④ ㉡, ㉣, ㉤

해설

㉠ (○) 「시행규칙」 제113조 3항 참조.
㉡ (○) 「시행규칙」 제111조 2항 참조.
㉢ (×) 포함한다(×). 미결수용자에 대한 교육은 교정시설 밖에서 절대 실시하지 못한다.
㉣ (×) 「시행규칙」 제110조에 의거하여 설치·운영할 수 있으므로, 공식적인 수형자교육과정에 포함된다.
㉤ (○) 「법」 제63조 3항 참조.

정답 ①

10 수형자 교육과정에 대한 설명으로 옳지 않은 것은? '13. 9급

① 의무교육을 받지 못한 수형자에 대하여는 본인의 의사·나이·지식정도 등을 고려하여 그에 알맞게 교육하여야 하며, 필요하면 외부교육기관에 통학하게 할 수 있다.
② 교도소장은 교육대상자 교육을 위하여 재생전용기기의 사용을 허용할 수 있다.
③ 교정시설에 독학에 의한 학사학위 취득과정을 설치·운영하는 경우 집행할 형기가 2년 이상인 수형자를 대상으로 선발한다.
④ 방송통신대학과정과 전문대학 위탁교육과정의 교육대상자는 고등학교 졸업 이상 학력을 갖춘 개방처우급 수형자에 한하여 선발할 수 있다.

해설

① (○) 수형자교육은 '의무교육을 받지 못한 수형자에 대한 교육'과 '사회복귀에 필요한 지식과 소양을 습득하는 교육'으로 나눌 수 있다. '의무교육을 받지 못한 수형자에 대한 교육'은 의무적으로 교육하여야 한다. '사회복귀에 필요한 지식과 소양을 습득하는 교육'은 임의적·재량적이다. 「법」제63조 참조.
② (○) 소장은 교육을 위하여 필요한 경우에는 외부강사를 초빙할 수 있으며, 카세트 또는 재생전용기기의 사용을 허용할 수 있다(「시행규칙」제104조 2항).
③ (○) 독학에 의한 학사학위 취득과정(학사고시반)은 신청에 의해서 선발, 운영할 수 있다.

〈학사고시반(독학에 의한 학사학위 취득)·방송대·전문대 위탁교육 과정 선발 대상 요건〉

1. 고등학교 졸업 또는 이와 동등한 수준 이상의 학력(고등학교 졸업학력 검정고시)이 인정될 것.
2. 교육개시일 기준으로 형기의 3분의 1(21년 이상의 유기형 또는 무기형의 경우에는 7년)이 지났을 것.
3. 집행할 형기가 2년 이상일 것.

④ (×) 검정고시반·독학에 의한 학사학위 취득과정·방송통신고등학교 과정·정보화 교육과정은 경비처우급에 따른 제한을 두고 있지 않으나, 방송통신대학과정·전문대학 위탁교육과정·외국어 교육과정의 대상자는 개방·완화·일반경비처우급으로 제한하고 있다. 「시행규칙」제111조·제112조·제113조 참조.

정답 ④

AI 예상 응용지문

❶ 소장은 개방처우급·완화경비처우급·일반경비처우급 수형자가 신청한 경우에 한하여 독학에 의한 학위취득과정 교육대상자로 선발할 수 있다. (×)
❷ 작업·직업훈련 수형자 등도 독학으로 검정고시·학사고시 등에 응시하게 할 수 있다. 이 경우 자체평가시험 성적과 수형생활 태도 등을 고려하여야 한다. (×)

❶ 한하여(×), 독학에 의한 학위취득과정에 대한 경비처우급별 차등은 없음. ❷ 수형생활태도(×)

11 교정교육에 대한 설명으로 옳지 않은 것은? '14. 7급

① 독학에 의한 학위 취득과정과 방송통신대학과정의 실시에 소요되는 비용은 특별한 사정이 없으면 교육대상자의 부담으로 한다.
② 교정시설의 장은 교육을 위하여 필요한 경우에는 외부강사를 초빙할 수 있으며, 카세트 또는 재생전용기기의 사용을 허용할 수 있다.
③ 교정시설의 장은 의무교육을 받은 고령의 수형자에 대하여는 본인의 의사·나이·지식정도, 그 밖의 사정을 고려하여 그에 알맞게 교육하여야 한다.
④ 본인의 신청에 따른 미결수용자에 대한 교육·교화프로그램은 교정시설 내에서만 실시하여야 한다.

해설

③ (×) 의무교육을 받은(×) → 의무교육을 받지 못한(○). 소장은 의무교육을 받지 못한 수형자에 대하여는 본인의 의사·나이·지식정도, 그 밖의 사정을 고려하여 그에 알맞게 교육하여야 한다(법 제63조 2항).
① (○) 독학에 의한 학위취득 과정, 방송통신대학 과정, 전문대학위탁 과정, 정보화 및 외국어 교육과정 교육 실시에 소요되는 비용은 특별한 사정이 없으면 교육대상자의 부담으로 한다(규칙 제102조 2항). 검정고시반 과정은 국가부담으로 하고(규칙 제108조), 방송통신고등학교 과정은 입학금, 수업료, 교과용 도서 구입비 등 교육에 필요한 비용을 예산의 범위에서 지원할 수 있다(규칙 제109조).
④ (○) 「시행령」 제103조 1항. 사형확정자에 대한 교육 또는 교화프로그램 실시는 수형자의 신청 없이도 할 수 있고, "교정시설 안에서 실시해야 한다"는 명문 규정을 두고 있지 않음도 함께 숙지하여야 한다. 법 제90조.

정답 ③

12 수형자의 교육에 관한 설명 중 옳지 않은 것은?

① 소장은 소속기관에서 교육대상자를 선발하기 어려운 경우에는 다른 기관에서 추천한 사람을 모집하여 교육할 수 있다.
② 소장은 특별한 사유가 없으면 교육기간 동안에 교육대상자를 다른 기관으로 이송 할 수 없다.
③ 교육대상자에게는 작업·직업훈련 등을 면제할 수 있다.
④ 작업·직업훈련 수형자 등도 독학으로 검정고시·학사고시 등에 응시하게 할 수 있다.

해설

③ (×) 면제할 수 있다(×) → 면제한다(○). '임의적 면제' 인지 '필요적 면제' 인지를 구분할 수 있는지를 묻는 문제이다. 「형집행법 시행규칙」 제107조 참조.

정답 ③

13 「형의 집행 및 수용자의 처우에 관한 법률 시행규칙」상 (㉠) ~ (㉤)에 들어갈 내용이 같은 것끼리 묶인 것은? '24. 5급(교정관) 승진

> ┤ 보 기 ├
>
> ㉠ 제113조(정보화 및 외국어 교육과정 설치 및 운영 등) ③ 소장은 외국어 교육대상자가 교육실 외에서의 어학학습장비를 이용한 외국어학습을 원하는 경우에는 계호 수준, 독거 여부, 교육 정도 등에 대한 (㉠)을(를) 거쳐 허가할 수 있다.
>
> ㉡ 제117조(가족관계회복프로그램) ① 소장은 수형자와 그 가족의 관계를 유지·회복하기 위하여 수형자의 가족이 참여하는 각종 프로그램을 운영할 수 있다. 다만, 가족이 없는 수형자의 경우 교화를 위하여 필요하면 결연을 맺었거나 그 밖에 가족에 준하는 사람의 참여를 허가할 수 있다.
> ② 제1항의 경우 대상 수형자는 (㉡)을(를) 거쳐 선발하고, 참여인원은 5명 이내의 가족으로 한다. 다만, 특히 필요하다고 인정하는 경우에는 참여인원을 늘릴 수 있다.
>
> ㉢ 제153조(작업) ① 소장은 사형확정자가 작업을 신청하면 (㉢)을(를) 거쳐 교정시설 안에서 실시하는 작업을 부과할 수 있다. 이 경우 부과하는 작업은 심리적 안정과 원만한 수용생활을 도모하는 데 적합한 것이어야 한다.
>
> ㉣ 제199조(지정 및 해제) ① 소장은 제198조 각 호의 어느 하나에 해당하는 수용자에 대하여는 조직폭력수용자로 지정한다. 현재의 수용생활 중 집행되었거나 집행할 형이 제198조제1호 또는 제2호에 해당하는 경우에도 또한 같다.
> ② 소장은 제1항에 따라 조직폭력수용자로 지정된 사람에 대하여는 석방할 때까지 지정을 해제할 수 없다. 다만, 공소장 변경 또는 재판 확정에 따라 지정사유가 해소되었다고 인정되는 경우에는 (㉣)을(를) 거쳐 지정을 해제한다.
>
> ㉤ 제205조(지정 및 해제) ① 소장은 제204조 각 호의 어느 하나에 해당하는 수용자에 대하여는 마약류수용자로 지정하여야 한다. 현재의 수용생활 중 집행되었거나 집행할 형이 제204조제1호에 해당하는 경우에도 또한 같다.
> ② 소장은 제1항에 따라 마약류수용자로 지정된 사람에 대하여는 석방할 때까지 지정을 해제할 수 없다. 다만, 다음 각 호의 어느 하나에 해당하는 경우에는 (㉤)을(를) 거쳐 지정을 해제할 수 있다.
> 1. 공소장 변경 또는 재판 확정에 따라 지정사유가 해소되었다고 인정되는 경우
> 2. 지정 후 5년이 지난 마약류수용자로서 수용생활태도, 교정성적 등이 양호한 경우. 다만, 마약류에 관한 형사 법률 외의 법률이 같이 적용된 마약류수용자로 한정한다.

① ㉠, ㉡, ㉢
② ㉠, ㉡, ㉣
③ ㉡, ㉢, ㉣
④ ㉡, ㉣, ㉤

해설

㉠ 교도관회의의 심의, ㉡ 교도관회의의 심의 ㉢ 교도관회의의 심의 ㉣ 교도관회의의 심의 또는 분류처우위원회의 의결 ㉤ 교도관회의의 심의 또는 분류처우위원회의 의결

정답 ①

14 「형의 집행 및 수용자의 처우에 관한 법령」상 수용자의 교육에 대한 설명으로 옳지 않은 것은? '18. 7급

① 소장은 특별한 사유가 없으면 교육기간 동안에 교육대상자를 다른 기관으로 이송할 수 없다.
② 소장은 교육대상자에게 질병, 부상, 그 밖의 부득이한 사정이 있는 경우에는 교육과정을 일시 중지할 수 있다.
③ 소장은 「교육기본법」 제8조의 의무교육을 받지 못한 수형자에 대하여는 본인의 의사·나이·지식정도, 그 밖의 사정을 고려하여 그에 알맞게 교육하여야 한다.
④ 소장이 「고등교육법」 제2조에 따른 방송통신대학 교육과정을 설치·운영하는 경우 교육 실시에 소요되는 비용은 특별한 사정이 없으면 교육대상자 소속기관이 부담한다.

해설

④ (×) 교육대상자 소속기관이 부담한다(×) → 교육대상자의 부담으로 한다(○). 「시행규칙」 제102조 2항 참조. 독학에 의한 학위취득과정, 방송통신대학과정, 전문대학 위탁교육과정, 정보화 및 외국어교육과정 설치·운영에 관한 비용은 특별한 사정이 없으면 교육대상자의 부담으로 한다.

정답 ④

15 「형의 집행 및 수용자의 처우에 관한 법률 시행규칙」상 독학에 의한 학사학위 취득과정을 신청하기 위하여 수형자가 갖추어야 할 요건으로 옳지 않은 것은? '19. 7급

① 개방처우급·완화경비처우급·일반경비처우급 수형자에 해당할 것
② 고등학교 졸업 또는 이와 동등한 수준 이상의 학력이 인정될 것
③ 집행할 형기가 2년 이상일 것
④ 교육개시일을 기준으로 형기의 3분의 1(21년 이상의 유기형 또는 무기형의 경우에는 7년)이 지났을 것

해설

① (×) 독학에 의한 학위 취득과정, 검정고시반 과정, 정보화 교육과정, 방송통신고등학교 과정은 경비처우급에 의한 제한이 적용되지 않는다. 방송대과정·전문대과정·외국어과정만 개·완·일 수형자에게 적용할 수 있다.
※ 교육비 수형자 자비부담이 독학사·방송대·전문대·정보화·외국어 과정에 적용됨과 비교해서 숙지하자!

정답 ①

16 현행법령상 소장이 독학에 의한 학사학위 취득과정의 교육대상자로 선발할 수 없는 경우는?

① 고등학교 졸업학력 검정고시를 합격한 수형자
② 교육개시일을 기준으로 형기의 2분의 1을 지난 수형자
③ 25년의 유기징역을 선고 받아 8년을 집행한 수형자
④ 집행할 형기가 1년 6개월인 수형자

해설

④ (×) 집행할 형기가 2년 이상인 수형자가 교정대상자 선발요건에 해당한다.
규칙 제110조 참조.

정답 ④

17 형의 집행 및 수용자의 처우에 관한 법령상 수형자 교육과 교화프로그램에 대한 설명으로 옳지 않은 것은? '20. 9급

① 소장은 「교육기본법」 제8조의 의무교육을 받지 못한 수형자의 교육을 위하여 필요하면 수형자를 중간처우를 위한 전담교정시설에 수용하여 외부 교육기관에의 통학, 외부 교육기관에서의 위탁교육을 받도록 할 수 있다.
② 소장은 수형자의 교정교화를 위하여 상담·심리치료, 그 밖의 교화프로그램을 실시하여야 하며, 수형자의 정서 함양을 위하여 필요하다고 인정하면 연극·영화관람, 체육행사, 그 밖의 문화예술활동을 하게 할 수 있다.
③ 소장은 특별한 사유가 없으면 교육기간 동안에는 교육대상자를 다른 기관으로 이송할 수 없다.
④ 소장은 수형자에게 학위취득 기회를 부여하기 위하여 독학에 의한 학사학위 취득과정을 설치·운영할 수 있다. 이 교육을 실시하는 경우 소요되는 비용은 특별한 사정이 없으면 국가의 부담으로 한다.

해설

④ (×) 국가의 부담으로 한다(×) → 특별한 사정이 없으면 교육대상자의 부담으로 한다(○). 「시행규칙」 제102조 2항 참조.

정답 ④

18 「형의 집행 및 수용자의 처우에 관한 법률 시행규칙」상 수형자 교육에 관한 설명으로 옳지 않은 것은?
'24. 5급(교정관) 승진

① 소장은 방송통신고등학교 교육과정의 경우 교육에 필요한 비용을 예산의 범위에서 지원할 수 있다.
② 소장은 방송통신대학 교육과정을 실시하는 경우 소요되는 비용은 특별한 사정이 없으면 교육대상자의 부담으로 한다.

③ 소장은 독학에 의한 학사학위 취득과정 교육대상자를 경비처우급과 무관하게 선발할 수 있다.
④ 전문대학 위탁교육과정 교육대상자로 선발되기 위해서는 교육개시일을 기준으로 형기의 3분의 1, 무기형의 경우에는 10년이 지났어야 한다.

해설

④ (×) 10년(×) → 7년(○). 학사고시반·방송통신대학과정·전문대학 위탁교육과정 교육과정 교육대상자로 선발되기 위해서는 고등학교 졸업 또는 이와 동등한 수준 이상의 학력이 인정될 것, 교육개시일을 기준으로 형기의 3분의 1, 21년 이상의 유기형 또는 무기형의 경우에는 7년이 지났을 것, 집행할 형기가 2년 이상일 것의 요건을 갖추어야 한다.「시행규칙」제110·111·112조 2항 참조.
②(○) 소장은 학사고시반·방송통신대학·전문대학 위탁·정보화·외국어 교육과정을 실시하는 경우 소요되는 비용은 특별한 사정이 없으면 교육대상자의 부담으로 한다.「시행규칙」제102조 2항 참조.

정답 ④

19 형집행법령상 교육에 대한 설명으로 옳지 않은 것은 모두 몇 개인가? '23. 7급(교위) 승진

㉠ 작업·직업훈련 수형자 등도 독학으로 검정고시·학사고시 등에 응시하게 할 수 있다. 이 경우 자체 평가시험 성적 등을 고려해야 한다.
㉡ 소장은 교육대상자가 징벌을 받고 교육부적격자로 판단되어 교육대상자 선발이 취소된 때에도 선발 당시 소속기관으로 이송해야 하며, 다른 기관으로 이송할 수 없다.
㉢ 소장은「교육기본법」제8조(의무교육)의 의무교육을 받지 못한 수형자에 대하여는 본인의 의사·나이·지식정도, 그 밖의 사정을 고려하여 그에 알맞게 교육하여야 한다.
㉣ 소장은 24년의 징역형이 확정되어 수용 중인 수형자(고등학교 졸업자)가 독학에 의한 학사학위 취득과정을 신청하는 경우에 집행할 형기가 2년 이사이더라도 교육개시일 기준으로 형기의 3분의 1인 8년이 지나지 않았다면 교육대상자로 선발 할 수 없다.

① 1개 ② 2개
③ 3개 ④ 4개

해설

㉠ (○)「시행규칙」제107조(작업 등) 2항 참조.
㉡ (×) 다른 기관으로 이송할 수 없다(×) → 소속기관으로 이송하지 아니하거나 다른 기관으로 이송할 수 있다.(○).「시행규칙」제106조(이송 등) 2항 참조.
㉢ (○) (×) → (○).「법」제63조(교육) 2항 참조.
㉣ (×) 교육개시일을 기준으로 형기의 3분의 1이 아니라, 21년 이상의 유기형 또는 무기형의 경우에는 7년이 지난 경우는 교육대상자로 선발할 수 있다.「시행규칙」제110조(독학에 의한 학위 취득과정 설치 및 운영) 2항 참조.

정답 ②

제3절 교도작업과 직업훈련

01 수형자의 교도작업의 부과목적이 될 수 없는 것은?

① 경제적 효과로서 민간경제 활성화에 기여
② 사회윤리적 효과로서 근로정신 함양을 통한 윤리적 타락 방지
③ 사회교육적 효과로서 직업에 대한 훈련을 통해 기능과 지식함양
④ 정치적 효과로서 사회방위 및 질서유지

해설

① (×) 경제적 측면에서 보면, 교도작업은 형집행에 따른 비용을 보상케 하는 자급자족의 효과를 가진다. 교도작업 중 생산 작업은 민간경제를 위축·압박하는 부정적 기능이 나타날 수 있다.

✚ 교도작업의 목적 내지 기능

윤리적 목적	• 노동을 통해 나태하고 무위도식하는 습벽·노동혐오감 교정 • 수형생활의 고독감과 번민을 제거하여 정신적·육체적 건강증진 도모, 윤리적 타락 방지
사회교육적 목적	• 직업에 대한 훈련을 통해 기능과 지식을 함양함으로써 석방 후 생계 능력 증진 • 공동작업을 통해 더불어 사는 생활에 적응하는 능력 함양 • 수형자의 재사회화(사회복귀)에 기여
경제적 목적	• 작업으로 인한 수익으로 시설유지에 따른 비용 충당, 자급자족 원칙 실현 • 이 목적을 강조하게 되면 작업의 경제적 효율성을 중시해서 수형자의 재사회화라는 본래의 목적이 후퇴할 수 있고, 사기업의 경제 활동을 압박하는 결과가 초래될 수 있음
행정적 목적	• 작업을 과함으로써 교정시설 내 질서를 유지하고, 교정사고를 예방할 수 있음 – 관리적 기능
정치적(행형적) 목적	• 이 목적은 독자적 목적으로 보기 어렵지만, 수형자에게 작업의무를 부과함으로써 실질적으로는 형집행을 가중하는 효과가 있어 일방예방, 사회질서유지, 사회방위기능을 가짐

정답 ①

AI 예상 응용지문

❶ 교도작업 시행에 행정적 목적을 강조하면 사기업의 경제활동을 압박하는 결과를 가져올 수 있다. (×)
❷ 수형자들에게 도덕적 개선보다는 일하는 습관을 길러줌으로써 재범을 방지하는 데 중점을 두었던 펜실바니아제는 20세기 산업교도소의 전신이라고 볼 수 있다. (×)

❶ 행정적 목적(×) → 경제적 목적(○) ❷ 펜실바니아제(×) → 오번제(○)

02 교도작업에 대한 설명으로 옳지 않은 것은? '21. 7급

① 교도작업은 일에 의한 훈련(training by work)과 일을 위한 훈련(training for work)으로 구분할 수 있는데 일에 의한 훈련은 직업기술을 터득하는 것이고 일을 위한 훈련은 근로습관을 들이는 것이다.
② 교도작업에 있어서 최소자격의 원칙(principle of less eligibility)은 일반 사회의 최저임금 수준의 비범죄자에 비해서 훈련과 취업상 조건이 더 나빠야 한다는 것이다.
③ 계약노동제도(contract labor system)는 교도작업을 위한 장비와 재료를 제공하는 민간사업자에게 재소자의 노동력을 제공하는 것으로 열악한 작업환경과 노동력의 착취라는 비판이 있다.
④ 관사직영제도(public account system)는 교도소 자체가 기계장비를 갖추고 작업재료를 구입하여 재소자들의 노동력으로 제품을 생산하고 판매하는 것으로 민간분야로부터 공정경쟁에 어긋난다는 비판이 있다.

해설

① (×) 수형자에게 교도작업을 부과하는 목적은 두 가지로 나눌 수 있다. 하나는 처벌의 일환으로 고통을 가중하는 것이고, 또 하나는 범죄자를 교화개선하기 위함이다. 범죄자를 교화 개선하기 위한 교도작업은 '일에 의한 훈련(taining by work)'과 '일을 위한 훈련(taining for work)'로 구분할 수 있다. '일에 의한 훈련'은 교도작업을 통해 게으른 습성을 고쳐 근로습관을 길러주는 과정을 말한다. '일을 위한 훈련'이란, 교도작업을 통해 작업기술을 배우게하고 자격증을 취득하게 하여 출소 후 취업을 할 수 있도록 훈련하는 과정을 가리킨다. 취업은 사회복귀의 가장 중요한 수단이다. 정리해 다시 말하면, '일에 의한 훈련'은 근로습성을 길러주는 것이고, '일을 위한 훈련'은 직업기술을 갖게 해주는 것이다. 이는 교도작업의 목적 중 윤리적 목적 내지 사회교육적 기능으로 강조된다.

정답 ①

03 교도작업에 대한 설명으로 옳지 않은 것은? '08. 9급

① 감옥개량가 하워드(J. Howard)는 강제적 작업을 반대하였다.
② 교도작업은 수형자의 부패와 타락을 방지하는 기능이 있다.
③ 현행법은 징역형의 경우에 정역을 강제로 실시토록 규정하고 있다.
④ 19세 미만의 수형자에 대해서도 교도작업을 과할 수 있다.

해설

① (×) 교도작업은 시대의 변천과 형벌사상의 경향에 따라 그 성격이 변화되어 왔다. 고대 이후 수형자의 노동은 고통이나 해악 그 자체일 뿐 교화개선수단으로는 여기지 않았다. 그리하다가 16세기말 암스테르담 노역장 등을 통해 개선형 사상에 입각한 교도작업이 시행되기 시작했다. 감옥개량운동가 호워드는 암스테르담 노역장을 답사하고 영국으로 돌아와 감옥개량의 방법 중 하나로 소년과 가난한 수형자에게는 작업훈련을 시킬 것을 주장하였다.

정답 ①

04 다음 교도작업과 관련된 설명 중 타당하지 않은 것은? '97. 5급(교정관) 승진

① 개인작업은 교도작업에는 속하지 않으나 임금제의 효과를 가질 수도 있다.
② 자급자족원칙에 부합한다.
③ 자유형의 수형자에게 필요적으로 부과된다.
④ 석방 후 전업적 작업이어야 한다.
⑤ 교화개선목적에 가장 부합한 방식은 관사방식이다.

> **해설**
> ③ (×) 징역형에는 당연히 정역(定役)이 부과되지만(「형법」 제67조), 금고형과 구류형은 작업이 형의 내용에 포함되지 않으므로 신청이 있는 경우에만 작업이 부과될 수 있다(「법」 제67조 참조).
>
> 정답 ③

05 교도작업에 관한 설명 중 가장 타당성이 낮은 것은? '99. 5급(교정관) 승진

① 작업수익은 전부 수형자에게 지급하여야 한다.
② 질서유지에 기여할 수 있다.
③ 작업은 고통을 주는 것이어서는 아니 된다.
④ 작업은 수익성이 있어야 한다.
⑤ 노역장 유치자는 신청에 의한 작업 대상이 아니다.

> **해설**
> ① (×) 현재 모든 국가가 교도작업임금제를 채택하고 있는 것은 아니므로 틀린 지문이다. 우리나라도 현재, 작업수입은 국고수입으로 하고 있다.
>
> 정답 ①

06 현행 교도작업에 대한 설명이다. 옳지 않은 것은? '04. 5급(교정관) 승진

① 금고수형자 및 구류수형자는 신청에 의한 작업이 가능하다.
② 직업훈련도 넓은 의미에 있어서는 교도작업에 해당한다.
③ 우리나라는 위탁작업을 원칙으로 하고 직영작업은 부수적으로 활용하고 있다.
④ 소장은 법무부장관의 승인을 얻어 수형자를 도급작업에 취업시킬 수 있다.
⑤ 미결수용자에게 작업을 부과하는 경우에는 교도소 등의 밖에서 하는 작업에 취업시킬 수 없다.

> **해설**
> ③ (×) 현재 우리나라는 직영작업을 원칙으로 하면서, 위탁·노무·도급 작업 방식으로 할 경우에는 법무부장관의 승인을 얻어 시설의 장이 민간참여의 내용을 해당기업체와의 계약으로 정하도록 하고 있다(「교도작업의 운영 및 특별회계에 관한 법률」 제6조 및 동법 「시행규칙」 제6조 참조).
>
> 정답 ③

07 현행법령상 교도작업에 대한 설명으로 옳은 것을 모두 고른 것은? `AI 예상`

> ㈀ 12월 31일, 교정의 날에는 작업을 부과하지 아니한다.
> ㈁ 소장은 수형자 배우자의 직계존속이 사망한 경우에는 2일간 해당 수형자의 작업을 면제한다.
> ㈂ 소장은 수형자 아들의 제삿날을 맞이하게 되면 1일간 작업을 면제할 수 있다.
> ㈃ 소장은 수형자에게 부상·질병, 그 밖에 작업을 계속하기 어려운 특별사정이 있으면 그 사유가 해소될 때까지 작업을 면제할 수 있다.
> ㈄ 휴식·운동·식사·접견 등 실제 작업을 실시하지 않는 시간을 제외한 1일의 작업시간은 10시간을 초과할 수 없다.
> ㈅ 작업장려금과 위로금은 석방할 때 본인에게 지급하고, 조위금은 그 상속인에게 지급한다.

① ㈀, ㈁
② ㈁, ㈃
③ ㈁, ㈃, ㈄
④ ㈂, ㈃, ㈅

해설

㈀ (×) 공휴일과 토요일 그 밖의 휴일인「각종 기념일 등에 관한 규정」에 따른 교정의 날 및 소장이 특히 지정한 날에는 작업을 부과하지 않는다. '12월 31일'은 개정 전 규정이었다. 시행령 제96조.
㈁ (○) 사망 시 작업면제는 수형자의 가족 모두와 장인·장모, 시부모 등 배우자의 직계존속의 사망이 해당된다.
㈂ (×) 제삿날(기일)로 인한 작업면제는 부모, 배우자만 적용된다. 그러므로 그 밖의 가족인 아들은 해당되지 않는다. 면제할 수 있다(×) → 면제한다(○).「법」제72조 참조.
㈃ (○) 작업을 계속하기 어려운 특별사정이 있으면 '임의적 면제', 사망과 제사는 '필요적 면제'. 법 제72조 2항.
㈄ (×) 10시간(×) → 8시간(○). 법 제71조 1항.
㈅ (×) 2022년 개정 이전에는 위로금도 석방 시 지급이었으나, 현재는 작업장려금만 석방 시 지급이다. 법 제73조 3항 및 제74조 2항 참조.

☞ 출제의도 : 이 문제는 현행법령상 교도작업에 대한 이해를 묻는 문제로, 수형자의 교도작업에 관한 세부 규정들을 정확히 파악하고 있는지 평가하는 것을 목표로 합니다. 특히, 각종 예외 사항이나 교도작업의 시간 제한, 작업 면제 사유 등 법령의 중요한 세부 사항들을 묻고 있습니다. 문제에서 주어진 각 항목에 대해 교정 관련 법률과 시행령에서 실제로 규정된 내용과 비교하여 옳고 그름을 판단하는 연습을 하도록 합니다.

정답 ②

AI 예상 응용지문

❶ 공휴일·토요일 및 교정의 날 그리고 법무부장관이 특히 지정한 날에는 작업을 부과하지 않는다. (×)
❷ 공휴일·토요일과 그 밖의 휴일에는 취사·청소·간호 이외의 작업은 부과할 수 없다. (×)
❸ 소장은 수형자에게 부상·질병, 그 밖에 작업을 계속하기 어려운 특별한 사정이 있으면 그 사유가 해소될 때까지 작업을 정지할 수 있다. (×)

---

❶ 법무부장관(×) → 소장(○). 시행령 제96조. ❷ 그 밖의 법률에서 규정한 작업도 부과할 수 있음. 법 제71조 5항 참조. ❸ 정지한다(×) → 면제할 수 있다(○). 임의적 면제이다. 법 제72조 2항 참조.

08 공휴일·토요일과 교정의 날 및 소장이 특히 지정하는 날 등의 휴일에는 작업을 부과하지 아니한다. 다만, 다음의 어느 하나에 해당하는 경우에는 작업을 부과할 수 있다. 이에 해당하지 않는 것은?

> (ㄱ) 교정시설의 운영과 관리에 필요한 작업을 하는 경우
> (ㄴ) 작업장의 운영을 위하여 불가피한 경우
> (ㄷ) 공공의 안전이나 공공의 이익을 위하여 긴급히 필요한 경우
> (ㄹ) 교도관 또는 수형자가 신청하는 경우
> (ㅁ) 응급을 요하는 수용자에 대한 응급처치 등과 관련된 경우

① (ㄱ), (ㄷ)
② (ㄴ), (ㅁ)
③ (ㄷ), (ㄹ)
④ (ㄹ), (ㅁ)

해설

(ㄹ) (×) 교도관이 신청하는 경우(×), 수형자가 신청하는 경우만 해당한다. 법 제71조 참조.
(ㅁ) (×) '응급을 요하는 수용자에 대한 응급처치 등과 관련된 경우'는 해당하지 않는다. 이는 시행령 제54조의2(간호사의 의료행위)에 해당한다.

정답 ④

09 수용자의 작업에 관한 설명 중 옳지 않은 것은?

① 미결수용자에게도 작업에 따른 작업장려금을 지급할 수 있다.
② 수형자가 작업 중 본인의 중과실로 사망한 때에는 조위금을 그 상속인에게 지급한다.
③ 소장은 수형자의 장인이 사망하면 2일간 해당 수형자의 작업을 면제한다.
④ 형집행법은 수형자가 사망한 경우, 그 수형자가 받을 작업장려금을 그 상속인에게 지급하도록 하는 명문 규정을 두고 있다.

해설

① (○) 신청에 따라 교도작업이 부과된 미결수용자에 대하여는 「법」 제73조가 준용되므로 옳은 설명이다. 「법」 제86조 2항 참조.
② (○) 수형자가 작업 중에 사망하거나 작업으로 인하여 사망한 경우에는 본인의 과실 여부와는 상관없이 조위금을 그 상속인에게 지급한다. 「법」 제74조 참조. 그러므로 중과실로 사망한 경우도 당연히 지급한다.
③ (○) 소장은 수형자의 배우자의 직계존속인 장인이 사망하면 2일간 해당 수형자의 작업을 면제한다. 「법」 제72조 참조.
④ (×) 작업장려금의 상속에 관하여는 명문 규정을 두고 있지 않다(「법」 제73조 참조).

정답 ④

10 수형자의 작업에 관한 설명 중 옳은 것은?

① 작업임금제는 수형자가 노역의 보수에 관해 국가에 대한 청구권을 갖는 제도이다.
② 작업장려금제도는 작업임금제의 일종이다.
③ 구류형을 받는 자에게는 신청에 의한 작업을 과할 수 없다.
④ 우리나라는 작업임금제를 채택하고 있다.
⑤ 작업장려금은 매달 본인에게 지급한다.

해설

② (×) 작업장려금제도는 임금제와 본질적으로 다른 제도이다. 작업임금제와 달리 작업장려금제도는 근로에 대한 사법적인 대가가 인정되지 않아 보수청구권이 인정되지 않으며, 은혜적·정책적 급부로서의 성격을 지닌 제도이다.
③ (×) 구류형에 대해서도 신청에 의한 작업이 인정되고 있다(「법」 제67조).
④ (×) 있다(×) → 있지 않다(○).
⑤ (×) 작업장려금은 석방할 때 본인에게 지급하는 것이 원칙이다. 다만, 본인의 가족생활 부조, 교화 또는 건전한 사회복귀를 위하여 특히 필요한 경우에는 석방 전이라도 일부 또는 전부 지급할 수 있는 예외를 인정하고 있다(「법」 제73조 참조).

정답 ①

11 교도작업의 임금제에 대한 설명으로 옳지 않은 것은? '06. 7급

① 작업임금제에 대해서는 형의 집행상 작업은 국가와의 계약관계가 아니므로 대가 지불의 의무가 없다는 이유로 부정하는 주장도 있다.
② 수형자에게 작업임금을 지급하는 것은 국가의 은전적(恩典的) 배려라고 할 수 있다.
③ 취업한 수형자는 노무를 제공한 대가로 임금을 지급받게 된다.
④ 수형자는 임금을 국가에 청구할 수 있는 권리를 갖는다.

해설

② (×) 은전적·정책적 배려로 지급되는 것은 작업장려금이다. 작업임금은 작업에 대한 사법(私法)적 대가이다.

정답 ②

12 교도작업임금제에 대하여 일반적으로 제기되는 반대론의 근거로 옳지 않은 것은? '13. 7급

① 수용자의 자긍심을 낮춰 교화개선에 장애를 초래할 우려가 있다.
② 사회정서나 일반시민의 법감정에 위배될 소지가 있다.
③ 임금 지급을 위한 추가적 예산 배정은 교정 경비의 과다한 증가를 초래할 수 있다.
④ 형벌 집행 과정에서 임금이 지급된다면 형벌의 억제효과를 감퇴시킬 우려가 있다.

해설

① (×) 교도작업임금제는 노동에 대해 정당한 대가를 지불하는 것이므로 근로의욕 및 자긍심을 높여주고, 수형자의 기본권을 존중하여 교화개선에 긍정적인 효과를 거둘 수 있다.

정답 ①

✚ 교도작업임금제 찬·반론

찬 성 론	반 대 론
• 근로에 대한 대가 지급으로 근로의욕 및 자긍심 고취, 제품의 질 향상 • 석방 후 자립기반 조성에 도움 • 피해자에 대한 손해배상 기회 증진 • 교도작업이 형벌을 가중시키는 응보적 성격 극복, 유엔최저기준규칙의 "교도작업은 고통을 주는 것이어서는 아니 된다"에 부합 • 교도작업으로 인한 자유형의 비자발적 봉사와 속죄 강요 성격 탈피 • 헌법적 근로관과 합치	• 임금지급은 사회정의, 국민의 법의식과 충돌 • 교도작업은 형벌의 내용이므로 국가는 임금지급의무 없음 • 수형자가 사회의 실직자에 비해 우대받는 것으로 인식되어 형평성 논란 야기 • 실질적 소득이 작업장려금보다 증가되기 어려움 • 형벌의 억제(일반예방)효과 경감 • 교정경비의 부담 가중

13 작업임금제와 작업장려금에 대한 설명으로 옳지 않은 것은?

① 작업장려금은 은혜적 급부이며, 작업에 대한 공법적·정책적 급부이다.
② 「교도작업특별회계 운영지침」에 따르면 작업장려금은 일반작업장려금과 특별작업장려금으로 나눌 수 있다.
③ 유엔의 최저기준규칙은, 수형자의 작업에 대해서는 그에 상응하는 보수체계가 있어야 한다고 규정함으로써 작업임금제를 간접적으로 권고하고 있다.
④ 작업장려금제는 1884년 독일의 바베르크(Wahlberg)에 의해 주장되었고, 제5차 국제 형법 및 형무회의에서도 지지되었다.

해설

④ (×) 작업임금제에 해당하는 내용이다.

정답 ④

14 현행 작업장려금의 내용이 아닌 것은? '06. 5급(교정관) 승진

① 미결수용자에게도 작업장려금을 지급할 수 있다.
② 사형확정자에게도 위로금을 지급할 수 있다.
③ 석방 전이라도 작업장려금을 지급할 수 있다.
④ 징벌로서 작업장려금을 일부 삭감할 수 있다.
⑤ 노동에 대한 반대급부로서의 성격이 강하다.

해설

⑤ (×) 노동에 대한 반대급부로서의 성격을 지닌 것은 교도작업임금제이다.
① (○) 작업이 부과된 미결수용자에게도 「법」 제86조 2항의 준용 규정에 따라 「법」 제73조가 적용되므로 작업장려금을 지급할 수 있다.
③ (○) 작업장려금은 석방할 때 본인에게 지급하는 것이 원칙이지만, 본인의 가족생활 부조, 교화 또는 건전한 사회복귀를 위하여 특히 필요하면 석방 전이라도 전부 또는 일부 지급할 수 있다. 「법」 제73조.
② (○) 작업하는 사형확정자에게는 「시행규칙」 제153조의 준용 규정에 따라 「법」 제74조가 적용되므로 위로금 지급사유에 해당한 경우에는 위로금을 지급한다.
④ (○) 징벌로서 3개월 이내의 작업장려금을 삭감할 수 있다. 「법」 제108조.

정답 ⑤

15 다음 중 작업장려금에 대한 설명으로 틀린 것은? '03 9급

① 위로금과 조위금은 석방시 본인에게 지급한다.
② 작업장려금은 석방시 지급을 원칙으로 하며, 이는 수용자의 근로의욕을 고취시킬 수 있다.
③ 작업장려금은 수용 중 가족의 생활부조 등을 위해 사용할 수 있다.
④ 작업장려금은 법무부장관이 정하는 바에 의한다.

해설

① (×) 위로금은 작업 또는 직업훈련으로 인한 부상 또는 질병으로 신체에 장해가 발생한 때 수용자 본인에게 지급하고,, 조위금은 작업 또는 직업훈련 중에 사망하거나 그로 인하여 사망한 때 그 상속인에게 지급한다. 「법」 제74조 2항.

정답 ①

16 「형의 집행 및 수용자의 처우에 관한 법률」상 작업에 관한 설명으로 올바르게 말한 사람은 모두 몇 명인가? '24 5급(교정관) 승진

> (ㄱ) 강인: 17세인 수형자의 작업시간이 1일 7시간, 1주에 42시간인 것은 가능해.
> (ㄴ) 홍민: 소장은 수형자에게 부상·질병, 그 밖에 작업을 계속하기 어려운 사정이 있으면 그 사유가 해소될 때까지 작업을 면제할 수 있는 것이지 꼭 면제해야만 하는 것은 아니야.
> (ㄷ) 민재: 소장은 수형자의 배우자의 직계존속이 사망하면 1일간 해당 수형자의 작업을 면제해야 해. 만약 수형자가 작업을 계속하기를 원더라도 작업을 허용할 수 없어.
> (ㄹ) 인범: 소장은 공휴일에는 수형자에게 작업을 부과하지 않아. 그런데 공공의 안전을 위하여 긴급히 필요한 경우에 한해서는 작업을 부과해야 해.

① 0명   ② 1명   ③ 2명   ④ 3명

해설

㉠ 강인(×) 19세 미만 수형자의 작업시간은 1일에 8시간을, 1주에 40시간을 초과할 수 없다. 법 제71조 4항
㉡ 홍민(○) 소장은 수형자에게 부상·질병, 그 밖에 작업을 계속하기 어려운 특별한 사정이 있으면 그 사유가 해소될 때까지 작업을 면제할 수 있다(임의적 면제). 법 제72조 2항 참조. 홍민이의 말이 옳다.
㉢ 민재(×) 소장은 수형자의 가족 또는 배우자의 직계존속이 사망하면 2일간, 부모 또는 배우자의 제삿날에는 1일간 해당 수형자의 작업을 면제한다(필요적 면제). 다만, 수형자가 작업을 계속하기를 원하는 경우는 예외로 한다(예외 인정). 법 제72조 1항 참조..
㉣ 인범(×) "한해서는 작업을 부과해야 해"(×). 공휴일·토요일과 대통령령으로 정하는 휴일에는 작업을 부과하지 아니한다. 다만, 교정시설의 운영과 관리에 필요한 작업을 하는 경우, 작업장의 운영을 위하여 불가피한 경우, 공공의 안전이나 공공의 이익을 위하여 긴급히 필요한 경우, 수형자가 신청하는 경우에 해당하는 경우에는 작업을 부과할 수 있다. 법 제72조 5항 참조.

정답 ②

---

17 「형의 집행 및 수용자의 처우에 관한 법률」상 작업시간에 관한 설명으로 적절하지 않은 것은?

① 1일의 작업시간(휴식·운동·식사·접견 등 실제 작업을 실시하지 않는 시간을 포함한다)은 8시간을 초과할 수 없다.
② 취사·청소·간병 등 교정시설의 운영과 관리에 필요한 작업의 1일 작업시간은 12시간 이내로 한다.
③ 1주의 작업시간은 52시간을 초과할 수 없다. 다만, 수형자가 신청하는 경우에는 1주의 작업시간을 8시간 이내의 범위에서 연장할 수 있다.
④ 19세 미만 수형자의 작업시간은 1일에 8시간을, 1주에 40시간을 초과할 수 없다.

해설

① (×) 포함한다 → 제외한다(○). 「법」 제71조 1항 참조.

정답 ①

---

18 다음 중 옳지 않은 것은?

① 수형자에 대한 작업장려금은 지방교정청장이 정한다.
② 수형자에게는 작업장려금을 지급할 수 있다.
③ 수형자에 대한 위로금은 석방시에 본인에게 지급한다.
④ 수형자가 취업 중 사망한 때에는 조위금을 그 상속인에게 지급한다.

해설

① (×) 지방교정청장(×) → 법무부장관(○). 「법」 제73조 2항 참조.

정답 ①

19 다음은 교도작업을 분류한 것이다. 분류기준과 해당 작업의 종류가 바르게 연결되지 않은 것은?

① 작업의 성질에 따른 분류 – 기능 작업, 중노동작업, 경노동작업
② 시행방법에 따른 분류 – 직영 · 위탁 · 노무 · 도급 방식
③ 작업 목적에 따른 분류 – 생산 작업, 직업훈련, 운영지원(관용)작업
④ 장소에 의한 분류 – 구내 작업, 구외 작업

해설

① (×) 작업 성질에 따른 분류는 일반작업(정역)과 신청에 의한 작업(청원작업)으로 구분한다. 기능작업, 중노동작업, 경노동작업은 '작업 내용에 따른 분류'에 해당한다.

정답 ①

20 교도소와 사인 간의 계약에 의해 어느 공사를 완성할 것을 약정하고 교도소가 전담하여 관리, 감독하는 방식으로 그 공사의 결과에 따라 약정금액을 지급받는 작업방식은?

① 직영작업 ② 위탁작업
③ 노무작업 ④ 도급작업

해설

④ (○) 도급방식은 교정시설과 외부의 기업체 간의 계약에 의하여 교정시설이 수형자의 취업인원 · 취업일수를 감안하여 정한 보수를 받기로 하고, 노동력은 물론 재료 · 비용 등 일체를 부담하면서 공사감독까지 맡아 작업을 기일 내에 완성하고 약정 대가를 받는 방식이다. 이 방식은 교정시설 밖에서 대량작업을 전제로 하므로 수형자의 대규모의 취업이 가능하고 높은 수익이 발생한다. 또한 작업의 특성에 따른 전문기술습득이 용이하다는 장점이 있다. 그러나 외부인의 관여로 인하여 교화 · 개선 목적을 달성하기 어렵고, 구외작업으로 인한 계호상의 어려움이 많고 사기업의 압박의 우려도 적지 않다는 단점이 있다.

정답 ④

21 교도작업 중 도급작업에 대한 설명으로 옳은 것은? '17. 7급

① 교도소 운영에 필요한 취사, 청소, 간호 등 대가 없이 행하는 작업이다.
② 일정한 공사의 완성을 약정하고 그 결과에 따라 약정금액을 지급받는 작업이다.
③ 사회 내의 사업주인 위탁자로부터 작업에 사용할 시설, 기계, 재료의 전부 또는 일부를 제공받아 물건 및 자재를 생산, 가공, 수선하여 위탁자에게 제공하고 그 대가를 받는 작업이다.
④ 교도소에서 일체의 시설, 기계, 재료, 노무 및 경비 등을 부담하여 물건 및 자재를 생산 · 판매하는 작업으로서 수형자의 기술 습득 면에서는 유리하지만 제품의 판매가 부진할 경우 문제가 된다.

해설

① (×) 운영지원작업(관용작업) ③ (×) 위탁(단가)작업 ④ (×) 직영(관사)작업

정답 ②

22 다음 교도작업의 특징을 유형별로 바르게 묶은 것은? '12. 7급 수정

—| 보기 |—

㉠ 작업에 대한 통제가 용이하다.
㉡ 취업비가 필요 없고 자본이 없이도 가능하다.
㉢ 판매와 관계없이 납품만 하면 되기 때문에 제품처리에 문제가 없다.
㉣ 작업의 대형성으로 높은 수익을 가능하게 한다.
㉤ 업종이 다양하지 못하여 직업훈련에 부적합하다.
㉥ 경기변동에 큰 영향을 받지 않는다.
㉦ 관계법규의 제약으로 적절한 시기에 기계, 기구, 원자재 구입이 곤란하다.
㉧ 엄격한 규율을 유지하며 작업이 가능하다.
㉨ 전문지식과 경험부족으로 큰 손실을 입을 수 있다.
㉩ 다수의 인원을 취업시킬 수 있어 미취업자를 해소할 수 있고 작업의 통일성을 유지할 수 있다.
㉪ 수형자에 대한 작업의 통일성을 기하기 어렵다.
㉫ 계호상 어려움이 많으며 사기업 압박의 우려도 적지 않다.
㉬ 단순노무인 경우에 기술습득이나 직업훈련에 적합하지 않다.

① 직영작업 - ㉠, ㉣, ㉧
② 노무작업 - ㉡, ㉥, ㉨
③ 위탁작업 - ㉢, ㉤, ㉩
④ 도급작업 - ㉣, ㉦, ㉨

해설

㉠, ㉥, ㉦, ㉧은 직영작업에 해당하고, ㉡, ㉥, ㉪, ㉬은 노무작업에 해당하며, ㉣, ㉨, ㉫은 도급작업에 해당한다.
③(○) 위탁작업 - ㉢, ㉤, ㉩

정답 ③

✚ 직영(관사) 방식의 장·단점

장 점
• 민간(사인)의 개입이 전혀 없어 형집행의 통일과 작업통제가 용이하다.
• 작업종목의 선택이 자유롭고, 수형자의 적성에 따라 작업을 부과할 수 있어 직업훈련이 용이하다.
• 사기업의 경기변동에 영향을 받지 않고, 교도작업의 수익이 가장 많이 국고로 귀속되며, 자급자족을 실현하기 적합하다
• 엄격한 규율을 유지하며 작업을 시행할 수 있다.
• 교화개선에 적합하고 재사회화 목적에 부합한다.

단 점
• 제품의 생산·판매에 많은 비용이 든다.
• 경영의 합리화를 도모하기 어렵다.
• 시장개척 및 사기업과의 경쟁상 어려움이 있다.
• 민간(사기업) 압박의 문제점을 안고 있다.
• 관련 법규나 각종 복무규정 등의 제약으로 적시에 재료 등을 수급하고 판매하는 데 어려움이 따른다.

23 교도작업의 유형 중 위탁작업에 대한 설명으로 옳지 않은 것은?

① 기계와 기구의 설비자금, 원자재의 구입자금 등이 불필요하다.
② 위탁자의 경영사정에 따라 일시적 작업인 경우가 많다.
③ 직영방식에 비하여 민간기업에 대한 압박이 적다.
④ 업종이 다양하지 못하여 직업훈련에는 부적합하다.
⑤ 경제사정의 변화에 따른 위험부담이 크다.

해설

⑤ 위험부담이 크다(×) → 작다(○).

정답 ⑤

✚ 위탁(단가)방식의 장·단점

장 점
• 기계의 설비 자금이 적게 들고 원자재 구입자금 불필요
• 적은 비용으로 다수의 인원 취업 가능
• 제품 판매에 대한 부담 없음
• 작업의 통일성을 유지할 수 있음
• 민간(사기업) 압박이 상대적으로 약함
• 제품가공에 대한 단가만 수령하는 방식이므로 경기변동에 따른 위험이 낮음

단 점
• 직영방식보다 경제적 이윤이 적음
• 위탁자의 필요에 따른 작업종목 선정으로 수형자의 적성 고려가 어렵고 직업훈련에 부적합 – 교도작업 본래의 목적 실현에 한계 존재
• 외부와의 접촉으로 보안상 문제 야기 우려

24 다음은 어떤 교도작업 특성에 대한 설명이다. 가장 적합한 교도작업의 유형은?

보 기
㉠ 기계의 설비자금과 원자재의 구입자금 등이 필요하지 않다. ㉡ 적은 비용으로 다수의 인원을 취업시킬 수 있다. ㉢ 판매와 관계없이 생산하여 납품만 하면 되기 때문에 제품처리에 문제가 없다.

① 직영작업　　　　　　　　　② 도급작업
③ 노무작업　　　　　　　　　④ 위탁작업

해설

④(○) ㉠, ㉡, ㉢ 모두에 해당하는 것은 위탁작업이다.
㉠의 내용은 노무작업에도 해당되지만, ㉡, ㉢은 위탁작업과만 관련이 있다.

정답 ④

25 다음은 위탁작업에 대한 설명이다. 위탁작업의 장점을 모두 고른 것은?

― 보 기 ―
㉠ 설비와 자재를 업자가 제공하므로 이를 구입할 필요가 없고, 사무가 단순하다.
㉡ 적은 비용으로 할 수 있고 경기변동에 직접적인 영향을 받지 않고 위험이 적다.
㉢ 수형자의 적성에 맞는 작업을 부여할 수 있다.
㉣ 국고수입 증대 및 자급자족효과가 크다.
㉤ 다수의 취업이 가능하고 작업의 통일성을 유지할 수 있다.
㉥ 판매와 관계없이 납품만 하면 되므로 제품처리에 문제가 없다.
㉦ 수형자와 교도관 간에 인간적인 신뢰로 인한 반사회성 교정 및 갱생의욕을 고취할 수 있다.

① ㉠, ㉡, ㉢, ㉥
② ㉠, ㉡, ㉤, ㉥
③ ㉠, ㉢, ㉤, ㉦
④ ㉠, ㉣, ㉥, ㉦

해설
㉢ (×) 수형자의 적성에 맞는 작업을 부여하기 어렵다.
㉣ (×) 직영작업에 해당한다.
㉦ (×) 수형자치제의 장점이다.

정답 ②

26 교도작업과 관련된 다음 설명 중 가장 적절한 것은?

① 금고 1년을 선고받은 갑(甲)은 징역형을 받은 다른 수형자의 경우와 같이 무조건 작업에 종사하여야 한다.
② 구류 20일을 선고받은 을(乙)에 대하여는 신청에 따른 작업을 부과할 수 없다.
③ 징역 3년을 선고받은 병(丙)에게는 원칙적으로 공휴일·토요일과 그 밖의 휴일에는 작업을 부과하지 아니한다.
④ 벌금 200만원을 납부하지 못해 교도소에 환형유치된 정(丁)에게는 신청에 따른 작업을 부과할 수 있다.

해설
① (×) 금고형은 정역(定役)이 부과되지 않는다.
② (×) 구류수형자도 신청에 의한 작업이 인정된다.
④ (×) 벌금미납으로 노역장 유치명령을 받은 수형자는 신청에 의한 작업이 아니라 강제노역이 부과된다.

정답 ③

AI 예상 응용지문
❶ 벌금 또는 과료를 완납하지 못한 자에 대한 노역장유치의 집행에는 보안처분의 집행에 관한 규정을 적용한다.
(×)

❷ 위로금은 본인 또는 가족에게 지급하고, 조위금은 그 상속인에게 지급한다. (×)

> ❶ 보안처분(×) → 형(○). 노역장 유치의 집행에 관하여는 형의 집행에 관한 규정이 준용된다(형사소송법 제492조). ❷ 위로금은 반드시 본인에게 지급해야 한다. 법 제72조 2항 참조.

27 「형의 집행 및 수용자의 처우에 관한 법률」의 작업에 관한 설명으로 가장 옳지 않은 것은?

① 1일의 작업시간은 휴식·운동·식사·접견 등 실제 작업을 실시하지 않는 시간을 제외하고 8시간을 초과할 수 없다.
② 취사·청소·간병 등 교정시설의 운영과 관리에 필요한 작업의 1일 작업시간은 10시간 이내로 한다.
③ 수형자가 연장을 신청하지 않는 경우 1주의 작업시간은 52시간을 초과할 수 없다.
④ 19세 미만 수형자의 작업시간은 1일에 8시간을, 1주에 40시간을 초과할 수 없다.

해설
② (×) 10시간 이내(×) → 12시간 이내(○). 형집행법 제71조 2항 참조.

정답 ②

28 형의 집행 및 수용자의 처우에 관한 법령상 교도작업 등에 대한 설명으로 옳은 것만을 모두 고른 것은? '18. 9급

> ㄱ. 교정시설의 장은 수형자에게 부상·질병, 그 밖에 작업을 계속하기 어려운 특별한 사정이 있으면 그 사유가 해소될 때까지 작업을 면제할 수 있다.
> ㄴ. 교정시설의 장은 수형자가 개방처우급 또는 완화경비처우급으로서 작업기술이 탁월하고 작업성적이 우수한 경우에는 수형자 자신을 위한 개인작업을 하게 할 수 있다.
> ㄷ. 교정시설의 장은 관할 지방교정청장의 승인을 받아 수형자에게 부과하는 작업의 종류를 정한다.
> ㄹ. 작업장려금은 본인의 가족생활 부조, 교화 또는 건전한 사회복귀를 위하여 특히 필요하면 석방 전이라도 그 전부 또는 일부를 지급할 수 있다.
> ㅁ. 교정시설의 장은 수형자의 가족이 사망하면 3일간 해당 수형자의 작업을 면제한다.

① ㄱ, ㄴ, ㄷ
② ㄱ, ㄴ, ㄹ
③ ㄱ, ㄷ, ㅁ
④ ㄷ, ㄹ, ㅁ

해설
교도작업과 직업훈련 등은 수형자의 교정교화를 도모하고 사회생활에 적응하는 능력을 함양하도록 하기 위한 처우수단으로 중시되기 때문에 출제비중이 높다.
ㄷ(×) 소장은 법무부장관의 승인을 받아 수형자에게 부과하는 작업의 종류를 정한다(시행령 제 89조).

지방교정청장(×) → 법무부장관(○).
ㅁ(×) 사망시 작업면제는 3일이 아니라 2일간이다.「법」제7조 참조.

정답 ②

29 현행법상 교도작업에 대한 설명으로 옳지 않은 것은?

① 소장은 수형자의 근로의욕을 고취하고 건전한 사회복귀를 지원하기 위하여 법무부장관이 정하는 바에 따라 작업의 종류, 작업성적, 교정성적 그 밖의 사정을 고려하여 수형자에게 작업장려금을 지급할 수 있다.
② 소장은 신청에 의한 작업이 부과된 수형자가 작업의 취소를 요청하는 경우에는 해당 수형자의 의사·건강, 교도관의 의견 등을 고려하여 작업을 취소할 수 있다.
③ 소장은 수형자가 작업 또는 직업훈련으로 인한 부상 또는 질병으로 신체에 장해가 발생한 때와 작업 또는 직업훈련 중에 사망하거나 그로 인하여 사망한 때에 해당하면 법무부장관이 정하는 바에 따라 위로금 또는 조위금을 지급할 수 있다.
④ 소장은 수형자의 건전한 사회복귀와 기술습득을 촉진하기 위하여 필요하면 외부기업체 등에 통근작업하게 하거나 교정시설의 안에 설치된 외부기업체의 작업장에서 작업하게 할 수 있다.

해설

③ (×) 지급할 수 있다(×) → 지급한다(○). 위로금 또는 조위금은 임의적 지급이 아니라 필요적 지급이다.「법」제74조 참조.

정답 ③

30 형의 집행 및 수용자의 처우에 관한 법령상 교도작업에 대한 설명으로 옳지 않은 것은? '19. 7급

① 소장은 수형자에게 공휴일·토요일과 그 밖의 휴일에는 작업을 부과하지 아니한다. 여기서 "그 밖의 휴일"이란「각종 기념일 등에 관한 규정」에 따른 교정의 날 및 소장이 특히 지정하는 날을 말한다.
② 작업장려금은 석방할 때에 본인에게 지급한다. 다만, 본인의 가족생활 부조, 교화 또는 건전한 사회복귀를 위하여 특히 필요하면 석방 전이라도 그 전부를 지급할 수 있다.
③ 소장은 금고형 또는 구류형의 집행 중에 있는 사람에 대하여는 신청에 따라 작업을 부과할 수 있다.
④ 소장은 수형자의 부모 또는 배우자의 직계존속의 제삿날을 맞이하면 1일간 해당 수형자의 작업을 면제한다.

해설

④ (×) 배우자의 직계존속(×) → 배우자(○).「법」제72조 참조.
사망시 면제사유는 수형자의 가족과 수형자의 배우자의 직계존속까지이나, 제사(기일) 때 면제사유에는 수형자의 부모와 수형자의 배우자로 한정된다.

정답 ④

31 교도작업에 관한 설명 중 옳지 않은 것은?

① 현행법은 교도작업의 종류를 직영작업, 위탁작업, 노무작업, 도급작업으로 구분하고 있다.
② 교도작업은 근로정신함양과 직업지도에서 의의를 찾을 수 있다.
③ 우리나라에서는 미결수용자와 사형확정자도 신청에 의한 작업이 가능하다.
④ 우리나라에서는 65세 이상의 노인수형자에게는 작업을 부과할 수 없다.

해설

① (○) 「교도작업의 운영 및 특별회계에 관한 법률 시행규칙」 제6조에서 규정하고 있다.
② (○) 오늘날의 교도작업은 수형자에게 부과된 의무라는 성격보다 재사회화를 위한 수단으로서의 성격이 강하다.
③ (○) 신청에 의한 작업을 부과할 수 있다.
④ (×) 소장은 노인수용자가 작업을 원하는 경우에는 나이·건강상태 등을 고려하여 해당 수용자가 감당할 수 있는 정도의 작업을 부과한다. 이 경우 의무관의 의견을 들어야 한다(「시행규칙」 제48조 2항). 이에 따라 우리나라에서는 노인수용자에게 작업을 부과할 수 있다.

정답 ④

32 교도작업에 대한 설명으로 옳지 않은 것으로만 묶은 것은?

— 보 기 —

㉠ 교도작업은 교정시설의 수용자에게 부과하는 노역으로 징역형의 정역, 금고형의 청원작업, 개인작업이 이에 해당한다.
㉡ 외부통근작업 대상자의 선정기준 등에 관해 필요한 사항은 법무부령으로 정한다.
㉢ 교도작업의 민간기업 참여절차, 작업종류, 작업운영에 필요한 사항은 지방교정청장이 정한다.
㉣ 교도작업으로 인한 작업수입금은 교도작업의 운영경비로 지출할 수 있다.

① ㉠, ㉢
② ㉠, ㉣
③ ㉡, ㉢
④ ㉡, ㉣

해설

㉠ (×) 개인작업은 교도작업시간 외에 자발적으로 본인의 신청에 의해 수형자 자신을 위해 행하는 작업이므로 교도작업에 포함되지 않는다(「시행규칙」 제94조 참조).
㉢ (×) 지방교정창(×) → 법무부장관(○). 「교도작업의 운영 및 특별회계에 관한 법률」 제6조 3항 참조.

정답 ①

33 「형의 집행 및 수용자의 처우에 관한 법률 시행규칙」취업지원협의회에 대한 설명 중 옳은 것을 모두 고른 것은? '24. 6급(교감) 승진 수정

> ㉠ 협의회는 회장 1명을 포함하여 3명 이상 5명 이하의 내부위원과 10명 이상의 외부위원으로 구성한다.
> ㉡ 협의회의 회장은 소장이 되고, 부회장은 2명을 두되 1명은 소장이 내부위원 중에서 지명하고 1명은 외부위원 중에서 호선(互選)한다.
> ㉢ 내부위원의 임기는 3년으로 하며, 연임할 수 있다.
> ㉣ 협의회의 회장은 소장이 되며, 협의회의 회의는 회장이 소집하고 그 의장이 된다.
> ㉤ 협의회의 회의는 재적위원 과반수의 출석으로 개의하고, 출석위원 과반수의 찬성으로 의결한다.

① ㉢, ㉣, ㉤
② ㉡, ㉢, ㉣, ㉤
③ ㉠, ㉡, ㉣, ㉤
④ ㉠, ㉡, ㉢, ㉣, ㉤

해설

㉢ (×) 내부위원(×) → 외부위원(○). 「시행규칙」 제146조(외부위원) 제2항 참조. 내부위원의 임기는 법령에서 명시하지 않고, 그 직무는 맡은 기간 동안 그 직위를 수행하는 것이 일반적이다.

정답 ③

34 교도작업 운영 및 특별회계에 관한 설명 중 옳지 않은 것은?

① 교도작업으로 생산된 제품은 민간기업 등에 직접 판매할 수 있다.
② 교도작업특별회계는 법무부장관이 운용·관리한다.
③ 교도작업특별회계의 결산상 잉여금은 국고에 반납한다.
④ 교도작업특별회계는 예측할 수 없는 예산 외의 지출 또는 예산을 초과하는 지출에 충당하기 위하여 세출예산에 예비비를 계상(計上)할 수 있다.

해설

③ (×) 특별회계의 결산 상 잉여금은 다음 연도의 세입에 이입해야지 국고에 반납해서는 아니된다(「교도작업의 운영 및 특별회계에 관한 법률」 제11조의 2 참조).

정답 ③

35 「교도작업의 운영 및 특별회계에 관한 법률 시행령」상 법무부장관이 다음 연도에 생산할 교도작업 제품의 종류와 수량을 결정하여 공고할 때 고려해야 할 사항에 해당하는 것만을 모두 고르면?

'19. 5급(교정관) 승진

> ㄱ. 교도작업의 운영 여건에 적합한지 여부
> ㄴ. 교정교화 및 직업훈련에 적합한지 여부
> ㄷ. 국민생활에 도움이 되는 제품인지 여부
> ㄹ. 특별회계의 건전한 운영에 도움을 줄 수 있는지 여부
> ㅁ. 교정시설의 자체 수요품이 우선적으로 포함되는지 여부

① ㄱ, ㄴ, ㄷ   ② ㄱ, ㄴ, ㄹ   ③ ㄴ, ㄷ, ㄹ
④ ㄴ, ㄷ, ㅁ   ⑤ ㄷ, ㄹ, ㅁ

해설

⑤ (○) 같은 법 시행령 제5조 1항 참조.

정답 ⑤

36 형의 집행 및 수용자의 처우에 관한 법령상 작업과 직업훈련에 대한 설명으로 옳은 것은? '20. 7급

① 장애인수형자 전담교정시설의 장은 장애인수형자에 대한 직업훈련이 석방 후의 취업과 연계될 수 있도록 그 프로그램의 편성 및 운영에 특히 유의하여야 한다.
② 소장은 사형확정자가 작업을 신청하면 분류처우회의의 심의를 거쳐 교정시설 안에서 실시하는 작업을 부과할 수 있다.
③ 소장은 교도관에게 매월 수형자의 작업실적을 확인하게 하여야 한다.
④ "집중적인 근로가 필요한 작업"이란 수형자의 신청에 따라 1일 작업시간 중 접견·전화통화·교육 및 공동행사 참가 등을 하지 아니하고 휴게시간을 포함한 작업시간 내내 하는 작업을 말한다.

해설

② (×) 분류처우회의(×) → 교도관회의(○). 시행규칙 제153조 참조.
③ (×) 매월(×) → 매일(○). 시행령 제92조 참조.
④ (×) 휴게시간을 포함한(×) → 휴게시간을 제외한(○). 시행령 제95조 참조.

정답 ①

37 「형의 집행 및 수용자의 처우에 관한 법령」상 작업장려금에 대한 설명으로 옳지 않은 것은? '18. 7급

① 작업수입은 국고수입으로 한다.
② 작업장려금은 매월 현금으로 본인에게 직접 지급한다.
③ 징벌로 3개월 이내의 작업장려금 삭감을 할 수 있다.
④ 소장은 수형자의 가석방 적격심사 신청을 위하여 작업장려금 및 작업상태를 사전에 조사하여야 한다.

해설

② (×) '작업장려금'은 구「행형법」에서는 '작업상여금'이라고 명칭 했었는데, 현행법에서 바꾼 것이다. 작업장려금은 국가가 재사회화를 목표로 수형자의 작업을 장려하고 자급자족을 실현하기 위해 지급하는 은혜적·정책적·공법적 급부이지 노동에 대한 사법적 대가인 임금이 아니므로 매월 현금으로 지급하지 않고 임금과는 달리 '석방할 때' 지급하는 것이 원칙이다. 다만, 본인의 가족생활 부조, 교화 또는 건전한 사회복귀를 위하여 특히 필요하면 석방 전이라도 그 일부 또는 전부를 지급할 수도 있다.

정답 ②

38 다음 교도작업에 관한 설명 중 옳은 것은?

① 수형자의 생활지도·직업지도에 도움이 되어야 한다.
② 형벌을 집행하는 수단에 불과하다.
③ 「교도작업의 운영 및 특별회계에 관한 법률」에 따르면 국가기관은 교도작업으로 생산된 제품을 우선 구매하여야 하나 지방공공단체는 구매의무가 없다.
④ 구치소에서는 미결수용자를 수용하므로 교도작업을 실시하지 않는다.

해설

② (×) 형벌을 집행하는 수단에 그쳐서는 아니 되고 수형자의 재사회화를 위한 처우가 되어야 한다.
③ (×) 국가, 지방자치단체 및 「공공기관의 운영에 관한 법률」상 지정·고시된 공공기관이 우선적 구매의무 기관이다. 같은 법」제5조 참조.
④ (×) 구치소에서도 관용작업(운영지원작업)은 실시된다.

정답 ①

39 작업장려금에 대한 설명으로 옳은 것은? '11. 9급

① 작업장려금은 본인이 신청하면 석방 전이라도 그 전부 또는 일부를 지급하여야 한다.
② 수형자에 대한 작업장려금은 대통령령으로 정한다.
③ 작업장려금은 귀휴비용으로 사용할 수 없다.
④ 작업장려금은 징벌로서 삭감할 수 있다.

해설

① (×) 지급하여야 한다(×) → 지급할 수 있다(○). 「법」 제73조 3항 참조.
② (×) 대통령령(×) → 법무부장관이 정한다(「법」 제73조 2항).
③ (×) 소장은 귀휴자가 신청할 경우 작업장려금의 전부 또는 일부를 귀휴비용으로 사용하게 할 수 있다(「시행규칙」 제142조 2항).

정답 ④

40 교도작업관련 내용 중 옳지 않은 것은?

① 작업의 종류는 법무부장관의 승인을 얻어 소장이 정한다.
② 소장은 19세 미만의 수형자에게 작업을 부과하는 경우에는 정신적·신체적 성숙 정도, 교육적 효과 등을 고려하여야 한다.
③ 소장은 수형자가 개방처우급 또는 완화경비처우급으로서 작업기술이 탁월하고 작업성적이 우수한 경우에는 수형자 자신을 위한 개인작업을 하게 할 수 있다.
④ 개인작업은 교도작업이므로 그 수익은 국고수입으로 한다.

해설

④ (×) 개인작업은 교도작업에 포함되지 아니하고 수형자 자신을 위하여 하는 작업으로, 개인작업에 필요한 작업재료 등의 구입비용은 수형자가 부담하기 때문에 그 수익은 해당 수형자의 수입으로 한다. 이러한 측면에서 임금제의 취지를 살릴 수 있는 제도라고 한다.

정답 ④

41 「형의 집행 및 수용자의 처우에 관한 법률 시행규칙」상 교정시설 안에 설치된 외부기업체의 작업장에 통근하며 작업하는 수형자가 갖추어야 할 요건들에 해당하지 않는 것은? '17. 9급

① 18세 이상 65세 미만일 것
② 해당 작업 수행에 건강상 장애가 없을 것
③ 개방처우급·완화경비처우급·일반경비처우급에 해당할 것
④ 집행할 형기가 7년 미만이거나 형기기산일로부터 7년 이상 지났을 것

해설

④ (×) 집행할 형기가 7년 미만이거나 형기기산일로부터 7년 이상 지났을 것(×) → 10년 미만이거나 10년 이상 지났을 것 (○). 「시행규칙」 제120조 참조.

정답 ④

42 형의 집행 및 수용자의 처우에 관한 법령상 수형자 외부통근 작업에 대한 설명으로 옳지 않은 것은?

'22. 9급

① 소장은 외부통근자에게 수형자 자치에 의한 활동을 허가할 수 있다.
② 소장은 수형자의 건전한 사회복귀와 기술습득을 촉진하기 위하여 필요하면 수형자에게 외부통근작업을 하게 할 수 있다.
③ 소장은 외부통근자가 법령에 위반되는 행위를 하거나 법무부장관 또는 소장이 정하는 지켜야 할 사항을 위반한 경우에는 외부통근자 선정을 취소할 수 있다.
④ 소장은 일반경비처우급에 해당하는 수형자를 외부기업체에 통근하며 작업하는 대상자로 선정할 수 없다.

해설

④ (×) 일반경비처우급에 해당하는 수형자를 외부기업체 통근대상자로 선정할 수도 있다. 원칙적으로는 기업체통근은 개·완에게, 작업장통근은 개·완·일에게 허용할 수 있으나, 작업 부과 또는 교화를 위하여 특히 필요한 경우에는 중경비처우급에 해당하는 수형자에 대하여도 외부통근자로 선정할 수 있다. 시행규칙 제120조 참조.

정답 ④

---

43 형의 집행 및 수용자의 처우에 관한 법령상 교도작업에 대한 설명으로 옳은 것은? '21. 7급

① 소장은 교정시설 안에 설치된 외부기업체의 작업장에 통근하며 작업하는 수형자를 선정하는 데 있어서 일반경비처우급에 해당하는 수형자를 선정하여서는 아니 된다.
② 소장은 교도작업 도중 부상으로 신체에 장해를 입은 수형자에게 그 장해 발생 후 1개월 이내에 위로금을 지급하여야 한다.
③ 소장은 작업 부과 또는 교화를 위하여 특히 필요하다고 인정하는 경우에는 만 65세의 수형자를 외부통근자로 선정할 수 있다.
④ 소장은 수형자에게 작업장려금을 지급하는 데 있어서 교정성적은 고려하여서는 아니 된다.

해설

① (×) 일반경비처우급 수형자도 선정할 수 있다. 「시행규칙」 제120조.
② (×) 위로금은 본인에게 지급한다(「법」 제74조 제2항). 개정 전에는 '석방할 때에' 지급하도록 규정하였으나 현재는 이 부분을 삭제하였다. 그러므로 위로금 지급사유가 발생했을 때 지급한다. 소장은 위로금 또는 조위금 지급할 사실이 발생하였을 때에는 20일 이내에 지급신청서를 법무부장관에게 제출하여야 한다. 위로금 조위금을 지급할 때에는 법무부장관에게 승인을 받아야 한다. 소장은 위로금 지급 승인을 받았을 때에는 즉시 해당 수용자에게 고지하여야 하고(알려야 한다), 그의 의사에 따라 본인의 통장 또는 영치금에 입금하여야 한다(교도작업특별회계 운영지침 제117조.)). 조위금은 「민법」상 상속순위에 따르고, 소장은 조위금 지급 승인을 받은 때에는 즉시 상속인에게 이를 알려야 한다(교특 제118조).
④ (×) 작업장려금은 작업성적, 작업의 종류, 교정성적, 그 밖의 사정을 고려하여 지급할 수 있다. 「법」 제73조 제2항.

정답 ③

44 「형의 집행 및 수용자의 처우에 관한 법률」상 작업시간 등에 대한 규정으로 (㉠) ~ (㉥)에 들어갈 숫자의 합으로 옳은 것은? '24. 6급(교감) 승진

> 제71조(작업시간 등) ① 1일의 작업시간(휴식·운동·식사·접견 등 실제 작업을 실시하지 않는 시간을 제외한다)은 (㉠)시간을 초과할 수 없다.
> ② 제1항에도 불구하고 취사·청소·간병 등 교정시설의 운영과 관리에 필요한 작업의 1일 작업시간은 (㉡)시간 이내로 한다.
> ③ 1주의 작업시간은 (㉢)시간을 초과할 수 없다. 다만, 수형자가 신청하는 경우에는 1주의 작업시간을 (㉣)시간 이내의 범위에서 연장할 수 있다.
> ④ 제2항 및 제3항에도 불구하고 19세 미만 수형자의 작업시간은 1일에 (㉤)시간을, 1주에 (㉥)시간을 초과할 수 없다.

① 116 ② 128 ③ 136 ④ 140

해설

② (○) ㉠ 8 ㉡ 12 ㉢ 52 ㉣ 8 ㉤ 8 ㉥ 40

정답 ②

45 교도작업에 대한 설명으로 옳지 않은 것을 모두 고르면? '08. 7급

— 보 기 —
㉠ 작업장려금은 석방할 때에 본인에게 지급한다. 다만, 본인의 가족생활 부조 또는 교화상 특히 필요하다고 인정할 때에는 석방 전이라도 그 일부 또는 전부를 지급할 수 있다.
㉡ 소장은 수형자의 가족 또는 배우자의 직계존속이 사망하면 2일간, 부모 또는 배우자의 기일을 맞이하면 1일간 해당 수형자의 작업을 면제한다. 수형자가 작업을 계속하기를 원하는 경우에도 허용하지 아니한다.
㉢ 완화경비처우급 수형자로서 작업기술이 탁월하고 작업성적이 우수한 자에 대해 교도작업에 지장을 주지 아니하는 범위에서 1일 3시간 이내로 하는 개인작업(자기노작)을 하게 할 수 있는데 이것도 교도작업의 하나이다.
㉣ 교도작업의 부정적 측면으로는 교정에서의 재정적·경제적 부담을 증가시킨다는 점을 들 수 있다.
㉤ 공휴일·토요일과 그 밖의 휴일에는 작업을 부과하지 아니한다. 다만, 취사·청소·간호 그 밖에 특히 필요한 작업은 예외로 한다.

① ㉠, ㉡, ㉣   ② ㉠, ㉢, ㉤   ③ ㉡, ㉢, ㉣   ④ ㉡, ㉢, ㉤

해설
㉡ (×) 수형자가 작업을 계속하기를 원하는 경우에는 면제하지 않는다(「법」 제72조 1항 단서).
㉢ (×) 소장은 수형자가 개방처우급 또는 완화경비처우급으로서 작업기술이 탁월하고 작업성적이 우수

한 경우에는 수형자 자신을 위한 개인작업(자기노작)을 하게 할 수 있다. 이 경우 개인작업은 교도작업에 지장을 주지 아니하는 범위에서 1일 2시간 이내로 한다.
ㄹ (×) 교도작업은 형집행에 따른 비용을 수형자들의 작업수익으로 충당할 수 있으므로 재정적·경제적 부담을 경감시킨다. 이는 부정적 효과가 아니라 긍정적 효과이다. 교도작업은 자급자족을 실현하는 경제적 기능이 있다.

정답 ③

AI 예상 응용지문

❶ 소장은 수형자에게 공휴일·일요일과 그 밖의 휴일에는 작업을 부과하지 아니한다. 여기서 "그 밖의 휴일"이란 「각종 기념일 등에 관한 규정」에 따른 교정의 날 및 지방교정청장이 특히 지정하는 날을 말한다. (×)
❷ 공휴일·토요일과 그 밖의 휴일에는 예외 없이 일체의 작업을 부과할 수 없다. (×)
❸ 작업장려금은 석방할 때에 본인에게 지급한다. 다만, 본인의 가족생활 부조, 처우 또는 건전한 사회복귀를 위하여 특히 필요하면 석방 전이라도 그 일부를 지급할 수 있다. (×)
❹ 위로금은 석방할 때 본인에게 지급한다. (×)
❺ 위로금은 본인 또는 가족에게 지급하고, 조위금은 그 상속인에게 지급한다. (×)

❶ 지방교정청장이(×) → 소장이(○) ❷ 일체의 작업(×), 예외 인정함. ❸ 처우(×) → 교화(○) / 그 일부는 지급할 수 있다(×) → 그 전부 또는 일부를 지급할 수 있다(○). 법 제73조 3항. ❹, ❺ 「법」제74조 참조.

46 현행법령상 교도작업에 관한 다음 설명 중 옳지 않은 것을 모두 고르면? '07. 7급

─ 보 기 ─

ㄱ 소장은 수형자에게 작업을 부과하려면 나이·형기·건강상태·기술·성격·취미·경력·장래생계 그 밖의 수형자의 사정을 고려하여야 한다.
ㄴ 교정시설 밖에서 하는 외부통근작업도 인정되고 있다.
ㄷ 수형자는 자신에게 부과된 작업을 수행하여야 할 의무가 있으나 그 밖의 노역은 수행하여야 할 의무가 없다.
ㄹ 작업수입은 국고수입으로 하며, 수형자에게는 작업장려금을 지급할 수 있을 뿐이다.
ㅁ 소장은 수형자가 개방처우급과 완화경비처우급으로서 교육·작업 등의 성적이 우수하고 관련 기술이 있는 경우에는 교도관의 작업지도를 보조하게 할 수 있다.
ㅂ 작업장려금은 은혜적 급부로서 청구권이 인정되지 않는다.
ㅅ 국가경축일, 일요일 기타 공휴일에는 어떠한 작업도 과하지 않는다.

① ㄱ, ㄷ   ② ㄹ, ㅁ
③ ㄴ, ㅂ   ④ ㄷ, ㅅ

해설

ㄷ (×) 수형자는 자신에게 부과된 작업뿐 아니라 그 밖의 노역을 수행하여야 할 의무도 있다(「법」 제66조 참조).
ㅅ (×) 취사·간호·청소, 그 밖에 특히 필요한 작업은 부과한다(「법」 제71조 단서 참조).

정답 ④

47 「교도작업의 운영 및 특별회계에 관한 법률」상 교도작업에 대한 내용으로 옳지 않은 것은? '17. 7급

① 교도작업으로 생산된 제품은 민간기업 등에 직접 판매하거나 위탁하여 판매할 수 있다.
② 법무부장관은 교도작업으로 생산되는 제품의 종류와 수량을 회계연도 개시 3개월 전까지 공고하여야 한다.
③ 국가, 지방자치단체 또는 공공기관은 그가 필요로 하는 물품이 「교도작업의 운영 및 특별회계에 관한 법률」 제4조에 따라 공고된 것인 경우에는 공고된 제품 중에서 우선적으로 구매하여야 한다.
④ 법무부장관은 「형의 집행 및 수용자의 처우에 관한 법률」 제68조에 따라 수형자가 외부기업체 등에 통근 작업하거나 교정시설의 안에 설치된 외부기업체의 작업장에서 작업할 수 있도록 민간기업을 참여하게 하여 교도작업을 운영할 수 있다.

해설

② (×) 3개월 (×) → 1개월 (○). 「동법」 제4조 참조

정답 ②

48 「형의 집행 및 수용자의 처우에 관한 법률 시행규칙」상 직업훈련에 대한 설명으로 옳지 않은 것은? '18. 9급

① 직업훈련의 직종 선정 및 훈련과정별 인원은 지방교정청장의 승인을 받아 교정시설의 장이 정한다.
② 교정시설의 장은 소년수형자의 선도를 위하여 필요한 경우에는 직업훈련에 필요한 기본소양을 갖추었다고 인정할 수 없더라도 직업훈련 대상자로 선정하여 교육할 수 있다.
③ 교정시설의 장은 15세 미만의 수형자를 직업훈련 대상자로 선정해서는 아니 된다.
④ 교정시설의 장은 직업훈련 대상자가 징벌대상행위의 혐의가 있어 조사를 받게 될 경우 직업훈련을 보류할 수 있다.

해설

'직업훈련'과 '외부통근작업'은 교도작업과 관련된 내용으로 중요하고, 「시행규칙」 규정에서 출제하면 고난도의 문제가 된다.
① (×) 직업훈련의 직종 선정 및 훈련과정별 인원은 법무부장관의 승인을 받아 소장이 정한다(「시행규칙」 제124조).
지방교정청장의 승인(×) → 법무부장관의 승인(○).

정답 ①

49 교도작업과 관련된 「형의 집행 및 수용자의 처우에 관한 법률」의 내용이다. (　　) 안에 들어갈 말을 바르게 연결한 것은? '09. 7급

> ┤ 보 기 ├
> 교정시설의 장은 수형자의 (가)에 따라 외부통근작업, 직업능력개발훈련, 그 밖에 (나)가(이) 필요한 작업을 부과하는 경우에는 접견, (다), 교육, 공동행사참가 등의 처우를 제한할 수 있다. 다만, 접견 또는 (다)를(을) 제한한 때에는 휴일이나 그 밖에 해당 수용자의 작업이 없는 날에 접견 또는 (다)를(을) 할 수 있게 하여야 한다.

	가	나	다
①	사정	특별한 능력	편지수수
②	사정	특별한 능력	집필
③	신청	집중적인 근로	편지수수
④	신청	집중적인 근로	전화통화

해설

④ (○) 「법」 제70조 1항 참조.

정답 ④

---

50 다음 중 수용자의 작업 및 외부통근작업에 대한 설명으로 옳은 것은?

① 소장은 수형자가 일반경비처우급 이상으로서 작업·교육 등의 성적이 우수하고 관련 기술이 있는 경우에는 교도관의 작업지도를 보조하게 할 수 있다.
② 소장은 교정본부장의 승인을 받아 수형자에게 부과하는 작업의 종류를 정한다.
③ 외부통근작업 대상자의 선정기준 등에 관하여 필요한 사항은 법무부령으로 정한다.
④ 직업훈련 대상자의 선정기준 등에 관하여 필요한 사항은 법무부장관이 정한다.

해설

① (×) 일반경비처우급(×) → 개방처우급 또는 완화경비처우급으로서(○). 「시행규칙」 제94조 참조.
② (×) 교정본부장(×) → 법무부장관, 「시행령」 제89조 참조.
③ (○) 「법」 제68조 2항
④ (×) 법무부장관(×) → 법무부령(○). 「법」 제69조 3항

정답 ③

51 「형의 집행 및 수용자의 처우에 관한 법률 시행규칙」상 수형자의 외부통근작업에 대한 설명으로 옳은 것은? '19. 7급

① 외부통근자는 개방처우급·완화경비처우급에 해당하고, 연령은 18세 이상 60세 미만이어야 한다.
② 소장은 외부통근자가 법령에 위반되는 행위를 하거나 법무부장관 또는 소장이 정하는 지켜야 할 사항을 위반한 경우에는 외부통근자 선정을 취소하여야 한다.
③ 소장은 외부통근자로 선정된 수형자에 대하여는 자치활동·행동수칙·안전수칙·작업기술 및 현장적응훈련에 대한 교육을 하여야 한다.
④ 소장은 외부통근자의 사회적응능력을 기르고 원활한 사회복귀를 촉진하기 위하여 필요하다고 인정하는 경우에는 수형자 자치에 의한 활동을 허가하여야 한다.

해설

① (×) 외부통근자는 '외부기업체 통근자'와 '외부기업체의 작업장 통근자'가 있다. 외부기업체 통근자는 개방급·완화급에 해당해야하고, 외부기업체 작업장 통근자는 개방·완화·일반급에 해당해야 한다. 연령은 둘 다 18세 이상 65세 미만이어야 한다.「시행규칙」제120조 참조.
② (×) 취소하여야 한다(×) → 취소할 수 있다(○).「시행규칙」제121조 참조.
④ (×) 허가하여야 한다(×) → 허가할 수 있다(○).「시행규칙」제123조 참조.

정답 ③

AI 예상 응용지문

❶ 교정시설 밖에 설치된 외부기업체의 작업장에 통근하며 작업하는 수형자는 법정 요건을 갖춘 수형자 중에서 집행할 형기가 10년 미만이거나 형기 기산일부터 10년 이상이 지난 수형자 중에서 선정한다. (×)

❶ 밖에(×) → 안에(○)

52 「형의 집행 및 수용자의 처우에 관한 법률 시행규칙」상 외부기업체에 통근하며 작업하는 수형자의 선정기준으로 옳은 것만을 모두 고르면? '21. 9급

ㄱ. 19세 이상 65세 미만일 것
ㄴ. 해당 작업 수행에 건강상 장애가 없을 것
ㄷ. 일반경비처우급에 해당할 것
ㄹ. 가족·친지 또는 교정위원 등과 접견·편지수수·전화통화 등으로 연락하고 있을 것
ㅁ. 집행할 형기가 7년 미만이고 직업훈련이 제한되지 아니할 것

① ㄴ, ㄹ
② ㄱ, ㄷ, ㅁ
③ ㄴ, ㄹ, ㅁ
④ ㄱ, ㄴ, ㄹ, ㅁ

해설

ㄱ(×) 19세 이상(×) → 18세 이상(○).

ㄷ(×) 일반경비처우급(×) → 개방처우급·완화경비처우급(○)
ㅁ(×) 직업훈련이 제한되지 아니할 것(×) → 가석방이 제한되지 아니할 것(○). 시행규칙 제120조 참조.

정답 ①

53 행법상 교도작업에 관한 내용으로 옳지 않은 것은? '09. 9급
① 수형자는 자신에게 부과된 작업과 그 밖의 노역을 수행하여야 할 의무가 있다.
② 소장은 수형자의 건전한 사회복귀와 기술습득을 촉진하기 위하여 필요하면 외부기업체 등에 통근 작업하게 하거나 교정시설의 안에 설치된 외부기업체의 작업장에서 작업하게 할 수 있다.
③ 소장은 수형자의 신청에 따라 외부통근작업, 직업능력개발훈련, 그 밖에 집중적인 근로가 필요한 작업을 부과하는 경우에는 작업일에 접견·전화통화·교육·공동행사참가 등의 처우를 제한할 수 있다.
④ 소장은 수형자가 작업 중 부상을 당하거나 장애인이 된 때 또는 사망한 때에는 그 정상을 참작하여 법무부장관이 정하는 바에 의하여 위로금 또는 조위금을 지급할 수 있다.

해설
④ (×) 지급할 수 있다(×) → 지급한다(○).

정답 ④

AI 예상 응용지문
❶ 집중적인 근로가 필요한 작업을 부과하는 경우에는 편지수수도 제한할 수 있다. (×)
❷ 외부기업체에 통근하며 작업하는 수형자로는 집행할 형기가 5년 미만이고, 귀휴가 제한되지 아니할 것의 요건도 갖춘 수형자 중에서 선정한다. (×)

❶ 있다(×) → 없다(○) ❷ 5년(×) → 7년(○) / 귀휴가(×) → 가석방이(○)

54 교도작업에 관한 설명으로 옳지 않은 것은? '10. 9급
① 수형자에게 부과되는 작업은 건전한 사회복귀를 위해 기술을 습득하고 근로의욕을 고취하는 데에 적합한 것이어야 한다.
② 소장은 구류형의 집행 중에 있는 사람에 대해서도 신청에 따라 작업을 부과할 수 있다.
③ 소장은 외부통근자를 18세 이상 65세 미만의 수형자 중에서만 선정하여야 한다.
④ 소장은 수형자에게 작업장려금을 지급할 수 있다.

해설
③ (×) 작업부과 또는 교화를 위하여 특히 필요하다고 인정하는 경우에는 18세 미만의 수형자나 65세 이상의 수형자 중에서도 외부통근자를 선정할 수 있다(「시행규칙」 제120조 3항 참조).

정답 ③

📝 **AI 예상 응용지문**

❶ 소장은 미결수용자의 신청에 따라 교정시설 밖에서 이루어지는 작업 이외의 집중적인 근로가 필요한 작업을 부과하는 경우에는 접견·전화통화·교육·공동행사 참가 등의 처우를 제한할 수 있다. (○)

❷ 소장은 수형자가 작업 또는 직업훈련으로 인한 부상 또는 질병으로 신체 또는 정신에 장애가 발생한 때에는 법무부장관이 정하는 바에 따라 조위금을 지급할 수 있다. (×)

❷ 조위금(×) → 위로금(○) / 정신의 장애가 발생한 때는 포함 안 됨. 지급할 수 있다(×) → 지급한다(○)

55 직업훈련대상자 선정의 제한사유를 모두 고른 것은?

― 보 기 ―

㉠ 15세 미만의 경우
㉡ 교육과정을 수행할 문자해독능력 및 강의 이해능력이 부족한 경우
㉢ 징벌대상행위의 혐의가 있어 조사 중인 경우
㉣ 징벌집행 중인 경우

① ㉠, ㉡, ㉢
② ㉠, ㉢, ㉣
③ ㉡, ㉢, ㉣
④ ㉠, ㉡, ㉢, ㉣

해설

그 밖의 제한사유로는, "작업, 교육·교화프로그램 시행으로 인하여 직업훈련의 실시가 곤란하다고 인정되는 경우, 질병·신체조건 등으로 인하여 직업훈련을 감당할 수 없다고 인정되는 경우"이다. 「시행규칙」 제126조 참조.

정답 ④

56 다음 중 직업훈련 대상자 선정에 대하여 적절하지 않게 설명한 것은?

① 수형자의 의사·적성·나이·학력 등을 고려하여 직업훈련 대상자를 선정할 수 있다.
② 집행할 형기 중에 해당 훈련과정을 이수할 수 있어야 한다.
③ 직업훈련에 필요한 기본기술을 갖추었다고 인정되어야 한다.
④ 석방 후 관련 직종에 취업할 의사가 있어야 한다.

해설

③ (×) 직업훈련에 필요한 기술을 갖추고 있는 수형자에게는 직업훈련을 반복적으로 시킬 필요가 없다. 그러므로 "해당 과정의 기술이 없거나 재훈련을 희망할 것"을 요건으로 규정하고 있다. 「시행규칙」 제125조 참조.

정답 ③

57 「형의 집행 및 수용자의 처우에 관한 법률 시행규칙」상 직업훈련에 대한 설명으로 옳지 않은 것은?

'19. 5급(교정관) 승진

① 소장은 수형자가 직업훈련 대상자 선정 요건을 갖춘 경우에도, 교육과정을 수행할 문자해독능력 및 강의 이해능력이 부족한 경우 직업훈련 대상자로 선정하여서는 아니 된다.
② 소장은 소년수형자의 선도를 위하여 필요한 경우에는, 직업훈련 대상자 선정 요건을 갖추지 못한 15세 미만의 수형자를 직업훈련 대상자로 선정하여 교육할 수 있다.
③ 소장은 훈련취소 등 특별한 사유가 있는 경우를 제외하고는 직업훈련 중인 수형자를 다른 교정시설로 이송해서는 아니 된다.
④ 직업훈련 직종 선정 및 훈련과정별 인원은 법무부장관의 승인을 받아 소장이 정한다.
⑤ 직업훈련 대상자는 소속기관의 수형자 중에서 소장이 선정하되, 집체직업훈련 대상자는 집체직업훈련을 실시하는 교정시설의 관할 지방교정청장이 선정한다.

해설

② (×) 직업훈련 대상자로 선정할 수 있는 수형자는 15세 이상이어야 한다. 이 요건에는 예외가 없으므로 '선도를 위하여 필요한 경우'에도 대상자로 선정해서는 아니 된다. 「시행규칙」 제126조 참조.

정답 ②

58 「형의 집행 및 수용자의 처우에 관한 법률」 시행규칙상 직업훈련에 대한 설명으로 옳지 않은 것은? '17. 7급

① 소장은 직업훈련을 위하여 필요한 경우에는 수형자를 다른 교정시설로 이송할 수 있다.
② 직업훈련 직종 선정 및 훈련과정별 인원은 법무부장관의 승인을 받아 소장이 정한다.
③ 징벌대상행위의 혐의가 있어 조사 중이거나 징벌집행 중인 수형자는 직업훈련 대상자로 선정하여서는 아니 된다.
④ 수형자 취업지원협의회 회의는 재적위원 과반수 출석으로 개의하고, 출석위원 과반수 찬성으로 의결한다.

해설

① (×) 소장 (×) → 법무부장관 (○). 「시행규칙」 제127조 참조.

정답 ①

59 교도작업의 운영 등에 대한 설명 중 옳은 것은?

① 교도작업으로 생산된 제품은 민간기업 보호를 위하여 국가, 지방자치단체 또는 공공기관에만 판매할 수 있다.
② 지방교정청장은 교도작업으로 생산되는 제품의 종류와 수량을 회계연도 개시 1개월 전까지 공고하여야 한다.
③ 교도작업특별회계에서 교도소의 일반 운영경비를 지출할 수 있다.
④ 교도작업특별회계의 결산상 잉여금은 다음 연도의 세입에 이입한다.

해설

① (×) 국가, 지방자치단체 또는 공공기관은 그가 필요한 물품이 공고된 교도작업제품에 해당하면 그 제품 중에서 우선적으로 구매하여야 한다. 또한 교도작업으로 생산된 제품은 민간기업 등에 직접 판매하거나 위탁하여 판매할 수도 있다. 「교도작업법」 제5조, 제7조 참조.
② (×) 지방교정청장(×) → 법무부장관(○). 「교도작업법」 제4조 참조.
③ (×) 교도작업회계는 특별회계이므로 교도작업과 관련된 분야에만 사용할 수 있지 교도소 일반운영경비로는 사용할 수 없다. 「교도작업법」 제9조 참조.

정답 ④

---

60 「교도작업의 운영 및 특별회계에 관한 법률 시행령」상 계약담당자가 추정가격이 「국가를 당사자로 하는 계약에 관한 법률 시행령」 제26조 제1항 제5호 가목에 따른 추정가격의 2배를 초과하는 계약을 하려는 경우에 원칙적으로 일반경쟁에 부쳐야 하는 계약에 해당하지 않는 것은? '17. 5급(교정관) 승진

① 고정자산에 속하거나 속하게 될 재산의 매매
② 유동자산에 속하는 물건의 구입
③ 잡수입(雜收入) 과목으로 처리되는 물건의 매도
④ 법에 따라 중소기업제품으로 성능인증을 받은 제품의 구입
⑤ 손실 과목으로 처리되는 물건의 구입

해설
④ (×) 「시행령」 제9조 참조.

정답 ④

---

61 「교도작업의 운영 및 특별회계에 관한 법률」에 대한 다음 설명에서 옳지 않은 것만을 모두 고른 것은? '13. 9급

| 보 기 |

㉠ 교도작업제품의 전시 및 판매를 위하여 필요한 시설을 설치·운영하거나 전자상거래로 교도작업제품을 판매할 수 있다.
㉡ 법무부장관은 교도작업으로 생산되는 제품의 종류와 수량을 회계연도 개시 2개월 전까지 공고하여야 한다.
㉢ 법무부장관은 민간기업이 참여할 교도작업의 내용을 해당기업체와 계약으로 정한다.
㉣ 특별회계는 교도소장이 운용 관리하며, 법무부장관의 감독을 받는다.
㉤ 특별회계의 결산상 잉여금은 다음 연도의 세입에 이입한다.

① ㉠, ㉡, ㉢
② ㉡, ㉢, ㉣
③ ㉠, ㉢, ㉤
④ ㉡, ㉣, ㉤

해설

ⓛ (×) 2개월(×) → 1개월(○). 「동법」제4조 참조.
ⓒ (×) 법무부장관(×) → 교정시설의 장(○). 교정시설의 장은 민간기업이 참여할 교도작업의 내용을 해당 기업체와의 계약으로 정하고 이에 대하여 법무부장관의 승인을 받아야 한다. 다만, 법무부장관이 정하는 단기의 계약에 대하여는 그러하지 아니하다(제6조 2항). 또한 재계약의 경우에는 지방교정청장의 승인을 받아야 한다.
ⓔ (×) 특별회계는 법무부장관이 운용·관리한다(제8조 2항).

정답 ②

62 교도작업의 운영 및 특별회계에 관한 법령상 교도작업 및 특별회계에 대한 설명으로 옳지 않은 것은?
'19. 9급

① 소장은 민간기업과 처음 교도작업에 대한 계약을 할 때에는 지방교정청장의 승인을 받아야 한다. 다만, 계약기간이 2개월 이하인 경우에는 승인을 요하지 아니하다.
② 교도작업의 종류는 직영작업·위탁작업·노무작업·도급작업으로 구분한다.
③ 소장은 교도작업을 중지하려면 지방교정청장의 승인을 받아야 한다.
④ 특별회계의 세입·세출의 원인이 되는 계약을 담당하는 계약담당자는 계약을 수의계약으로 하려면 「교도관직무규칙」제21조에 따른 교도관회의의 심의를 거쳐야 한다.

해설

① (×) 지방교정청장의 승인(×) → 법무부장관의 승인(○). 재계약의 경우에는 지방교정청장의 승인을 받아야 한다. 「동법」제6조 2항 참조.

정답 ①

63 「교도작업의 운영 및 특별회계에 관한 법률」상 옳지 않은 것만을 모두 고르면? '20. 9급

> ㄱ. 특별회계는 지출할 자금이 부족할 경우에는 특별회계의 부담으로 국회의 의결을 받은 금액의 범위에서 일시적으로 차입하거나 세출예산의 범위에서 수입금 출납공무원 등이 수납한 현금을 우선 사용할 수 있다.
> ㄴ. 특별회계는 세출총액이 세입총액에 미달된 경우 또는 교도작업 관련 시설의 신축·마련·유지·보수에 필요한 경우에는 예산의 범위에서 일반회계로부터 전입을 받을 수 있다.
> ㄷ. 특별회계의 결산상 잉여금은 일시적으로 차입한 차입금의 상환, 작업장려금의 지급, 검정고시반·학사고시반 교육비의 지급 목적으로 사용하거나 다음 연도 일반회계의 세출예산에 예비비로 계상한다.
> ㄹ. 교도작업으로 생산된 제품은 민간기업 등에 직접 판매하거나 위탁하여 판매할 수 있으며, 교도작업의 효율적인 운영을 위하여 교도작업특별회계를 설치한다.

① ㄱ, ㄴ   ② ㄱ, ㄹ   ③ ㄴ, ㄷ   ④ ㄱ, ㄴ, ㄷ

해설

ㄴ(×) 세출총액이 세입총액에 미달된 경우(×) → 세입총액이 세출총액에 미달된 경우(○). 「동법」 제10조 참조.
ㄷ(×) 특별회계의 결산상 잉여금은 다음 연도의 세입에 이입한다. 「동법」 제11조의 2 참조.

정답 ③

64 「형의 집행 및 수용자의 처우에 관한 법률」의 수형자 교도작업에 대한 설명으로 옳지 않은 것은?
'13. 9급

① 교도소장은 금고형 또는 구류형의 집행 중에 있는 사람에 대하여는 신청에 따라 작업을 부과할 수 있다.
② 교도소장은 수형자의 가족 또는 배우자의 직계존속이 사망하면 3일간 해당 수형자의 작업을 면제한다.
③ 공휴일, 토요일과 그 밖의 휴일에는 작업을 부과하지 않는다. 다만, 취사·청소·간호, 그 밖에 특히 필요한 작업은 예외로 한다.
④ 교도소장은 수형자의 근로의욕을 고취하고 건전한 사회복귀를 지원하기 위하여 수형자에 작업장려금을 지급할 수 있다.

해설

② (×) 3일간(×) → 2일간(○). 「법」 제72조 참조.

정답 ②

65 「형의 집행 및 수용자의 처우에 관한 법률」 및 동법 시행령상 교도작업에 대한 설명으로 옳지 않은 것은? '14. 9급

① 소장은 수형자에게 작업을 부과하려면 죄명, 형기, 죄질, 성격, 범죄전력, 나이, 경력 및 수용생활 태도, 그 밖의 수형자의 개인적 특성을 고려하여야 한다.
② 소장은 법무부장관이 정하는 바에 따라 작업의 종류, 작업 성적, 교정성적, 그 밖의 사정을 고려하여 수형자에게 작업장려금을 지급할 수 있다.
③ 소장은 신청에 따라 작업이 부과된 수형자가 작업의 취소를 요청하는 경우에는 그 수형자의 의사, 건강 및 교도관의 의견 등을 고려하여 작업을 취소할 수 있다.
④ 소장은 19세 미만의 수형자에게 작업을 부과할 경우 추가적으로 정신적·신체적 성숙 정도, 교육적 효과 등을 고려하여야 한다.

해설

① (×) 죄명·죄질·범죄전력·수용생활 태도, 개인적 특성(×)

> 소장은 수형자에게 작업을 부과하려면 나이·형기·건강상태·기술·성격·취미·경력·장래생계, 그 밖의 수형자의 사정을 고려해야 한다(법 제25조 2항).

이 문제는 수용자의 거실 지정 시 고려사항을 규정한 「법」 제15조와 대비시켜 함정을 유도한 사례이다.

> 소장은 수용자의 거실을 지정하는 경우에는 죄명·형기·죄질·성격·범죄전력·나이·경력 및 수용생활 태도, 그 밖에 수용자의 개인적 특성을 고려하여야 한다(법 제15조).

정답 ①

66 「형의 집행 및 수용자의 처우에 관한 법률」상 교도작업에 대한 설명으로 옳은 것으로만 묶은 것은?
'14. 9급

── 보 기 ──

㉠ 취사 등 특히 필요한 작업을 제외하고는 공휴일·토요일과 그 밖의 휴일에는 작업을 부과하지 아니한다.
㉡ 수형자가 작업을 계속하기를 원하는 경우가 아니라면, 소장은 수형자의 가족 또는 배우자의 직계존속이 사망하면 2일간, 부모 또는 배우자의 기일을 맞이하면 1일간 해당 수형자의 작업을 면제한다.
㉢ 작업수입은 국고수입으로 한다.
㉣ 소장은 금고형 또는 구류형의 집행 중에 있는 사람에 대하여는 교도작업을 신청하여도 작업을 부과할 수 없다.
㉤ 작업장려금은 특별한 사유가 없는 한 석방 전에 지급하여야 한다.

① ㉠, ㉡, ㉢
② ㉠, ㉣, ㉤
③ ㉡, ㉢, ㉣
④ ㉡, ㉢, ㉤

해설
㉣ (×) 신청에 따른 작업을 부과할 수 있다(「법」 제67조 참조).
㉤ (×) 석방 전에(×) → 석방할 때(○). 「법」 제73조 3항 참조.

정답 ①

67 다음 중 현행법령상 직업능력개발훈련에 대한 설명으로 옳은 것은?

① 소장은 훈련취소 등 특별한 경우를 제외하고는 직업훈련대상자를 다른 시설에 이송해서는 아니 된다.
② 수형자가 15세 미만인 경우에는 제한한다. 다만, 15세 미만 소년수형자에 대해 처우상 필요한 경우에는 직업훈련 대상자로 교육할 수 있다.
③ 집체직업훈련 대상자는 집체직업훈련을 실시하는 교정시설의 장이 선정한다.
④ 심신이 허약하거나 질병 등으로 훈련을 감당할 수 없는 경우에는 직업훈련을 취소할 수 있다.

해설

② (×) 15세 미만인 경우는 「시행규칙」 제126조에 따라 어떠한 명분으로도 직업훈련 대상자로 선정할 수 없다.
③ (×) 교정시설의 장(×) → 관할 지방교정청장(○). 「시행규칙」 제124조 2항 참조.
④ (×) '심신이 허약하거나 질병 등으로 훈련을 감당할 수 없는 경우'는 직업훈련 보류사유이다. 보류사유가 있으면 소장은 해당 수형자의 직업훈련을 보류할 수 있다. 보류 후 그 사유가 소멸되면 본래의 과정에 복귀시켜 훈련하도록 하여야 하나, 본래 과정으로 복귀하는 것이 부적당하다고 인정하는 경우에는 해당 훈련을 취소할 수 있다(「시행규칙」 제128조 참조).

정답 ①

68 다음 설명 중 가장 적절하지 않은 것은?

① 교도작업 관용주의는 교도작업으로 생산되는 물건 및 자재를 국가나 지방자치단체는 또는 공공기관 등에 우선적으로 공급하여 교도작업의 능률을 향상시키고 교도작업의 원활한 운영을 도모함을 목적으로 한다.
② 기획재정부장관은 매 회계연도마다 교도작업으로 생산되는 물건 및 자재의 종류와 수량을 매 회계연도 개시 1개월 전에 공고하여야 한다.
③ 국가, 지방자치단체, 공공기관은 필요로 하는 물건 및 자재를 우선적으로 교도작업제품으로 구매하여야 한다.
④ 교도작업관용주의는 민간기업의 압박이나 피해를 회피하면서 경제적으로 수입을 증진시켜 자급자족을 이룰 수 있는 제도이다.

해설

② (×) 기획재정부기관(×) → 법무부장관(○). 「교도작업의 운영 및 특별회계에 관한 법률」 제4조 참조.
③ (○) 「동법」 제5조 참조.

정답 ②

69 형의 집행 및 수용자의 처우에 관한 법령상 교도작업에 대한 설명으로 옳지 않은 것은? '16. 9급

① 소장은 법무부장관의 승인을 받아 수형자에게 부과하는 작업의 종류를 정한다.
② 소장은 수형자가 작업 또는 직업훈련 중에 사망하거나 그로 인하여 사망한 때에는 상속인에게 조위금을 지급한다.
③ 집중근로 작업이 부과된 수형자에게 접견 또는 전화통화를 제한한 때에는 휴일이나 그 밖에 해당 수용자의 작업이 없는 날에 접견 또는 전화통화를 할 수 있게 하여야 한다.
④ '집중적인 근로가 필요한 작업'이란 수형자의 신청에 따라 1일 작업시간 중 접견·전화통화·교육 및 공동행사 참가 등을 하지 아니하고 휴게시간을 포함한 작업시간 내내하는 작업을 말한다.

해설

① (○) 「시행령」 제89조 참조.
② (○) 「법」 제74조 참조.
③ (○) 「법」 제70조 참조.
④ (×) 휴게시간을 포함한(×) → 휴게시간을 제외한(○). 「시행령」 제95조 참조.

정답 ④

70 교도작업의 경영방법 중 직영작업의 장점만을 모두 고른 것은? '16. 9급

─── 보 기 ───
㉠ 교도소가 이윤을 독점할 수 있다.
㉡ 교도소가 작업에 대한 통제를 용이하게 할 수 있다.
㉢ 교도소가 자유로이 작업종목을 선택할 수 있으므로 직업훈련이 용이하다.
㉣ 민간시장의 가격경쟁원리를 해치지 않는다.
㉤ 제품의 판매와 상관없이 생산만 하면 되므로 불경기가 문제되지 않는다.

① ㉠, ㉡, ㉢
② ㉠, ㉡, ㉤
③ ㉡, ㉢, ㉣
④ ㉢, ㉣, ㉤

해설

㉣ (×) 직영작업은 제품의 생산·판매에 많은 비용이 소요되고 경영의 합리화를 도모하기 어려우며, 시장개척 및 사기업과의 경쟁이 어렵고, 민간기업을 압박하는 단점을 지니고 있다.
㉤ (×) 위탁작업이나 노무작업에 해당한다.

정답 ①

71 형의 집행 및 수용자의 처우에 관한 법령상 교도작업에 대한 설명으로 옳은 것은? '23. 9급

① 소장은 수형자의 가족이 사망하면 1일간 작업을 면제한다.
② 소장은 구류형의 집행 중에 있는 수형자가 작업 신청을 하더라도 작업을 부과할 수 없다.
③ 소장은 수형자의 신청에 따라 집중적인 근로가 필요한 작업을 부과하는 경우에도 접견을 제한할 수 없다.
④ 소장은 완화경비처우급 수형자가 작업기술이 탁월하고 작업성적이 우수한 경우 수형자 자신을 위한 개인작업을 하게 할 수 있다.

해설

① (×) 소장은 수형자의 가족이 사망하면 <u>2일간</u> 작업을 면제한다.
② (×) 소장은 구류형의 집행 중에 있는 수형자가 작업 신청을 하면 작업을 부과할 수 <u>있다</u>.
③ (×) 집중적인 근로를 부과하는 경우에 접견을 제한할 수 있다. **전화통화·교육·공동행사 참가** 등의 처우도 제한할 수 있다. '편지 수수'는 제한할 수 없다. 법 제70조 참조.

정답 ④

72 「형의 집행 및 수용자의 처우에 관한 법률 시행규칙」상 교도작업 및 직업훈련에 대한 설명으로 옳은 것은? '16. 7급

① 수형자가 외부 직업훈련을 한 경우 그 비용은 국가가 부담하여야 한다.
② 소장에 의해 선발된 교육대상자는 작업·직업훈련을 면제한다.
③ 소장은 수형자가 개방처우급 또는 완화경비처우급으로서 작업기술이 탁월하고 작업성적이 우수한 경우에는 수형자 자신을 위한 개인작업을 하게 할 수 있다. 이 경우 개인작업 시간은 교도작업에 지장을 주지 아니하는 범위에서 1일 4시간 이내로 한다.
④ 소장은 개방처우급 또는 완화경비처우급 수형자에 대하여 작업·교육 등의 성적이 우수하고 관련 기술이 있는 경우에는 교도관의 작업지도를 보조하게 할 수 있다. 다만, 처우상 특히 필요한 경우에는 일반경비처우급 수형자에게도 교도관의 작업지도를 보조하게 할 수 있다.

해설

① (×) 소장은 수형자가 개방처우급 또는 완화경비처우급으로서 직업능력 향상을 위하여 특히 필요한 경우에는 교정시설 외부의 공공기관 또는 기업체 등에서 운영하는 직업훈련을 받게 할 수 있다. 직업훈련의 비용은 수형자가 부담한다. 다만, 처우상 특히 필요한 경우에는 예산의 범위에서 그 비용을 지원할 수 있다(「시행규칙」 제96조).
② (○) 「시행규칙」 제107조 1항 참조.
③ (×) 1일 4시간 이내(×) → 1일 2시간 이내(○). 「시행규칙」 제95조 1항 참조.
④ (×) 일반경비처우급 수형자에게는 교도관의 작업지도를 보조하게 할 수 없다(「시행규칙」 제94조 참조).

정답 ②

73 「형의 집행 및 수용자의 처우에 관한 법률 시행규칙」상 수형자 직업훈련 대상자 선정의 제한사항에 해당하지 않는 것은? '23. 9급

① 15세 미만인 경우
② 징벌집행을 마친 경우
③ 교육과정을 수행할 문자해독능력 및 강의 이해능력이 부족한 경우
④ 작업, 교육·교화프로그램 시행으로 인하여 직업훈련의 실시가 곤란하다고 인정되는 경우

해설

② (×) 징벌집행을 마친 경우(×) → 징벌대상행위의 혐의가 있어 조사 중이거나 징벌집행 중인 경우(○)

> 제126조(직업훈련 대상자 선정의 제한) 소장은 수형자가 다음 각 호의 어느 하나에 해당하는 경우에는 직업훈련 대상자로 선정해서는 아니 된다.
> 1. 15세 미만인 경우
> 2. 교육과정을 수행할 문자해독능력 및 강의 이해능력이 부족한 경우
> 3. 징벌대상행위의 혐의가 있어 조사 중이거나 징벌집행 중인 경우
> 4. 작업, 교육·교화프로그램 시행으로 인하여 직업훈련의 실시가 곤란하다고 인정되는 경우
> 5. 질병·신체조건 등으로 인하여 직업훈련을 감당할 수 없다고 인정되는 경우

정답 ②

74 형의 집행 및 수용자의 처우에 관한 법령상 작업과 직업훈련에 대한 설명으로 옳지 않은 것은? '17. 9급

① 수형자가 작업으로 인한 부상으로 신체에 장해가 발생하여 위로금을 받게 될 경우 그 위로금을 지급받을 권리는 다른 사람 또는 법인에게 양도하거나 담보로 제공할 수 없으며, 다른 사람 또는 법인은 이를 압류할 수 없다.
② 집체직업훈련 대상자는 소속기관의 수형자 중에서 소장이 선정한다.
③ 소장은 수형자의 가족 또는 배우자의 직계존속이 사망하면 2일간, 부모 또는 배우자의 기일을 맞이하면 1일간 해당 수형자의 작업을 면제한다. 다만, 수형자가 작업을 계속하기를 원하는 경우는 예외로 한다.
④ 소장은 사형확정자가 작업을 신청하면 교도관회의의 심의를 거쳐 교정시설 안에서 실시하는 작업을 부과할 수 있다.

> **해설**
>
> ② (×) 소장(×) → 관할 지방교정청장 (○).「시행규칙」제124호 2항 참조.
>
> 정답 ②

75 형의 집행 및 수용자의 처우에 관한 법령상 작업 및 직업훈련과 관련하여 교정시설의 장이 취할 수 없는 조치는? '22. 9급

① 일반경비처우급의 수형자에 대하여 직업능력의 향상을 위하여 특히 필요하다고 인정되어 교정시설 외부의 기업체에서 운영하는 직업훈련을 받게 하였다.
② 장인(丈人)이 사망하였다는 소식을 접한 수형자에 대하여, 본인이 작업을 계속하기를 원하지 않는 것을 확인하고 2일간 작업을 면제하였다.
③ 수형자에 대하여 교화목적 상 특별히 필요하다고 판단되어, 작업장려금을 석방 전에 전액 지급하였다.
④ 법무부장관의 승인을 받아 직업훈련의 직종과 훈련과정별 인원을 정하였다.

> **해설**
>
> ① (×) 교정시설 외부의 기업체 등에서 운영하는 '외부직업훈련'과 교정시설 내에서 실시하는 '직업훈련'은 구분해야 한다. 외부직업훈련은 개방급·완화급에게만 허용되지만 '직업훈련'은 경비처우급 제한이 없다. '외부직업훈련'은 수형자가 직업훈련비용을 부담하는 것이 원칙이지만, 직업훈련비용은 국가가 부담한다. 그러므로 시행규칙 제96조(외부직업훈련)와 제124조(직업훈련) 이하의 규정은 비교·구분하여야 한다.
>
> 정답 ①

76 「형의 집행 및 수용자의 처우에 관한 법률 시행규칙」상 취업지원협의회에 대한 설명으로 가장 옳지 않은 것은? '24. 7급(교위) 승진

① 취업지원협의회의 임시회의는 위원 3분의 1 이상의 요구가 있는 때가 아니더라도 회장이 필요하다고 인정하는 때에는 개최할 수 있다.
② 회장은 협의회를 소집하고 협의회 업무를 총괄한다.
③ 소장은 직무태만, 품위손상, 그 밖의 사유로 인하여 위원으로 적합하지 아니하다고 인정되는 경우에는 해당 위원을 해촉할 수 있다.
④ 회장이 부득이한 사유로 직무를 수행할 수 없을 때에는 소장이 지정한 부회장이 그 직무를 대행한다.

해설
③ (×) 소장(×) → 법무부장관(○). 「시행규칙」제144조 ~ 제149조 참조.

정답 ③

77 교도작업에 대한 설명으로 옳은 것을 모두 고른 것은? '12. 9급

| 보기 |

㉠ 직영작업은 수형자의 적성에 적합하도록 작업을 부과할 수 있다.
㉡ 위탁작업은 업종이 다양하여 직업훈련에 적합하다.
㉢ 노무작업은 사인의 간섭과 외부 부정의 개입 가능성이 없다.
㉣ 도급작업은 대부분 구외방식이므로 계호상의 어려움이 있다.

① ㉠, ㉢　　　　　　　　　② ㉡, ㉢
③ ㉠, ㉣　　　　　　　　　④ ㉢, ㉣

해설
㉡ (×) 위탁작업은 위탁자의 필요에 따라 작업종목이 선정되므로 수형자의 적성 등을 고려하기 어렵고, 직업훈련을 하는 데에도 한계가 있다. 따라서 교도작업 본래의 목적을 실현하기 어렵다.
㉢ (×) 노무작업은 수형자에 대한 작업의 통일성을 기하기 어렵고 단순노무인 경우에 기술습득이나 직업훈련에 적합하지 못하고 외부에 의한 관여범위가 가장 넓어 수형자의 교화목적이 손상될 우려가 있다.

정답 ③

78 「형의 집행 및 수용자의 처우에 관한 법률」과 동법 시행령상 교도작업에 대한 설명으로 옳지 않은 것은? '16. 7급

① 소장은 미결수용자에 대하여는 신청에 따라 작업을 부과할 수 있지만, 교정시설 밖에서 행하는 작업은 부과할 수 없다.
② 소장은 금고형 또는 구류형의 집행 중에 있는 사람에 대하여는 신청에 따라 작업을 부과할 수 있다.
③ 소장은 교도관에게 매주 1회 수형자의 작업실적을 확인하게 하여야 한다.
④ 소장은 수형자의 가족 또는 배우자의 직계존속이 사망하면 2일간, 부모 또는 배우자의 기일을 맞이하면 1일간 해당 수형자의 작업을 면제한다. 다만, 수형자가 작업을 계속하기를 원하는 경우는 예외로 한다.

해설

③ (×) 매주 1회(×) → 매일(○). 「시행령」 제92조 참조.

정답 ③

79 형의 집행 및 수용자의 처우에 관한 법령상 교도작업에 대한 설명으로 옳은 것은? '20. 9급

① 소장은 교도관에게 매일 수형자의 작업실적을 확인하게 하여야 한다.
② 소장은 수형자에게 작업을 부과하는 경우 작업의 종류 및 작업과정을 정하여 수형자에게 고지할 필요가 없다.
③ 소장은 공휴일·토요일과 그 밖의 휴일에는 예외 없이 일체의 작업을 부과할 수 없다.
④ 작업과정은 작업성적, 작업시간, 작업의 난이도 및 숙련도를 고려하여 정하며, 작업과정을 정하기 어려운 경우에는 작업의 난이도를 작업과정으로 본다.

해설

② (×) 작업의 종류 및 작업 과정을 정하여 수형자에게 알려야 한다(「시행령」 제91조).
③ (×) 예외적으로 취사·간호 등 운영지원작업과 특히 필요한 작업은 휴일에도 부과할 수 있다(「법」 제71조 단서).
④ (×) 작업의 난이도를(×) → 작업시간을(○). 「시행령」 제91조 2항 참조.

정답 ①

80 「형의 집행 및 수용자의 처우에 관한 법률」상 수형자에 대한 휴일의 작업부과 사유로 옳지 않은 것은? '23. 7급

① 취사·청소·간병 등 교정시설의 운영과 관리에 필요한 작업을 하는 경우
② 작업장의 운영을 위하여 불가피한 경우
③ 공공의 안전이나 공공의 이익을 위하여 긴급히 필요한 경우
④ 교도관이 신청하는 경우

해설

④ (×) 교도관(×) → 수형자(○). 법 제71조 5항 제4호.

정답 ④

81 작업임금제도에 대한 설명으로 옳지 않은 것은? '16. 5급(교정관) 승진

① 영국의 노역장에서 처음 시작되었으며, 이후 프랑스와 미국 등에서 인정되었다.
② 수형자의 작업에 대해 보상을 제공함으로써 노동에 대한 흥미와 노동의 의욕을 높일 수 있는 장점이 있다.
③ 임금을 받아 가족의 생활부조를 할 수 있어서 가족과 연대감을 길러주고 사회복귀 의욕을 북돋아 줄 수 있는 장점이 있다.
④ 국가에 대하여 손해를 끼친 수형자에게 보상을 제공한다는 것은 이율배반이란 비판이 제기 된다.
⑤ 석방 후의 생계준비금의 기반이 될 수 있지만, 피해자에 대한 손해배상에는 도움이 되지 않는다.

해설

⑤ (×) 피해자에 대한 손해배상에 도움이 된다.

정답 ⑤

82 「형의 집행 및 수용자의 처우에 관한 법률 시행규칙」상 직업훈련에 대한 설명으로 옳지 않은 것은?

'16. 5급(교정관) 승진

① 직업훈련 직종 선정 및 훈련과정별 인원은 법무부장관의 승인을 받아 소장이 정한다.
② 직업훈련 전담 교정시설에서 실시하는 집체직업훈련 대상자는 해당 훈련을 실시하는 교정 시설의 관할 지방교정청장이 선정한다.
③ 15세 미만의 소년수형자의 경우라도 선도를 위해 필요하다면 직업훈련대상자로 선정하여 교육할 수 있다.
④ 법무부장관은 직업훈련을 위하여 필요한 경우에는 수형자를 다른 교정시설로 이송할 수 있다.
⑤ 작업, 교육·교화프로그램 시행으로 인하여 직업훈련의 실시가 곤란하다고 인정되는 경우 직업훈련 대상자로 선정해서는 아니 된다.

해설

③ (×) 15세 미만의 소년수형자는 직업훈련 대상자로 선정할 수 없다. 「시행규칙」 제126조 참조.

정답 ③

83 형의 집행 및 수용자의 처우에 관한 법령상 작업과 직업훈련에 대한 설명으로 옳지 않은 것은? '22. 9급

① 소장은 금고형 또는 구류형의 집행 중에 있는 사람에 대하여 신청 여부와 관계없이 작업을 부과할 수 있다.
② 소장은 수형자가 15세 미만인 경우에는 직업훈련 대상자로 선정해서는 아니 된다.
③ 소장은 직업훈련 대상자가 심신이 허약하거나 질병 등으로 훈련을 감당할 수 없는 경우에는 직업훈련을 보류할 수 있다.
④ 법무부장관은 직업훈련을 위하여 필요한 경우에는 수형자를 다른 교정시설로 이송할 수 있다.

해설

① (×) 신청 여부와 관계없이 작업을 부과할 수 있는 수형자는 징역수형자이다. 금고·구류 수형자 및 미결수용자·사형확정자는 신청이 있는 경우에만 작업을 부과할 수 있다.

정답 ①

84 형집행법령상 수용자 취업 및 창업지원에 대한 설명으로 옳은 것은?

① 수형자의 건전한 사회복귀를 지원하기 위하여 교정시설에 취업알선 및 창업지원에 관한 협의기구를 두어야 한다.
② 수형자 취업지원협의회는 3명 이상 5명 이하의 내부위원과 10명 이상의 외부위원으로 구성하며, 회장은 외부위원 중에서 호선한다.
③ 수형자 취업지원협의회의 외부위원 임기는 2년으로 하고, 연임할 수 없다.
④ 수형자 취업지원협의회 회의는 반기마다 개최한다. 다만, 수형자의 사회복귀지원을 위하여 협의가 필요하거나 회장이 필요하다고 인정하는 때 또는 위원 3분의 1이상의 요구가 있는 때에는 임시회의를 개최할 수 있다.

해설

① (×) 협의기구를 두어야 한다(×) → 협의기구를 둘 수 있다(○). 시행령 제85조 참조.
② (×) 회장은 소장이 된다. 다만, 부회장 2명 중 1명은 외부위원 중에서 호선한다. 규칙 제145조 제2항 참조.
③ (×) 2년(×) → 3(○). 연임할 수 있다. 규칙 제146조 제2항 참조.

정답 ④

85 현행 「형의 집행 및 수용자의 처우에 관한 법률」상 작업과 직업훈련에 관한 설명 중 옳은 것을 모두 고른 것은?

> ㉠ 소장은 구류형의 집행 중에 있는 사람에 대하여는 그의 신청이 있더라도 작업을 부과할 수 없다.
> ㉡ 소장은 수형자의 건전한 사회복귀와 기술습득을 촉진하기 위하여 필요하면 외부기업체 등에 통근 작업하게 할 수 있다.
> ㉢ 소장은 수형자에게 집중적인 근로가 필요한 작업을 부과하는 경우에도 교육·공동행사 참가 등의 처우를 제한할 수 없다.
> ㉣ 수형자의 직계존속이 사망한 경우 수형자가 작업을 계속하기를 원하는 경우에도 적어도 2일간은 작업을 면제하여야 한다.

① ㉠, ㉡
② ㉡
③ ㉢, ㉣
④ ㉠, ㉡, ㉢

해설

㉠ (×) 부과할 수 있다. 법 제67조 참조. ㉡ (○) 법 제68조 참조. ㉢ (×)처우를 제한할 수 없다(×) → 처우를 제한할 수 있다(○). 법 제70조 참조. ㉣ (×) 수형자가 작업을 계속하기로 원하는 경우에는 작업을 면제시키면 아니 된다. 법 제72조 참조.

정답 ②

86 형의 집행 및 수용자의 처우에 관한 법령상 수형자 교육과 작업시간에 대한 설명으로 옳은 것은? '23. 7급

① 수형자의 1일 작업시간은 휴식시간을 포함하여 8시간을 초과할 수 없다.
② 소장은 교육을 위하여 필요하면 수형자를 중간처우를 위한 전담교정시설에 수용하여 외부 교육기관에 통학하게 할 수 있다.
③ 소장은 집행할 형기가 1년 남은 수형자도 독학에 의한 학사학위 취득과정 대상자로 선발할 수 있다.
④ 19세 미만 수형자의 1주의 작업시간은 40시간을 초과할 수 없지만, 그 수형자가 신청하는 경우에는 주 8시간 이내의 범위에서 연장할 수 있다.

해설

① (×) 휴식시간을 포함하여(×) →휴식시간을 제외하고 (○). 1일의 작업시간(휴식·운동·식사·접견 등 실제 작업을 실시하지 않는 시간을 제외한다.)은 8시간을 초과할 수 없다. 제71조(작업시간 등) 제1항.
② (○) 법 제63조 3항.
③ (×) 시행규칙 제110조. '독학에 의학 학위취득과정(학사고시반), 제111조 방송통신대학과정(방송대과정), 제112조 전문대학 위탁교육과정(전문대과정)은 집행할 형기가 2년 이상일 것을 요건으로 한다.
④ (×) 19세 미만 수형자의 작업시간은 1일에 8시간을, 1주에 40시간을 초과할 수 없다. 그리고 성인수형자와 달리 연장은 허용되지 않는다. 제71조(작업시간 등) 제4항.

정답 ②

87 「형의 집행 및 수용자의 처우에 관한 법률」상 수형자에 대한 휴일의 작업 부과 사유로 옳지 않은 것은? '23. 7급

① 취사·청소·간병 등 교정시설의 운영과 관리에 필요한 작업을 하는 경우
② 작업장의 운영을 위하여 불가피한 경우
③ 공공의 안전이나 공공의 이익을 위하여 긴급히 필요한 경우
④ 교도관이 신청하는 경우

해설

④ (×) 교도관(×) → 수형자(○). 법[전문개정 2022. 12. 27] 제71조 5항 참조.

정답 ④

88 「형의 집행 및 수용자의 처우에 관한 법률 시행규칙」상 취업지원협의회에 대한 규정으로 (㉠) ~ (㉤)에 들어갈 숫자의 합으로 옳은 것은? '24. 5급(교정관) 승진

> 제145조(구성) ① 협의회는 회장 1명을 포함하여 (㉠)명 이상 (㉡)명 이하의 내부위원과 (㉢)명 이상의 외부위원으로 구성한다.
>
> 제146조(외부위원) ① 법무부장관은 협의회의 외부위원을 다음 각 호의 사람 중에서 소장의 추천을 받아 위촉한다.
>   1. 고용노동부 고용센터 등 지역 취업·창업 유관 공공기관의 장 또는 기관 추천자
>   2. 취업컨설턴트, 창업컨설턴트, 기업체 대표, 시민단체 및 기업연합체의 임직원
>   3. 변호사, 「고등교육법」에 따른 대학(이하 "대학"이라 한다)에서 법률학을 가르치는 강사 이상의 직에 있는 사람
>   4. 그 밖에 교정에 관한 학식과 경험이 풍부하고 수형자 사회복귀 지원에 관심이 있는 외부인사
>   ② 외부위원의 임기는 (㉣)년 으로 하며, 연임할 수 있다.
>
> 제148조(회의) ① 협의회의 회의는 반기마다 개최한다. 다만, 다음 각 호의 어느 하나에 해당하는 경우에는 임시회의를 개최할 수 있다.
>   1. 수형자의 사회복귀 지원을 위하여 협의가 필요할 때
>   2. 회장이 필요하다고 인정하는 때
>   3. 위원 (㉤)분의 1 이상의 요구가 있는 때
>   ② 협의회의 회의는 회장이 소집하고 그 의장이 된다.
>   ③ 협의회의 회의는 재적위원 과반수의 출석으로 개의하고, 출석위원 과반수의 찬성으로 의결한다.

① 23
② 24
③ 25
④ 26

해설

② (○) ㉠ 3명, ㉡ 5명, ㉢ 10명, ㉣ 3년, ㉤ 3분

정답 ②

89 「형의 집행 및 수용자의 처우에 관한 법률 시행규칙」 제120조 외부통근작업 선정기준에 대한 규정으로 ㉠ ~ ㉣ 중 옳지 않은 것을 모두 고른 것은? '24. 6급(교감) 승진

> 제120조(선정기준) ① 외부기업체에 통근하며 작업하는 수형자는 다음 각 호의 요건을 갖춘 수형자 중에서 선정한다.
> 1. ㉠ 20세 이상 65세 미만일 것
> 2. 해당 작업 수행에 건강상 장애가 없을 것
> 3. ㉡ 개방처우급 · 완화경비처우급에 해당할 것
> 4. ㉢ 가족 · 친지 또는 교정위원 등과 접견 · 편지수수 · 전화통화 등으로 연락하고 있을 것
> 5. ㉣ 집행할 형기가 5년 미만이고 가석방이 제한되지 아니할 것

① ㉠
② ㉠, ㉡
③ ㉠, ㉣
④ ㉢, ㉣

해설

㉠ (×) 18세 이상 65세 미만일 것.
㉣ (×) 집행할 형기가 7년 미만이고 가석방이 제한되지 아니할 것.

정답 ③

제4절 귀휴

01 귀휴(furlough)와 관련하여 가장 적절한 설명은? 'AI 예상
① '휴가제(ticket-of-leave)'에 근원을 두고 있고, 영국에서 시작되었다.
② 미결수용자·사형확정자에게는 전혀 적용되지 않는 시설 내 중간처우로서의 성질을 갖는다.
③ 현행법은 일정한 처우 조건을 갖춘 수형자에게 적용하는 일반귀휴만을 규정하고 있다.
④ 귀휴기간은 형기 중 매년 1회 이내, 형기 중 20일 이내로 허가할 수 있다.

해설

① (×) 귀휴는 수형성적이 양호하고 도주 등의 위험이 없음 등을 전제로 하여 수형자에게 일정한 이유와 조건 하에서 일정기간 동안 정해진 목적지로 외출이나 외박을 보내는 사회적 처우 또는 중간처우 중 하나이다. 귀휴는 미국에서 시작되었다. 1913년 위스콘주에서 후버법을 제정하여 사법형 외부통근 프로그램을 만든 데에서 시작되었다.
② (○) 시설내처우 중 **개방형처우**(사회적 처우·중간처우·개방처우)에 속한다. 귀휴는 가석방과 마찬가지로 미결수용자 및 사형확정자는 적용되지 않으며, 일정 요건을 충족한 **수형자에 한해 허가할 수 있는** 처우제도이다.
③ (×) **일반귀휴**는 1961년 「행형법」 제1차 개정시 도입되었고, 특별귀휴는 1999년 제7차 행형법 개정시 신설되었다. 현행법은 6개월 이상 형을 집행받은 수형자로서 법정 요건이 갖춰진 경우에 소장이 허가할 수 있는 '(일반)귀휴'와 일반귀휴 요건을 갖추지 못했지만 법률에서 규정한 특수사유에 해당하면 허가할 수 있는 **특별귀휴** 제도를 규정하고 있다. 일반귀휴 요건은 법률과 시행규칙에서 규정하고 있고, **특별귀휴** 사유는 법률에서만 명시하고 있다. 일반귀휴는 '1년 중 20일 이내'이지만, 특별귀휴는 허가사유에 해당할 때 '회당 5일 이내'로 규정하고 있다.
④ (×) 현행법상 귀휴는 일반귀휴나 특별귀휴 모두 횟수 제한은 없다. 현재는 '형기 중 20일 이내'가 아니라 '1년 중 20일 이내'로 일반귀휴 기간을 규정하고 있다. 특별귀휴는 1회당 5일 이내이다.

☞ **출제의도**
이 문제는 교정학에서 다루는 귀휴(furlough) 제도와 관련된 내용을 물어보는 문제입니다. 특히 귀휴의 기원, 법적 제도적 발전, 적용 대상 및 횟수 제한 등과 관련된 세부적인 이해를 요구하고 있습니다.

☞ **학습전략**
귀휴 제도의 기원 및 국제적 도입 배경: 미국과 독일의 귀휴 제도의 역사적 발전과 한국에서의 도입 과정을 정리해 두면 유사한 문제에 대한 대비가 가능합니다. **수형자 처우의 유형**: 미결수용자나 사형확정자와 같이 특정 범주의 수용자에게는 적용되지 않는 처우의 유형에 대해 명확하게 이해하고, 귀휴와 같은 처우의 성격을 정리해야 합니다. **일반귀휴와 특별귀휴의 차이**: 법률적으로 두 제도가 언제, 어떻게 허가될 수 있는지와 각각의 허가 기간, 횟수 제한 여부 등에 대한 구체적인 규정을 숙지해야 합니다. **법률 및 시행규칙의 이해**: 교정 관련 법령의 세부 내용을 공부할 때, 주요 개념과 용어를 정확하게 파악하고 법조항의 세부 차이를 이해하는 것이 중요합니다. 특히, 귀휴와 같은 수형자 처우 관련 제도의 법률적 근거를 꼼꼼히 학습해야 합니다. 이 문제를 통해 귀휴 제도의 법적 개념과 적용 방식에 대한 이해가 중요하다는 점을 알 수 있습니다. 교정학에서는 수형자의 처우와 관련된 다양한 법률적 규정을 명확히 파악하는 것이 중요하므로, 관련 법령을 학습할 때 세부적인 **차이**를 놓치지 않도록 신경 써야 합니다.

정답 ②

02 귀휴제도에 대한 설명으로 옳지 않은 것으로만 묶은 것은?

┤ 보 기 ├

㉠ 시설에서 완전히 석방하지 않고 일시적으로 사회에 보내는 것이라는 점에서 중간처우의 일종이라고 할 수 있다.
㉡ 조선시대 대전회통이나 형법대전(1905)에 규정된 보방(保放)은 귀휴제도의 일종이라고 할 수 있다.
㉢ 소년수형자에 대해서는 사회적응의 기회를 주어야 할 필요성이 훨씬 크므로 귀휴의 요건을 별도로 정하고 있다.
㉣ 일반귀휴는 형집행 기간에 포함되지만, 특별귀휴는 형 집행기간에 산입하지 않는다.
㉤ 교도관 동행귀휴제도는 예산과 보안상의 이유로 아직 입법과제로 남아있다.
㉥ 귀휴자의 여비 및 귀휴 중 착용할 복장은 원칙적으로 귀휴자의 부담으로 한다.

① ㉠, ㉣, ㉥
② ㉡, ㉢, ㉤
③ ㉡, ㉣
④ ㉢, ㉣, ㉤

해설

㉠ (○) 귀휴제도는 반자유처우·중간처우의 일종으로서 '형벌휴가제도' 또는 '외박제'라고도 부른다.
㉢ (×) 귀휴의 요건은 소년 수형자를 대상으로 하는 특칙 규정이 없다. 이 점에 있어서는 가석방요건과 차이가 있으므로 비교·구분할 필요가 있다.
㉣ (×) 일반귀휴나 특별귀휴 모두 형집행 기간에 포함된다. 귀휴제도는 그 기간 중 형의 집행이 계속 유지되기 때문에 '형의 집행정지'와 구분된다. '형의 집행정지'는 그 기간 동안 형 집행이 정지되어 그 기간은 형집행기간에 산입되지 않는다.
㉤ (×) 귀휴는 교도관의 동행 없이 실시하는 것이 원칙이나, 현행법은 교도관 동행귀휴도 채택하고 있다(「시행규칙」제141조 참조).

정답 ④

03 귀휴제도에 대한 설명으로 옳지 않은 것은?

① 귀휴제도는 외부통근제도, 주말구금제도, 가족 만남의 집 제도 등과 더불어 개방처우에 속하는 제도이다.
② 형의 집행이 계속된다는 점에서 형의 집행정지제도와 구별된다.
③ 6개월 이상 형을 집행받은 일반경비처우급 수형자도 그 형기의 3분의 1을 경과하고 사회복귀를 위해 특히 필요한 경우에는 일반귀휴의 대상자가 될 수 있다.
④ 일반귀휴의 기간은 1년 중 10일 이내로 한다.
⑤ 귀휴의 기간은 제한이 있으나, 횟수에는 제한이 없다.

해설

② (○) 형집행정지와는 달리 귀휴기간은 형집행기간에 산입된다는 특징이 있다.
④ (×) 10일 이내(×) → 20일 이내(○).

정답 ④

04 「형의 집행 및 수용자의 처우에 관한 법률 시행규칙」상 귀휴심사위원회에 대한에 설명으로 가장 옳지 않은 것은? '24. 6급(교감) 승진

① 위원장이 부득이한 사유로 직무를 수행할 수 없을 때에는 부소장인 위원이 그 직무를 대행하고, 부소장이 없거나 부소장인 위원이 사고가 있는 경우에는 위원장이 외부위원 중에서 미리 지정한 위원이 그 직무를 대행한다.
② 귀휴위원회는 위원장을 포함한 6명 이상 8명 이하의 위원으로 구성한다.
③ 귀휴위원회의 회의는 재적위원 과반수의 출석으로 개의하고, 출석위원 과반수의 찬성으로 의결한다.
④ 위원장은 소장이 되며, 위원은 소장이 소속기관의 부소장·과장(지소의 경우에는 7급 이상의 교도관) 및 교정에 관한 학식과 경험이 풍부한 외부인사 중에서 임명 또는 위촉한다. 이 경우 외부위원은 2명 이상으로 한다.

해설

① (×) 외부위원 중에서(×). 위원장이 부득이한 사유로 직무를 수행할 수 없을 때에는 부소장인 위원이 그 직무를 대행하고, 부소장이 없거나 부소장인 위원이 사고가 있는 경우에는 <u>위원장이 미리 지정한 위원</u>이 그 직무를 대행한다. 제132조(위원장의 직무) 제2항 참조.

정답 ①

05 현행법령상 귀휴에 관한 설명으로 옳지 않은 것은?

① 특별귀휴를 허가하는 경우를 제외하면 6개월 이상 형을 집행받은 수형자로서 유기형의 경우에는 그 형기의 3분의 1을 경과하여야 한다.
② 일반귀휴의 경우에 형기의 기준을 정함에 있어서 부정기형은 단기형을 그 형기로 본다.
③ 소장은 일반귀휴 또는 특별귀휴를 허가한 경우에 필요하다고 인정할 때에는 교도관을 동행하게 할 수 있다.
④ 귀휴심사위원회의 외부인사는 1명 또는 2명으로 한다.

해설

현행법상의 귀휴에는 일정한 자격을 갖춘 수형자에게 일정한 사유가 발생한 경우에 허가하는 '일반귀휴'와 그러한 자격이 없더라도 긴급한 가정사정이 생긴 경우에 수형자에게 단기간 걸쳐 허용하는 '특별귀휴'가 있다.
④ (×) 2명 이상으로 한다(「시행규칙」제131조 참조).

정답 ④

06 귀휴에 대한 내용으로 옳은 것은?

① 무기수형자의 경우 6년을 형을 집행받은 때에는 일반귀휴사유에 해당하지 않더라도 1년 중 10일 이내로는 특별귀휴를 허가받을 수 있다.
② 소장은 개방처우급·완화경비처우급 수형자에게 일반귀휴를 허가할 수 있다. 다만, 교화 또는 사회복귀 준비 등을 위하여 특히 필요한 경우에는 일반경비처우급 수형자에게도 이를 허가할 수 있다.
③ 일반귀휴와는 달리 특별귀휴의 경우에는 귀휴기간을 형집행기간에는 산입하지 않는다.
④ 특히 긴급한 사유가 있는 경우 귀휴자는 허가된 귀휴지를 벗어날 수 있으나, 이 경우에는 사후에 지체 없이 소장에게 그러한 사실을 신고하여야 한다.

해설

① (×) 10일 이내(×). 특별귀휴는 그 사유에 해당하면 한 번에 1회당 5일 이내로 두 번 이상도 가능하므로 기간 제한이 없다. 1년 10일 이상의 기간 동안도 가능하다. 무기수형자에게 일반귀휴를 허가할 수 있으려면 7년 이상 형을 집행받아야 한다.
③ (×) 특별귀휴도 형집행기간에 산입된다.
④ (×) 허가된 귀휴지를 벗어나는 것은 특히 긴급한 사유가 있는 경우에 한정되지 않고, 사후보고도 절차상 규정이 없다. 현행법상 '귀휴지 외의 지역 여행금지'는 필요적 조건이 아니라 임의적 조건이다. 그러므로 소장이 그 조건을 붙이지 않은 경우에는 허가된 귀휴지를 벗어나는 것이 금지되지 않는다.

정답 ②

07 형의 집행 및 수용자의 처우에 관한 법령상 귀휴를 허가할 수 있는 대상이 아닌 것은? '20. 7급

① 10년의 징역형을 받고 4개월 복역한 일반경비처우급 수형자 A가 장모님의 사망을 이유로 5일간의 귀휴를 신청하였다.
② 3년 징역형을 받고 13개월을 복역한 완화경비처우급 수형자 B가 출소 전 취업준비를 이유로 귀휴를 신청하였다.
③ 20년 징역형을 받고 6년을 복역한 완화경비처우급 수형자 C가 장인의 위독함을 이유로 귀휴를 신청하였다.
④ 무기형을 받고 10년을 복역한 완화경비처우급 수형자 D가 아들의 군입대를 이유로 귀휴를 신청하였다.

해설

① (○) (일반)귀휴 허가 대상은 아니나, 특별귀휴 대상에 해당.
② (○) (일반)귀휴 허가 요건을 갖추고 있으므로 귀휴 대상.
③ (×) 20년 징역형의 3분의 1에 미치지 못하는 형집행이므로 (일반)귀휴요건을 갖추지 못함. 배우자의 직계존속인 장인의 위독함은 (일반)귀휴사유이고 특별귀휴사유 아님.
④ (○) 무기형을 받고 7년 이상 형집행을 받으면 (일반)귀휴 허가할 수 있는 대상임.

정답 ③

08 「형의 집행 및 수용자의 처우에 관한 법률」상의 귀휴제도에 관한 설명으로 옳은 것은? '09. 7급

① 무기형으로 형을 집행받는 수형자의 경우에는 10년의 수형기간이 경과되어야 일반귀휴가 허가될 수 있다.
② 일반귀휴는 1년에 20일 이내에서 허가될 수 있다.
③ 배우자의 직계존속이 사망한 때에는 7일 이내의 특별귀휴가 허가될 수 있다.
④ 귀휴기간은 형집행기간에 산입하지 않는다.

해설

① (×) 10년(×) → 7년(○).
③ (×) 7일 이내(×) → 5일 이내(○).
④ (×) 형집행정지기간과는 달리 귀휴기간은 일반귀휴나 특별귀휴 모두 형기에 산입된다.

정답 ②

09 현행법령상 귀휴제도에 대한 규정으로 옳지 않은 것은?

① 천재지변이나 그 밖의 재해로 가족, 배우자의 직계존속 또는 수형자 본인에게 회복할 수 없는 중대한 재산상의 손해가 발생하였거나 발생할 우려가 있는 때에는 일반귀휴를 허가할 수 있다.
② 소장은 귀휴를 허가하는 경우에 법무부령으로 정하는 바에 따라 거소의 제한이나 그 밖에 필요한 조건을 붙일 수 있다.
③ 소장은 1일 이상의 귀휴를 허가한 경우에는 귀휴를 허가받은 사람의 귀휴지를 관할하는 경찰관서의 장에게 그 사실을 통보하여야 한다.
④ 시행규칙상 본인 또는 형제자매의 혼례가 있는 때에는 일반귀휴를 허가할 수 있다.

해설

③ (×) 1일 이상(×) → 2일 이상(○). 「시행령」 제97조 1항 참조.

정답 ③

AI 예상 응용지문

❶ 소장은 귀휴를 허가하는 경우에는 귀휴지 외의 지역 여행금지 등 귀휴에 필요한 조건을 붙여야 한다. (×)
❷ 본인 또는 형제자매의 혼례가 있는 때에는 특별귀휴를 허가할 수 있다. (×)

❶ 붙여야 한다(×) → 붙일 수 있다(○) ❷ 특별귀휴(×) → 일반귀휴(○)

10 다음은 귀휴제도에 대한 설명이다 바른 것은?

① 귀휴심사위원회는 위원장을 포함한 6명 이상 8명 이하의 위원으로 구성하며, 이 경우 외부 위원 2명 이상으로 하여야 한다.
② 소장은 6개월 이상 형을 집행받은 수형자로서 그 형기의 3분의 1이 경과한 자에 대하여 1년 중 30일 이내의 귀휴허가를 할 수 있다.
③ 소장은 수형자의 가족 또는 배우자의 직계존속이 사망한 때에는 5일 이내의 특별 귀휴를 허가할 수 있으며, 이때에는 귀휴심사위원회의 심사를 거치지 아니한다.
④ 귀휴제는 가족관계나 사회관계를 유지하게 하여 사회복귀를 촉진시키는 제도이며, 형의 집행이 일시 정지된다는 점에서 형집행정지와 비슷하다.

해설

② (×) 30일 이내(×) → 20일 이내(○).
③ (×) 일반귀휴는 물론이고 특별귀휴도 귀휴심사위원회의 심사를 거쳐야 한다(「시행규칙」 제129조 1항 참조). 다만 토요일, 공휴일 그 밖에 귀휴심사위원회의 소집이 매우 곤란한 때에 가족 또는 배우자의 직계존속이 사망한 사유가 발생한 경우에 한하여 심사 없이 귀휴를 허가할 수 있다(「시행규칙」 제134조 참조).
④ (×) 일시정지된다(×).

정답 ①

11 귀휴에 대한 설명으로 옳은 것은? '12. 7급

① 21년 이상의 유기형 또는 무기형의 경우에는 20년이 지나야 귀휴를 허가할 수 있다.
② 질병이나 사고로 외부의료시설에의 입원이 필요한 때에는 특별귀휴를 허가할 수 있다.
③ 교화를 위해 특히 필요한 경우에는 일반경비처우급 수형자에게도 귀휴를 허가할 수 있다.
④ 귀휴기간은 형 집행기간에 포함되지 않으므로 귀휴는 형집행정지의 일종이다.

해설

① (×) 20년(×) → 7년(○).
② (×) 특별귀휴(×) → 일반귀휴(○).
③ (○) 개방·완화경비처우급 수형자에게 귀휴를 허가하는 것이 원칙이나, 교화 또는 사회복귀 준비 등을 위하여 특히 필요한 경우에는 일반경비처우급 수형자에게도 예외적으로 일반귀휴를 허가할 수 있다(「시행규칙」 제129조 2항 참조).
④ (×) 귀휴기간은 형집행기간에 산입된다는 점이 형집행기간에 산입되지 않는 형집행정지와 차이점이다.

정답 ③

12 「형의 집행 및 수용자의 처우에 관한 법률」상 소장은 6개월 이상 형을 집행받은 수형자로서 그 형기의 3분의 1(21년 이상의 유기형 또는 무기형의 경우에는 7년)이 지나고 교정성적이 우수한 사람에 대하여 1년 중 20일 이내의 귀휴를 허가할 수 있다. 귀휴사유로서 옳지 않은 것은? '12. 9급

① 질병이나 사고로 외부의료시설에서의 입원이 필요한 때
② 가족 또는 배우자의 직계존속이 위독한 때
③ 천재지변이나 그 밖의 재해로 가족, 배우자의 직계존속 또는 수형자 본인에게 회복할 수 없는 중대한 재산상의 손해가 발생하였거나 발생할 우려가 있는 때
④ 그 밖에 교화 또는 건전한 사회복귀를 위하여 대통령령으로 정하는 사유가 있는 때

해설

④ (×) 대통령령(×) → 법무부령(○). 법률상의 사유 이외에 건전한 사회복귀를 위하여 법무부령으로 정하는 사유가 있는 때 귀휴를 허가할 수 있다(「법」 제77조 1항 참조).

정답 ④

---

13 현행법상 특별귀휴의 허가기간과 제한횟수는?

① 1년 중 10일 이내, 1회 이내
② 1년 중 20일 이내, 5회 이내
③ 5일 이내, 횟수 제한 없음
④ 20일 이내, 횟수 제한 없음

해설

③ (○) 「법」 제77조 2항 참조. 과거 「귀휴시행규칙」에서는 "귀휴는 연 1회에 한하여 허가할 수 있으며 형기 중 5회를 초과할 수 없다"고 규정하고 있었으나, 현행법에서는 귀휴 횟수 제한은 규정하지 않고 있다.

정답 ③

---

14 「형의 집행 및 수용자의 처우에 관한 법률」상 교도소장이 1년 중 20일 이내의 범위에서 귀휴를 허가할 수 있는 수형자의 조건으로 옳지 않은 것은? '13. 7급

① 최소한 1년 이상 복역한 수형자
② 형기의 3분의 1일 지나고 교정성적이 우수한 수형자
③ 21년 이상의 유기형을 선고받고 7년 이상 복역한(형을 집행받은) 수형자
④ 무기형을 선고받고 7년 이상 복역한 수형자

해설

① (×) 일반귀휴요건을 묻는 문제이다. 최소한 1년 이상(×) → 최소한 6개월 이상(○). ③ <2020. 2. 4 법 제77조 1항 개정>을 통하여 과거 '복역한'이라는 용어는 '형을 집행받은'으로 순화되었다.

정답 ①

15 현행법령상 귀휴에 대한 설명 중 가장 타당한 것은?

① 귀휴허가에 관한 형기의 계산은 부정기형의 경우 장기를 기준으로 한다.
② 귀휴는 특별귀휴의 기간을 포함하여 1년 중 20일 이내 범위에서 허가할 수 있다.
③ 긴급성이 인정되는 특별귀휴는 귀휴위원회의 심사를 생략하고 교도관회의로 대체할 수 있다.
④ 중(重)경비처우급 수형자의 직계비속의 혼례가 있는 때에는 5일 이내 특별귀휴를 허가할 수 있다.

해설

① (×) 장기(×) → 단기(○).
② (×) 특별귀휴의 기간을 포함(×) → 특별귀휴의 기간을 제외(○).
③ (×) 귀휴심사의 특례에 의해 귀휴심사위원회의 심사를 거치지 아니하는 경우에는, 수용관리를 담당하고 있는 부서와 귀휴업무를 담당하고 있는 부서의 장의 의견을 들어야 한다. 교도관회의로 대체할 수 있다(×). 「시행규칙」 제134조 참조.
④ (○) 일반귀휴는 중경비처우급에게 허가할 수 없으나, 특별귀휴는 허가할 수 있다.

정답 ④

16 교정성적이 우수한 다음 수형자 중 귀휴 허가요건을 충족 못한 사람은?

	형기	집행기간	경비처우급	사유
①	징역 7년	3년	완화경비처우급	아들 입대
②	징역 7년	2년	완화경비처우급	장인 사망
③	징역 10년	3년	완화경비처우급	배우자 위독
④	징역 15년	4년	일반경비처우급	딸 혼례

해설

③ (×) 완화경비처우급이고 가족인 배우자가 위독한 때는 일반귀휴 허가사유에 해당되지만, 징역 10년을 받은 수형자로서 그 형기의 3분의 1이 지난 경우에 해당되지 않으므로 귀휴허가요건을 갖추지 못했다.

정답 ③

17 다음 수형자 중 소장이 귀휴를 허가할 수 없는 사람은 누구인가?

① 배우자가 위독한 甲(징역 7년 선고, 3년 복역)
② 작업 중 중상을 입은 乙(징역 21년 선고, 6년 복역)
③ 장모가 위독한 丙(징역 5년 선고, 4년 복역)
④ 아들의 혼례가 있는 丁(징역 3년 선고, 10월 복역)

해설

② (○) 21년 이상의 유기형 또는 무기형의 경우에는 7년이 지나고 교정성적이 우수한 사람에게 귀휴를 허가할 수 있다(「법」 제77조 1항 참조). 유기형의 경우에는 6개월 이상 형을 집행받고(복역하고), 그 형기

의 3분의 1이 지나면 귀휴대상자가 될 수 있다.
④ (×) 특별귀휴는 일반귀휴요건이 구비되지 않더라도 허가할 수 있다. 아들은 직계비속에 속하고, '직계 비속의 혼례가 있는 때'는 특별귀휴사유 중 하나이다.

정답 ②

18 형의 집행 및 수용자의 처우에 관한 법률상 귀휴에 대한 설명으로 옳지 않은 것은? '14. 7급 수정

① 교정시설의 장은 1년 이상 형을 집행받은 수형자로서 그 형기의 3분의 1이 지나고 교정성적이 우수한 사람의 가족 또는 배우자의 직계존속이 질병이나 사고로 위독한 때에는 형기 중 21일 이내의 귀휴를 허가할 수 있다.
② 교정시설의 장은 직계비속의 혼례가 있는 때에 수형자에게 5일 이내의 특별귀휴를 허가할 수 있다.
③ 특별귀휴는 교정성적이 우수하지 않아도 그 요건에 해당하면 허가할 수 있다.
④ 교정시설의 장은 귀휴 중인 수형자가 거소의 제한이나 그 밖의 귀휴허가에 붙인 조건을 위반한 때에는 그 귀휴를 취소할 수 있다.

해설

① (×) 1년(×) → 6개월(○) / 형기 중 20일 이내(×) → 1년 중 20일 이내(○). 구「행형법」은 "1년 이상 복역한 수형자로서 그 형기의 2분의 1을 경과하고 뉘우치는 빛이 뚜렷하며 행장이 우수한 때에는 형기간 중 3주일 이내의 귀휴를 허가할 수 있다"고 규정되어 있었다.

정답 ①

19 「형의 집행 및 수용자의 처우에 관한 법률」상 5일 이내의 특별귀휴를 허가할 수 있는 경우로만 묶은 것은? '14. 9급

┤ 보기 ├
㉠ 출석 수업을 위하여 필요한 때
㉡ 가족 또는 배우자의 직계존속이 사망한 때
㉢ 본인 또는 형제자매의 혼례가 있는 때
㉣ 직계비속의 혼례가 있는 때
㉤ 직업훈련을 위하여 필요한 때

① ㉠, ㉡
② ㉡, ㉣
③ ㉢, ㉤
④ ㉣, ㉤

해설

②(○) ㉡, ㉣이 특별귀휴사유이다. ㉠, ㉢, ㉤은 일반귀휴사유이다.

정답 ②

20 현행법령상 귀휴에 관한 설명 중 옳은 것은 몇 개인가?

―――― 보 기 ――――
㉠ 6개월 이상 복역한 수형자로서 그 형기의 4분의 1이 지나고 교정성적이 우수한 사람이 귀휴사유에 해당하면 귀휴심사의 대상이 될 수 있다.
㉡ 무기형의 경우 5년이 지나고 교정성적이 우수한 자가 대상이 된다.
㉢ 귀휴기간은 형 집행기간에 포함된다.
㉣ 귀휴심사위원회의 회의는 위원장이 수형자에게 귀휴사유가 발생하여 귀휴심사가 필요하다고 인정하는 때에 개최하는데, 외부위원은 3인 이상이다.
㉤ 위원회의 회의는 재적의원 과반수 출석으로 개의하고, 재적의원 과반수 찬성으로 의결한다.
㉥ 매일 1회 이상 모든 귀휴 대상자는 소장에게 전화보고를 조건으로 한다.
㉦ 귀휴 여비와 착용할 복장은 교정시설의 부담으로 한다.
㉧ 귀휴를 허가한 경우에는 귀휴지 관할 경찰관서의 장에게 통보해야 한다.
㉨ 소장은 귀휴를 허가한 때에는 귀휴허가증을 발급하여야 한다.

① 2개 ② 3개
③ 5개 ④ 6개

해설

㉢, ㉨ (○)
㉠ (×) 4분의 1(×) → 3분의 1(○).
㉡ (×) 5년(×) → 7년(○).
㉣ (×) 귀휴심사위원회의 외부위원은 2명 이상으로 한다.
㉤ (×) 재적의원 과반수 찬성으로 의결한다(×) → 출석의원 과반수의 찬성으로 의결한다(○).
㉥ (×) 조건으로 한다(×) → 조건으로 할 수 있다(○). 다만, 동행귀휴의 경우에는 전화보고 조건을 붙일 수 없다.
㉦ (×) 교정시설의 부담(×) → 본인의 부담(○).
㉧ (×) 2일 이상의 귀휴를 허가한 경우에는 귀휴지 관할 경찰관서의 장에게 통보하여야 하지만, 1일 귀휴인 경우에는 통보의무가 없으므로 틀린 지문이다.

정답 ①

AI 예상 응용지문

❶ 현행법상 미결수용자와 사형확정자에게는 일반귀휴는 허가할 수 없으나, 직계존속 등 가족의 사망시 특별귀휴는 허가할 수 있다. (×)
❷ 특별귀휴기간은 형집행기간에 산입되지 않는다. (×)
❸ 귀휴심사위원회는 위원장을 포함한 6명 이상 8명 이하의 위원으로 구성하며, 외부인원은 2명으로 한다. (×)
❹ 소장은 수형자의 가족 또는 배우자의 직계존속이 사망한 때에는 5일 이내의 특별귀휴를 허가한다. (×)
❺ 특별귀휴는 일반귀휴와 달리 귀휴심사위원회의 심사를 거치지 아니해도 적법절차에 위반되지 않는다. (×)

❶ 특별귀휴도 허가 안 됨. ❷ 산입된다. ❸ 2명으로(×) → 2명 이상으로(○) ❹ 허가한다(×) → 허가할 수 있다(○) ❺ 위반된다.

21 「형집행법 시행규칙」에 따른 귀휴의 대상이 아닌 것은? '99. 5급(교정관) 승진 수정

① 직계존속, 배우자, 배우자의 직계존속 또는 본인의 고희일인 때
② 본인 또는 형제자매의 혼례가 있는 때
③ 직계비속의 혼례가 있는 때
④ 직계비속이 입대하거나 해외유학을 위하여 출국하게 된 때
⑤ 출소 전 취업 또는 창업 등 사회복귀준비를 위하여 필요한 때

해설

③ (×) 법률상 특별귀휴사유이다(「법」제77조 2항 참조).「시행규칙」제129조 3항 참조.

정답 ③

22 특별귀휴에 대하여 적절한 것은?

① 배우자의 직계존속이 사망한 때의 경우도 가능하다.
② 10일 이내이며 형 집행기간에 산입한다.
③ 귀휴의 형식적 요건에 해당되어야 한다.
④ 교정성적이 우수한 수형자만 신청할 수 있다.

해설

② (×) 10일 이내(×) → 5일 이내(○).
③,④ (×) 특별귀휴는 '교정성적이 우수하고 6개월 이상 형 집행을 받았을 것'과 같은 일반귀휴요건이 갖춰지지 아니한 경우에도 가족이 사망한 때 또는 배우자의 직계존속이 사망한 때, 직계비속의 혼례가 있는 때에 해당하면 허가할 수 있다.「법」제77조 2항 참조.

정답 ①

> **AI 예상 응용지문**
> ❶ 일반귀휴는 소장이 허가할 수 있고, 특별귀휴는 관할 지방교정청장의 승인을 받아 소장이 허가할 수 있다.(×)
> ❶ 모든 귀휴는 승인 없이 소장이 허가할 수 있음.

23 현행「형의 집행 및 수용자의 처우에 관한 법률」이 명문으로 인정하고 있는 수형자의 권리는? '08. 9급

① 가석방재심사 요구
② 징벌집행의 유예신청
③ 자비부담의 신문구매 신청
④ 귀휴심사청구

해설

①, ④ (×) 수형자의 권리가 아니므로 요구하거나 청구할 수 없다.

② (×) 징벌집행의 유예는 징벌위원회가 징벌을 의결할 때 고려할 수 있을 뿐, 수용자의 신청은 인정되지 않는다「법」제114조 참조.

정답 ③

24 형의 집행 및 수용자의 처우에 관한 법령상 귀휴에 대한 설명으로 옳지 않은 것은? '16. 9급

① 동행귀휴의 경우에는 귀휴조건 중 '귀휴지에서 매일 1회 이상 소장에게 전화보고' 조건은 붙일 수 없다.
② 귀휴자의 여비와 귀휴 중 착용할 복장은 본인이 부담한다.
③ 소장은 귀휴자가 신청할 경우 작업장려금의 전부를 귀휴비용으로 사용하게 할 수 있다.
④ 소장은 귀휴자가 귀휴조건을 위반한 경우에는 귀휴심사위원회의 의결을 거쳐 귀휴를 취소하여야 한다.

해설

④ (×) 취소하여야 한다(×) → 취소할 수 있다(○). 취소 절차에 귀휴심사위원회는 참여하지 않고, 귀휴허가에 관한 심사만 심의할 수 있다.「법」제78조 및「시행규칙」제131조 참조.

정답 ④

25 다음 중 현행 귀휴제도에 대한 설명으로 옳지 않은 것은?

① 소장은 6개월 이상 형을 집행받은 수형자로서 그 형기의 3분의 1이 지나고 교정성적이 우수한 사람이 가족 또는 배우자의 직계존속이 위독한 때에는 귀휴를 허가할 수 있다.
② 귀휴기간은 형집행 기간에 포함되지 않는다.
③ 소장은 귀휴를 허가하는 경우에는 귀휴심사위원회의 심사를 거쳐야 한다.
④ 소장은 귀휴를 허가하는 경우에 거소의 제한이나 그 밖에 필요한 조건을 붙일 수 있다.

해설

② (×) 포함되지 않는다(×) → 포함된다(○). 형집행정지와 달리 형기에 포함된다.

정답 ②

AI 예상 응용지문

❶ 소장은 귀휴를 허가하는 경우 및 귀휴를 취소하는 경우에는 귀휴심사위원회의 심사를 거쳐야 한다. (×)
❷ 소장은 귀휴 중인 수형자에게 귀휴의 허가사유가 존재하지 아니함이 밝혀진 때에는 귀휴를 중지하여야 한다. (×)

❶ 취소의 경우는 심사위원회 심의절차는 없음. ❷ 중지하여야 한다(×) → 취소할 수 있다(○)

26 형의 집행 및 수용자의 처우에 관한 법령상 귀휴제도에 대한 설명으로 옳은 것은? '23. 7급

① 소장은 6개월 이상 형을 집행받은 수형자로서 그 형기의 3분의 1이 지나고 교정성적이 우수한 사람이 가족 또는 배우자의 직계존속이 위독한 때에는 형기 중 20일 이내의 귀휴를 허가할 수 있다.
② 귀휴자는 귀휴 중 천재지변이나 그 밖의 사유로 자신의 신상에 중대한 사고가 발생한 경우에는 가까운 교정시설이나 경찰관서에 신고하여야 한다.
③ 귀휴기간은 형 집행 기간에 포함되나 특별귀휴기간은 형 집행 기간에 포함되지 않는다.
④ 귀휴자의 여비는 본인이 부담하지만, 귀휴자가 신청할 경우 소장은 예산의 범위 내에서 지원할 수 있다.

해설

① (×) 형기 중(×) → 1년 중(○). 법 제77조(귀휴) 소장은 6개월 이상 형을 집행받은 수형자로서 그 형기의 3분의 1(21년 이상의 유기형 또는 무기형의 경우에는 7년)이 지나고 교정성적이 우수한 사람이 법정 사유 어느 하나에 해당하면 <u>1년 중 20일 이내의 귀휴를 허가할 수 있다</u>.
③ (×) 귀휴기간은 형 집행기간에 <u>포함한다</u>. 법 제77조 4항.
④ (×) 귀휴자의 여비는 본인이 반드시 부담해야 하고, 귀휴자가 신청할 경우 소장은 <u>작업장려금의 전부 또는 일부를 귀휴 비용으로 사용하게 할 수 있을 뿐</u>, 예산의 범위 내에서 지원할 수는 <u>없</u>다. 시행규칙 제142조.

정답 ②

---

27 「형의 집행 및 수용자의 처우에 관한 법률」상 귀휴제도에 대한 설명으로 옳은 것은? '16. 5급(교정관) 승진

① 소장은 수형자가 질병이나 사고로 외부의료시설에의 입원이 필요한 때에는 5일 이내의 특별귀휴를 허가할 수 있다.
② 소장은 귀휴 중인 수형자가 거소의 제한이나 그 밖의 귀휴허가에 붙인 조건을 위반한 때에는 귀휴를 취소하여야 한다.
③ 귀휴기간은 형집행기간에 포함되지 않는다.
④ 소장은 무기형의 경우 7년이 지나고 교정성적이 우수한 수형자에 대하여 가족이 위독한 때에는 1년 중 20일 이내의 귀휴를 허가할 수 있다.
⑤ 소장은 수형자의 직계비속의 혼례가 있는 때에는 1년 중 20일 이내의 귀휴를 허가하여야 한다.

해설

① (×) 특별 귀휴 사유는 가족·배우자의 직계존속 사망 시와 직계비속 혼례 시이다.
② (×) 취소하여야 한다(×) → 취소할 수 있다(○).
③ (×) 포함되지 않는다(×) → 포함된다(○).
⑤ (×) 5일 이내의 특별귀휴사유임. 허가하여야 한다(×) → 허가할 수 있다(○).

정답 ④

28 「형의 집행 및 수용자의 처우에 관한 법령」상 귀휴허가 후 조치에 대한 설명으로 옳지 않은 것은?

'18. 7급

① 소장은 필요하다고 인정하면 귀휴시 교도관을 동행시킬 수 있다.
② 소장은 귀휴자가 신청할 경우 작업장려금의 전부 또는 일부를 귀휴비용으로 사용하게 할 수 있다.
③ 소장은 귀휴자가 귀휴조건을 위반한 경우 귀휴를 취소하거나 이의 시정을 위하여 필요한 조치를 하여야 한다.
④ 소장은 2일 이상의 귀휴를 허가한 경우 귀휴자의 귀휴지를 관할하는 보호관찰소의 장에게 그 사실을 통보하여야 한다.

해설

④ (×) 보호관찰소의 장(×) → 경찰관서의 장(○). 「시행령」 제97조 참조.

정답 ④

29 「형의 집행 및 수용자의 처우에 관한 법률」상 귀휴에 대한 설명으로 옳은 것(○)과 옳지 않은 것(×)을 바르게 연결한 것은? '19. 7급

> ㄱ. 소장은 수형자의 가족 또는 배우자의 직계존속이 위독한 때 특별귀휴를 허가할 수 있다.
> ㄴ. 소장은 귀휴의 허가사유가 존재하지 아니함이 밝혀진 때에는 그 귀휴를 취소하여야 한다.
> ㄷ. 소장은 미결수용자의 신청이 있는 경우 필요하다고 인정하면 귀휴를 허가할 수 있다.
> ㄹ. 특별귀휴 기간은 1년 중 5일 이내이다.

	ㄱ	ㄴ	ㄷ	ㄹ
①	○	×	×	×
②	×	○	×	○
③	×	×	○	○
④	×	×	×	×

해설

ㄱ(×) 위독한 때에는 특별귀휴할 수 없다. 결혼식·장례식만 특별귀휴 사유이다.
ㄴ(×) 취소하여야 한다(×) → 취소할 수 있다(○). 「법」 제78조 참조.
ㄷ(×) 귀휴와 가석방은 미결수용자·사형확정자에게는 전혀 적용할 수 없다.
ㄹ(×) 일반귀휴는 '1년 중 20일 이내'이지만, 특별귀휴는 '1회당 5일 이내'이고 1년 중 제한은 없다.

정답 ④

30 형의 집행 및 수용자의 처우에 관한 법령상 귀휴에 대한 설명으로 옳지 않은 것은? '19. 5급(교정관) 승진

① 소장은 동행귀휴를 허가한 경우 '귀휴지에서 매일 1회 이상 소장에게 전화보고' 조건을 붙일 수 있다.
② 소장은 일반경비처우급 수형자에게도 귀휴를 허가할 수 있다.
③ 소장은 직계비속의 혼례가 있는 수형자에게 5일 이내의 특별귀휴를 허가할 수 있다.
④ 특별귀휴 기간은 형 집행기간에 포함한다.
⑤ 소장은 귀휴 중인 수형자가 거소의 제한이나 그 밖에 귀휴허가에 붙인 조건을 위반한 때에는 그 귀휴를 취소할 수 있다.

해설

① (×) 귀휴자에게 매일 1회 이상 소장에게 전화보고를 조건으로 붙일 경우에도 동행귀휴 시에는 그 조건을 붙일 수 없다. 「시행규칙」제140조 참조. **정답** ①

AI 예상 응용지문

❶ 소장은 귀휴를 허가하는 경우 동행귀휴를 제외하고는 귀휴지에서 매일 1회 이상 소장에게 보고하도록 조건을 붙여야 한다. (×)
❷ 소장은 중경비처우급 수형자에게도 특별귀휴를 허가할 수 있다. (○)
❸ 소장이 어느 수형자에 대하여 1년 중 20일을 초과하여 귀휴를 허가한 경우에도 그것을 위법으로만 볼 수 없다. (○)
❹ 소장이 허가할 수 있는 귀휴의 1년 중 20일 이내의 기간에는 5일 이내의 특별귀휴까지 포함된다. (×)

---
❶ 붙여야 한다(×) → 붙일 수 있다(○) ❸ 일반귀휴는 1년 중 20일을 초과하면 위법이지만, 특별귀휴까지 포함하여 20일을 초과한 경우라면 위법이 아니다. ❹ 특별귀휴와는 별도로 일반귀휴는 1년 중 20일 이내임.

31 형의 집행 및 수용자의 처우에 관한 법령상 귀휴제도에 대한 설명으로 옳지 않은 것은? '19. 9급

① 소장은 6개월 이상 형을 집행받은 수형자로서 그 형기의 3분의 1(21년 이상의 유기형 또는 무기형의 경우에는 7년)이 지나고 교정성적이 우수한 사람이 질병이나 사고로 외부의료시설에의 입원이 필요한 때에는 1년 중 20일 이내의 귀휴를 허가할 수 있다.
② 소장은 교화 또는 사회복귀 준비 등을 위하여 특히 필요한 경우에는 일반경비처우급 수형자에게도 귀휴를 허가할 수 있다.
③ 소장은 수형자의 가족 또는 수형자 배우자의 직계존속이 사망하거나 위독한 때에는 수형자에게 5일 이내의 특별귀휴를 허가할 수 있다.
④ 귀휴기간은 형 집행기간에 포함되며, 귀휴자의 여비와 귀휴 중 착용할 복장은 본인이 부담한다.

해설

③ (×) '가족 등이 위독한 때'는 특별귀휴 사유가 아니라 일반귀휴 사유이다. 「법」제77조 참조. **정답** ③

32 현행법령상 귀휴에 대한 설명 중 옳은 것은?

① 직계존속의 혼례는 법령상 명시된 귀휴 허가 사유가 아니다.
② 소장은 일반경비처우급 수형자에게 일반귀휴를 허가할 수 없다.
③ 특별귀휴 기간은 형 집행기간에는 포함되지 않는다.
④ 소장이 특별귀휴를 허가하는 경우에는 귀휴심사위원회의 심사를 요하지 아니한다.

해설

① (○) '본인·형제자매의 혼례가 있는 때'는 명시된 귀휴사유이나 '직계존속의 혼례'는 명시된 사유 아니다. '직계비속의 혼례가 있는 때'는 특별귀휴사유이다.
② (×) 일반귀휴는 개·완·특일이므로, 특히 필요한 경우에는 일반급에게도 허가할 수 있다. 규칙 129조 참조.
③ (×) 특별귀휴나 일반귀휴 모두 형집행기간에 포함되므로, 형집행정지와 본질이 다르다. 「법」 제77조 4항 참조.
④ (×) 특별귀휴도 일반귀휴와 마찬가지로 귀휴심사위원회의 심사를 거쳐 소장이 허가하는 것이 원칙이다. 규칙 제129조 1항 참조.
다만, '가족 또는 배우자의 직계존속이 사망한 때'의 사유로 특별귀휴를 허가하려는데, 토요일·공휴일, 그 밖에 위원회의 소집이 곤란한 때에 한하여 귀휴심사위원회의 심사를 거치지 아니하고 귀휴를 허가할 수 있다. 규칙 제134조 1항 참조.

정답 ①

33 형의 집행 및 수용자의 처우에 관한 법령상 귀휴 허가에 대한 판단으로 옳은 것은? '21. 7급

① 징역 18년을 선고받고 현재 5년 동안 복역 중인 중(重)경비처우급 수형자 甲의 경우에, 소장은 甲의 딸의 혼례를 사유로 귀휴를 허가할 수 없다.
② 무기형을 선고받고 현재 10년 동안 복역 중인 일반경비처우급 수형자 乙은 교정성적이 우수하다. 이 경우 소장은 교화 또는 사회복귀 준비 등을 위하여 특히 필요한 경우라고 할지라도 귀휴를 허가할 수 없다.
③ 완화경비처우급 수형자 丙은 이시(異時)의 서로 다른 두개의 범죄로 인해 각각 징역 5년과 징역 7년을 함께 선고받고 현재 3년 동안 복역 중이다. 이 경우 소장은 丙의 교정성적이 우수하다고 하더라도 아들의 군입대를 사유로 한 귀휴를 허가할 수 없다.
④ 징역 1년을 선고받고 현재 5개월 동안 복역 중인 개방처우급 수형자 丁의 장모가 사망한 경우에, 소장은 丁의 교정성적이 우수하다면 1년 동안 20일이 넘지 않는 범위에서 일반귀휴를 허가할 수 있다.

해설

① (×) 딸은 직계비속이다. 그러므로 일반귀휴요건에 충족되지 않은 수형자에게도 특별귀휴를 허가할 수 있다. 「법」 제77조 제2항.
② (×) 7년 이상 형 집행을 받고 있으므로, 일반경비처우급 무기 수형자가 교정성적이 우수하고, 교화 또는 사회복귀 준비 등을 위하여 특히 필요한 경우라면 귀휴를 허가할 수 있다. 「시행규칙」 제129조 제2항.
③ (○) 5년과 7년의 형기를 합산한 형기는 12년이고, 3년 복역 중이므로, 합산 형기의 3분의 1에 이르지 않았으므로 일반귀휴는 허용할 수 없다.

④ (×) 배우자의 직계존속인 장모의 사망을 사유로 한 귀휴는 특별귀휴이고, 특별귀휴는 1회 5일 이내로만 허가할 수 있다.

정답 ③

34 현행법령상 일반귀휴 사유로 옳지 않은 것을 모두 고른 것은? '24. 5급(교정관) 승진

> ㉠ 직계비속의 입원이 필요한 때 ㉡ 직계존속의 회갑일인 때
> ㉢ 형제자매의 혼례가 있는 때 ㉣ 직계비속의 혼례가 있는 때
> ㉤ 직계비속이 입대하게 된 때 ㉥ 직업훈련을 위해 필요한 때
> ㉦ 출석수업을 위하여 필요한 때

① ㉠, ㉣
② ㉠, ㉣, ㉤
③ ㉡, ㉢, ㉥, ㉦
④ ㉡, ㉢, ㉤, ㉥, ㉦

해설
① (○) 법 제77조 1항 및 시행규칙 제129조 3항 참조.

정답 ①

35 형집행법령상 귀휴에 대한 설명으로 옳지 않은 것은? '23. 7급(교위) 승진

① 소장은 18년의 징역형이 확정되어 그 중 7년을 집행받은 완화경비처우급 수형자 갑(甲)에 대해 교정성적이 우수하다면 질병으로 외부의료시설에의 입원이 필요한 때에는 1년 중 20일 이내의 귀휴를 허가할 수 있다.
② 소장은 수형자 을(乙)에게 귀휴를 허가한 경우 필요하다고 인정하면 교도관을 동행시킬 수 있으며, 이러한 동행귀휴에도 을(乙)에게 매일 1회 이상 소장에게 전화보고할 것을 귀휴 조건으로 붙일 수 있다.
③ 소장은 딸의 혼례가 있는 수형자 병(丙)에게 5일 이내의 특별귀휴를 허가할 수 있다.
④ 소장은 수형자 정(丁)에게 3일의 특별귀휴를 허가하였는데, 이 때 3일은 형 집행기간에 포함된다.

해설
② (×) 귀휴를 허가하는 경우 귀휴지 외의 지역 여행 금지, 유흥업소·도박장·성매매업소 등 건전한 풍속을 해치거나 재범 우려가 있는 장소 출입 금지, 피해자 또는 공범·동종범죄자 등과의 접촉금지, 귀휴지에서 매일 1회 이상 소장에게 전화보고, 그 밖에 귀휴 중 탈선 방지 또는 귀휴 목적 달성을 위하여 필요한 사항이 붙일 수 있는 조건인데, 귀휴지에서 매일 1회 이상 소장에게 전화보고는 동행귀휴에 따른 귀휴는 제외한다. 시행령 제140조(귀휴조건) 참조.

정답 ②

MEMO

CHAPTER 09 미결수용자

01 다음 중 미결수용자 수용의 목적에 가장 적합한 것은?

① 사회방위
② 질서유지
③ 도주 및 증거인멸방지
④ 교화개선

해설

③ (○) 형사소송법상 형사피의자 또는 형사피고인의 구속사유는, 1) 증거를 인멸할 우려가 있는 때 2) 도망하거나 도망할 염려가 있는 때이다. 따라서 미결수용자 수용의 목적은 도주 및 증거인멸 방지이다.

정답 ③

02 다음 보기 중 미결구금의 폐해를 완화하기 위한 방안과 가장 거리가 먼 것은?

㉠ 구속적부심사제도의 활용	㉡ 형사보상제도의 현실화
㉢ 보석제도의 활용	㉣ 법원심리절차의 신속화
㉤ 재정신청제도의 활용	㉥ 가석방제도 활성화

① ㉠, ㉡
② ㉢, ㉥
③ ㉣, ㉤
④ ㉤, ㉥

해설

㉤ (×) '재정신청제도'란 검사의 불기소처분에 대한 불법·부당 여부를 판단해 줄 것을 고소인이 법원에 청구하는 제도이다. '재정(裁定)'은 법원의 재판을 통해 불기소처분의 당부를 결정한다는 의미이다. 따라서 이 제도를 활용하면 미결수용이 더 많아진다.
㉥ (×) 가석방은 미결수용자에게는 해당되지 않고, 오직 징역·금고 수형자에게만 해당한다.
㉠, ㉢, ㉣ (○) 구속적부심사의 활용과 보석제도의 활용은 미결수용자를 줄일 수 있고, 법원심리의 신속화는 수용기간을 단축함으로써 미결구금의 폐해를 완화할 수 있다.
㉡ (○) 형사보상이란 형사절차에서 억울하게 미결구금을 당하였거나 형의 집행을 받은 사람에 대하여 국가가 그 피해를 보상하여 주는 제도이다. 따라서 이 제도는 간접적으로 미결수용을 억제하는 효과가 있고, 잘못된 미결수용에 대해 보상하는 점에서 미결수용의 폐해를 완화시켜 줄 수 있는 제도이다. 우리 헌법은 "형사피의자 또는 형사피고인으로서 구금되었던 자가 불기소 처분을 받거나 무죄판결을 받은 때에는 법률이 정하는 바에 의하여 국가에 정당한 보상을 청구할 수 있다"고 규정하여 형사보상청구권을 헌법상의 기본권으로 보장하고 있다.

정답 ④

03 현행법령하에서 미결수용자를 수용할 수 없는 곳은?

① 구치소, 구치지소
② 교도소 내의 미결수용실
③ 경찰서 유치장
④ 경찰서 보호실

해설
④ (×) 경찰서 보호실은 군사정권시대의 관행에 의한 구금시설로서 현재는 인정되지 않는다.

정답 ④

04 현행법상 미결구금(수용)제도에 대한 설명으로 옳은 것은? (다툼이 있는 경우 판례에 의함) '17. 9급

① 소장은 미결수용자에 대하여는 직권 또는 신청에 따라 교육 또는 교화프로그램을 실시하거나 작업을 부과할 수 있다.
② 판결선고 전 미결구금일수는 그 전부가 법률상 당연히 본형에 산입하게 되므로 판결에서 별도로 미결구금일수 산입에 관한 사항을 판단할 필요는 없다.
③ 미결수용자의 변호인과의 접견교통권은 질서유지 또는 공공복리를 위한 이유가 있는 때에도 법률로써 제한할 수 없다.
④ 미결수용자가 징벌대상자로서 조사받고 있거나 징벌집행 중인 경우에는 소송서류의 작성 등 수사 및 재판과정에서의 권리행사가 제한된다.

해설
① (×) 직권으로는 실시하거나 부과할 수 없다.
③ (×) 제한할 수 없다(×) → 제한할 수 있다 (○). 미결수용자와 변호인의 접견시간도 수용자의 접견이 이루어지는 일반적인 시간대 범위에서 하도록 하는 제한규정을 대통령령으로 규정하는 것은 합헌이라고 보면서, 변호인과의 접견교통권도 국가의 안전보장·질서유지 또는 공공복리를 위하여 필요한 경우에는 법률로써 제한할 수 있다고 판시했다(2009헌마 341).
④ (×) 제한된다(×) → 제한되지 아니한다 (○). 수사 및 재판과정에서의 권리행사를 보장하여야 한다.

정답 ②

🗒️ AI 예상 응용지문

❶ 소장은 미결수용자에게 징벌을 부과한 경우에는 그 징벌대상행위를 양형(量刑) 참고자료로 작성하여 관할 검찰청 검사 또는 관할 법원에 통보해야 한다. (×)
❷ 소장은 미결수용자가 작업을 신청하면 교도관회의의 심의를 거쳐 교정시설 안에서 실시하는 작업을 부과할 수 있다. (×)
❸ 소장은 미결수용자의 심리적 안정과 원만한 수용생활을 위하여 필요하다고 인정하는 경우에는 월 3회 이내의 범위에서 전화통화를 허가할 수 있다. (×)
❹ 사형확정자의 번호표 및 거실표의 색상은 노란색으로 한다. (×)

❶ 통보해야 한다.(×) → 통보할 수 있다.(○)「법」제111조의 2 <신설 2020. 2.4> 참조. ❷ 사형확정자에 대한 규정이다(규칙 제153조). 미결수용자는 교도관회의 심의 없이 소장이 허가할 수 있다. ❸사형확정자에 대한 규정이다(규칙 제156조). 미결수용자에게 전화통화를 허가할 경우 그 허용횟수는 월 2회 이내로 한다(규칙 제25조 1항). ❹ 사형확정자에 대한 규정이다(규칙 제150조 5항). 미결수용자에 대한 색상 규정은 두고 있지 않다.

05 현행법령상 미결수용에 대한 규정의 내용으로 옳지 않은 것은?

> ㄱ. 미결수용된 자가 수용된 시설은 참관할 수 없다.
> ㄴ. 사건에 상호 관련이 있는 미결수용자는 분리수용하고 상호 접촉을 금지한다.
> ㄷ. 특히 필요한 경우 미결수용자의 머리카락과 수염을 본인의 의사에 반하여 짧게 깎을 수 있다.
> ㄹ. 경찰관서의 유치장은 미결수용실로 본다.
> ㅁ. 소장은 미결수용자가 무지하여 수사 및 재판과정에서 권리를 충분히 행사하지 못한다고 인정하는 경우에는 법률구조에 필요한 지원을 하여야 한다.

① (ㄴ)   ② (ㄷ)   ③ (ㄹ)   ④ (ㄱ), (ㅁ)

해설

ㄱ. (×) 미결수용된 자가 수용된 '시설'이 아니리, '거실'은 참관할 수 없다.
ㅁ. (×) 지원을 하여야 한다(×) → 지원을 할 수 있다(○).

> 시행령 제99조(법률구조)
> 소장은 미결수용자가 빈곤하거나 무지하여 수사 및 재판 과정에서 권리를 충분히 행사하지 못한다고 인정하는 경우에는 법률구조에 필요한 지원을 할 수 있다.

정답 ④

AI 예상 응용지문

❶ 외국인수용자 전담요원은 외국인 미결수용자에게 소송 진행에 필요한 법률지식을 제공하는 등의 조력을 할 수 있다. (×)
❷ 사건에 상호 관련이 있는 미결수용자는 구분수용하고 상호 접촉을 금지한다. (×)

❶ 조력을 할 수 있다(×) → 조력을 하여야 한다(○) ❷ 구분수용(×) → 분리수용(○)

06 미결수용자에 관한 설명 중 옳은 것은?

① 구치소와 미결수용실은 참관할 수 없다.
② 미결수용자를 호송하는 때에는 해당사건에 관련된 사람과 호송차량을 분리하는 등의 방법으로 서로 접촉하지 못하게 하여야 한다.
③ 미결수용자의 머리카락은 특히 필요한 경우 이외에는 본인의 의사에 반하여 짧게 깎지 못한다.
④ 미결수용자는 무죄추정을 받는 사람이므로 수갑이나 포승 등의 보호장비를 사용할 수 없다.
⑤ 경찰서에 설치된 유치장에는 수용자를 30일 이상 수용할 수 없다.

해설

① (×) 과거 「행형법」 규정이다. 현재는 구치소나 미결수용실 자체를 참관금지장소로 규정하지 않고 "미결수용자가 수용된 거실은 참관할 수 없다"(「법」 제80조)로 규정하고 있다.
② (×) 호송차량을 분리하는 등의 방법으로(×) → 호송 차량의 좌석을 분리하는 등의 방법으로(○). 「시행령」 제100조
④ (×) 수갑이나 포승 등의 보호장비 사용은 모든 수용자에게 차별 없이 적용된다.
⑤ (×) 수용자를(×) → 수형자를(○). 「시행령」 제107조 참조.

정답 ③

07 미결수용에 관한 설명으로 옳지 않은 것은? '07. 9급

① 사형확정자가 수용된 거실과 미결수용자가 수용된 거실은 참관할 수 없다.
② 구치소와 미결수용실의 수용자에 대하여는 신청 여부를 불문하고 작업을 과할 수 있다.
③ 미결수용자와 변호인과의 접견에는 교도관이 절대로 참여할 수 없다.
④ 미결수용자로서 사건에 상호 관련이 있는 자는 분리수용한다.

해설

② (×) 교정시설의 수용자 중 징역수형자에 대하여는 신청여부를 불문하고 작업을 과할 수 있으나, 미결수용자 및 사형확정자에 대하여는 반드시 신청에 의해서만 작업을 과할 수 있다(「법」 제86조 참조).

정답 ②

08 「형의 집행 및 수용자의 처우에 관한 법률」상 미결수용자의 처우에 대한 설명으로 옳지 않은 것은 모두 몇 개인가? '23. 7급(교위) 승진

> (ㄱ) 소장은 미결수용자 갑(甲)이 징벌 집행 중인 경우에는 변호인과의 접견을 보장하지 않아도 된다.
> (ㄴ) 소장은 미결수용자 을(乙)에 대하여 직권으로 교육 또는 교화 프로그램을 실시하거나 작업을 부과할 수 있다.
> (ㄷ) 미결수용자 병(丙)이 변호인과 접견할 때에는 교도관은 참여하지 못하며, 보이는 거리에서 병(丙)을 관찰할 수도 없다.

① 0개   ② 1개   ③ 2개   ④ 3개

해설

(ㄱ) (×) 제85조(조사 등에서의 특칙) 소장은 미결수용자가 징벌대상자로서 조사받고 있거나 징벌집행 중인 경우에도 소송서류의 작성, 변호인과의 접견·편지수수, 그 밖의 수사 및 재판과정에서의 권리행사를 보장하여야 한다.
(ㄴ) (×) 제86조(작업과 교화) ① 소장은 미결수용자에 대하여는 신청에 따라 교육 또는 교화프로그램을 실시하거나 작업을 부과할 수 있다.

ⓒ (×) 보이는 거리에서 관찰할 수도 없다(×). 보이는 거리에서 미결수용자를 관찰할 수 있다(제84조 1항). '보이는 거리에서 관찰할 수도 없다'는 내용이 해당하는 것은 "순회점검공무원이 청원을 청취하는 경우에는 해당 교정시설의 교도관이 참여하여서는 아니 된다"의 경우이다. 「법」제117조(청원) 제4항 참조.

정답 ④

09 미결수용자의 처우에 대한 판례의 입장과 가장 적절하지 않은 것은?

> ㉠ 수용자용 의류를 입게 하여 수사 또는 재판을 받게 한 행위는 무죄추정의 원칙에 반하지 않는다.
> ㉡ 수용시설 내에서의 수의(囚衣)착용은 수용질서유지 등의 목적상 합헌이다.
> ㉢ 미결수용자의 변호인과의 접견교통권은 국가안전보장, 질서유지, 공공복리 등 어떠한 명분으로도 제한될 수 없는 절대적 권리이다.
> ㉣ 변호인과의 편지교환에 대한 검열은 통신의 자유와 변호인 조력권에 대한 침해이다.

① ㉠, ㉢
② ㉡, ㉣
③ ㉠, ㉣
④ ㉡, ㉢

해설

㉠ (×) 수사 및 재판단계에서 유죄가 확정되지 아니한 미결수용자에게 재소자용 의류를 입게 하는 것은 위헌이다(97헌마137).
㉡ (○) 수용시설 안에서는 재소자용 의류를 입더라도 일반인의 눈에 띄지 않고, 수사 또는 재판에서 방어권을 행사하는 데 지장을 주지 아니한다. 반면에 미결수용자에게 사복을 입도록 하면 증거인멸 등을 기도하거나 소지금지품의 반입 위험이 있으므로 미결수용자에게 시설 내에서 수의(囚衣 : 수용자 옷)를 입게 하는 것은 구금목적 달성, 시설의 규율·안전유지를 위해 필요한 최소한의 제한이므로 정당성·합리성을 갖춘 입법재량 범위 내의 조치이다. 따라서 구치소 등 수용시설 안에서 미결수용자에게 재소자용 의류를 입게 하는 조치는 합헌이다.
㉢ (×) 헌법재판소가 판례 변경하기 전의 내용이다. 그 이후 2009헌마 341 판례에 의하면, 미결수용자와 변호인의 접견권도 제한된다고 보는 것이 헌법재판소의 입장이다.
㉣ (○) 일반인과 미결수용자 간 편지에 대한 검열필요성은 인정되나, 변호인과의 편지교환에 대한 검열은 통신의 자유와 변호인 조력권의 침해이다(92헌마144).

정답 ①

10 형사절차에서 미결수용자의 처우에 대한 설명으로 옳지 않은 것은? '08. 9급

① 수형자와 달리 미결수용자에게는 무죄추정의 원칙에 합당한 처우를 해야 한다.
② 형사사건에서 서로 관련 있는 미결수용자들은 분리수용하여 서로의 접촉을 막아야 한다.
③ 소장은 미결수용자의 처우를 위하여 특히 필요하다고 인정하는 때에는 접견시간을 연장하거나 횟수를 증가할 수 있으며, 접촉차단시설이 없는 장소에서 접견하게 할 수 있다.
④ 경찰서 유치장은 구치소나 교도소의 미결수용실과 다르므로 「형의 집행 및 수용자의 처우에 관한 법률」이 준용되지 않는다.

해설

④ (×) 경찰관서에 설치된 유치장은 교정시설의 미결수용실로 보아 형집행법을 준용한다(「법」제87조).

정답 ④

11 한국대학교 교정학과 학생들이 미결수용자의 외부교통에 관하여 아래와 같이 토론하고 있다. 적절한 설명을 하고 있는 학생을 모두 고른 것은? '08. 9급 수정

―― 보 기 ――

- 사라 : 미결수용자가 변호인을 접견할 때에는 교도관의 참여나 청취 및 녹취가 금지되지만, 보이는 거리에서 미결수용자를 관찰할 수 있다.
- 미라 : 변호인과의 접견을 제외한 외부인 접견은 매일 1회, 편지발송은 매주 1회로 제한된다.
- 소희 : 미결수용자와 변호인 간의 편지내용 검열은 교정시설에서 상대방이 변호인임을 확인할 수 없는 경우 이외에는 할 수 없다. 그러나 편지에 소지 금지물품 등이 포함되었다고 의심할 만한 상당한 이유가 있는 경우에도 금지물품 확인은 할 수 없다.
- 수지 : 도주의 우려가 있는 미결수용자라 할지라도 재판을 받기 위해 교정시설 밖으로 나가는 경우 본인이 희망하면 도주의 우려가 크거나 특히 부적당한 사유가 있다고 인정되지 않는 한 사복착용을 허용해야 한다.

① 사라, 미라
② 사라, 수지
③ 미라, 소희
④ 사라, 소희, 수지

해설

- 사라(○) : 법 제84조 1항.
- 수라(×) : 편지발송 횟수는 법령에 어긋나지 않으면 제한할 수 **없다**. 「시행령」제64조.
- 소희(×) : 미희는 '편지내용 검열'과 '금지된 물품 확인'에 대해 착각하고 있다. 원칙적으로 편지내용의 검열은 할 수 없다. 그러나 '편지내용에 대한 검열'은 미결수용자와 변호인 간의 편지임을 확인할 수 없는 경우에 한하여 할 수 있도록 하고 있다. 반면에 금지물품이 들어 있는지에 대한 확인은 수용자가 주고받는 편지 모두에 적용되므로, 변호인과의 편지에 소지금지물품 등이 포함되었다고 의심할만한 상당한 이유가 있는 경우에도 **금지물품확인은 할 수 있다.**「법」제84조 3항 참조. 소장은 수용자가 주고받는 편지에 법령에 따라 금지된 물품이 들어 있는지 확인할 수 있다(법 제43조 3항)..
- 수지(○) : 미결수용자는 본질적으로 도주의 우려가 있다. 왜냐하면 구속사유 중 하나가 도주의 우려이기 때문이다. 따라서 철수의 설명은 맞다. 그러나 도주의 우려가 크거나 특히 부적당한 사유가 있다고 인정하면 수용자용 의류를 입게 할 수는 있다.「법」제82조 단서 참조.

정답 ②

12 미결구금제도에 관한 설명으로 옳지 않은 것은? (다툼이 있는 경우 판례에 의함)
① 사형이나 무기징역형을 선고받은 자에 대한 미결구금일수는 형기에 산입되지 않는다.
② 미결구금은 신체의 자유를 제한한다는 점에서 실질적인 형벌이라는 문제점이 제기되고 있다.
③ 미결구금일수를 형기에 산입하는 경우 그 일부를 산입할 수도 있다.
④ 미결구금일수는 벌금이나 과료에 관한 유치 또는 구류에 산입하여야 한다.
⑤ 무죄추정의 원칙은 미결수용자에 대해서도 적용된다.

해설
③ (×) 판결선고 전의 구금일수의 일부만을 유기징역, 유기금고, 벌금이나 과료에 관한 유치 또는 구류에 산입하는 것은 위헌이다.

정답 ③

13 현행법령상 미결수용자와 관련된 규정으로 옳지 않은 것은?
① 판사와 검사는 미결수용자의 거실을 시찰할 수 없다.
② 미결수용자의 두발 또는 수염은 특히 필요한 경우가 아니면 본인의 의사에 반하여 짧게 깎지 못한다.
③ 미결수용자와 변호인 간의 편지는 교정시설에서 상대방이 변호인임을 확인할 수 없는 경우를 제외하고는 검열할 수 없다.
④ 소장은 미결수용자가 징벌대상자로서 조사받고 있거나 징벌집행 중인 경우에도 소송서류의 작성, 변호인과의 접견·편지수수 그 밖의 수사 및 재판 과정에서의 권리행사를 보장하여야 한다.

해설
① (×) 미결수용자가 수용된 거실은 참관이 금지될 뿐, 시찰의 제한은 적용되지 않는다.
시찰할 수 없다(×) → 직무상 필요하면 시찰할 수 있다(○).

정답 ①

14 현행법상 미결수용자와 변호인의 접견에 대한 규정으로 옳지 않은 것은?
① 변호인과 접견시 관찰할 수 없다.
② 변호인과 접견시 시간과 횟수를 제한할 수 없다.
③ 미결수용자와 변호인의 접견은 차단막이 설치되지 않은 곳에서 접견한다.
④ 미결수용자와 변호인의 접견에 관한 규정은 재판을 받고 있는 수형자와 사형확정자에게도 준용한다.

해설

① (×) 참여, 청취, 녹취는 할 수 없으나, 보이는 거리에서 미결수용자를 관찰할 수는 있다.

정답 ①

15 미결수용자의 처우에 관한 설명으로 옳지 않은 것은? (다툼이 있는 경우 판례에 의함)

① 미결수용자는 징벌집행 중에도 수사 및 재판과정에서의 권리행사가 보장된다.
② 미결수용자에 대해서는 교정시설 밖에서의 작업을 부과할 수 없다.
③ 미결수용자가 변호인과의 접견교통권을 침해 받았을 때 변호인은 이에 대하여 헌법소원을 청구할 수 없다.
④ 미결수용자의 머리카락 또는 수염은 특히 필요한 경우가 아니면 본인의 의사에 반하여 짧게 깎지 못한다.

해설

③ (×) 종래에는 "변호인의 미결수용자와의 접견교통권은 기본권이 아니고 형사소송법상 권리이므로 헌법소원을 청구할 수 없었다(헌재 1991.7.8. 89헌마181). 반면에 미결수용자의 변호인과의 접견교통권은 헌법상의 기본권이므로 접견불허처분에 대하여 미결수용자는 헌법소원을 청구할 수 있다."고 이해되고 있었다. 그러나 2019.2.28 헌법재판소 결정례는 입장을 바꾸었다. 헌재는 "'변호인이 되려고 하는 자'의 접견교통권은 피의자 등을 조력하기 위한 핵심적인 부분으로서 헌법상의 기본권인 '변호인이 되려는 자와의 접견교통권' 과 표리관계에 있으므로,「피의자 등이 가지는 '변호인이 되려는 자'의 조력을 받을 권리」가 실질적으로 확보되기 위해서는 '변호인이 되려는 자'의 접견교통권 역시 헌법상의 기본권으로 보장되어야 한다."고 밝혔다(2015헌마1204). 이는 형사사건의 수임과정에 있는 변호인이 되려고 하는 변호사의 접견교통권도 헌법상의 기본권으로 적극 보장되어야 한다는 첫 결정으로서, 그 의의가 매우 크다. 헌재는 2019.2.28. 변호사가 부산지검과 부산구치소를 상대로 변호인 접견 불허 처분이 위헌인지 판단해 달라고 낸 헌법소원사건에서 재판관 6:3의 의견으로 위헌을 결정했다. 따라서 이제는 <u>변호인과 변호인이 되려는 자의 접견교통권 역시 헌법상의 기본권으로 보장되고 있다. 따라서 변호인도 헌법소원을 청구할 수 있다.</u>

정답 ③

16 미결수용자의 처우에 관한 내용으로 적절하지 않은 것은?

① 미결수용자는 무죄추정의 원칙이 적용되므로 국민으로서의 참정권이 인정된다.
② 미결수용자와 변호인의 접견에는 교도관이 참여하지 못하지만 보이는 거리에서 관찰하거나 녹취하는 것은 가능하다.
③ 미결수용자은 수사, 재판, 국정감사 또는 법률로 정하는 조사에 참석할 때에는 사복을 착용할 수 있다.
④ 미결수용자는 징벌대상자로서 조사받거나 징벌집행 중인 경우에도 소송서류의 작성, 변호인과의 접견, 편지수수 그 밖의 수사 및 재판과정에서의 권리행사를 보장받는다.

해설

② (×) 청취 또는 녹취하지 못한다.

정답 ②

17 현행법상 미결수용자의 처우에 관한 설명 중 옳지 않은 것은?

① 미결수용자와 변호인 간의 접견은 시간과 횟수를 제한하지 못한다.
② 소장은 미결수용자로서 사건에 서로 관련이 있는 사람은 분리수용하고, 서로 간의 접촉을 금지하여야 한다.
③ 미결수용자가 수사·재판·국정감사 또는 법률로 정하는 조사에 참석할 대에는 사복을 착용할 수 있다.
④ 미결수용자와 변호인 접견 시 교도관이 참여하지 못하고 그 내용을 청취 또는 녹취하지 못하지만, 보이는 거리에서 미결수용자를 관찰할 수 있다.
⑤ 미결수용자가 징벌대상자로서 조사받고 있거나 징벌집행 중인 경우 변호인과의 접견이나 편지수수를 제한할 수 있다.

해설

⑤ (×) 제한할 수 있다(×) → 제한할 수 없다(○). **정답** ⑤

18 「형의 집행 및 수용자의 처우에 관한 법률」상 미결수용자에 관한 설명으로 옳지 않은 것은?

① 소장은 미결수용자의 신청에 따라 교육을 시행할 수 있다.
② 미결수용자가 수용된 거실은 참관할 수 없다.
③ 경찰관서에 설치된 유치장에도 형집행법령이 준용된다.
④ 미결수용자와 변호인의 접견 시 교도관은 보이는 거리에서 관찰할 수 있다.
⑤ 소장은 미결수용자가 수사·재판에 참석할 때에는 교정시설에서 지급하는 의류를 입게하여야 한다.

해설

⑤ (×) 교정시설에서 지정하는 재소자용 의류를 강제로 입게 하는 것은 위헌이다.

정답 ⑤

AI 예상 응용지문

❶ 미결수용자가 수용된 거실은 시찰할 수 없다. (×)
❷ 신청에 의하여 미결수용자가 교도작업을 하는 경우에도 그 작업수입은 해당 미결수용자의 임금으로 지급할 수 없다. (○)
❸ 소장은 미결수용자가 신청한 경우에도 외부통근작업이나 직업능력개발훈련을 미결수용자에게 실시하여서는 아니된다. (○)
❹ 소장은 미결수용자에게 신청에 따라 작업을 부과하려면 나이·건강상태·기술·성격·취미·경력·장래생계, 그 밖의 미결수용자의 사정을 고려하여야 한다. (○)
❺ 미결수용자가 교도작업을 하는 경우에는 작업장려금, 위로금·조위금 등이 수형자와 유사한 지위에서 적용된다. (○)

❶ 시찰(×) → 참관(○)

19 미결구금에 대한 설명으로 옳지 않은 것은? '12. 7급

① 미결수용자가 수형자와 달리 취급받는 가장 중요한 논거는 무죄추정의 원칙이다.
② 미결수용자를 수용하는 시설의 설비 및 계호의 정도는 완화경비시설에 준한다.
③ 징벌대상자로서 조사를 받고 있는 미결수용자라도 변호인과의 접견을 제한할 수 없다.
④ 수형자에게는 교정시설 밖에서의 작업을 허용할 수 있지만 미결수용자에게는 허용되지 않는다.

해설
② (×) 완화경비시설 (×) → 일반경비시설(○). 「시행령」 제98조 참조.

정답 ②

20 미결수용자의 처우에 관한 설명 중 틀린 것은?

① 미결수용자와 변호인간의 접견은 시간과 횟수를 제한하지 아니한다.
② 미결수용자는 신청에 의한 교화프로그램 실시는 교정시설 내에 한정되나, 처우상 특히 필요한 경우 교정시설 밖에서 행하는 것도 포함된다.
③ 미결수용자의 수용시설의 설비, 계호의 정도는 일반경비시설에 준한다.
④ 소장은 미결수용자가 사망 시 그 사실을 검사에게 통보하고 기소된 상태인 경우 법원에도 지체 없이 통보하여야 한다.

해설
② (×) 교정시설 밖에서의 작업, 교육·교화프로그램 시행은 절대로 할 수 없다(「시행령」 제102조 참조).

정답 ②

21 다음의 미결수용자 처우에 관한 내용 중 맞는 것은 몇 개인가?

― 보 기 ―
㉠ 미결수용자의 거실은 시찰 할 수 있다.
㉡ 미결수용자로서 자유형이 확정된 사람에 대하여는 검사의 집행지휘서가 도달된 때부터 수형자로 처우할 수 있다.
㉢ 특히 필요한 경우에는 본인의 의사에 반하여 머리카락을 짧게 깎을 수 있다.
㉣ 미결수용자를 수용하는 시설의 설비 및 계호의 정도는 완화경비시설에 준한다.
㉤ 범죄의 증거인멸을 방지하기 위하여 필요한 경우에는 미결수용자를 교도소에 수용할 수 있다.

① 1개 ② 2개
③ 3개 ④ 4개

해설

㉠, ㉡, ㉢, ㉣이 맞다.
㉣ (×) 완화경비시설(×) → 일반경비시설(○).

정답 ④

---

22 형의 집행 및 수용자의 처우에 관한 법률 및 동법 시행규칙상 미결수용자의 처우에 대한 설명으로 옳은 것은? '14. 9급

① 미결수용자가 재판·국정감사에 참석할 때에는 사복을 착용할 수 있으나, 교정시설에서 지급하는 의류는 수용자가 희망하거나 동의하는 경우에만 입게 할 수 있다.
② 미결수용자와 변호인 간의 접견은 시간과 횟수를 제한한다.
③ 소장은 미결수용자에 대하여는 신청에 따라 교육 또는 교화프로그램을 실시하거나 작업을 부과할 수 있다.
④ 미결수용자에게 징벌을 부과한 경우에는 그것에 관한 양형참고자료를 작성하여 관할검찰청 검사 또는 관할 법원에 통보하여야 한다.

해설

① (×) 희망·동의 없이도 도주의 우려가 크거나 특히 부적당한 사유가 있다고 인정하면 수용자용 의류를 입게 할 수 있다.
② (×) 제한할 수 없다.
④ (×) 소장은 미결수용자에게 징벌을 부과하는 경우에는 그 징벌대상 행위 등에 관한 양형참고자료를 작성하여 관할 검찰청 검사 또는 관할 법원에 통보할 수 있다(「법」제111조의 2).

정답 ③

---

23 행형법령상 미결수용자 처우에 관한 다음 설명 중 옳지 않은 것은?

① 미결수용자는 무죄의 추정을 받으며 그에 합당한 처우를 받는다는 것이 법률에 명시되어 있다.
② 소장은 미결수용자의 신청이 있는 경우 작업을 부과할 수 있지만, 미결수용자의 신청이 있더라도 교화프로그램은 실시할 수 없다.
③ 소장은 도주우려가 크거나 특히 부적당한 사유가 있다고 인정하면 교정시설에서 지급하는 의류를 입게 할 수 있다.
④ 미결수용자가 위독하거나 사망한 경우에는 그 사실을 검사에게 통보하고, 기소된 상태인 경우에는 법원에도 지체 없이 통보하여야 한다.

해설

② (×) 작업, 교육·교화프로그램은 신청에 따라 소장이 부과 또는 시행할 수 있다.

정답 ②

24 형의 집행 및 수용자의 처우에 관한 법령상 미결수용자의 처우에 대한 설명으로 옳지 않은 것은? '20. 9급

① 미결수용자는 무죄의 추정을 받으며, 미결수용자가 수용된 거실은 참관할 수 없다.
② 소장은 미결수용자의 신청에 따라 작업을 부과할 수 있으며, 이에 따라 작업이 부과된 미결수용자가 작업의 취소를 요청하는 경우에는 그 미결수용자의 의사, 건강 및 교도관의 의견 등을 고려하여 작업을 취소할 수 있다.
③ 소장은 미결수용자가 도주하거나 도주한 미결수용자를 체포한 경우 및 미결수용자가 위독하거나 사망한 경우에는 그 사실을 검사에게 통보하고, 기소된 상태인 경우에는 법원에도 지체 없이 통보하여야 한다.
④ 소장은 미결수용자로서 사건에 서로 관련이 있는 사람은 분리수용하고 서로 간의 접촉을 금지하여야 하며, 만약 미결수용자를 이송, 출정 또는 그 밖의 사유로 교정시설 밖으로 호송하는 경우에는 반드시 해당 사건에 관련된 사람이 탑승한 호송 차량이 아닌 별도의 호송 차량에 탑승시켜야 한다.

해설

④ (×) 호송차량까지 별도로 분리하지 않아도 되며, 호송차량의 좌석을 분리하면 족하다. 「시행령」 제100조 참조.

정답 ④

25 다음 중 현행법령상 미결수용자에 대한 규정으로 옳은 것은?

① 미결수용자가 수용된 거실은 시찰할 수 없다.
② 미결수용자와 변호인과의 접견에는 교도관이 참여하지 못하며 그 내용을 청취 또는 녹취하지 못한다. 다만, 보이는 거리에서 미결수용자를 관찰할 수 있다.
③ 작업이 부과된 미결수용자가 작업의 취소를 요청하는 경우에는 그 미결수용자의 의사, 건강 및 교도관의 의견 등을 고려하여 작업을 취소하여야 한다.
④ 미결수용자에 대하여는 교육 또는 교화프로그램을 실시하거나 신청에 따라 작업을 부과할 수 있다.

해설

① (×) 시찰(×) → 참관(○).
③ (×) 취소하여야 한다(×) → 취소할 수 있다(○).
④ (×) 사형확정자에 해당하는 내용이다. 미결수용자는 교육·교화프로그램도 신청에 의해서만 실시할 수 있다.

정답 ②

26 「형의 집행 및 수용자의 처우에 관한 법률」상 미결수용자의 처우에 대한 설명으로 옳지 않은 것은? '16. 5급(교정관) 승진

① 미결수용자는 무죄의 추정을 받으며 그에 합당한 처우를 받는다.
② 미결수용자가 수용된 거실은 참관할 수 없다.
③ 미결수용자는 수사·재판·국정감사 또는 법률로 정하는 조사에 참석할 때에는 사복을 착용하여야 한다.
④ 미결수용자의 머리카락 또는 수염은 특히 필요한 경우가 아니면 본인의 의사에 반하여 짧게 깎지 못한다.
⑤ 경찰관서에 설치된 유치장은 교정시설의 미결수용실로 본다. 그러나 경찰관서에 설치된 유치장에는 수형자를 30일 이상 수용할 수 없다.

해설

③ (×) 사복을 착용하여야 한다(×) → 사복을 착용할 수 있다(○). 「법」제82조 참조.

정답 ③

---

27 「형의 집행 및 수용자의 처우에 관한 법률 시행령」에 따를 때, 괄호 안에 들어갈 내용을 옳게 짝지은 것은? '18. 9급

- 미결수용자의 접견 횟수는 (㉠)로 하되, 변호인과의 접견은 그 횟수에 포함시키지 않는다.
- 교정시설의 장은 19세 미만의 수용자와 계호상 독거 수용자에 대하여 (㉡) 이상 건강검진을 하여야 한다.
- 교정시설의 장은 작업의 특성, 계절, 그 밖의 사정을 고려하여 수용자의 목욕횟수를 정하되 부득이한 사정이 없으면 (㉢) 이상이 되도록 한다.

	㉠	㉡	㉢
①	매일 1회	6개월에 1회	매주 1회
②	매일 1회	1년에 1회	매주 1회
③	매주 1회	6개월에 1회	매주 1회
④	매주 1회	1년에 1회	매월 1회

해설

숫자 관련 문제는 매 시험마다 3문제 이상 출제된다. 따라서 관련된 숫자를 종합해서 비교하며 정리해야 한다.
㉠ (○) 미결수용자의 접견횟수는 일반인과는 매일 1회 이고, 변호인과는 횟수 제한 없이 행해진다.
㉡ (○) 건강검진은 1년에 1회 이상이 원칙이나 계호상 독거수용자, 노인수용자, 19세 미만 수용자는 6개월에 1회 이상 실시하여야 한다.
㉢ (○) 목욕은 매주 1회 이상 실시하는 것이 원칙이다.

정답 ①

28 미결수용자에 대한 설명 중 옳은 것은?

① 판사와 검사는 직무상 필요하면 미결수용자가 수용된 거실을 시찰할 수 있다.
② 소장은 미결수용자가 작업을 신청하는 경우 교정시설 밖에 있는 외부통근 작업장에서 행하는 작업도 부과할 수 있다.
③ 경찰관서에 설치된 유치장에는 미결수용자를 30일 이상 수용할 수 없다.
④ 미결수용자를 수용하는 시설의 설비 및 계호의 정도는 완화경비시설에 준한다.

해설

② (×) 미결수용자와 사형확정자에게는 교정시설 안에서 실시하는 작업을 신청에 의해 부과할 수 있으나, 교정시설 밖에서 실시하는 작업은 신청이 있다해도 부과할 수 없다.
「시행령」 제103조 1항, 「시행규칙」 제153조 1항 참조.
③ (×) 미결수용자(×) → 수형자(○).
경찰관서에 설치된 유치장에는 수형자를 30일 이상 수용할 수 없다. 「시행령」 제107조 참조.
④ (×) 완화경비시설(×) → 일반경비시설(○). 「시행령」 제98조 참조.

정답 ①

AI 예상 응용지문

❶ 미결수용자에게 신청에 따라 작업을 부과하는 경우에는 법무부장관이 정하는 바에 따라 작업장려금을 지급해야 한다. (×)
❷ 미결수용자에게 신청에 따라 교육을 실시하는 경우에는, 소장은 교육을 위하여 필요하면 미결수용자를 중간처우를 위한 전담교정시설에 수용하여 외부교육기관으로 통학하게 할 수 있다. (×)
❸ 미결수용자에게도 외부통근을 허용할 수 있다 (×)
❹ 미결수용자의 작업수입은 국고수입으로 한다. (○)
❺ 미결수용자에게 작업을 부과하는 경우에는 작업수입은 해당 미결수용자의 수입으로 한다. (×)
❻ 미결수용자의 접견은 시간과 횟수를 제한할 수 없다. (×)
❼ 소장은 미결수용자로서 사건에 서로 관련이 있는 사람은 구분수용하고 서로 간의 접촉으로 증거인멸하지 않도록 하여야 한다. (×)
❽ 미결수용자는 무죄추정을 받기 때문에 신청에 따라 작업을 부과할 수 있으나 교육과 교화프로그램은 실시하여서는 아니 된다. (×)
❾ 미결수용자가 외부의사의 진료를 받거나 위독·사망한 경우이거나 도주·체포한 경우에는 검사에게 통보하고, 기소된 상태이면 법원에도 지체없이 통보하여야 한다. (×)

❶ 미결수용자에 대해서도 작업장려금은 '지급할 수 있다'(임의적 지급)임. ❷ 미결수용자에게는 해당 안됨. ❸ 미결수용자에 대해서는 교정시설 밖에서 행하는 교도작업, 교육, 교화프로그램이 인정 안 됨. ❺ 미결수용자의 수입(×) → 국고수입(○) ❻ 변호인과의 접견에는 제한이 없으나, 그 외의 사람과의 접견에는 제한이 있음. ❼ 사형확정자는 구분수용이 적용되나, 미결수용자는 해당 안됨. 구분수용(×) → 분리수용(○) ❽ 교육·교화프로그램도 신청있으면 실시 가능함. ❾ 외부의사의 진찰에는 교도관의 참여와 수용기록부에 그 결과의 기록만 해당함.

29 「형의 집행 및 수용자의 처우에 관한 법률 시행령」상 미결수용자의 처우에 대한 설명으로 가장 옳지 않은 것은? '24. 6급(교감) 승진

① 미결수용자가 수용된 거실은 참관할 수 없다.
② 소장은 미결수용자가 징벌대상자로서 조사받고 있거나 징벌집행 중인 경우에도 소송서류의 작성, 변호인과의 접견·편지수수, 그 밖의 수사 및 재판 과정에서의 권리행사를 보장하여야 한다.
③ 미결수용자는 수사·재판·국정감사 또는 법령으로 정하는 조사에 참석할 때에는 사복을 착용할 수 있다. 다만, 소장은 도주우려가 크거나 특히 부적당한 사유가 있다고 인정하면 교정시설에서 지급하는 의류를 입게 할 수 있다.
④ 미결수용자와 변호인 간의 접견은 시간과 횟수를 제한하지 아니한다.

해설

③ (×) 법령으로 정하는 조사(×) → 법률로 정하는 조사(○). 제82조(사복착용) 참조.

정답 ③

30 형집행법령상 수용자에 대한 설명으로 ( )에 들어갈 숫자의 합은? '23. 5급(교정관) 승진 수정

㉠ 소장은 노인수용자에 대하여 (㉠)개월에 1회 이상 건강검진을 하여야 한다.
㉡ 법무부장관이 (㉡)세 미만의 수형자의 처우를 전담하도록 정하는 시설의 장은 소년의 나이·적성 등 특성에 알맞은 교육·교화프로그램을 개발하여 시행하여야 한다.
㉢ 수형자가 소년교도소에 수용 중에 19세가 된 경우에도 교육·교화프로그램, 작업, 직업훈련 등을 실시하기 위하여 특히 필요하다고 인정되면 (㉢)세가 되기 전까지는 계속하여 수용할 수 있다.
㉣ 신입자의 건강진단은 수용된 날부터 (㉣)일 이내에 하여야 한다. 다만, 휴무일이 연속되는 등 부득이한 사정이 있는 경우에는 예외로 한다.

① 48 ② 51
③ 54 ④ 60

해설

㉠ (㉠): 6. 「형집행법 시행규칙」 제47조(전문의료진 등) 2항 참조.
㉡ (㉡): 19. 「형집행법 시행규칙」 제59조의2(전담교정시설) 1항 참조.
㉢ (㉢): 23. 「형집행법」 제12조(구분수용의 예외) 3항 참조.
㉣ (㉣): 3. 「형집행법 시행령」 제15조(신입자의 건강진단) 참조.

정답 ②

MEMO

CHAPTER 10 사형확정자

01 형의 집행 및 수용자의 처우에 관한 법령상 사형확정자의 수용과 처우에 대한 설명으로 옳은 것은?
'AI 예상문제

① 사형확정자는 독거수용하여야 하지만, 자살 방지나 교육·교화프로그램 등의 적절한 처우을 위해 필요한 경우에는 혼거수용할 수 있다.
② 사형확정자는 접견 횟수를 제한하지 않으며, 필요에 따라 무제한으로 접견할 수 있다.
③ 사형확정자는 중경비시설에 준하여 계호되며, 일반경비시설에 준하여서는 안 된다.
④ 사형확정자가 수용된 거실은 해당 사형확정자가 동의한 경우 외에는 참관할 수 없다.

해설

① (○) 법 제89조 1항 참조.
② (×) 사형확정자 역시 다른 수형자와 마찬가지로 접견권을 가진다. 그러나 법적으로 접견 횟수에는 제한이 있을 수 있다. 시행령에서는 매월 4회로 규정하고 있다(제109조).
③ (×) 사형확정자는 그 위험성과 특수성을 고려하여 중경비시설에서 계호될 수 있지만, 반드시 중경비시설에만 해당하는 것은 아니다. 일반경비시설에서도 계호될 수 있다(시행령 제108조).
④ (×) 사형확정자의 거실은 절대로 참관할 수 없다(법 제89조 2항). 그러므로 소장은 사형확정자가 동의한 경우에도 참관을 허가해서는 아니 된다.
☞ 출제의도 : 사형확정자의 처우와 수용 방식에 관한 기본 원칙과 예외 상황을 이해하고 있는지를 확인하기 위한 문제입니다.

정답 ①

02 형의 집행 및 수용자의 처우에 관한 법령상 사형확정자의 처우에 대한 설명으로 옳은 것은? '23. 7급

① 사형확정자의 접견 횟수는 매월 5회로 하고, 필요하다고 인정하면 접견 횟수를 늘릴 수 있다.
② 사형확정자는 교도소에서만 독거수용하고, 교육·교화프로그램을 위해 필요한 경우에는 혼거수용할 수 있다.
③ 사형확정자를 수용하는 시설의 설비 및 계호의 정도는 일반경비시설 또는 중경비시설에 준한다.
④ 사형확정자가 수용된 거실은 자살방지를 위해 필요한 경우 참관할 수 있다.

해설

③ (○) 시행령 제108조.
① (×) 사형확정자의 접견 횟수는 매월 <u>4회</u>로 하고, <u>교화나 심리적 안정을 도모하기 위하여 특히 필요하다고 인정하면</u> 접견 횟수를 늘릴 수 있다.

② (×) 사형확정자는 원칙적으로 교도소 또는 구치소에 구분하여 독거수용한다. 법 제11조 제4호. 사형확정자의 교육·교화프로그램, 작업, 그 밖의 적절한 처우를 위하여 필요한 경우에는 혼거수용할 수 있다(법 제89조 1항 단서).
④ (×) 사형확정자, 미결수용자가 수용된 거실은 어떠한 경우에도 절대로 참관할 수 없다. 법 제98조 2항.

정답 ③

03 미결수용자와 사형확정자의 처우에 관한 내용으로 옳지 않은 것은?

① 미결수용자가 수용된 거실과 사형확정자가 수용된 거실은 참관할 수 없다.
② 미결수용자와 사형확정자는 신청이 있는 경우에 한하여 교육 및 작업을 부과할 수 있다.
③ 접견횟수는 미결수용자는 매일 1회, 사형확정자는 매월 4회로 한다.
④ 미결수용자에 대한 시설의 계호 정도와 사형확정자에 대한 시설의 계호 정도가 동일한 경우가 있다.

해설

② (×) 미결수용자와 사형확정자에게 공통적으로 신청에 따라 부과할 수 있는 것은 작업이다. 교육·교화프로그램은 미결수용자에 대하여는 신청에 따라, 사형확정자에 대하여는 신청 없이도 실시할 수 있다.
④ (○) 사형확정자는 일반 또는 중경비시설에 준하고 미결수용자는 일반경비시설에 준하므로, 사형확정자를 일반경비시설에 수용하는 경우에는 시설 계호가 동일하다.

정답 ②

04 사형확정자의 수용에 대한 설명으로 옳지 않은 것은? '11. 9급

① 사형확정자는 독거수용하는 것이 원칙이지만 자살방지, 교육·교화프로그램, 작업, 그 밖의 적절한 처우를 위하여 필요한 경우 법무부령으로 정하는 바에 따라 혼거수용할 수 있다.
② 사형확정자가 수용된 거실은 참관할 수 없다.
③ 소장은 사형확정자의 심리적 안정 및 원만한 수용생활을 위하여 교육 또는 교화프로그램을 실시하거나 신청에 따라 작업을 부과할 수 있다.
④ 소장은 사형확정자의 심리적 안정과 원만한 수용생활을 위하여 필요하다고 인정하는 경우에는 월 4회 이내의 범위에서 전화통화를 허가할 수 있다.

해설

④ (×) 월 4회 이내(×) → 월 3회 이내(○).「시행규칙」제156조 참조.

정답 ④

05 현행법상 우리나라의 사형집행 방법은?

① 교수형(絞首刑), 총살
② 교수형(絞首刑), 전기살
③ 교수형(絞首刑), 가스살
④ 가스살, 총살

> **해설**
>
> ① (×) 형법상 교수형과 군형법상 총살형이 있다.

정답 ①

06 사형확정자의 처우에 관한 기술 중 옳지 않은 것은?

> (ㄱ) 사형확정자는 자살의 우려가 크므로 혼거수용이 원칙이다.
> (ㄴ) 사형확정자를 수용하는 시설의 설비 및 계호의 정도는 일반경비시설과 중경비시설에 준한다.
> (ㄷ) 사형은 교정시설의 사형장에서만 집행할 수 있고, 공휴일과 토요일에는 집행하지 아니한다.
> (ㄹ) 소장은 사형확정자에게 월 3회 이내의 범위에서 전화통화를 허가할 수 있다.
> (ㅁ) 사형확정자에게 부과하는 작업은 심리적 안정과 원만한 수용생활을 도모하는 데 적합한 것만 해당한다.
> (ㅂ) 소장은 사형확정자의 심리적 안정 및 건전한 사회복귀를 위하여 교육 또는 교화프로그램을 실시할 수 있다.

① (ㄱ), (ㅂ)
② (ㄴ), (ㅁ)
③ (ㄷ), (ㄹ)
④ (ㅁ), (ㅂ)

> **해설**
>
> (ㄱ) (×) 독거수용이 원칙이다. 예외적으로 법무부령으로 정하는 바에 따라 혼거수용할 수 있다(「법」 제89조 1항).
> (ㅁ) (○) 소장은 사형확정자가 작업을 신청하면 교도관회의의 심의를 거쳐 교정시설 안에서 실시하는 작업을 부과할 수 있다. 이 경우 부과하는 작업은 심리적 안정과 원만한 수용생활을 도모하는 데 적합한 것이어야 한다(시행규칙」 제153조 1항).
> (ㅂ) (×) 건전한 사회복귀를 위하여(×) → 원만한 수용생활을 위하여(○). 소장은 사형확정자의 <u>심리적 안정 및 원만한 수용생활을 위하여</u> 교육 또는 교화프로그램을 실시하거나 신청에 따라 작업을 부과할 수 있다(법 제90조 1항).

정답 ①

07 다음 중 현행법령상 사형확정자에 대한 처우의 내용 중 적절하지 않은 것은?

① 사형확정자가 수용된 거실은 시찰할 수 있다.
② 소장은 작업이 부과된 사형확정자가 작업의 취소를 요청하면 작업을 취소하여야 한다.
③ 시설의 설비 및 계호의 정도는 일반경비시설 또는 중경비시설에 준한다.
④ 자살과 도주 등의 사고방지를 위하여 필요한 경우에는 미결수용자와 혼거수용할 수 있다.
⑤ 소장은 사형확정자가 작업을 신청하면 교도관회의의 심의를 거쳐야 하고, 교정시설 안에서 실시하는 작업에 한하여 부과할 수 있다.

해설

② (×) 소장은 사형확정자가 작업을 신청하면 교도관회의의 심의를 거쳐 교정시설 안에서 실시하는 작업을 부과할 수 있다. 이 경우 부과하는 작업은 심리적 안정과 원만한 수용생활을 도모하는 데 적합한 것이어야 한다. 작업이 부과된 사형확정자가 작업의 취소를 요청하면 소장은 사형확정자의 의사 · 건강, 담당교도관의 의견을 고려하여 작업을 취소할 수 있다(「시행규칙」 제153조).

정답 ②

08 형집행법령상 사형확정자에 관한 설명으로 옳은 것은 모두 몇 개인가? '24. 7급(교위) 승진

㉠ 소장은 사형확정자의 자살 · 도주 등의 사고를 방지하기 위하여 필요한 경우에는 사형확정자와 를 혼거수용할 수 있다.
㉡ 사형확정자의 접견 횟수는 매주 3회로 한다.
㉢ 소장은 사형확정자가 작업을 신청하면 교도관회의의 심의를 거쳐 교정시설 안에서 실시하는 작업을 부과할 수 있다. 이 경우 부과하는 작업은 심리적 안정과 원만한 수용생활을 도모하는 데 적합한 것이어야 한다.
㉣ 소장은 작업이 부과된 사형확정자가 작업의 취소를 요청하면 사형확정자의 의사(意思) · 건강, 담당교도관의 의견 등을 고려하여 작업을 취소하여야 한다.

① 0개　　　　　　　　② 1개
③ 2개　　　　　　　　④ 3개

해설

㉠ (×) 수형자(×) → 미결수용자(○). 사형확정자의 교육 · 교화프로그램, 작업 등의 적절한 처우를 위하여 필요한 경우에는 사형확정자와 수형자를 혼거수용할 수 있다. 「시행규칙」 제150조(구분수용 등) 4항.
㉡ (×) 매주 3회(×) → 매월 4회(○). 「시행령」 제109조(접견 횟수) 참조. "월 3회 이내의 범위에서" 할 수 있는 것은 사형확정자에 대한 전화통화 허가이다. 「시행규칙」 제156조(전화통화) 참조.
㉣ (×) 취소하여야 한다(×) → 취소할 수 있다(○). 「시행규칙」 제153조(작업) 3항 참조.

정답 ②

09 사형확정자의 처우에 대한 설명 중 옳은 것만을 모두 고른 것은? 'AI 예상

───── 보 기 ─────

㉠ 사형확정자의 교육·교화프로그램, 작업 등의 적절한 처우를 위하여 필요한 경우에는 사형확정자와 수형자를 혼거수용할 수 있다.
㉡ 소장은 사형확정자의 자살·도주 등의 사고를 방지하기 위하여 필요한 경우에는 사형확정자와 수형자를 혼거수용할 수 있다.
㉢ 사형이 집행된 후 10분이 지나야 교수형에 사용한 줄을 풀 수 있다.
㉣ 사형확정자에게 작업을 부과하는 경우에는 소장은 사형확정자에게 작업장 등의 봉사원·반장·조장·분임장 그 밖에 수용자를 대표하는 직책을 부여해서는 아니 된다.
㉤ 사형확정자를 수용하는 시설은 완화경비시설 또는 일반경비시설에 준한다.
㉥ 사형확정자의 교화나 심리적 안정을 위해 필요한 경우에 접견 횟수를 늘릴 수 있으나 접견시간을 연장할 수는 없다.
㉦ 사형확정자에 대한 교육·교화프로그램, 작업 등에 관한 사항은 대통령령으로 정한다.
㉧ 사형확정자는 사형집행시설이 설치되어 있는 교정시설에 한하여 수용하되, 규정에 따라 구분 수용한다.
㉨ 사형확정자의 번호표 및 거실표의 색상은 붉은색으로 한다.
㉩ 형사사건으로 수사·재판을 받고있는 사형확정자에 대하여는 제82조(사복착용), 제84조(변호인과의 편지수수) 및 제85조(조사 등에서의 특칙)를 준용한다.

① ㉠, ㉣, ㉨, ㉩
② ㉡, ㉣, ㉤
③ ㉢, ㉣, ㉥, ㉧
④ ㉢, ㉤, ㉥, ㉦

해설

㉡ (×) 수형자(×) → 미결수용자(○).「시행규칙」제150조 3항 참조.
㉢ (×) 10분(×) → 5분(○).「시행령」제111조 참조.
㉤ (×) 완화 또는 일반경비시설(×) → 일반 또는 중경비시설(○).
㉥ (×) 접견시간 연장, 접견시간대 외의 접견 허용 및 접견 횟수 증가, 접촉차단시설이 없는 장소에서의 접견 허용 등 접견의 예외가 적용될 수 있다(「시행령」제110조 참조).
㉦ (×) 대통령령(×) → 법무부령(○)
㉧ (×) 개정 전 규정이다. 사형확정자는 사형집행시설이 설치되어 있는 교정시설에 수용하되, 다음 각 호와 같이 구분하여 수용한다. 다만, 수용관리 또는 처우상 필요한 경우에는 <u>사형집행시설이 설치되지 않은 교정시설에 수용할 수 있다</u>. <개정 2024. 2. 8.>「시행규칙」제150조 1항 참조.

☞ 출제의도 : 사형확정자와 관련된 법령 중 실제 시험에서 출제될 가능성이 높은 보기를 선별해서 출제하였습니다.

정답 ①

10 형의 집행 및 수용자의 처우에 관한 법령상 사형확정자의 처우에 대한 설명으로 옳지 않은 것은? '16. 9급

① 사형확정자가 수용된 거실은 참관할 수 없다.
② 소장은 사형확정자의 자살·도주 등의 사고를 방지하기 위하여 필요한 경우에는 사형확정자와 수형자를 혼거수용할 수 있다.
③ 소장은 사형확정자의 심리적 안정 및 원만한 수용생활을 위하여 교육 또는 교화프로그램을 실시하거나 신청에 따라 작업을 부과할 수 있다.
④ 소장은 사형확정자의 심리적 안정과 원만한 수용생활을 위하여 필요하다고 인정하는 경우에는 월 3회 이내의 범위에서 전화통화를 허가할 수 있다.

해설

② (×) 사형확정자와 수형자(×) → 사형확정자와 미결수용자(○).
소장은 사형확정자의 자살·도주 등의 사고를 방지하기 위하여 필요한 경우에는 사형확정자와 미결수용자를 혼거수용할 수 있고, 사형확정자의 교육·교화프로그램, 작업 등의 적절한 처우를 위하여 필요한 경우에는 사형확정자와 수형자를 혼거수용할 수 있다(「시행규칙」 제150조 3항).

정답 ②

11 사형확정자의 수용 및 처우에 대한 옳은 설명은?

① 사형은 교정시설 밖의 사형장에서 집행하여야 하고, 휴업일과 토요일에는 집행하지 아니한다.
② 사형확정자가 작업을 신청하면 교정자문위원회의 심의를 거쳐 교정시설 안 또는 밖에서 실시하는 작업을 부과할 수 있다.
③ 소장은 작업이 부과된 사형확정자에 대하여는 번호표를 붉은 색으로 부착해야 한다.
④ 사형확정자에 대한 교육·교화프로그램, 작업 등의 처우를 위하여 법무부장관이 정하는 전담교정시설에 수용할 수 있다.

해설

① (×) 사형은 교정시설의 사형장에서 집행한다. 공휴일과 토요일에는 사형을 집행하지 아니한다(「법」 제91조 참조).
② (×) 교정자문위원회(×) → 교도관 회의(○) / 교정시설 안 또는 밖(×) → 교정시설 안(○). 「시행규칙」 제153조 참조.
③ (×) 소장은 작업이 부과된 사형확정자에 대하여 교도관회의의 심의를 거쳐 사형확정자의 번호표 및 거실표의 색상을 붉은 색으로 하지 아니할 수 있다.
④ (○) 「시행규칙」 제156조 참조.

정답 ④

12 다음 중 사형확정자의 처우에 대한 설명으로 옳지 않은 것은?

① 소장은 사형확정자에게 수용자를 대표하는 직책을 부여해서는 아니 된다.
② 소장은 교화상 특히 필요한 사형확정자에 대하여는 교도관회의의 심의를 거쳐 번호표를 붉은색으로 하지 아니할 수 있다.
③ 소장은 접촉차단시설이 없는 장소에서 접견하게 할 수 있다.
④ 소장은 사형확정자의 심리적 안정 및 원만한 수용생활을 위하여 교육 또는 교화프로그램을 실시하거나 신청에 따라 작업을 부과할 수 있다.

해설

① (○) 「시행규칙」 제153조 참조. 및 제200조 참조.
② (×) 「시행규칙」 제153조 참조. 교화상 특히 필요한 사형확정자(×) → 작업이 부과된 사형확정자(○).
③ (○) 「시행령」 제110조 참조.
④ (○) 「법」 제90조 1항 참조.

정답 ②

AI 예상 응용지문

❶ 미결수용자의 시설 설비 및 계호의 정도는 일반 또는 완화 경비시설에 준하고, 사형확정자는 일반 또는 중경비시설에 준한다. (×)
❷ 사형확정자와 미결수용자가 수용된 거실은 그들의 동의 없이는 참관을 허가하여서는 아니 된다. (×)
❸ 처우상 특히 필요하면 미결수용자나 사형확정자에게도 가석방을 허가할 수 있다. (×)
❹ 사형확정자에게 작업을 부과하는 경우에도 사형확정자에게 봉사원·반장 등 수용자를 대표하는 직책을 부여하여서는 아니 된다. '수용자를 대표하는 직책 부여 금지'는 조폭수용자와 함께 적용된다. (○)
❺ 소장은 법무부장관의 승인을 받아 사형확정자를 다른 교정시설로 이송할 수 있다. (○)
❻ 소장은 교정위원으로 하여금 사형확정자를 지속적으로 상담하게 하여야 한다. (×)
❼ 심신장애로 의사능력이 없는 상태에 있거나 잉태 중인 여자인 때에는 법무부장관의 명령으로 사형확정자의 사형집행을 정지하여야 한다. (○)

❶ 완화경비서설(×) ❷ 동의해도 참관 허용 안 됨. 절대적 금지임. ❸ 가석방은 오로지 수형자에게만 해당됨. ❻ 교정위원(×) → 소속 교도관(○)

13 현행법령상 사형확정자의 처우에 대한 설명 중 옳지 않은 것은?

① 현행법령상 수용하는 시설의 설비 및 계호의 정도는 일반경비시설 또는 중경비시설에 준한다.
② 사형확정자의 접견 횟수는 매월 4회로 한다.
③ 소장은 필요하다고 인정하는 경우 사형확정자에게 월 4회 이내의 범위에서 전화 통화를 허가할 수 있다.
④ 소장은 사형을 집행하였을 경우에는 시신을 검사한 후 5분이 지나지 아니하면 교수형에 사용한 줄을 풀지 못한다.

> **해설**

③ (×) 월 4회 이내(×) → 3회 이내(○). 규칙 제156조 참조.
* 사형확정자의 접견은 월 4회로 하고, 전화통화는 월 3회 이내로 허가할 수 있다.

정답 ③

> **AI 예상 응용지문**

❶ 사형확정자의 접견 횟수는 매주 4회 이내로 한다. (×)
❷ 사형확정자의 교화나 심리적 안정을 도모하기 위하여 특히 필요하다고 인정하면 접견시간대 외에도 접견을 허가할 수 있고 접견시간·횟수를 연장 또는 늘릴 수 있으나, 접촉차단시설이 없는 장소에서의 접견은 허용해서는 아니 된다. (×)
❸ 소장은 사형확정자의 교육·교화프로그램, 작업 등을 위하여 필요하거나 교정시설의 안전과 질서유지 또는 교화를 위하여 특히 필요하다고 인정하는 경우에는 법무부장관의 승인을 받아 사형확정자를 다른 교정시설로 이송할 수 있다. (×)

❶ 매주 4회 이내(×) → 매월 4회(○) ❷ 접촉차단시설이 없는 장소에서의 접견(장소변경접견)도 허용할 수 있음. ❸ 교화(×). 시행규칙 제151조 참조.

14 형집행법령상 사형확정자의 작업에 대한 설명으로 옳지 않은 것은?

① 소장은 사형확정자가 작업을 신청하면 교도관회의의 심의를 거쳐 교정시설 안에서 실시하는 작업을 부과할 수 있다.
② 소장은 작업이 부과된 사형확정자에 대하여 교도관회의의 심의를 거쳐 번호표 및 거실표의 색상을 붉은색으로 하지 않을 수 있다.
③ 소장은 작업이 부과된 사형확정자가 작업의 취소를 요청하면 사형확정자의 의사(意思)·건강, 담당교도관의 의견 등을 고려하여 작업을 취소할 수 있다.
④ 사형확정자에게 작업을 부과하는 경우에는 법률상 집중근로에 따른 처우도 준용된다.

> **해설**

④ (×) 사형확정자에 대한 작업과 관련해서는 외부통근작업(법 제68조), 직업능력개발훈련(법 제69조), 집중근로에 따른 처우(법 제70조)는 준용되지 아니한다. 시행규칙 제153조 참조.

정답 ④

15 형의 집행 및 수용자의 처우에 관한 법령상 미결수용자 및 사형확정자의 처우에 대한 설명으로 옳지 않은 것은? '22. 9급

① 소장은 미결수용자로서 사건에 서로 관련이 있는 사람은 분리수용하고 서로 간의 접촉을 금지하여야 한다.
② 소장은 사형확정자와 수형자를 혼거수용할 수 있으나, 사형확정자와 미결수용자는 혼거수용할 수 없다.
③ 미결수용자의 접견 횟수는 매일 1회로 하되, 미결수용자와 변호인과의 접견은 그 횟수에 포함시키지 않는다.
④ 사형확정자의 접견 횟수는 매월 4회로 하되, 소장은 사형확정자의 교화나 심리적 안정을 도모하기 위하여 특히 필요하다고 인정하면 접견 횟수를 늘릴 수 있다.

해설

② (×) 사형확정자도 독거수용하는 것이 원칙(법 제89조)이지만, 자살방지, 교육·교화프로그램 등을 위하여 필요한 경우에는 수형자나 미결수용자와 혼거수용할 수 있다. 시행규칙 제150조 참조.

정답 ②

MEMO

CHAPTER 11 안전과 질서

01 다음 중 계호에 대한 설명으로 옳음(○)과 그름(×)이 가장 적절하게 열거된 것은?

> (ㄱ) 계호란 경계와 보호 작용을 말하는데 용어상 보안과 혼용하고 있다.
> (ㄴ) 물적 계호보다 인적 계호의 중요성이 커지는 추세이다.
> (ㄷ) 교정시설의 규율유지를 위한 실력 강제뿐 아니라 보호 내지 복지 증진 처우도 계호의 개념에 포함된다.
> (ㄹ) 계호는 수용자에 따라 탄력적으로 적용된다.
> (ㅁ) 형집행법은 시설의 안전과 질서를 유지하기 위해 교정시설이 수용자의 자유와 권리를 제한할 수 있는 다양한 법적 근거를 마련하고 있다.

① ○ ○ ○ ○ ○
② × ○ × ○ ×
③ ○ × ○ ○ ○
④ ○ × × ○ ×

해설

(ㄴ) (×) 계호를 계호수단에 따라 나누면 물적 계호와 인적 계호로 구분된다. 물적 계호는 건조물이나 교정장비 등 도구에 의한 계호이고, 인적 계호는 교정직원의 정신적·육체적 기능에 의한 계호를 말한다. 과학이 발달하면서 계호의 흐름은 인적 계호보다 물적 계호가 중시되는 경향을 보이고 있다. 형집행법이 구행형법에는 없었던 전자장비에 의한 계호, 보호실·진정실을 이용한 계호 조항을 신설한 것도 이 같은 추세를 반영한 것이다.

(ㄷ) (○) 전통적으로 안전과 질서의 유지는 처우와 대립하는 개념으로서 시설 내에서 수용자의 행동이나 생활을 규제하는 도구 개념으로 이해되어 왔다. 그러나 오늘날에는 사회복지를 위한 처우를 충실히 하는 것이 바로 시설의 안전과 질서를 유지하는 데 기여하는 것으로 보아 시설의 안전과 질서는 처우의 영역에 속한다고 보고 있다. 즉 시설의 안전과 질서유지를 도모하는 계호와 처우를 대립 개념으로 보지 않고 통합된 개념으로 이해하고 있다.

정답 ③

AI 예상 응용지문

❶ 수용자는 교정시설의 안전과 질서유지를 위하여 소장이 정하는 규율을 지켜야 한다. (×)
❷ 수용자는 지방교정청장이 정하는 일과시간표를 지켜야 한다. (×)
❸ 수용자는 교정시설 직원의 직무상 지시에 따라야 한다. (×)
❹ 수용자는 음란물, 사행행위에 사용되는 물품, 그 밖에 수형자의 교화 또는 건전한 사회복귀를 해칠 우려가 있는 물품을 지녀서는 아니 된다. 이 규정에도 불구하고 소장이 수용자의 처우를 위하여 허가하는 경우에는 이러한 물품을 지닐 수 있다. (×)
❺ 수용자의 신체를 검사하는 경우에는 불필요한 고통이나 수치심을 느끼지 아니하도록 유의하여야 하며, 특히 신체를 면밀하게 검사할 필요가 있으면 다른 사람이 볼 수 없는 차단된 장소에서 하여야 한다. (×)

❶ 소장(×) → 법무부장관(○) ❷ 지방교정청장(×) → 소장(○) ❸ 교정시설의 직원(×) → 교도관(○) ❹ 금지물품 중 무인비행장치, 전자·통신기기, 그 밖에 도주나 다른 사람과의 연락에 이용될 우려가 있는 물품에 한해서만 소장이 수용자의 처우를 위하여 허가하는 경우에는 이러한 물품을 지닐 수 있다. 법 제92조 참조. ❺ 다른 사람이(×) → 다른 수용자가(○). 법 제93조 2항.

02 계호권 행사에 대한 설명 중 맞는 것은 모두 몇 개인가?

┤ 보 기 ├

㉠ 교정시설의 안전확보와 질서유지를 목적으로 하는 일체의 강제력으로서 수용자에 대한 격리와 교화개선을 위해 행해지는 것을 통칭해서 계호라고 부르며, 계호업무를 수행할 수 있는 권한을 가진자가 자신의 권한 범위 내에서 행하는 조치를 계호행위라고 한다.
㉡ 정당하고 적법한 계호권 행사는 정당한 공무집행으로 법률상 보호를 받고 위법성이 조각된다.
㉢ 수용자에게 인권침해 우려가 있는 보호장비 사용과 강제력행사 및 무기사용은 적법절차에 따라 '비례성의 원칙'에 의해 행해져야만 그 정당성이 인정된다.
㉣ 불법·부당한 계호권 행사로 인해 피해를 입은 사람은 손해배상 또는 국가배상을 청구할 수 있다.
㉤ 계호권은 수용자와 계호자 사이에 발생하는 것이 원칙이므로 제3자에게는 성립할 수 없다.
㉥ 계호권은 자기가 소속한 교정시설의 수용자에게 행사하는 것이 원칙이지만 비상사태의 경우 타 교도소가 응원을 구할 때에는 예외적으로 당해 소장의 지휘·감독 하에 계호권을 인정할 수 있다.
㉦ 계호권의 행사는 "교정목적을 실현하는 데 필요한 범위 내에서 이루어져야 하고 여러 가지 대체수단이 있는 경우에는 가장 부담을 적게 주는 방안을 선택해야 한다."는 비례의 원칙이 지켜지는 한도 내에서만 합법성이 인정된다.

① 3개 ② 4개
③ 5개 ④ 6개

해설

㉤ 이외의 나머지 6개 문항은 모두 적절한 설명이다.
㉤ (×) 계호권은 계호자와 수용자 사이에 발생하는 것이 원칙이나 특별한 제3자에게도 성립할 수 있다. 예컨대, 제3자인 외부인이 수용자를 탈취하려고 행동하는 경우에는 제3자에 대해서도 계호권이 발생될 수 있다. 형집행법도 수용자 외의 사람에게 강제력을 행사할 수 있는 규정(제100조)과 무기를 사용할 수 있는 근거를 명시하고 있다(제101조).
㉦ (○) 비례의 원칙이란 국민의 자유와 권리를 제한하는 법률은 목적의 정당성, 방법의 적절성, 법익의 균형성, 제한의 최소성을 준수해야 한다는 헌법상의 원리이다. '과잉금지의 원칙'이라고도 한다. 안전과 질서를 유지하기 위한 조치들은 기본권을 제한하는 결과를 가져오기 때문에 비례의 원칙의 한계를 따라야 한다. 형집행법은 보호장비 남용금지, 강제력 행사, 무기사용, 징벌 등 개별처분들과 관련하여 필요최소한도에 그쳐야 한다는 내용의 비례 원칙을 명시하고 있다.

정답 ④

03 계호의 종류에 대한 설명 중 옳은 것은? '02. 7급

① 소지품의 검사는 대인적 계호에 해당한다.
② 교도소 내 출입구와 초소경계는 인적 계호에 해당한다.
③ 형사피고인이 법원의 소환에 응한 때에 행하는 계호를 일반호송계호라 한다.
④ 비상계호를 특별계호라고도 한다.

해설

① (×) 대인적 계호(×) → 대물적 계호(○).
③ (×) 호송계호(×) → 출정계호(○).
④ (×) 비상계호는 계호상황을 기준으로 분류한 것이고, 특별계호는 대상의 특수성 여부를 기준으로 분류한 것이므로 양자는 다르다. 계호는 그 내용에 따라 배제, 구제, 검사, 정돈, 시찰, 강제, 명령으로 분류한다. 또한 계호 행위는 그 대상을 기준으로 대인계호와 대물계호를 구분하고, 계호수단을 기준으로 인적계호 · 물적 계호, 계호 장소를 기준으로 호송 계호와 출정 계호, 계호 상황(긴급정도)에 따라 통상 계호와 비상계호, 대상의 특수성 여부에 따라 일반계호와 특별계호로 구분한다.

정답 ②

✚ 계호의 유형 분류

계호대상 기준	대인 계호	사람에게 직접 행사되는 조치, 교정장비 사용, 신체검사 등
	대물 계호	시설이나 물건에 대해 행사되는 조치, 거실 및 작업장 검사, 의류 · 소지품 검사
계호수단 기준	인적 계호	계호권자의 정신적 · 육체적 기능을 통한 조치, 교도관의 유형력 행사, 시찰 · 초소 경계 등
	물적 계호	시설이나 장비를 통한 계호, 교정장비 사용, 건조물이나 부속설비 활용 등
계호장소 기준	호송 계호	수용자를 교정시설 외부로 이동시키는 동안 교정시설 밖에서 이루어지는 계호
	출정 계호	수사기관 · 검찰 · 법원 등 형사사법기관으로 소환되어 법정 또는 검찰조사실에서 행해지는 계호
사태의 긴급정도 기준	통상 계호	일반적인 상황에서 통상적으로 행해지는 계호, 계호행위의 대부분이 이에 속함
	비상 계호	천재지변이나 교정사고 등이 발생한 상황에서 이루어지는 계호, 긴급이송 등
대상의 특수성 여부 기준	일반 계호	특별히 관리할 필요가 없는 일반수용자를 대상으로 하는 계호
	특별 계호	엄중관리대상자 등 교정사고 우려가 큰 수용자를 대상으로 하는 계호

04 다음 중 정당한 계호권 행사시 부과되는 법적 효과가 아닌 것은?

① 위법성조각
② 국가손해배상책임
③ 상대방구속
④ 적법행위추정

해설

② (×) 계호권의 행사가 고의 또는 과실로 인하여 수용자나 제3자에게 손해를 끼쳤을 경우에는 국가가 손해를 배상해야 한다. 또한 계호권의 행사가 고의 또는 과실로 위법 부당할 경우에는 징계처분을 받고 만약 「형법」 제125조에 해당하는 경우에는 형사처분을 면할 수 없다.

정답 ②

➕ 정당한 계호권 행사의 효과

- 정당하고도 적법한 계호권의 행사는 위법성이 조각(阻却)된다.
- 계호권의 행사는 공무집행이므로 법률상 보호를 받는다.
- 계호권의 행사는 적법으로 추정되어 상대방을 구속할 수 있다.
- 계호권의 행사를 폭행·협박으로 반항하였을 경우에는 공무집행방해죄를 구성하며 도주 시에는 가중처벌된다.
- 계호권행사에 불복이 있는 경우에는 소장면담, 법무부장관이나 순회점검공무원에게의 청원 등 제도적 구제절차를 거치지 아니하면 효력을 다툴 수 없다.

05 다음 계호에 대한 설명 중 틀린 것은? '06. 5급(교정관) 승진

① 시찰은 수용자에게 객관적으로 나타나는 동정을 파악하는 계호행위이다.
② 명령은 수용자에게 일정한 작위나 부작위를 강제적으로 요구하는 것이다.
③ 검사는 교정사고를 미연에 방지하기 위하여 인적·물적으로 나타난 위해상태를 사전에 조사하는 것이다.
④ 정돈은 수용자의 무질서한 습벽교정에 유용하다.
⑤ 강제는 위험의 개연성이 있는 경우 사전에 예방하는 조치로 교정시설의 안전을 유지한다.

해설

⑤ (×) 배제에 해당한다. 강제는 수용자가 정당한 이유 없이 법규를 위반했거나 계호권자의 정당한 명령을 이행하지 않을 경우에 이행한 것과 똑같은 상태를 실현하기 위하여 행하는 강제력의 행사로서 사후적 조치이다. 이 문제에서 열거되지 아니한 계호행위는 구제이다. '구제'란 위험한 상황이 이미 발생한 경우에 사후적으로 위험상태에서 구조하거나 정상을 회복시키는 조치이다.

정답 ⑤

06 계호에 대한 설명으로 틀린 것은? '05. 9급 수정

① 휴대품 검사, 거실 및 작업장 검사는 대물계호이다.
② 검찰청 및 법원의 소환에 응하는 것은 일반호송계호이다.
③ 신체검사, 의류검사 등 법익의 침해가 크지 않은 것은 통상계호이다.
④ 특별계호란 계호대상자의 특수성을 기준으로 한 분류이다.

해설

② (×) 일반호송계호(×) → 출정계호(○).

정답 ②

07 다음 보기에서 「형의 집행 및 수용자의 처우에 관한 법률」상 보호실 수용에 관한 설명으로 옳은 것은 몇 개인가? 'AI 예상

> ㉠ 자살 또는 자해의 우려가 있는 때 소장은 교도관의 의견을 고려하여 보호실에 수용할 수 있다.
> ㉡ 보호실이란 일반 수용거실로부터 격리되어 있고 방음설비를 갖춘 거실을 말한다.
> ㉢ 소장은 수용자를 보호실에 수용하거나 수용기간을 연장하는 경우에는 그 사유를 본인에게 알려 주어야 한다.
> ㉣ 의무관은 보호실 수용자의 건강상태를 수시로 확인하여야 한다.
> ㉤ 신체적·정신적 질병으로 인하여 특별한 보호가 필요한 때 수용자의 보호실 수용기간은 15일 이내로 한다.

① 1개
② 2개
③ 3개
④ 4개

해설

② ㉠, ㉡은 옳지 않고, ㉢, ㉣, ㉤은 옳은 내용이다.
㉠(×) 의무관의 의견을 고려하여야 한다. 형집행법 제95조 1항 참조.
㉡(×) '보호실'이란 자살 및 자해 방지 등의 설비를 갖춘 거실을 말한다. 일반 수용거실로부터 격리되어 있고 방음설비를 갖춘 거실은 '진정실'이다. 형집행법 제95조 1항 및 제96조 1항 참조.

☞ 출제의도 : 이 문제의 출제 의도는 「형의 집행 및 수용자의 처우에 관한 법률」에서 보호실 수용과 관련된 조항에 대한 정확한 이해를 평가하는 것입니다. 출제자는 수용자 보호실의 정의와 조건, 소장의 역할 및 의무관의 책임, 수용 기간 등에 대한 내용을 정확히 알고 있는지 확인하고자 합니다. 특히, 법률의 세부 조항을 명확히 구분하여 적용할 수 있는지를 묻는 문제로, 보호실과 진정실의 차이점, 의무관의 의견 반영 여부, 수용자에게 사유를 통지하는 절차 등 실무적 세부사항을 이해하고 있는지를 평가하는 데 중점을 두고 있습니다.

정답 ③

08 수형자의 기본권에 대한 헌법재판소의 결정내용으로 옳지 않은 것은? '12. 7급

① 정밀신체검사는 수용자의 생명과 신체에 대한 위해를 방지하고 구치소 내의 안전과 질서를 유지하기 위하여 흉기 등 위험물이나 반입금지 물품의 소지와 은닉 여부를 조사하기 위한 것으로서 과잉금지의 원칙에 반하지 않는다.
② 계호 교도관이 검찰 조사실에서의 계구해제요청을 거절하고 청구인으로 하여금 수갑 및 포승을 계속 사용한 채 피의자 조사를 받도록 한 것은 신체의 자유를 침해한 것이다.
③ 독거수용자들에 대해서는 교도소 내의 범죄를 방지하고, 안전을 도모하며 본래적 교도행정의 목적을 효과적으로 달성하기 위하여 행정적 제재를 가하고 교정의 필요상 TV 시청을 규제하는 것은 불가피하다.
④ 엄중관리대상자의 수용거실에 CCTV를 설치하여 24시간 감시하는 것은 CCTV 설치행위에 대한 법적 근거가 없는 경우 허용되지 않는다.

해설

④ (×) 엄중관리대상자의 수용거실에 CCTV를 설치하여 24시간 감시하는 행위는 사생활의 비밀·자유를 침해하는 조치가 아니므로 헌법에 반하지 않는다(2007헌마 187).

정답 ④

09 형의 집행 및 수용자의 처우에 관한 법령상 수용자의 처우에 대한 설명으로 옳은 것은? '19. 7급

① 소장은 징역형·금고형이 확정된 사람으로서 집행할 형기가 형집행지휘서 접수일부터 3개월 미만인 사람, 노역장 유치명령을 받은 사람, 구류형이 확정된 사람에 대해서는 분류심사를 하지 아니한다.
② 소장은 공범·피해자 등의 체포영장·구속영장·공소장 또는 재판서에 마약사범으로 명시된 수용자는 마약류수용자로 지정한다.
③ 소장은 미결수용자 등 분류처우위원회의 의결 대상자가 아닌 경우에도 관심대상수용자로 지정할 필요가 있다고 인정되는 수용자에 대하여는 교도관회의의 심의를 거쳐 관심대상수용자로 지정할 수 있다.
④ 소장은 신입자에 대하여 시설 내의 안전과 질서유지를 위하여 특히 필요하다고 인정하면 번호표를 붙이지 아니할 수 있다.

해설

① (×) 노역장 유치명령을 받은 사람(×). 「시행규칙」 제62조 참조.
② (×) 마약사범(×) → 조직폭력사범(○)/ 마약류수용자(×) → 조직폭력수용자(○). 공범·피해자 등의 서류에 명시된 것까지 지정사유에 해당하는 것은 '조직폭력수용자' 이다. 마약류수용자의 경우는, 수용자 자신의 수용구비서류에 마약류에 관한 형사법률이 적용된 수용자이거나 마약류에 관한 형사법률의 적용을 받아 집행유예 진행 중에 별건으로 수용된 수용자에 대하여 **마약류수용자로 지정하여야 한다.** 「시행규칙」 제204조, 205조 참조.
▶ 이후 시험에서는 "지정할 수 있다"로 뒤바꾸어 함정을 유도할 수 있음에 주의를 요한다!
④ (×) 시설의 안전과 질서유지를 위하여(×) → 수용자의 교화 또는 건전한 사회복귀를 위하여(○).

이 규정은 '이입자에게도 해당됨'과 '사형확정자에 대하여도 작업이 부과된 경우 교도관회의의 심의를 거쳐 붉은 번호표를 붙이지 아니할 수 있다'는 것도 알아두어야 한다.

정답 ③

10 「형의 집행 및 수용자의 처우에 관한 법률」상 금지물품 중 소장이 수용자의 처우를 위하여 수용자에게 소지를 허가할 수 있는 것은? '23. 9급

① 마약·총기·도검·폭발물·흉기·독극물, 그 밖에 범죄의 도구로 이용될 우려가 있는 물품
② 무인비행장치, 전자·통신기기, 그 밖에 도주나 다른 사람과의 연락에 이용될 우려가 있는 물품
③ 주류·담배·화기·현금·수표, 그 밖에 시설의 안전 또는 질서를 해칠 우려가 있는 물품
④ 음란물, 사행행위에 사용되는 물품, 그 밖에 수형자의 교화 또는 건전한 사회복귀를 해칠 우려가 있는 물품

해설

② (○) 무인비행장치, 전자·통신기기, 그 밖에 도주나 다른 사람과의 연락에 이용될 우려가 있는 물품은 금지규정에도 불구하고 소장이 수용자의 처우를 위하여 허가하는 경우에는 제1항제2호의 물품을 지닐 수 있다(법 제92조 2항).

정답 ②

11 「형의 집행 및 수용자의 처우에 관한 법률」상 신체검사 등의 처우에 대한 설명으로 옳은 것은?(다툼이 있는 경우 판례에 의함) '17. 5급(교정관) 승진

① 교도관은 시설의 안전과 질서를 위하여 필요하면 교정시설에 출입하는 수용자 외의 사람에 대하여 의류와 휴대품 및 신체검사를 할 수 있다.
② 교도소장이 수용자가 없는 상태에서 실시한 거실 및 작업장 검사행위는 수용자의 사생활의 비밀 및 자유를 침해한다.
③ 신체검사 당시 다른 방법으로는 은닉한 물품을 찾아내기 어렵다고 볼 만한 합리적인 이유가 없음에도, 유치장에 수용된 여자 수용자들의 옷을 전부 벗긴 상태에서 앉았다 일어서기를 반복하게 한 신체검사는 위법하다.
④ 교도소 독거실 내 화장실 창문과 철격자 사이에 안전 철망을 설치한 행위는 더이상 바깥 풍경을 조망할 수 없게 하고 원활한 통풍과 최소한의 채광 확보를 어렵게 하였으므로 이는 헌법상 보장된 수용자의 인간의 존엄과 가치 및 행복추구권, 그리고 환경권을 침해한 것이다.
⑤ 수용자를 교정시설에 수용할 때마다 전자영상 검사기를 이용하여 수용자의 항문부위에 대한 신체검사를 하는 행위는 수용시설의 목적 달성을 넘어 지나친 것일 뿐 아니라, 수용자의 명예나 수치심을 포함하여 신체의 자유 등 기본권을 침해한다.

해설

① (×) 신체검사(×). 수용자 외의 사람에 대하여는 의류와 휴대품만 검사할 수 있고 신체검사는 할 수 없다. 「법」제93조 3항 참조.
② (×) 소장이 수용자가 없는 상태에서 실시한 거실 및 작업장 검사행위는 과잉금지의 원칙에 위배하여 사생활의 비밀 및 자유를 침해하였다고 할 수 없다. 따라서 헌법에 위반되지 않는다(2009 헌마 691 참조).
④ (×) 교정시설 내 자살사고를 방지하기 위하여 교정시설 독거실 내 화장실에 안전철망을 설치한 행위는 그로 인해 수용자에게 채광·통풍이 다소 제한되는 불이익이 있는 정도에 불과한데 자살방지의 필요성은 매우 크므로, 수용자의 환경권 등 기본권을 침해하지 아니하여 헌법에 위반되지 않는다(2011 헌마 150 참조).
⑤ (×) 수용자를 시설 수용 때마다 항문부위에 대한 신체검사를 하는 것은 시설의 안전·질서를 유지하기 위한 것이므로 그 목적이 정당하고 그 수단도 적절하다. 그러므로 이러한 신체검사는 필요한 최소한도를 벗어나지 않고 과잉금지의 원칙에 위배되지 않는다. 따라서 수용자 인격권 내지 신체의 자유를 침해한다고 볼 수 없으므로 합헌이다(2010 헌마 775 참조).

정답 ③

---

12 형집행법령상 전자영상장비 등에 대한 설명으로 가장 옳지 않은 것은? '24. 7급(교위) 승진

① 영상정보처리기기 카메라를 설치할 수 있는 장소에 접견실은 제외한다.
② 교도관은 자살·자해·도주·폭행·손괴, 그 밖에 수용자의 생명·신체를 해하거나 시설의 안전 또는 질서를 해하는 행위를 방지하기 위하여 필요한 범위에서 전자장비를 이용하여 수용자 또는 시설을 계호할 수 있다. 다만, 전자영상장비로 거실에 있는 수용자를 계호하는 것은 자살 등의 우려가 큰 때에만 할 수 있다.
③ 전자영상장비로 거실에 있는 수용자를 계호하는 경우 계호대상이 수용자가 여성이면 여성교도관이 계호하여야 한다.
④ 거실에 영상정보처리기기 카메라를 설치하는 경우에는 용변을 보는 하반신의 모습이 촬영되지 아니하도록 카메라의 각도를 한정하거나 화장실 차폐시설을 설치하여야 한다.

해설

① (×) 「시행규칙」 제162조(영상정보처리기기 설치) ① 영상정보처리기기 카메라는 교정시설의 주벽(周壁)·감시대·울타리·운동장·거실·작업장·**접견실**·전화실·조사실·진료실·복도·중문, 그 밖에 법 제94조제1항에 따라 전자장비를 이용하여 계호하여야 할 필요가 있는 장소에 설치한다.
③ (○) 거실에 있는 수용자를 전자영상장비로 계호하는 경우에는 계호직원·계호시간 및 계호대상 등을 기록하여야 한다. 이 경우 수용자가 여성이면 여성교도관이 계호하여야 한다. 「법」제94조 2항.

정답 ①

AI 예상 응용지문

❶ 교도관은 자살 등을 방지하기 위하여 필요한 범위에서 전자장비를 이용하여 수용자 또는 시설을 계호하여야 한다. (×)

❶ 계호하여야 한다(×) → 계호할 수 있다(○). 「법」제94조 1항 참조.

13 「형의 집행 및 수용자의 처우에 관한 법률」상 수용자의 보호실 및 진정실 수용에 대한 설명으로 옳은 것은? '16. 9급

① 소장은 수용자가 신체적·정신적 질병으로 인하여 특별한 보호가 필요한 때 진정실에 수용할 수 있다.
② 소장은 수용자를 보호실 또는 진정실에 수용할 경우에는 변호인의 의견을 고려하여야 한다.
③ 소장은 수용자를 보호실 또는 진정실에 수용하거나 수용기간을 연장하는 경우에는 그 사유를 본인과 가족에게 알려 주어야 한다.
④ 수용자의 보호실 수용기간은 15일 이내, 진정실 수용기간은 24시간 이내로 하되, 소장은 특히 계속하여 수용할 필요가 있으면 의무관의 의견을 고려하여 연장할 수 있다.

해설
① (×) 진정실(×) → 보호실(○).
② (×) 변호인의 의견 고려는 요건이 아님. 보호실 수용 및 연장과 진정실 수용 연장만 의무관 의견 고려.
③ (×) 본인과 가족에게 알려주어야 한다(×) → 본인에게 알려 주어야 한다(○).

정답 ④

➕ 보호실과 진정실 비교

구분		보호실	진정실
개념		자살 및 자해 방지 등의 설비를 갖춘 거실	일반 수용거실로부터 격리되어 있고 방음설비 등을 갖춘 거실
수용사유		1. 자살·자해의 우려가 있는 때 2. 신체·정신적 질병으로 인하여 특별한 보호가 필요한 때	1. 시설의 설비·기구 등을 손괴하거나 손괴하려고 하는 때 2. 제지에도 불구하고 소란행위를 계속하여 평온한 수용생활을 방해하는 때
의무관의 의견		수용시 고려, 연장시 고려	수용시 불필요, 연장시 고려
기간	본 기간	15일 이내	24시간 이내
	연장 기간	7일 이내	12시간 이내
	최장 수용기간	3개월	3일
통지	수용 시	본인에게 사유 통지	본인에게 사유 통지
	연장 시	본인에게 사유 통지	본인에게 사유 통지
	건강상태 확인	의무관 수시 확인	의무관 수시 확인

▶ 연상기억법: 십오칠 삼개월 보호하고, 이사 일리하며 삼일 진정시켜라.

14 수용시설의 안전과 질서유지를 위한 수용자의 보호실 및 진정실 수용에 대한 설명으로 옳은 것은? '12. 9급

① 의무관은 수용자가 자살 또는 자해의 우려가 있는 때에는 소장의 동의를 받아 보호실에 수용할 수 있다.
② 수용자의 보호실 수용기간은 15일 이내로 하며, 기간 연장 시 계속하여 2개월을 초과할 수 없다.
③ 소장은 수용자가 교정시설의 설비 또는 기구 등을 손괴하거나 손괴하려고 하는 때에는 보호장비를 사용하여 그 목적을 달성할 수 있는 경우에도 진정실에 수용할 수 있다.
④ 진정실에 수용할 수 있는 기간은 24시간 이내로 하되, 기간 연장 시 계속하여 3일을 초과할 수 없다.

해설
① (×) 소장이 의무관의 의견을 고려하여 수용할 수 있다.
② (×) 2개월(×) → 3개월(○).
③ (×) 강제력을 행사하거나 보호장비를 사용하여도 그 목적을 달성할 수 없는 경우에만 수용할 수 있다.

정답 ④

15 다음 중 현행법령상 보호실 수용관련 규정으로 맞는 것은 몇 개인가?

―― 보 기 ――
㉠ 소장은 수용자가 자살 또는 자해의 우려가 있거나 신체적·정신적 질병으로 인해 특별한 보호가 필요한 때에는 보호실에 수용하여야 한다.
㉡ 수용자의 보호실 수용기간은 원칙적으로 15일 이내로 한다.
㉢ 의무관의 의견을 고려하여 7일 이내 연장할 수 있다.
㉣ 보호실 수용은 계속해서 1개월을 초과할 수 없다.
㉤ 소장은 수용자를 보호실에 수용하거나 수용기간을 연장하는 경우에 그 사유를 본인에게 알려주어야 한다.
㉥ 의무관은 보호실 수용자의 건강상태를 수시로 확인하여야 한다.

① 1개 ② 2개
③ 3개 ④ 4개

해설
㉠ (×) 수용하여야 한다(×) → 수용할 수 있다(○).
㉣ (×) 1개월(×) → 3개월(○).

정답 ④

16 다음 중 ( )에 들어가지 못할 단어로만 묶인 것은?

─┤ 보 기 ├─

(㉠)가 수용된 거실은 참관을 할 수 없다. 자살 등의 우려가 큰 때에는 (㉡)로 거실에 있는 수용자를 계호할 수 있다. (㉢)를 사용하여도 그 목적을 달성할 수 없는 경우에는 일반수용 거실로부터 격리되어 있고 방음설비 등을 갖춘 (㉣)에 수용할 수 있다.

① 미결수용자, 보호장비
② 전자장비, 보호실
③ 사형확정자, 진정실
④ 전자영상장비, 진정실

해설
㉠ 미결수용자, 사형확정자 ㉡ 전자영상장비 ㉢ 보호장비 또는 강제력 행사 ㉣ 진정실

정답 ②

17 〈보기1〉의 가 ~ 다에 들어갈 말을 〈보기2〉의 ㉠ ~ ㉤에서 바르게 연결한 것은? '09. 7급

─┤ 보 기 1 ├─

(가)는(은) 교정시설의 안전과 질서를 유지하기 위해 수용자를 경계·보호하는 제도로서 교도관은 수용자의 자살 등의 우려가 큰 때에는 거실에 있는 수용자를 (나)로 계호할 수 있으며, 교정시설의 장은 수용자가 자살 또는 자해의 우려가 있는 때에는 (다)에 수용 수 있다.

─┤ 보 기 2 ├─

㉠ 계호
㉡ 시찰
㉢ 보호실
㉣ 진정실
㉤ 전자장비
㉥ 전자영상장비

	가	나	다		가	나	다
①	㉠	㉤	㉣	②	㉡	㉤	㉣
③	㉠	㉥	㉢	④	㉡	㉥	㉢

해설
(가) 계호, (나) 전자영상장비, (다) 보호실
➡ '시찰' 개념은 두 가지로 구분된다. 교도관의 계호 행위로서의 '시찰(순찰)'과 판사·검사의 직무행위로서의 시찰(법 제9조 1항)이다.

정답 ③

18 다음 중 ( ) 들어갈 기간은 무엇인가?

보 기
보호실은 원칙적으로 (   )일(시간)을 초과해서 수용할 수 없다.

① 15일 ② 24시간
③ 30일 ④ 22일

해설

① (○) 원칙적 수용 기간은 15일 이내, 기간 연장 7일 이내 계속하여 3개월 초과 금지

정답 ①

AI 예상 응용지문

❶ 보호실 수용기간은 15일 이내로 하되, 연장 가능한 기간은 3개월까지 더 연장할 수 있다. (×)
❷ 보호실 전체수용기간은 3개월 이내이며, 진정실 전체수용기간은 3일 이내이다. (○)
❸ 소장은 수용자가 자살·자해의 우려가 있는 경우 의무관의 의견을 고려하여 진정실에 수용할 수 있다. (×)
❹ 수용자가 교정시설의 기구를 손괴하려고 하는 때에는 소장은 의무관의 의견을 고려하여 진정실에 수용할 수 있다. (×)
❺ 전자영상장비로 거실에 있는 수용자를 계호하는 것은 자살·도주 등의 우려가 큰 때에만 할 수 있다. (○)

❶ 연장은 1회당 7일 이내의 범위에서, 계속해서 3개월을 초과할 수 없음. ❸ 진정실(×)→보호실(○) ❹ 보충적으로 해야 하고, 의무관 의견 고려 없이 수용 가능.

19 다음 (   )에 들어가는 각 숫자의 합은 얼마인가?

보 기
㉠ 수용자의 보호실 수용기간은 (a)일 이내로 한다. 다만, 특히 계속하여 수용할 필요가 있는 경우 기간연장은 (b)일 이내로 하되, 계속하여 (c)개월을 초과할 수 없다. ㉡ 수용자의 진정실 수용기간을 (d)시간을 이내로 한다. 다만, 특히 계속하여 수용할 필요가 있는 경우 기간연장은 (e)시간 이내로 하되, 계속하여 (f)일을 초과할 수 없다.

① 62 ② 63
③ 64 ④ 65

해설

(1) 보호실 수용기간은 15일 이내, 기간연장은 1회당 7일 이내이고, 연장기간을 포함한 전체수용기간은 최장수용기간 3개월 이내이다.
(2) 진정실 수용기간은 24시간 이내, 기간연장은 1회당 12시간 이내이고, 최장수용기간은 3일 이내이다.

정답 ③

20 진정실에 대한 설명 중 옳은 것은 모두 몇 개 인가?

> ㄱ. 진정실이란 자살 및 자해 방지 등의 설비를 갖춘 거실을 말한다.
> ㄴ. 교도관의 제지에도 불구하고 소란행위를 계속하여 다른 수용자의 평온한 수용 생활을 방해하는 경우 강제력을 행사하거나 보호장비를 사용하여도 그 목적을 달성할 수 없는 때 진정실에 수용할 수 있다.
> ㄷ. 수용자의 진정실 수용기간은 24시간 이내로 한다. 다만, 소장은 특히 계속하여 수용할 필요가 있으면 의무관의 의견을 고려하여 연장할 수 있다.
> ㄹ. 소장은 수용자를 진정실에 수용하거나 수용기간을 연장하는 경우에는 그 사유를 본인에게 알려 주어야 한다.

① 0개 ② 1개
③ 2개 ④ 3개

해설

ㄱ(×) 진정실이란 방음·격리시설이고, 보호실이란 자살·자해 방지시설이다. 「법」 제95조와 96조 비교 참조.
ㄴ(○) 보호실 수용은 보충적 최후수단이 아니지만, 진정실 수용은 강제력을 행사하거나 보호장비를 사용하여도 그 목적을 달성할 수 없는 때 보충적 최후수단으로 할 수 있는 조치임에 주의하자.
ㄷ(○) 진정실 수용 연장 시 절차로는 '의무관의 의견 고려'이지, '수용 시' '교도관의 의견 고려'가 아님에 주의하자.
ㄹ(○) 진정실과 보호실 수용·연장 시 그 사유를 가족에게 알릴 필요는 없다는 것과, 그 사유를 본인에게는 알려야 한다는 것을 비교하여 기억하자. ㄱ. 틀림, ㄴ·ㄷ·ㄹ 맞음.

정답 ④

---

21 수형자 A는 다음 행위를 하고 있다. 이 경우 A를 수용할 수 있는 거실에 대한 설명으로 적절하지 않은 것은?

> ─ 보기 ─
> A는 수용 거실에서 문짝을 걷어차고 식기를 집어 던지면서 교도관 B·C의 제지에도 불구하고 소란행위를 계속하고 있다.

① 일반 수용거실로부터 격리되어 있고 방음설비 등을 갖춘 거실을 말한다.
② 이 거실에 대한 수용기간은 15일 이내로 한다.
③ 수용기간을 연장할 경우 의무관의 의견을 고려하여 12시간 이내로 하되 3일을 초과할 수 없다.
④ 소장은 A를 이 거실에 수용하거나 수용기간을 연장할 경우에는 그 사유를 본인에게 알려 주어야 한다.

해설

② (×) 진정실은 원칙적으로 24시간을 초과할 수 없다. 수용기간이 15일 이내로 되어 있는 것은 보호실 수용이다.

정답 ②

22 「형의 집행 및 수용자의 처우에 관한 법률」상 보호실에 수용할 수 있는 기간으로 가장 옳은 것은?

'24. 6급(교감) 승진

① 10일 이내, 1회당 5일 이내의 기간 연장, 최초 수용기간을 포함하여 계속하여 3년을 초과할 수 없다.
② 20일 이내, 1회당 10일 이내의 기간 연장, 최초 수용기간을 포함하여 계속하여 3개월을 초과할 수 없다.
③ 15일 이내, 1회당 7일 이내의 기간 연장, 최초 수용기간을 포함하여 계속하여 3개월을 초과할 수 없다.
④ 24시간 이내, 1회당 12시간 이내의 기간 연장, 최초 수용기간을 포함하여 계속하여 3일을 초과할 수 없다.

해설

③ (○) 수용자의 보호실 수용기간은 15일 이내로 한다. 다만, 소장은 특히 계속하여 수용할 필요가 있으면 의무관의 의견을 고려하여 1회당 7일의 범위에서 기간을 연장할 수 있다. 수용자를 보호실에 수용할 수 있는 기간은 계속하여 3개월을 초과할 수 없다. 법 제95조 2·3항 참조.
④(×) 진정실 수용기간: 24시간 이내, 1회당 12시간 이내의 기간 연장, 최초 수용기간을 포함하여 계속하여 3일을 초과할 수 없다. 법 제96조 2·3항 참조.

정답 ③

23 「형의 집행 및 수용자의 처우에 관한 법률」상 보호실 또는 진정실 수용에 대한 설명으로 옳은 것은?

'24. 5급(교정관) 승진

① 소장은 수용자가 교정시설의 설비 또는 기구 등을 손괴하거나 손괴하려고 하는 때에는 의무관의 의견을 고려하여 보호실에 수용할 수 있다.
② 소장은 수용자가 교도관의 제지에도 불구하고 소란행위를 계속하여 다른 수용자의 평온한 수용생활을 방해하는 때에는 즉시 진정실에 수용할 수 있다.
③ 수용자의 보호실 수용기간은 15일 이내로 하되, 수용자를 보호실에 수용할 수 있는 기간은 계속하여 3개월을 초과할 수 없다.
④ 수용자의 진정실 수용기간은 24시간 이내로 하되, 소장은 특히 계속하여 수용할 필요가 있으면 의무관의 의견을 고려하여 1회당 12시간의 범위에서 기간을 연장할 수 있다. 이 경우 수용자를 진정실에 수용할 수 있는 기간은 계속하여 3일을 초과할 수 없다.

해설

① (×) 보호실에 수용(×) → 진정실 수용(○). 지문의 내용은 보호실이 아니라 진정실 수용사유이다.
② (×) 즉시 진정실에 수용할 수 있다(×) → 강제력을 행사하거나 제98조의 보호장비를 사용하여도 그 목적을 달성할 수 없는 경우에만 수용할 수 있다(×).
③ (×) 1개월 이내(×) → 15일 이내(×). 법 제95·96조 참조.

정답 ④

24 다음 지문에 해당하는 수용자를 현행법령상 수용하기에 가장 적합한 거실은?

─── 보 기 ───

A는 절도죄로 구속되어 구치소사동의 1층 거실에 수용되었다. A가 수용된 1층에는 전체 거실이 15개이고, 수용자는 140명이 수용되어 있다.
A는 구속된 지 2일 째 되는 날 저녁 11:00경 갑자기 욕설로 고함을 지르면서 거실 출입문을 발로 차는 등의 소란행위를 하므로 교도관은 수용자 A에 대하여 보호장비를 사용하여 제지한 후 주의를 주고 나서 본인거실에 수용하였다.
A는 방에 들어간 후 30분이 지나자 재차 고함을 지르고 계속하여 문을 차면서 이전보다 더 심한 소란행위를 하고 있다.

① 징벌실 ② 독거실
③ 진정실 ④ 보호실

해설

③ (○) A는 교도관의 제지에도 불구하고 소란행위를 계속하여 다른 수용자의 평온한 수용생활을 방해하여 보호장비를 사용하여 소란을 진정시키려 하였으나 진정되지 않았으므로, 진정실에 수용할 수 있는 요건을 모두 구비하고 있다.

정답 ③

25 다음 중 현행법령상 보호실 수용관련 규정으로 옳지 않은 것은?

─── 보 기 ───

㉠ 수용자의 보호실 수용기간은 15일 이내로 한다.
㉡ 기간연장은 7일 이내로 하되, 계속하여 3개월을 초과할 수 없다.
㉢ 의무관은 보호실수용자의 건강상태를 매 시간마다 확인하여야 한다.
㉣ 소장은 특히 계속하여 수용할 필요가 있으면 의무관의 의견을 고려하여 연장할 수 있다.
㉤ 교정시설의 설비 또는 기구 등을 손괴하려고 하는 때에는 보호실에 수용할 수 있다.

① ㉠, ㉡   ② ㉡, ㉢   ③ ㉠, ㉣   ④ ㉢, ㉤

해설

ⓒ (×) 매 시간마다(×) → 수시로(○).
ⓜ (×) 보호실에 수용(×) → 진정실에 수용(○).

정답 ④

26 「형의 집행 및 수용자의 처우에 관한 법률」상 수용자의 진정실 수용에 대한 설명으로 옳은 것은? '24. 9급

① 소장은 수용자가 교정시설의 설비 또는 기구 등을 손괴하거나 손괴하려고 하는 때로서 강제력을 행사하거나 보호장비를 사용하여도 그 목적을 달성할 수 없는 경우에는 진정실에 수용할 수 있다. 이 경우 의무관의 의견을 들어야 한다.
② 수용자의 진정실 수용기간은 24시간 이내로 한다. 다만, 소장은 특히 계속하여 수용할 필요가 있으면 의무관의 의견을 고려하여 1회당 12시간의 범위에서 기간을 연장할 수 있다.
③ 수용자를 진정실에 수용할 수 있는 기간은 계속하여 2일을 초과할 수 없다.
④ 소장은 수용자를 진정실에 수용하거나 수용기간을 연장하는 경우에는 그 사유를 가족에게 알려 주어야 한다.

해설

① (×) 진정실 수용의 경우 의무관의 의견을 듣지 않아도 된다. 법 제96조 참조.
③ (×) 수용자를 진정실에 수용할 수 있는 기간은 계속하여 3일을 초과할 수 없다.
④ (×) 소장은 수용자를 진정실에 수용하거나 수용기간을 연장하는 경우에는 그 사유를 본인에게 알려주면 되고, 가족에게 알려 주지 않아도 좋다.

정답 ②

27 형의 집행 및 수용자의 처우에 관한 법령상 보안장비에 대한 설명으로 옳지 않은 것은?

① 교도관은 수용자가 도주하거나 도주하려고 하는 때에는 수용자에게 최루탄을 사용할 수 있다.
② 교도관은 수용자 외의 사람이 시설의 안전 또는 질서를 크게 해치는 행위를 하거나 하려고 하는 때에는 가스분사기를 사용할 수 있다.
③ 가스총은 1미터 이내의 거리에서는 상대방의 얼굴을 향하여 발사해서는 안 된다.
④ 발사용 최루탄은 50미터 이상의 원거리에서 사용하되, 30도 이상의 발사각을 유지하여야 한다.

해설

② (×) 는 수용자에 대한 강제력 행사사유에는 해당하나, 수용자 외의 사람에 대한 강제력 행사사유에는 해당되지 않는다. 형집행법 제100조 참조.

정답 ②

28 「형의 집행 및 수용자의 처우에 관한 법률」상 수용자의 보호실 수용에 대한 설명으로 옳은 것은?

'21. 9급

① 소장은 수용자가 교도관의 제지에도 불구하고 소란행위를 계속하여 다른 수용자의 평온한 수용생활을 방해하는 때에 강제력을 행사하거나 보호장비를 사용하여도 그 목적을 달성할 수 없는 경우에만 보호실에 수용할 수 있다.
② 수용자의 보호실 수용기간은 15일 이내로 하되, 소장은 특히 계속하여 수용할 필요가 있으면 의무관의 의견을 고려하여 1회당 7일의 범위에서 기간을 연장할 수 있다.
③ 소장은 수용자를 보호실에 수용하거나 수용기간을 연장하는 경우에는 그 사유를 가족에게 알려 주어야 한다.
④ 수용자를 보호실에 수용할 수 있는 기간은 계속하여 2개월을 초과할 수 없다.

해설

① (×) 보호실(×) → 진정실(○).
③ (×) 보호실·진정실 수용은 '가족 알림 사유'에 해당되지 않는다.
④ (×) 2개월(×) → 3개월(○). 법 제95조 및 제96조 참조.

▶ '보호실' 규정과 '진정실' 규정은 반드시 양쪽을 비교·구분하는 준비를 갖추어야 한다. 더 나아가 '교정장비' 4가지 전자장비·보호장비·보안장비·무기에 관한 규정도 각각의 차이점을 명확하게 대비해서 구분하여야 한다.

정답 ②

---

29 「형의 집행 및 수용자의 처우에 관한 법률」상 안전과 질서에 대한 설명으로 옳은 것만을 모두 고르면?

'19. 9급

ㄱ. 소장은 수용자가 자살 또는 자해의 우려가 있는 때에는 의무관의 의견을 고려하여 진정실에 수용할 수 있다.
ㄴ. 교도관은 자살·자해·도주·폭행·손괴, 그 밖에 수용자의 생명·신체를 해하거나 시설의 안전 또는 질서를 해하는 행위를 방지하기 위하여 필요한 범위에서 전자장비를 이용하여 수용자 또는 시설을 계호할 수 있다. 다만, 전자영상장비로 거실에 있는 수용자를 계호하는 것은 자살 등의 우려가 큰 때에만 할 수 있다.
ㄷ. 교도관은 수용자가 위력으로 교도관의 정당한 직무집행을 방해하는 때에는 수갑·포승을 사용할 수 있다.
ㄹ. 교도관은 수용자가 다른 사람에게 위해를 끼치거나 끼치려고 하는 때에는 무기를 사용할 수 있다.

① ㄱ, ㄷ
② ㄱ, ㄹ
③ ㄴ, ㄷ
④ ㄴ, ㄹ

해설

ㄱ(×) 진정실(×) → 보호실(○).「법」제95조, 제96조 참조.
ㄹ(×) '중대한 위해를 끼치거나 끼치려고 하여, 그 사태가 위급한 때'가 무기사용사유의 한 종류이다.「법」제101조 참조.

정답 ③

30 형의 집행 및 수용자의 처우에 관한 법령상 보호장비에 대한 설명으로 옳지 않은 것은? '23. 7급

① 이송·출정, 그 밖에 교정시설 밖의 장소로 수용자를 호송할 때는 수갑을 사용할 수 있으며, 진료를 받거나 입원 중인 수용자에 대하여 한손수갑을 사용할 수 있다.
② 머리부분을 자해할 우려가 큰 때에는 머리보호장비를 사용할 수 있으며, 머리보호장비를 포함한 다른 보호장비로는 자살·자해를 방지하기 어려운 특별한 사정이 있는 경우는 보호침대를 사용할 수 있다.
③ 하나의 보호장비로 사용 목적을 달성할 수 없는 경우에는 둘 이상의 보호장비를 사용할 수 있으며, 주로 수갑과 보호의자를 함께 사용한다.
④ 보호침대는 그 사용을 일시 중지하거나 완화하는 경우를 포함하여 8시간을 초과하여 사용할 수 없으며, 사용 중지 후 4시간이 경과하지 아니하면 다시 사용할 수 없다.

해설

③ (×) 하나의 보호장비로 사용 목적을 달성할 수 없는 경우에는 둘 이상의 보호장비를 사용할 수 있다. 그렇지만, 보호의자와 보호침대는 다른 보호장비와 함께 사용할 수 없다. 시행규칙 제180조. 또한 보호의자와 보호침대는 다른 보호장비로는 교정사고를 방지하기 어려운 특별한 사정이 있는 경우에만 사용하여야 한다.
② (○) 머리 부분을 자해할 우려가 큰 때에는 머리보호장비를 사용할 수 있다. 보호침대·보호복은 자살·자해의 우려가 큰 때에만 사용할 수 있다(법 제98조 2항). 보호침대는 머리보호장비를 포함한 다른 보호장비로는 자살·자해를 방지하기 어려운 특별한 사정이 있는 경우에만 사용할 수 있다(시행규칙 제177조 1항).
① (○) 법 제98조 2항, 시행규칙 제172조 1항 제3호.
④ (○) 시행규칙 제177조 2항.

정답 ③

31 수용자에 대한 보호장비의 사용요건으로 옳은 것은?

① 보호의자 : 위력으로 교도관의 정당한 직무집행을 방해하는 때
② 머리보호장비 : 자살의 우려가 큰 때
③ 발목보호장비 : 교정시설 밖의 장소로 수용자를 호송하는 때
④ 보호복 : 다른 사람에 대한 위해의 우려가 큰 때

해설

② (×) 머리보호장비는 '머리부분을 자해할 우려가 큰 때' 사용할 수 있다.
③ (×) 발목보호장비는 보호대·보호의자와 사용요건이 같다.

이러한 보호장비들은, 도주·자살·자해의 우려가 큰 때, 다른 사람에 대한 위해의 우려가 큰 때, 위력으로 교도관의 정당한 직무집행을 방해하는 때, 교정시설의 설비·기구 등을 손괴하는 등 시설의 안전과 질서를 해칠 우려가 큰 때 등의 사유가 있을 때 사용한다. '교정시설의 밖의 장소로 수용자를 호송할 때' 사용할 수 있는 보호장비는 오로지 포승·수갑만이다.
④ (×) 보호복은 보호침대와 마찬가지로 수용자 자신만을 위하는 용도로서 사용되는 보호장비로 기억하자. 즉 타살·타해 또는 시설의 안전과 질서를 위해서가 아니라, 수용자 자신의 '자살·자해의 우려가 큰 때' 사용한다.

정답 ①

32 형집행법령상 보호장비 사용에 대한 설명으로 옳은 것은 모두 몇 개인가? '24. 5급(교정관) 승진

> ㉠ 보호침대는 다른 보호장비로는 자살·자해를 방지하기 어려운 특별한 사정이 있는 경우에만 사용하여야 한다.
> ㉡ 보호의자는 그 사용을 일시 중지하거나 완화하는 경우를 포함하여 16시간을 초과하여 사용할 수 없으며, 사용 중지 후 8시간이 경과하지 아니하면 다시 사용할 수 없다.
> ㉢ 보호장비를 사용하는 경우에는 수용자의 나이, 건강상태 및 수용생활 태도 등을 고려할 수 있다.
> ㉣ 소장은 의무관 또는 의료관계 직원으로부터 보호장비의 사용 중지 의견을 보고받았다면 어떠한 경우에도 보호장비를 사용할 수 없다.

① 1개 ② 2개
③ 3개 ④ 4개

해설

㉡ (×) 16시간을 초과하여 사용할 수 없으며, 사용 중지 후 8시간이 경과하지 아니하면 다시 사용할 수 없다(×) → 8시간을 초과하여 사용할 수 없으며, 사용 중지 후 4시간이 경과하지 아니하면 다시 사용할 수 없다(○). 시행규칙 제176조 참조.
㉢ (×) 고려할 수 있다(×) → 고려하여야 한다(○). 법 제97조 2항.
㉣ (×) 의무관은 수용자에게 보호장비를 계속 사용하는 것이 건강상 부적당하다고 인정하는 경우에는 소장에게 즉시 보고하여야 한다. 이 경우 소장은 특별한 사유가 없으면 보호장비 사용을 즉시 중지하여야 한다. 따라서 특별한 사유가 있는 경우 계속 사용할 수도 있다. 시행령 제121조(보호장비 사용중지 등) 참조.

정답 ①

33 형집행법령상 보호장비에 대한 설명으로 옳지 않은 것을 모두 고른 것은? '23. 7급(교위) 승진

─┤ 보 기 ├─

㉠ 보호의자는 그 사용을 일시 중지하거나 완화하는 경우를 제외하고 8시간을 초과하여 사용할 수 없으며, 사용 중지 후 4시간이 경과하지 아니하면 다시 사용할 수 없다.
㉡ 소장은 보호장비를 착용 중인 수용자에 대하여 보호장비 사용 심사부 및 보호장비 착용자 관찰부 등의 기록과 관계 직원의 의견 등을 토대로 보호장비의 계속 사용 여부를 매주 심사하여야 한다.
㉢ 이송·출정, 그 밖에 교정시설 밖의 장소로 수용자를 호송하는 때에는 발목보호장비를 사용할 수 있다.
㉣ 보호침대는 다른 보호장비로는 자살·자해를 방지하기 어려운 특별한 사정이 있는 경우에만 사용하여야 하며, 보호침대의 사용하는 경우에는 다른 보호장비와 같이 사용할 수 없다.
㉤ 보호장비를 착용 중인 수용자는 특별한 사정이 없으면 계호상 독거수용한다.

① ㉠, ㉡, ㉢
② ㉠, ㉤
③ ㉡, ㉢, ㉣
④ ㉣, ㉤

해설

㉠ (×) 제외하고(×) → 포함하여(○). 「시행규칙」 제176조(보호의자의 사용방법) 2항 참조.
㉡ (×) 매주(×) → 매일(○). 「시행규칙」 제183조(보호장비의 계속사용) 제1항 참조.
㉢ (×) 사용할 수 있다(×) → 사용할 수 없다(○). 발목보호장비·보호대·보호의자는 2. 도주·자살·자해 또는 다른 사람에 대한 위해의 우려가 큰 때, 위력으로 교도관의 정당한 직무집행을 방해하는 때, 교정시설의 설비·기구 등을 손괴하거나 그 밖에 시설의 안전 또는 질서를 해칠 우려가 큰 때의 어느 하나에 해당하는 때 사용할 수 있다.
㉣ (○) 「시행규칙」 제177조(보호침대의 사용방법), 제180조(둘 이상의 보호장비 사용) 참조, ▶ 연상기억법: 의침은 다른 보호장비와 같이 사용할 수 없다. 의침복은 8초과 금지, 4경과전 사용할 수 없다.
㉤ (○) 「시행령」 제123조(보호장비 착용 수용자의 거실 지정) 참조. 보호장비를 사용하는 경우에는 수용자에게 그 사유를 알려주어야 한다(제122조).

정답 ①

34 현행법상 보호장비의 종류가 아닌 것은?

① 포승과 수갑
② 발목보호장비
③ 보호복과 보호대
④ 사슬

해설

④ (×) 사슬은 2007년 「형의 집행 및 수용자 처우에 관한 법률」로 전면개정 시 폐지되었다.

정답 ④

보호장비의 종류와 용도

수갑	양 손 수갑, 한 손 수갑, 일회용 수갑 세 종류 팔 또는 상체의 작용을 억제하기 위해 손목에 사용.
머리보호장비	머리를 보호하여 자해 방지하는 헬멧형 보호장비
발목보호장비	양 발목·한 발목 보호장비 두 종류 양 발목에 사용하여 다리의 작용을 억제하기 위해 사용.
보호대	금속보호대·벨트보호대 두 종류 폭이 좁은 띠 형태의 보호장비로 상·하체의 작용 억제.
보호의자	앉은 자세를 유지시키는 의자모양의 보호장비
보호침대	누운 자세를 유지시키는 침대모양의 보호장비
보호복	상체의 작용을 억제하기 위해 사용하는 의복형태의 보호장비
포승	끈 형태로 일반포승과 벨트형포승, 조끼형포승 세 종류.〈개정 2020. 8. 5.〉 상체작용 또는 하체작용 억제, 상·하체 전체의 작용 억제

35 교정시설의 안전과 질서유지를 위한 교도관 甲 또는 교도소장 乙의 행위 중 법령에 적합한 것은?

'12. 7급

① 교도관 甲은 도주 및 손괴의 우려가 있는 수용자 A의 거실을 전자영상장비로 계호하였다.
② 교도소장 乙은 자해의 우려가 있는 수용자 B를 14일간 보호실에 수용하였지만, 의무관의 의견을 고려하여 계속 수용할 필요가 있다고 판단하여 14일간 기간연장을 하였다.
③ 교도소장 乙은 교정시설의 물품검색기를 손괴하고, 교도관의 제지에도 불구하고 소란행위를 계속한 수용자 C에 대하여 즉시 48시간 동안 진정실에 수용하였다.
④ 교도관 甲은 자신의 머리를 자해하려는 수용자 D를 발견하고 강제력을 행사하겠다고 경고하였으나 듣지 않자 가스분사기를 발사하고 보호복을 사용한 후 소장에게 즉시 보고하였다.

해설

① (×) 전자영상장비로 거실에 있는 수용자를 계호할 수 있으려면 단순히 도주·손괴·자살 등의 우려가 있는 것만으로는 아니 되고, 그러한 '우려가 큰 때에만' 할 수 있다. 따라서 도주 및 손괴의 우려가 있는 것만으로 전자영상장비로 계호한 것은 위법한 조치이다.
② (×) 보호실 수용기간 연장은 7일 이내이다. 따라서 한꺼번에 14일간 연장하였으므로 위법하다.
③ (×) 진정실 수용기간은 원칙적으로 24시간을 초과해서는 아니 된다. 그런데 소장이 연장조치 없이 48시간 동안 진정실에 수용하였으므로 위법하다.

④ (○) '자해하거나 자해하려고 하는 때'는 강제력 행사 사유에 해당하고, 강제력을 행사하려면 사전에 상대방에게 경고해야 하는데 경고하였고, 보안장비인 가스분사기를 발사하여 제지한 후 또다시 자해할 우려가 크므로 보호장비인 보호복을 사용하였고, 소장의 명령을 받을 시간적 여유가 없는 경우라서 소장의 명령 없이 강제력을 행사하고 보호장비를 사용하였으나, 조치 후 즉시 소장에게 보고하였으므로 법령에 적합한 조치를 하였다.

정답 ④

36 현행법률상 수용자 보호장비 고려사항으로 보기 어려운 것은?

① 수용자의 건강상태
② 수용자의 범죄경력
③ 수용자의 연령
④ 수용자의 생활태도

해설

② (×) 보호장비를 사용하는 경우에는 수용자의 나이, 건강상태 및 수용생활 태도 등을 고려하여야 한다(「법」제97조 2항).

정답 ②

37 「형의 집행 및 수용자 처우에 관한 법률」상 안전과 질서에 대한 설명으로 옳지 않은 것은? '13. 7급

① 전자영상장비로 거실에 있는 수용자를 계호하는 것은 자살 등의 우려가 큰 때에만 할 수 있다.
② 수용자의 보호실 수용기간은, 소장이 연장을 하지 않는 한 30일 이내로 한다.
③ 수용자의 진정실 수용기간은, 소장이 연장을 하지 않는 한 24시간 이내로 한다.
④ 보호장비는 징벌의 수단으로 사용되어서는 아니 된다.

해설

② (×) 30일 이내(×) → 15일 이내(○).

정답 ②

AI 예상 응용지문

❶ 보호장비는 시설의 안전과 질서를 유지하기 위하여 특히 필요한 경우 외에는 징벌의 수단으로 사용되어서는 아니 된다. (×)
❷ 수갑에는 양 손 수갑, 한 손 수갑, 일회용 수갑 세 종류가 있고, 포승은 일반포승과 개인포승 두 종류가 있다. (×)
❸ 현금·수표·무인비행장치·전자통신기기 등은 수용자가 지녀서는 아니되지만, 소장이 수용자의 처우를 위하여 허가하는 경우에는 지닐 수 있다. (×)

❶ 특히 필요한 경우 외에는(×). 어떠한 경우에도 징벌의 수단으로 허용 안 됨. ❷ 개인포승(×) → 벨트형포승(○) / 조끼형포승이 2020년 추가되어 세 종류가 있다. ❸ 현금·수표(×). 「법」제92조 참조.

38 보호장비에 대한 다음 설명 중 옳은 것은?

① 보호장비를 착용 중인 수용자는 원칙적으로 처우상 독거수용한다.
② 보호침대는 다른 보호장비로는 자살·자해·도주·소란을 방지하기 어려운 특별한 사정이 있는 경우에만 사용하여야 한다.
③ 보호복은 다른 보호장비와 같이 사용할 수 없다.
④ 이송·출정, 그 밖에 교정시설 밖의 장소로 수용자를 호송할 때에는 포승·수갑 이외의 다른 보호장비는 사용할 수 없다.

해설

① (×) 처우상 독거수용(×) → 계호상 독거수용(○). 「시행령」 제123조 참조.
② (×) 보호침대는 자살·자해의 우려가 큰 때에만 사용할 수 있고, 도주·소란 방지를 위해서는 사용할 수 없다. 또한 보충성의 원칙이 적용되므로, 다른 보호장비로는 자살·자해를 방지하기 어려운 특별한 사정이 있는 경우에만 사용하여야 한다(「시행규칙」 제177조).
③ (×) 보호의자·보호침대만 다른 보호장비와 같이 사용할 수 없고 보호복은 다른 보호장비와 같이 사용할 수 있다.

정답 ④

✚ 보호장비의 종류 및 사용요건

종류	사용요건
수갑 포승	• 이송·출정 그 밖에 교정시설 밖의 장소로 수용자를 호송하는 때 • 도주·자살·자해 또는 다른 사람에 대한 위해의 우려가 큰 때 • 위력으로 교도관의 정당한 직무집행을 방해하는 때 • 교정시설의 설비·기구 등을 손괴하거나 그 밖에 시설의 안전 또는 질서를 해칠 우려가 큰 때
발목보호장비 보호대 보호의자	• 도주·자살·자해 또는 다른 사람에 대한 위해의 우려가 큰 때 • 위력으로 교도관의 정당한 직무집행을 방해하는 때 • 교정시설의 설비·기구 등을 손괴하거나 그 밖에 시설의 안전 또는 질서를 해칠 우려가 큰 때
머리보호장비	• 머리 부분을 자해할 우려가 큰 때
보호침대 보호복	• 자살·자해의 우려가 큰 때 ▶ 연상기억법:복침은 자살해 우려가 큰 때에만 사용할 수 있다.
보호의자 보호침대	• 다른 보호장비와 같이 사용할 수 없음 • 다른 보호장비로는 해당행위를 방지하기 어려운 특별사정이 있는 경우에만 사용 가능
보호장비의 해제·완화	• 교도관은 보호장비의 착용수용자의 목욕, 식사, 용변, 치료 등을 위하여 필요한 경우에는 보호장비 사용을 일시 중지하거나 완화할 수 있다. ▶ 연상기억법: 의침은 다른 것과 함께 사용할 수 없고, 최후수단이다.
착용관찰부의 기록	• 소장은 보호의자, 보호침대, 보호복을 사용하거나 포승을 하체승의 방법으로 사용하게 하는 경우에는 교도관으로 하여금 수시로 해당 수용자의 상태를 확인하고 매시간 보호장비착용 관찰부에 기록하게 하여야 한다.

▶ 연상기억법: 포수 머리 발목 보호장비로는 보호의복침대가 있다.

39 「형의 집행 및 수용자의 처우에 관한 법률」상 수용자가 '위력으로 교도관의 정당한 직무집행을 방해하는 때'에 사용할 수 있는 보호장비에 해당하는 것만을 모두 고르면? '19. 5급(교정관) 승진

> ㄱ. 보호대(帶)   ㄴ. 보호복
> ㄷ. 보호의자   ㄹ. 보호침대
> ㅁ. 발목보호장비   ㅂ. 머리보호장비

① ㄱ, ㄴ, ㄷ   ② ㄱ, ㄷ, ㅁ   ③ ㄱ, ㄴ, ㄹ, ㅂ
④ ㄴ, ㄷ, ㄹ, ㅁ   ⑤ ㄷ, ㄹ, ㅁ, ㅂ

해설
ㄴ (×) 보호복과 ㄹ (×) 보호침대는 다른 사유에는 사용할 수 없고, '자살·자해의 우려가 큰 때'에만 사용할 수 있다.
ㅂ (×) 머리보호장비는 다른 사유에는 사용할 수 없고, '머리부분을 자해할 우려가 큰 때'에만 사용할 수 있다. 「법」 제98조 참조.

정답 ②

---

40 다음 중 보호장비 사용에 대한 설명으로 옳지 않은 것은?

① 외부통근 중 수용자의 도주를 원조할 우려가 있는 외부인인 제3자에 대하여 수갑을 채울 수 있다.
② 일회용 수갑은 일시적으로 사용하여야 하며, 사용목적을 달성한 후에는 즉시 사용을 중단하거나 다른 보호장비로 교체하여야 한다.
③ 자살·자해의 우려가 큰 때에는 보호복을 사용할 수 있다.
④ 포승과 수갑은 호송 중의 수용자에게도 사용한다.

해설
① (×) 보호장비는 외부인에게는 사용하지 못한다. 강제력 행사 및 무기 사용은 특정 사유에 해당하는 외부인에게도 적용된다.

정답 ①

AI 예상 응용지문
❶ 보호장비를 사용하는 경우에는 보호장비 심사부에 기록하여야 하나, 중경비시설 안에서 수용자의 동행계호를 위하여 양손수갑을 사용하는 경우에는 호송계획서나 수용기록부 내용 등으로 그 기록을 갈음할 수 있다.   (○)
❷ 머리보호장비는 자살·자해의 우려가 있는 때에 사용할 수 있으며, 수용자가 임의로 해제하지 못하도록 다른 보안 장비와 함께 사용할 수 있다.   (×)
❸ 자살·자해의 우려가 커 보호의자·보호침대 또는 보호복을 사용할 경우에는 다른 보호장비와 함께 사용할 수 있다.   (×)

❹ 보호침대는 다른 보호장비로는 자살·자해를 방지하기 어려운 특별한 사정이 있는 경우에만 사용하여야 한다. (○)
❺ 보호의자나 보호복은 그 사용을 일시 중지하거나 완화하는 경우를 제외하여 8시간을 초과하여 사용할 수 없으며, 사용 중지 후 4시간이 경과하지 아니하면 다시 사용할 수 없다. (×)

❷ 자살(×), 우려가 있는 때(×) → 우려가 큰 때(○) / 보안장비(×) → 보호장비(○) ❸ 보호복(×), 보호복은 나른 보호장비와 함께 사용할 수 있음. 있다(×) → 없다(○) ❺ 제외하여(×) → 포함하여(○).

41 보호장비의 종류와 사용에 대한 설명이다. 바르지 않은 것은? '03. 7급 수정

① 보호침대는 자살·자해의 우려가 큰 때 사용할 수 있다.
② 발목보호장비는 자해·자살·도주 또는 다른 사람에 대한 위해의 우려가 클 때와 호송중의 수용자에게 사용할 수 있다.
③ 보호의자는 위력으로 교도관 등의 정당한 직무집행을 방해하는 때 사용할 수 있다.
④ 보호장비의 사용절차 등에 관하여 필요한 사항은 대통령령으로 정한다.

해설
② (×) 발목보호장비는 이송·출정 그 밖에 교정시설 밖의 장소로 수용자를 호송할 때는 사용할 수 없다.

정답 ②

42 다음 중 자살 및 자해의 우려가 큰 때에만 사용할 수 있는 보호장비로 가장 바르게 짝지어진 것은? '02. 9급 수정

① 보호침대 - 보호복
② 머리보호장비 - 발목보호장비
③ 보호복 - 머리보호장비
④ 수갑 - 머리보호장비

해설
① (○) 「법」 제98조 2항 참조.

정답 ①

43 보호장비의 사용에 관한 내용 중 적절하지 않은 것은?

① 재판을 받기 위해 출정 중인 수용자를 도주하게 하려는 수용자 외의 사람에 대하여는 수갑과 포승을 사용하지 못한다.
② 소장은 의무관 또는 의료관계직원으로부터 보호장비 사용중지 의견을 보고 받았음에도 불구하고 해당 수용자에 대하여 보호장비를 계속하여 사용할 필요가 있는 경우에는 의무관 또는 의료관계직원에게 건강유지에 필요한 조치를 취할 것을 명하고 보호장비를 사용할 수 있다.

③ 하나의 보호장비로 목적을 달성할 수 없을 경우, 보호의자와 보호침대를 제외하고는 둘 이상의 보호장비를 사용할 수 있다.
④ 보호의자는 계속해서 8시간을 사용할 수 있다. 수용자의 치료, 목욕, 식사 등으로 보호의자를 일시 해제하는 시간은 포함되지 않는다.

해설
④ (×) 보호의자는 목욕·식사·용변·치료 등을 위하여 그 사용을 일시 중지하거나 완화하는 경우를 포함하여 8시간을 초과하여 사용할 수 없으며, 사용 중지 후 4시간이 경과하지 아니하면 다시 사용할 수 없다(「시행규칙」 제176조 2항).

정답 ④

44 보호장비 사용과 관련한 헌법재판소의 결정 내용 중 옳지 않은 것은?

① 보호장비의 사용은 시설의 안전과 구금생활의 질서에 대한 구체적이고 분명한 위험이 임박한 상황에서 이를 제거하기 위하여 제한적으로 필요한 만큼만 이루어져야 한다.
② 보호장비 사용행위는 비권력적 사실행위로서 「헌법재판소법」 제68조 제1항의 공권력 행사에 해당하지 않는다.
③ 총 392일 동안 교도소에 수용되어 있는 청구인에게 상시적으로 양팔을 사용할 수 없도록 금속수갑과 가죽수갑을 착용하게 한 것은 인간의 존엄성을 침해한 행위이다.
④ 보호장비는 원칙적으로 공동생활의 질서와 안전을 유지하기 위하여 불가피한 경우 일시적으로 사용되어야 한다.

해설
② (×) 보호장비 사용행위는 수용자의 자살 등의 방지 또는 기타 교도소 등의 안전과 질서유지를 위하여 실시된 것으로, 교도소 측이 그 우월적 지위에서 수용자에게 일방적으로 강제하는 성격을 가진 권력적 사실행위로서 헌법재판소법상의 헌법소원심판 청구의 대상이 되는 공권력의 행사에 해당한다(2001 헌마 163).

정답 ②

45 수용자 갑(甲)은 입소하는 날 저녁 21:00경 자신이 구속된 것에 불만을 품고 갑자기 거실에 있던 식탁을 수용자거실 창문으로 집어던지고 부서진 식탁다리를 손에 들고 수용자거실에 설치되어 있는 텔레비전을 부수는 행위 등을 하고 있다. 현행법의 규정에 따라 甲에게 사용할 수 있는 보호 장비로서 가장 적합하지 않은 것은?

① 수갑과 포승
② 발목보호장비
③ 보호의자
④ 보호침대

해설
④ (×) 보호침대는 자살·자해의 우려가 클 때에만 사용할 수 있는 보호장비이다.

정답 ④

46 「형의 집행 및 수용자의 처우에 관한 법률」에 규정된 보호장비가 아닌 것은 몇 개인가?

보 기
㉠ 수갑　　　　　㉡ 머리보호장비　　　㉢ 발목보호장비
㉣ 보호대　　　　㉤ 교도봉　　　　　　㉥ 보호의자
㉦ 보호침대　　　㉧ 안면보호구　　　　㉨ 포승
㉩ 손목보호장비　㉪ 보호복　　　　　　㉫ 구속복
㉬ 사슬　　　　　㉭ 휴대식 금속탐지기

① 2개　　　② 3개　　　③ 6개　　　④ 5개

해설

㉤ (×) 교도봉　㉧ (×) 안면보호구　㉩ (×) 손목보호장비　㉫ (×) 구속복　㉬ (×) 사슬　㉭ (×) 휴대식 금속탐지기

정답 ③

AI 예상 응용지문

❶ 보호소년법상 보호장비에는 수갑, 포승, 가스총, 전자충격기, 머리보호장비, 보호대가 있다(6종).　(○)
❷ 보호관찰법상 보호장구에는 수갑, 포승, 전자충격기, 가스총, 보호대가 있다(5종).　(○)

47 「형의 집행 및 수용자의 처우에 관한 법률 시행규칙」상 보안장비의 종류별 사용기준에 대한 설명으로 옳은 것을 모두 고른 것은? '24. 6급(교감) 승진

㉠ 전기교도봉은 얼굴이나 머리부분에 사용해서는 아니 되며, 전기교도봉은 사용 사유가 소멸한 경우에는 즉시 떼어야 함
㉡ 가스분사기는 1미터 이내의 거리에서는 상대방의 얼굴을 향하여 발사해서는 안됨
㉢ 발사용 최루탄은 50미터 이상의 원거리에서 사용하되, 30도 이상의 발사각을 유지하여야 함
㉣ 전극침 발사장치가 있는 전자충격기를 사용할 경우 전극침을 상대방의 얼굴을 향해 발사해서는 안됨

① ㉠, ㉡　　　　　　　　　② ㉢, ㉣
③ ㉡, ㉢, ㉣　　　　　　　④ ㉠, ㉡, ㉢, ㉣

해설

㉠ (×) 사용 사유가 소멸한 경우에는 즉시 떼어야 함(×) → <u>타격 즉시</u> 떼어야 함(○). 시행규칙 제188조(보안장비의 종류별 사용기준) 참조.
㉢(○) ▶ 연상기억법: 발사용 최루탄은 30도, 50미터 이상이다.

정답 ③

48 「형의 집행 및 수용자의 처우에 관한 법률」상 보호장비를 사용할 수 있는 요건과 가장 거리가 먼 것은?

① 이송·출정, 그 밖에 교정시설 밖의 장소로 수용자를 호송하는 때
② 도주·자살·자해 또는 다른 사람에 대한 위해의 우려가 큰 때
③ 교정시설의 설비·기구 등을 손괴하거나 그 밖에 시설의 안전 또는 질서를 해칠 우려가 큰 때
④ 위계로 교도관의 정당한 직무집행을 방해하는 때

해설

④ (×) 위계로(×) → 위력으로(○). 형집행법 제97조 1항 참조.

정답 ④

49 형의 집행 및 수용자의 처우에 관한 법령상 보호장비 사용에 대한 설명으로 옳지 않은 것은?

① 보호장비는 징벌의 수단으로 사용되어서는 아니 된다.
② 보호장비를 착용 중인 수용자는 특별한 사정이 없으면 계호상 독거수용한다.
③ 자살·자해의 우려가 큰 때에도 포승을 사용할 수 있다.
④ 보호침대를 사용하는 경우 수용자가 임의로 해제하지 못하도록 다른 보호장비를 함께 사용할 수 있다.

해설

④ 하나의 보호장비로 사용목적을 달성할 수 없는 경우에는 둘 이상의 보호장비를 사용할 수 있다. 그렇지만, 보호의자와 보호침대를 사용하는 경우에는 각각 하나만 사용해야지 둘 이상을 같이 사용할 수는 없다. 시행규칙 제180조 참조.

정답 ④

50 「형의 집행 및 수용자의 처우에 관한 법률」상 교도관이 수용자 외의 사람에게 강제력을 행사할 수 있는 사유로 가장 거리가 먼 것은?

① 수용자를 도주하게 하려고 하는 때
② 자해하거나 자해하려고 하는 때
③ 교정시설의 설비·기구 등을 손괴하거나 하려고 하는 때
④ 교정시설에 침입하거나 하려고 하는 때

해설

② (×) '자해하거나 자해하려고 하는 때'는 수용자에게 강제력을 행사할 수 있는 사유이다. 형집행법 제100조 1항 및 2항 참조.

정답 ②

51 호송 중 보호장비 사용에 대한 설명 중 옳지 않은 것은? (다툼이 있는 경우 판례에 의함)

① 이송·출정, 그 밖에 교정시설 밖의 장소로 수용자를 호송하는 때에는 수갑·포승을 사용할 수 있다.
② 수형자가 호송관서에서 출발하여 법원에 도착한 후 행정법정 방청석에서 대기하고, 행정재판을 받는 전 과정에서의 계호업무는 그 성격상 「형의 집행 및 수용자의 처우에 관한 법률」에서 말하는 '호송'의 개념 범위 내에 있는 업무로 보아야 한다.
③ 재판에 임하는 수용자에 대하여는 보호장비를 해제하고 재판이 종료되는 즉시 보호장비를 사용하여야 하며, 재판 진행 중 도주 등의 우려가 현저한 수용자는 사전에 재판장의 허가를 받아 보호장비를 사용한 상태에서 재판에 임하도록 하여야 한다.
④ 행정소송사건의 원고인 수용자가 행정법정 방청석에서 자신의 변론 순서가 될 때까지 대기하는 동안 그 수용자에게 재판장의 허가 없이 수갑 1개를 착용하도록 한 행위는 과잉금지의 원칙을 위반하여 수용자의 인격권과 신체의 자유를 침해한 것이다.

해설

④ (×) 수용자에게 행정법원 방청석에서 수용자의 변론 순서가 될 때까지 대기하는 동안 수갑 1개를 착용하도록 한 행위는, 수형자가 출정기회를 이용하여 도주 등 교정사고를 저지르는 것을 예방하기 위한 것으로 그 목적은 정당하고, 이와 같은 보호장비 사용행위는 이러한 목적 달성을 위한 적합한 수단이다. 수용자가 행정법정에 출정하는 경우 교도관의 수, 교정설비의 한계 등으로 인해 구금기능이 취약해질 수 있으므로 방청석에 대기하는 동안 보호장비를 사용함으로써 도주 등 교정사고를 실효적으로 예방하는 것은 불가피한 측면이 있다.
여러 명의 교도관들이 동행하는 것만으로는 보호장비를 사용하는 행위와 동일한 정도로 도주 등 교정사고를 예방할 것으로 기대하기 어렵다. 이러한 사정을 종합하면 이 사건 보호장비 사용행위는 침해의 최소성 원칙을 준수하였다. 또한 이 사건 보호장비 사용행위는 법익의 균형성 원칙도 준수하였다. 그러므로 이 사건 보호장비 사용행위는 과잉금지원칙을 위반하여 수용자의 신체의 자유와 인격권을 침해하지 않는다.
[2017 헌마 1238] 참조.

정답 ④

52 교정시설의 안전과 질서에 대한 설명으로 옳지 않은 것은? '11. 9급

① 교도관은 수용자가 자살, 자해하려고 하는 때 가스총이나 가스분사기와 같은 보안장비로 강제력을 행사할 수 있다.
② 교도관은 소장의 명령 없이 강제력을 행사해서는 아니 되지만 명령을 받을 시간적 여유가 없을 경우에는 강제력 행사 후 소장에게 즉시 보고하여야 한다.
③ 교도관은 수용자가 정당한 사유 없이 작업이나 교육을 거부하는 경우에는 수갑, 포승 등의 보호장비를 사용할 수 있다.
④ 수용자의 진정실 수용기간은 24시간 이내로 하되, 소장은 특히 계속하여 수용할 필요가 있으면 의무관의 의견을 고려하여 연장할 수 있다.

해설

③ (×) 보호장비 사용 사유에 해당되지 않는다.

정답 ③

53 「형의 집행 및 수용자의 처우에 관한 법률」상 강제력 행사에 대한 설명으로 가장 옳지 않은 것은?

'23. 7급(교위) 승진

① 수용자가 자해를 하려고 하는 때에도 교도관은 수용자에게 강제력을 행사할 수 있다.
② 수용자 외의 사람이 교도관이 아닌 수용자에게 위해를 끼치거나 끼치려고 하는 때에도 수용자 외의 사람에게 강제력을 행사할 수 있다.
③ 강제력을 행사하려면 사전에 상대방에게 이를 경고하여야 하는데, 상황이 급박하여 경고할 시간적인 여유가 없는 때에는 그러하지 아니하다.
④ 수용자 외의 사람이 위력으로 교도관의 정당한 직무집행을 방해하는 때뿐만 아니라 방해하려고 하는 때에도 교도관은 수용자 외의 사람에게 강제력을 행사할 수 있다.

해설

④ (×) "위력으로 교도관의 정당한 직무집행을 방해하는 때"에만 강제력을 행사할 수 있다. 법 제100조 2항 및 제3호 참조.

정답 ④

54 형집행법령상 교도관의 강제력 행사에 대한 설명으로 가장 옳지 않은 것은? '24. 5급(교정관) 승진

① 강제력을 행사하려면 사전에 상대방에게 이를 경고하여야 한다. 다만, 상황이 급박하여 경고할 시간적인 여유가 없는 때에는 그러하지 아니하다.
② 강제력의 행사는 필요한 최소한도에 그쳐야 하며, 최후수단이어야 한다.
③ 가스분사기·가스총: 1미터 이내의 거리에서는 상대방의 얼굴을 향하여 발사해서는 아니 된다.
④ 전기교도봉은 얼굴이나 머리부분에 사용해서는 아니 되며, 전기교도봉은 타격 즉시 떼어야 한다.

해설

② (×) "최후수단이어야 한다"라는 최후 수단성을 요건으로 규정한 '최후수단성'은 무기에만 해당한다. 법 제100조 6항 및 제101조 5항 비교 참조.

정답 ②

55 현행법상 강제력 행사의 규정으로 틀린 것은?

① 수용자가 교정시설의 설비·기구 등을 손괴하거나 손괴하려고 하는 때에 강제력을 행사할 수 있다.
② 보안장비는 교도봉, 가스분사기, 최루탄, 가스총이 있다.
③ 수용자 이외의 자에 대해서는 강제력을 행사할 수 없다.
④ 강제력을 행사하려면 사전에 상대방에게 이를 경고하여야 한다.

해설

③ (×) 없다(×) → 있다(○).

정답 ③

---

56 다음 중 수용자와 수용자 외의 자에 대한 강제력 행사 요건에 모두 해당하는 것으로 짝지어진 것은?

┤ 보기 ├

㉠ 교정시설에 침입한 때
㉡ 교정시설의 설비를 손괴하려고 하는 때
㉢ 자살 하려고 하는 때
㉣ 위력으로 교도관 등의 정당한 직무집행을 방해하는 때

① ㉠, ㉡
② ㉠, ㉡, ㉣
③ ㉡, ㉢, ㉣
④ ㉠, ㉣

해설

정답 ②

✚ 강제력 행사 요건

수용자에 대한 요건	수용자 외의 사람에 대한 요건
1. 도주하거나 도주하려고 하는 때 2. 자살하려고 하는 때 3. 자해하거나 자해하려고 하는 때 4. 다른 사람에게 위해를 끼치거나 끼치려고 하는 때 5. 위력으로 교도관의 정당한 직무집행을 방해하는 때 6. 교정시설의 설비·기구 등을 손괴하거나 손괴하려고 하는 때 7. 그 밖에 시설의 안전 또는 질서를 크게 해치는 행위를 하거나 하려고 하는 때	1. 수용자를 도주하게 하려고 하는 때 2. 교도관 또는 수용자에게 위해를 끼치거나 끼치려고 하는 때 3. 위력으로 교도관의 정당한 직무집행을 방해하는 때 4. 교정시설의 설비·기구 등을 손괴하거나 하려고 하는 때 5. 교정시설에 침입하거나 하려고 하는 때 6. 교정시설의 안(교도관이 교정시설의 밖에서 수용자를 계호하고 있는 경우 그 장소를 포함한다)에서 교도관의 퇴거요구를 받고도 이에 응하지 아니하는 때

---

57 형의 집행 및 수용자의 처우에 관한 법령상 교도관의 강제력 행사에 대한 설명으로 옳지 않은 것은?

'17. 9급

① 교도관은 수용자가 위계 또는 위력으로 교도관의 정당한 직무집행을 방해하는 때에 강제력을 행사할 수 있다.
② 교도관은 수용자 이외의 사람이 교도관 또는 수용자에게 위해를 끼치거나 끼치려고 하는 때에 강제력을 행사할 수 있다.

③ 교도관이 수용자 등에게 강제력을 행사하려면 사전에 상대방에게 이를 경고하여야 한다. 다만, 상황이 급박하여 경고할 시간적인 여유가 없는 때에는 그러하지 아니하다.
④ 교도관은 수용자 등에게 소장의 명령 없이 강제력을 행사해서는 아니 된다. 다만, 그 명령을 받을 시간적 여유가 없는 경우에는 강제력을 행사한 후 소장에게 즉시 보고하여야 한다.

해설

① (×) 위계 또는 위력으로 (×) → 위력으로 (○). 「법」 제100조 1항 참조.

정답 ①

58 다음은 강제력 행사 및 무기사용에 관한 내용이다. 틀리게 서술된 것은?

① 교도관은 교정시설 내에서 또는 검찰청에 설치된 구치감 내에서 수용자 외의 사람이 교도관의 퇴거요구를 받고도 이에 응하지 않을 때에는 강제력을 행사할 수 있으며, 강제력을 행사하는 경우 에는 보안장비 및 무기를 사용할 수 있다.
② 보안장비의 종류, 종류별 사용요건 및 사용절차 등에 관하여 필요한 사항은 법무부령으로 정한다.
③ 교도관은 수용자가 다른 사람에게 중대한 위해를 끼치려고 하여 그 사태가 위급한 때에는 소장 또는 그 직무를 대행하는 사람의 명령을 받아 무기를 사용할 수 있다.
④ 교도관이 무기를 사용한 경우에는 소장에게 즉시 보고하고, 보고를 받은 소장은 그 사실을 법무부장관에게 즉시 보고하여야 한다.

해설

① (×) 강제력 행사 시 무기는 사용할 수 없다.

정답 ①

59 형의 집행 및 수용자의 처우에 관한 법령상 보안장비 사용에 대한 설명으로 옳지 않은 것은? '17. 5급(교정관) 승진

① 교도봉과 전기교도봉은 얼굴이나 머리 부분에 사용해서는 아니 되며, 전기교도봉은 타격 즉시 떼어야 한다.
② 발사용 최루탄은 30미터 이상의 원거리에서 사용하되, 30도 이상의 발사각을 유지하여야 한다.
③ 1미터 이내의 거리에서는 상대방의 얼굴을 향하여 가스분사기나 가스총을 발사해서는 안 된다.

④ 전극침 발사장치가 있는 전자충격기를 사용할 경우 전극침을 상대방의 얼굴을 향해 발사해서는 안된다.
⑤ 교도관은 수용자 외의 사람이 교도관 또는 수용자에게 위해를 끼치거나 끼치려고 하는 때에는 강제력을 행사할 수 있다.

해설

② (×) 발사용 최루탄은 50m 이상 원거리에서 사용하되, 30도 이상의 발사각을 유지하면서 사용해야 한다. 투척용 최루탄은 근거리용으로 사용한다. 「시행규칙」제188조 참조.

정답 ②

AI 예상 응용지문

❶ 교도관은 수용자 외의 사람이 다른 사람에게 위해를 끼치거나 끼치려고 하는 때에는 강제력을 행사할 수 있다. (×)

❷ 교도관은 수용자가 교정시설의 설비·기구 등을 손괴하거나 그 밖에 시설의 안전 또는 질서를 해칠 우려가 큰 때에는 강제력을 행사할 수 있다. (×)

❶ 다른 사람에게(×) → 교도관 또는 수용자에게(○). ❷ 해칠 우려가 큰 때에는(×) → 해치는 행위를 하거나 하려고 하는 때(○). 법 제97조와 제100조 비교 참조.

60 교도관이 교정시설 안에서 수용자 외의 사람에 대하여 무기를 사용할 수 있는 경우(급박하다고 인정되는 상당한 이유가 있음)로 적절하지 않은 것은?

① 폭행 또는 협박에 사용할 위험물을 소지하여 버릴 것을 명령하였음에도 이에 따르지 아니하는 때
② 수용자의 탈취를 저지하기 위한 경우
③ 건물 또는 그 밖의 시설과 무기에 대한 위험을 방지하기 위한 경우
④ 교도관이 자기 또는 타인의 생명·신체를 보호하기 위한 경우

해설

① (×) '폭행 또는 협박에 사용할 위험물을 소지하여 버릴 것을 명령하였음에도 이에 따르지 아니하는 때'에 해당하는 경우는 '교도관이 수용자에 대하여 무기를 사용할 수 있는 사유'이다. 「법」제 101조 참조. 이처럼 '무기의 사용'은 사용대상자별 사용요건을 구분하여 기억해야 득점할 수 있다.

정답 ①

61 법령 및 판례상 시설의 안전과 질서에 대한 설명으로 옳은 것을 모두 고른 것은? '24. 6급(교감) 승진

─┤ 보 기 ├─

㉠ 교도관이 강제력을 행사하려면 사전에 상대방에게 이를 경고하여야 한다. 다만, 상황이 급박하여 경고할 시간적인 여유가 없는 때에는 그러하지 아니하다.
㉡ 교도관은 수용자 외의 사람이 위력으로 교도관의 정당한 직무집행을 방해하는 때에 해당하면 강제력을 행사할 수 있다.
㉢ 교도소 등의 구금시설에 수용된 피구금자는 스스로 의사에 의하여 시설로부터 나갈 수 없고 행동의 자유도 박탈되어 있으므로, 그 시설의 관리자는 피구금자의 생명·신체의 안전을 확보할 의무가 있는 바, 그 안전 확보 의무의 내용과 정도는 피구금자의 신체적·정신적 상황, 시간적·장소적 상황 등에 따라 일의적이지는 않고 사안에 따라 구체적으로 확정해야 한다.
㉣ 교정시설에서 수형자를 수용함에 있어서 신체의 자유를 제한하는 외에 교화목적의 달성과 교정 질서의 유지를 위하여 수용자의 신체활동과 관련된 그 밖의 자유에 대하여 제한을 가하는 것도 수용 조치에 부속되는 제한으로서 허용된다고 할 것이나, 그 제한은 위 목적 달성을 위하여 꼭 필요한 경우에 합리적인 범위 내에서만 허용되는 것이다.

① ㉠, ㉡
② ㉡, ㉣
③ ㉡, ㉢, ㉣
④ ㉠, ㉡, ㉢, ㉣

해설

㉠ (○) 「형집행법」 제100조(강제력의 행사) 제5항 참조.
㉡ (○) 「형집행법」 제100조(강제력의 행사) 제2항 참조.
㉢ (○) 이 내용은 교도소 등의 구금시설에서의 안전 확보 의무와 관련된 판례로, 수용자의 생명과 신체 안전에 대한 국가의 보호 책임을 다룬 대표적인 판례이다. 특히, 국가나 그 관리자는 수용자의 생명과 신체의 안전을 보호할 의무가 있으며, 그 의무의 범위와 내용은 구체적인 상황에 따라 달라진다는 점을 명시하고 있다. 이 판례는 대한민국 대법원 판례 2005도9892로서 유명한 판례이다. 이 판례는 **교정시설 내에서 국가의 관리 의무를 강조한 중요한 판례**로, 수험생들은 이 판례를 통해 국가의 구금시설 내 안전 확보 의무의 범위와 구체적 적용 기준을 이해하는 것이 중요하다.

〈판례의 취지〉
1) **국가의 보호 책임**: 수용자는 신체적 자유가 박탈된 상태에서 스스로 자신을 보호하기 어려우므로, 교정시설의 관리자는 그들의 생명과 신체를 보호할 의무를 가진다.
2) **의무의 구체화**: 구금자의 생명·신체 보호 의무는 고정된 것이 아니라, 수용자의 신체적·정신적 상태, 사건 발생의 시간·장소 등 구체적 상황에 따라 달라진다. 따라서 교도관은 각 상황에 맞는 적절한 보호조치를 취해야 한다.
3) **국가의 책임 범위**: 국가가 수용자의 안전을 충분히 보장하지 못해 사고나 피해가 발생할 경우, 국가의 관리 소홀로 인한 법적 책임이 인정될 수 있다.

㉣ (○) 이 내용은 교정시설에서 수형자의 자유 제한과 관련된 판례로, **수형자의 신체적 자유 외에도 기타 활동의 자유를 제한할 수 있는 조건**을 다룬 판례입니다. 수형자의 교화 목적과 교정 질서를 유지하기 위한 제한은 필요할 수 있지만, 그 제한은 합리적인 범위 내에서 이루어져야 한다는 취지를 강조하고 있습니다. 이 판례는 대법원 판례 2002헌바95이다. 수험생이 이 판례에서 중요시해야 할 점은, 교정시설에서의 자유 제한 조치가 정당화되기 위해서는 **교정목적과 비례성 원칙**이 반드시 충족되어야 한다는 점이다.

<판례의 취지>
1) 수형자의 신체 자유 제한의 정당성: 교정시설에서 수형자의 신체의 자유를 제한하는 것은 교화목적을 달성하고 교정시설 내 질서를 유지하기 위한 필수적인 조치로서 허용될 수 있다.
2) 기타 자유의 제한: 수형자의 신체적 자유 외에도 수용자의 신체활동에 관련된 다른 자유(예: 일상적인 활동, 운동 등)를 제한할 수 있다. 다만, 이러한 제한은 교화와 질서유지라는 명확한 목적을 달성하기 위해서만 이루어져야 하며, 필요 이상의 과도한 제한은 불법적일 수 있다.
3) 비례 원칙: 수형자의 사유를 제한하는 조치는 반드시 합리적이어야 하며, 제한의 정도가 목적 달성에 비례해야 한다. 즉, 목적 달성을 위한 최소한의 제한만 허용되며, 불필요하게 과도한 제한은 위법할 수 있다.
4) 교정시설 관리자의 재량과 책임: 교정시설의 관리자는 이러한 제한을 시행할 때 재량권을 행사하지만, 그 재량은 정당한 범위 내에서만 인정된다. 필요 이상의 제한은 수형자의 기본권을 침해할 수 있으며, 이 경우 법적 문제가 발생할 수 있다.

정답 ④

62 교도관의 무기사용요건에 관한 설명으로 가장 옳지 않은 것은?

① 사람의 생명·신체 및 설비에 대한 위험을 방지하기 위하여 무기의 사용을 피할 수 없다고 판단되는 때
② 수용자가 폭동을 일으키거나 일으키려고 하여 신속하게 제지하지 아니하면 그 확산을 방지하기 어렵다고 인정되는 때
③ 수용자가 교도관 등의 무기를 탈취하거나 탈취하려고 하는 때
④ 수용자가 폭행 또는 협박에 사용할 위험물을 소지하여 교도관 등이 버릴 것을 명령하였음에도 이에 따르지 아니하는 때

해설

① (×) '단순히 위험을 방지하기 위하여 무기사용을 피할 수 없다고 판단되는 때'는 무기사용요건에 충족되지 않는다. '중대하고도 뚜렷한' 위험을 방지하기 위하여 무기의 사용을 피할 수 없는 때로서 중대성, 명백성, 위급성이 구비되어야 무기를 사용할 수 있다(「법」제101조 1항 제6호 참조).

정답 ①

63 현행법상 보안장비에 해당하지 않는 것은?

① 가스총
② 교도봉
③ 수갑, 권총
④ 전자충격기

해설

③ (×) 수갑은 보호장비이고 권총은 무기에 해당한다. 보안장비로는 교도봉(접이식을 포함), 전기교도봉, 가스분사기, 가스총(고무탄 발사겸용을 포함), 최루탄: 투척용, 발사용(그 발사장치를 포함), 전자충격기, 그 밖에 법무부장관이 정하는 보안장비가 있다. 「시행규칙」제186조(보안장비의 종류) 참조.

정답 ③

64 현행법상 교도관의 수용자에 대한 무기사용 사유를 모두 고른 것은?

─── 보 기 ───

㉠ 수용자가 교도관의 무기를 탈취하려고 하는 때
㉡ 수용자가 다른 사람에게 위해를 끼치려고 하는 때
㉢ 도주하는 수용자에게 교도관이 정지할 것을 명령하였음에도 계속하여 도주하는 때
㉣ 수용자가 위력으로 교도관의 정당한 직무 집행을 방해하는 때
㉤ 교정시설 안에서 수용자의 탈취를 저지하기 위하여 급박하다고 인정되는 상당한 이유가 있는 때

① ㉠, ㉢
② ㉠, ㉣
③ ㉢, ㉤
④ ㉡, ㉢, ㉤

해설

정답 ①

✚ 무기(총) 사용 사유

수용자에 대한 무기 사용 요건	수용자 외의 자에 대한 무기사용 요건
• 수용자가 다른 사람에게 중대한 위해를 끼치거나 끼치려고 하여 그 사태가 위급한 때 • 수용자가 폭행 또는 협박에 사용할 위험물을 소지하여 교도관이 버릴 것을 명령 하였음에도 이에 따르지 아니하는 때 • 수용자가 폭동을 일으키거나 일으키려고 하여 신속하게 제지하지 아니하면 그 확산을 방지하기 어렵다고 인정되는 때 • 도주하는 수용자에게 교도관이 정지할 것을 명령하였음에도 계속하여 도주하는 때 • 수용자가 교도관의 무기를 탈취하거나 탈취하려고 하는 때 • 그 밖에 사람의 생명·신체 및 설비에 대한 중대하고도 뚜렷한 위험을 방지하기 위하여 무기의 사용을 피할 수 없는 때	교도관은 교정시설의 안(교도관이 교정시설의 밖에서 수용자를 계호하고 있는 경우 그 장소를 포함)에서 • 자기 또는 타인의 생명·신체를 보호하거나, • 수용자의 탈취를 저지하거나, • 건물 또는 그 밖의 시설과 무기에 대한 위험을 방지하기 위하여 급박하다고 인정되는 상당한 이유가 있으면, 수용자 외의 사람에 대하여도 무기를 사용할 수 있다.

📝 AI 예상 응용지문

❶ 무기를 사용하려면 공포탄을 사용하거나 그 밖에 적당한 방법으로 사전에 상대방에 대하여 이를 경고하여야 한다. 다만, 상황이 급박하여 경고할 시간적 여유가 없을 때에는 그러하지 아니하다. (×)
❷ 교도관이 총기를 사용하는 경우에는 구두경고, 공포탄 발사, 위협사격, 조준사격의 순서에 따라야 하지만, 상황이 긴급하여 시간적 여유가 없을 때에는 구·공·위·조 순서에 따르지 아니할 수 있다. (○)

❶ 강제력 행사의 경우에는 경고없이 시행할 수 있는 예외가 있으나, 무기사용에는 경고없이 사용할 수 있는 예외 없음.

65 무기를 사용할 수 있는 사유가 아닌 것은? '00. 5급(교정관) 승진 수정

① 시설의 안전 또는 질서를 크게 해치는 행위를 하거나 하려고 하는 때
② 다른 사람에게 중대한 위해를 가하거나 가하려고 하여 그 사태가 위급하다고 인정되는 때
③ 수용자가 폭동을 일으키거나 일으키려고 하여 신속하게 제지하지 아니하면 그 확산을 방지하기 어렵다고 인정되는 때
④ 수용자가 폭행 또는 협박에 사용할 위험물을 소지하여 교도관 등이 버릴 것을 명령하였음에도 이에 따르지 아니하는 때
⑤ 도주하는 수용자에게 교도관 등이 정지할 것을 명령하였음에도 계속하여 도주하는 때

해설

① (×) 「법」 제101조 참조.

정답 ①

66 「형의 집행 및 수용자의 처우에 관한 법률 시행규칙」상 교정장비의 하나인 보안장비에 해당하는 것만을 모두 고르면? '20. 9급

| ㄱ. 포승 | ㄴ. 교도봉 |
| ㄷ. 전자경보기 | ㄹ. 전자충격기 |

① ㄱ, ㄷ
② ㄱ, ㄹ
③ ㄴ, ㄷ
④ ㄴ, ㄹ

해설

ㄱ(×) 포승 - 보호장비, ㄷ(×) 전자경보기 - 전자장비

정답 ④

67 형의 집행 및 수용자 처우에 관한 법률상 교도관이 수용자에 대하여 무기를 사용할 수 있는 경우로 옳은 것은? '14. 9급

① 이송·출정, 그 밖에 교정시설 밖의 장소로 수용자를 호송하는 때
② 도주·자살·자해 또는 다른 사람에 대한 위해의 우려가 큰 때
③ 위력으로 교도관 등의 정당한 집무집행을 방해하는 때
④ 수용자가 다른 사람에게 중대한 위해를 끼치거나 끼치려고 하여 그 사태가 위급한 때

해설

④ (○) 「법」 제101조 참조.

정답 ④

68 현행법상 수용자의 안전과 질서유지에 대한 설명으로 옳지 않은 것은? '09. 9급

① 교정장비의 종류로는 전자장비, 보호장비, 보안장비, 무기 등이 있다.
② 전자영상장비로 거실에 있는 수용자를 계호하는 것은 자살 등의 우려가 큰 때만 할 수 있다.
③ 보호장비의 종류로는 수갑, 포승, 사슬, 머리보호장비 등이 있다.
④ 보호장비는 징벌의 수단으로 사용되어서는 아니 되며 사유가 소멸하면 사용을 지체 없이 중단하여야 한다.

해설

③ (×) 사슬(×)

정답 ③

✚ 교정장비의 사용

구분	전자장비	보호장비	보안장비	무기
종류	영상정보처리기기, 전자감지기, 전자경보기, 물품검색기, 증거수집장비	수갑, 발목·머리보호장비, 보호대, 보호복, 포승, 보호의자, 보호침대	교도봉, 가스분사기, 가스총, 최루탄, 전기교도봉, 전자충격기	권총, 소총, 기관총
대상	수용자, 수용자외의 사람	수용자, 수용자외의 사람(×)	수용자, 수용자외의 사람	수용자, 수용자외의 사람
고지·경고	-	사전 사유 고지, 예외 없음	사전 경고, 예외 인정	사전 경고, 예외 없음
사용명령	-	사전 소장 명령	사전 소장 명령	소장 또는 그 직무대행자의 명령
명령예외	-	예외 인정, 사후보고	예외 인정, 사후보고	예외 인정, 사후보고
법무부장관 보고	×	×	×	○
비례의 원칙 명시	명시	명시	명시	명시
보충성 원칙 명시	×	×	×	○

69 교도소 내에서 수용자에게 무기를 사용할 수 있는 경우로만 묶인 것은? '13. 7급

― 보 기 ―
㉠ 수용자가 다른 사람에게 중대한 위해를 끼치거나 끼치려고 하여 그 사태가 위급한 때
㉡ 수용자가 자살하려고 한 때
㉢ 위력으로 교도관 등의 정당한 직무집행을 방해하는 때
㉣ 수용자가 폭동을 일으키려고 하여 신속하게 제지하지 아니하면 그 확산을 방지하기 어렵다고 인정되는 때
㉤ 도주하는 수용자에게 교도관 등이 정지할 것을 명령하였음에도 계속 도주하려고 하는 때

① ㉠, ㉡, ㉢
② ㉠, ㉣, ㉤
③ ㉡, ㉢, ㉣
④ ㉢, ㉣, ㉤

해설
② (○)「법」제101조 참조.

정답 ②

70 「형의 집행 및 수용자의 처우에 관한 법률」상 교도관이 수용자에 대하여 무기를 사용할 수 있는 경우는? '22. 9급

① 수용자가 위력으로 교도관의 정당한 직무집행을 방해하는 때
② 수용자가 자살하려고 하는 때
③ 수용자가 교정시설의 설비·기구 등을 손괴하거나 손괴하려고 하는 때
④ 도주하는 수용자에게 교도관이 정지할 것을 명령하였음에도 계속하여 도주하는 때

해설
④ (○) 법 제101조 참조. ①~③은 보호장비나 강제력 행사 사유로서 확인해야 한다.

정답 ④

71 형의 집행 및 수용자의 처우에 관한 법령상 교도관의 보호장비 및 무기의 사용에 대한 설명으로 옳지 않은 것은? '16. 9급

① 보호장비를 사용하는 경우에는 수용자에게 그 사유를 알려 주어야 한다.
② 수용자가 위력으로 교도관 등의 정당한 직무집행을 방해하는 때에는 보호장비를 사용할 수 있다.
③ 수갑, 포승, 발목보호장비는 이송·출정, 그 밖에 교정시설 밖의 장소로 수용자를 호송하는 때 사용할 수 있다.
④ 교정시설 안에서 자기 또는 타인의 생명·신체를 보호하기 위하여 급박하다고 인정되는 상당한 이유가 있으면 수용자 외의 사람에 대하여도 무기를 사용할 수 있다.

해설

① (○) 「시행령」제122조 참조. ② (○) 「법」제97조 참조. ④ (○) 「법」제101조 2항 참조.
③ (×) 발목보호장비는 보호대, 보호의자와 사용요건이 같다. 이들 보호장비는 출정 등 교정시설 밖의 장소로 호송할 때에는 사용할 수 없고, 도주·자살·자해 또는 다른 사람에 대한 위해의 우려가 큰 때, 위력으로 정당한 직무집행을 방해하는 때, 교정시설의 설비·기구 등을 손괴하거나 그 밖의 시설의 안전 또는 질서를 해칠 우려가 큰 때에 사용한다. 발목보호장비(×).

정답 ③

72 형의 집행 및 수용자의 처우에 관한 법령상 수형자 계호에 대한 내용으로 옳지 않은 것은? '21. 7급

① 소장은 교정성적 등을 고려하여 검사가 필요하지 않다고 인정되는 경우 교도관에게 작업장이나 실외에서 거실로 돌아오는 수용자의 신체·의류 및 휴대품을 검사하지 않게 할 수 있다.
② 금치처분 집행 중인 수용자가 법원 또는 검찰청 등에 출석하는 경우에 징벌집행은 중지된 것으로 본다.
③ 교도관은 교정시설 밖에서 수용자를 계호하는 경우 보호장비나 수용자의 팔목 등에 전자경보기를 부착하여 사용할 수 있다.
④ 보호침대는 다른 보호장비와 같이 사용할 수 없다.

해설

② (×) 공동행사 참가 정지(제4호 징벌)부터 금치(제14호 징벌)까지의 징벌 집행 중인 수용자가 다른 교정시설로 이송되거나 법원 또는 검찰청 등에 출석하는 경우에는 징벌집행이 계속되는 것으로 본다. 「시행령」제134조.

정답 ②

73 강제력 행사 및 무기사용에 관한 설명으로 옳은 것은?

① 무기의 종류에는 가스총, 권총, 소총, 기관총이 있다.
② 교도관은 소장의 명령 없이 강제력을 행사해서는 아니 된다. 다만, 그 명령을 받을 시간적 여유가 없는 경우에는 강제력을 행사한 후 소장에게 즉시 보고하고, 보고를 받은 소장은 그 사실을 법무부장관에게 즉시 보고하여야 한다.
③ 기관총은 대공초소 또는 집중사격이 가장 용이한 장소에 설치하고, 유사 시 즉시 사용할 수 있도록 충분한 인원의 사수·부사수·탄약수를 미리 지정하여야 한다.
④ 교도관은 교정시설의 안에서 자기 또는 타인의 생명·신체를 보호하기 위하여 급박하다고 인정되는 상당한 이유가 있으면 수용자 외의 사람에 대하여도 보안장비를 사용할 수 있다.

해설

① (×) 가스총(×), 가스총은 보안장비에 속한다.
② (×) 무기사용 후 보고는 규정이 있으나, 강제력 행사 후 법무부장관에게 보고하는 규정은 없다.
③ (○) 「시행규칙」 제191조 참조.
④ (×) 무기사용사유에 해당한다(「법」 제101조 2항 참조).

정답 ③

74 「형의 집행 및 수용자의 처우에 관한 법률」상 안전과 질서에 관한 사항으로 옳은 것만을 모두 고르면?

> ㄱ. 보호장비를 사용하는 경우에는 수용자와 그 가족에게 그 사유를 알려주어야 한다.
> ㄴ. 교도관은 소장의 명령을 받을 시간적 여유가 없는 경우에는 보호장비를 사용한 후 소장에게 즉시 보고하면 된다.
> ㄷ. 보호장비를 착용 중인 수용자는 어떠한 사정에도 불구하고 처우상 독거수용해야 한다.
> ㄹ. 교정본부장은 소속 교정시설의 보호장비 사용실태를 정기적으로 점검하여야 한다.
> ㅁ. 수갑을 사용하는 경우에는 수갑보호기를 함께 사용해야 하고, 머리보호장비는 다른 보호장비와 함께 사용할 수 없다.

① ㄱ, ㄴ
② ㄹ, ㅁ
③ ㄴ
④ ㄷ

해설

ㄱ(×) 그 가족에게 (×),「시행령」 제122조 참조.
ㄷ(×) 특별한 사정이 없으면 계호상 독거수용하다.「시행령」 제123조 참조.
ㄹ(×) 교정본부장 (×) → 지방교정청장 (○).
ㅁ(×) 수용자가 머리보호장비를 임의로 해제하지 못하도록 다른 보호장비를 함께 사용할 수 있다.「시행규칙」 제172조, 제173조 참조.

정답 ③

75 형의 집행 및 수용자의 처우에 관한 법령상 특별한 보호가 필요한 수용자에 대한 처우로 옳지 않은 것은? '21. 7급

① 소장은 여성수용자의 유아 양육을 허가한 경우에는 교정시설에 육아거실을 지정·운영하여야 한다.
② 소장은 신입자에게 아동복지법 제15조에 따른 미성년 자녀 보호조치를 의뢰할 수 있음을 알려 주어야 한다.
③ 소년수형자 전담교정시설이 아닌 교정시설에서는 소년수용자를 수용하기 위하여 별도의 거실을 지정하여 운용하여야 한다.
④ 노인수용자의 거실은 시설부족 또는 그 밖의 부득이한 사정이 없으면 건물의 1층에 설치하고, 특히 겨울철 난방을 위하여 필요한 시설을 갖추어야 한다.

해설

③ (×) 운용하여야 한다(×) → 운용할 수 있다(○). 「시행규칙」 제59조의 3.

정답 ③

76 우리나라의 헌법재판소 판례의 입장으로 옳지 않은 것은? '13. 7급

① 수사 및 재판단계의 미결수용자에게 재소자용 의류를 입게 하는 것은 무죄추정의 원칙에 반하고, 인격권과 행복추구권, 공정한 재판을 받을 권리를 침해하는 것이다.
② 구치소에서의 정밀신체검사는 다른 사람이 볼 수 없는 차단된 공간에서 동성의 교도관이 짧은 시간 내에 손가락이나 도구의 사용 없이 항문을 보이게 하는 방법으로 시행한 경우 과잉금지의 원칙에 반하지 않는다.
③ 마약의 복용여부를 알아내기 위해 소변을 채취하는 일은 자신의 신체의 배출물에 대한 자기결정권이 다소 제한된다 하더라도 과잉금지의 원칙에 반한다고 할 수 없다.
④ 검찰조사실에서 계구(보호장비)해제요청을 거절하고 수갑 및 포승을 한 채 조사를 받도록 한 것은 위험의 방지를 위한 것으로써 신체의 자유를 과도하게 제한하였다고 할 수 없다.

해설

④ (×) 검찰조사실에 소환되어 피의자심문을 받을 때 계호교도관이 포승자 수갑을 채운 상태에서 피의 자조사를 한 것은 수용자의 신체의 자유를 침해한 행위이므로 위헌이다(2001 헌마 728).

정답 ④

77 교정직교도관이 지체 없이 상관에게 보고하여야 할 사안으로 옳지 않은 것은?

① 수용자가 「형의 집행 및 수용자 처우에 관한 법률」 제117조에 따른 청원을 하는 경우
② 수용자가 「교도관직무규칙」 제32조에 의하여 상관 등과의 면담을 요청하는 경우
③ 수용자가 「공공기관의 정보공개에 관한 법률」에 의한 정보공개청구를 하는 경우
④ 수용자가 「국가인권위원회법」 제31조에 의한 진정을 하는 경우
⑤ 수용자가 부상을 당하거나 질병에 걸려 즉시 적절한 조치를 한 경우

해설

② (×) 교정직 교도관은 수용자가 「형의 집행 및 수용자의 처우에 관한 법률」에 따른 청원, 「국가인권위 원회법」에 따른 진정 및 「공공기관의 정보공개에 관한 법률」에 따른 정보공개청구 등을 하는 경우에는 지체없이 상관에게 보고하여야 한다. 수용자가 상관 등과 면담을 요청한 경우에는 그 사유를 파악하여 상관에게 보고해야 한다(「교도관직무규칙」 제32조).
⑤ (○) 질병 등에 걸린 경우에는 즉시 적절한 조치를 하고 지체 없이 상관에게 보고해야 한다. 이 경우는 적절한 조치를 선행(先行)하고 지체 없이 보고해야 한다는 점이 특징임에 주의를 요한다(동규칙 제33조 2항 참조).

정답 ②

78 형의 집행 및 수용자의 처우에 관한 법률 시행규칙 제210조에서 명시하고 있는 관심대상 수용자의 지정기준이 아닌 것으로만 묶인 것은? '12. 7급

― 보 기 ―

㉠ 중형선고 등에 따른 심적 불안으로 수용생활에 적응하기 곤란하다고 인정되는 수용자
㉡ 사회적 물의를 일으킨 사람으로서 죄책감 등으로 인하여 상습적으로 자해를 하는 수용자
㉢ 다른 수용자를 괴롭히거나 세력을 모으는 등 수용질서를 문란하게 하는 조직폭력 수용자
㉣ 도주를 예비한 전력이 있는 사람으로서 도주의 우려가 있는 수용자
㉤ 다른 수용자를 협박하여 징벌을 받은 전력이 있는 수용자

① ㉠, ㉤
② ㉡, ㉣
③ ㉡, ㉤
④ ㉢, ㉣

해설

㉡ (×) 사회적 물의를 일으킨 사람으로서 죄책감 등으로 인하여 자살 등 교정사고를 일으킬 우려가 큰 수용자
㉤ (×) 다른 수용자에게 상습적으로 폭력을 행사하는 수용자 「시행규칙」 제210조 참조.

정답 ③

79 관심대상수용자에 대한 다음 기술 중 바르지 않는 것은?

① 관심대상수용자의 번호표 및 거실표의 색상은 노란색이다.
② 관심대상수용자의 지정기준에 해당하는 수용자는 분류처우위원회의 의결을 거쳐 지정하고, 예외적으로 교도관회의의 심의를 거쳐 지정할 수 있다.
③ 소장은 관심대상수용자 중 지속적 상담이 필요하다고 인정하는 사람에 대하여는 상담책임자를 지정한다.
④ 소장은 지정사유가 해소되었다고 인정하는 경우에는 원칙적으로 교도관회의의 심의 또는 분류처우위원회의 의결을 거쳐 해제한다.

해설

④ (×) 소장은 지정사유가 해소되었다고 인정하는 경우에는 원칙적으로 분류처우위원회의 의결을 거쳐 그 지정을 해제한다. 예외적으로 미결수용자 등 분류처우위원회 의결 대상자가 아닌 경우에는 교도관회의의 심의를 거쳐 해제할 수 있다(「시행규칙」 제211조 참조).

정답 ④

80 현행법령상 관심수용대상자의 지정과 해제에 대한 설명으로 틀린 것은?

① 관심수용대상자의 지정은 분류처우위원회의 의결이 원칙이다.
② 미결수용자를 관심대상수용자로 지정할 수 없다.
③ 분류처우위원회의 의결대상자가 아닌 경우라도 관심대상수용자로 지정할 필요가 있는 경우에는 교도관회의의 심의를 거쳐 지정할 수 있다.
④ 관심심대상수용자를 지정할 때에는 담당교도관 또는 감독교도관의 의견을 고려하여야 한다.

해설

② (×) 미결수용자 등에게 관심대상자로 지정할 필요가 있다고 인정되는 경우에는 교도관회의의 심의를 거쳐 관심대상자로 지정할 수 있다.

정답 ②

81 「형의 집행 및 수용자의 처우에 관한 법률 시행규칙」상 엄중관리대상자에 대한 설명으로 옳지 않은 것은? '17. 7급

① 조직폭력수용자는 번호표와 거실표의 색상을 노란색으로 한다.
② 엄중관리대상자는 조직폭력수용자, 마약류수용자, 그리고 관심대상수용자로 구분한다.
③ 소장은 마약류수용자로 지정된 수용자들에게 정기적으로 수용자의 소변을 채취하여 마약반응검사를 하여야 한다.
④ 소장은 엄중관리대상자 중 지속적인 상담이 필요하다고 인정되는 사람에 대하여는 상담책임자를 지정한다.

해설

③ (×) 정기적으로 마약반응검사를 하여야 한다(×) → 교정시설에 마약류를 반입하는 것을 방지하기 위하여 필요하면 강제에 의하지 아니하는 범위에서 소변을 채취하여 마약반응검사를 할 수 있다(○). 「시행규칙」 제206조 참조.

정답 ③

82 현행법령상 엄중관리대상자에 대한 설명으로 옳은 것은?

① 조직폭력수용자, 마약류수용자의 번호표 및 거실표의 색상은 노란색이다.
② 구속영장, 공소장 또는 판결문에 조직폭력사범으로 명시된 수용자는 교도관회의 또는 분류처우위원회의 심의·의결에 따라 조직폭력수용자로 지정한다.
③ 소장은 관심대상수용자의 지정사유가 해소되었다고 인정되는 경우에는 교도관회의 또는 분류처우위원회의 심의·의결에 따라 그 지정을 해제한다.
④ 엄중관리대상자의 상담책임자 1명당 상담대상자는 10명 이내로 하여야 하고, 상담책임자는 수시로 개별상담을 하여야 한다.

해설

① (×) 조직폭력수용자 - 노란색, 마약류수용자 - 파란색
② (×) 별도의 심의·의결 절차 없이 지정한다(「시행규칙」 제198조 참조).
③ (×) 소장은 관심대상수용자의 수용생활태도 등이 양호하여 지정사유가 해소되었다고 인정하는 경우에는 분류처우위원회의 의결을 거쳐 그 지정을 해제한다. 다만, 분류처우위원회의 의결 대상에서 제외되는 수용자에 대해 지정해제 필요가 인정되는 경우에는 교도관회의의 심의를 거쳐 그 지정을 해제할 수 있다(「시행규칙」 제211조 참조).

정답 ④

83 현행법상 엄중관리대상자의 구분에 해당하지 않는 것은?

① 관심대상수용자
② 조직폭력수용자
③ 마약류수용자
④ 중점관리수용자

해설

정답 ④

➕ 엄중관리대상자

구분	조직폭력수용자(노란색)	마약류수용자(파란색)	관심대상수용자(노란색)
지정절차	• 법정요건에 따라 지정 - 지정시 분류처우위원회 등의 심의·의결 없이 조직폭력사범으로 명시된 자와 폭처법 적용 수용자	• 법정요건에 따라 지정 - 지정 시 분류처우위원회 등의 심의·의결 없이 마약류에 관한 법률 적용 수용자 및 마약류 집행유예자로서 별건 수용자	• 지정 기준 해당자를 원칙적으로 분류처우위원회의 의결을 거쳐 지정하고, 예외적으로 교도관회의의 심의를 거쳐 지정할 수 있음
해제절차	• 원칙적으로 석방 시까지 해제 안 된다. • 지정사유 해소 인정 시 교도관회의 심의 또는 분류처우위원회의 의결을 거쳐 지정해제	• 원칙적으로 석방 시까지 해제 안 된다. • 지정사유 해소 인정 시 교도관회의 심의 또는 분류처우위원회의 의결을 거쳐 지정해제	• 지정절차와 해제절차 동일
처우제한	• 수용자 대표 직책 부여 금지 • 수형자 간 연계활동 차단을 위한 이송 • 접촉차단시설 없는 장소 접견 금지 • 귀휴 허가 요건 엄격 적용 • 특이사항의 관계기관 통보	• 환각증세 우려 약품 투약 주의 • 비강제 마약반응검사 • 물품교부 제한 • 영치품 등 수시 검사 • 재활교육 의무 시행	• 다수의 관심대상자 수용동 및 작업장에 사명감이 투철한 교도관 엄선·배치
작업부과 특칙	• 엄중관리대상자에게 작업을 부과할 때에는 분류심사를 위한 조사나 검사 등의 결과를 고려하여야 한다.		
상담특칙	• 지속적인 상담이 필요하다고 인정되는 사람에 대하여 상담책임자를 지정한다. • 상담책임자는 감독교도관 또는 상담 관련 전문교육을 이수한 교도관을 우선하여 지정하여야 한다. • 상담대상자는 상담책임자 1명당 10명 이내로 하여야 한다. • 수시 개별상담으로 신속한 고충처리와 원만한 수용생활 지도를 위하여 노력하여야 한다.		

📝 **AI 예상 응용지문**

❶ 보호장비의 사용요건 및 사용절차 등에 관하여 필요한 사항은 법무부령으로 정한다. (×)
❷ 보호장비를 사용하는 경우에는 수용자에게 사전에 이를 경고해야 한다. (×)
❸ 보호대·보호의자·보호복은 다른 보호장비와 같이 사용할 수 없다. (×)
❹ 보호장비를 착용 중인 수용자는 특별한 사정이 없으면 처우상 독거수용한다. (×)

❶ 법무부령(×) → 대통령령(○) ❷ 보호장비는 경고 절차 없음. ❸ 보호대·보호복(×) → 보호침대(○).
암기법 의·침은 함께 사용할 수 없다. ❹ 처우상(×) → 계호상(○)

---

84. 「형의 집행 및 수용자의 처우에 관한 법률 시행규칙」상 엄중관리대상자에 대한 설명으로 옳은 것은?

'17. 5급(교정관) 승진

① 소장은 엄중관리대상자에게 작업을 부과하여서는 안 된다.
② 마약류수용자나 관심대상수용자로 지정된 수용자는 거실 및 작업장의 봉사원, 반장, 조장, 분임장 등 수용자를 대표하는 직책을 맡을 수 없다.
③ 공소장이나 재판서에 조직폭력사범으로 명시되어 있지 않으면 「형법」제114조(범죄 단체 등의 조직)가 적용된 수용자라 할지라도 조직폭력수용자로 지정할 수 없다.
④ 마약류수용자나 관심대상수용자로 지정되면 공소장 변경이나 재판 확정에 따라 지정사유가 해소되는 경우 이외에는 석방 때까지 지정이 해제되지 않는다.
⑤ 미결수용자 등 분류처우위원회의 의결 대상자가 아닌 경우에도 관심대상수용자로 지정할 필요가 있다고 인정되는 수용자에 대하여는 교도관회의의 심의를 거쳐 관심대상수용자로 지정할 수 있다.

📖 **해설**

① (×) 소장은 엄중관리대상자에게도 작업을 부과할 수 있으나, 작업을 부과할 때에는 분류심사를 위하여 조사, 심리·지능·적성 검사, 그 밖에 필요한 검사를 한 경우, 그 결과를 고려해야 한다(「시행규칙」제197조 참조).
② (×) 관심대상수용자나 마약류수용자에게는 수용자를 대표하는 직책을 맡길 수 있고, 조직폭력수용자와 사형확정자에게는 수용자를 대표하는 직책 부여가 금지된다(「시행규칙」제200조 및 제153조 4항 참조).
③ (×) 지정할 수 없다(×). → 지정할 수 있다(○).「시행규칙」제198조 참조.
④ (×) 관심대상수용자는 수용생활태도 등이 양호하고 지정사유가 해소되었다고 인정하는 경우에는 분류처우위원회의 의결을 거쳐 그 지정을 해제하는 것이 원칙이다(「시행규칙」제211조 참조).

정답 ⑤

85 「형의 집행 및 수용자의 처우에 관한 법률 시행규칙」상 엄중관리대상자에 대한 설명으로 옳은 것은?

'22. 9급

① 소장은 교정시설에 마약류를 반입하는 것을 방지하기 위하여 필요하면 강제로 수용자의 소변을 채취하여 마약반응검사를 할 수 있다.
② 수장은 엄중관리대상자 중 지속적인 상담이 필요하다고 인정되는 사람에 대하여는 상담책임자를 지정하는데, 상담대상자는 상담책임자 1명당 20명 이내로 하여야 한다.
③ 소장은 관심대상수용자로 지정할 필요가 있다고 인정되는 미결수용자에 대하여는 교도관회의의 심의를 거쳐 관심대상수용자로 지정할 수 있다.
④ 소장은 조직폭력수용자에게 거실 및 작업장 등의 수용자를 대표하는 직책을 부여할 수 있다.

해설

① (×) 강제에 의하지 아니하는 범위에서 수용자의 소변을 채취하여 마약반응검사를 할 수 있다. 규칙 제206조 참조.
② (×) 20명(×) → 10명(○). 시행규칙 제196조 참조.
④ (×) 있다(×) → 없다(○). 시행규칙 제200조 참조. 사형확정자에 대하여도 '수용자를 대표하는 직책 부여 금지'가 준용된다.

정답 ③

86 다음은 조직폭력수용자에 대한 규정들이다. 옳지 않은 것은?

① 조직폭력수용자는 접촉차단시설이 있는 장소에서 접견하여야 한다.
② 조직폭력수용자 중 모범 수용자는 봉사원이나 반장 등의 직책을 부여받을 수 있다.
③ 조직폭력수형자가 소내에서 집단화할 우려가 있을 때에는 이송을 신청해야 한다.
④ 조직폭력수용자의 편지 및 접견의 내용 중 특이사항이 있을 시에는 검찰청이나 경찰서등 관계기관에 통보할 수 있다.

해설

② (×) 조폭에게는 봉사원, 반장, 조장, 분임장, 그 밖의 수용자를 대표하는 직책을 부여해서는 아니 된다.

정답 ②

AI 예상 응용지문

❶ 조폭수용자의 편지 및 접견의 내용 중 특이사항이 있을 시에는 검·경 등 관계기관에 통보해야 한다. (×)
❷ 체포영장, 구속영장, 공소장 또는 재판서에 조직폭력사범으로 명시된 수용자에 한하여 조직폭력수용자로 지정할 수 있다. (×)

❶ 통보해야 한다(×) → 통보할 수 있다(○). ❷ 공소장 또는 재판서에 조직폭력사범으로 명시되어 있지는 아니하나 「폭력행위 등 처벌에 관한 법률」이 적용된 수용자와 공범·피해자 등의 체포영장·구속영장·공소장 또는 재판서에 조직폭력사범으로 명시된 수용자도 지정 대상이다. 시행규칙 제198조 참조.

87 「형의 집행 및 수용자의 처우에 관한 법률 시행규칙」제210조에 명시된 관심대상수용자 지정대상으로 옳은 것은 모두 몇 개인가? '24. 6급(교감) 승진

> ㉠ 교도관을 폭행하거나 협박하여 징벌을 받은 전력(前歷)이 있는 사람으로서 같은 종류의 징벌대상행위를 할 우려가 큰 수용자
> ㉡ 상습적으로 교정시설의 설비·기구 등을 파손하거나 소란행위를 하여 공무집행을 방해하는 수용자
> ㉢ 중형선고 등에 따른 심적 불안으로 수용생활에 적응하기 곤란하다고 인정되는 수용자
> ㉣ 징벌집행이 종료된 날부터 1년 이내에 다시 징벌을 받는 등 규율 위반의 상습성이 인정되는 수용자
> ㉤ 공연히 다른 사람을 해할 의사를 표시하는 행위를 하는 수용자

① 2개
② 3개
③ 4개
④ 5개

해설

㉤ (×) 해당하는 사유 아니다. 「시행규칙」 제210조 2항 참조.

정답 ③

88 현행법령상 조직폭력수용자 지정대상에 해당하지 않는 경우는?

① 공소장에 조직폭력사범으로 명시된 수용자
② 공범의 구속영장에 조직폭력사범으로 명시된 수용자
③ 조직폭력수용자로 무죄 외의 사유로 출소한 후 5년 이내에 교정시설에 다시 수용된 사람
④ 재판서에 조직폭력사범으로 명시되어 있지 아니하나 「폭력행위 등 처벌에 관한 법률」 제4조가 적용된 수용자

해설

③ (×) 개정으로 삭제된 지정대상이다. 규칙 제198조 참조.
▶ 조직폭력수용자 지정기준(규칙 제 198조)과 마약류수용자 지정대상(규칙 제204조)의 차이점을 묻는 문제는 앞으로 자주 출제될 가능성이 높다.
특히, 조직폭력수용자의 지정기준에는 '공범·피해자 등의 구속영장·공소장 또는 재판서에 조직폭력사범으로 명시된 수용자'도 지정대상이지만, 이 사유는 마약류수용자 지정대상에는 포함되지 않는다는 것을 꼭 숙지하여야 한다.

정답 ③

89 「형의 집행 및 수용자의 처우에 관한 법률 시행규칙」상 마약류수용자에 대한 설명으로 옳은 것을 모두 고른 것은? '24. 6급(교감) 승진

> ㉠ 체포영장·구속영장·공소장 또는 재판서에 「마약류관리에 관한 법률」, 「마약류 불법 거래방지에 관한 특례법」, 그 밖에 마약류에 관한 형사 법률을 적용받아 집행유예가 선고되어 그 집행유예 기간 중에 별건으로 수용된 수용자에 대하여는 마약류수용자로 지정하여야 한다.
> ㉡ 소장은 교정시설에 마약류를 반입하는 것을 방지하기 위하여 필요하면 강제로 수용자의 소변을 채취하여 마약반응검사를 할 수 있다.
> ㉢ 소장은 수용자 외의 사람이 마약류수용자에게 교정시설에서 판매되는 물품을 건네줄 것을 신청하는 경우라도 마약류 반입 등을 차단하기 위하여 신청을 허가하지 않는다.
> ㉣ 소장은 마약류수용자로 지정된 사람이 공소장 변경에 따라 지정사유가 해소되었다고 인정되는 경우에는 교도관회의의 심의를 거쳐 지정을 해제하여야 한다.

① ㉠
② ㉠, ㉡
③ ㉠, ㉣
③ ㉡, ㉢, ㉣

해설

㉠ (○) 시행규칙 제204조(지정대상) 제2호 참조.
㉡ (×) 강제로(×) → 강제에 의하지 아니하는 범위에서(○). 제206조(마약반응검사) 제2항 참조.
㉢ (×) 교정시설 안에서 판매되는 물품이나 그 밖에 마약류 반입을 위한 도구로 이용될 가능성이 없다고 인정되는 물품은 예외로 할 수 있으므로 그러한 물품은 소장이 신청을 허가할 수 있다. 제207조(물품전달 제한).
㉣ (×) 교도관회의의 심의를 거쳐 지정을 해제하여야 한다(×) → 교도관회의의 심의 또는 분류처우위원회의 의결을 거쳐 지정을 해제할 수 있다(○). 제205조(지정 및 해제) 제2항 참조.

정답 ①

90 형의 집행 및 수용자의 처우에 관한 법령상 조직폭력수용자에 대한 설명으로 옳지 않은 것은? '20. 9급

① 소장은 공범·피해자 등의 체포영장, 구속영장, 공소장 또는 재판서에 조직폭력사범으로 명시된 수용자에 대하여는 조직폭력수용자로 지정한다.
② 소장은 조직폭력수용자에게 거실 및 작업장 등의 봉사원, 반장, 조장, 분임장, 그 밖에 수용자를 대표하는 직책을 부여해서는 아니 된다.
③ 소장은 조직폭력수용자로 지정된 사람이 공소장 변경 또는 재판 확정에 따라 지정사유가 해소되었다고 인정되는 경우에는 교도관회의의 심의 또는 교정자문위원회의 의결을 거쳐 지정을 해제한다.
④ 소장은 조직폭력수형자가 작업장 등에서 다른 수형자와 음성적으로 세력을 형성하는 등 집단화할 우려가 있다고 인정하는 경우에는 법무부장관에게 해당 조직폭력수형자의 이송을 지체 없이 신청하여야 한다.

해설

③ 교정자문위원회(×) → 분류처우위원회(○). 「시행규칙」 제199조 2항 참조.

정답 ③

AI 예상 응용지문

❶ 마약류수용자의 편지 및 접견 내용 중 특이사항이 있는 경우에는 검찰청 등 관계기관에 통보할 수 있다. (×)
❷ 소장은 엄중관리대상자에게도 작업을 부과할 수 있다. (○)
❸ 소장은 마약류수용자나 조직폭력수용자에게 거실 및 작업장 등의 봉사원, 반장, 조장, 분임장, 그 밖에 수용자를 대표하는 직책을 부여해서는 아니 된다. (×)
❹ 수용자번호표의 색상은 마약류수용자이면서 사형확정자인 경우에는 붉은색으로 하고, 조직폭력수용자이면서 마약류수용자에도 해당하면 노란색으로 한다. (○)

❶ 마약류수용자(×) → 조직폭력수용자(○) ❸ 마약류수용자(×). 시행규칙 제200조 참조.
❹ 「시행규칙」 제150조(구분수용 등) 5항 및 제195조(번호표 등 표시) 참조.

---

91 행법령상 엄중관리대상자 수용관리에 대한 설명으로 옳은 것은?

① 소장은 엄중관리대상자가 변호인 외의 자에게 편지를 보내려는 경우 금지물품의 확인을 위하여 필요한 경우에는 편지를 봉함하지 않은 상태로 제출하게 하며, 엄중관리대상자에게 온 편지에 금지물품이 들어 있는지를 개봉하여 확인하여야 한다.
② 마약류수용자로 지정된 사람에 대하여는 석방 시까지 지정을 해제할 수 없는 것이 원칙이지만, 공소장 변경 또는 재판확정에 따라 지정사유가 해제되었다고 인정되는 경우, 마약류 관련 외의 법률이 같이 적용된 자로서 지정 후 5년이 지나고 수용생활태도 · 교정성적이 양호한 경우에는 교정자문위원회의 자문을 거쳐 지정을 해제할 수 있다
③ 소장은 조직폭력수용자로 지정된 사람에 대하여는 석방할 때까지 지정을 해제할 수 없으나, 공소장 변경 또는 재판 확정에 따라 지정 사유가 해소되었다고 인정되는 경우에는 교도관회의의 심의 또는 분류처우위원회의 의결을 거쳐 지정을 해제한다.
④ 소장은 엄중관리대상자에 대하여는 상담책임자를 지정한다.

해설

① (×) 제출하게 하며(×) → 제출하게 할 수 있으며(○). 시행령 제65조 1항 참조. / 개봉하여 확인하여야 한다(×) → 개봉하여 확인할 수 있다(○).
② (○) 「시행규칙」 제205조 2항 참조.
③ (×) 교정자문위원회의 자문을 거쳐(×) → 교도관회의의 심의 또는 분류처우위원회의 의결을 거쳐(○). 「시행규칙」 제199조 2항 참조.
④ (×) 소장은 엄중관리대상자 중 지속적인 상담이 필요하다고 인정되는 사람에 대하여는 상담책임자를 지정한다. 「시행규칙」 제196조 1항 참조.

정답 ②

92 다음은 현행법상 마약류수용자에 대한 규정들이다. 적절한 것은?

① 교정시설에 마약류 반입을 방지하기 위해 강제적으로 수용자의 소변을 채취하여 마약반응 검사를 할 수 있다.
② 마약류수용자에 대하여 다량 또는 장기간 복용할 경우 환각 증세를 일으킬 수 있는 의약품을 투약할 때에는 특히 유의하여야 한다.
③ 마약류수용자에게는 본인이 원하는 경우 중독을 치료하기 위한 재활교육이 부과되어야 한다.
④ 마약류수용자로 지정이 되더라도 교도관회의를 거쳐 그 지정을 해제할 수 있다.
⑤ 소장은 마약류에 관한 형사 법률 외의 법률이 같이 적용된 마약류수용자 중 지정 후 4년이 지나고 교정성적이 양호한 경우에는 교도관회의의 심의 또는 분류처우위원회의 의결을 거쳐 지정을 해제할 수 있다.

> **해설**
> ① (×) 강제에 의하지 아니하는 범위에서 할 수 있다. ② (○) 시행규칙 제206조(마약반응검사) 참조.
> ③ (×) 본인의 신청 또는 동의와 상관없이 소장은 마약류수용자가 마약류 근절 의지를 갖고 이를 실천할 수 있도록 해당 시설 여건에 적합한 재활교육계획을 수립하여 시행하여야 한다(「시행규칙」 제209조 참조).
> ④ (×) 마약류수용자로 지정된 사람에 대하여는 석방할 때까지 지정을 해제할 수 없다. 다만, 지정사유가 해소되었다고 인정되는 경우 등의 경우에는 교도관회의 심의 또는 분류처우위원회의 의결을 거쳐 지정을 해제할 수 있다(「시행규칙」 제205조 참조).
> ⑤ (×) 4년(×) → 5년(○). 「시행규칙」 제205조(지정 및 해제) 2항 참조.
>
> **정답** ②

93 행법령상 마약류수용자에 대한 규정으로 옳지 않은 것은?

① 담당 교도관은 마약류수용자의 보관(영치)품 및 지니는 물건(소지품)의 변동 상황을 수시로 점검하고, 특이사항이 있는 경우에는 감독교도관에게 보고하여야 한다.
② 소장은 마약류수용자의 마약류 근절 의지를 북돋울 수 있도록 마약 퇴치 전문강사, 성직자 등과 자매결연을 주선할 수 있다.
③ 마약류수용자로 지정되면 어떠한 경우에도 석방할 때까지 지정을 해제할 수 없다.
④ 소장은 마약반응검사 결과 양성반응이 나타난 수용자에 대하여는 관계기관에 혈청검사, 모발검사, 그 밖의 정밀검사를 의뢰하고 그 결과에 적절한 조치를 하여야 한다.

> **해설**
> ③ (×) 석방 시까지 지정을 해제할 수 없는 것이 원칙이지만, 공소장 변경 또는 재판확정에 따라 지정사유가 해소되었다고 인정되는 경우, 마약류 관련 외의 법률이 같이 적용된 자로서 지정 후 5년이 지나고 수용생활태도, 교정성적이 양호한 경우에는 교도관회의의 심의 또는 분류처우위원회의 의결을 거쳐 지정을 해제할 수 있다(「시행규칙」 제205조 2항 참조).
>
> **정답** ③

94 「형의 집행 및 수용자의 처우에 관한 법률 시행규칙」상 관심대상수용자 지정대상으로 옳지 않은 것은? '19. 5급(교정관) 승진

① 조직폭력수용자로서 무죄 외의 사유로 출소한 후 5년 이내에 교정시설에 다시 수용된 사람
② 사회적 물의를 일으킨 사람으로서 죄책감 등으로 인하여 자살 등 교정사고를 일으킬 우려가 큰 수용자
③ 징벌집행이 종료된 날부터 2년 이내에 다시 징벌을 받는 등 규율 위반의 상습성이 인정되는 수용자
④ 상습적으로 법령에 위반하여 연락을 하거나 금지물품을 반입하는 등의 방법으로 부조리를 기도하는 수용자
⑤ 교도관을 폭행하거나 협박하여 징벌을 받은 전력이 있는 사람으로서 같은 종류의 징벌대상행위를 할 우려가 큰 수용자

해설

③ (×) 2년 이내(×) → 1년 이내(○). 「시행규칙」 제210조 제11호 참조.

정답 ③

95 「형의 집행 및 수용자의 처우에 관한 법률 시행규칙」상 관심대상수용자 지정대상으로 가장 옳지 않은 것은? '24. 7급(교위) 승진

① 다른 수용자를 괴롭히거나 세력을 모으는 등 수용질서를 문란하게 하는 조직폭력수용자(조직폭력사범으로 행세하는 경우를 제외한다)
② 교도관을 폭행하거나 협박하여 징벌을 받은 전력(前歷)이 있는 사람으로서 같은 종류의 징벌대상행위를 할 우려가 큰 수용자
③ 수용생활의 편의 등 자신의 요구를 관철할 목적으로 상습적으로 자해를 하거나 각종 이물질을 삼키는 수용자
④ 상습적으로 교정시설의 설비·기구 등을 파손하거나 소란행위를 하여 공무집행을 방해하는 수용자

해설

① (×) 제외한다(×) → 포함한다(○). 「시행규칙」 제210조 제4호 참조.

정답 ①

96 「형의 집행 및 수용자의 처우에 관한 법률 시행규칙」상 수용자의 번호표에 사용하지 않는 색상은?
'20. 7급

① 초록색 ② 노란색
③ 파란색 ④ 붉은색

> **해설**
>
> ②, ③ (○) 엄중관리대상자인 관심대상수용자, 조직폭력수용자의 번호표 및 거실표의 색상은 노란색으로 하고, 마약류수용자는 파란색으로 한다. 시행규칙 제195조 참조.
> ④ (○) 사형확정자의 번호표 및 거실표의 색상은 붉은색으로 한다. 시행규칙 제150조 제4항 참조.
>
> **정답** ①

97 수용자의 긴급이송 및 일시석방에 대한 설명이다. 틀린 것은? '03. 7급

① 천재지변이나 그 밖의 사변으로 교도소 등의 안에서 피난의 방법이 없다고 인정되는 때 다른 장소로 긴급 이송할 수 있다.
② 다른 장소에의 이송이 불가능한 때에는 일시 석방할 수 있다.
③ 석방된 자는 석방 후 24시간 내에 교도소 등 또는 가까운 경찰관서에 출석하여야 한다.
④ 긴급이송이나 일시석방은 선택적으로만 행사할 수 있는 것이 아니라 동시에 행사할 수 있다.

> **해설**
>
> ④ (×) 선택적으로 행사할 수 없다. 교정시설에 안에서 피난방법이 없는 경우에 한하여 다른 장소로 긴급 이송할 수 있고, 긴급 이송할 수 없을 때에는 일시 석방할 수 있다. 따라서 순차적으로만 행사할 수 있다. 「법」 제102조 참조.
>
> **정답** ④

98 수용자 도주 시 조치에 대한 설명 중 틀린 것은?

① 교도관은 수용자가 도주를 한 경우에 도주 후 72시간 이내에 그를 체포할 수 있다.
② 교도관은 체포를 위하여 긴급히 필요하면 도주 등을 하였다고 의심할 만한 상당한 이유가 있는 사람 또는 도주 등을 한 사람의 이동경로나 소재를 안다고 인정되는 사람을 정지시켜 질문할 수 있다.
③ 교도관은 체포를 위하여 영업시간 내에 또는 영업시간 종료 후라도 흥행장·여관·음식점·역 그 밖에 다수인이 출입하는 장소의 관리자 또는 관계인에게 그 장소의 출입이나 그 밖에 특히 필요한 사항에 관하여 협조를 요구할 수 있다.
④ 교도관은 필요한 장소에 출입을 할 경우에는 그 신분을 표시하는 증표를 제시해야 하며 그 장소의 관리자 또는 관계인의 정당한 업무를 방해하여서는 아니 된다.

> **해설**
>
> ③ (×) 영업시간 내에만 협조를 요구할 수 있다(「법」 제103조 참조).
>
> **정답** ③

99 현행법상 수용자가 도주 후 또는 출석기간이 지난 후 몇 시간 내에 교도관이 체포할 수 있는가?

① 24시간 이내　② 48시간 이내　③ 72시간 이내　④ 12시간 이내

해설

③ (○) 「법」 제103조 1항 참조.　　　　　　　　　　　　　　　　　　　　**정답** ③

100 수용을 위한 체포시에 교도관의 조치에 관한 설명 중 옳은 것은?

① 수용자가 도주한 경우에는 48시간 이내에만 그를 체포할 수 있다.
② 도주 수용자의 체포를 위하여 긴급히 필요하면 도주 등을 하였다고 의심할 만한 상당한 이유가 있는 사람을 체포할 수 있다.
③ 소장은 수용자가 도주 등을 하거나 도주자를 체포한 경우에는 법무부장관에게 지체없이 보고하여야 한다.
④ 체포를 위하여 긴급히 필요하면 영업시간이 끝난 다중이용장소의 관리자에게 그 장소의 출입에 관하여 협조를 요구할 수 있다.

해설

① (×) 48시간(×) → 72시간(○).
② (×) 곧바로 체포할 수는 없고, 도주 등을 하였다고 의심할만한 상당한 이유가 있는 사람을 정지시켜 질문할 수 있다. 「법」 제 103조 제 2항은 이 규정을 두고 있지만, 정지시켜 질문해 본 결과 도주자로 확인되고, 도주 후 72시간 이내의 시간 범위라면 그를 체포할 수 있다.
④ (×) 영업시간이 끝난 경우에는 출입을 요구할 수 없고, 영업시간 내에 한해서만 출입을 요구할 수 있다. 「법」 제 103조 참조.

정답 ③

101 다음은 현행법령상 검사에 대한 규정이다. 규정과 관계가 없는 것은?

① 교도관은 시설의 안전과 질서유지를 위하여 필요하면 수용자의 신체 · 의류 · 휴대품 · 거실 및 작업장 등을 검사할 수 있다.
② 수용자의 신체를 검사하는 경우에는 불필요한 고통이나 수치심을 느끼지 아니하도록 유의하여야 하며, 특히 신체를 면밀하게 검사할 필요가 있으면 다른 수용자가 볼 수 없는 차단된 장소에서 하여야 한다.
③ 여성수용자의 의류 · 휴대품 검사는 여성교도관이 할 수 없는 경우에는 남성교도관이 다른 여성수용자의 입회하에 실시할 수 있으나 신체에 대한 검사는 여성교도관이 하여야 한다.
④ 교도관은 시설의 안전과 질서유지를 위하여 필요하면 교정시설을 출입하는 수용자 외의 사람에 대하여 의류와 휴대품을 검사할 수 있다.

해설

③ (×) 의류 및 휴대품에 대한 검사도 반드시 여성교도관이 하여야 한다. 「법」 제93조 4항 참조.

정답 ③

> **AI 예상 응용지문**
>
> ❶ 무기의 종류에는 권총·소총·가스총이 있다. (×)
> ❷ 전자장비에는 영상정보처리기기, 전자감지기, 전자충격기, 물품검색기, 증거수집장비 등이 있다. (×)
> ❸ 교도관은 수용자가 도주한 경우 수사 개시 후 72시간 이내에만 그를 체포할 수 있다. (×)
>
> ─────────
> ❶ 가스총(×) → 기관총(○) ❷ 전자충격기(×) → 전자정보기(○) ❸ 수사개시 후(×) → 도주 후 또는 출석기한이 지난 후(○). 법 제103조 1항 참조.

102 다음 중 헌법재판소와 법원의 판례와 적합하지 않은 것은?

① 미결수용자의 변호인에 대한 접견교통권과 달리 변호인의 미결수용자에 대한 접견교통권은 헌법상 보장된 권리가 아니다.
② 보호장비의 사용이 비록 적법하다고 하더라도 그 보호장비의 사용이 필요한 범위보다도 지나치게 긴 기간을 사용하였다면 위법이다.
③ 교도관은 특수한 업무를 수행하므로 일반의 법령준수의무보다 더 크다.
④ 수형자의 접견은 미결수용자에 비해서 제한될 수밖에 없으므로, 수형자와 접견하는 외부인의 권리도 제한될 수밖에 없다.

해설

① (×) 미결수용자의 변호인에 대한 접견교통권은 헌법상 보장되는 기본권이나 변호인의 미결수용자에 대한 접견교통권은 형사소송법상의 권리이지 헌법상 기본권이 아니라고 했었으나, 2019년 이후 헌법상 기본권으로 보고 있다. 「2019.7.8. 89헌마181」 참조.

정답 ①

103 수형자의 처우에 관한 대법원 및 헌법재판소의 입장으로 옳지 않은 것은? '09. 7급

① 수형자에 대한 절대적인 운동의 금지는 징벌의 목적을 고려하더라도 그 수단과 방법에 있어서 필요한 최소한도의 범위를 벗어난 것으로 헌법상 인간의 존엄과 가치 및 신체의 안전성이 훼손당하지 아니할 자유를 포함한 신체의 자유를 침해하는 정도에 이르렀다고 할 수 있다.
② 금치처분을 받은 수형자의 집필에 관한 권리를 법률의 근거나 위임이 없이 제한하고 있고 일체의 집필행위를 금지하고 있는 것은 입법목적 달성을 위한 필요최소한의 제한을 벗어나 과잉금지원칙에 위반된다.
③ 엄중격리대상자의 수용거실에 CCTV를 설치하여 24시간 감시하는 행위가 법률유보의 원칙에 위배되어 사생활의 자유와 비밀을 침해한다고 볼 수 있다.
④ 「형의 집행 및 수용자의 처우에 관한 법률」상의 징벌은 행정상 질서벌의 일종으로서, 「형법」에 위반한 행위에 대한 형사책임과는 그 목적과 성격을 달리하는 것이므로 징벌을 받은 뒤에 형사처벌을 한다고 하여 일사부재리의 원칙에 반하는 것은 아니다.

해설

③ (×) 법률유보의 원칙에 위배되지 않으므로 사생활의 자유와 비밀을 침해한다고 볼 수 없다.

정답 ③

104 「형의 집행 및 수용자의 처우에 관한 법률」상 수용을 위한 체포에 대한 설명으로 옳지 않은 것은?

'24. 9급

① 천재지변으로 일시 석방된 수용자는 정당한 사유가 없는 한 출석요구를 받은 후 24시간 이내에 교정시설 또는 경찰관서에 출석하여야 한다.
② 교도관은 수용자가 도주한 경우 도주 후 72시간 이내에만 그를 체포할 수 있다.
③ 교도관은 도주한 수용자의 체포를 위하여 긴급히 필요하면 도주를 한 사람의 이동경로나 소재를 안다고 인정되는 사람을 정지시켜 질문할 수 있다.
④ 교도관은 도주한 수용자의 체포를 위하여 영업시간 내에 공연장·여관·음식점·역, 그 밖에 다수인이 출입하는 장소의 관리자 또는 관계인에게 그 장소의 출입이나 그 밖에 특히 필요한 사항에 관하여 협조를 요구할 수 있다.

해설

① (×) 출석요구를 받은 후(×) → 석방 후(○). 법 제102조 4항 참조.

정답 ①

105 형의 집행 및 수용자의 처우에 관한 법령상 옳지 않은 것은?

> ㉠ 보안장비의 종류에는 전자장비, 보호장비, 무기가 있다.
> ㉡ 교도관은 외부의료시설 입원, 이송·출정, 그 밖의 사유로 교정시설 밖에서 수용자를 계호하는 경우 보호장비나 수용자의 팔목 등에 전자경보기를 부착하여 사용할 수 있다.
> ㉢ 교도관이 시설의 안전과 질서유지를 위해 수용자의 신체·의류·휴대품을 검사하는 경우에는 특별한 사정이 없으면 고정식 물품검색기를 통과하게 하거나 휴대식 금속탐지기로 검사한 후 손으로 이를 확인한다.
> ㉣ 소장은 수용자의 수용·작업·교화·의료, 그 밖의 처우를 위하여 필요하거나 시설의 안전과 질서유지를 위하여 필요하다고 인정하면 지방교정청장의 승인을 받아 수용자를 다른 교정시설로 이송할 수 있다.
> ㉤ 법무부장관은 이송승인에 관한 권한을 대통령령으로 정하는 바에 따라 교정시설의 장에게 위임할 수 있다.

① ㉠, ㉡, ㉢
② ㉠, ㉢, ㉣, ㉤
③ ㉡, ㉣, ㉤
④ ㉡, ㉢, ㉣, ㉤

해설

- ㉠ (×) 교정장비의 종류는 전자장비, 보안장비, 보호장비, 무기가 있다. 규칙 제157조 참조.
- ㉢ (×) 고정식 물품검색기를 통과하게 한 후 휴대식 금속탐지기 또는 손으로 이를 확인한다. 시행규칙 제166조 제2항 참조.
- ㉣ (×) 지방교정청장(×) → 법무부장관(○). 법 제20조 참조.
- ㉤ (×) 교정시설의 장에게(×) → 지방교정청장에게(○)
- ㉡ (○) 시행규칙 제165조

정답 ②

106 「형의 집행 및 수용자의 처우에 관한 법률」상 교도관이 수용자에 대하여 무기를 사용할 수 있는 사유를 모두 고른 것은? '24. 6급(교감) 승진

㉠ 수용자가 교정시설의 설비·기구 등을 손괴하거나 하려고 하거나 그 밖의 시설의 안전 또는 질서를 해칠 우려가 큰 때
㉡ 수용자가 폭동을 일으키거나 일으키려고 하여 신속하게 제지하지 아니하면 그 확산을 방지하기 어렵다고 인정되는 때
㉢ 도주하는 수용자에게 교도관이 정지할 것을 명령하였음에도 계속하여 도주하는 때
㉣ 수용자가 폭행 또는 협박에 사용할 위험물을 지니고 있어 교도관이 버릴 것을 명령하였음에도 이에 따르지 아니하는 때

① ㉠, ㉡
② ㉠, ㉢, ㉣
③ ㉡, ㉢, ㉣
④ ㉠, ㉡, ㉢, ㉣

해설

㉠ (×) 법 제101조 참조. '수용자가 교정시설의 설비·기구 등을 손괴하거나 하려고 하는 때'는 '그 밖에 시설의 안전 또는 질서를 크게 해치는 행위를 하거나 하려고 하는 때'는 강제력 행사 사유에 해당한다. 법 제100조 참조. '교정시설의 설비·기구 등을 손괴하거나 그 밖에 시설의 안전 또는 질서를 해칠 우려가 큰 때'는 보호장비 사용 사유에 해당한다. 법 제97조 참조.

정답 ③

107 형집행법령상 무기사용에 대한 설명으로 옳은 것(○)과 틀린 것(×)이 바르게 열거된 것은? '24. 6급(교감) 승진

> ㉠ 교도관은 교정시설의 안(교도관이 교정시설의 밖에서 수용자를 계호하고 있는 경우 그 장소를 제외한다)에서 자기 또는 타인의 생명·신체를 보호하거나 수용자의 탈취를 저지하거나 건물 또는 그 밖의 시설과 무기에 대한 위험을 방지하기 위하여 급박하다고 인정되는 상당한 이유가 있으면 수용자 외의 사람에 대하여도 무기를 사용할 수 있다.
> ㉡ 교도관은 소장 또는 그 직무를 대행하는 사람의 명령을 받아 무기를 사용한다. 다만, 그 명령을 받을 시간적 여유가 없으면 그러하지 아니하다.
> ㉢ 사용할 수 있는 무기의 종류, 무기의 종류별 사용요건 및 사용절차 등에 관하여 필요한 사항은 법무부령으로 정한다.
> ㉣ 교도관이 총기를 사용하는 경우에는 구두경고, 공포탄 발사, 위협사격, 조준사격의 순서에 따라야 한다. 다만, 상황이 긴급하여 시간적 여유가 없을 때에는 예외로 한다.

	㉠	㉡	㉢	㉣		㉠	㉡	㉢	㉣
①	(×)	(○)	(○)	(○)	②	(○)	(×)	(○)	(×)
③	(×)	(○)	(×)	(×)	④	(×)	(○)	(○)	(×)

해설

㉠ (×) 제외한다(×) → 포함한다(○)법 제101조(무기의 사용) 제2항 참조.
㉣ (×) 구두경고, → 공포탄 발사 → 위협사격 → 조준사격 순이다. 시행규칙 제192조(총기의 사용절차).

정답 ④

CHAPTER 12 규율과 상벌

01 형의 집행 및 수용자의 처우에 관한 법령상 수용자의 상벌제도에 대한 설명으로 옳은 것은?

'17. 5급(교정관) 승진

① 9일 이하의 금치, 1개월의 작업장려금 삭감, 30일 이내의 실외운동 및 공동행사참가정지는 징벌실효기간이 1년으로 동일하다.
② 징벌위원회는 재적위원 과반수의 출석으로 개의하고, 출석위원 과반수의 찬성으로 의결한다. 이 경우 외부위원 3명 이상이 출석한 경우에만 개의할 수 있다.
③ 수용자가 사람의 생명을 구조하거나 도주를 방지한 때와 재난 시 응급용무 보조에 공로가 있는 때에는 소장표창 및 가족만남의 날 행사참여 대상자 선정기준에 해당된다.
④ 소장은 징벌집행을 받고 있거나 집행을 앞둔 수용자가 같은 행위로 형사 법률에 따른 처벌이 확정되어 징벌을 집행할 필요가 없다고 인정하면 징벌위원회의 의결을 거쳐 징벌집행을 감경하거나 면제할 수 있다.
⑤ 징벌이 집행 중에 있거나 징벌의 집행이 끝난 후 또는 집행이 면제된 후 1년 내에 다시 징벌사유에 해당하는 행위를 한 때에는 징벌기간에 있어서 장기의 2분의 1까지 가중할 수 있다.

해설

② (×) 3명(×) → 1명(○). 「시행규칙」제228조 참조.
③ (×) 가족만남의 날 행사대상자(×) → 가족만남의 집 이용대상자(○). 「시행규칙」제214조의 2 참조.
④ (×) 징벌위원회의 의결을 거쳐(×). 징벌위원회의 의결은 요건이 아니다. 「시행규칙」제231조 4항 참조.
⑤ (×) 1년 내에(×) → 6개월 내에(○). 「법」제109조 2항 참조.

정답 ①

02 형집행법(형집행법)상 수용자에게 포상할 수 있는 사유에 대한 설명으로 옳은 것(○)과 옳지 않은 것(×)을 순서대로 바르게 나열한 것은?

> ㉠ 사람의 생명을 구조한 때
> ㉡ 제102조(재난 시의 조치) 제1항에 따른 응급용무에 공로가 있는 때
> ㉢ 사회의 안전과 질서유지에 뚜렷한 공이 인정되는 때
> ㉣ 수용생활에 모범을 보이거나 건설적이고 창의적인 제안을 하는 등 특히 포상할 필요가 있다고 인정되는 때
> ㉤ 도주를 방지한 때

	㉠	㉡	㉢	㉣	㉤
①	(○)	(○)	(○)	(○)	(×)
②	(×)	(○)	(○)	(○)	(○)
③	(○)	(○)	(×)	(○)	(○)
④	(○)	(×)	(○)	(×)	(×)

해설

③ (○) 법 제106조 참조. ㉢ (×) 사회(×) → 시설(○).

정답 ③

03 현행법령상 수용자 포상 사유가 아닌 것은?

① 수용자가 사람 생명 구조, 도주를 방지한 때
② 수용자가 각종 대회 수상이나 검정고시 합격 등으로 시설의 명예를 높인 때
③ 수용자가 천재지변, 재해발생시 응급용무의 공로가 있는 때
④ 수용자가 수용생활에 모범을 보이거나 건설적, 창의적 제안 등 특히 포상할 필요가 있는 때

해설

정답 ②

➕ 포상사유와 포상 내용

포상사유	포상기준
• 사람의 생명을 구조하거나 도주를 방지한 때 • 응급용무에 공로가 있는 때	소장 표창 및 가족만남의 집 이용 대상자 선정
• 시설의 안전과 질서유지에 뚜렷한 공이 인정되는 때 • 수용생활에 모범을 보이거나 건설적이고 창의적인 제안을 하는 등 특히 포상할 필요가 있다고 인정되는 때	소장 표창 및 가족만남의 날 참여 대상자 선정

04 현행법령상 포상에 대해 가장 적합하게 설명한 것은?

① 시설의 안전과 질서유지에 뚜렷한 공이 인정되는 때에는 법무부장관은 해당 수용자를 포상할 수 있다.
② 사람의 생명을 구조한 때에는 소장 표창 및 사회견학을 허용할 수 있다.
③ 수형자가 「숙련기술장려법」에 따른 전국기능경기대회에 입상한 때에는 법무부장관 표창 및 경비처우급 상향 조정 대상자로 선정할 수 있다.
④ 포상이란 수용자의 선행이나 모범적인 품행 등을 장려하여 사회복귀에 기여하도록 상을 주는 것을 말하는데, 이는 자율적으로 수용질서를 확립하고 시설 내 안전과 질서를 유지하는 기능을 가지고 있다.

해설

① (×) 법무부장관(×) → 소장(○).
② (×) 사회견학 허용(×) → 가족만남의 집 이용대상자 선정(○).
③ (×) 「법」 제107조의 포상사유에 해당 되지 않음.

정답 ④

05 헌법재판소의 결정 내용으로 옳지 않은 것을 모두 고른 것은? '24. 6급[교감] 승진

㉠ 헌법재판소는 수용거실 검사와 관련하여 미결수용자는 무죄가 추정되므로 미결수용자가 없는 상태에서 이루어진 수용거실 검사는 수형자에 대한 경우와는 달리 위헌으로 보았다.
㉡ 헌법재판소는 수용자가 기동순찰팀이 이름표와 계급장을 달지 않은 것이 위헌이라고 주장한 사안에서 수용자는 기동순찰팀원의 이름과 직급을 몰라서 고발을 할 수 없는 경우 등이 발생할 수 있으므로 기동순찰팀원이 이름표와 계급장을 달지 않았다면 그 자체로 기본권침해 가능성 및 자기관련성이 인정된다고 보았다.
㉢ 헌법재판소는 조사수용 중이거나 징벌 처분 등을 받고 독거수용된 자의 경우 교도소 내의 범죄를 방지하고, 안전을 도모하며 본래적인 교도행정의 목적을 효과적으로 달성하기 행정적 제재 및 교정의 필요상 텔레비전 시청을 규제하는 것은 불가피하다고 판단한 바 있다.
㉣ 헌법재판소는 무죄 등 판결 선고 후 석방대상자가 교도소에서 지급한 각종 지급품의 회수, 수용 시의 휴대금품 또는 보관금품의 반환 내지 환급 문제 때문에 임의로 교도관과 교도소에 동행하는 것은 무방하나, 동의를 얻지 않고 의사에 반하여 교도소로 연행하는 것은 「헌법」 제12조의 규정에 비추어 도저히 허용될 수 없다고 보았다.

① ㉠   ② ㉠, ㉡   ③ ㉠, ㉢   ④ ㉢, ㉣

해설

㉠ (×) 위 설명은 틀린 내용이다. 헌법재판소는 미결수용자의 수용거실에 대한 거실검사와 관련하여, 미결수용자와 수형자(형이 확정된 자)에 대해 차별적인 기준을 적용하는 것이 헌법에 위반되지 않는다고

판단하였다. 헌법재판소 2011. 8. 30. 선고 2009헌마183 판결 참조. 이 판례에서는 미결수용자의 거실검사가 헌법상 기본권을 침해하는지 여부가 문제되었다. 헌법재판소는 형사소송법상 미결수용자에게 무죄 추정의 원칙이 적용된다는 점을 인정하면서도, 교정시설 내에서의 질서유지 및 보안유지를 위한 검사는 합리적인 필요에 의한 것이므로 위헌이 아니라고 판시했다. 즉, 미결수용자의 수용거실 검사가 교정시설의 안전과 질서유지라는 목적 하에 이루어질 수 있으며, 이를 통해 미결수용자와 수형자 사이에 불합리한 차별이 있다고 보지 않았다. 다만, 이러한 검사는 비례의 원칙에 따라 필요 최소한의 범위 내에서 이루어져야 한다는 점도 함께 강조하였다.

ⓒ (×) 이 사건에서는 교도소 수용자가 기동순찰팀원들이 이름표와 계급장을 달지 않는 것이 기본권을 침해한다고 주장하면서 헌법소원을 제기했다. 그러나 헌법재판소는 다음과 같은 이유로 이를 받아들이지 않았다. 그 이유는, 교정시설 내 기동순찰팀의 업무 특성상, 순찰팀원들이 이름표와 계급장을 달지 않는 것은 보안 유지와 관련된 중요한 이유가 있다는 점을 고려했다. 즉, 순찰팀원이 신분을 노출할 경우, 수용자와의 관계에서 발생할 수 있는 여러 위험 요소를 방지하기 위한 조치로 볼 수 있다는 것이다. 또한 기동순찰팀원의 이름표와 계급장 미착용이 수용자의 기본권을 침해한다고 볼 만한 구체적인 증거가 없으며, 단지 순찰팀원의 이름이나 직급을 알지 못한다는 것만으로는 기본권 침해가 성립하지 않는다고 판단했다. 결론적으로, 기본권 침해 가능성 및 자기관련성이 인정되지 않았다. 헌법재판소 2011. 12. 29. 선고 2009헌마393 판결 참조.

'자기관련성'의 개념: 헌법소원을 제기하려면, 자기관련성이 인정되어야 한다. 즉, 헌법소원을 청구하는 자가 자신의 기본권이 직접적으로 침해되었거나 침해될 가능성이 있는 경우에만 헌법소원을 제기할 수 있다. 자기관련성이란 청구인이 직접적으로 그 사건과 관련된 이익을 가지는지를 묻는 개념으로, 청구인의 기본권이 침해될 우려가 명확해야만 헌법소원 청구 자격이 인정된다는 것이다.

ⓒ (○) 헌법재판소는 조사수용 중이거나 징벌 처분으로 독거수용된 자에 대해 텔레비전 시청을 제한하는 것은 <u>교정행정의 목적을 효과적으로 달성하기 위한 합리적인 제한으로, 기본권 침해에 해당하지 않는다</u>는 결정을 내렸다. 헌법재판소 2013. 11. 28. 선고 2011헌마28 판결 참조.

ⓔ (○) 이 사건에서 헌법재판소는, 판결 선고 후 석방 대상자가 교도소에서 지급받은 물품의 반환을 위해 교도소로 동행한 상황에서, 본인의 동의 없이 강제로 교도소에 연행되는 것이 위헌인지가 쟁점이 되었다. 헌법재판소 1997. 11. 27. 선고 96헌마172 판결. 헌법 제12조는 신체의 자유를 보장하며, 누구든지 법률에 의하지 않고는 체포, 구속, 압수, 수색 또는 신체의 자유를 제한받지 않도록 규정하고 있다. 따라서 석방된 사람이 동의 없이 강제로 연행되는 것은 신체의 자유를 침해하는 행위로 간주될 수 있다. 석방 대상자가 임의로 교도관과 동행하여 지급품 회수나 보관품 반환을 받기 위해 교도소를 방문하는 것은 헌법에 위배되지 않지만, <u>본인의 동의 없이 강제로 교도소로 연행되는 것은 헌법 제12조에 따라 허용될 수 없다</u>고 판시했다. 헌법재판소는 신체의 자유 제한이 불가피한 경우에도 최소한의 침해로 이루어져야 하며, 교정행정의 필요가 있더라도 이를 과도하게 적용할 수 없다는 점을 강조했다. 결론적으로, 본인의 동의 없이 의사에 반하여 교도소로 연행하는 것은 헌법에 위반되며, 이는 신체의 자유를 침해하는 행위로 헌법재판소는 이를 허용할 수 없다고 판단했다.

정답 ②

06 징벌에 대한 설명으로 옳지 않은 것은? (다툼이 있는 경우 판례에 의함)

① 징벌은 일정한 규율을 위반한 수용자에게 부과하는 불이익처분으로 일종의 형사처분의 성격을 띠고 있다.
② 자신의 요구를 관철할 목적으로 자해하는 행위에 대해 징벌을 부과할 수 있다.
③ 징벌위원회의 위원이 제척 사유에 해당할 때에는 그 위원회에 참석할 수 없다.
④ 소장은 징벌집행 중인 사람에 대해서 일정한 사유가 인정되면 남은 기간의 징벌집행을 면제할 수 있다.

해설

① (×) 징벌은 형사처분이 아니라 행정법상 징계의 일종인 행정처분이다. 일반사회에서 형법이 담당하는 역할을 시설 내에서는 징벌에 관한 법률과 규칙이 담당한다는 의미에서 크릭스만(Krigsmann)은 징벌에 관한 법률 내지 규칙을 「교도소 내의 형법」이라고 불렀다. 징벌은 형사처벌은 아니지만 수용자의 권리에 대한 제한을 수반하므로 엄격한 제한 하에서만 인정된다. 따라서 징벌은 법률이나 법률이 위임한 범위 내에서 권한 있는 행정기관의 규칙으로 명시해야 한다(징벌법정주의).
또한 구금의 목적과 질서유지를 위해 필요한 최소한에 그쳐야 하고(필요최소한의 원칙), 미연방지에 중점을 두되 질서유지를 위해 달리 방법이 없는 경우에 한하여 부과해야 하며(보충성의 원칙), 징벌을 과하는 경우라도 위반원인과 위반내용에 대한 정확한 분석을 통해 처벌내용의 적정을 기하도록 해야 한다(비례의 원칙).

정답 ①

07 형의 집행 및 수용자의 처우에 관한 법령상 징벌제도에 대한 설명으로 옳지 않은 것은? 'AI 예상'

① 비례성의 원칙은 징벌처분에 대한 정당성의 기준이 된다.
② 징벌의 부과는 소장의 권한으로만 이루어지지 않고, 징벌위원회의 심의·의결을 통해 결정된다.
③ 징벌처분에 대하여 항고 제도는 인정되나, 확정된 징벌처분에 대하여 재심청구제도는 인정되는 않는다.
④ 징벌제도는 규율 위반을 억제하는 데 효과적이지만, 재사회화를 촉진하는 데 있어 한계가 있다.

해설

③ (×) 현행법상 징벌에 대한 항고는 인정되지 않는다. 징벌위원회에서 징벌 의결을 하면 그 즉시 확정되어 집행력이 생긴다. 따라서 징벌처분에 대한 직접적인 불복제도는 현재 채택하지 않고 있다고 보아야 한다.
④ (○) 징벌은 주로 처벌 중심의 접근이기 때문에 교정과 재활보다는 수용자의 규율 위반 방지에 초점을 맞추기 때문에 이와 같은 문제점이 나타날 수 있다.

☞ 출제의도 : 이 문제의 출제 의도는 수험생이 징벌제도에 대한 핵심적인 법적 규정을 이해하고 있는지를 평가하는 데 있습니다. 구체적으로 징벌처분의 절차적 요소와 징벌제도 자체의 목적과 한계에 대한 이해를 요구하는 문제입니다. 특히 3번 선택지는 수험생에게 중요한 헷갈림 요소를 제공하는 부분입니다. 현행법상 징벌처분에 대해 항고는 인정되지 않으며, 즉시 집행력이 발생합니다. 이 부분은 수험생이 잘못 알고 있을 수 있는 요소로, 징벌 처분에 대한 직접적인 불복제도나 항고가 없다는 점을 명확히 짚어주는 것이 중요합니다. 출제자는 이와 같은 법적 절차의 세부 사항을 통해 수험생의 법적 이해도를 평가하려고 합니다.

정답 ③

08 현행법령상 성인의 징벌에 해당하지 않는 것은?

① 훈계
② 경고
③ 30일 이내의 공동행사 참가 정지
④ 50시간 이내의 근로봉사

해설

① (×) 훈계는 보호소년법상의 징계의 일종이다.

정답 ①

09 「형의 집행 및 수용자의 처우에 관한 법률」상 징벌위원회에 대한 설명으로 옳은 것은 모두 몇 개인가?
'17. 5급(교정관) 승진

> ㄱ. 징벌위원회 위원장은 소장의 바로 다음 순위자가 된다.
> ㄴ. 징벌위원회의 외부위원은 4인 이상으로 한다.
> ㄷ. 징벌위원회는 소장의 징벌요구에 따라 개회한다.
> ㄹ. 징벌대상자가 위원에 대하여 기피신청하면 소장이 기피 여부를 결정하여야 한다.
> ㅁ. 징벌위원회는 징벌대상자가 진술하기 전에 불이익한 진술을 거부할 수 있음을 고지하여야 한다.

① 1개 ② 2개 ③ 3개
④ 4개 ⑤ 5개

해설

ㄱ, ㄷ은 맞는 내용이다. 「법」 제111조 참조.
ㄴ(×) 4인(×) → 3인(○).
ㄹ(×) 징벌위원회의 의결로 기피 여부를 결정하여야 한다.
ㅁ(×) '불이익한 진술을 거부할 수 있음 고지'는 징벌대상자가 진술하기 전에 직접 고지해야 하는 것이 아니라, 진술대상자에 대해 출석통지서를 전달할 때, "형사절차상 불리하게 적용될 수 있는 사실에 대하여 진술을 거부할 수 있다는 것과 진술하는 경우에는 형사절차상 불리하게 적용될 수 있다는 사실"을 출석통지서 내용에 포함시켜 전달해야 한다. 「시행규칙」 제227조 참조.

정답 ②

10 다음은 징벌에 관한 설명이다. 틀린 것은? '00. 5급(교정관) 승진 수정

① 징벌위원회의 위원장은 소장이 된다.
② 징벌의 집행은 소장이 한다.
③ 징벌의 사유는 「형의 집행 및 수용자의 처우에 관한 법률」에 규정되어 있다.
④ 징벌위원은 지소의 경우 7급 이상의 교도관이 임명될 수 있다.
⑤ 징벌위원은 외부인사의 참여제도가 있다

해설

① (×) 위원장은 소장 바로 다음 순위자가 된다(「법」 제111조 2항).

정답 ①

11 다음 중 현행법령상 징벌에 대한 설명으로 적절한 것은 몇 개인가?

> (ㄱ) 금치의 집행 중인 자를 다른 교도소로 등에 이송하는 경우에는 이송하는 당일에 징벌의 집행을 정지하여서는 아니 된다.
> (ㄴ) 소장은 수용자가 징벌처분을 받아 접견·편지수수 또는 전화통화가 제한된 경우에는 그의 가족에게 그 사실을 통지하여야 한다.
> (ㄷ) 징벌위원회 구성위원 중 외부 인사는 3인 이상으로 한다.
> (ㄹ) 징벌은 징벌위원회의 의결로써 정한다.
> (ㅁ) 소장은 징벌사유에 해당하는 행위를 하였다고 의심할 만한 상당한 이유가 있는 수용자가 증거를 인멸할 우려가 있거나 자살 또는 자해할 우려가 있는 때에는 조사기간 중 분리하여 수용할 수 있다.

① 2개
② 3개
③ 4개
④ 5개

해설

(ㄱ) (○) 징벌 집행 중인 수용자가 다른 교정시설로 이송되거나 법원 또는 검찰청 등에 출석하는 경우에는 징벌 집행이 계속되는 것으로 본다(「시행령」 제134조).
(ㅁ) (×) 자살 또는 자해할 우려가 있는 때(×) → 다른 사람에게 위해 끼칠 우려가 있거나 다른 수용자의 위해로부터 보호 필요가 있는 때(○). 「법」 제110조 1항 참조.

정답 ③

12 형의 집행 및 수용자의 처우에 관한 법령상 징벌집행에 대한 설명으로 옳지 않은 것은? '24. 9급

① 소장은 30일 이내의 금치(禁置)처분을 받은 수용자에게 실외운동을 제한하는 경우라도 매주 1회 이상 실외운동을 할 수 있도록 하여야 한다.
② 수용자의 징벌대상행위에 대한 조사기간(조사를 시작한 날부터 징벌위원회의 의결이 있는 날까지를 말한다)은 10일 이내로 한다. 다만, 특히 필요하다고 인정하는 경우에는 1회에 한하여 7일을 초과하지 아니하는 범위에서 그 기간을 연장할 수 있다.
③ 소장은 징벌대상자의 질병이나 그 밖의 특별한 사정으로 인하여 조사를 계속하기 어려운 경우에는 조사를 일시 정지할 수 있다. 이 경우 조사가 정지된 다음 날부터 정지사유가 소멸한 날까지의 기간은 조사기간에 포함되지 아니한다.
④ 소장은 수용자가 교정사고 방지에 뚜렷한 공로가 있다고 인정되면 분류처우위원회의 의결을 거친 후 법무부장관의 승인을 받아 징벌을 실효시킬 수 있다.

해설

③ (×) 정지된 조사기간은 그 사유가 해소된 때부터 다시 진행한다. 이 경우 조사가 정지된 다음 날부터 정지사유가 소멸한 전날까지의 기간은 조사기간에 포함되지 아니한다. 「규칙」 제221조 2항.

정답 ③

13 현행 법령상 징벌대상행위에 대하여 조사하는 교도관은 징벌대상자 또는 참고인 등을 조사할 때에는 일정한 사항을 지켜야 한다. 이에 해당하지 않는 것은? 'AI 예상

① 인권침해가 발생하지 아니하도록 유의할 것
② 조사의 이유를 설명하고, 충분한 진술의 기회를 제공할 것
③ 공정한 절차와 객관적 증거에 따라 조사하고, 선입견이나 추측에 따라 처리하지 아니할 것
④ 형사 법률에 저촉되는 행위에 대하여 징벌 부과 조치가 요구되는 경우에는 징벌절차에 따라 조사대상자에게 진술을 거부할 수 있다는 것과 변호인을 선임할 수 있다는 것을 알릴 것

해설

④ (×) 형사 법률에 저촉되는 행위에 대하여 징벌 부과 외에 형사입건조치가 요구되는 경우에는 형사소송절차에 따라 조사대상자에게 진술을 거부할 수 있다는 것과 변호인을 선임할 수 있다는 것을 알릴 것(시행규칙 제219조 제4호). 징벌 절차와 형사소송 절차는 다른 절차이므로, 형사소송과 관련된 권리(진술 거부권 및 변호인 선임권)를 징벌 절차에서 알릴 의무는 없다. 이 지문은 형사 법률에 저촉되는 행위에 대한 징벌 부과 절차와 관련된 설명이 틀렸다. 형사입건조치가 요구되는 경우에만 형사소송 절차에 따라 진술 거부권과 변호인 선임권을 고지해야 한다. 따라서 징벌 부과 절차에서는 진술 거부권이나 변호인 선임권을 고지할 의무가 없으므로, 징벌 절차에서 조사 대상자에게 진술 거부권 및 변호인 선임권을 알릴 필요는 없다.
☞ 출제의도 : 이 문제는 교도관이 징벌 절차에서 지켜야 할 인권 보호와 절차적 권리보장에 대한 이해를 평가하고자 합니다. 특히, 교도관이 징벌 조사 과정에서 절차적 정당성을 유지해야 한다는 점을 강조하고 있습니다. 출제 의도는 교정기관 내에서 징벌 조사가 공정하고 적법하게 이루어지도록 하는 원칙에 대한 지식을 묻는 것입니다.

정답 ④

14 징벌에 관한 설명 중 옳은 것은?

① 다른 수용자의 징벌대상행위를 방조(幇助)한 수용자에게는 그 징벌대상행위를 한 수용자에게 부과되는 징벌과 같은 징벌을 부과하되, 그 정황을 고려하여 3분의 1까지 감경할 수 있다.
② 다른 수용자를 교사(敎唆)하여 징벌대상 행위를 하게 한 수용자에게는 그 징벌대상 행위를 한 수용자에게 부과되는 징벌과 같은 징벌을 부과한다.
③ 둘 이상의 징벌대상행위가 경합하는 경우에는 각각의 행위에 해당하는 징벌을 모두 부과한다.
④ 징벌대상행위에 대하여 조사하는 교도관은 모든 조사대상자에게 진술을 거부할 수 있다는 것과 변호인을 선임할 수 있다는 것을 알려야 한다.

해설

① (×) 3분의 1(×) → 2분의 1(○). 방조범에 대하여는 '필요적 감경'이 아니라 '임의적 감경'임에 주의하자.
② (○) 교사범에게는 정범과 동일한 징벌을 부과하되, 감경은 인정되지 않는다.
③ (×) 경합하는 경우에는 각각의 행위에 해당하는 징벌 중 가장 중한 징벌의 2분의 1까지 가중할 수 있는 것이지, 각각의 행위에 해당하는 징벌을 합산하여 부과하는 것이 아니다(규칙 제 218조 참조).

④ (×) 모든 조사대상자에게(×) → 형사법률에 저촉되는 행위에 대하여(○). 「형집행법 시행규칙」 제219조 참조.

정답 ②

15 다음 현행법의 징벌에 관한 내용 중 옳지 않은 것은?

① 징벌위원회는 위원장의 징벌요구에 따라 개회하며, 징벌은 그 의결로써 정한다.
② 징벌위원회는 의결기관이므로 소장은 징벌위원회의 결정에 대하여 구속된다.
③ 징벌위원 중 징벌혐의자의 친족이거나 규율위반자와 직접 관련이 있는 위원은 그 징벌에 관여하지 못하도록 하는 제척규정을 두고 있다.
④ 징벌혐의자는 위원에 대해 기피신청을 할 수 있고, 위원회는 의결로써 그 위원의 기피 여부를 결정하여야 한다.

해설

① (×) 징벌요구권자는 소장이다. 징벌위원회의 위원장은 소장의 징벌요구에 따라 위원회를 소집한다(「시행령」 제129조).

정답 ①

16 다음 중 「형의 집행 및 수용자의 처우에 관한 법률」상 징벌사유에 해당하지 않는 것은?

① 다른 사람을 처벌받게 하거나 교도관의 직무집행을 방해할 목적으로 거짓 사실을 신고하는 행위
② 개인적인 이유로 자해하는 행위
③ 정당한 이유 없이 작업·교육·교화프로그램 등을 거부하거나 태만히 하는 행위
④ 금지물품을 반입·제작·소지·사용·수수·교환 또는 은닉하는 행위

해설

② (×) '수용생활의 편의 등 자신의 요구를 관철할 목적으로 자해하는 행위'를 한 경우가 징벌사유에 해당한다. 그러므로 수용자가 단순히 시설의 질서를 문란하게 하기 위해서, 또는 개인적인 이유로, 정신질환 등 불가항력에 의하여 자해하는 경우는 징벌사유에 해당하지 않는다.

정답 ②

➕ 징벌 사유

1. 「형법」, 「폭력행위 등 처벌에 관한 법률」 그 밖의 형사 법률에 저촉되는 행위
2. 수용생활의 편의 등 자신의 요구를 관철할 목적으로 자해하는 행위
3. 정당한 사유 없이 작업·교육·교화프로그램 등을 거부하거나 태만히 하는 행위
4. 제92조의 금지물품을 반입·제작·소지·사용·수수·교환 또는 은닉하는 행위
5. 다른 사람을 처벌받게 하거나 교도관의 직무집행을 방해할 목적으로 거짓사실을 신고하는 행위
6. 그 밖에 시설의 안전과 질서유지를 위하여 법무부령으로 정하는 규율을 위반하는 행위

17 다음 설명 중 적절하지 않은 것은?

① 금치기간 중 공동행사 참가를 정지하는 것은 청구인의 통신의 자유, 종교의 자유를 침해하지 아니한다.
② 금치기간 중 텔레비전 시청을 제한하는 것은 청구인의 알 권리를 침해하지 아니한다.
③ 금치기간 중 신문·도서·잡지 외 자비구매물품의 사용을 제한하는 것은 청구인의 일반적 행동의 자유를 침해하지 아니한다.
④ 금치기간 중 실외운동을 원칙적으로 제한하는 것은 청구인의 신체의 자유를 침해하지 아니한다.

해설

④ (×) 금치기간 중 실외운동을 원칙적으로 제한하는 것은 '수용자의 신체의 자유' 기본권을 침해한다. 금치처분을 받은 수용자에 대한 처우 제한과 관련하여 금치 기간 중 '공동행사 참가'부터 '접견 제한'까지의 처우의 제한을 함께 부과하는 것은 합헌이지만, 금치기간 중 실외운동을 일률적으로 제한하도록 한 '개정 전「법」제112조 제3항'은 실외운동 제한 부분이 기본권을 침해하므로 헌법에 위반된다. [14헌마 45] 참조.

정답 ④

---

18 「형의 집행 및 수용자의 처우에 관한 법률」상 징벌의 종류에 해당하는 것은?

① 2개월 이내의 금치
② 30일 이내의 정역에 의한 작업의 정지
③ 50시간 이내의 근로봉사
④ 30일 이내의 신문 및 도서열람 제한

해설

정답 ③

징벌의 종류

호수	징벌	병과여부	폐지된 징벌	UN 금지 징벌
제1호	경고	×	• 감식 • 접견금지 • 편지금지 • 도서열람 제한 • 작업상여금 전부 삭감 • 2개월 이내의 신청에 의한 작업의 정지 • 2개월 이내의 금치	• 무기한 독거실 수용 • 장기간 독거실 수용 • 어둡거나 지속해서 밝혀져 있는 공간 수용 • 체벌 • 식사·식수 공급 제한 • 집단 처벌
제2호	50시간 이내의 근로봉사	×		
제3호	3개월 이내의 작업장려금 삭감	×		
제4호	30일 이내의 공동행사참가 정지	○		
제5호	30일 이내의 신문열람 제한	○		
제6호	30일 이내의 텔레비전 시청 제한	○		
제7호	30일 이내의 자비구매물품 사용 제한	○		
제8호	30일 이내의 작업정지(신청작업 한정)	○		
제9호	30일 이내의 전화통화 제한	○		
제10호	30일 이내의 집필 제한	○		
제11호	30일 이내의 편지수수 제한	○		
제12호	30일 이내의 접견 제한	○		
제13호	30일 이내의 실외운동 정지	○		
제14호	30일 이내의 금치	×		

◘ 연상기억법: 경작근로금은 함께 부과할 수 없다.

✚ 보호소년법상 징계

1. 훈계
2. 원내 봉사활동
3. 서면 사과
4. 20일 이내의 텔레비전 시청 제한
5. 20일 이내의 단체 체육활동 정지
6. 20일 이내의 공동행사 참가 정지
7. 20일 이내의 기간 동안 지정된 실(室) 안에서 근신하게 하는 것(14세 이상에게만 부과)

암기법 원봉·훈계·근신은 함께 부과할 수 없다.

📋 AI 예상 응용지문

❶ 소장은 실외운동 정지를 부과하는 경우에도 수용자가 매주 1회 이상 실외운동을 할 수 있게 해주어야 한다. (○)

❷ 소장은 금치처분을 받은 사람에게 소정(所定)의 사유가 있어 실외운동을 제한하는 경우라도 수용자가 매주 2회 이상 실외운동을 할 수 있도록 하여야 한다. (×)

❸ 징벌위원회는 징벌대상자에게 출석통지서를 전달하고 징벌대상자가 출석포기서를 제출하거나 정당한 사유 없이 출석하지 아니한 경우에도 서면심리만으로 징벌을 의결할 수 없다. (×)

❹ 금치처분을 받은 사람에게는 그 기간 중 법으로 정한 처우 제한이 함께 부과된다. 다만, 소장은 수용자의 권리구제, 수용자의 처우 또는 건전한 사회복귀를 위하여 특히 필요하다고 인정하면 집필·편지수수 또는 접견을 허가할 수 있다. (×)

❷ 2회(×) → 1회(○). 「법」 제112조 5항 〈신설 2020. 2. 4〉 참조. ❸ 서면심리만으로 징벌을 의결할 수 있다. 시행규칙 제228조 3항. ❹ 수용자의 처우(×) → 수형자의 교화(○). 법 제112조(징벌의 집행) 3항 참조.

19 「형의 집행 및 수용자의 처우에 관한 법률」상 금치처분을 받은 사람에게는 그 기간 중 일정한 처우 제한이 함께 부과된다. 이러한 징벌의 종류에 해당하지 않는 것은?

① 30일 이내의 접견 제한
② 30일 이내의 정역에 의한 작업의 정지
③ 50시간 이내의 근로봉사
④ 30일 이내의 자비구매물품(의사가 치료를 위하여 처방한 의약품을 제외한다) 사용 제한

해설

③ (×) 제108조제 14호(금치)의 처분을 받은 사람에게는 그 기간 중 같은 조 제4호(30일 이내의 공동행사 참가 정지)부터 제12호(30일 이내의 접견 제한)까지의 처우제한이 함께 부과된다. 다만, 소장은 수용자의 권리구제, 수형자의 교화 또는 건전한 사회복귀를 위하여 특히 필요하다고 인정하면 집필·편지수수 또는 접견을 허가할 수 있다. 법 제112조 3항.

정답 ③

20 수용자 처우와 관련하여 헌법재판소가 헌법에 위반된다고 판단한 것은?

> ㉠ 화상접견시간을 10분 내외로 부여한 행위
> ㉡ 자발적으로 제출한 소변을 통한 마약류 반응 검사
> ㉢ 독거실 수용자에 대한 TV시청 제한
> ㉣ 금치처분을 받은 수형자에 대한 절대적 운동의 금지
> ㉤ 금치기간 중 원칙적 실외운동 제한

① ㉠, ㉡
② ㉡, ㉢
③ ㉣, ㉤
④ ㉠, ㉣

해설

㉠ (×) 화상접견시간을 10분 내외로 부여한 것은 당시 해당 시설의 인적·물적 접견설비 범위 내에서 다른 수용자의 접견교통권도 골고루 적절하게 보장하기 위한 행정목적에 따른 합리적인 필요최소한의 제한이므로 접견교통권을 과도하게 제한한 것이 아니다.
㉡ (×) 소변채취를 통한 마약류반응검사는 자신의 배출물에 대한 자기결정권이 다소 제한된다 하여도 그것만으로는 과잉금지의 원칙에 반한다고 할 수 없다.
㉢ (×) 독거수용 중인 수용자가 TV 시청을 제한받게 되었다고 하더라도 이러한 행위가 곧 합리적인 이유가 없는 자의적인 차별이라고 할 수 없어 평등원칙에 위반된다고 할 수 없다.
㉣ (○) 실외운동은 구금되어 있는 수형자의 신체적·정신적 건강유지를 위한 최소한의 기본적 요청이므로 금치처분을 받은 수형자에 대한 절대적인 운동의 금지는 징벌의 목적을 고려하더라도 그 수단과 방법에 있어서 최소한의 범위를 벗어난 것으로 「헌법」제10조의 인간의 존엄과 가치 및 신체의 안전성이 훼손당하지 아니할 자유를 포함하는 제12조의 신체의 자유를 침해하는 정도에 이르렀다고 판단된다.
㉤ (○) 금치기간 중 실외운동을 제한하도록 한 「법」제112조 3항 중 '30일 이내의 실외운동 정지'에 관한 부분은 기본권을 침해한다.

정답 ③

21 다음 중 수용자처우의 내용에 대한 헌법재판소의 결정례에 대한 설명으로 거리가 먼 것은?

① 금치수형자에 대한 접견·편지수발의 제한은 수용시설 내의 안전과 질서유지라는 정당한 목적을 위한 필요최소한의 제한이다.
② 금치처분을 받은 수형자에 대한 절대적인 운동의 금지는 헌법 제10조의 인간의 존엄과 가치 및 신체의 안전성이 훼손당하지 아니할 자유를 포함하는 제12조의 신체의 자유를 침해한 것이다.
③ 수형자는 미결수용자의 지위와 구별되므로 접견의 빈도 등이 상당 정도 제한될 수밖에 없고, 수형자와 변호사와의 접견에 대한 제한은 재판청구권의 침해라고 볼 수 없다.
④ 독거수용 중 TV시청을 제한받게 된 것은 합리적인 이유가 없는 자의적 차별로 헌법상의 평등원칙에 위배된다고 볼 수 있다.

해설

④ (×) 볼 수 있다(×) → 볼 수 없다(○).

정답 ④

22 형집행법령상 징벌에 대한 설명으로 옳은 것(○)과 틀린 것(×)이 바르게 연결된 것은? '24. 6급(교감) 승진

㉠ 징벌위원회는 위원장을 포함한 5명 이상 7명 이하의 위원으로 구성하고, 위원장은 소장의 바로 다음 순위자가 되며, 위원은 소장이 소속 기관의 과장(지소의 경우에는 7급 이상의 교도관) 및 교정에 관한 학식과 경험이 풍부한 외부인사 중에서 임명 또는 위촉한다. 이 경우 외부위원은 3명 이상으로 한다.
㉡ 징벌위원회는 재적위원 과반수의 찬성으로 의결한다. 이 경우 외부위원 1명 이상이 출석한 경우에만 개의할 수 있다.
㉢ 징벌위원회는 영 제132조에 따라 소장에게 징벌의결 내용을 통고하는 경우에는 징벌의 결서 사본을 첨부하여야 한다.
㉣ 소장은 징벌집행을 일시 정지한 경우 그 정지사유가 해소되었을 때에는 지체 없이 징벌 집행을 재개하여야 한다. 이 경우 집행을 정지한 날부터 집행을 재개한 전날까지의 일수는 징벌기간으로 계산하지 아니한다.

	㉠	㉡	㉢	㉣		㉠	㉡	㉢	㉣
①	(○)	(×)	(×)	(○)	②	(○)	(×)	(×)	(×)
③	(○)	(○)	(×)	(×)	④	(×)	(○)	(○)	(×)

해설

㉡ (×) 징벌위원회는 재적위원 과반수의 출석으로 개의하고, 출석위원 과반수의 찬성으로 의결한다. 시행규칙 제228조(징벌위원회의 회의) 제4항 참조.
㉢ (×) 사본(×) → 정본(正本)(○). 시행규칙 제229조(집행절차) 제1항 참조.
㉣ (×) 정지한 날부터(×) → 정지한 다음 날부터(○). 시행령 제135조(징벌기간의 계산) 참조.

정답 ②

23 「형의 집행 및 수용자의 처우에 관한 법률 시행규칙」상 징벌위원회 심의·의결대상이 아닌 것은?

① 징벌의 종류와 내용
② 징벌위원에 대한 기피신청의 심의·의결
③ 징벌대상행위의 사실 여부
④ 징벌 집행의 정지 여부와 그 기간

해설

④ (×) 징벌 집행의 정지 여부와 그 기간(×) → 징벌 집행의 유예 여부와 그 기간(○). '징벌 집행의 정지 여부와 그 기간'은 교정시설의 장의 권한이다. 같은 규칙 제225조(징벌위원회 심의·의결대상) 및 법 제113조(징벌집행의 정지·면제) 1항 비교 참조.

정답 ④

24 징벌의 실효에 관한 내용 중 틀린 것은?

① 소장은 수용자가 교정사고 방지에 뚜렷한 공로가 있다고 인정되면 징벌의 실효기간에 관계없이 분류처우위원회의 의결을 거친 후 법무부장관의 승인을 받아 징벌을 실효시킬 수 있다.
② 징벌의 내용이 16일 이상 20일 이하의 금치의 경우에는 징벌의 실효기간이 2년이다.
③ 징벌의 내용이 9일 이하의 금치의 경우에는 징벌의 실효기간이 6월이다.
④ 소장은 징벌을 실효시킬 필요가 있으면 징벌의 실효기간이 지나거나 분류처우위원회의 의결을 거친 후에 지체 없이 법무부장관에게 그 승인을 신청하여야 한다.

해설

③ (×) 6월(×) → 1년(○).

정답 ③

✚ 징벌 중 금치의 실효 기간

• 21일 이상 30일 이하의 금치	2년 6개월
• 16일 이상 20일 이하의 금치	2년
• 10일 이상 15일 이하의 금치	1년 6개월
• 9일 이하의 금치	1년
• 금치 이외의 징벌	6개월

25 형집행법령상 징벌의 실효에 대한 설명으로 가장 옳은 것은? '24. 6급(교감) 승진

① 징벌의 내용이 16일 이상 20일 이하의 금치의 경우에는 징벌의 실효기간은 2년 6개월이다.
② 징벌의 내용이 21일 이상 30일 이하의 금치의 경우에는 징벌의 실효기간은 3년이다.
③ 징벌의 내용이 10일 이상 15일 이하의 금치의 경우에는 징벌의 실효기간은 2년이다.
④ 징벌의 내용이 9일 이하의 금치의 경우에는 징벌의 실효기간은 1년이다.

해설

① (×) 2년 6개월(×) → 2년(○).
② (×) 3년(×) → 2년 6개월(○).
③ (×) 2년(×) → 1년 6개월(○).

정답 ④

26 현행법상 징벌의 종류가 올바른 것을 모두 고르면?

┌─────────── 보 기 ───────────┐
ㄱ. 경고   ㄴ. 50시간 이내 근로봉사
ㄷ. 작업장려금 일부 또는 전부삭감   ㄹ. 30일 이내 공동행사 참가정지
ㅁ. 30일 이내 접견제한   ㅂ. 30일 이내 실외운동 정지
ㅅ. 30일 이내의 작업정지(정역에 따른 작업 포함한다.)
└─────────────────────────────┘

① ㄱ, ㄴ, ㄹ, ㅁ
② ㄷ, ㄹ, ㅁ, ㅂ
③ ㄷ, ㄹ, ㅁ, ㅂ
④ ㄱ, ㄴ, ㄹ, ㅁ, ㅂ

해설

ㄷ (×) 작업장려금(상여금)의 전부삭감은 폐지되었다. ㅅ 정역에 따른 작업은 포함하지 않고, 신청에 따른 작업에 한정한다.

정답 ④

27 행법상 징벌의 종류가 아닌 것은?

① 50시간 이내의 근로봉사
② 3개월 이내의 작업장려금 삭감
③ 2개월 이내의 금치
④ 30일 이내의 실외운동 정지

해설

③ (×) 2개월 이내의 금치는 구행형법상의 징벌이었다.

정답 ③

28 징벌사유에 해당하는 행위를 하였다고 의심할 만한 상당한 이유가 있는 수용자의 조사 중 분리수용 사유로 적절하지 않은 것은?

① 증거를 인멸할 우려가 있는 때
② 다른 사람에게 위해를 끼칠 우려가 있는 때
③ 다른 수용자의 위해로부터 보호할 필요가 있는 때
④ 자살할 우려가 있는 때

해설

④ (×) 「법」 제110조 1항 참조. , 자살할 우려가 있는 때(×), 조사에 현저한 지장을 초래할 우려가 있는 때(×), 징벌을 피할 목적으로 자해할 우려가 있는 때(×)

정답 ④

29 징벌위원회에 관한 설명으로 틀림이 없는 것은?

① 징벌위원회는 일정한 경우 징벌혐의자의 출석 없이 서면으로서 제출한 증거를 의결에 반영할 수 있다.
② 위원회는 위원장을 포함한 3명 이상 5명 이하로 구성하고, 위원장은 소장의 바로 다음 순위자가 된다.
③ 위원은 위원장이 소속 기관의 과장 및 교정에 관한 학식과 경험이 풍부한 외부인사 중에서 임명 또는 위촉한다. 이 경우 외부위원은 3명 이상으로 한다.
④ 징벌혐의자의 기피신청이 있는 경우 해당 징벌위원은 징벌원회에 참석하지 못한다.

해설

② (×) 3명 이상 5명 이하(×) → 5명 이상 7명 이하(○).
③ (×) 위원장이(×) → 소장이(○).
④ (×) 징벌대상자는 위원에 대하여 기피신청을 할 수 있다. 이 경우 위원회의 의결로 기피 여부를 결정하여야 한다(「법」 제111조 5항). 따라서 기피신청된 위원도 참여할 수 있다.

정답 ①

30 형집행법령상 징벌의 집행에 대한 설명으로 옳은 것은 몇 개인가? '24. 5급(교정관) 승진

㉠ 금치와 그 밖의 징벌을 집행할 경우에는 금치를 우선하여 집행한다. 다만, 작업장려금의 삭감과 경고는 금치와 동시에 집행할 수 있다.
㉡ 같은 종류의 징벌은 그 기간이 짧은 것부터 집행한다.
㉢ 금치를 제외한 두 가지 이상의 징벌을 집행할 경우에는 함께 집행할 수 있다.
㉣ 두 가지 이상의 금치는 연속하여 집행할 수 없다. 다만, 두 가지 이상의 금치 기간의 합이 45일 이하인 경우에는 그렇지 않다.
㉤ 작업장려금의 삭감은 징벌위원회가 해당 징벌을 의결한 날이 속하는 달의 작업장려금부터 이미 지급된 작업장려금에 대하여 역순으로 집행한다.
㉥ 소장은 수용자의 징벌에 관한 사항을 수용기록부 또는 징벌집행부에 기록하여야 한다.
㉦ 소장은 징벌집행을 일시 정지한 경우 그 정지사유가 해소되었을 때에는 지체없이 징벌집행을 재개하여야 한다. 이 경우 집행을 정지한 다음 날부터 집행을 재개한 날까지의 일수는 징벌기간으로 계산하지 아니한다.

① 2개 ② 3개 ③ 4개 ④ 5개

해설

㉠, ㉢, ㉤, ㉥ 4개가 옳다.
㉡ (×) 짧은 것부터(×) → 긴 것부터(○). 시행규칙 제230조 2항.
㉣ (×) 없다(×) → 있다(○). 시행규칙 제230조 3항.
㉦ (×) 재개한 날까지(×) → 재개한 전날까지(○). 시행령 제135조 참조.

정답 ③

31 형집행법령상 징벌에 대한 설명으로 옳은 것은 몇 개인가? '23. 7급(교위) 승진

> ㉠ 수용자가 징벌이 집행 중에 있거나 징벌의 집행이 끝난 후 또는 집행이 면제된 후 6개월 내에 다시 징벌사유에 해당하는 행위를 한 때에는 제108조(징벌의 종류) 제2호부터 제14호까지의 규정에서 정한 징벌의 장기의 2분의 1까지 가중하여야 한다.
> ㉡ 소장은 징벌집행을 받고 있거나 집행을 앞둔 수용자가 같은 행위로 형사 법률에 따른 처벌이 확정되어 징벌을 집행할 필요가 없다고 인정하면 징벌집행을 감경하거나 면제하여야 한다.
> ㉢ 소장은 금치 외의 징벌을 집행하는 경우 그 징벌의 목적을 달성하기 위하여 필요하다고 인정하면 해당 수용자를 징벌거실(징벌집행을 위하여 별도로 지정한 거실)에 수용하여야 한다.

① 0개 ② 1개
③ 2개 ④ 3개

해설

㉠ (×) 가중하여야 한다(×) → 가중할 수 있다(○). 법 제109조(징벌의 부과) 2항 참조.
㉡ (×) 면제하여야 한다(×) → 면제할 수 있다(○). 시행규칙 제231조(징벌의 집행방법) 4항 참조.
㉢ (×) 수용하여야 한다(×) → 수용할 수 있다(○). 시행규칙 제231조(징벌의 집행방법) 2항 참조.

정답 ①

32 징벌에 관한 다음 설명 중 적절하지 않은 것은?

① 다른 수용자의 징벌대상 행위를 방조한 수용자에게는 그 징벌대상행위를 한 수용자에게 부과되는 징벌의 2분의 1을 부과한다.
② 둘 이상의 징벌대상 행위가 경합하는 경우 각각의 행위에 해당하는 징벌 중 가장 중한 징벌의 2분의 1까지 가중할 수 있다.
③ 징벌사유가 발생한 날부터 2년이 지나면 이를 이유로 징벌을 부과하지 못한다.
④ 징벌은 동일한 행위에 관하여 거듭하여 부과할 수 없다.

해설

① (×) 다른 수용자의 징벌대상행위를 방조한 수용자에게는 그 징벌대상행위를 한 수용자에게 부과되는 징벌과 같은 징벌을 부과하되, 그 정황을 고려하여 2분의 1까지 감경할 수 있다(「시행규칙」 제217조 2항).

정답 ①

33 「형의 집행 및 수용자의 처우에 관한 법률」에 있어서 수용자의 징벌에 대한 설명으로 옳지 않은 것은?

'13. 9급

① 교도소장은 수용자가 수용생활의 편의 등 자신의 요구를 관철할 목적으로 자해하는 경우에 징벌위원회의 의결에 따라 수용자에게 징벌을 부과할 수 있다.
② 수용자에게 부과되는 징벌의 종류에는 30일 이내의 실외운동 정지와 30일 이내의 금치가 포함된다.
③ 징벌위원회에서 수용자에 대하여 징벌이 의결되더라도 행위의 동기 및 정황, 교정성적, 뉘우치는 정도 등 그 사정을 고려할만한 사유가 있는 수용자에 대하여 교도소장은 2개월 이상 6개월 이하의 기간 내에서 징벌의 집행을 유예할 수 있다.
④ 교도소장은 징벌의 집행이 종료되거나 집행이 면제된 수용자가 교정성적이 양호하고 법무부령으로 정하는 기간 동안 징벌을 받지 아니하면 법무부장관의 승인을 받아 징벌을 실효시킬 수 있다.

해설

③ (×) 교도소장은(×) → 징벌위원회는(○).
징벌집행의 유예의결권은 징벌위원회에 있다(「법」 제114조 1항 참조).

정답 ③

34 다음 사안에 대한 대법원의 입장이 아닌 것은?

> 2010.12. 중순경 거실 벽면에 연예인 사진을 부착한 수용자 甲의 행위가 청결의무 위반이므로 이를 제거하라는 교도관의 직무상 지시에 수회 불응한 것 때문에, 갑(甲)은 2011.1.5. 10:20경 ○○교도소 기결2팀 사무실에서, 위 교도소 보안과 기동순찰팀 소속 교위을(乙)로부터 조사거실로 이동하여 조사를 받으라는 명령을 받게 되자, 자신의 사물을 직접 가져가겠다고 주장하며 양손으로 乙의 멱살을 잡아 수회 흔들고, 같은 날 10:30경 위 교도소 조사거실에서 검신을 요구하는 乙에게 "검신 좋아하네, 니들이 뭔데 조사거실에 입실시키고 니들 맘대로 검신을 하냐, ×같은 ××들, ×도 아닌 것들이 까불고 있어"라고 욕설을 하며 들이박을 듯이 머리를 乙의 가슴부위에 들이대는 등 폭행하였다.

① 교정시설의 소장에 의하여 허용된 범위를 넘어 사진 또는 그림 등을 부착한 수용자에 대하여 교도관이 그 부착물의 제거를 지시한 행위는 수용자가 복종하여야 할 직무상 지시로서 적법한 직무집행이라고 보아야 한다.
② 같은 교도소의 다른 수용거실에서는 이 사진과 같은 종류의 부착물에 대해서 묵인되어 왔다면, 이 사건에서 사진의 제거를 지시한 행위를 적법한 직무집행으로 볼 수 없다.
③ 징벌사유에 해당하는 수용자에 대하여 조사가 필요한 경우라 하더라도, 특히 그 수용자에 대한 조사거실에의 분리 수용은 그 수용자가 증거를 인멸할 우려가 있는 때 또는 다른 사람에게 위해를 끼칠 우려가 있거나 다른 수용자의 위해로부터 보호할 필요가 있는 때에 한하여 인정된다.

④ 乙이 甲을 조사거실에 강제로 수용하려고 한 행위는 형집행법상의 조사거실 수용에 관한 요건을 갖추지 못하여 적법한 직무집행으로 볼 수 없고, 그 수용을 위하여 검신을 요구한 행위 역시 위법한 직무집행을 전제로 한 것으로서 적법한 직무집행으로 볼 수 없다.

해설

② (×) 위법행위가 묵인되었다고 하더라도, 규율에 위반되는 행위나 그 결과물을 금지 또는 제거하게 한 행위는 적법한 직무행위로 보는 것이 대법원의 일괄된 입장이다.

정답 ②

35 「형의 집행 및 수용자의 처우에 관한 법률」상 징벌에 대한 설명으로 옳지 않은 것은? '22. 9급

① 징벌은 동일한 행위에 관하여 거듭하여 부과할 수 없다.
② 징벌사유가 발생한 날부터 2년이 지나면 이를 이유로 징벌을 부과하지 못한다.
③ 징벌의 집행유예는 허용되지 아니한다.
④ 징벌집행의 면제와 일시정지는 허용된다.

해설

③ (×) 형집행법(수용자처우법) 제114조에서 2개월 이상 6개월 이하의 기간 내에서 징벌의 집행을 유예하는 것을 징벌위원회의 권한으로 인정하고 있다.

정답 ③

36 형의 집행 및 수용자의 처우에 관한 법률 상 징벌에 대한 내용으로 옳지 않은 것은? '21. 7급

① 징벌은 징벌사유가 발생한 날부터 1년이 지나면 이를 이유로 징벌을 부과하지 못한다.
② 수용자가 30일 이내의 금치처분을 받은 경우 실외운동을 제한하는 경우에도 매주 1회 이상은 실외운동을 할 수 있도록 하여야 한다.
③ 징벌위원회는 징벌을 의결하는 때에 행위의 동기 및 정황, 교정성적, 뉘우치는 정도 등 그 사정을 고려할 만한 사유가 있는 수용자에 대하여 2개월 이상 6개월 이하의 기간 내에서 징벌의 집행을 유예할 것을 의결할 수 있다.
④ 동일한 행위에 관하여 거듭하여 징벌을 부과할 수 없다.

해설

① (×) 1년(×) → 2년(○). 「법」 제109조 제4항.

정답 ①

37 「형의 집행 및 수용자의 처우에 관한 법률」상 수용자의 징벌에 대한 설명으로 옳지 않은 것은?

'14. 9급

① 50시간 이내의 근로봉사와 30일 이내의 작업 정지는 함께 부과할 수 있다.
② 징벌위원회는 위원장을 포함한 5명 이상 7명 이하의 위원으로 구성한다.
③ 증거를 인멸할 우려가 있는 때 징벌대상자를 조사기간 중 분리하여 수용할 수 있다.
④ 30일 이내의 접견 제한과 30일 이내의 실외운동 정지는 함께 부과할 수 있다.

해설
① (×) 근로봉사, 작업장려금 삭감, 경고, 금치는 함께 부과할 수 없다(「법」 제109조 1항 참조).

정답 ①

38 수형자 갑(甲)은 독거수용을 주장하였으나 혼거수용이 되자 자신의 신체를 자해하였고 자신의 요구가 관철될 때까지 자해를 할 우려가 인정된다. 이와 관련하여 현행법령상 옳지 않은 것은?

① 甲의 행위는 징벌대상이 되는 행위로 10일 이상 15일 이하의 금치 처분 또는 2개월의 작업장려금 삭감을 부과할 수 있다.
② 교도관은 甲의 계속된 자해 시도를 방지하기 위하여 필요한 범위에서 전자장비를 이용하여 甲을 계호할 수 있다.
③ 소장은 의무관의 의견을 고려하여 甲을 보호실에 수용할 수 있으며, 보호실 수용기간은 원칙적으로 15일 이내로 한다.
④ 소장은 보호장비를 사용하여도 甲의 자해를 방지하기 어려운 경우에는 진정실에 수용할 수 있으며, 진정실 수용기간은 원칙적으로 24시간 이내로 한다.

해설
④ (×) 진정실 수용 요건에 해당되지 않는다(「법」 제96조 참조).

정답 ④

39 현행법령상 징벌과 관련한 다음 설명 중 적절한 것은?

① 징벌 사유가 발생한 날부터 2년이 지나면 이를 이유로 집행할 수 없다.
② 징벌집행이 종료 또는 면제된 후 6개월 내에 다시 징벌행위를 하면 장기와 단기의 2분의 1까지 가중할 수 있다.
③ 근로봉사와 금치는 함께 부과가능하다.
④ 방조한 수용자에게는 징벌대상행위를 한 수용자의 2분의 1의 징벌을 부과한다.

해설
② (×) 장기와 단기(×) → 장기(○).

징벌을 집행 중에 다시 징벌사유에 해당하는 행위를 한 때, 징벌집행이 끝난 후 6개월 내에 다시 징벌사유에 해당하는 행위를 한 때, 징벌이 면제된 후 6개월 내에 다시 징벌사유에 해당하는 행위를 한 때에는 징벌의 장기의 2분의 1까지 가중할 수 있다(「법」제109조 2항).
③ (×) 근로봉사는 다른 징벌과 함께 부과할 수 없다.
④ (×) 방조한 수용자에게는 원칙적으로는 징벌대상수용자와 같은 징벌을 부과하고, 예외적으로 그 정황을 고려하여 2분의 1까지 감경할 수 있다.

정답 ①

✚ 교사와 방조

교사	징벌대상행위를 하게 한 수용자에게는 그 징벌대상행위를 한 수용자와 동일한 징벌 부과 (감경 없음)
방조	징벌대상행위 수용자와 같은 징벌 부과 원칙, 그 정황을 고려하여 2분의 1 감경 가능 (임의적 감경)

✚ 징벌의 가중

중한 징벌의 2분의 1까지 가중 (임의적 가중)	• 징벌대상행위의 경합 둘 이상의 징벌대상행위가 경합하는 경우 가장 중한 징벌의 2분의 1까지 가중
장기의 2분의 1까지 가중 (임의적 가중)	• 둘 이상의 징벌 사유가 경합한 때 • 징벌 집행 중 다시 징벌대상행위 한 때 • 집행종료 후 6개월 내 징벌대상행위 한 때 • 집행 면제 후 6개월 내 징벌대상행위 한 때

40 다음 중 현행법령상 징벌위원회에 대한 설명으로 옳은 것은?

① 징벌대상자의 징벌을 결정하기 위하여 법무부에 징벌위원회를 둔다.
② 징벌위원회는 외부위원 1명 이상이 출석한 경우에만 개의할 수 있다.
③ 소장은 징벌집행을 앞둔 수용자가 같은 행위로 형사법률에 따른 처벌이 확정된 경우에는 징벌집행을 면제한다.
④ 징벌위원회는 위원장의 징벌 요구에 따라 개최하며, 징벌은 그 의결로서 정한다.

해설

① (×) 법무부에(×) → 교정시설에(○).
③ (×) 소장은 징벌집행을 받고 있거나 징벌을 앞둔 수용자가 같은 행위로 형사법률에 따른 처벌이 확정되어 징벌을 집행할 필요가 없다고 인정하면 징벌집행을 감경하거나 면제할 수 있다(「시행규칙」제231조 4항).
④ (×) 징벌위원회는 위원장(×) → 소장(○). 징벌위원회의 위원장은 소장의 징벌요구에 따라 위원회를 소집한다. 시행령 제129조(징벌위원회의 소집) 참조.

정답 ②

41 징벌에 대한 설명으로 옳지 않은 것은?

① 징벌대상행위에 대한 조사결과에 따라 교정시설의 장은 징벌위원회로의 회부, 징벌대상자에 대한 무혐의 통고, 징벌대상자에 대한 훈계, 징벌위원회 회부 보류, 조사종결 중 어느 하나에 해당하는 조치를 할 수 있다.
② 금치 중인 수용자가 다른 교정시설로 이송되거나 법원 또는 검찰청 등에 출석하는 경우에는 이송기간 또는 출석기간 동안 징벌집행이 중단되는 것으로 본다.
③ 징벌대상행위에 대하여 조사할 수 있는 최대기간은 17일이다.
④ 소장은 징벌대상자의 질병이나 그 밖의 특별한 사정으로 인하여 조사를 계속하기 어려운 경우에는 조사를 일시 정지할 수 있다.

해설

② (×) 징벌집행 중인 수용자가 다른 교정시설로 이송되거나 법원 또는 검찰청 등에 출석하는 경우에는 징벌집행이 계속되는 것으로 본다(「시행령」제134조).

정답 ②

42 징벌대상행위에 대하여 조사하는 교도관이 징벌대상자 또는 참고인 등을 조사할 때 반드시 준수해야 할 사항이 아닌 것은?

① 인권침해가 발생하지 않도록 유의할 것
② 조사의 이유를 설명하고, 충분한 진술의 기회를 제공할 것
③ 공정한 절차와 객관적인 증거에 따라 조사하고, 선입견이나 추측에 따라 처리하지 아니할 것
④ 형사소송절차에 따라 조사대상자에게 진술을 거부할 수 있다는 것과 변호인을 선임할 수 있다는 것을 알릴 것

해설

④ (×) 지문의 내용은 모든 대상행위에 대해 해당되지 않는다. 형사법률에 저촉되는 행위에 대하여 징벌부과 외에 형사입건조치가 요구되는 경우에만 준수해야 할 사항이다(「시행규칙」제219조 참조).

정답 ④

43 「형의 집행 및 수용자의 처우에 관한 법률」상 징벌에 대한 설명으로 옳지 않은 것은? '21. 9급

① 수용자가 징벌이 집행 중에 있거나 징벌의 집행이 끝난 후 또는 집행이 면제된 후 6개월 내에 다시 징벌사유에 해당하는 행위를 한 때에는 징벌(경고는 제외)의 장기의 2분의 1까지 가중할 수 있다.
② 소장은 징벌사유에 해당하는 행위를 하였다고 의심할 만한 이유가 있는 수용자가 증거를 인멸할 우려가 있는 때에 한하여 조사기간 중 분리하여 수용할 수 있다.
③ 징벌위원회는 징벌을 의결하는 때에 행위의 동기 및 정황, 교정성적, 뉘우치는 정도 등 그 사정을 고려할 만한 사유가 있는 수용자에 대하여 2개월 이상 6개월 이하의 기간 내에서 징벌의 집행을 유예할 것을 의결할 수 있다.

④ 징벌위원회는 위원장을 포함한 5명 이상 7명 이하의 위원으로 구성하고, 위원장은 소장의 바로 다음 순위자가 된다.

해설

② (×) 증거를 인멸할 우려가 있는 때 한하여(×) → '증거를 인멸할 우려가 있는 때'와 '다른 사람에게 위해를 끼칠 우려가 있는 때' 및 '다른 수용자의 위해로부터 보호할 필요가 있는 때'(○). 「형집행법」 제110조 1항 참조.

정답 ②

44 「형의 집행 및 수용자의 처우에 관한 법률」및 「동법 시행규칙」상 수용자의 상벌에 대한 설명으로 옳지 않은 것은? '15. 9급

① 징벌사유가 발생한 날부터 1년이 지나면 이를 이유로 징벌을 부과하지 못한다.
② 사람의 생명을 구조한 수용자는 소장표창 및 가족만남의 집 이용대상자 선정기준에 해당된다.
③ 소장은 금치 외의 징벌을 집행하는 경우 그 징벌의 목적을 달성하기 위하여 필요하다고 인정하면 해당 수용자를 징벌거실에 수용할 수 있다.
④ 수용자의 징벌대상행위에 대한 조사기간은 조사를 시작한 날부터 징벌위원회의 의결이 있는 날까지를 말하며 10일 이내로 하나, 특히 필요하다고 인정하는 경우에는 1회에 한하여 7일을 초과하지 아니하는 범위에서 그 기간을 연장할 수 있다.

해설

① (×) 1년(×) → 2년(○).

정답 ①

➕ 징벌부과 절차

징벌대상행위자	• 소장은 특별한 사유가 없으면 교도관으로 하여금 징벌대상자의 심리상담을 하도록 해야 함
	• 조사 착수 후 10일 이내 조사를 마쳐야 함
	(1회에 한하여 7일까지 연장 가능, 최장 17일까지 조사 가능)
	• 조사 종결 후 다음 중 어느 하나의 조치를 함
	  - 징벌위원회로의 회부
	  - 징벌대상자에 대한 무혐의 통고
	  - 징벌대상자에 대한 훈계. ※ 경고(×)
	  - 징벌위원회 회부 보류
	  - 조사 종결

⇩

징벌의 요구	• 소장이 징벌요구서를 작성하여 징벌위원회에 징벌요구, 소장의 징벌요구에 따라 위원회 개회

⇩

징벌의 의결	• 소장의 요구에 따라 징벌위원회 위원장이 징벌위원회 소집·개의 • 재적위원 과반수 출석과 출석위원 과반수 찬성으로 의결
⇩	
징벌의 집행	• 소장은 징벌의결 통고를 받은 경우 지체 없이 징벌 집행, 접견·편지 수수·전화통화가 제한되는 징벌인 경우 가족에게 통지(수용자가 원하지 아니하면 통지 생략) • 소장은 징벌집행 중인 수용자의 심리적 안정·재발방지를 위해서 교도관으로 하여금 심리상담을 하게 해야 함 • 소장은 재발방지에 도움이 된다고 인정하는 경우 징벌집행 중인 수용자가 교정위원·자원봉사자 등 전문가의 상담을 받게 할 수 있음

45 징벌제도에 관한 설명으로 적절하지 않은 내용은?

① 징벌에는 이중처벌금지의 원칙이 적용된다.
② 소장은 실외운동 정지나 금치의 처분을 집행하는 경우에는 의무관으로 하여금 사전에 수용자의 건강을 확인하도록 하여야 한다.
③ 형벌을 받은 행위에 대해 징벌에 처하는 것은 그 성격이 다르므로 가능하다.
④ 징벌위원회는 소장의 자문기구이다.

해설

④ (×) 징벌위원회는 징벌을 의결하는 기구이다. 소장은 징벌위원회의 결정에 기속된다.

정답 ④

46 다음 중 징벌에 대한 설명으로 틀린 것은?

① 금치의 집행 중인 자를 다른 교정시설에 이송하는 경우에는 징벌집행이 계속되는 것으로 본다.
② 징벌처분을 받아 접견·편지수수 또는 전화통화가 제한되는 경우에 수용자가 통지를 원하지 아니하는 경우에는 그의 가족에게 그 사실을 통지하지 않는다.
③ 징벌위원회의 위촉위원의 임기는 1년으로 하며, 연임할 수 없다.
④ 금치 외의 징벌을 집행하는 경우에는 해당 수용자를 징벌거실에 수용하지 아니할 수 있다.

해설

③ (×) 1년(×) → 2년(○). 연임할 수 없다(×) → 연임할 수 있다(○).
교정관련위원회 중에서 외부위원에 대해 연임을 제한하는 규정을 두고 있는 것으로는 가석방심사위원회가 유일하다. 가석방심사위원회의 외부위원의 임기는 2년으로 하되, 한 차례만 연임할 수 있다.

정답 ③

47 「형의 집행 및 수용자의 처우에 관한 법률」상 징벌위원회에 대한 설명으로 옳지 않은 것은? '15. 9급

① 징벌대상자는 위원에 대하여 기피신청을 할 수 있다.
② 위원장을 포함한 5명 이상 7명 이하의 위원으로 구성한다.
③ 위원장은 소장이 된다.
④ 징벌대상자는 징벌위원회에 서면 또는 말로써 자기에게 유리한 사실을 진술하거나 증거를 제출할 수 있다.

▌해설

③ (×) 징벌위원회는 위원장을 포함한 5명 이상 7명 이하의 위원으로 구성하고, 위원장은 소장의 바로 다음 순위자가 된다(「법」 제111조 2항).

정답 ③

48 다음 중 징벌에 관한 규정으로 그 내용이 옳은 것은?

① 징벌을 집행 중인 자가 뉘우치는 빛이 뚜렷하면 소장은 즉시 그 징벌을 면제한다.
② 징벌을 집행 중인 자가 질병 그 밖의 사유로 징벌집행이 곤란하면 그 집행을 면제할 수 있다.
③ 징벌자의 이송 시에는 징벌이 계속된 것으로 본다.
④ 징벌의 집행유예기간은 3개월 이상 6개월 이하이다.

▌해설

① (×) 소장은 징벌집행 중인 사람이 뉘우치는 빛이 뚜렷한 경우에는 그 징벌을 감경하거나 남은 기간의 징벌집행을 면제할 수 있다(「법」 제113조 2항).
② (×) 소장은 질병이나 그 밖의 사유로 징벌집행이 곤란하면 그 사유가 해소될 때까지 그 집행을 일시정지할 수 있다(「법」 제113조 1항).
④ (×) 징벌의 집행유예기간은 2개월 이상 6개월 이하이다(「법」 제114조 1항).
③ (○) 「시행령」 제134조.

정답 ③

49 수용자 A의 징벌종료 날짜는?

- 2015.2.2. 11:00 - 징벌위원회에서 금치 21일 의결
- 2015.2.2. 11:30 - 징벌위원회가 소장에게 징벌의결을 통고
- 2015.2.2. 12:00 - 금치 집행
- 2015.2.5. 06:00 - A의 질병을 이유로 징벌집행 일시정지
- 2015.2.9. 17:00 - 징벌집행 재개

① 2015년 2월 24일 ② 2015년 2월 25일
③ 2015년 2월 26일 ④ 2015년 2월 27일

해설

② (○) 징벌집행이 개시되면 시간과 관계없이 개시일을 1일로 환산하므로 징벌종료일은 원칙적으로 2015.2.22. 24:00가 된다. 그러나 집행 일시정지가 있었으므로(2.6부터 2.8까지 3일간) 해당 일수만큼 기간이 연장되어 징벌종료일은 2015.2.25. 24:00가 된다. 소장은 징벌집행을 일시 정지한 경우 그 정지사유가 해소되었을 때에는 지체 없이 징벌집행을 재개하여야 한다. 이 경우 집행을 정지한 다음 날부터 집행을 재개한 전날까지의 일수는 징벌기간으로 계산하지 아니한다(「시행령」 제135조).

정답 ②

50 현행 법령상 징벌에 관한 사항으로 옳지 않은 것은?

① 징벌은 일정기간이 지나면 자동으로 실효된다.
② 징벌위원회는 의결기관이므로 소장은 징벌위원회의 의결에 기속된다.
③ 징벌위원 중 징벌대상자의 친족이거나 공정한 심의·의결을 기대할 수 없는 특별한 사유가 있는 위원은 그 징벌에 관여하지 못하도록 하는 제척규정을 두고 있다.
④ 징벌대상자는 위원에 대해 기피신청을 할 수 있고, 위원회는 그 위원의 기피 여부를 결정하여야 한다.

해설

① (×) 실효된다(×) → 실효시킬 수 있다(○).
소장은 징벌의 집행이 종료되거나 집행이 면제된 수용자가 교정성적이 양호하고 법무부령으로 정하는 기간 동안 징벌을 받지 아니하면 법무부장관의 승인을 받아 징벌을 실효시킬 수 있다(「법」 제115조 1항).

정답 ①

AI 예상 응용지문

❶ 소장은 징벌집행이 종료된 수형자가 교정성적이 양호하고 일정기간 동안 징벌을 받지 아니하면 수용자의 신청에 따라 징벌을 실효시킬 수 있다. (×)
❷ 소장은 수용자가 징벌대상자가 된 경우에는 가족 등에게 그 사실을 알려야 한다. (×)
❸ 징벌집행을 일시 정지한 경우 그 정지사유가 해소되었을 때에는 지체 없이 징벌집행을 재개하여야 한다. 이 경우 집행을 정지한 날부터 집행을 재개한 날까지의 일수는 징벌기간으로 계산하지 아니한다. (×)
❹ 징벌위원회가 징벌을 의결한 경우에는 이를 징벌 대상 수용자에게 즉시 통고하여야 한다. (×)

❶ 수용자의 신청에 따라(×) → 법무부장관의 승인을 받아 직권으로(○). ❷ 징벌처분을 받은 자와 마찬가지로 그 대상자가 원하지 아니하는 경우가 아니면 <u>접견·편지수수·전화통화를 제한하는 경우에만</u> 가족 등에게 알릴 사유임. ❸ 정지한 날부터 집행을 재개한 날까지(×) → 정지한 다음 날부터 집행을 재개한 전날까지(○). 시행령 제135조(징벌기간의 계산) 참조. ❹ 징벌 대상 수용자에게(×) → 소장에게(○). 시행령 제132조(징벌의결 통고) 참조.

51 다음 중 징벌에 관한 설명으로 옳은 것은? '02. 7급 수정

① 징벌의 종류에는 훈계도 포함된다.
② 징벌은 동일한 행위에 대해서 거듭해서 부과할 수 있고, 동시에 형벌도 과할 수 있다.
③ 현행법상 징벌처분유예제도를 인정하고 있다.
④ 징벌부과의 구체적 절차는 형집행법시행규칙에서 정하고 있다.

해설

① (×) 경고는 징벌의 종류에 해당하지만, 훈계는 징벌의 종류에 해당하지 않는다.
② (×) 징벌은 동일한 행위에 대하여 거듭하여 부과할 수 없다(「법」제109조 3항). 그러나 징벌과 형벌은 동일한 행위에 대해서 동시에 부과할 수 있다.
③ (×) 현행법상 징벌집행유예는 인정하고 있지만, 징벌처분(결정)유예제도를 인정하고 있지 않다.

정답 ④

52 현행 「형의 집행 및 수용자의 처우에 관한 법률」상 수용자의 상벌에 관한 설명 중 옳은 것은?

① 징벌사유가 발생한 날부터 1년이 지나면 이를 이유로 징벌을 부과하지 못한다.
② 징벌대상자는 징벌위원회의 위원에 대하여 기피신청을 할 수 있으며, 기피 여부는 소장이 결정한다.
③ 징벌위원회의 위원장은 소장이 되며 외부인원은 3명 이하로 한다.
④ 수용자에 대한 징벌로 30일 이내의 전화통화 제한과 30일 이내의 편지수수 제한을 함께 부과할 수는 없다.
⑤ 소장은 시설의 안전과 질서유지에 뚜렷한 공이 인정되는 수용자에 대해 법무부령으로 정하는 바에 따라 포상할 수 있다.

해설

① (×) 1년(×) → 2년(○).
② (×) 기피여부는 징벌위원회의 의결로 결정하여야 한다(「법」제111조 5항).
③ (×) 소장(×) → 소장의 바로 다음 순위자(○) / 3인 이하(×) → 3인 이상(○).
④ (×) 없다(×) → 있다(○).

정답 ⑤

53 다음 중 징벌 관련 규정으로 가장 적절한 것은?

① 소장은 징벌대상행위에 대한 조사결과에 따라 징벌위원회로의 회부, 징벌대상자에 대한 무혐의 통고, 징벌대상자에 대한 훈계, 징벌위원회 회부 보류, 조사 종결, 경고 중 어느 하나에 해당하는 조치를 할 수 있다.

② 소장은 조사기간 중 징벌대상자에 대하여 처우를 제한하는 경우에는 처우를 제한한 기간의 전부 또는 일부를 징벌위원회의 의결에 따라 징벌기간에 포함할 수 있다.
③ 수용자의 징벌대상행위에 대한 조사기간은 10일 이내로 한다. 다만, 특히 필요하다고 인정하는 경우에는 1회에 한하여 10일을 초과하지 아니하는 범위에서 그 기간을 연장할 수 있다.
④ 일시정지된 조사기간은 그 사유가 해소된 때부터 다시 진행한다. 이 경우 조사가 정지된 날부터 정지사유가 소멸한 전날까지의 기간은 조사기간에 포함되지 아니한다.

해설
① (×) 경고(×). 「시행규칙」 제220조 2항 참조.
② (○) 「시행규칙」 제220조 3항 참조.
③ (×) 10일을 초과하지 아니하는 범위(×) → 7일을 초과하지 아니하는 범위(○).
④ (×) 정지된 날(×) → 정지된 다음 날(○). 「시행규칙」 제221조 2항 참조.

정답 ②

---

54 형의 집행 및 수용자의 처우에 관한 법령상 수용자의 처우에 대한 설명으로 옳은 것은?

① 소장은 징역형·금고형이 확정된 사람으로서 집행할 형기가 형집행지휘서 접수일부터 3개월 미만인 사람, 노역장 유치명령을 받은 사람, 구류형이 확정된 사람에 대해서는 분류심사를 하지 아니한다.
② 소장은 공범·피해자 등의 체포영장·구속영장·공소장 또는 재판서에 마약사범으로 명시된 수용자는 마약류수용자로 지정한다.
③ 소장은 미결수용자 등 분류처우위원회의 의결 대상자가 아닌 경우에도 관심대상수용자로 지정할 필요가 있다고 인정되는 수용자에 대하여는 교도관회의의 심의를 거쳐 관심대상수용자로 지정할 수 있다.
④ 소장은 신입자에 대하여 시설 내의 안전과 질서유지를 위하여 특히 필요하다고 인정하면 번호표를 붙이지 아니할 수 있다.

해설
① (×) 노역장 유치명령을 받은 사람(×). 「시행규칙」 제62조 참조.
② (×) 공범·피해자 등(×). 수용자 자신의 수용구비서류에 마약류에 관한 형사법률이 적용된 수용자이거나 마약류에 관한 형사법률의 적용을 받아 집행유예 진행 중에 별건으로 수용된 수용자에 대하여는 마약류수용자로 지정하여야 한다. 「시행규칙」 제204조, 205조 참조.
※ 이후 시험에서는 "지정할 수 있다"로 뒤바꾸어 함정을 유도할 수 있음에 주의를 요한다!
④ (×) 시설의 안전과 질서유지를 위하여(×) → 수용자의 교화 또는 건전한 사회복귀를 위하여(○). 이 규정은 '이입자에게도 해당됨'과 '사형확정자에 대하여도 작업이 부과된 경우 교도관회의의 심의를 거쳐 붉은 번호표를 붙이지 아니할 수 있다'는 것도 알아두어야 한다.

정답 ③

55 수형자의 처우에 관한 내용으로 옳지 않은 것은?(다툼이 있는 경우 판례에 의함)

① 마약류사범 수형자로 하여금 소변을 받아 제출하도록 한 것은 교도소의 안전과 질서유지를 위한 것으로, 수사에 필요한 처분이 아닐 뿐만 아니라 검사대상자들의 협력이 필수적이어서 강제처분이라고 할 수도 없으므로, 헌법상의 영장주의의 원칙이 적용되지 않는다.

② 다른 수용자와 싸움의 우려가 있고, 성격·습관 등이 공동생활에 석합하지 못하다고 인정되어 독거 수용되었다고 하더라도 TV시청을 제한받게 되어 혼거실 수용자 등 다른 수용자들과 차별적 처우가 이루어지는 결과가 되었다면 헌법상의 평등원칙에 위배된다.

③ 금치처분을 받은 자에 대하여 집필의 목적과 내용 등을 묻지 않고 또 대상자에 대한 교화 또는 처우상 필요한 경우까지도 예외 없이 일체의 집필행위를 금지하는 것은 입법목적 달성을 위한 필요최소한의 제한이라는 한계를 벗어난 것으로서 헌법상의 과잉금지의 원칙에 위배된다.

④ 금치기간 중의 접견·편지수발은 원칙적으로 금지되나 교화 또는 처우상 특히 필요하다고 인정되는 때에는 소장으로 하여금 이를 허가할 수 있는 예외가 인정되므로 금치수형자에 대한 접견·편지수발의 제한은 필요최소한의 제한에 해당한다.

⑤ 금치처분을 받은 수형자에 대한 절대적인 운동의 금지는 징벌의 목적을 고려하더라도 그 수단과 방법에 있어서 필요한 최소한도의 범위를 벗어난 것으로서 헌법상의 인간의 존엄과 가치 및 신체의 자유를 침해한다. 또한 금치기간 중 실외운동을 제한하도록 규정하고 있는 구 형집행법 제112조 3항 중 제108조 제13호(30일 이내의 실외운동정지)에 관한 부분은 기본권을 침해하기 때문에 위헌이다.

해설

② (×) 독거수용 중인 청구인이 TV시청을 제한받게 되어 혼거실수용자 등 다른 수용자들과 차별적 처우가 이루어지는 결과가 되었다 하더라도 이러한 행위가 곧 합리적인 이유가 없는 자의적인 차별이라 할 수 없어 헌법상의 평등의 원칙에 위배된다고 볼 수 없으므로 합헌이다(2004 헌마 571).

⑤ (○) 「형집행법」 제112조 3항은 "금치처분을 받은 사람에게는 그 기간 중 제4호 30일 이내의 공동행사 참가 정지부터 제13호 30일 이내의 실외운동 정지까지의 처우제한이 함께 부과된다"고 규정하고 있었는데, 이는 2016. 6. 26 선고된 2016 헌마 715 헌재 결정례에 따라 위헌 결정되어 무효화되었다. 따라서 현행법에서는 "금치처분을 받은 사람에게는 그 기간 중 제4호(공동행사 참가 정지)부터 제12호(접견 제한)까지의 처우 제한만 함께 부과된다". 「법」 제112조 제3항 참조.

정답 ②

56 「형의 집행 및 수용자의 처우에 관한 법령」상 금치처분에 대한 설명으로 옳지 않은 것은? '18. 7급

① 금치처분을 받은 자에게는 그 기간 중 전화통화 제한이 함께 부과된다.
② 소장은 금치처분을 받은 자에게 자해의 우려가 있고 필요성을 인정하는 경우 실외운동을 전면 금지할 수 있다.
③ 소장은 금치를 집행하는 경우 의무관으로 하여금 사전에 수용자의 건강을 확인하도록 하여야 한다.
④ 소장은 금치를 집행하는 경우 징벌집행을 위하여 별도로 지정한 거실에 해당 수용자를 수용하여야 한다.

해설

② (×) 금치처분을 받은 자에게도 실외운동을 전면 금지할 수 없다고 보는 것이 헌법재판소의 입장이다. 현행법에 따르면, 도주·자해 등의 우려가 있는 경우에도 실외운동을 최소한 매주 1회 이상 할 수 있도록 해주어야 한다(「법」 제112조 4항 참조).

정답 ②

AI 예상 응용지문

❶ 정당한 사유 없이 교화프로그램을 거부하거나 태만히 하는 행위도 현행법상 명시적인 징벌부과사유에 해당하며, 징벌의 종류 중 작업 정지는 신청에 따른 작업에 한정한다. (○)
❷ 징벌혐의 조사기간 중 징벌대상자에 대하여 처우를 제한하는 경우에는 제한한 기간의 전부를 징벌기간에 포함한다. (×)
❸ 징벌위원회가 징벌을 의결한 경우에는 징벌대상자에게 즉시 통고하여야 한다. (×)
❹ 소장은 수용자의 징벌에 관한 사항을 수용기록부 및 징벌집행부에 기록할 수 있다. (×)
❺ '금치' 징벌을 받는 기간 중에 실외운동을 제한하는 내용의 법조항은 위헌이다. 그러나 텔레비전 시청을 제한하는 법조항은 합헌이다.(2014 헌마45) (○)
❻ 소장은 미결수용자에게 징벌을 부과하는 경우에는 그 징벌대상행위 등에 관한 양형 참고자료를 작성하여 관할 검찰청 검사 또는 관할 법원에 통보하여야 한다. (×)
❼ 징벌위원회는 재적위원 3분의 2 이상의 찬성으로 의결한다. (×)

❷ 전부를 징벌기간에 포함한다(×) → 징벌위원회의 의결을 거쳐 처우를 제한한 기간의 전부 또는 일부를 징벌기간에 포함할 수 있다(○) ❸ 징벌대상자에게(×) → 소장에게(○) ❹ 기록할 수 있다(×) → 기록하여야 한다(○) ❻ 통보하여야 한다(×) → 통보할 수 있다(○) ❼ 재적위원 3분의 2 이상(×) → 출석위원 과반수(○).

57 형의 집행 및 수용자 처우에 관한 법령상 징벌에 대한 설명으로 옳지 않은 것은? (다툼이 있는 경우 판례에 의함) '16. 5급(교정관) 승진

① 동일한 행위로 징벌을 받은 뒤 형사처벌을 한다고 하여 일사부재리의 원칙에 반하는 것은 아니다.
② 징벌사유가 발생한 날부터 2년이 지나면 이를 이유로 징벌을 부과하지 못한다.
③ 30일 이내의 공동행사참가 정지의 징벌을 집행 중인 수용자가 다른 교정시설로 이송되거나 법원 또는 검찰청 등에 출석하는 경우 징벌집행이 정지되는 것으로 본다.
④ 소장은 징벌집행을 받고 있는 수용자가 같은 행위로 형사 법률에 따른 처벌이 확정되어 징벌을 집행할 필요가 없다고 인정하면 징벌집행을 감경하거나 면제할 수 있다.
⑤ 소장은 미결수용자에게 징벌을 부과한 경우에는 그 징벌대상행위 등에 관한 양형 참고자료를 작성하여 관할 검찰청 검사 또는 관할 법원에 통보할 수 있다.

해설

③ (×) 정지된 것으로 본다(×) → 계속되는 것으로 본다(○). 「시행령」 제134조 참조.

정답 ③

58 「형의 집행 및 수용자의 처우에 관한 법령」상 수용자의 징벌에 대한 설명으로 옳은 것은? '19. 7급

① 다른 수용자의 징벌대상행위를 방조(幇助)한 수용자에게는 그 징벌대상행위를 한 수용자에게 부과되는 징벌과 같은 징벌을 부과하되, 2분의 1로 감경한다.
② 소장은 10일의 금치처분을 받은 수용자가 징벌의 집행이 종료된 후 교정성적이 양호하고 1년 6개월 동안 징벌을 받지 아니하면 법무부장관의 승인을 받아 징벌을 실효시킬 수 있다.
③ 소장은 특별한 사유가 없으면 의사로 하여금 징벌대상자에 대한 심리상담을 하도록 해야 한다.
④ 소장은 징벌집행의 유예기간 중에 있는 수용자가 다시 징벌대상행위를 하면 그 유예한 징벌을 집행한다.

해설

① (×) 교사한 자에게는 아예 감경할 수 없고, 방조자의 경우는 2분의 1까지 감경할 수 있다. 감경한다(×) → 감경할 수 있다(○).
③ (×) 징벌과 관련해서는 '징벌대상자'에 관한 내용과 '징벌 집행 중인 자'에 관한 내용을 구분해야 한다. '징벌대상자'와 관련된 심리상담은 제219조의 2에 규정되어 있고, 상담·진료는 「시행규칙」 제220조 4항에 규정되어 있으며, '징벌집행 중인 자'와 관련된 상담은 「시행규칙」 제233조<개정 2018.12.28>에 규정되어 있다.
소장은 특별한 사유가 없으면 교도관으로 하여금 징벌대상자에 대한 심리상담을 하도록 해야 한다(제219조의 2).
소장은 징벌대상행위가 징벌대상자의 정신병적 원인에 따른 것으로 의심할만한 충분한 사유가 있는 경우에는 징벌절차를 진행하기 전에 의사의 진료, 전문가의 상담 등 필요한 조치를 하여야 한다(제220조 4항).
소장은 징벌집행 중인 수용자의 심리적 안정과 징벌대상행위의 재발방지를 위해서 교도관으로 하여금 징벌집행 중인 수용자에 대한 심리상담을 하게 해야 한다.

소장은 징벌대상행위의 재발방지에 도움이 된다고 인정하는 경우에는 징벌집행 중인 수용자가 교정위원·자원봉사자 등 전문가의 상담을 받게 할 수 있다(제 233조).
④ (×) 징벌대상행위를 하면(×) → 징벌대상행위를 하여 징벌이 결정되면(○). 「법」 제114조2항 참조.

정답 ②

59 다음 중 형집행법령상 의무관이 건강상태를 수시로 확인하여야 하는 수용자에 해당하는 것은 모두 몇 개인가?

㉠ 보호실 수용자	㉡ 실외운동정지의 징벌을 집행 중인 수용자
㉢ 보호장비를 착용 중인 수용자	㉣ 다른 수용자를 간병하는 수용자
㉤ 진정실 수용자	㉥ 금치의 징벌을 집행 중인 수용자
㉦ 취사장에서 작업하는 수용자	㉧ 계호상 독거수용 중인 수용자

① 2개   ② 3개   ③ 4개   ④ 5개

해설

㉠ (○) 법 제95조 제5항 참조. ㉡, ㉥ (○) 법 제112조 제6항 참조. ㉢ (○) 법 제97조 제3항 참조. ㉣ (×), ㉤ (○) 법 제96조 제4항 참조. ㉦ (×), ㉧ (×) 계호상 독거수용 중인 수용자는 교도관이 수시로 시찰하여 건강상 또는 교화상 이상이 없는지를 살펴야 한다(시행령 제6조 1항).

정답 ④

60 형집행법령 및 판례상 수용자의 징벌에 대한 설명으로 옳은 것은?

① 수용자가 2 이상의 징벌사유가 경합하는 때 또는 징벌이 집행 중에 있거나 징벌의 집행이 끝난 후 또는 집행이 면제된 후 1년 내에 다시 징벌사유에 해당하는 행위를 한 때에는 징벌의 장기의 2분의 1까지 가중할 수 있다.
② 수용자가 금지물품을 지니거나 반입·제작·사용·수수·교환·은닉하는 행위를 한 경우에는 21일 이상 30일 이하의 금치(禁置)에 처한다. 다만, 위반의 정도가 경미한 경우 그 기간의 2분의 1의 범위에서 감경할 수 있다.
③ 대법원은 징벌위원회가 징벌혐의자에게 출석통지서를 전달하지 않았다고 하더라도 징벌위원회 개최 일시와 장소를 구두로 통지하였다면 출석통지서 미전달의 하자가 치유되어 위법하지 않다고 판단하였다.
④ 징벌위원회는 재적위원 3분의 2이상의 출석으로 개의하고, 출석위원 과반수의 찬성으로 의결한다. 이 경우 외부위원 2명 이상이 출석한 경우에만 개의할 수 있다.

해설

① (×) 1년 내(×) → 6개월 내(○). 법 제109조 제2항 참조.
③ (×) 적법한 징벌절차를 거치지 않은 것이므로, 위법하다고 판단했다(대법 06두13312 참조).
④ (×) 3분의 2이상(×) → 과반수(○), 2명 이상(×) → 1명 이상(○). 시행규칙 제228조 제4항 참조.
② (○) 시행규칙 제215조 참조.

정답 ②

출제위원급 교수님들의 자문을 받아 AI와 함께 만든
김옥현 객관식 교정학 기출·예상 문제집

PART 03

수용의 종료
－가석방·석방·사망

나의 성공적인 수험생활의 종료도
이제 머지 않다.
실력이 점점 차올라 머지않아
합격의 관문을 넘어설 것이다.

_____ 합격자

01 다음 설명 중 옳은 것은 몇 개인가? (다툼이 있으면 대법원 판례에 의함) · AI 예상

> ㉠ 「형의 집행 및 수용자의 처우에 관한 법률」은 수용의 종료사유를 가석방·형의 집행면제 및 사망을 명시하고 있다.
> ㉡ 수형자가 여러 형을 받은 경우, 각 형의 형기를 개별적으로 따져야 하므로, 모든 형이 1/3씩 경과한 후에 가석방이 가능하다.
> ㉢ 가석방이란 수형자에 대한 무용한 구금을 피하고 수형자의 윤리적 자기형성을 촉진하고자 하는 의미에서 취해지는 형사정책적 행정처분이다.
> ㉣ 소장은 수용자가 사망한 경우에는 그 사실을 즉시 그 상속인에게 통지하여야 한다.
> ㉤ 소장은 수용자가 위독한 경우에는 그 사실을 가족에게 지체 없이 알려야 한다.
> ㉥ 소장은 사망자가 남겨두고 간 금품이 있으면 그 상속인에게 그 내용 및 청구절차 등을 알려 주어야 한다.

① 2개　　② 3개　　③ 4개　　④ 5개

해설

㉠ (×) 형의 집행면제(×) → 석방(○).「형의 집행 및 수용자의 처우에 관한 법률」제3편 참조.
㉡ (×) 헌법재판소는 "형법 제72조(가석방의 요건) 제1항에서의 형기라 함은 1개의 판결로 수개의 형이 확정된 수형자의 경우에도 '각 형의 형기를 합산한 형기'나 '최종적으로 집행되는 형의 형기'를 의미하는 것이 아니라, 그 당연한 귀결로 수개의 형이 확정된 수형자에 대하여는 각형의 형기를 모두 1/3씩 경과한 후가 아니면 가석방이 불가능하다." 라는 입장이다. 헌법재판소 1993헌마12(1995. 3. 23.) 결정. 그렇지만 대법원의 입장은 다르다. 대법원 1996도681(1996. 9. 20.) 판결:대법원은 이와 달리, 가석방 요건에서 "형기"를 수개의 형을 합산한 형기로 해석했다. 즉, 여러 형이 확정된 경우 이를 합산하여 1/3이 경과하면 가석방이 가능하다는 입장을 취한 것이다. 대법원의 입장은 <u>수형자가 여러 형을 동시에 받고 있을 때도 합산된 형기의 1/3만 경과하면 가석방이 가능하다고 보고 있다.</u>
두 판례의 차이점: 헌법재판소는 각 형을 별도로 계산하고 각각의 1/3이 경과해야 한다고 보고 있다. 대법원은 각 형기를 합산한 뒤 그 형기의 1/3이 경과하면 가석방이 가능하다고 본다.
이러한 상황에서 이 내용이 시험에 출제된다면, 공무원 시험에서는 일반적으로 대법원 판례를 기준으로 정답을 결정하는 경향이 강하다. 이는 형법 해석에서 대법원이 가진 권위와 실무 적용의 중요성 때문이다. 헌법재판소의 판례가 헌법적 판단에 중요한 기준이 되긴 하지만, 형사법과 관련된 구체적인 형기 계산, 가석방 요건과 같은 사안에서는 대법원의 판결이 실제 법 적용에서 더 중요한 역할을 하기 때문이다.
㉢ (○) 징역이나 금고의 집행 중에 있는 사람이 행상(行狀)이 양호하여 뉘우침이 뚜렷한 때에는 무기형은 20년, 유기형은 형기의 3분의 1이 지난 후 행정처분으로 가석방을 할 수 있다.「형법」제72조(가석방의 요건) 제1항 참조.
㉣ (×) 상속인(×) → 그 가족(가족이 없는 경우에는 다른 친족)(○).「법」제127조 참조.
㉤ (○)「시행령」제56조 참조.
㉥ (○)「법」제28조(유류금품의 처리) 제1항 참조.

☞ 출제의도 : 이 문제는 가석방 요건, 수용자의 권리 및 통지 의무에 관한 법률 조항을 정확히 이해하고 있는지를 평가하는 데 목적이 있습니다. 특히, 대법원 판례를 기준으로 법 해석의 적용 사례를 물어봄으로써 수험생이 실무에서의 법적 해석을 이해하고 있는지 여부를 평가하려는 의도가 있습니다. ㉡항을 통해서는 여러 형을 받은 수형자의 가석방 요건에 대한 법적 해석을 점검하고, ㉣항, ㉤항을 통해서는 수용자의 신변과 관련된 소장의 통지 의무를 정확히 이해하고 있는지를 확인하고자 합니다. 이 문제는 법률의 세부 조항과 판례의 해석을 통해 정확한 판단을 요구하는 만큼, 법과 판례를 꼼꼼하게 학습하는 것이 중요합니다.

정답 ②

02 가석방에 관한 설명 중 옳지 않은 것을 모두 고르면?

> ㉠ 가석방심사위원회는 위원장을 포함한 5명 이상 9명 이하의 위원으로 구성한다.
> ㉡ 가석방심사위원회 위원의 명단과 경력사항은 임명 또는 위촉한 즉시 공개한다.
> ㉢ 교정에 관한 학식과 경험이 풍부한 사람으로서 가석방심사위원회 위원으로 위촉된 자의 임기는 2년으로 하며, 연임할 수 없다.
> ㉣ 회의록에는 회의의 내용을 기록하고 위원장 및 간사가 기명날인 또는 서명하여야 한다.
> ㉤ 가석방심사위원회의 심의서는 해당 가석방 결정 등을 한 후부터 즉시 공개한다.

① ㉡
② ㉢
③ ㉠, ㉤
④ ㉢, ㉣

해설

㉢ (×) 위촉위원의 임기는 2년으로 하며, 연임은 할 수 있지만, 한 차례만 연임할 수 있다.

정답 ②

03 「형의 집행 및 수용자의 처우에 관한 법률」상 가석방심사위원회의 심사과정 및 심사내용의 공개범위와 공개시기로 옳은 것은 모두 몇 개인가? (다만, 심의서 및 회의록의 내용 중 개인의 신상을 특정할 수 있는 부분은 삭제하고 공개하며 국민의 알권리를 충족할 필요가 있는 등의 사유가 없다고 가정함)
'24. 5급(교정관) 승진

> ㉠ 위원의 명단은 임명 또는 위촉한 즉시
> ㉡ 심의서는 해당 가석방 결정 등을 한 후 5년이 경과한 때부터
> ㉢ 회의록은 해당 가석방 결정 등을 한 후부터 즉시
> ㉣ 위원의 경력사항은 임명 또는 위촉한 후 1년이 경과한 때부터

① 0개
② 1개
③ 2개
④ 3개

해설

㉡ (×) 심의서는 해당 가석방 결정 등을 한 후부터 즉시.
㉢ (×) 회의록은 해당 가석방 결정 등을 한 후 5년이 경과한 때부터.
㉣ (×) 위원의 경력사항은 임명 또는 위촉한 즉시. 제120조(위원회의 구성) 3항 참조.

정답 ②

04 가석방의 요건에 관한 다음 설명에서 괄호 안에 들어갈 내용을 순서대로 바르게 적은 것은?

┤ 보 기 ├

성인범은 무기에서는 20년, 유기에서는 형기의 ( )을(를) 경과한 후이어야 하며, 소년범의 무기형은 ( )년, 15년의 유기형은 ( )년, 부정기형은 단기의 ( )을(를) 경과하여야 한다.

① 3분의 1 - 5 - 3 - 3분의 1
② 3분의 2 - 5 - 3 - 3분의 2
③ 3분의 1 - 3 - 5 - 3분의 2
④ 3분의 2 - 5 - 2 - 3분의 1

해설
① (×) 「소년법」 제65조, 「형법」 제72조 참조.

정답 ①

05 형집행법령상 가석방에 관한 설명 중 가장 옳지 않은 것은?   '23. 7급(교위) 승진

① 소장은 가석방 적격심사신청 대상자를 선정한 경우 선정된 날부터 5일 이내에 위원회에 가석방 적격심사신청을 하여야 한다.
② 소장은 수형자의 가석방 적격심사신청을 위하여 범행 시의 나이, 형기, 범죄횟수 등 범죄에 관한 사항에 대한 사전조사를 형기의 3분의 1이 지나기 전에 하여야 하고, 조사에 필요하다고 인정하는 경우에는 소송기록을 열람할 수 있다.
③ 가석방위원회는 가석방 적격결정을 하였으면 5일 이내에 법무부장관에게 가석방 허가를 신청하여야 한다.
④ 가석방 기간 중 형사사건으로 구속되어 교정시설에 미결수용 중인 자의 가석방 취소 결정으로 남은 형기를 집행하게 된 경우에는 가석방된 형의 집행을 지휘하였던 검찰청 검사에게 남은 형기 집행지휘를 받아 우선 집행해야 한다.

해설
② (×) 형기의 3분의 1이 지나기 전에(×) → 수용한 날부터 2개월 이내(○). 범죄에 관한 사항에 대한 조사는 수형자를 수용한 날부터 2개월 이내에 하고, 조사에 필요하다고 인정하는 경우에는 소송기록을 열람할 수 있다. 형기의 3분의 1이 지나기 전에 하여야 하고, 그 후 변경된 사항이 있는 경우에는 지체 없이 그 내용을 변경하여야 하는 것은 보호에 관한 사항이다. 신원에 관한 사항에 대한 조사는 수형자를 수용한 날부터 1개월 이내에 하고, 그 후 변경할 필요가 있는 사항이 발견되거나 가석방 적격심사신청을 위하여 필요한 경우에 한다. 「시행규칙」 제249조(사전조사 시기 등) 참조.

정답 ②

06 「형의 집행 및 수용자의 처우에 관한 법률」상 가석방심사위원회에 대한 설명으로 옳지 않은 것은?

'23. 9급

① 가석방의 적격 여부를 심사하기 위하여 법무부장관 소속으로 가석방심사위원회를 둔다.
② 가석방심사위원회는 위원장을 포함한 5명 이상 9명 이하의 위원으로 구성하며, 위원장은 법무부차관이 된다.
③ 가석방심사위원회는 가석방 적격결정을 하였으면 5일 이내에 법무부장관에게 가석방 허가를 신청하여야 한다.
④ 가석방심사위원회의 심사와 관련하여 심의서와 회의록은 해당 가석방 결정 등을 한 후 5년이 경과한 때부터 공개한다.

해설

④ (×) 심의서와 회의록(×) → 회의록(○). 심의서는 해당 가석방 결정 등을 한 후부터 즉시 공개한다. 회의록은 해당 가석방 결정 등을 한 후 5년이 경과한 때부터 공개한다. 「동법」 제122조 1항 참조.

정답 ④

07 「형의 집행 및 수용자의 처우에 관한 법률」상 가석방심사위원회에 대한 설명으로 옳지 않은 것은?

'17. 7급

① 가석방심사위원회의 위원장은 법무부차관이 된다.
② 가석방심사위원회는 위원장을 포함한 5명 이상 9명 이하의 위원으로 구성한다.
③ 가석방심사위원회 위원의 명단과 경력사항은 임명 또는 위촉 즉시 공개한다.
④ 가석방심사위원회는 가석방 적격결정을 하였으면 3일 이내에 법무부장관에게 가석방 허가를 신청하여야 한다.

해설

④ (×) 3일 이내(×) → 5일 이내(○). 「동법」 제122조 1항 참조.

정답 ④

08 가석방의 심사 및 신청에 있어 가장 중시해야 할 사항은?

① 경비처우급
② 집행형기와 잔형기의 비율
③ 범죄에 대한 사회의 감정
④ 재범의 위험성

해설

④ (○) 소장은 교정성적이 우수하고 뉘우치는 빛이 뚜렷하여 재범의 위험성이 없다고 인정되는 경우에는 분류처우위원회의 의결을 거쳐 가석방 적격심사신청 대상자를 선정한다(「시행규칙」 제245조 1항).

정답 ④

09 가석방심사위원회에 대한 설명이다. 틀린 것은? '99. 5급(교정관) 승진 수정

① 심사위원은 6명 이상 8명 이하의 위원으로 구성한다.
② 위촉위원의 임기는 2년으로 하며, 한 차례만 연임할 수 있다.
③ 위원은 법무부장관이 임명 또는 위촉한다.
④ 위원은 교정에 대한 학식과 경험이 풍부한 자로 임명한다.
⑤ 위원회는 법무부장관 소속하에 설치한다.

해설

① (×) 6명 이상 8명 이하(×) → 5명 이상 9명 이하(○). 「형집행법」제119조 참조.

정답 ①

10 현행법령상 가석방심사위원회에 대한 설명 중 옳은 것은?

① 위원회는 법무부차관인 위원장을 포함한 5명 이상 7명 이하의 위원으로 구성한다.
② 위원장이 부득이한 사정으로 직무를 수행할 수 없을 때에는 위원장이 미리 지정한 위원이 그 직무를 대행한다.
③ 가석방심사위원회 위원 중 고등법원 부장판사급 판사인 위원의 임기는 2년으로 하며, 연임에 제한은 없다.
④ 간사는 위원장의 명을 받아 위원회의 사무를 처리하지만, 회의에 참석하여 발언할 수는 없다.
⑤ 가석방심사위원회의 회의록은 해당 가석방 결정 등을 한 후부터 즉시 공개한다.

해설

① (×) 5명 이상 9명 이하(○). 「법」제120조 참조.
② (○) 「시행규칙」제238조 참조.
③ (×) 연임에 제한은 없다(×) → 한 차례만 연임할 수 있다(○). 규칙 제240조 참조.
④ (×) 발언할 수 있다. 규칙 제241조 참조.
⑤ (×) 회의록은 결정한 후 5년이 경과한 때부터 공개한다.

정답 ②

11 「형법」상 가석방의 요건에 해당하지 않는 것은?

① 성인무기수형자인 경우 10년을 경과하여야 한다.
② 유기형의 경우 형기의 3분의 1을 경과하여야 한다.
③ 개전의 정이 현저하여야 한다.
④ 소년수형자인 경우는 무기형의 경우 5년이 경과하여야 한다.
⑤ 벌금 또는 과료의 병과가 있는 때에는 그 금액을 완납하여야 한다.

해설

① (×) 10년(×) → 20년(○).

정답 ①

AI 예상 응용지문

❶ 현행법상 사형확정자와 무기형이 확정된 자는 가석방을 할 수 없다. (×)
❷ 가석방은 행정처분에 의하여 수형자를 출소하는 것이므로 일종의 형집행작용이다. (○)
❸ 현행 가석방제도는 영미의 parole 제도와 유사성을 지니고 있다. (○)
❹ 가석방의 실효란 일정한 사유가 있는 경우 별도의 조치없이 가석방의 효력을 상실하게 하는 것이므로 취소와는 다르다. (○)
❺ 소년범에게는 가석방의 실효는 인정되지 않고 가석방의 취소만 인정하고 있다. (○)
❻ 가석방은 행정처분이므로 법원의 판단을 거치지 않는다. (○)

❶ 무기형이 확정된 자는 가석방할 수 있음.

12 다음 중 가석방에 관한 설명 중 틀린 것은? '00. 5급(교정관) 승진

① 형기에 산입된 판결선고 전의 구금일수는 형의 집행을 경과한 형기에 산입한다.
② 소년수형자는 무기형일 경우는 5년, 15년의 유기형일 경우는 3년, 부정기형일 경우는 장기의 3분의 1을 경과하여야 한다.
③ 성인수형자는 무기형에 있어서는 20년, 유기형에 있어서는 형기의 3분의 1을 경과하여야 한다.
④ 벌금 또는 과료의 병과가 있는 때에는 그 금액을 완납하여야 한다.
⑤ 행상이 양호하여 뉘우침이 뚜렷해야 한다.

해설

② (×) 장기(×) → 단기(○).「소년법」제65조,「형법」제72조 참조.

정답 ②

13 가석방된 자의 사후관리에 관한 설명으로 옳지 않은 것은?

① 가석방기간 중 과실로 인해 금고 이상의 형의 선고를 받더라도 가석방이 실효되지 않는다.
② 가석방된 자라 할지라도 가석방을 허가한 행정관청이 보호관찰의 필요성이 없다고 인정하는 때에는 보호관찰을 하지 않을 수 있다.
③ 가석방의 처분을 받은 자가 감시에 관한 규칙을 위배하거나, 보호관찰의 준수사항을 위반하고 그 정도가 무거운 때에는 가석방처분을 취소할 수 있다.
④ 가석방이 취소되더라도 가석방 중의 일수는 형기에 산입한다.
⑤ 가석방의 처분을 받은 후 처분이 실효 또는 취소됨이 없이 가석방기간이 경과한 때에는 형의 집행을 종료한 것으로 볼 뿐이므로 전과까지 없어지는 것은 아니다.

해설

④ (×) 가석방취소자 및 가석방실효자의 남은 형기(잔형) 기간은 가석방을 실시한 다음 날부터 원래 형기의 종료일까지로 한다. 남은 형기(잔형)집행 기산일은 가석방의 취소 또는 실효로 인하여 교정시설에 수용된날부터 한다(「시행규칙」 제236조 5항). 따라서 가석방 중의 일수는 형기에 산입하지 않는다.

정답 ④

AI 예상 응용지문

❶ 가석방자에 대한 보호관찰은 선고유예·집행유예의 원호·지도로서의 보호관찰(probation)과 성질을 달리하는 지도·감독으로서의 보호관찰(parole supervision)이다. (○)
❷ 보호관찰부 가석방 취소의 심사·결정은 보호관찰심사위원회가 담당하고, 단순(일반) 가석방 취소의 심사·결정은 가석방심사위원회가 담당한다. (○)
❸ 가석방 처분을 받은 자가 감시에 관한 규칙을 위배하거나, 보호관찰의 준수사항을 위반하고 그 정도가 무거운 때에는 법무부장관이 재량으로 가석방 처분을 취소할 수 있다. (○)

14 다음 중 가석방에 대한 설명으로 틀린 것은? '05. 9급

① 사회복귀에 용이하고 정기형의 엄격성을 보완한다.
② 가석방기간은 무기형은 10년이고, 유기형은 10년 이상으로 계산하지 않는다.
③ 금고 이상의 형의 집행을 받고 있는 자에게 허가할 수 있다.
④ 가석방으로 출소한 자는 반드시 보호관찰을 받아야 한다.

해설

④ (×) 필요적 보호관찰이나 면제할 수 있다. 가석방된 자는 보호관찰을 받는다. 다만, 법무부장관이 필요가 없다고 인정한 때에는 그러하지 아니한다(「형법」 제73조의 2 제2항).

정답 ④

15 가석방제도에 관한 설명으로 옳지 않은 것은?

① 가석방은 징역 또는 금고의 집행을 받고 있는 자가 행상(行狀)이 양호하여 뉘우치는 빛이 뚜렷하다고 인정될 때 형기만료 전에 조건부로 수형자를 석방하는 제도이다.
② 형기에 산입된 판결선고 전 구금일수는 가석방에 있어서 집행을 경과한 기간에 산입한다.
③ 가석방자에게 사회봉사명령이나 수강명령을 부과할 수 있다.
④ 구류형 수형자는 가석방의 대상자가 아니다.
⑤ 가석방의 처분을 받은 후 그 처분이 실효 또는 취소되지 않고 가석방기간을 경과한 때에는 형의 집행을 종료한 것으로 본다.

해설

③ (×) 가석방자에게는 보호관찰은 부과하지만, 사회봉사·수강명령은 부과할 수 없다. 선고유예도 보호관찰만 부과할 수 있다.

정답 ③

16 가석방에 관한 다음 설명 중 ( ) 안에 들어갈 것으로 순서대로 바르게 된 것은? '05. 7급 수정

| 보 기 |

징역 또는 금고의 집행 중에 있는 자가 그 행상이 양호하여 뉘우치는 빛이 뚜렷한 때에는 무기에 있어서는 ( ), 유기에 있어서는 형기의 ( )을(를) 경과한 후에 ( )으로 가석방을 할 수 있다.

① 20년, 3분의 1, 행정처분
② 20년, 2분의 1, 사법처분
③ 10년, 3분의 1, 사법처분
④ 15년, 3분의 2, 행정처분

해설

① (○)「형법」제72조 참조.

정답 ①

17「형의 집행 및 수용자의 처우에 관한 법률 시행규칙」상 가석방에 대한 설명으로 옳지 않은 것은?
'24. 9급

① 소장은「형법」제72조 제1항의 기간을 경과한 수형자로서 교정성적이 우수하고 뉘우치는 빛이 뚜렷하여 재범의 위험성이 없다고 인정하는 경우에는 분류처우위원회의 의결을 거쳐 가석방 적격심사신청 대상자를 선정한다.
② 소장은 가석방 적격심사신청을 위한 사전조사에서 신원에 관한 사항의 조사는 수형자를 수용한 날부터 2개월 이내에 하고, 그 후 변경된 사항이 있는 경우에는 지체 없이 그 내용을 변경하여야 한다.
③ 소장은 가석방 적격심사신청을 위하여 사전조사한 사항을 매월 분류처우위원회의 회의 개최일 전날까지 분류처우심사표에 기록하여야 하며, 이 분류처우심사표는 법무부장관이 정한다.
④ 소장은 가석방이 허가되지 아니한 수형자에 대하여 그 후에 가석방을 허가하는 것이 적당하다고 인정하는 경우에는 다시 가석방 적격심사신청을 할 수 있다.

해설

② (×) 2개월 이내(×) → 1개월 이내(○).

시행규칙 제249조(사전조사 시기 등) ① 제246조 제1호(신원에 관한 사항)의 사항에 대한 조사는 수형자를 수용한 날부터 1개월 이내에 하고, 그 후 변경할 필요가 있는 사항이 발견되거나 가석방 적격심사신청을 위하여 필요한 경우에 한다.
② 제246조 제2호(범죄에 관한 사항)의 사항에 대한 조사는 수형자를 수용한 날부터 2개월 이내에 하고, 조사에 필요하다고 인정하는 경우에는 소송기록을 열람할 수 있다.
③ 제246조 제3호(보호에 관한 사항)의 사항에 대한 조사는 형기의 3분의 1이 지나기 전에 하여야 하고, 그 후 변경된 사항이 있는 경우에는 지체 없이 그 내용을 변경하여야 한다.

③ (○) 시행규칙 제248조(사전조사 결과) 참조.
④ (○) 시행규칙 제251조(재신청) 참조.

정답 ②

18 가석방에 대한 설명으로 옳지 않은 것은? '11. 9급

① 형기에 산입된 판결선고 전 구금일수는 가석방에 있어서 집행을 경과한 기간에 산입한다.
② 가석방된 자는 가석방기간 중 반드시 보호관찰을 받아야 하는 것은 아니다.
③ 징역 또는 금고의 집행 중에 있는 자에 대하여 행정처분으로 가석방을 하는 경우에 벌금 또는 과료의 병과가 있는 때에는 그 금액을 완납하여야 한다.
④ 가석방기간은 무기형에 있어서는 15년으로 한다.

해설
④ (×) 가석방의 기간은 무기형에 있어서는 10년으로 하고, 유기형에 있어서는 남은 형기로 하되, 그 기간은 10년을 초과할 수 없다. 19세 미만의 소년은 징역·금고를 선고받아 가석방된 후 그 처분이 취소되지 않고 가석방 전에 집행 받은 기간과 같은 기간이 지난 경우에는 형의 집행을 종료한 것으로 본다. 다만 15년 유기징역의 형기 또는 부정기형에 따른 장기의 기간이 먼저 지난 경우에는 그 때에 형의 집행이 종료한 것으로 한다((「형법」제73조의 2, 「소년법」제66조 참조).

정답 ④

19 현행법상 가석방에 대한 설명으로 옳지 않은 것으로만 묶인 것은? '11. 7급 수정

| 보 기 |

㉠ 가석방의 경우 보호관찰은 임의적 절차이다.
㉡ 노역장 유치자는 가석방대상이 될 수 없다.
㉢ 가석방기간으로 무기형은 10년, 유기형은 남은 형기로 하되, 그 기간은 15년을 초과할 수 없다.
㉣ 가석방은 행정처분이다.
㉤ 가석방심사위원회는 위원장을 제외한 5명 이상 9명 이하의 위원으로 구성한다.
㉥ 소장은 가석방이 허가되지 않은 수형자에 대하여는 다시 가석방심사신청을 할 수 없다.
㉦ 가석방심사위원회의 외부위원의 임기는 2년으로 하며, 한 차례만 연임할 수 있다.
㉧ 가석방심사위원회의 위원 명단과 경력사항은 임명 또는 위촉 즉시 공개하고, 심의서 및 회의록은 가석방 결정 등을 행한 후부터 즉시 공개한다.

① ㉠, ㉡, ㉣
② ㉠, ㉢, ㉤, ㉥, ㉧
③ ㉡, ㉢, ㉣
④ ㉡, ㉤, ㉥, ㉦, ㉧

해설
㉠ (×) 임의적 절차(×) → 필요적 절차(○).
㉢ (×) 15년(×) → 10년(○).
㉤ (×) 제외한(×) → 포함한(○).
㉥ (×) 없다(×) → 있다(○). 소장은 가석방이 허가되지 아니한 수형자에 대하여 그 후에 가석방을 허가하는 것이 적당하다고 인정하는 경우에는 다시 가석방 적격심사신청을 할 수 있다(「시행규칙」제251조).
㉧ (×) 회의록은 해당 가석방 결정 등을 행한 후 5년이 경과한 때부터 공개한다(「법」제120조 3항 참조).

정답 ②

20 다음 중 가석방 취소사유에 해당하지 않는 것은?

① 가석방자가 그의 주거지에 도착한 후 지체 없이 관할경찰관서의 장에게 직업 및 그 밖의 생활계획을 세우고 이를 신고하지 아니한 때
② 관할 경찰서의 장에게 신고 없이 국외로 이주한 경우
③ 20일 동안 관할 경찰서장에게 신고 없이 국내 여행을 하고 돌아온 경우
④ 정상적으로 업무에 종사하지 아니하면서 비행(非行)을 저지른 경우

해설

③ (×) 2016. 1. 22 개정 이후 「가석방자 관리규정」은, '가석방자는 국내 또는 국외 이주 및 1개월 이상 국내·외 여행을 하려는 경우 관할 경찰서장에게 신고하도록 의무규정을 두고 있다. 따라서 1개월 미만의 국내·외 여행은, 신고 없이 하여도 가석방자가 지켜야 할 준수사항을 위반한 것이 아니 된다.

정답 ③

✚ 가석방자 가석방 취소사유

1) 가석방의 처분을 받은 자가 감시에 관한 규칙(「가석방자 관리규정」)을 위배하거나, 보호관찰의 준수사항을 위반하고 그 정도가 무거운 때에는 가석방처분을 취소할 수 있다 (「형법」 제75조).
2) 가석방자는 가석방 기간 중 「가석방자 관리규정」에서 정한 준수사항 및 관할 경찰서장의 명령·조치에 따르지 않고 이를 위반하는 경우에는 가석방을 취소할 수 있다(「시행규칙」 제260조).

21 가석방의 실효 또는 취소의 사유에 해당하는 것으로만 묶인 것은? '08. 7급 수정

┌─ 보 기 ─┐

㉠ 가석방 중 벌금형을 선고받아 그 판결이 확정된 때
㉡ 가석방 중 과실로 인한 죄로 금고 이상의 형의 선고를 받았을 때
㉢ 법무부장관의 허가 없이 국외에 이주하거나 여행을 한 때
㉣ 가석방증에 기재한 기한 안에 주거지 관할경찰서에 출석하여 그 증서에 출석확인을 받지 아니한 때
㉤ 관할 경찰서장의 허가를 받지 않고 10일 이상 여행을 하였을 때

① ㉠, ㉢, ㉣
② ㉠, ㉣, ㉤
③ ㉢, ㉣, ㉤
④ ㉣

해설

㉠, ㉡ (×) 형법 제74조(가석방의 실효) 가석방 기간 중 고의로 지은 죄로 <u>금고 이상의 형을 선고받아 그 판결이 확정된 경우</u>에 가석방 처분은 효력을 잃는다. 제75조(가석방의 취소) 가석방의 처분을 받은 자가 감시에 관한 규칙을 위배하거나, 보호관찰의 준수사항을 위반하고 그 정도가 무거운 때에는 가석방처분을 취소할 수 있다.
㉢·㉤ (×) 개정 전에는 가석방 취소사유에 해당되었지만, 현행규정에 따르면 해당하지 않는다.
㉣ (○) 취소사유에 해당한다. 2016. 1.22 개정 「가석방자 관리규정」 참조.

정답 ④

22 「형법」상 가석방에 대한 설명으로 옳지 않은 것은?

① 징역 또는 금고의 집행 중에 있는 자에 대하여는 무기형의 경우에는 20년, 유기형의 경우에는 형기의 3분의 1을 경과한 후 행정처분으로 가석방을 할 수 있다.
② 가석방의 기간은 무기형의 경우에는 20년으로 하고, 유기형의 경우에는 남은 형기로 하되 그 기간은 10년을 초과할 수 없다.
③ 가석방된 자는 가석방을 허가한 행정관청이 필요가 없다고 인정한 경우를 제외하고 가석방기간 중 보호관찰을 받는다.
④ 가석방을 할 경우에 벌금 또는 과료의 병과가 있는 때에는 그 금액을 완납하여야 한다.
⑤ 가석방은 현실적으로 교정시설에서의 질서유지 수단으로서의 기능도 한다.

해설

② (×) 20년(×) → 10년(○).

정답 ②

23 갑(甲), 을(乙), 병(丙), 정(丁) 중 가석방의 대상이 될 수 있는 수형자는? '12. 9급

┤ 보 기 ├

㉠ 성년인 갑(甲)은 15의 유기징역을 선고받고 6년을 경과하였고, 병과하여 받은 벌금의 3분의 2를 납입하였다.
㉡ 성년인 을(乙)은 무기징역을 선고받고, 16년을 경과하였다.
㉢ 현재 18세 소년인 병(丙)은 15년 유기징역을 선고받고, 3년을 경과하였다.
㉣ 현재 18세 소년인 정(丁)은 장기 9년, 단기 3년의 부정기형을 선고받고, 2년을 경과하였다.

① 甲, 乙   ② 乙, 丙   ③ 甲, 丁   ④ 丙, 丁

해설

㉠ (×) 甲은 유기형의 3분의 1 이상 복역하였으나, 병과된 벌금을 완납하지 아니했으므로 허가요건을 갖추지 못함.
㉡ (×) 乙은 소년이 아니므로 20년 이상 복역해야 하는데 16년 경과했으므로 요건 제대로 갖추지 않음.

정답 ④

AI 예상 응용지문

❶ 가석방제도는 보호관찰이 부과되지 않는 단순가석방(premature release)과 보호관찰이 부과되는 가석방(parole)으로 구분할 수 있다. (○)
❷ 현행 형법상 가석방은 보호관찰 없는 단순가석방을 원칙적인 제도를 채택하고 있다. (×)
❸ 소년수형자에게는 성인수형자와 달리 '가석방의 취소'는 적용되지 않는다. (×)
❹ 현재 가석방은 일반가석방과 특별가석방으로 나누어 실시하고 있다. (○)

❷ 1995년 「형법」 개정으로 보호관찰을 필요적으로 부과하도록 규정하여 원칙적으로 퍼로울(parole)을 제도화하고 있음. ❸ 취소(×) → 실효(○)

24 형의 집행 및 수용자의 처우에 관한 법령상 가석방심사위원회에 대한 설명으로 옳지 않은 것은? '23. 7급

① 가석방심사위원회는 위원장을 포함한 5명 이상 9명 이하의 위원으로 구성한다.
② 가석방심사위원회 위원은 판사, 검사, 변호사, 법무부 소속 공무원, 교정에 관한 학식과 경험이 풍부한 사람 중에서 법무부장관이 임명 또는 위촉한다.
③ 가석방심사위원회 위원장은 법무부장관이 된다.
④ 가석방심사위원회의 회의는 재적위원 과반수의 출석으로 개의하고, 출석위원 과반수의 찬성으로 의결한다.

해설

③ (×) 법무부장관(×) → 법무부차관(○) 「형집행법」 제120조 2항 참조.

정답 ③

25 미성년자의 교정보호시설에의 수용에 대한 설명으로 옳지 않은 것은? '12. 7급

① 무기징역형을 받은 소년수형자는 5년이 경과하면 가석방될 수 있다.
② 보호처분을 받아 소년원에 수용 중인 소년에 대하여 징역형의 유죄판결이 확정되면 보호처분을 집행한 후 소년교도소로 이송한다.
③ 소년교도소에 수용 중인 미성년 수형자가 특히 필요하다고 인정되면 만 23세가 되기 전까지 계속하여 수용할 수 있다.
④ 장기 6년, 단기 3년의 부정기형을 선고받은 소년수형자의 경우 최소 1년이 지나야 가석방 대상자가 될 수 있다.

해설

② (×) 보호처분이 계속 중인 때에 징역·금고·구류를 선고받아 확정되면 자유형을 먼저 집행해야 한다. 따라서 소년교도소로 이송을 먼저 하여야 한다(「소년법」 제64조 참조).

정답 ②

26 다음은 가석방 취소와 관련된 규정들이다. 적절하지 않는 것은?

① 가석방자는 가석방기간 중 '가석방자 관리규정'에서 정한 준수사항을 준수하고 관할 파출소장의 명령 또는 조치를 따라야 하며, 이를 위반하는 경우에는 가석방을 취소할 수 있다.
② 수형자를 가석방한 소장은 가석방 취소사유에 해당하는 사실이 있음을 알게 되면 가석방심사위원회에 가석방취소심사를 신청하여야 한다.
③ 소장은 가석방취소가 타당하다고 인정되는 경우 긴급한 사유가 있을 때에는 위원회의 심사를 거치지 않고 법무부장관에게 가석방 취소를 신청할 수 있다.
④ 가석방심사위원회는 취소심사를 위하여 필요하다고 인정되면 가석방자를 위원회에 출석시켜 진술을 들을 수 있다.

해설

① (×) 가석방자로서 보호관찰이 부과된 자는 보호관찰법상의 보호관찰 대상자의 준수사항을 준수하고, 주거지를 관할하는 보호관찰관의 지도·감독에 따라야 한다. 보호관찰이 부과되지 아니한 가석방자는 그의 주거지를 관할하는 경찰서장 또는 지구대의 장의 보호와 감독을 받아야 한다(「보호관찰법」 제32조 및 가석방관리규정 제3조 참조).

정답 ①

AI 예상 응용지문

❶ 징역 또는 금고의 집행 중에 있는 자가 그 행상이 양호하여 뉘우침이 뚜렷한 때에는 유기에 있어서는 6개월 이상 형을 집행받고, 그 형기의 3분의 1을 경과한 후 행정처분으로 가석방할 수 있다. (×)

❶ '6개월 이상 형을 집행받고'의 요건은 일반귀휴의 요건이고, 가석방 요건에는 해당하지 않음.

---

27 「형의 집행 및 수용자의 처우에 관한 법률 시행규칙」상 수형자의 가석방 적격심사신청을 위하여 교정시설의 장이 사전에 조사하여야 할 사항으로 옳은 항목의 개수는? '14. 7급

─────── 보 기 ───────
- 작업장려금 및 작업상태
- 범죄 후의 정황
- 접견 및 편지의 수신·발신 내역
- 석방 후의 생활계획
- 책임감 및 협동심

① 2개 ② 3개
③ 4개 ④ 5개

해설

「시행규칙」제246조 제246조(사전조사) 소장은 수형자의 가석방 적격심사신청을 위하여 다음 각 호의 사항을 사전에 조사해야 한다.

1. 신원에 관한 사항
건강상태, 정신 및 심리 상태, 책임감 및 협동심, 경력 및 교육 정도, 노동 능력 및 의욕, 교정성적, 작업장려금 및 작업상태, 그 밖의 참고사항

2. 범죄에 관한 사항
범행 시의 나이, 형기, 범죄횟수, 범죄의 성질·동기·수단 및 내용, 범죄 후의 정황, 공범관계, 피해 회복 여부, 범죄에 대한 사회의 감정, 그 밖의 참고사항

3. 보호에 관한 사항
동거할 친족·보호자 및 고용할 자의 성명·직장명·나이·직업·주소·생활 정도 및 수형자와의 관계, 가정환경, 접견 및 전화통화 내역, 가족의 수형자에 대한 태도·감정, 석방 후 돌아갈 곳, 석방 후의 생활계획, 그 밖의 참고사항

정답 ④

28 「가석방자관리규정」에 따른 가석방자 관리에 대한 설명으로 옳지 않은 것은? '16. 7급

① 가석방자는 가석방 후 그의 주거지에 도착하였을 때에 지체 없이 종사할 직업 등 생활계획을 세우고, 이를 관할경찰서장에게 서면으로 신고하여야 한다.
② 관할경찰서의 장은 6개월마다 가석방자의 품행, 직업의 종류, 생활 정도, 가족과의 관계, 가족의 보호 여부 및 그 밖의 참고 사항에 관하여 조사서를 작성하고 관할 지방검찰청의 장 및 가석방자를 수용하였다가 석방한 교정시설의 장에게 통보하여야 한다. 다만, 변동 사항이 없는 경우에는 그러하지 아니하다.
③ 가석방자는 국내 주거지 이전 또는 10일 이상 국내 여행을 하려는 경우 관할경찰서의 장에게 신고하여야 한다.
④ 가석방자가 사망한 경우 관할경찰서의 장은 그 사실을 관할 지방검찰청의 장 및 가석방자를 수용하였다가 석방한 교정시설의 장에게 통보하여야 하고, 통보를 받은 석방시설의 장은 그 사실을 법무부장관에게 보고하여야 한다.

해설

③ (×) 2016. 1. 22. 개정 이전의 규정 내용이다.

> 가석방자는 국내 주거지 이전 또는 1개월 이상 국내 여행을 하려는 경우 관할 경찰서의 장에게 신고하여야 한다(제10조).
> 가석방자는 국외 이주 또는 1개월 이상 국외 여행을 하려는 경우 관할 경찰서의 장에게 신고하여야 한다(제13조 1항).

정답 ③

29 다음 중 수용자의 가석방에 대한 설명으로 옳은 것은?

① 가석방 심사신청 대상자를 선정하기 위하여 법무부장관 소속으로 가석방심사위원회를 둔다.
② 가석방심사위원회의 심사과정 및 심의내용의 심의서는 해당 가석방 결정 등을 행한 후부터 즉시 공개한다.
③ 가석방심사위원회의 외부위원의 임기는 2년으로 하며, 제한 없이 연임할 수 있다.
④ 가석방자가 국외로 이주하거나 여행하려는 경우에는 그 사유, 이주지 또는 여행 목적지 등을 적은 허가신청서를 법무부장관에게 제출하고 허가를 받아야 한다.
⑤ 법무부장관은 가석방심사위원회 위원이 직무태만, 품위손상, 그 밖의 사유로 인하여 위원으로 적합하지 아니하다고 인정되는 경우에는 해촉한다.

해설

① (×) 가석방 심사대상자 선정에 관하여 심의·의결하는 기관은 분류처우위원회이다. 가석방심사위원회는 가석방의 적합 여부를 심사하는 업무를 맡고 있다(「법」 제119조).
② (○) 「법」 제120조 제3항 참조.
③ (×) 위원의 임기는 2년으로 하며, 한 차례만 연임할 수 있다(「시행규칙」 제240조).

④ (×) 2016. 1. 22. 개정 이전의 규정이다. 현재는 국외 이주 및 여행도 국내 주거지 이전 및 여행처럼 허가사항이 아니라 신고사항이다. 「가석방자관리규정」 제13조 참조.
⑤ (×) 해촉한다(×) → 해촉할 수 있다(○).

정답 ②

> 「형의 집행 및 수용자의 처우에 관한 법률 시행규칙」
> 제239조의 2(가석방심사위원회 위원의 해촉) 법무부장관은 위원회의 위원이 다음 각 호의 어느 하나에 해당하는 경우에는 해당 위원을 해촉할 수 있다.
> 1. 심신장애로 직무수행이 불가능하거나 현저히 곤란하다고 인정되는 경우
> 2. 직무와 관련된 비위사실이 있는 경우
> 3. 직무태만, 품위손상, 그 밖의 사유로 인하여 위원으로 적합하지 아니하다고 인정되는 경우
> 4. 위원 스스로 직무를 수행하는 것이 곤란하다고 의사를 밝히는 경우
> [본조 신설 2016.6.28.]

30 「형의 집행 및 수용자의 처우에 관한 법률」상 가석방심사위원회의 위원 중 공무원이 아닌 사람도 「형법」의 일부 규정을 적용할 때에는 공무원인 것으로 간주하도록 하고 있다. 이러한 「형법」규정에 해당하지 않는 것은? '17. 5급(교정관) 승진

① 「형법」 제122조(직무유기)
② 「형법」 제127조(공무상비밀의 누설)
③ 「형법」 제130조(제3자뇌물제공)
④ 「형법」 제131조(수뢰후 부정처사, 사후수뢰)
⑤ 「형법」 제132조(알선수뢰)

해설

① (×) 공무상 비밀누설죄와 뇌물 관련 범죄에 대하여는 징벌위원회와 가석방심사위원회의 외부위원에 대하여 공무원의제규정을 두어 공무원으로 간주하여 해당 범죄조항을 적용할 수 있도록 특칙규정을 두고 있다. 「법」 제111조 및 제120조 참조.

정답 ①

31 현행법상 가석방제도에 대한 설명으로 옳은 것은? '19. 5급(교정관) 승진

① 가석방 기간은 무기형에 있어서는 20년으로 하고, 유기형에 있어서는 남은 형기로 하되 그 기간은 20년을 초과할 수 없다.
② 가석방중 업무상과실치사의 죄로 금고형을 선고받은 경우 가석방 처분은 효력을 잃지 않는다.
③ 가석방 처분을 받은 후 그 처분이 실효 또는 취소되지 아니하고 가석방 기간을 경과한 때에는 형의 선고는 효력을 잃은 것으로 본다.
④ 징역 또는 금고를 선고받은 소년에 대하여는 15년 유기형의 경우 5년이 지난 후부터 가석방을 허가할 수 있다.
⑤ 소년수형자의 가석방 적격 여부는 법무부장관 소속 가석방심사위원회가 심사하여 결정한다.

해설

① (×) 20년(×) → 10년(○).
③ (×) 형의 선고는 효력을 잃는 것으로 본다(×) → 형의 집행을 종료한 것으로 본다(○).
④ (×) 5년(×) → 3년(○).
⑤ (×) 가석방심사위원회(×) → 보호관찰심사위원회(○).

정답 ②

32 법령 및 판례상 가석방 제도에 대한 설명으로 옳은 것은 몇 개인가? (다툼이 있는 경우 판례에 의함)
'24. 5급(교정관) 승진

> ㉠ 헌법재판소는 수 개의 형이 확정된 수형자에 대해서는 각형의 형기를 모두 3분의 1 이상씩 경과한 후가 아니면 가석방이 불가능하다고 보았다.
> ㉡ 헌법재판소는 가석방은 형기만료 전에 조건부로 수형자를 석방하는 제도로서 수형자의 원활한 사회복귀를 주된 목적으로 하고 있으며, 간접적으로는 수용 질서를 유지하는 기능도 수행한다고 보았다.
> ㉢ 소장은 수형자의 가석방 적격심사신청을 위하여 신원에 관한 사항, 범죄에 관한 사항, 보호에 관한 사항을 사전에 조사해야 한다. 신원에 관한 사항에 대한 조사는 수형자를 수용한 날부터 2개월 이내에 하고, 범죄에 관한 사항에 대한 조사는 수형자를 수용한 날부터 2개월 이내에 한다.
> ㉣ 사전조사 중 보호에 관한 사항의 조사는 형기의 3분의 1이 지난 후 하여야 하고, 그 후 변경된 사항이 있는 경우에는 지체 없이 그 내용을 변경하여야 한다.

① 0개　　② 1개　　③ 2개　　④ 3개

해설

㉠ (○) 위에서 언급된 내용은 헌법재판소의 2016년 5월 26일자 결정인 2014헌마368 사건에 관한 것이다. 이 사건은 수형자의 가석방 가능 시점에 대한 헌법적 해석을 다루고 있다. 청구인은 여러 형이 확정된 경우 모든 형에 대해 각각 3분의 1 이상을 경과해야 가석방이 가능하다는 해석이 가혹하며, 이로 인해 평등권 및 신체의 자유를 침해당한다고 주장했다. 헌법재판소는 형법 제72조 제1항의 규정에 대한 청구인의 주장을 받아들이지 않았다. 헌재는 해당 조항이 형벌의 집행과정에서 사회 질서를 유지하고 범죄예방을 목적으로 하는 것으로, 그 입법 목적이 정당하다고 판단했다. 헌재는 여러 형이 확정된 수형자의 경우에도 각 형에 대해 3분의 1 이상을 경과해야 가석방을 할 수 있다는 해석이 형벌의 실효성과 공공의 안전을 유지하기 위한 정당한 조치로 보았다. 이 결정은 다수 형이 확정된 경우 가석방 요건을 엄격하게 해석함으로써 사회적 안전과 형벌의 본질적 기능을 유지하려는 헌법적 해석의 한 예라 할 수 있다. 이와 달리 대법원은 수형자가 여러 형을 동시에 받고 있을 때도 합산된 형기의 1/3만 경과하면 가석방이 가능하다고 보고 있다.

㉡ (○) 이 결정은 2007헌마1003 사건이다. 이 사건 청구인은 가석방이 주관적 판단에 의해 부당하게 제한되고 있으며, 이로 인해 자신의 기본권인 평등권과 신체의 자유가 침해되었다고 주장했다. 이 사건 핵심 쟁점은 가석방의 목적과 그 법적 성격, 그리고 가석방 심사 과정에서의 절차적 공정성 여부였다. 이 판결은 가석방이 형벌의 일환으로서, 수형자의 사회복귀를 지원하고, 간접적으로는 교정시설 내 질서유지에 기여하는 제도적 기능을 수행하는 것을 강조한 중요한 헌법적 해석으로 볼 수 있다. 헌법재판소는 가석방이 형기 만료 전에 수형자를 조건부로 석방하는 제도로서, 주된 목적은 수형자의 원활한 사회 복귀를 지원하는 데 있다고 판시했다. 즉, 수형자가 일정 기간동안 형을 집행받으면서 사회로 복귀할 준비가 되었을

때, 일정한 조건 하에 조기 석방을 통해 사회복귀를 촉진하는 것이 가석방의 핵심 기능이라고 보았다. 또한, 헌재는 가석방이 수용 질서유지에도 간접적으로 기여한다고 보았다. 가석방 제도가 존재함으로써 수형자들은 교정시설 내에서 보다 성실하게 복역하고, 교정시설의 질서유지에 협조하는 동기 부여를 받는다는 것이다. 이러한 점에서 가석방은 수형자의 교화를 목적으로 하면서도 교정시설 내 질서유지라는 공익적 기능도 수행한다고 판단한 것이다. 헌재는 가석방 심사 자체는 법적 권리가 아니라 형사정책적 재량에 따른 것으로 보았다. 따라서 헌재는 이에 대한 청구인의 주장을 받아들이지 않았다. 헌재는 가석방 제도가 형벌의 경감이 아니라, 형법 집행의 일환으로서 교정과 사회 복귀를 위한 제도임을 강조했다. 이에 따라 가석방 심사 과정에서의 절차적 공정성은 중요하지만, 가석방 자체를 법적 권리로 인정하는 것은 아니라고 판시했다.

ⓒ (×) 신원에 관한 사항에 대한 조사는 수형자를 수용한 날부터 1개월 이내에 하고, 범죄에 관한 사항에 대한 조사는 수형자를 수용한 날부터 2개월 이내에 한다. 시행규칙 제249조(사전조사 시기 등) 1·2항 참조.

ⓔ (×) 지난 후(×) → 지나기 전에(○). 시행규칙 제249조(사전조사 시기 등) 3항 참조.

정답 ③

33 다음 중 권한이 있는 자의 명령에 의한 수형자의 석방사유가 아닌 것은?

① 구속의 취소 ② 가석방
③ 사면 ④ 형의 집행정지

해설

① (×) 구속의 취소는 권한이 있는 자의 명령에 의한 미결수용자의 석방사유이다.

정답 ①

34 형집행법령상 가석방에 대한 설명으로 옳은 것은 몇 개인가? '24. 6급(교감) 승진

㉠ 가석방심사위원회는 위원장을 포함한 5명 이상 9명 이하의 위원으로 구성한다.
㉡ 소장은 「형법」 제72조(가석방의 요건) 제1항의 기간이 지난 수형자로서 교정성적이 우수하고 뉘우치는 빛이 뚜렷하여 재범의 위험성이 없다고 인정하는 경우에는 분류처우위원회의 의결을 거쳐 가석방 적격심사신청 대상자를 선정한다.
㉢ 소장은 가석방 적격심사신청에 필요하다고 인정하면 분류처우위원회에 수형자를 출석하게 하여 진술하도록 하거나 담당교도관을 출석하게 하여 의견을 들을 수 있다.
㉣ 소장은 가석방 적격심사신청 대상자를 선정한 경우 선정된 날부터 5일 이내에 위원회에 가석방 적격심사신청을 하여야 한다.

① 1개 ② 2개
③ 3개 ④ 4개

해설

④ (○) 모두 옳다.

정답 ④

35 다음 설명 중 옳은 것은?

① 사면, 가석방, 형의 집행정지, 감형에 의한 석방, 권한 있는 자의 명령에 따른 석방은 서류 도달 후 12시간 이내에 행한다.
② 수용자의 석방은 관계서류를 조사한 후 당직간부가 행한다.
③ 형기종료에 의한 석방은 형기종료일 1일 전에 행한다.
④ 권한 있는 자의 명령에 의한 석방은 서류 도달 후 5시간 이내에 하여야 한다.
⑤ 어떠한 경우라도 피석방자를 재수용할 수는 없다.

해설

① (×) 형의 집행정지(×) → 형의 집행면제(○).
형의 집행정지는 권한이 있는 자(검사)의 명령에 따른 석방이므로 서류 도달 후 5시간 이내에 행하여야 한다.
② (×) 당직간부(×) → 소장(○). 「법」 제123조 참조.
③ (×) 1일 전(×) → 형기종료일(○).
⑤ (×) 소장은 피석방자가 질병이나 그 밖에 피할 수 없는 사정으로 귀가하기 곤란한 경우에 본인의 신청이 있으면 일시적으로 교정시설에 수용할 수 있다(「법」 제125조).

정답 ④

36 「형의 집행 및 수용자의 처우에 관한 법령」상 수용자의 석방에 대한 설명으로 옳지 않은 것은?
'18. 7급

① 권한이 있는 자의 명령에 따른 석방은 서류 도달 후 5시간 이내에 행하여야 한다.
② 소장은 형기종료로 석방될 수형자에 대하여는 석방 10일 전까지 석방 후의 보호에 관한 사항을 조사하여야 한다.
③ 소장은 피석방자가 질병이나 그 밖에 피할 수 없는 사정으로 귀가하기 곤란한 경우에 본인의 신청이 있으면 일시적으로 교정시설에 수용할 수 있다.
④ 소장은 수형자의 보호를 위하여 필요하다고 인정하면 석방 전 5일 이내의 범위에서 석방예정자를 별도의 거실에 수용하여 장래에 관한 상담과 지도를 할 수 있다.

해설

④ (×) 5일 이내(×) → 3일 이내(○). 「시행령」 제141조 참조.

정답 ④

37 다음은 수용자의 석방에 대한 설명이다. 틀린 것은?

① 수용자의 석방은 사면, 형기종료, 권한이 있는 자의 명령에 의하여 관계서류를 조사한 후 소장이 이를 행한다.
② 사면, 가석방, 형의 집행면제, 감형에 의한 석방은 그 서류 도달 후 12시간 이내에 행한다.
③ 권한 있는 자의 명령에 의한 석방은 6시간 이내로 한다.
④ 형기 종료에 의한 석방은 형기종료일에 행하여야 한다.

611

해설

③ (×) 6시간 이내(×) → 5시간 이내(○). 「법」 제124조 참조.

정답 ③

38 현행법령상 수용자의 석방에 대한 설명으로 옳은 것은? '07. 5급(교정관) 승진 수정

① 권한이 있는 자의 명령에 의한 석방은 서류 도달 후 7시간 이내에 행하여야 한다.
② 사면, 가석방, 형의 집행면제, 감형에 의한 석방은 그 서류 도달 후 12시간 이내에 행하여야 한다.
③ 형기종료에 의한 석방은 형기종료 다음 날에 행하여야 한다.
④ 교도소장은 피석방자가 질병으로 인하여 귀가하기 곤란한 때에는 임의로 해당 교도소 등에 수용할 수 있다.
⑤ 수용자의 석방은 사면, 형기종료 또는 권한이 있는 자의 명령에 따라 법무부장관이 한다.

해설

① (×) 7시간(×) → 5시간(○).
③ (×) 다음 날(×) → 형기종료일(○).
④ (×) 임의로(×) → 신청이 있는 경우에만 할 수 있음.
⑤ (×) 법무부장관(×) → 소장(○).

정답 ②

39 형집행법령상 석방에 대한 설명 중 (㉠) ~ (㉣)에 들어갈 내용으로 가장 옳은 것은? '24. 6급(교감) 승진

> 가. 사면, 가석방, 형의 집행면제, 감형에 따른 석방은 그 서류가 교정시설에 도달한 후 (㉠) 이내에 하여야 한다. 다만, 그 서류에서 석방일시를 지정하고 있으면 그 일시에 한다.
> 나. 소장은 피석방자가 질병이나 그 밖에 피할 수 없는 사정으로 귀가하기 곤란한 경우에 본인의 (㉡)이(가) 있으면 일시적으로 교정시설에 수용할 수 있다.
> 다. 소장은 수형자의 건전한 사회복귀를 위하여 필요하다고 인정하면 석방 전 (㉢) 이내의 범위에서 석방예정자를 별도의 거실에 수용하여 장래에 관한 상담과 지도를 할 수 있다.
> 라. 소장은 형기종료로 석방될 수형자에 대하여는 석방 (㉣) 전까지 석방 후의 보호에 관한 사항을 조사하여야 한다.

	㉠	㉡	㉢	㉣
①	5시간	신청	5일	20일
②	5시간	동의	3일	20일
③	12시간	신청	3일	10일
④	12시간	동의	5일	10일

해설

① (○) 「법」 제124조 1항 참조. ② (○) 「법」 제125조 참조.
③ (○) 「시행령」 제141조(석방예정자 상담 등) 참조
④ (○) 「시행령」 제142조(형기종료 석방예정자의 사전조사) 참조

정답 ③

40 수용자의 석방에 대한 설명으로 옳은 것은?

① 소장은 피석방자가 질병이나 그 밖의 피할 수 없는 사정으로 귀가하기 곤란한 경우에는 본인 또는 가족의 신청이 있으면 일시적으로 교정시설에 수용할 수 있다.
② 피석방자가 질병으로 귀가하기 곤란한 경우에 교도소장은 직권으로 그를 교도소 등에 일시 수용할 수 있다.
③ 형의 집행이 정지된 자라도 일정한 경우에는 교도소나 구치소에 구치할 수 있다.
④ 교도작업에 취업한 가석방예정자에 대하여는 작업장려금과는 별도로 사회적응비를 지급한다.

해설

① (×) 가족의 신청(×), 「법」 제124조 참조.
② (×) 직권으로(×) → 신청에 따라(○).
③ (○) 자유형 수용자가 심신장애로 의사능력이 없는 상태에 있을 때에는 심신장애가 회복될 때까지 형의 집행을 정지한다. 이렇게 형의 집행을 정지한 경우에는 검사는 집행정지된 자를 감호의무자 또는 지방공동체에 인도하여 병원 또는 기타 적당한 장소에 수용하게 할 수 있다. 이와 같이 적당한 장소에 수용하는 처분 등이 있을 때까지 형의 집행이 정지된 자를 교도소 또는 구치소에 구치하고 그 기간을 형기에 산입한다(「형사소송법」 제470조 참조).
④ (×) 규정이 없다.

정답 ③

41 교도소에서 수형자 갑(甲)의 석방이 바르게 집행된 것은? '09. 7급

① 甲에 대한 형의 집행이 면제되었지만 복권되지 않았으므로 석방시키지 않았다.
② 甲이 특별사면대상이 되었으므로 선고실효가 되지 않았어도 석방시켰다.
③ 甲의 형기는 검사의 형집행지휘서가 도달한 날부터 기산한다.
④ 甲에 대한 가석방관련 서류가 도착한 후 24시간 이내에 석방시켰다.

해설

① (×) 형의 집행이 면제되었으면 복권 여부에 관계없이 석방시켜야 한다.
③ (×) 형기는 판결이 확정된 날로부터 기산한다(「형법」 제84조 1항). 즉, 검사의 형집행지휘일이 아니라 판결의 확정일이 기산점이 된다.
④ (×) 12시간 이내에 석방시켜야 한다.

정답 ②

42 석방시기에 대한 설명으로 옳지 않은 것은? '11. 7급

① 형기종료에 따른 석방은 형기종료일에 행해야 한다.
② 가석방, 감형에 따른 석방은 그 서류에 석방일시를 지정하고 있으면 그 일시에 행해야 한다.
③ 사면, 형의 집행면제에 따른 석방은 그 서류 도달 후 12시간 이내에 행해야 한다.
④ 권한이 있는 자의 명령에 따른 석방은 서류 도달 후 6시간 이내에 행해야 한다.

해설

④ (×) 6시간(×) → 5시간(○). **정답** ④

43 석방에 따른 다음 기술 중 옳은 것은?

① 보석, 구속취소로 인한 석방은 서류 도달 후 12시간 이내 행하여야 한다.
② 사면, 가석방, 형의 집행정지에 따른 석방은 서류 도달 후 10시간 이내 행한다.
③ 소장은 피석방자에게 귀가에 필요한 여비 또는 의류가 없으면 이를 지급하거나 빌려줄 수 있으며, 그러한 경우에는 특별한 사유가 없으면 이를 회수한다.
④ 권한이 있는 자의 명령에 의한 석방은 서류도달 후 5시간 이내에 한다.
⑤ 형의 집행면제에 따른 석방은 그 서류 도달 후 12시간 이내에 법무부장관이 한다.

해설

① (×) 보석, 구속취소는 권한이 있는 자의 명령에 의한 석방에 속한다. 따라서 5시간 이내에 석방해야 한다.
② (×) 10시간 이내(×) → 사면·가석방은 12시간 이내, 형집행정지는 5시간 이내(○). ▶ 암기법: 5권 명은 12사감면에서 가석방되었다.
③ (×) 그러한 경우에는(×) → 빌려준 경우에는(○).
소장은 피석방자에게 귀가에 필요한 여비 또는 의류가 없으면 법무부장관이 정하는 범위에서 이를 지급하거나 빌려줄 수 있다(「법」제126조). 소장은 「법」제126조에 따라 피석방자에게 귀가 여비 또는 의류를 빌려준 경우에는 특별한 사유가 없으면 이를 회수한다(「시행령」제145조).
⑤ (×) 법무부장관(×) → 소장(○). **정답** ④

44 수용자 석방시기에 대한 설명 중 옳지 않은 것은? (다툼이 있는 경우 판례에 의함)

① 수용자에게는 형기종료일의 특정한 시간에 석방을 요구할 권리가 있으므로 형기 종료일의 24시간 중 가장 빠른 시간에 석방해 줄 것을 요구할 권리가 있다.
② 형기종료에 따른 석방은 형기종료일에 행하여야 한다.
③ 권한이 있는 자의 명령에 따른 석방은 서류 도달 후 5시간 이내에 행하여야 한다.
④ 사면, 가석방, 형의 집행면제, 감형에 따른 석방은 그 서류 도달 후 12시간 이내에 행하여야 한다. 다만, 그 서류에서 석방일시를 지정하고 있으면 그 일시에 행한다.

해설

① (×) 수용자에게는 형기종료일의 특정한 시간에 석방을 요구할 권리가 없다. 따라서 "형기종료에 따른 석방은 형기종료일에 행하여야 한다"는 규정에 따라 형기종료일을 넘겨서 석방하는 것은 인정되지 않지만, 형기종료일 내의 어느 시간에 석방할 것인가는 교정기관에서 조정하여 정할 수 있다. 현재 실무에서는 소장이 형기종료자를 석방할 때에는 형기종료일 05:00 이후에 석방하도록 하고 있다.

정답 ①

45 다음은 수용자 석방관련 규정에 대한 설명이다. 옳지 않은 것은?

① 권한이 있는 자의 명령에 따른 석방은 서류 도달 후 5시간 이내에 행하여야 한다.
② 소장은 형기종료로 석방될 수형자에 대하여는 석방 10일 전까지 석방 후의 보호에 관한 사항을 조사하여야 한다.
③ 소장은 수형자의 건전한 사회복귀를 위하여 필요하다고 인정하면 석방 전 7일 이내의 범위에서 석방예정자를 별도의 거실에 수용하여 장래에 관한 상담과 지도를 할 수 있다.
④ 사면, 가석방, 형의 집행면제, 감형에 따른 석방은 그 서류 도달 후 12시간 이내에 행하여야 한다.

해설

③ (×) 7일 이내(×) → 3일 이내(○). 「시행령」 제141조 참조.

정답 ③

46 「형의 집행 및 수용자의 처우에 관한 법률」에 의할 때 수용자의 석방에 대한 다음 설명 중 적절하지 않은 것은? 'AI 예상

① 사면, 가석방, 형의 집행면제, 감형에 따른 석방은 그 결정이 있는 때부터 12시간 이내에 하여야 하지만, 그 서류에서 석방일시를 지정하고 있으면 그 일시에 한다.
② 형기종료에 따른 석방은 형기종료일에 하여야 하고, 권한이 있는 사람의 명령에 따른 석방은 서류가 도달한 후 5시간 이내에 하여야 한다.
③ 소장은 피석방자가 질병이나 그 밖에 피할 수 없는 사정으로 귀가하기 곤란한 경우에 본인의 신청이 있으면 일시적으로 교정시설에 수용할 수 있다.
④ 소장은 피석방자에게 귀가에 필요한 여비 또는 의류가 없으면 법무부장관이 정하는 범위에서 이를 지급하거나 빌려 줄 수 있다.
⑤ 소장은 석방될 수형자의 재범방지, 자립지원 및 피해자 보호를 위하여 필요하다고 인정하면 해당 수형자의 수용이력 또는 사회복귀에 관한 의견을 그의 거주지를 관할하는 경찰관서나 자립을 지원할 법인 또는 개인에게 통보할 수 있다. 다만, 법인 또는 개인에게 통보하는 경우에는 해당 수형자의 동의를 받아야 한다.

해설

① (×) 그 결정이 있는 때부터(×) → 그 서류가 교정시설에 도달한 후(○). 이 지문은 "사면, 가석방 등의 석방이 결정된 시점"과 "서류 도달 시점"의 차이를 구분하는데, 이를 통해 수험생이 절차적 시점의 정확성을 인식하고 있는지를 평가한다. 이 지문에서 "그 결정이 있는 때부터"라는 잘못된 부분을 제시함으로써, 정확한 절차인 "서류가 교정시설에 도달한 후"라는 규정을 구별할 수 있는지를 묻고 있다.

☞ 출제의도 : 이 교정학 문제의 출제 의도는 「형의 집행 및 수용자의 처우에 관한 법률」에서 규정하는 수용자의 석방 절차 및 규정에 대한 이해를 평가하는 것입니다. 각 보기에서 수용자의 석방과 관련된 절차, 조건, 소장의 역할 등을 구체적으로 제시하고 있으며, 이를 통해 수험자가 관련 법률의 세부 규정과 정확한 절차에 대해 얼마나 잘 이해하고 있는지를 확인하려는 목적을 가지고 있습니다.

정답 ①

47 형집행법령상 ( )에 들어갈 숫자를 모두 합한 것으로 옳은 것은?

> ㉠ 사면, 가석방, 형의 집행면제, 감형에 따른 석방은 그 서류가 교정시설에 도달한 후 ( )시간 이내에 하여야 한다.
> ㉡ 권한이 있는 사람의 명령에 따른 석방은 서류가 도달한 후 ( )시간 이내에 하여야 한다.
> ㉢ 소장은 수형자의 건전한 사회복귀를 위하여 필요하다고 인정하면 석방 전 ( )일 이내의 범위에서 석방예정자를 별도의 거실에 수용하여 장래에 관한 상담과 지도를 할 수 있다.
> ㉣ 소장은 형기종료로 석방될 수형자에 대하여는 석방 ( )일 전까지 석방 후의 보호에 관한 사항을 조사하여야 한다.

① 27
② 28
③ 29
④ 30

해설

㉠ 12시간, 법 제124조 제1항 참조. ㉡ 5시간, 같은 조 제3항 참조. ㉢ 3일, 시행령 제141조 참조. ㉣ 10일, 시행령 제142조 참조.

정답 ④

48 「형의 집행 및 수용자의 처우에 관한 법률」상 수용자 사망 시 조치에 대한 설명으로 옳지 않은 것은?

'16. 7급

① 소장은 수용자가 사망한 경우에는 그 사실을 즉시 그 가족(가족이 없는 경우에는 다른 친족)에게 통지하여야 한다.
② 소장은 병원이나 그 밖의 연구기관이 학술연구상의 필요에 따라 수용자의 시신인도를 신청하면 본인의 유언 또는 상속인의 승낙이 있는 경우에 한하여 인도할 수 있다.
③ 소장은 가족 등 수용자의 사망 통지를 받은 사람이 통지를 받은 날부터 법률이 정하는 소정의 기간 내에 그 시신을 인수하지 아니하거나 시신을 인수할 사람이 없으면 임시로 매장하거나 화장(火葬) 후 봉안하여야 하며, 그 밖에 필요한 조치를 할 수 있다.
④ 소장은 수용자가 사망하면 법무부장관이 정하는 범위에서 화장·시신인도 등에 필요한 비용을 인수자에게 지급하여야 한다.

해설

④ (×) 지급하여야 한다(×) → 지급할 수 있다(○). 「법」 제128조 5항 참조.

정답 ④

49 다음 중 시체 또는 유골을 임시매장한 후 2년을 경과하여도 교부를 청구하는 자가 없을 때에는 어떻게 하는가?

① 임시 매장한다.
② 연구용으로 병원 기타 기관에 교부할 수 있다.
③ 집단으로 매장할 수 있다.
④ 화장한다.

해설

③ (×) 시신을 임시로 매장하거나 화장하여 봉안한 후 2년이 지나도록 시신의 인도를 청구하는 사람이 없을 때에는 임시로 매장한 경우는 화장 후 자연장하거나 일정한 장소에 집단으로 매장하며, 화장하여 봉안한 경우는 자연장 한다(「법」 제128조 참조). → 자연장을 하거나 집단으로 매장한 경우에는 시신 또는 유골의 인도를 하지 아니한다.

정답 ③

50 다음 중 시체 또는 유골을 임시매장한 후 2년을 경과하여도 교부를 청구하는 자가 없을 때에는 어떻게 하는가? '24. 6급(교감) 승진

① 소장은 사망한 수용자를 임시로 매장하려는 경우, 수용자가 사망한 사실을 알게 된 사람이 그 사실을 알게 된 날부터 3일 이내에 그 시신을 인수하지 아니하거나 그 시신을 인수할 사람이 없으면 임시로 매장하여야 한다.
② 소장은 시신을 임시로 매장한 후 2년이 지나도록 시신의 인도를 청구하는 사람이 없을 때에는 일정한 장소에 집단으로 매장하여 처리할 수 있다.
③ 소장은 사망한 수용자를 화장하여 봉안하려는 경우, 수용자가 사망한 사실을 알게 된 사람이 그 사실을 알게 된 날부터 30일 이내에 그 시신을 인수하지 아니하거나 그 시신을 인수할 사람이 없으면 화장 후 봉안하여야 한다.
④ 소장은 시신을 화장하여 봉안한 후 2년이 지나도록 시신의 인도를 청구하는 사람이 없을 때에는 자연장으로 처리할 수 있다.

해설

③ (×) 30일(×) → 60일(○). 「법」 제128조(시신의 인도 등) 제2항 제2호 참조).

정답 ③

51 형집행법상 벌칙 규정에 해당하지 않는 것은?

① 주류, 담배, 현금, 수표를 교정시설에 반입하거나 소지, 사용, 수수, 교환 또는 은닉하는 행위
② 타인을 해할 목적으로 위험한 물건 또는 흉기를 소지, 은닉하는 행위
③ 수용자에게 전달할 목적으로 주류, 담배, 현금, 수표를 허가 없이 교정시설에 반입하는 때
④ 정당한 사유 없이 일시석방 후 24시간 이내에 교정시설 또는 경찰관서에 출석하지 아니하는 행위

해설

② (×) 이는 형집행법상 벌칙규정에 해당하지 않는다. ①③은 6개월 이하의 징역 또는 200만원 이하의 벌금에 처하고(「법」 제132조 제1항), ④는 1년 이하의 징역에 처한다(「법」 제133조). 형집행법상 벌칙규정은 일반 형사 법률에 따라 처벌할 수 없는 성격의 위반행위에 대한 제재규정이므로 유사문제가 출제될 경우 일반형사범에 해당하는 지문을 정답으로 고르는 지혜가 요구된다.
①, ③ (○). 1년 이하의 징역 또는 1천만원 이하의 벌금에 처한다. 제132조(금지물품을 지닌 경우) 제2항, 제133조(금지물품의 반입) 제2항 참조.

정답 ②

52 형집행법상 교정시설 내 물품 지님(소지) 금지 물품 및 소지·반입에 따른 벌칙내용에 어긋나는 것은?

① 마약·총기·도검·폭발물·흉기·독극물을 소지하거나 사용하는 행위를 한 사람은 2년 이하의 징역에 처한다.
② 수용자가 소장의 허가없이 무인비행장치를 소지한 경우 2년 이하의 징역 또는 2천만원 이하의 벌금에 처한다.
③ 음란물·사행행위에 사용되는 물품을 수용자가 소지하는 경우에는 징벌처분을 과하는 외에 처벌할 수 없으나, 그러한 물건을 수용자에게 전달할 목적으로 교정시설에 반입한 사람은 1년 이하의 징역 또는 1천만원 이하의 벌금에 처한다.
④ 소장의 허가없이 교정시설 내부를 녹화·촬영한 사람은 1년 이하의 징역 또는 1천만원 이하의 벌금에 처하되, 미수범도 처벌한다.

해설

① (×) 마약·총기 등은 교정시설 아닌 경우에도 이를 소지하거나 사용하는 것이 금지되어 있고, 형법 및 특별법에서 처벌규정을 두고 있으므로 「형집행법」에서는 별도로 벌칙 규정을 두고 있지 않다.
② (○) 「법」 제132조 참조.
③ (○) 음란물 등은 소지에 따른 벌칙을 두지 않고, 반입에 따른 벌칙만 규정하고 있다. 「법」 제133조 2항 참조.
④ (○) 「법」 제135조 및 제136조 참조.

정답 ①

53 다음 중 옳은 것은 모두 몇 개인가?

㉠ 소장은 사형확정자의 심리적 안정과 원만한 사회생활을 위하여 필요하다고 인정하는 경우에는 월 3회 이내의 범위에서 전화통화를 허가하여야 한다.
㉡ 가석방자가 국내에서 거주지를 이전하거나 10일 이상 여행하려는 경우에는 관할 경찰서의 장에게 허가받아야 하고, 국외로 이주하거나 여행하려는 경우에는 법무부장관의 허가를 받아야 한다.
㉢ 소장은 가석방 적격심사신청 대상자를 선정한 경우 선정된 날부터 5일 이내에 법무부장관에게 가석방 적격심사신청을 하여야 한다.
㉣ 가석방취소자 및 가석방실효자의 잔형기간은 가석방을 실시한 날부터 원래 형기의 종료일까지 하고, 잔형집행 기산일은 가석방의 취소 또는 실효로 인하여 교정시설에 수용된 다음 날부터 한다.
㉤ 교정자문위원회의 위원은 내부위원과 외부인원으로 구성하고, 외부인원 중 3명 이상은 여성으로 한다.
㉥ 징벌위원회의 외부위원은 변호사 또는 대학에서 법률학을 가르치는 전임강사 이상의 직에 있는 사람 중에서 교정자문위원회의 추천을 받아 소장이 위촉한다.
㉦ 소장은 징벌위원회 외부위원이 직무를 게을리 하거나 품위를 손상하는 행위를 하였을 때, 특정 종파나 사상에 편향되어 징벌의 공정성을 해칠 우려가 있는 때에 해당하는 경우가 아니라면 임기 중에 해촉할 수 없다.
㉧ 소장은 수형자를 석방하는 경우 특히 필요하다고 인정하면 한국법무보호복지공단에 그에 대한 보호를 요청하여야 한다.
㉨ 소장은 병원이나 그 밖의 연구기관이 학술연구상의 필요에 따라 시신인도를 청구하면 본인의 유언 또는 가족의 승낙이 있는 경우에 한하여 인도할 수 있다.
㉩ 교정자문위원회의 위원은 자신의 권한을 특정인이나 특정 단체의 이익을 위하여 행사하지 아니할 것 등 소정의 지켜야 할 사항의 내용을 지키겠다는 서약을 해야 한다.

① 1개　　　　　② 2개
③ 4개　　　　　④ 5개

해설

㉠ (×) 원만한 사회생활(×) → 원만한 수용생활(○) / 허가하여야 한다(×) → 허가할 수 있다(○).
㉡ (×) 국내·외 여행이나 거주지 이전·이주 모두 관할 경찰서장에게 신고하면 된다. 「가석방자관리규정」 제6조 및 제13조 참조.
㉢ (×) 법무부장관(×) → 가석방심사위원회 또는 보호관찰심사위원회(○).
㉣ (×) 실시한 날(×) → 실시한 다음 날(○) / 수용된 다음 날(×) → 수용된 날(○).
㉤ (×) 내부위원(×), 3명 이상(×) → 4명 이상(○).
㉥ (×) 전임강사(×) → 조교수(○) / 교정자문위원회의 추천을 받아(×). 외부 위원은 「시행규칙」에 규정한 자격을 갖춘 사람 중에서 소장이 직권으로 위촉하는 것이지 추천을 요하지 않는다. '추천'을 요건으로 하는 것은 취업지원협의회 외부위원, 교정위원, 교정자문위원회 위원이다. 「법」제111조 2항 및 「시행규칙」 제223조 1항 참조.

ⓢ (×) <현행법령상 해촉 사유>

1. 심신장애로 직무수행이 불가능하거나 현저히 곤란하다고 인정되는 경우
2. 직무와 관련된 비위사실이 있는 경우
3. 직무태만, 품위 손상, 그 밖의 사유로 인하여 위원으로서 직무를 수행하기 적합하지 아니하다고 인정되는 경우
4. 위원 스스로 직무를 수행하는 것이 곤란하다고 의사를 밝히는 경우
5. 특정 종파나 특정사상에 편향되어 징벌의 공정성을 해칠 우려가 있는 경우

ⓞ (×) 요청하여야 한다(×) → 요청할 수 있다(○).
ⓩ (×) 가족의 승낙(×) → 상속인의 승낙(○).
ⓒ (○) 「시행규칙」 제269조 참조. 이 지문만 옳음.

정답 ①

54 현행법령상 다음에 제시된 괄호 안에 들어갈 숫자들의 합은? '19. 5급(교정관) 승진

ㄱ. 경찰관서에 설치된 유치장에는 수형자를 (   )일 이상 수용할 수 없다.
ㄴ. 개방처우급 수형자의 전화통화 허용횟수는 처우상 특히 필요한 경우를 제외하고는 월 (   )회 이내이다.
ㄷ. 공소가 제기된 범죄는 판결의 확정이 없이 공소를 제기한 때로부터 (   )년을 경과하면 공소시효가 완성한 것으로 간주한다.
ㄹ. 형의 선고를 유예하는 경우에 재범방지를 위하여 지도 및 원호가 필요한 때에는 (   )년간 보호관찰을 받을 것을 명할 수 있다.
ㅁ. 가석방심사위원회의 회의록은 가석방 결정 등을 한 후 (   )년이 경과한 때부터 공개한다.

① 41
② 61
③ 62
④ 64
⑤ 66

해설

ㄱ. (30) 「형집행법 시행령」 제107조 참조. ㄴ. (5회) 「시행규칙」 제90조 1항 참조. ㄷ. (25) 「형사소송법」 제249조 2항 참조. ㄹ. (1) 「형법」 제59조의 2참조. ㅁ. (5) 「법」 제120조 3항 참조.

정답 ⑤

55 「교도관직무규칙」상 교정직교도관의 직무에 대한 설명으로 옳지 않은 것은? '20. 7급

① 수용자를 부를 때에는 수용자 번호와 성명을 함께 부르는 것이 원칙이다.
② 수용자의 도주, 폭행, 소요, 자살 등 구금목적을 해치는 행위에 관한 방지 조치는 다른 모든 직무에 우선한다.
③ 교정직교도관이 수용자의 접견에 참여하는 경우에는 수용자와 그 상대방의 행동·대화내용을 자세히 관찰하여야 한다.
④ 수용자가 작성한 문서로서 해당 수용자의 날인이 필요한 것은 오른손 엄지손가락으로 손도장을 찍게 하는 것이 원칙이다.

해설
① (×) 수용자를 부를 때에는 수용자의 번호를 사용한다. 다만, 수용자의 심리적 안정이나 교화를 위하여 필요한 경우에는 수용자의 번호와 성명을 함께 부르거나 성명만을 부를 수 있다. 같은 규칙 제12조 참조.

정답 ①

56 형의 집행 및 수용자 처우에 관한 법령상 교정자문위원회에 대한 설명으로 옳은 것은? '21. 9급

① 수용자의 관리·교정교화 등 사무에 관한 소장의 자문에 응하기 위하여 교도소에 교정자문위원회를 둔다.
② 교정자문위원회는 5명 이상 7명 이하의 위원으로 성별을 고려하여 구성하고, 위원장은 위원 중에서 호선하며, 위원은 교정에 관한 학식과 경험이 풍부한 외부인사 중에서 소장의 추천을 받아 법무부장관이 위촉한다.
③ 교정자문위원회 위원장이 부득이한 사유로 직무를 수행할 수 없을 때에는 부위원장이 그 직무를 대행하고, 부위원장도 부득이한 사유로 직무를 수행할 수 없을 때에는 위원 중 연장자인 위원이 그 직무를 대행한다.
④ 교정자문위원회 위원 중 4명 이상은 여성으로 한다.

해설
① (×) 소장의 자문에 응하기 위하여(×) → 지방교정청장의 자문에 응하기 위하여(○), 교도소에(×) → 지방교정청에(○).
② (×) 5명 이상 7명 이하(×) → 10명 이상 15명 이하(○), 소장의 추천(×) → 지방교정청장의 추천(○).
③ (×) 위원 중에서 연장자인 위원이 그 직무를 대행한다(×) → 위원장이 미리 지정한 위원이 그 직무를 대행한다
(○).「형집행법」제 129조 및 그 시행령 제267조 참조.

▷ 교정자문위원회와 관련된 법률 및 시행규칙 규정은 최근에 개정되어 앞으로 2~3년은 특히 출제빈도가 높다.

정답 ④

57 형의 집행 및 수용자의 처우에 관한 법령상 교정자문위원회에 대한 설명으로 옳은 것은? '24. 5급(교정관) 승진

① 수용자의 관리ㆍ교정교화 등 사무에 관한 소장의 자문에 응하기 위하여 지방교정청에 교정자문위원회를 둔다.
② 교정자문위원은 교정에 관한 학식과 경험이 풍부한 외부인사 중에서 소장의 추천을 받아 법무부장관이 위촉한다.
③ 교정자문위원회의 위원장은 위원 중에서 호선하며, 부위원장은 위원장이 지명한다.
④ 위원회는 10명 이상 15명 이하의 위원으로 성별을 고려하여 구성하고, 위원 중 4명 이상은 여성으로 한다.

> **해설**
> ① (×) 소장(×) → 지방교정청장(○). 법 129조 1항.
> ② (×) 소장(×) → 지방교정청장(○). 법 129조 2항.
> ③ (×) 부위원장은 위원 중에서 호선한다. 시행규칙 제265조 1항.
>
> 정답 ④

58 「형의 집행 및 수용자의 처우에 관한 법률」상 벌칙규정에 대한 설명으로 (㉠) ~ (㉤)에 들어갈 숫자의 합으로 옳은 것은? '24. 5급(교정관) 승진

> 제132조(금지물품을 지닌 경우) ① 수용자가 제92조(금지물품) 제2항을 위반하여 소장의 허가 없이 무인비행장치, 전자ㆍ통신기기를 지닌 경우 (㉠)년 이하의 징역 또는 (㉡)천만원 이하의 벌금에 처한다.
>
> 제133조(금지물품의 반입) ① 소장의 허가 없이 무인비행장치, 전자ㆍ통신기기를 교정시설에 반입한 사람은 (㉢)년 이하의 징역 또는 (㉣)천만원 이하의 벌금에 처한다.
>
> 제134조(출석의무 위반 등) 다음 각 호의 어느 하나에 해당하는 행위를 한 수용자는 1년 이하의 징역에 처한다.
> 1. 정당한 사유 없이 제102조(재난 시의 조치) 제4항을 위반하여 일시석방 후 (㉤)시간 이내에 교정시설 또는 경찰관서에 출석하지 아니하는 행위
> 2. 귀휴ㆍ외부통근, 그 밖의 사유로 소장의 허가를 받아 교도관의 계호 없이 교정시설 밖으로 나간 후에 정당한 사유 없이 기한까지 돌아오지 아니하는 행위

① 32　　② 34　　③ 36　　④ 38

> **해설**
> ②(○)　㉠ - 2, ㉡ - 2, ㉢ - 3, ㉣ - 3, ㉤ - 24
>
> 정답 ②

59 「형의 집행 및 수용자의 처우에 관한 법률」상 벌칙 규정에 대한 설명으로 옳은 것(○)과 틀린 것(×)이 바르게 연결된 것은? '24. 6급(교감) 승진

㉠ 소장의 허가 없이 무인비행장치, 전자·통신기기를 반입한 사람은 3년 이하의 징역 또는 3천만원 이하의 벌금에 처한다.
㉡ 주류·담배·화기·현금·수표를 지닌 경우 1년 이하의 징역 또는 1천만원 이하의 벌금에 처한다.
㉢ 정당한 사유 없이 제102조(재난 시의 조치) 제4항을 위반하여 일시석방 후 24시간 이내에 교정시설 또는 경찰관서에 출석하지 아니하는 행위를 한 수용자는 1년 이하의 징역 또는 1천만원 이하의 벌금에 처한다.
㉣ 소장의 허가 없이 교정시설 내부를 녹화·촬영한 사람은 1년 이하의 징역 또는 1천만원 이하의 벌금에 처한다.

	㉠	㉡	㉢	㉣		㉠	㉡	㉢	㉣
①	(×)	(○)	(○)	(○)	②	(×)	(×)	(○)	(○)
③	(○)	(○)	(×)	(○)	④	(○)	(○)	(○)	(×)

해설

㉢ (×) 1년 이하의 징역 또는 1천만원 이하의 벌금(×) → 1년 이하의 징역(○). 정당한 사유 없이 제102조(재난 시의 조치) 제4항을 위반하여 일시석방 후 24시간 이내에 교정시설 또는 경찰관서에 출석하지 아니하는 행위를 한 수용자는 <u>1년 이하의 징역에 처한다.</u>

정답 ③

---

60 「형의 집행 및 수용자의 처우에 관한 법률 시행규칙」상 징벌 부과기준에 대한 설명으로 ( )안에 들어갈 숫자의 합은? '23. 5급(교정관) 승진

제215조(징벌 부과기준) 수용자가 징벌대상행위를 한 경우 부과하는 징벌의 기준은 다음 각 호의 구분에 따른다.
1. 법 제107조 제1호·제4호 및 이 규칙 제214조 제1호부터 제3호까지의 규정 중 어느 하나에 해당하는 행위는 (㉠)일 이상 (㉡)일 이하의 금치(禁置)에 처할 것. 다만, 위반의 정도가 경미한 경우 그 기간의 2분의 1의 범위에서 감경할 수 있다.
2. 법 제107조 제5호, 이 규칙 제214조 제4호·제5호·제5호의2 및 제6호부터 제8호까지의 규정 중 어느 하나에 해당하는 행위는 다음 각 목의 어느 하나에 처할 것
  가. (㉢)일 이상 (㉣)일 이하의 금치. 다만, 위반의 정도가 경미한 경우 그 기간의 2분의 1의 범위에서 감경할 수 있다.
  나. 3개월의 작업장려금 삭감

3. 법 제107조 제2호 · 제3호 및 이 규칙 제214조 제9호부터 제14호까지의 규정 중 어느 하나에 해당하는 행위는 다음 각 목의 어느 하나에 처할 것
   가. (ⓜ)일 이상 (ⓑ)일 이하의 금치
   나. 2개월의 작업장려금 삭감
4. 제214조 제15호부터 제18호까지의 규정 중 어느 하나에 해당하는 행위는 다음 각 목의 어느 하나에 처할 것
   가. (ⓢ)일 이하의 금치
   나. 30일 이내의 실외운동 및 공동 행사 참가 정지
   다. 30일 이내의 접견 · 편지수수 · 집필 및 전화통화 제한
   라. 30일 이내의 텔레비전시청 및 신문열람 제한
   마. 1개월의 작업장려금 삭감

① 121
② 123
③ 125
④ 127

해설

(㉠): 21, (㉡): 30, (㉢): 16, (㉣): 20, (㉤): 10, (㉥): 15, (㉦): 9

정답 ①

- 수고많으셨습니다. 합격으로 보답 꼭 받으실거에요 ! -

MEMO

2024년 7급 국가직 교정학 공채시험
(10월 12일 실시)

01 교정학(형사정책)의 연구에 대한 설명으로 옳지 않은 것은? <형사정책>

① 실험연구에서 실험집단과 통제집단을 무작위 할당하는 이유는 두 집단 간 통계적 등가성을 확보하기 위함이다.
② 참여관찰법은 연구자가 조사 대상의 활동에 참여함으로써 조사 대상에 대한 생생한 실증 자료를 얻을 수 있다.
③ 공식범죄통계는 발생한 모든 범죄를 집계하기 때문에 전체 범죄실태가 정확히 파악될 수 있다.
④ 피해자조사는 공식범죄통계자료의 한계를 극복하고 범죄예방대책을 마련하기 위한 자료로 활용될 수 있다.

해설

③ (×) 공식범죄통계는 모든 범죄를 대상으로 집계할 수는 있으나, 발생한 모든 범죄 중 암수 범죄(숨은 범죄)는 포함시킬 수가 없으므로 전체 범죄실태가 정확히 파악될 수 없다. 「김옥현의 한 권으로 끝내는 보호직 형사정책」, 49쪽 참조.
④ (○) 피해자조사는 대표적인 암수 해명 방법 중 하나이다. 이 방법은 공식범죄통계자료에 나타나지 않은 범죄도 파악할 수 있으므로 공식통계의 한계를 보완·극복하여 더욱 정확한 실제 범죄에 가까운 자료를 기초로 범죄예방대책을 마련하는 데 활용될 수 있다.

정답 ③

02 교정사에 대한 설명으로 옳지 않은 것은? <교정학>

① 1896년 법률 제3호 「형률명례(刑律名例)」는 형률(刑律)을 사형(死刑), 유형(流刑), 역형(役刑), 태형(笞刑)의 4종류로 규정하였다.
② 1912년 「조선태형령(朝鮮笞刑令)」에 의하면 태형(笞刑)은 16세 이상 60세 이하의 남자가 아니면 이를 부과할 수 없다.
③ 미군정하에서 실시된 「우량한 수형자 석방령」은 선시제(Good Time system)의 성격을 가진다.
④ 교정관계법령은 「조선감옥령」, 「감옥규칙」, 「행형법」, 「형의 집행 및 수용자의 처우에 관한 법률」의 순으로 변천되었다.

해설

④ (×) 교정 관계 법령은 1894년 「감옥규칙」, 1912년 「조선감옥령」, 1950년 「행형법」, 2007년 「형의 집행 및 수용자의 처우에 관한 법률」의 순으로 변천되었다. 「감옥규칙」을 폐지하고 「조선감옥령」을 제정하여 시행한 시기는 일제강점기 1912년이다. 1912년 10월 1일, 일제는 「조선감옥령」을 공포하여 조선에서의 교정 행정을 체계화하고, 식민 지배 아래의 교도소 운영 방식을 법제화했다. 이는 기존의 대한제국 시절에 시행되던 「감옥규칙」을 폐지하고, 일본의 형법 체계를 반영한 교정 제도를 도입한 것이다.

① (○) 1896년 법률 「형률명례(刑律名例)」는 형의 종류를 사형(死刑), 유형(流刑), 역형(도형·徒刑), 태형(笞刑)의 4종류로 규정하였다. 역형(役刑)은 형기 중 강제노역을 집행하는 형벌로서, 도형(徒刑)의 다른 명칭이었다.

② (○) 태형은 일본에서는 이미 폐지되었지만, 1912년 「조선태형령(朝鮮笞刑令)」에 의해 일본의 식민지인 조선에서는 태형(笞刑)이 시행되었다. 다만, 적용 대상은 16세 이상 60세 이하의 남자가 아니면 이를 부과할 수 없도록 규정했다.

③ (○) 미군정하에서 실시된 「우량 수형자 석방령」은 선시제의 성격을 가진다. 이 제도는 조기 석방제도의 성격을 지니며 1953년 「형법」 제정에 의해 폐지되었고, 현재는 이 제도를 대신하여 가석방제도만 시행되고 있다.

정답 ④

---

03 구금 및 교정 처우 제도에 대한 설명으로 옳지 않은 것은? <교정학>

① 펜실베이니아제(Pennsylvania system)는 혼거구금을 통해 상호 간의 대화를 장려하여 자신의 범죄에 대해 반성하고 속죄케 하는 정신적 개선에 중점을 둔 구금제도이다.

② 오번제(Auburn system)는 주간에는 대화를 엄격히 금지한 가운데 수형자들을 공장에 혼거 취업하게 하고, 야간에는 독방에 구금하여 취침하게 하는 제도이다.

③ 보스탈제(Borstal system)는 주로 16세에서 21세까지의 범죄소년을 수용하여 직업훈련 및 학과교육 등을 실시함으로써 교정·교화하려는 제도이다.

④ 아일랜드제(Irish system)는 단계별 진급에 따라 수용자들을 관리하고 석방이나 조건부 석방이 가능한 제도이다.

해설

① (×) 펜실베이니아제는 엄정독거제로서 '필라델피아제도'라고도 한다. 이 구금제도는 고독 속의 참회사상을 기초로 의사소통을 금지하는 침묵을 통해 자신의 범죄에 대해 반성하고 속죄케 하는 정신적 개선에 중점을 둔 구금제도이다.

정답 ①

04 형의 집행 및 수용자의 처우에 관한 법령상 접견 및 편지 수수에 대한 설명으로 옳지 않은 것은? <교정학>

① 미결수용자(형사사건으로 수사 또는 재판을 받고 있는 수형자와 사형확정자는 제외함)가 변호인 또는 변호인이 되려는 사람과 접견하는 경우 접촉차단시설이 설치되지 아니한 장소에서 접견하게 한다.
② 미결수용자와 변호인 간의 편지는 교정시설에서 상대방이 변호인임을 확인할 수 없는 경우를 제외하고는 검열할 수 없다.
③ 수용자가 미성년자인 자녀와 접견하는 경우 접촉차단시설이 설치되지 아니한 장소에서 접견하게 할 수 있다.
④ 소장은 소송사건의 수 또는 소송내용의 복잡성 등을 고려하여 소송의 준비를 위하여 특히 필요하다고 인정하면 소송사건 대리인인 변호사와 수용자의 접견 시간 및 횟수를 늘릴 수 있다.

해설

① (×) 형사사건으로 수사 또는 재판을 받고 있는 수형자와 사형확정자는 제외함(×) → 형사사건으로 수사 또는 재판을 받고 있는 수형자와 사형확정자는 포함함(○). 형사사건으로 수사 또는 재판을 받고 있는 수형자와 사형확정자를 포함한 미결수용자가 변호인 또는 변호인이 되려는 사람과 접견하는 경우 접촉차단시설이 설치되지 아니한 장소에서 접견하게 한다. 「형집행법」 제41조 2항 참조.

정답 ①

05 「형의 집행 및 수용자의 처우에 관한 법률」상 '형의 집행 및 수용자 처우에 관한 기본계획'(이하 "기본계획"이라 함)에 대한 설명으로 옳지 않은 것은? <교정학>

① 법무부장관은 5년마다 기본계획을 수립하여야 한다.
② 법무부장관은 기본계획을 수립 또는 변경하려는 때에는 법원, 검찰 및 경찰 등 관계 기관과 협의하여야 한다.
③ 법무부장관은 교정자문위원회의 심의를 받아 기본계획을 수립 또는 변경하여야 한다.
④ 법무부장관은 기본계획을 수립하기 위하여 실태조사와 수요예측 조사를 실시할 수 있다.

해설

③ (×) 법무부장관은 기본계획을 수립 또는 변경하려는 때에는 법원, 검찰 및 경찰 등 관계기관과 협의하여야 한다. 「형집행법」 제5조의 2 제3항 참조.

정답 ③

06 (가)~(라)에 들어갈 숫자를 바르게 연결한 것은? <교정학>

「형의 집행 및 수용자의 처우에 관한 법률 시행규칙」상 기본수용급은 여성수형자, 외국인수형자, 금고형수형자, (가) 세 미만의 소년수형자, (나) 세 미만의 청년수형자, (다) 세 이상의 노인수형자, 형기가 (라) 년 이상인 장기수형자, 정신질환 또는 장애가 있는 수형자, 신체질환 또는 장애가 있는 수형자로 구분한다.

	(가)	(나)	(다)	(라)		(가)	(나)	(다)	(라)
①	18	23	65	15	②	18	25	70	10
③	19	23	65	10	④	19	25	70	15

해설

③ (○) (가): 18, (나): 23, (다): 65, (라): 10. 「형집행법 시행규칙」 제73조 참조.

정답 ③

07 형의 집행 및 수용자의 처우에 관한 법령상 수용자의 이송에 대한 설명으로 옳은 것은? <교정학>

① 소장은 사형확정자의 교육·교화프로그램, 작업 등을 위하여 필요하거나 교정시설의 안전과 질서유지를 위하여 특히 필요하다고 인정하는 경우에는 지방교정청장의 승인을 받아 사형확정자를 다른 교정시설로 이송할 수 있다.
② 소장은 징벌을 받고 교육 부적격자로 판단되어 교육대상자 선발이 취소된 수형자를 반드시 선발 당시 소속기관으로 이송하여야 한다.
③ 지방교정청장은 교정시설의 안전과 질서유지를 위하여 긴급하게 이송할 필요가 있다고 인정되는 때에는 관할 내 수용자 이송을 승인할 수 있다.
④ 소장은 조직폭력수형자가 작업장 등에서 다른 수형자와 음성적으로 세력을 형성하는 등 집단화할 우려가 있다고 인정하는 경우에는 지방교정청장에게 해당 조직폭력수형자의 이송을 지체 없이 신청하여야 한다.

해설

③ (○) 지방교정청장은 교정시설의 안전과 질서유지를 위하여 긴급하게 이송할 필요가 있다고 인정되는 때에는 관할 내 수용자 이송을 승인할 수 있다. 「형집행법 시행령」 제22조 1항 참조.
① (×) 지방교정청장의 승인(×) → 법무부장관의 승인(○). 「형집행법 시행규칙」 제151조 참조.
② (×) 반드시 선발 당시 소속기관으로 이송하여야 한다(×). 소장은 특별한 사유가 없으면 교육기간 동안에 교육대상자를 다른 기관으로 이송할 수 없다. 교육대상자의 선발이 취소되거나 교육대상자가 교육을 수료하였을 때에는 선발 당시 소속기관으로 이송한다. 다만, 집행할 형기가 이송 사유가 발생한 날부터 3개월 이내인 때, 징벌을 받고 교육 부적격자로 판단되는 때의 사유로 인하여 교육대상자 선발이 취소된

때, 소속기관으로의 이송이 부적당하다고 인정되는 **특별한 사유가 있는 때**의 어느 하나에 해당하는 경우에는 소속기관으로 이송하지 아니하거나 다른 기관으로 이송할 수 있다.
④ (×) 지방교정청장에게(×) → 법무부장관에게(○). 「형집행법 시행규칙」 제201조 참조.

정답 ③

08 형의 집행 및 수용자의 처우에 관한 법령상 소득점수 평가에 대한 설명으로 옳은 것은? <교정학>

① 소장이 작업장 중 작업의 특성이나 난이도 등을 고려하여 필수 작업장으로 지정하는 경우 소득점수의 수는 10퍼센트 이내, 우는 30퍼센트 이내의 범위에서 각각 확대할 수 있다.
② 경비처우급을 상향 또는 하향 조정하기 위하여 고려할 수 있는 평정소득점수의 기준은 수용 및 처우를 위하여 특히 필요한 경우 법무부장관이 달리 정할 수 있다.
③ 부정기재심사의 소득점수 평정 대상 기간은 사유가 발생한 달의 다음 달까지로 한다.
④ 수형자의 수형생활 태도는 책임감 및 협동심의 정도에 따라 매우 양호(수, 5점)·양호(우, 4점)·보통(미, 3점)·개선 요망(양, 2점)·불량(가, 0점)으로 구분하여 채점한다.

해설

② (○) 「형집행법 시행규칙」 제81조(경비처우급 조정) 참조.
① (×) ① 수형생활 태도 점수와 작업 또는 교육성적 점수는 **수형생활 태도·작업 또는 교육 성적**에 따라 채점하되, 수는 소속 작업장 또는 교육장 전체 인원의 10퍼센트를 초과할 수 없고, 우는 30퍼센트를 초과할 수 없다. 다만, 작업장 또는 교육장 전체인원이 4명 이하인 경우에는 수·우를 각각 1명으로 채점할 수 있다. 소장이 작업장 중 작업의 특성이나 난이도 등을 고려하여 필수 작업장으로 지정하는 경우 소득점수의 수는 5퍼센트 이내, 우는 10퍼센트 이내의 범위에서 각각 확대할 수 있다. 「형집행법 시행규칙」 제79조(소득점수 평가기준) 참조.
③ (×) 발생한 달의 다음 달까지(×) → 사유가 발생한 달까지(○). 소장은 재심사를 하는 경우에는 그 때마다 평가한 수형자의 소득점수를 평정하여 경비처우급을 조정할 것인지를 고려하여야 한다. 다만, **부정기재심사의 소득점수 평정 대상 기간은 사유가 발생한 달까지**로 한다. 「형집행법 시행규칙」 제80조(소득점수 평정 등) 1항 단서 참조.
④ (×) 수형자의 소득점수 평가 방법은 **수형생활 태도**는 품행·책임감 및 협동심의 정도에 따라 매우 양호(수, 5점)·양호(우, 4점)·보통(미, 3점)·개선 요망(양, 2점)·불량(가, 1점)으로 구분하여 채점한다. **작업 또는 교육 성적**은 부과된 작업·교육의 실적 정도와 근면성 등에 따라 매우 우수(수, 5점)·우수(우, 4점)·보통(미, 3점)·노력 요망(양, 2점)·불량(가, 1점)으로 구분하여 채점한다. 「형집행법 시행규칙」 제78조(소득점수 평가 기간 및 방법) 제2항 참조.

정답 ②

09 범죄원인론에 대한 설명으로 옳은 것은? <형사정책>

① 고링(C. Goring)은 생물학적 결정론과 내적 요인에 관한 탐구의 필요성을 역설하고, 생래적 범죄인설을 지지하였다.
② 나이(F. Nye)는 청소년들의 비행을 예방할 수 있는 사회통제방법으로 직접 통제, 간접 통제, 내부 통제, 욕구충족의 가능성(availability of need satisfaction)으로 분류하고, 소년비행을 예방할 수 있는 가장 효율적인 방법은 내부통제라고 하였다.
③ 콜버그(L. Kohlberg)는 상당수의 범죄자는 도덕발달 6단계 중 관습적(conventional) 수준인 3~4단계에 해당한다고 주장하였다.
④ 퀴니(R. Quinney)는 범죄를 정치적으로 조직화된 사회에서 권위가 부여된 공식기관들에 의해 만들어진 인간의 행동으로 정의하였다.

해설

① (×) 고링은 '타고난(생래적) 범죄인 이론을 과학적으로 검증한 대표적인 범죄생물학적 이론가이다. 그는 범죄자는 범죄적 특질을 지니고 태어난다는 생물학적 결정론과 내적 요인에 관한 탐구의 필요성을 역설하였다. 그러나 생래적(타고난) 범죄인설을 부정하고 그것을 비판하였다. 「김옥현의 한 권으로 끝내는 보호직 형사정책」, 113~114쪽 참조.
② (×) 나이는 소년비행을 예방할 수 있는 가장 효율적인 방법은 비공식적 간접 통제라고 하였다. 「김옥현의 한 권으로 끝내는 보호직 형사정책」, 213~214쪽 참조.
③ (×) 관습(인습)적 수준인 3~4단계(×) → 전인습(관습) 수준인 1~2단계(○). 「김옥현의 한 권으로 끝내는 보호직 형사정책」, 138~139쪽 참조.
④ (○) 퀴니는 형법을 국가와 부르주아가 기존의 사회경제질서를 유지하고 영구화하기 위한 도구로 본다. 그리고 범죄를 정치적으로 조직화된 사회에서 권위가 부여된 공식기관들에 의해 만들어진 인간의 행동으로 정의하였다. 「김옥현의 한 권으로 끝내는 보호직 형사정책」, 244~245쪽 참조.

정답 ④

10 머튼(R. Merton)의 아노미(긴장)이론에 대한 설명으로 옳지 않은 것은? <형사정책>

① 사람들이 추구하는 목표는 선천적인 것이 아니며, 문화적 전통과 같은 사회환경에 의해 형성된다고 보았다.
② 사회적으로 인정되는 목표를 달성하기 위한 수단은 공평하게 주어지지 않는다고 보았다.
③ 개인적 수준의 긴장은 목표 달성의 실패, 긍정적 가치를 갖는 자극의 상실, 부정적 자극으로부터 발생한다고 보았다.
④ 개인의 목표는 다양하지만, 경제적 성공에만 집중하고 다른 목표를 경시한다는 비판을 받았다.

해설

③ (×) 개인적 수준의 긴장은 목표 달성의 실패, 긍정적 가치를 갖는 자극의 상실, 부정적 자극으로부터 발생한다고 본 학자는 애그뉴(R. Agnew)이다. 「김옥현의 한 권으로 끝내는 보호직 형사정책」, 190쪽 참조.

정답 ③

11 「형의 집행 및 수용자의 처우에 관한 법률 시행규칙」상 마약류수용자의 처우에 대한 설명으로 옳은 것만을 모두 고르면? <교정학>

> ㄱ. 소장은 체포영장·구속영장·공소장 또는 재판서에 「마약류관리에 관한 법률」, 「마약류 불법거래방지에 관한 특례법」, 그 밖에 마약류에 관한 형사 법률이 적용된 수용자에 대하여는 마약류수용자로 지정하여야 한다.
> ㄴ. 소장은 마약류수용자로 지정 후 5년이 지난 수용자(마약류에 관한 형사 법률 외의 법률이 같이 적용된 마약류수용자로 한정함)로서 수용생활태도, 교정성적 등이 양호한 경우에는 교도관회의의 심의 또는 분류처우위원회의 의결을 거쳐 지정을 해제할 수 있다.
> ㄷ. 소장은 교정시설에 마약류를 반입하는 것을 방지하기 위하여 필요하면 강제적으로 수용자의 소변을 채취하여 마약반응검사를 할 수 있다.
> ㄹ. 담당교도관은 마약류수용자의 보관품 및 지니는 물건의 변동 상황을 수시로 점검하고, 특이사항이 있는 경우에는 감독교도관에게 보고해야 한다.

① ㄱ, ㄷ
② ㄴ, ㄹ
③ ㄱ, ㄴ, ㄷ
④ ㄱ, ㄴ, ㄹ

해설

ㄷ (×) 강제적으로 수용자의 소변을 채취하여 마약반응검사를 할 수 있다(×) → 강제에 의하지 아니하는 범위에서 수용자의 소변을 채취하여 마약반응검사를 할 수 있다(○). 「형집행법 시행규칙」제206조(마약반응검사) 2항 참조.

정답 ④

12 다음에서 설명하는 교도작업의 경영방식은? <교정학>

> ○ 교정시설이 민간기업 등과 계약하여 노동력과 그에 대한 감독, 재료, 비용을 일괄 책임지고 그 작업 결과에 따라 약정금액을 수령한다.
> ○ 전문기술자를 확보하기 어렵고, 구외 작업이 많아 계호상 부담이 크며 민간기업을 압박할 가능성이 크다.
> ○ 작업 규모가 커서 불취업자 해소에 유리하고, 높은 수익이 보장된다.

① 직영방식
② 도급방식
③ 위탁방식
④ 노무방식

해설

② (○) 교정시설이 민간기업 등과 계약하여 노동력과 그에 대한 감독, 재료, 비용을 일괄 책임지고 그 작업 결과에 따라 약정금액을 수령하는 방식이 도급 방식이다.

정답 ②

13 형의 집행 및 수용자의 처우에 관한 법령상 수용자의 권리구제에 대한 설명으로 옳은 것은? <교정학>

① 처우에 불복하는 수용자는 소장에게 말로 하거나 청원서를 작성하여 봉한 후 제출하여 청원할 수 있다.
② 수용자가 처우에 관하여 각각 다른 사유로 반복하여 소장에게 면담을 신청하는 경우, 소장은 면담을 아니 할 수 있다.
③ 법무부장관, 지방교정청장 또는 소장은 청구일로부터 7일 이내에 정보의 공개 및 우송 등에 들 것으로 예상되는 비용을 산정하여, 정보공개를 청구한 수용자에게 미리 납부할 것을 통지하여야 한다.
④ 순회점검공무원은 수용자로부터 말로 청원을 받고 그 청원에 관하여 결정을 한 경우, 청원 및 결정의 요지를 청원부에 기록하여야 한다.

해설

① (×) 소장에게는 청원할 수 없다. 말로 직접 청원하거나 청원서를 작성하여 봉한 후 그 청원서를 소장에게 제출하여 청원할 수 있는 대상은 순회점검공무원이다. 수용자는 그 처우에 관하여 불복하는 경우 법무부장관·순회점검공무원 또는 관할 지방교정청장에게 청원할 수 있다. 법무부장관이나 관할 지방교정청장에게 청원할 경우에는 청원서를 작성하여 봉한 후 그 청원서를 소장에게 제출하여 청원할 수 있다. 즉, 법무부장관이나 관할 지방교정청장에게 하는 청원은 말로 할 수는 없고, 반드시 문서로써만 할 수 있다. 「형집행법」 제117조(청원) 참조.
② (×) 수용자가 처우에 관하여 각각 다른 사유로 반복하여 소장에게 면담을 신청하는 경우, 소장은 면담을 아니 할 수 없다. 「형집행법」 제117조(청원) 참조. 동일한 사유로 면담한 사실이 있음에도 불구하고 정당한 사유 없이 반복하여 면담을 신청하는 때에는 면담하지 아니해도 된다. 「형집행법」 제116조(소장 면담) 2항 참조.
③ (×) 통지하여야 한다(×) → 통지할 수 있다(○). 「형집행법 시행령」 제139조의 2(정보공개의 예상비용 등) 제2항 참조.
④ (○) 「형집행법 시행령」 제139조(순회점검공무원에 대한 청원) 3항 참조.

정답 ④

14 형의 집행 및 수용자의 처우에 관한 법령상 귀휴에 대한 설명으로 옳은 것은? <교정학>

① 재해로 수형자 본인에게 회복할 수 없는 중대한 재산상의 손해가 발생하였거나 발생할 우려가 있는 때는 귀휴 허가 사유에 해당하지 아니한다.
② 2개 이상의 징역형 또는 금고형을 선고받은 수형자의 경우, 그중 중한 형을 기준으로 귀휴 허가요건으로서의 형기를 계산하여야 한다.
③ 소장은 귀휴를 허가하면서 교도관을 동행시킨 경우, 귀휴자의 가족 또는 보호관계에 있는 사람으로부터 보호서약서를 제출받지 아니할 수 있다.
④ 무기형을 선고받은 수형자가 형의 집행을 받은 기간이 7년이 지났다면, 귀휴 허가요건으로서의 형기를 충족한다.

해설

① (×) 재해로 수형자 본인에게 회복할 수 없는 중대한 재산상의 손해가 발생하였거나 발생할 우려가 있는 때는 귀휴 허가 사유에 해당한다. 「형집행법」 제77조(귀휴) 1항 참조.
② (×) 2개 이상의 징역형 또는 금고형을 선고받은 수형자의 경우, 그 형기를 합산한다. 「형집행법 시행규칙」 제130조(형기기준 등) 1항 참조.
③ (×) 소장은 귀휴자의 가족 또는 보호관계에 있는 사람으로부터 보호서약서를 제출받아야 한다. 따라서 교도관을 동행시킨 경우에도 반드시 보호서약서를 제출받아야 한다. 「형집행법 시행규칙」 제141조(동행귀휴 등) 2항 참조.
④ (○) 소장은 6개월 이상 형을 집행받은 수형자로서 그 형기의 3분의 1(21년 이상의 유기형 또는 무기형의 경우에는 7년)이 지나고 교정성적이 우수한 사람이 법정 사유에 해당하면 1년 중 20일 이내의 귀휴를 허가할 수 있다. 「형집행법」 제77조(귀휴) 1항 참조.

정답 ④

15 형의 집행 및 수용자의 처우에 관한 법령상 중간처우에 대한 설명으로 옳지 않은 것은? <교정학>

① 중간처우 대상자의 선발절차는 분류처우위원회의 심의를 거쳐 소장이 정한다.
② 중간처우 대상자는 전담교정시설에 수용되어 그 특성에 알맞은 처우를 받되, 전담교정시설의 부족 등 부득이한 사정이 있는 경우에는 예외로 할 수 있다.
③ 형기가 2년 이상으로 범죄 횟수가 1회이고 중간처우를 받는 날부터 가석방 또는 형기 종료 예정일까지 기간이 3개월 이상 1년 6개월 미만인 개방처우급 또는 완화경비처우급 수형자에 대하여는 지역사회에 설치된 개방시설에 수용할 수 있다.
④ 소장은 교도작업에 지장을 주지 아니하는 범위에서 작업기술이 탁월하고 작업성적이 우수한 중간처우 대상 수형자에게 1일 2시간 이내로 개인작업을 하게 할 수 있다.

해설

① (×) 중간처우 대상자의 선발절차, 교정시설 또는 지역사회에 설치하는 개방시설의 종류 및 기준, 그 밖에 필요한 사항은 분류처우위원회의 심의는 거칠 필요 없이 법무부장관이 정한다. 「형집행법 시행규칙」 제93조(중간처우) 3항 참조.

정답 ①

16 보호관찰 심사위원회의 심사·결정 사항으로 옳지 않은 것은? <형사정책>

① 소년수형자에 대한 가석방과 그 취소
② 성충동 약물치료의 치료명령을 받아 보호관찰 중인 자의 보호관찰 준수사항 위반 정도와 치료기간 연장
③ 가석방되는 성인수형자에 대한 보호관찰의 필요성과 보호관찰이 부과된 가석방의 취소
④ 가석방 또는 임시퇴원된 사람이 있는 곳을 알 수 없어 보호관찰을 계속할 수 없는 때의 보호관찰 정지 및 그 해제

해설

② (×) '성충동 약물치료의 치료명령을 받아 보호관찰 중인 자의 보호관찰 준수사항 위반 정도와 치료기간 연장'은 보호관찰소의 장의 신청에 따른 검사의 청구로 법원이 결정한다. 「성폭력범죄자의 성충동 약물치료에 관한 법률」 제16조(치료기간의 연장 등) 참조. ①, ③, ④는 「보호관찰 등에 관한 법률」 제6조(관장 사무) 참조.

정답 ②

---

17 보호관찰 등에 관한 법령상 갱생보호제도에 대한 설명으로 옳지 않은 것은? <형사정책>

① 갱생보호의 방법 중 숙식 제공은 연장 기간을 포함하여 18개월을 초과할 수 없다.
② 갱생보호 신청은 갱생보호사업 허가를 받은 자 또는 한국법무보호복지공단 외에 보호관찰소의 장에게도 할 수 있다.
③ 갱생보호사업 허가를 받은 자가 정당한 이유 없이 허가를 받은 후 6개월 이내에 갱생보호사업을 시작하지 아니하거나 1년 이상 그 실적이 없는 경우, 법무부장관은 그 허가를 취소하여야 한다.
④ 갱생보호는 그 대상자가 자신의 친족 또는 연고자 등으로부터 도움을 받을 수 없거나 그 도움만으로는 충분하지 아니한 경우에 한하여 행한다.

해설

① (×) 18개월(×) → 24개월(○). 숙식제공은 6월을 초과할 수 없다. 다만, 필요하다고 인정하는 때에는 매회 6월의 범위내에서 3회에 한하여 그 기간을 연장할 수 있다. 「보호관찰 등에 관한 법률 시행령」 제41조(숙식 제공) 2항 참조.
② (○) 갱생보호 신청은 갱생보호사업 허가를 받은 자 또는 한국법무보호복지공단 외에 보호관찰소의 장에게도 할 수 있다. 「보호관찰 등에 관한 법률」 제66조(갱생보호의 신청 및 조치) 1항 참조.
③ (○) 갱생보호사업 허가를 받은 자가 정당한 이유 없이 허가를 받은 후 6개월 이내에 갱생보호사업을 시작하지 아니하거나 1년 이상 그 실적이 없는 경우 및 부정한 방법으로 갱생보호사업의 허가를 받은 경우에 해당하는 때에는 그 허가를 취소하여야 한다. 「보호관찰 등에 관한 법률」 제70조(갱생보호사업의 허가 취소 등) 참조.
④ (○) 「보호관찰 등에 관한 법률 시행령」 제40조(갱생보호) 1항 참조.

정답 ①

18 「성폭력범죄자의 성충동 약물치료에 관한 법률」상 치료명령에 대한 설명으로 옳은 것은? <형사정책>

① 치료감호심의위원회는 징역형과 함께 치료명령을 받은 자로 형기가 남아 있지 아니하거나 12개월 미만인 피치료감호자에 대하여 치료감호의 종료, 가종료, 치료위탁 결정을 하는 경우, 치료명령의 집행이 필요하지 아니하다고 인정되면 치료명령의 집행 면제를 결정할 수 있다.

② 교도소, 소년교도소, 구치소 및 치료감호시설의 장은 치료명령을 받은 사람이 석방되기 2개월 전까지 치료명령을 받은 사람의 주거지를 관할하는 보호관찰소의 장에게 그 사실을 통보하여야 한다.

③ 법원은 피고사건에 대하여 선고를 유예하거나 집행유예를 선고하는 때라도 치료명령을 선고할 수 있다.

④ 성폭력 수형자에게 고지된 법원의 치료명령 결정에 대한 항고와 그 항고법원의 결정에 대한 재항고는 치료명령 결정의 집행을 정지하는 효력이 없다.

해설

① (×) 12개월 미만(×) → 9개월 미만(○)/ 결정할 수 있다(×) → 결정을 하여야 한다(○). 제8조의3(치료감호심의위원회의 치료명령 집행 면제 등) 제1항: 치료감호심의위원회는 같은 피치료감호자 중 치료명령을 받은 사람(피치료감호자 중 징역형과 함께 치료명령을 받은 사람의 경우 형기가 남아 있지 아니하거나 9개월 미만의 기간이 남아 있는 사람에 한정한다)에 대하여 치료감호의 종료·가종료 또는 치료위탁 결정을 하는 경우에 치료명령의 집행이 필요하지 아니하다고 인정되면 치료명령의 집행을 면제하는 결정을 하여야 한다.

② (×) 2개월 전까지(×) → 3개월 전까지(○). 제11조(치료명령 판결 등의 통지) 2항: 교도소, 소년교도소, 구치소 및 치료감호시설의 장은 치료명령을 받은 사람이 석방되기 3개월 전까지 치료명령을 받은 사람의 주거지를 관할하는 보호관찰소의 장에게 그 사실을 통보하여야 한다. 제14조(치료명령의 집행) 3항: 치료명령을 받은 사람이 형의 집행이 종료되거나 면제·가석방 또는 치료감호의 집행이 종료·가종료 또는 치료위탁으로 석방되는 경우 보호관찰관은 석방되기 전 2개월 이내에 치료명령을 받은 사람에게 치료명령을 집행하여야 한다.

③ (×) 법원은 치료명령 청구가 이유 없다고 인정하는 때, 피고사건에 대하여 무죄(심신상실을 이유로 치료감호가 선고된 경우는 제외한다)·면소·공소기각의 판결 또는 결정을 선고하는 때, 피고사건에 대하여 피고사건에 대하여 벌금형을 선고하는 때, 선고를 유예하거나 집행유예를 선고하는 때의 어느 하나에 해당하는 때에는 판결로 치료명령 청구를 기각하여야 한다. 제8조(치료명령의 판결 등) 2항 참조.

④ (○) 제22조(성폭력 수형자에 대한 치료명령 청구) 11항 참조.

정답 ④

19 형의 집행 및 수용자의 처우에 관한 법령상 수형자의 교육에 대한 설명으로 옳은 것은? <교정학>

① 소장은 교육의 효과를 거두지 못하였다고 인정하는 교육대상자에 대하여 다시 교육을 할 수 있다.
② 소장은 교육대상자가 징벌을 받고 교육 부적격자로 판단되는 때에는 교육대상자 선발을 취소하여야 한다.
③ 「교육기본법」상 의무교육 대상인 수형자에 한하여 작업·직업훈련 등을 면제한다.
④ 소장은 집행할 형기가 1년인 수형자가 학사고시반 교육을 신청하는 경우에도 교육대상자로 선발할 수 있다.

해설

① (○) 「형집행법 시행규칙」 제101조(교육관리 기본원칙) 4항 참조.
② (×) 취소하여야 한다(×) → 취소할 수 있다(○). 「형집행법 시행규칙」 제105조(교육 취소 등) 1항 참조. 형사정책정 관련 법령상 취소는 '필요적 취소'도 있지만, 교정 관련 법령상 취소는 모두 '임의적 취소'이다. 「형집행법 시행규칙」 제105조(교육 취소 등) 1항 참조.
③ (×) 한하여(×). 「교육기본법」상 의무교육 대상인 수형자에 한하는 것이 아니라, 교육대상자 모두에게는 예외없이 작업·직업훈련 등을 면제한다. 「형집행법 시행규칙」 제107조(작업 등) 1항 참조.
④ (×) 소장은 집행할 형기가 2년 이상이어야 대상 자격이 있으므로, 1년인 수형자가 학사고시반 교육을 신청하는 경우에도 교육대상자로 선발할 수 없다. 독학에 의한 학위 취득과정(학사고시반)뿐만 아니라, 방송통신대학과정, 전문대학 위탁교육과정도 '집행할 형기가 2년 이상일 것'을 교육대상자 선정 요건으로 규정하고 있다. 「형집행법 시행규칙」 제109조(방송통신고등학교과정 설치 및 운영), 제110조(독학에 의한 학위 취득과정 설치 및 운영), 제111조(방송통신대학과정 설치 및 운영), 제112조(전문대학 위탁교육과정 설치 및 운영) 참조.

정답 ①

---

20 형의 집행 및 수용자의 처우에 관한 법령상 수용자의 처우에 대한 설명으로 옳지 않은 것은? <교정학>

① 노인 수용자 또는 장애인 수용자의 거실은 시설 부족 또는 그 밖의 부득이한 사정이 없는 한 건물 1층에 설치하여야 한다.
② 외국인 수용자의 수용 거실을 지정하는 경우, 종교 또는 생활관습이 다르거나 민족감정 등으로 인하여 분쟁의 소지가 있는 외국인 수용자는 거실을 분리하여 수용하여야 한다.
③ 노인 수형자 전담교정시설이 아닌 교정시설에서도 별도의 공동휴게실을 마련하고 노인이 선호하는 오락용품 등을 갖추어야 한다.
④ 소장은 19세 미만의 소년 수용자에 대하여 6개월에 1회 이상 건강검진을 하여야 한다.

해설

③ (×) 노인수형자 전담교정시설이 아닌 교정시설에서는 별도의 공동휴게실을 마련하고 노인이 선호하는 오락용품 등을 갖추어서는 아니 된다. '별도의 공동휴게실을 마련하고 노인이 선호하는 오락용품 등을 갖추어야 한다'는 규정은 오로지 노인수형자 전담교정시설에만 적용되기 때문이다. 「형집행법 시행규칙」 제43조(전담교정시설) 2항 참조.

정답 ③

21 형의 집행 및 수용자의 처우에 관한 법령상 교도작업에 대한 설명으로 옳지 않은 것은? <교정학>

① 19세 이상인 수형자의 경우, 실제 작업을 실시하지 않는 시간을 제외하고 1주의 작업시간은 52시간을 초과할 수 없지만, 수형자의 신청 시 주 8시간 이내의 범위에서 연장할 수 있다.
② 소장은 수형자에게 작업으로 인한 부상이나 질병으로 신체에 장해가 발생한 경우, 지방교정청장이 정한 바에 따라 본인에게 위로금을 지급한다.
③ 소장은 금고형 또는 구류형의 집행 중인 수형자가 자신의 신청으로 부과된 작업의 취소를 요청하는 경우, 그 수형자의 의사, 건강 및 교도관의 의견 등을 고려하여 취소할 수 있다.
④ 소장은 수형자의 신청에 따라 집중적인 근로가 필요한 작업을 부과하는 경우에는 접견·전화통화·교육·공동행사 참가 등의 처우를 제한할 수 있다.

해설

② (×) 지방교정청장이 정한 바에 따라(×) → 법무부장관이 정한 바에 따라(○). '위로금·조위금'은 '작업장려금'과는 달리 '지급할 수 있다'가 아니라 '지급한다'이다. 「형집행법」 제74조(위로금·조위금) 1항 참조. 교정 관련 법령상 '돈 지급'은 모두 '법무부장관이 정하는 바에 따라'이다.

정답 ②

22 보호관찰이 가능한 기간으로 옳지 않은 것은? <형사정책>

① 형의 선고를 유예하면서 보호관찰을 명받은 자는 1년
② 소년부 판사로부터 장기 보호관찰을 명받은 소년으로 보호관찰관의 신청에 따른 결정으로 그 기간이 연장된 자는 최대 4년
③ 「가정폭력범죄의 처벌 등에 관한 특례법」상 보호처분으로 보호관찰을 명받은 후 법원의 결정으로 보호처분의 기간이 변경된 자는 종전의 처분기간을 합산하여 최대 1년
④ 「성매매알선 등 행위의 처벌에 관한 법률」상 보호처분으로 보호관찰을 명받은 후 법원의 결정으로 보호처분의 기간이 변경된 자는 종전의 처분기간을 합산하여 최대 1년

해설

② (×) 최대 4년(×) → 최대 3년(○). 「소년법」 제33조(보호처분의 기간) 3항: 장기 보호관찰기간은 2년으로 한다. 다만, 소년부 판사는 보호관찰관의 신청에 따라 결정으로써 1년의 범위에서 한 번에 한하여 그 기간을 연장할 수 있다.
① (○). 「보호관찰 등에 관한 법률」 제30조(보호관찰의 기간) 참조.
③ (○) 「가정폭력범죄의 처벌 등에 관한 특례법」 제41조(보호처분의 기간): 제40조 제5호(보호관찰)의 보호처분의 기간은 6개월을 초과할 수 없다. 사회봉사·수강명령의 시간은 200시간을 각각 초과할 수 없다. 제45조(보호처분의 변경) 2항: 보호처분의 종류와 기간을 변경하는 경우 종전의 처분 기간을 합산하여 제5호(보호관찰)의 보호처분의 기간은 1년을 초과할 수 없다. 사회봉사·수강명령의 시간은 400시간을 각각 초과할 수 없다.

④ (○) 「성매매알선 등 행위의 처벌에 관한 법률」 제15조(보호처분의 기간): 제14조 1항 제2호(보호관찰) 보호처분 기간은 6개월을 초과할 수 없다. 사회봉사·수강명령은 100시간을 각각 초과할 수 없다. 제16조(보호처분의 변경) 2항: 보호처분의 종류와 기간을 변경할 때에는 종전의 처분기간을 합산하여 제14조 제1항 제2호(보호관찰)에 따른 보호처분 기간은 1년을 초과할 수 없다. 사회봉사·수강명령은 200시간을 각각 초과할 수 없다.

정답 ②

23 보호관찰 등에 관한 법령상 사회봉사명령 및 수강명령에 대한 설명으로 옳지 않은 것은? <형사정책>

① 보호관찰관이 사회봉사명령 또는 수강명령 집행을 국공립기관이나 그 밖의 단체에 위탁한 때에는 이를 법원 또는 법원의 장에게 서면으로 통보하여야 한다.
② 법원은 사회봉사명령 또는 수강명령 대상자가 지켜야 할 준수사항을 서면으로 고지하여야 한다.
③ 「소년법」상 사회봉사명령은 200시간, 수강명령은 100시간을 초과할 수 없다.
④ 사회봉사명령 또는 수강명령 대상자가 주거를 이전하거나 7일 이상 국내외여행을 할 때에는 미리 보호관찰소의 장에게 신고하여야 한다.

해설

④ (×) 7일 이상(×) → 1개월 이상(○). 「보호관찰 등에 관한 법률」 제62조(사회봉사·수강명령 대상자의 준수사항) 2항 참조. 이 법률상 보호관찰 대상자의 준수사항도 '주거를 이전(移轉)하거나 1개월 이상 국내외 여행을 할 때에는 미리 보호관찰관에게 신고할 것'으로 똑같이 규정하고 있다. 제32조(보호관찰 대상자의 준수사항) 2항 참조. '7일 이상 국내외여행을 할 때에는 미리 보호관찰소의 장에게 허가를 받아야 한다'라고 규정한 것은 「전자장치 부착 등에 관한 법률」상 전자장치 피부착자(제14조 3항)와 형 집행 종료 후 보호관찰대상자(제21조의 6 제2항) 및 「성폭력범죄자의 성충동 약물치료에 관한 법률」상 성충동 약물치료명령을 받은 자에 대해서도 해당한다(제15조 3항).

정답 ④

24 형벌이론에 대한 설명으로 옳지 않은 것은? <형사정책>

① 베카리아(C. Beccaria)는 사형을 폐지하고 종신 노역형으로 대체할 것을 주장하였다.
② 헤겔(G.W.F. Hegel)은 절대적 형벌론자였으며, 범죄행위는 법의 부정이며, 형벌은 법의 부정을 부정하는 것이라고 주장하였다.
③ 칸트(I. Kant)는 응보이론을 옹호했으며, 형벌은 일정한 목적을 추구하기 위해 존재하는 것이 아니라 범죄자에게 고통을 주는 그 자체가 가치 있는 것이라고 주장하였다.
④ 포이어바흐(A. Feuerbach)는 일반예방과 특별예방을 구별하고, 재사회화와 관련된 심리강제설을 주장하면서, 특별예방을 강조하였다.

해설

④ (×) 포이어바흐(A. Feuerbach)는 심리강제설을 주장하면서, 일반예방을 강조하였다. 특별예방을 강조한 대표적인 학자는 리스트(Liszt)이다. 「김옥현의 한 권으로 끝내는 보호직 형사정책」, 31쪽, 453쪽 참조.

정답 ④

25 형벌과 보안처분의 관계에 대한 설명으로 옳지 않은 것은? <형사정책>

① 일원주의에 따르면 형벌과 보안처분은 모두 사회방위와 범죄인의 교육 및 개선을 목적으로 하므로 본질적인 차이가 없다고 본다.
② 이원주의에 따르면 형벌의 본질은 책임을 기초로 한 과거 행위에 대한 응보이고, 보안처분은 장래의 위험성에 대한 대책이므로 양자는 그 기능이 다르다고 본다.
③ 대체주의는 보안처분에 의해서도 형벌의 목적을 달성할 수 있는 경우 형벌을 폐지하고 이를 보안처분으로 대체해야 한다는 입장이다.
④ 대체주의에 대해서는 책임원칙에 어긋나고 정의 관념에 반한다는 비판이 있다.

해설

③ (×) 대체주의(×) → 일원주의(○). '형벌 폐지'까지 주장하는 견해는 '일원주의'이다. 대체주의는 형벌은 책임의 정도에 따라 선고하고 보안처분은 재범 위험성에 따라 선고하되, 집행은 형벌 대신 보안처분으로 대체하는 방식이다. 그러므로 대체주의를 '대체 **집행주의**'라고도 부른다. 「김옥현의 한 권으로 끝내는 보호직 형사정책」, 488~489쪽 참조.

정답 ③

김옥현 객관식 교정학 기출·예상 문제집

- **인　쇄** : 2024년 12월 1일
- **발　행** : 2025년 1월 3일

- **편저자** : 김옥현
- **발행인** : 김연지
- **편집디자인** : 훈민정음
- **표지디자인** : 이혜은
- **발행처** : 도서출판 연(連)

- **주　　소** : 경기도 남양주시 호평동 615 203호
- **출판등록** : 제 399-2024-000097호
- **대표전화** : 010-2386-4207

- **ISBN** : 979-11-989348-1-9
- **정　가** : 40,000원

본서의 無斷轉載·複製를 禁함.
본서의 무단 전재·복제행위는 저작권법 제136조에 의거 5년 이하의 징역 또는 5,000만원 이하의 벌금에 처하거나 이를 병과할 수 있습니다. 파본은 구입처에서 교환하시기 바랍니다.